新时代
环境法总论

杜 群 主编

Du Qun Chief Editor

An Introduction to the

Environmental Law

in the New Era

法律出版社

LAW PRESS·CHINA

北京

图书在版编目（CIP）数据

新时代环境法总论 / 杜群主编. -- 北京 : 法律出版社, 2025 (2025.5 重印). -- ISBN 978-7-5197-9423-1

Ⅰ. D922.681

中国国家版本馆 CIP 数据核字第 2024KG6768 号

新时代环境法总论
XINSHIDAI HUANJINGFA ZONGLUN

杜　群 主编

责任编辑 翁潇潇
装帧设计 李　瞻

出版发行 法律出版社
编辑统筹 法规出版分社
责任校对 冯高琼
责任印制 耿润瑜
经　　销 新华书店

开本 787 毫米×1092 毫米 1/16
印张 28.75　**字数** 646 千
版本 2025 年 2 月第 1 版
印次 2025 年 5 月第 2 次印刷
印刷 唐山玺诚印务有限公司

地址:北京市丰台区莲花池西里 7 号(100073)
网址:www.lawpress.com.cn
投稿邮箱:info@lawpress.com.cn
举报盗版邮箱:jbwq@lawpress.com.cn
销售电话:010-83938349
客服电话:010-83938350
咨询电话:010-63939796

书号:ISBN 978-7-5197-9423-1
定价:88.00 元

凡购买本社图书,如有印装错误,我社负责退换。电话:010-83938349

编 写 说 明

环境法学教育是支撑环境治理法治化和国家治理现代化的基石,在我国高等教育体系中占据日益重要的地位。为了追求生态文明建设和美丽中国建设愿景,高校环境法课程体系的建设受到了前所未有的重视,而环境法课程体系建设的关键环节就是环境法学教材建设。目前,国内高等院校法学院使用的环境法学教材已接近50个版本,这不仅体现了法学界对环境法学教育的深厚积累,也彰显了我国在环境法治人才培养方面的坚定决心和资源优势。尽管环境法学教材呈现出蓬勃发展的态势,但高校教师探索更好的环境法学教材的脚步从未停止。一本好的环境法学教材应当紧密契合环境法作为一门新兴法学学科的如下独特属性和特质:坚定的政治性,以强化学生对国家环境治理体系和生态文明建设的认同与支持;强烈的实践性,以确保学生能够将理论知识应用于实际问题的解决;学科交融性,以促进跨学科的交流、合作并完善环境法体系本身;国际性,以拓宽学生的国际视野,理解和应对全球环境问题;进阶发展性,以适应环境法不断演进的特点。完成一本符合上述要求的环境法教材并非易事。

为此,我们进行了不懈的努力。我们总结了来自10余所高等学府的近20位经验丰富的环境法教师的教学经验,深入研究了国内外50余本环境法教材的体例和内容,对环境法学的教学体系进行了重新梳理,尝试进行创新性构建,最终确定了本教材的编写体例和内容。在学习借鉴其他教材的基础上,本教材在追求教材体例和内容具有政治性、实践性、学科交融性、国际性、进阶发展性等方面作出了努力。

第一,坚持政治思想性,将思政教育有机融合于专业教学内容之中。较之传统部门法学,环境法学具有鲜明的国家战略指向特征。环境法律、法律现象的产生与发展,始终是由国家意志、政治共识引领和推动的。中国生态文明建设与生态法治过去50年取得的令人瞩目的成就,是坚持中国共产党领导、坚持走中国特色社会主义道路的必然结果。在新时代,习近平法治思想和习近平生态文明思想是支撑环境法学基本理论的两大基石。环境法学自带思政基因和法治基因的特性决定了环境法学教学经过合理设计是能够避免产生思政教育与专业教学“两张皮”现象的。环境法教材不仅要重视介绍环境法律的规范与原理,还要反映我国环境保护国家治理的制度优势和制度特色,积极弘扬习近平生态文明思想的核心价值。对此,本教材自觉将党领导中国依法治国的法治建设进程、生态文明建设和国家治理现代化的科学决策过程予以呈现,对环境法领域中的党领导环境立法、环境法律实施中的历史过程与富有中国特色的环境法律制度设计等内容进行了系统梳理和嵌入式介绍,帮助学生坚定中国特色社会主义环境法治信念。

第二,突出强调环境法律的实践性,努力让读者不仅能够客观、精准地理解环境法的内涵,还能运用所学的环境法知识解决实际问题。教材的起点是传授知识,教材的归宿在于知识的实践。本教材努力按照“文本解释—法理探寻—实践回归”的知识传导逻辑设计、讲授重要知识点。在文本解释环节,本教材结合环境法的立法背景、立法环境、立法沿革和立法体系,用白描手法将中国环境法治叙事与环境法律文本交互呈现,帮助读者建立环境法学的情景知识体系。在法理探寻环节,通过立法背景导入和环境问题分析、立法价值和目的探讨、立法趋势和未来展望,以及必要的横向立法比较,阐发环境法律制度、环境法学专业自身蕴含的对人类社会的美好价值和共同福祉追求,在知识传授的过程中陶冶崇高的环境情怀。在实践回归环节,通过具体案例分析,引导学生将环境法律理论应用于司法实践,了解环境法在现实中的具体应用情况。让读者将知识与实践结合起来做到“知行合一”是本教材致力而为的根本目标。

第三,多维度展现环境法学的开放性与融合性。这不仅体现在本教材与环境科学的紧密结合上,更在于它对环境法与其他传统法律学科如民法、行政法、刑法的深度融合与协调。一方面,我们致力于将环境法相关学科的专业概念在法律层面上进行精准转译,并根据科学原理将环境法内容划分为污染防治、自然资源开发和自然生态保护三大板块,体现环境法的科学基础与法律应用。另一方面,对于环境法与传统部门法的交叉问题,本教材既借助传统部门法还原了常规的环境法议题,又强调了生态环境整体保护的重要性,特别注意导入那些需要特殊规则予以处理的新问题。然而,正是环境法的这种交叉性特征为环境法的发展带来了诸多理论争议点。通说是特定时空条件下的研究共识,当时空条件发生改变时,通说的解释力就下降了。面对这些争议,本教材并未局限于介绍通说,而是用相当大的篇幅展示了理论的发展历史和争议焦点。我们期望读者能够通过这种深入的展示,将理论的演化过程与特定的时空背景联系起来,从而动态地把握环境法学理论发展的精髓。

第四,立足中国环境法治本体论,同时保持开放的环境法国际视野。在强调构建和讲授中国自主环境法知识体系的同时,本教材积极吸收和融合环境法治国际先进理念和实践,从国际环境法和比较环境法的视角引介不同国家和地区环境立法和实践,分析其特色、共性与先进经验。比如,在介绍环境法的价值理念时,我们引入了“同一健康”理念。在讲授环境法基本原则时,我们不仅讲解了中国的环境法原则,也引入了国际前沿性的恢复力原则,建立面向未来的环境法理念。在讨论环境法律关系时,我们特别引介了其他国家关于自然权利的先进理念和实践,启迪人与自然和谐共生的智识感悟。我们希望,通过培养学生的跨文化视角,鼓励他们从不同的法律文化情境审视环境法问题,理解全球环境治理的多样性和复杂性,这有助于学生在掌握本土化中国环境法知识的基础上,进一步拓展国际视野,成为能够在全球化背景下参与环境治理的高素质法治人才。

第五,追踪环境法的进阶发展,力求呈现最新的环境法律现象与理论成果。近年来,生态文明政策、法律及法学理论快速发展。《生态文明体制改革总体方案》《中共中央、国务院关于全面推进美丽中国建设的意见》《关于统筹推进自然资源资产产权制度改革的指导意见》《民法典》《长江保护法》《黄河保护法》《青藏高原生态保护法》《黑土地保护法》《湿地保护法》《生态保护补偿条例》《最高人民法院关于审理生态环境侵权责任纠纷案件适用法律若干问题的解释》《关于推进生态环境损害赔偿制度改革若干具体问题的意见》等重要法律及规范性文件的出台,反映出中国环境法律正迅速迭代发展。环境法典理论、环境权理论、环境法律空间理论、生态环境损害赔偿理论等环境法学基础理论也在迅速演化升级。本教材努力吸收最新的环境法律实践与理论成果,并与环境法律既有成果进行衔接,形成了能够较充分反映中国生态文明建设时代特征、逻辑自洽的自主知识体系。

编写这部环境法学教材经历了一个较艰辛的过程,我们全体编写者始终怀着建设中国环境法学自主知识体系的使命感和书匠精神,力求完成一部优质的环境法教材。由于能力和精力的限制,作为扬帆起航的第一版,本教材肯定存在很多不足,我们诚挚邀请广大读者和同行提出宝贵的修改意见和建议,我们会不断改进和完善这部教材。本教材编写任务分工如下:

1. 全书大纲设计、各阶段全章统稿修改、全书统稿和定稿:杜群。

2. 各章作者(工作单位附另页)如下:绪论,曹可亮、胡保林、郭磊;第一章,杜群、王萌、王利;第二章,杜群、程玉、康京涛、陈海嵩;第三章,陈真亮、杜群、车东晟、区树添;第四章,程玉、陈真亮、杜寅、陈海嵩;第五章,陈海嵩、焦琰、王萌;第六章,程玉、李静、杜群、杜殿虎、廖霞林;第七章,廖建凯、车东晟、邓瑞;第八章,杜寅、杜群、黄智宇、王兆平;第九章,程玉、梁文婷、黄智宇、李丹、李静;第十章,程玉、李静、任世丹、梁春艳、刘功文。

3. 各章的编辑和修改:梁文婷、程玉、杜寅、陈真亮。

4. 编写辅助工作,包括资料查询、部分章节初稿内容的撰写与校对:北京航空航天大学法学院环境与资源保护法学博士研究生任文莛、都仲秋、孙晶、宿继兮、李若钰;硕士研究生赵彬燕、郭蓉、蒋程吉、刘福溶、杨君儒、刘宇文、刘朝。

本教材的顺利付梓,感谢整个编写团队的精诚合作,感谢北京航空航天大学校级一流本科教材出版基金的资助,感谢法律出版社团队专业、及时和友好的服务。

环境法知识共同体是推动中国环境法治现代化的核心力量。我们期待本教材能够成为连接我们与读者诸君的信念之纽带、力量之轴承,携手共创美丽中国。

主编谨识

2024 年 7 月 10 日于北航绿园

编著者单位

杜　群　北京航空航天大学法学院教授
胡保林　国家生态环境保护专家委员会委员
　　　　原国务院三峡工程建设委员会办公室副主任
陈真亮　浙江农林大学文法学院教授
杜　寅　宁波大学法学院副教授
程　玉　北京航空航天大学法学院助理教授、博士后
梁文婷　北京航空航天大学法学院讲师
王　萌　北京航空航天大学法学院博士后
李　静　北京航空航天大学法学院卓越百人博士后
陈海嵩　武汉大学法学院教授
康京涛　西安财经大学法学院教授
曹可亮　温州理工学院法学院副教授
王　利　河南大学法学院副教授
任世丹　西南政法大学法学院副教授、博士后
廖建凯　西南政法大学人工智能法学院副教授
李　丹　广东财经大学法学院副教授
黄智宇　南昌大学法学院副教授
郭　磊　安阳师范学院法学院副教授
王兆平　西北政法大学国际法学院讲师
梁春艳　广西大学法学院讲师
车东晟　西北政法大学经济法学院讲师、博士后
焦　琰　西北大学法学院讲师、博士后
区树添　苏州大学王健法学院讲师、博士后
杜殿虎　武汉市不动产登记中心助理研究员
邓　瑞　长江水利委员会长江水资源保护科学研究所工程师
廖霞林　中国地质大学(武汉)公共管理学院法学系副教授
刘功文　湖南骄阳律师事务所高级合伙人、专职律师

缩 略 语 表

序号	简称	全称
一、法　律		
1	《宪法》	《中华人民共和国宪法》
2	《宪法修正案》	《中华人民共和国宪法修正案》
3	《民法典》	《中华人民共和国民法典》
4	《长江保护法》	《中华人民共和国长江保护法》
5	《黄河保护法》	《中华人民共和国黄河保护法》
6	《青藏高原生态保护法》	《中华人民共和国青藏高原生态保护法》
7	《黑土地保护法》	《中华人民共和国黑土地保护法》
8	《湿地保护法》	《中华人民共和国湿地保护法》
9	《环境保护法》	《中华人民共和国环境保护法》
10	《环境保护法(试行)》	《中华人民共和国环境保护法(试行)》
11	《大气污染防治法》	《中华人民共和国大气污染防治法》
12	《水污染防治法》	《中华人民共和国水污染防治法》
13	《放射性污染防治法》	《中华人民共和国放射性污染防治法》
14	《固体废物污染环境防治法》	《中华人民共和国固体废物污染环境防治法》
15	《噪声污染防治法》	《中华人民共和国噪声污染防治法》
16	《环境影响评价法》	《中华人民共和国环境影响评价法》
17	《清洁生产促进法》	《中华人民共和国清洁生产促进法》
18	《循环经济促进法》	《中华人民共和国循环经济促进法》
19	《民法总则》	《中华人民共和国民法总则》
20	《环境保护税法》	《中华人民共和国环境保护税法》
21	《土壤污染防治法》	《中华人民共和国土壤污染防治法》
22	《国家安全法》	《中华人民共和国国家安全法》
23	《生物安全法》	《中华人民共和国生物安全法》
24	《刑法》	《中华人民共和国刑法》
25	《海洋环境保护法》	《中华人民共和国海洋环境保护法》

续表

序号	简称	全称
26	《森林法》	《中华人民共和国森林法》
27	《草原法》	《中华人民共和国草原法》
28	《野生动物保护法》	《中华人民共和国野生动物保护法》
29	《矿产资源法》	《中华人民共和国矿产资源法》
30	《土地管理法》	《中华人民共和国土地管理法》
31	《水法》	《中华人民共和国水法》
32	《渔业法》	《中华人民共和国渔业法》
33	《海域使用管理法》	《中华人民共和国海域使用管理法》
34	《深海海底区域资源勘探开发法》	《中华人民共和国深海海底区域资源勘探开发法》
35	《水土保持法》	《中华人民共和国水土保持法》
36	《防沙治沙法》	《中华人民共和国防沙治沙法》
37	《防洪法》	《中华人民共和国防洪法》
38	《海岛保护法》	《中华人民共和国海岛保护法》
39	《行政强制法》	《中华人民共和国行政强制法》
40	《民事诉讼法》	《中华人民共和国民事诉讼法》
41	《行政诉讼法》	《中华人民共和国行政诉讼法》
42	《立法法》	《中华人民共和国立法法》
43	《农业法》	《中华人民共和国农业法》
44	《节约能源法》	《中华人民共和国节约能源法》
45	《突发事件应对法》	《中华人民共和国突发事件应对法》
46	《建筑法》	《中华人民共和国建筑法》
47	《人民法院组织法》	《中华人民共和国人民法院组织法》
48	《人民检察院组织法》	《中华人民共和国人民检察院组织法》
49	《缔结条约程序法》	《中华人民共和国缔结条约程序法》
50	《海商法》	《中华人民共和国海商法》
51	《民用航空法》	《中华人民共和国民用航空法》
52	《标准化法》	《中华人民共和国标准化法》
53	《行政许可法》	《中华人民共和国行政许可法》
54	《海警法》	《中华人民共和国海警法》
55	《资源税法》	《中华人民共和国资源税法》
56	《农村土地承包法》	《中华人民共和国农村土地承包法》
57	《城市房地产管理法》	《中华人民共和国城市房地产管理法》

续表

序号	简称	全称
58	《农村土地承包经营纠纷调解仲裁法》	《中华人民共和国农村土地承包经营纠纷调解仲裁法》
59	《乡村振兴促进法》	《中华人民共和国乡村振兴促进法》
60	《森林法(试行)》	《中华人民共和国森林法(试行)》
61	《煤炭法》	《中华人民共和国煤炭法》
62	《矿山安全法》	《中华人民共和国矿山安全法》
63	《种子法》	《中华人民共和国种子法》
64	《畜牧法》	《中华人民共和国畜牧法》
65	《治安管理处罚法》	《中华人民共和国治安管理处罚法》
66	《刑法修正案(二)》	《中华人民共和国刑法修正案(二)》
67	《刑法修正案(四)》	《中华人民共和国刑法修正案(四)》
68	《刑法修正案(八)》	《中华人民共和国刑法修正案(八)》
69	《刑法修正案(十一)》	《中华人民共和国刑法修正案(十一)》
70	《行政监察法》	《中华人民共和国行政监察法》
71	《监察法》	《中华人民共和国监察法》
72	《公务员法》	《中华人民共和国公务员法》
73	《合同法》	《中华人民共和国合同法》
74	《侵权责任法》	《中华人民共和国侵权责任法》
75	《刑事诉讼法》	《中华人民共和国刑事诉讼法》
76	《行政处罚法》	《中华人民共和国行政处罚法》
77	《核安全法》	《中华人民共和国核安全法》
78	《环境噪声污染防治法》	《中华人民共和国环境噪声污染防治法》
79	《测绘法》	《中华人民共和国测绘法》
80	《城乡规划法》	《中华人民共和国城乡规划法》
81	《行政复议法》	《中华人民共和国行政复议法》
82	《仲裁法》	《中华人民共和国仲裁法》
83	《海事诉讼特别程序法》	《中华人民共和国海事诉讼特别程序法》
84	《人民陪审员法》	《中华人民共和国人民陪审员法》
85	《检察官法》	《中华人民共和检察官法》
	二、行政法规	
1	《野生植物保护条例》	《中华人民共和国野生植物保护条例》
2	《政府信息公开条例》	《中华人民共和国政府信息公开条例》
3	《资源税暂行条例》	《中华人民共和国资源税暂行条例》
4	《土地管理法实施条例》	《中华人民共和国土地管理法实施条例》

续表

序号	简称	全称
5	《城镇国有土地使用权出让和转让暂行条例》	《中华人民共和国城镇国有土地使用权出让和转让暂行条例》
6	《森林法实施条例》	《中华人民共和国森林法实施条例》
7	《自然保护区条例》	《中华人民共和国自然保护区条例》
8	《环境保护税法实施条例》	《中华人民共和国环境保护税法实施条例》
9	《标准化法实施条例》	《中华人民共和国标准化法实施条例》
10	《大气污染防治法实施细则》	《中华人民共和国大气污染防治法实施细则》
11	《治安管理处罚条例》	《中华人民共和国治安管理处罚条例》
12	《环境噪声污染防治条例》	《中华人民共和国环境噪声污染防治条例》
13	《民用核设施安全监督管理条例》	《中华人民共和国民用核设施安全监督管理条例》
14	《防汛条例》	《中华人民共和国防汛条例》
15	《河道管理条例》	《中华人民共和国河道管理条例》
16	《陆生野生动物保护实施条例》	《中华人民共和国陆生野生动物保护实施条例》
17	《水生野生动物保护实施条例》	《中华人民共和国水生野生动物保护实施条例》
18	《渔业法实施细则》	《中华人民共和国渔业法实施细则》
	三、司法解释及其他文件	
1	《破坏野生动物犯罪司法解释》	《最高人民法院、最高人民检察院关于办理破坏野生动物资源刑事案件适用法律若干问题的解释》
2	《破坏森林资源犯罪司法解释》	《最高人民法院关于审理破坏森林资源刑事案件适用法律若干问题的解释》
3	《生态环境侵权责任司法解释》	《最高人民法院关于审理生态环境侵权责任纠纷案件适用法律若干问题的解释》
4	《环境污染犯罪司法解释》	《最高人民法院、最高人民检察院关于办理环境污染刑事案件适用法律若干问题的解释》
5	《非法采矿司法解释》	《最高人民法院、最高人民检察院关于办理非法采矿、破坏性采矿刑事案件适用法律若干问题的解释》
6	《垂直管理制度改革指导意见》	《关于省以下环保机构监测监察执法垂直管理制度改革试点工作的指导意见》
7	《禁止令规定》	《最高人民法院关于生态环境侵权案件适用禁止令保全措施的若干规定》
8	《资源税暂行条例实施细则》	《中华人民共和国资源税暂行条例实施细则》
	四、国际公约	
1	《里约宣言》	《关于环境与发展的里约热内卢宣言》
2	《奥胡斯公约》	《在环境问题上获得信息、公众参与决策和诉诸法律的公约》

目录

CONTENTS

绪　论 ——————————————— 环境保护

我国的现代环境保护国家治理历程始于 1973 年 8 月的首次全国环境保护会议。此后,环境保护理念不断深化,发展至今生态文明建设和美丽中国建设全面推进。这些发展均以环境保护为核心议题。环境保护的概念相对广泛,只有当其成为法律调整对象时,才能被纳入环境法的范畴。环境法是调整环境保护活动的法律规范。为了保持教材的一致性并顾及法律政策的语义,本教材采用广义的环境保护概念,包括环境污染防治、自然资源可持续利用和自然生态保护三个方面。深入理解这些概念及其内涵对于掌握环境保护科学和环境法学至关重要。因此,绪论分别阐释环境、资源、生态三个基础概念,介绍了环境问题的概念、类型、发生机理与发展阶段,环境保护的多学科发展,以及自 1949 年以来中国环境保护战略的五次演变历程。

第一节　环境保护的自然对象

一、环境、资源、生态的定义

环境、资源、生态这三个概念既有联系又有区别。在人与自然的主客体关系中,环境、资源、生态是自然的客体方面,是人类对自然在功能上的不同认识。

(一)环境的概念

1. 环境的含义

环境相对于某一事物或参照物而言,是指围绕某一事物并对该事物可能产生某些影响的所有外界事物的总和,即相对并且相关于某项中心事物的周围事物。依其属性,环境可以分为自然环境、人工环境和社会环境。本章所指的环境是广义的环境,即生态学、地理学的自然环境,特指与人类生存和发展有关的各种天然的和经过人工改造的自然因素的总体,前者称为原生环境,后者称为次生环境。环境的含义反映人与自然的功能关系、人类与环境的主体与客体的关系,在这一关系中,人的主体性发展决定环境的外延发展。环境是一个综合体,由各个相对独立、性质不同而又服从整体演化规律的环境要素组成。《环境保护法》(2014 年修订)第 2 条采取概括加列举的方法,将环境定义为"影响人类生存和发展的各种天然的和经过人工改造的自然因素的总体,包括大气、水、海洋、土地、矿藏、森林、草原、湿地、野生生物、自然遗迹、人文遗迹、自然保护区、风景名胜区、城市和乡村等”。

2. 环境的分类

人类活动对环境的影响是综合性的,相应地,环境系统从各方面反作用于人类的效应也是综合性的。在这样反复曲折的过程中,人类的生存环境形成了一个庞大的、结构复杂的、多层次的动态环境体系。按照不同的分类标准,环境有不同分类。例如,按照构成基质,环境可以分为物理环境、化学环境和生物环境;按照环境要素,环境分为大气环境、水环境、地质环境、土壤环境以及生物环境。以下介绍两类与人类保护行为紧密关联的环境分类。

(1)按照受人类活动的影响,环境分为原生环境与次生环境。原生环境是指天然形成,并未受人为活动影响或影响较少的自然环境。原生环境保持着自然的形态和特征,按照自然的规律运行,如原始森林、天然溶洞、空气、土地、河流、湖泊、海洋、臭氧层以及外层空间等。次生环境,又称第二类环境,是指在人为活动影响下形成的,受人类活动影响较多的自然环境。次生环境受人类社会经济活动影响,改变了物理、化学或生物学状态,但它的发展和演变仍然受自然规律制约,如人造防护林、牧场、运河、风景游览区、工业区以及城市等。

(2)按照生物生存条件,环境分为物理环境与生物环境。物理环境(非生物因素)包括阳光、空气、水分、土壤、温度以及湿度等多种因素,它们对生物的形态、生理和分布产生影响。生物环境包括影响动物、植物或微生物的生长、形态、发育和分布(包括竞争、捕食、寄生和合作)的生态因素。

(二)资源的概念

1. 资源的含义

通常而言,资源是一切可被人类开发和利用的物质、能量和信息的总称,它广泛地存在于自然界和人类社会中,是一种自然存在物或能够给人类带来财富的物。《辞海》对于资源的定义是:“资源”是资财的来源,一般指天然的财源。环境保护和环境法所指的资源,是自然资源。按照联合国环境规划署(UNEP)的定义,自然资源是指在一定时期、地点条件下能够产生经济价值、提高人类当前和将来福利的自然因素和条件。

2. 资源的分类

常见的资源分类有三种:按照属性,分为自然资源、人力资源和加工资源;按照来源,分为社会资源和自然资源;按照经济生产,分为经济资源与非经济资源。与自然资源有关的以下两种资源分类值得关注。

(1)按照来源,可以把资源分为自然资源和社会资源两大类。自然资源一般是指一切物质资源和自然过程,通常是指在一定技术经济环境条件下对人类有益的资源,如阳光、空气、水、土地、森林、草原、动物、矿藏等。社会资源包括人力资源、信息资源以及经过劳动创造的各种物质财富。

(2)按照再生性,自然资源分为可再生资源与不可再生资源。可再生资源是在人类参与下可以重新利用的资源,如农田,如果耕作得当可以使地力常新,不断为人类提供新的农产品。可再生资源还可分为两类:一类是恒定的、可永续利用的资源,如太阳能、空气、雨水、风和水能、潮汐能等;另一类是生物资源,如草原资源、森林资源、水资源等。不可再生资源又称耗竭性资源,指人类开发利用后在相当长的时间内不可能再生更新的自然资源。这类资源的储量、体积可以测算出来,其质量也可以通过化学成分的百分比来反映,如矿产资源。再生资源和不可再生资源的区分是相对的,如石油、煤炭是不可再生资源,但它们是古生物(古代动、植物)遗骸在地层中经过物理、化学的长期作用变化的结果,这又说明二者之间可以转化,是物质不灭及能量守恒与转化定律的表现。

(三)生态的概念

1. 生态的含义

据考证,"生态"一词源于古希腊,原意指"住所"或"栖息地"。《现代汉语词典》(第7版)将"生态"定义为生物在一定的自然环境下生存和发展的状态,也指生物生理特性和生活习性。英国生态学家坦斯利(A. G. Tansley)提出"生态系统"概念,认为有机体不能与其所处的环境分离,必须与其所处的环境形成一个自然生态系统,它们都按照一定的规律进行能量流动、物质循环和信息传递。需注意,政治生态、社会生态以及学术生态等生态用语是生态学意义的借喻。

生态学上的"生态"是指"自然生态系统",指一定空间范围内,生物群落与其所处的环境所形成的相互作用的统一体。任何一个自然生态系统都由生物群落和非生物环境两大部分组成。当前,"生态"这一概念主要指生态学等自然科学层面上的生物多样性维护、生态平衡和生态环境保护,以及其与人类可持续发展的关系。

2. 生态的分类

对于生态的分类,可以从生态环境分区和生态系统分类两个维度进行理解。

(1)生态环境分区。生态环境分区管控是以保障生态功能和改善环境质量为目标,实施分区域差异化精准管控的环境管理制度,是提升生态环境治理现代化水平的重要举措。自然资源部办公厅印发的《中国陆域生态基础分区(试行)》(2023年公布,自然资办发〔2023〕19号)将全国陆域生态系统在不同区域尺度上进行综合分区,旨在夯实国土空间生态保护修复工作基础,为分区分类开展生态保护修复、生态监测评价预警等工作提供国家统一的基础性框架,为维护国家生态安全和提升生态系统多样性、稳定性、持续性提供技术支撑。《中国陆域生态基础分区(试行)》将全国陆域(不含港澳台地区)生态系统在不同区域尺度上分为一级生态区6个、二级生态区47个、三级生态区233个。2024年3月6日,中共中央办公厅、国务院办公厅联合印发《关于加强生态环境分区管控的意见》,要求确定生态环境管控单元,落实"三区三线"划定成果,以生态保护红线为基础,把生态环境划分为生态环境优先保护单元、重点管控单元、一般管控单元,为科学指导各类开发保护建设活动提供了行动指南。

(2)生态系统分类。生态系统分为人工生态系统和自然生态系统。人工生态系统分为农田、人工林、果园和城市四类。自然生态系统可分为水域生态系统和陆地生态系统。水域生态系统又分为海洋生态系统和淡水生态系统;陆地生态系统分为森林、草原、荒漠和冻原四类。自然生态系统中居于主导地位的生物在其中占据重要地位,因此自然生态系统的健康发展要求把生物多样性的保护放在首位。人是生物圈中的一部分,支持生物圈的完整性是人类社会繁荣的基本条件,人类与生物圈共命运。

(四)环境、资源、生态三者的关系

环境、资源、生态之间既相互联系又相互区别,是对立统一的辩证关系。

1. 三者的统一

三者的统一主要体现在以下三个方面:

(1)统一于自然这个整体,都是自然对于人类功能关系的体现。也就是说,它们都是从人类福利的角度来定义的,都是能为人类提高福利水平发挥作用的自然要素,因而都属于人与自然的功能关系的范畴。

(2)相互依存、渗透、影响和制约。三者的区分从本质上说是功能的区分,是同一自然介质所兼有的,而不是把自然存在的要素硬性地区分为环境、资源、生态。以森林为例,同一片森林同时具有资源功能、环境功能、生态功能。如果人们为了获取木材和其他林副产品而大规模砍伐森林,那么不仅其资源功能将遭受破坏,其环境功能和生态功能也必将遭受相应的破坏。

(3)在一定条件下相互转化。三者在人与自然的功能关系中的地位是可以转变的。还是以森林为例,新中国成立之初,国家处于大规模经济恢复和建设时期,社会对木材的需求凸显,森林的资源功能被摆在第一位,木材生产成为当时林业建设压倒一切的任务。而在生态文明建设的新时代,“生态需求已经成为社会对森林的第一需求”,国家也相应作出了“林业建设由木材生产为主向生态建设为主转变”的战略调整,森林的生态功能也取代资源功能而成为首要功能。

2. 三者的对立

三者的对立,主要是指它们强调和体现的自然对于人类的功能不同且存在相互冲突和对抗。环境强调的是客体的“受纳功能”和“服务功能”,体现为接受并容纳生产和消费所排放的无用副产品和为包括人类在内的所有生物生存繁衍提供栖息地等直接与间接有用性;资源强调的是实体功能,体现为自然对于人类实体的直接有用性;生态强调的是主体(包括人在内的生物)状态及主体与客体(自然环境)的相互依存的状况和协同进化作用,体现为人与自然之间的“有机联系”和“协同进化”。

二、环境、资源、生态的多重功能

既然环境、资源、生态是人类对自然的“一体三面”的功能认识,那么环境、资源、生态

各自有哪些功能表现呢?

(一)环境容量功能

环境容量(environment capacity)是在人类生存和自然生态系统不受损害的前提下,某一环境所能容纳污染物的最大负荷量;或者说,一个生态系统在维持生命机体的再生能力、适应能力和更新能力的前提下,承受有机体数量的最大限度。环境容量包括两个组成部分,即基本环境容量(又称差值容量)和变动环境容量(又称同化容量)。前者可以通过拟定的环境标准减去环境本底值求得,后者是指该环境单元的自净能力。环境容量本质上是表示环境基本特性的一个抽象概念,它的实在性取决于特定环境要素、特定空间和时间的确定性。环境容量是评价人类活动极限的重要指标,理论上在环境容量之内的人类活动不会对人类生存和自然系统造成损害。

1. 污染物容量

一个特定的环境(如一个自然区域、一个城市、一个水体)对污染物的容量是有限的,其容量的大小与环境空间的大小、各环境要素的特性、污染物本身的物理和化学性质有关。环境空间越大,环境对污染物的净化能力就越大,环境容量也就越大。对某种污染物而言,它的物理和化学性质不稳定,环境对它的容量也就越大。环境科学通常以环境化学视角评价环境容量,在自然和人工设施支持的条件下加快污染物在环境中的降解速度,增强环境自净能力。

2. 有机体容量

某有机体在一个生态系统中,即在一个有限的环境中,所能达到的最大数值或者最大密度,称为该系统或环境对该有机体的容量。环境法上的污染物排放浓度控制就是有机体容量控制。有机体容量取决于两个方面:一是温度、光、水和养分等因子或食物、空间等资源所构成的环境;二是有机体的食性、行为和适应能力等特征。

(二)自然资源承载能力

自然资源的承载能力,是指在一定时间内,自然资源所能够提供的可持续利用的数量和质量。自然资源的承载能力表现为自然资源的再生能力和更新能力。建设美丽中国的物质前提是社会经济生产和生活不能超过自然资源的承载能力。地球的自然资源是有限的,如果对自然资源的需求超过了地球上自然资源的供应能力,生态退化、自然破坏就不可避免。建设美丽中国,必须平衡人口、资源和环境,协调经济效益和社会生态效益。

(三)生态系统功能

1. 生态系统基本功能

生态系统的基本功能包括生物生产、能量流动、物质循环和信息传递。

(1)生物生产。它是生态系统的基本功能。例如,生态系统利用太阳能将二氧化碳等物质转化为有机物(生物质),并将其用作人类的食物、燃料、原材料、建筑材料等。生物资源是生态系统中包括人类在内的生命体的生存和发展的基础。

(2)能量流动。能量流动是指生态系统中能量的输入、传递和散失的过程。绿色植物的光合作用固定太阳能就开始了能量的输入,再以有机物的形式沿食物链和食物网向下一营养级传递,散失的是三大功能类群生物的呼吸作用产生的热能。

(3)物质循环。生态系统的物质循环是组成生物体的碳、氢、氧、氮、磷、硫等基本元素在生态系统的生物群落与无机环境之间的反复循环运动。例如碳,以二氧化碳、含碳有机物、碳酸盐、煤、石油、天然气等形式存在于生态系统的生物群落与无机环境之间,在生物群落与无机环境间以二氧化碳形式循环,在生物群内部以含碳有机物的形式流动。

(4)信息传递。生态系统的信息传递功能是物理、化学、行为和营养信息在构成生态系统的组成部分(包括生物和非生物)之间双向传输的过程。信息传递负责调节能量的流动和物质的循环,能量和信息与促进或调节物质运动的特定形式的物质联系在一起。

2. 生态系统服务功能

生态系统服务功能是生态系统形成的维持人类生存和发展的自然环境的条件和效用,是人类直接或间接从生态系统中获得的各种惠益。联合国千年生态系统评估将生态系统服务功能分为四种:供给功能(食物、淡水、燃料、纤维、基因资源与生化药剂);调节功能(气候调节、水文调节、疾病控制、水净化与授粉);文化功能(精神与宗教价值、故土情结、文化遗产、审美、教育、激励、娱乐与生态旅游);支持功能(土壤形成、养分循环、初级生产、制造氧气与提供栖息地)。上述四类生态系统服务功能对人类都有重要贡献。

(1)供给功能。供给功能及相关生态系统产品和服务可具体表现为供给粮食生产、原料、遗传资源、医药资源和装饰资源。在讨论自然对供给功能的贡献时,应注意天然产品和人造产品的区别。供给功能仅限于可持续收获的自然初级生产力部分。

(2)调节功能。地球生物圈是地球上最大的自然生态系统,是人类在宇宙中唯一天然的生命支持系统。调节功能对人类生存至关重要,功能形式包括气体调节、气候调节、干扰调节、水调节、供水、土壤保持、土壤形成、养分循环、废物处理、授粉和生物防治等。

(3)文化功能。生态系统服务提供的科学价值能够启迪人类智慧,推动人类文明发展,同时为社会文化提供科学研究的对象。自然生态环境是人类精神创造、文化娱乐生活的重要载体;生物多样性带给人类智慧启迪;景观多样性提供人类游憩、旅游和康养的自然条件;欣赏美丽风景能够陶冶情操,提高审美鉴赏能力,舒缓城市工作生活的压力。

(4)支持功能。支持功能是保证生态系统物质功能、调节功能和文化功能的提供所必需的基础功能,具体包括营养物质循环、物种多样性维持和提供初级生产的功能。

《联合国千年生态系统评估报告》指出,世界人口的快速增长和经济的快速增长导致全球60%的生态系统服务退化。人口快速增长和社会经济发展影响生态系统的稳定,限制生态系统服务的功能,某些生态系统服务的退化加剧了生态危机,严重威胁人类安全,制约了世界的可持续发展。

(四)自然的整体性能力

在了解了自然“一体三面”的功能后,有必要重新认识自然综合体的整体性能力,实际上这也是人类必须尊重和顺应自然法则的原因。

1. 创生力

宇宙具有创化功能。根据宇宙创生论,无论是阳光、空气、水、土地,还是有形态的个体生命,都是宇宙创化的成果,即宇宙的创化功能主要表现在两个方面:自创生力和创他生力。宇宙的自创生力揭示了宇宙之外没有其他存在者,宇宙是以自己为力而制造了自己,并且宇宙是以自己为推进力而开创道路。宇宙的创他生力揭示了宇宙之内的全部存在者、一切生命都是其创化的成绩,包括阳光、空气、水、土地和有形态的个体生命,更包括人这种特别的生命存在者,都由宇宙创化而成。

2. 恢复力

恢复力(resilience),源自拉丁文“Resilio”,即跳回的动作,20世纪70年代后引申为承受压力的系统恢复和回到初始状态的能力。加拿大生态学家霍林(C. S. Holling)首次把恢复力的概念引入生态学领域,以帮助理解可观测的生态系统中的非线性动态。恢复力是生态系统从各种环境胁迫和干扰中恢复的一种绝对能力,在受到干扰后,生态系统具有自组织的能力,通过自组织恢复到原来的状态或进入其他状态。但是,恢复力是有限度的,不是所有的生态系统受到任何干扰之后都能恢复到原有的状态和功能。从物质系统演化的角度来看,严格意义上的生态系统状态转化是不可逆的,恢复力很强的生态系统在受到外界干扰后也会发生改变,无法完全恢复到受干扰前的状态。受到干扰的生态系统在很多情况下可能表现出工程恢复力或动态稳定,但是如果外来干扰超过某一阈值,任何生态系统的相对稳定状态都会遭到破坏而进入另一不同的状态,常常转入不理想和不可逆的状态。生态系统转入其他状态后其恢复力可能增强也可能减弱,但往往不能提供其原有水平的生态系统产品和服务,所以生态系统恢复力并不一定是越高越好,研究恢复力的目标是使生态系统朝着对人类有利的方向运行。

第二节 环境问题的产生与发展

一、环境问题的概念与分类

(一)环境问题的概念

与前一节广义的“环境保护”相一致,本节的“环境问题”亦取其广义概念。环境问题是指与自然环境相关的一系列不良变化、影响和后果,涉及人类生产生活活动对环境、资源和生态系统的影响,通常包括但不限于环境污染、生态退化和资源枯竭、生物多样性丧失、气候变化等。可以从“成因—后果”动力机制理解环境问题,成因是自然因素和人为因素,后果是对自然环境、自然生态系统造成不良后果。

(二)环境问题的分类

1. 原生环境问题与次生环境问题

以产生原因为标准,环境问题可以分为原生环境问题和次生环境问题。从治理逻辑上看,环境保护应对的是整个环境问题,但是环境法应对的主要是次生环境问题。

(1)原生环境问题是指自然原因导致的环境条件发生不利于人类的变化。典型例子是自然灾害导致的环境问题,如火山爆发、地震、台风、洪涝、干旱以及海啸等自然灾害造成的环境问题。原生环境问题还涉及自然环境自身发生变化引起的问题,如自然保护区、未受人类干扰的生态系统或原生地区的自然退化或灾难事件。

(2)次生环境问题是指人类活动导致的环境条件发生不利于人类的改变。次生环境问题是人为因素造成的环境问题。原生环境问题和次生环境问题之间的关系是相互作用、相互影响,甚至可能叠加产生更严峻复杂的环境问题。环境科学的研究对象即次生环境问题。

2. 生态环境破坏、环境污染与自然资源枯竭

次生环境问题,按照后果(功能影响)分为生态环境破坏、环境污染(含环境干扰)、自然资源枯竭三种情形,这也是环境法应对的三个具体领域。

(1)生态环境破坏是指人为因素引起生态环境的破坏,如水土流失、沙漠化、地下水枯竭、地面下沉、珍稀物种灭绝、地质结构破坏和地貌景观破坏等,被破坏的环境要恢复起来是非常困难甚至不可能的,如森林生态系统的恢复需要上百年的时间,土壤的恢复则需要上千年的时间,物种的灭绝则根本不能恢复。

(2)环境污染是指人类活动排出的物质进入环境,积累到一定程度而产生的对人类不利的影响,包括水污染、大气污染、土壤污染和放射性污染等。环境污染的过程主要是化学作用,治理和恢复都需要一定的时间。环境污染的原因既可能是物质,也可能是能量。后者是指环境干扰,人类活动所排出的能量进入环境,达到一定程度而产生对人类的不良影响,包括噪声、振动、电磁波、热干扰等。环境干扰容易治理,只要停止排出能量,干扰即可消除或消失。环境干扰是由能量产生的,是物理问题。

(3)自然资源枯竭是指某一地区的天然资源被耗尽的现象,这通常是人类的过度使用或消耗速度超过了资源的再生速度导致的。自然资源枯竭不仅会对经济产生深远影响,导致价格上涨和供应链中断,影响相关产业的发展和就业,还可能造成生态破坏和环境污染。对于前者,自然资源的枯竭往往伴随着生态破坏。例如,矿产资源的开采会破坏地表植被和土壤结构,导致水土流失和生物多样性减少。对于后者,资源开采和加工过程中产生的废弃物和污染物会对环境造成污染。例如,石油开采和加工过程中产生的废水、废气和固体废弃物会对水体、大气和土壤造成污染。

二、环境问题的发生机理

(一)环境问题发生的生态学机理

环境问题的生态学发生过程可归纳为源、流、场、效应的链式机制。[1] 在生态学中,源、流、场和效应是描述物质或能量在生态系统中传输和分布的重要概念。

(1)源是指特定物质或能量的起源或产生过程,它可以是自然的,如太阳能、营养盐从土壤中释放等;也可以是人为的,如污染物的排放。源是物质或能量进入生态系统的地方。源包括一个地区或者国家的发展模式和人们的生活方式,体现了人文过程,影响了地球各圈层相互作用的生物地球化学过程和物理气候系统。源通过人们的经济、社会和文化等活动引起流。

(2)流是指物质或能量在生态系统中的传输过程,它描述了物质或能量从一处源头向其他部分传递的路径和速率。流通常发生在不同生物体之间,或者在环境媒介(如水、空气)中进行。这些传输过程对于生态系统的结构和功能至关重要。流包括能流、物流和信息流,流能对地表环境固有运行的物理、化学、生物过程产生强烈作用,从而形成各种类型和性质的作用场和复合作用场。

(3)场是指物质或能量在生态系统中积累或存储的地方。在一个生态系统中,物质或能量可以经过流动后被暂时或长期地储存在某个场中。例如,植物吸收的营养物质可以积累在土壤中形成营养库,而碳可以被生物体吸收后保存在生物体组织中。场也可以被视为物质或能量的库。

(4)效应是由作用场引发的一系列经济社会环境生物效应,根据是否符合人类利益的标准,效应可划分为正效应和负效应。

源是物质或能量进入生态系统的起点,而流描述了物质或能量在生态系统中的传输过程,包括从源到场的转移。同时,流通常会影响场的积累和分布。理解源、流和场之间的关系对于揭示生态系统的结构和功能以及它们对环境变化的响应至关重要,效应则是对环境变化作出评估和应对的基础前提。

(二)环境问题发生的经济学机理

1.不完全市场

不完全市场是指在市场中存在信息不对称、交易成本高和市场力量不平衡等缺陷,导致这个市场无法完全有效运作的情况。环境问题与不完全市场存在密切关系,不完全市场的存在导致了环境问题的产生、加剧或无法得到有效解决。市场的不完全性是指买卖双方存在信息不对称的问题,市场因此无法实现高效率的资源配置,导致资源分配不均衡和经济效益损失。在不完全市场中,买卖双方可能需要承担较高的交易成本,这些额外成本会

---

[1] 参见章申:《环境问题的由来、过程机制、我国现状和环境科学发展趋势》,载《中国环境科学》1996年第6期。

引发交易困难或耗时。另外,还存在市场准入限制,限制了新进入者的机会,从而影响市场的竞争程度和效率。不完全市场还与产权不确定性之间存在密切的相互作用的关系。一方面,产权不确定性会导致不完全市场的形成,因为产权归属不明确会阻碍交易双方建立信任关系,阻碍市场的正常运行和资源的有效配置;另一方面,不完全市场也会加剧产权不确定,因为在信息不对称的情况下,交易双方无法准确评估交易风险,容易引发争议和纠纷。

2. 外部性

外部性是指人们的经济行为有一部分利益不能完全排他性地归自己享有,或有部分成本不必自行负担,也可以将其称为外部效益或外部成本。[1] 外部性不是一个过程而是一种结果,是经济主体之间权利与义务的不对等所导致的利益失衡。外部性包括正外部性和负外部性,前者是一个经济主体在行使其权利时将可由自己行使的权利让渡给他人且没有对受让人施加任何义务的现象,后者是一个经济主体在行使其权利时将本应该由自己承担的义务施加给其他经济主体的现象。[2] 自然环境具有经济学特征,环境问题的基本经济特征是效益的公共性和外部性,与环境问题有关的外部性主要是生产和消费的负外部性。为了保证资源配置的有效性,需要对外部性进行治理。[3] 从环境法的角度分析,正外部性意味着行为主体在生产、经营和消费等活动中产生的环境利益并非由其排他享用,而是他人或社会同时无偿享用了该环境利益。在这种正外部性的情况下,可能产生对外溢利益提起补偿的请求权。如果行为主体产生的是环境损害且无偿转嫁给他人或社会,对此种负外部性则存在提起环境公益诉讼或救济的权利。

3. 公共财产

与公共财产相对应的私人财产具备两个属性,即排他性和非竞争性。环境和自然资源产权不确定,具有公共财产或公物法属性。当环境资源归属不明确或权益界定模糊时,个体使用环境资源具有非排他性和竞争性,容易发生争夺资源的冲突、过度开采等行为,使环境资源的管理和监督难以推进,相关当事人难以被追究环境破坏的责任,形成"公地悲剧",激化环境问题。哈丁的"公地悲剧"理论很好地描述了该问题。现代工业也存在类似情况。工业企业认为大气和水资源等都是社会的公共财产,企业可以自由排放污染物,为追求利益最大化而不考虑生态环境有限的自净能力,将产生的环境损害转嫁给全体社会成员分担,最终形成"环境公地悲剧"。因此,这就需要完善生态文明制度体系,通过法律途径来"反公地悲剧"。

(三)环境问题发生的法学机理

人类的行为和活动对环境产生了直接和间接的影响,这些环境影响可以是正面的,也可以是负面的,负面效应通常会引发环境问题。环境法对环境问题的调整遵循"环境行

---

[1] 参见张舜栋:《环境负外部性的环境法新解析》,载《河北环境工程学院学报》2021 年第 1 期。

[2] 参见胡元聪:《法与经济学视野中的外部性及其解决方法分析》,载《现代法学》2007 年第 6 期。

[3] 参见徐丹妮:《城市环境问题的外部性原因分析》,载《改革与开放》2013 年第 10 期。

为→环境问题→负面环境影响→环境损害（公害）”的控制链条。与其他学科不同的是，环境法主要关注和解决环境损害。

负面环境影响与环境损害之间存在密切的联系。负面环境影响是指对自然环境产生不利的各种现象和情况，环境损害则是由这些问题导致的实际损失或伤害。环境损害是环境侵害后果的一种，是环境侵害引起的以个人为主体的传统权益损害以外的“人类环境利益”的损害。环境损害的主体是人类，客体是人类环境利益，类型有自然的生态价值损害、资源价值损害、精神价值损害、生物多样性丧失、虐待生物等。[1]

负面环境影响和环境损害之间也存在区别，两者需求导向和解决方式不同。研究负面环境影响的目的是找到应对环境不良影响的预防策略，侧重于通过科学技术、行政措施解决。环境损害则侧重于在法律层面对环境利益的损失进行评估和救济，通过法律程序对环境利益开展救济和补偿，从而促进利益矫正和利益衡平。

三、环境问题的历史阶段

（一）采集狩猎文明阶段的环境问题

采集狩猎文明时代是人类历史上的第一个文明时代，也是人类文明史上经历最长的文明时代，从距今30万—25万年开始，持续了20多万年。由于人口数量少且生产力水平极其低下，人类被动地适应自然，面临原生环境问题的威胁，如火山爆发、地震、洪涝、干旱、台风、崩塌、滑坡、泥石流等。人类主要生产活动是采集和渔猎，这种获取生活资料的方式对生态系统损害很小，几乎不会引发环境问题。

（二）农业文明阶段的环境问题

从大约1万年前原始农牧业产生到近代工业革命前，人类在几千年里创造了光辉灿烂的农业文明。在农业文明阶段，自然处于主导地位，人类处于从属地位，人与自然基本和谐。随着农业的发展，人类利用和改造环境的力量增强，产生了相应的环境问题。在农业文明阶段，农业活动中盲目垦荒、规模浩大的工程建筑、人口大量增长以及长期的战乱等导致了比较严重的次生环境问题，其中农业文明早期“刀耕火种”的耕作方式对环境造成的影响最大。人类大量砍伐和焚烧森林（把焚烧森林的草木灰作为土地的肥料），开垦土地和草原，导致局部地区森林资源枯竭、草原面积锐减、水土流失严重，如我国的黄河流域。不合理的开垦、耕作、放牧和灌溉等活动，导致局部地区土壤侵蚀、沙化、盐碱化和绿洲消失，如美索不达米亚平原和楼兰古国。

（三）工业文明阶段的环境问题

从18世纪60年代工业革命到20世纪60年代前后，技术迅速变革，机器代替手工劳

---

〔1〕 参见徐祥民、巩固：《环境损害中的损害及其防治研究——兼论环境法的特征》，载《社会科学战线》2007年第5期。

动,电机、内燃机的发明和电力的广泛应用使生产力水平突飞猛进,生产方式发生巨变,在短短的200多年里,人类创造了璀璨的工业文明和制度文明,超过了过去几十万年中所取得的人类文明成果总和。在工业文明阶段,人类征服和改造自然的能力急剧增强,“人类中心主义”思想产生和膨胀,人类把自己当作自然的主人,以主宰者的身份凌驾于自然之上,人类与自然的对抗性空前增强。人类无限制地征服和改造自然,大大超出了自然的承受能力,引发了全球性的环境问题。

工业文明阶段的自然资源与生态破坏主要表现为土地资源破坏、森林资源破坏和生物多样性的破坏等。煤炭、石油等化石燃料的大量开采使用,造成了工矿区严重的土地资源和森林资源破坏。为了满足工业生产和城市居民的需要,人们大量开垦土地和砍伐森林来种植粮食,大量开发土地和水资源,将自然环境转化为能源和工业的支持系统,这种转化直接危及大批野生动植物的生存和繁衍,使大量动植物濒临或已经灭绝,导致生物链和生态平衡遭到破坏。

工业文明阶段的环境污染主要表现为大气污染和水污染。机器大工业对能源需求大幅增加,煤炭、石油等化石燃料逐渐成为主要能源,工业城市和工矿区的企业燃烧煤、石油等化石燃料造成了严重的大气污染。矿山冶炼、制碱、石化等工业造成了严重的水污染。在工业文明阶段,世界各地严重的环境污染事件层出不穷,其中包括比利时马斯河谷烟雾事件(1930年)、美国洛杉矶光化学烟雾事件(1943年)、美国多诺拉烟雾事件(1948年)、英国伦敦烟雾事件(1952年)、日本水俣病事件(1956年)、日本富山痛痛病事件(1955年)、日本四日市哮喘病事件(1961年)以及日本米糠油事件(1968年)等世界著名的“旧八大公害事件”。

(四)后工业文明阶段的环境问题

从20世纪60年代后期开始,人类开始从对环境的征服型、掠夺型和污染型的工业文明走向环境友好型、资源节约型、消费适度型的后工业文明,各国开始重视可持续发展和生态文明建设。以电子工程、遗传工程等新兴技术为基础的“信息革命”,使人类社会从工业社会发展到信息社会。新技术、新能源和新材料的发展和应用,一方面使人类利用和改造自然的能力、规模和程度大大提高,另一方面使人类保护环境的能力和效率日益提高。同时,人类开始对工业文明进行反思与批判,关注生态环境问题、协调经济发展与环境保护的关系和走可持续发展的道路等逐渐成了全人类的共识,现代环境保护从此起步,现代环境法开始诞生。

在这种文明背景下,环境问题呈现出新的特点,累积型环境问题、局部环境问题等得以缓解和遏制,但是由于污染物的长期积累和生态系统的逐渐破坏,加之环境问题演变具有显著的惯性和科学不确定性特征,环境问题仍然朝着全面化、全球化和突发化等方向发展演化。全面化和全球化突出表现为全球气候变化、臭氧层破坏、生物多样性破坏、土地沙漠化、酸雨、海洋污染和危险废物越境转移等。突发化主要表现为突发性环境污染和生态破坏事故时有发生,其中包括意大利塞维索化学污染事故(1976年)、美国三里岛核电站泄漏事故(1979年)、墨西哥液化气爆炸事故(1984年)、印度博帕尔毒气泄漏事故(1984年)、苏联切尔诺贝利核电站泄漏事故(1986年)和瑞士桑多兹化学公司莱茵河污染事故(1986年)等世界著名的"新八大公害事件"。

第三节　环境保护的学科发展

一、与环境保护相关的学科

环境法学是一门跨自然科学和社会科学的学科,有明显的交叉学科属性。环境法学的研究涉及环境科学、生态学、环境经济学、环境管理学和环境伦理学等其他自然科学和社会科学学科。其中,环境法与环境科学有很近的亲缘关系,环境科学的兴起对我国环境法的迅速发展起催化作用。环境法的体系、法律原则、法律规则和管理制度等要依据环境科学的研究成果和技术规范。研究解决环境问题的相关学科的不断发展,丰富和完善了环境法学独特的解释论和方法论,从而促进环境法学科体系的形成和完善。

(一)环境科学

环境科学(environmental science)是研究人类与环境系统的发生和发展、调节和控制、改造和利用的科学,目的在于研究人类经济社会活动引起环境系统变化的规律,及其对人类健康和社会经济发展的影响,探索调节、控制环境问题的有效途径和方法,以求得人类与环境的协调发展。环境科学可分为环境学、基础环境学与应用环境学。环境学着重研究人类活动对环境的影响过程和环境对人类的影响过程,研究人类改造、利用、保护和美化环境的一般原理。基础环境学包括环境数学、环境物理学、环境化学、环境生物学和环境地学等,主要研究环境变化中的物理、化学和生物机制。应用环境学包括环境法学、环境社会学、环境经济学、环境伦理学和环境管理学等,主要研究如何用法律、经济、管理和技术等手段解决环境问题。环境科学具有综合性、全球性和人文性等显著特点。[1]

(二)生态学

生态学(ecology)是研究生物与其生存环境相互关系的科学,是环境科学的基础理论之一。生态学在研究生物与环境的相互关系时,主要阐明生态因子对生物个体、种群、群落和生态系统的影响,以及生物对环境的适应和改造作用,揭示生物群落的组成、结构与发生的规律,研究生物在生态系统中能量的转化、物质循环、生态平衡、自然保持作用等。[2] 20

---

〔1〕 参见金炳华主编:《马克思主义哲学大辞典》,上海辞书出版社2003年版,第476－477页。

〔2〕 参见金炳华主编:《马克思主义哲学大辞典》,上海辞书出版社2003年版,第475页。

世纪 60 年代以后，生态学蓬勃发展，其定义由“研究生物体与其周围环境相互关系的科学”发展为“从生物与环境相互作用的视点研究生物多样性各种机理的科学”，[1]其研究内容也从单纯的生物生态学发展到关心人类未来的科学。近年来，生态学逐渐关注人类及其活动与自然和社会环境之间的相互关系，研究人体和人群的生理和心理生态健康、不同类型生产和生活活动的物质能量代谢过程的健康、区域自然和人文生态服务功能的健康，涉及从人类和动物公共卫生实践到自然资源保护、生态系统管理、城乡发展统筹规划等各个节点，以生态系统原则应对人类健康与可持续发展的挑战。

（三）环境经济学

环境经济学（environmental economics）是研究经济发展与环境保护之间相互关系的科学，目的在于研究经济发展与环境的相互作用规律以及相关管理理论、方法。它不仅研究如何合理地调节人与自然间的物质交换，使人们的经济活动与环境相协调、相平衡，兼顾近期的、直接的经济效益和长远的、间接的经济效益；而且研究经济活动的环境效益、生态效益，并使之转换为经济信息，反馈到国民经济的计划和管理中去，为正确制定社会经济发展战略与各项经济决策提供理论与方法依据。[2] 环境经济学主要包括环境政策经济学、国际环境经济和政策、空间环境经济学和宏观环境经济学等。[3]

1970 年前后，日益耗竭的资源和恶化的生态环境问题达到了阶段性峰值，各国频发的环境公害事件影响到了经济社会的发展，迫使人们不得不把放在发展经济上的关注力分出一部分去关注环境问题，这为环境经济学的兴起奠定了基础，出现了污染经济学、公害经济学和资源经济学等新的学科。1992 年，联合国环境与发展会议在里约热内卢召开，在人类环境保护与持续发展进程上迈出了重要一步，环境经济学学科也取得了较大发展。学者从构建经济—环境巨系统的角度出发，研究如何运用经济学理论、环境科学理论、资源学理论、生态学理论和社会学理论等来分析经济发展与环境保护的关系，并将数学模型、信息技术和人工智能等研究方法综合运用到学科问题的研究中，探索以何种方式协调经济再生产和资源环境再生产过程，如何确保经济发展中的生态平衡和社会发展，如何平衡经济发展规模与环境承载力等一系列问题，以使用最小的资源环境代价取得社会经济的持续发展。另外，效用函数、费用—效益分析、库兹涅茨曲线等研究也为环境经济学的发展提供了新的内容。[4]

（四）环境管理学

环境管理学（environmental management science）是利用人类的社会活动和环境相互影

---

〔1〕 参见达良俊：《生态学的发展》，载《绿色中国》2017 年第 13 期。
〔2〕 参见赵林如主编：《市场经济学大辞典》，经济科学出版社 1999 年版，第 555 页。
〔3〕 参见侯伟丽编著：《环境经济学》，北京大学出版社 2016 年版，第 23 – 26 页。
〔4〕 参见葛成军主编：《环境经济学》，中国农业大学出版社 2021 年版，第 7 – 10 页。

响的原理,通过行政、法律、经济、技术和教育等各种手段对人类活动施加影响,以协调社会经济发展同环境保护之间关系的学科。环境管理学不同于其他学科,没有一个独立完整的理论体系,而是借助其他学科的理论和方法开展环境管理工作,是环境科学体系中其他学科的综合与集成。1972 年联合国第一次人类环境会议之后,世界各国开始了本国环境管理的进程。环境管理最先就是以污染治理为主的"三废治理",即"以治代管"的环境管理。20 世纪七八十年代,使用技术、经济、教育等各种手段解决环境问题,出现了以"综合治理"为特征的"以管促治"的环境管理思想,环境管理工作得到全面发展。环境管理学的完善,不仅是中国环境保护事业发展的客观需要,更是全球环境保护事业发展的需要。[1]

(五)环境伦理学

环境伦理学(environmental ethics)是应用伦理学的一个分支,是关于人类社会与自然环境的相互关系的道德理论。也就是说,环境伦理学是立足于伦理学的根本原则,"系统地阐释有关人类和自然环境间的道德关系的研究"的一门学科。[2] 传统伦理学主要关注人与人之间的道德关系,是人际伦理学。环境伦理学思考人与自然的关系,即"自然对人类的意义与价值,人类对自然的权利与义务,人类的全球性生存问题以及由此引起的人类对后代的道德责任问题"[3]。20 世纪中叶以后,西方开始出现强劲的以文化反思、价值批判为核心主题的"绿色浪潮"回应生态危机。西方环境伦理学由此产生,它不是一种纯粹的思想冲动或逻辑演绎的结果,而是环境保护运动催生出的思想结晶。1923 年,德国思想家、医生阿尔贝特·施韦策出版《文明和伦理学》一书,提出一个涉及一切生物的道德原则——敬畏生命,并认为贯彻这条原则对于保全文明是至关重要的。美国自然保护主义者奥尔多·利奥波德在《大地伦理学》(1933 年)和《沙乡年鉴》(1949 年)等著述中主张将伦理学的道德规范从调节人与人的关系扩展到调节人与大地共同体之间的关系,把道德权利赋予动物、植物、土壤、水域和其他自然界实体,确认它们在一种自然状态中持续存在的权利。总体上看,环境伦理研究的主要共识在以下几个方面:都将实现人与自然的和谐作为根本的价值导向,都强调人与自然的关系是一种道德关系,都主张强化人对大自然的责任和义务等。

二、相关学科的重要理论

(一)外部性经济理论

20 世纪 50 年代至 70 年代,强制性环境治理手段的引入都是基于外部性经济理论。该理论的主要代表是庇古和科斯。一是庇古的"庇古税"理论。庇古首次用现代经济学的方

[1] 参见侯伟丽编著:《环境经济学》,北京大学出版社 2016 年版,第 23－26 页。
[2] 参见[美]戴斯·贾丁斯:《环境伦理学》,林官明、杨爱民译,北京大学出版社 2002 年版,第 12 页。
[3] 宋希仁、陈劳志、赵仁光主编:《伦理学大辞典》,吉林人民出版社 1989 年版,第 619 页。

法从福利经济学的角度系统地研究了外部性问题,他在马歇尔的“外部经济”概念基础上扩充了“外部不经济”的概念和内容,将外部性问题的研究从外部因素对企业的影响效果转向企业或居民对其他企业或居民的影响效果。庇古认为外部性问题产生的原因在于市场失灵导致资源配置无法达到最优状态,解决外部性问题需要政府采用强制性的规制工具,即通过法律、法规和标准对环境负外部性进行直接干预。庇古认为,征税和补贴就可以实现外部效应的内部化,具体来说,就是对边际私人成本小于边际社会成本的部门实施征税,即存在外部不经济效应时,向企业征税;对边际私人收益小于边际社会收益的部门实行奖励和津贴,即存在外部经济效应时,给企业以补贴。二是科斯的“科斯定理”。新制度经济学奠基人科斯在其著作《社会成本问题》中对庇古税进行了批判,认为如果交易费用为零,无论权利如何界定,都可以通过市场交易和自愿协商达到资源的最优配置;如果交易费用不为零,制度安排与选择就是重要的。也就是说,解决外部性问题可能可以用市场交易形式即自愿协商替代庇古税手段。科斯定理进一步巩固了经济自由主义的根基,并将庇古理论纳入自己的理论框架。随着20世纪70年代环境问题的日益加剧,市场经济国家开始积极探索实现外部性内部化的具体途径,科斯理论随之被投入实际应用,如环境保护领域排污权交易、碳交易制度。科斯理论的成功实践进一步表明,“市场失灵”并不是政府干预的充要条件,政府干预并不一定是解决“市场失灵”的唯一方法。

(二)协同理论

协同理论(synergetics)亦称“协同学”或“协和学”,是20世纪70年代以来在多学科研究基础上逐渐形成和发展起来的一门新兴学科,是系统科学的重要分支理论。1971年,物理学家哈肯(Hermann Haken)提出协同的概念,强调在复杂开放的非平衡状态下的环境系统中,为实现企业内部与外界进行有效的物质交换和能量交换,企业内部应当怎样通过内部产生的协同效应和自组织效应形成一种有序结构,这种有序结构既包括时间上和空间上的有序,也包括功能上的有序。1976年哈肯发表的《协同学导论》一书系统地论述了协同理论,主要内容包括协同效应、自组织原理和伺服原理。协同理论属于自组织理论的范畴,其使命并不仅仅是发现自然界中的一般规律,还在无生命自然界与有生命自然界之间架起了一道桥梁,试图把无生命自然界和有生命自然界统一起来,发现它们存在的共同本质规律。协同论所揭示的结构形成的一般原理和规律,为探索复杂性事物的演化发展规律提供了新的原则和方法。协同理论被广泛应用于各种不同系统的自组织现象的分析、建模、预测以及决策等过程中,如物理学领域中流体动力学模型的形成、化学领域中的各种化学波和螺线的形成、经济学领域中的城市发展和社会学领域中的舆论形成模型等。

(三)环境正义理论

早在20世纪初期及中期,许多环境主义者就常以“正义”概念来形容人类对自然的作为,尤其是以“不正义”来针对人类对环境造成破坏,从而引发环境伦理学的产生。但是,现代环境正义的概念与此不同,出现于20世纪末的美国公众环境保护运动,即反对有毒废弃物运动和反对环境种族主义运动。环境正义由环境种族主义、环境平等(或环境公正)等观念发展和演变而来。[1] 环境正义的核心在于寻求环境利益与环境负担在分配上的平等,实现环境利益和环境负担的公平分配。环境利益是环境对人的需要的满足,是指在满足大多数人需要的同时保护和优化生态系统,保持生态生产力可持续运行能力,以满足全人类整体和长远需要的效益;环境负担则是指环境在经济、健康和心理等方面给人带来的不良影响,如环境污染造成的人身伤亡、财产损失等。环境正义理论在环境法中的应用体现在人与自然和谐共处原则、可持续发展原则、代际公正原则和种际正义原则当中。

(四)环境资源价值理论

环境资源价值是指环境资源本身的存在价值并且包括其对生产或消费所有的贡献能直接满足或间接支持生产或消费活动的获益的价值。环境资源价值理论是构建在效用价值理论基础之上的。根据这一理论,效用是价值的源泉,价值取决于效用、稀缺两个因素,前者决定价值的内容,后者决定价值的大小。在市场经济条件下,市场价格能否充分反映环境资源的稀缺性,引导环境资源进行有效配置,是西方经济学家研究环境价值问题的核心内容。由于在环境资源的内涵、环境资源的稀缺性对经济发展的影响以及市场功能等问题认识上的不同,环境资源价值理论研究经历了从市场供求关系决定环境资源的价值,到根据外部性理论估算环境资源价值的机制,再到应用可持续发展原理评估环境资源价值的发展过程。

20世纪80年代以后,随着可持续发展思想的广泛传播,越来越多的环境经济学家对环境资源的经济价值进行了深入探讨,其中皮尔斯提出的观点较具代表性。他认为,环境资源的总经济价值由使用价值和非使用价值组成。使用价值可分为直接使用价值和间接使用价值,非使用价值可分为选择价值、存在价值和遗传价值。直接使用价值是指环境资源直接满足人们生产和消费需要的价值。间接使用价值是指人们从环境资源获得的间接效益,如森林的水源涵养、水土保持等功能。选择价值是指人们为了保存或保护某一环境资源,以便将来用作各种用途所愿支付的数额。存在价值与现在的使用或未来的使用无关,是人们对某一环境资源存在而愿意支付的金额,代表人们对环境资源价值的一种道德上的评判,包括人类对其他物种的同情和关注。遗传价值是指为后代人保留的使用价值或非使用价值的价值,它与存在价值相似,也是人们希望为未来保留的财产的选择。

三、环境法学与法学其他学科的关系

环境法学之于传统法学学科,既有继承和综合,又有超越和升华。环境法学没有脱离传统各部门法学的理论框架,其他部门法学理论均曾从不同角度影响了环境法学。

法律对环境问题的控制经历了从事后补救的污染损害的民事权益侵害到事先预防的

---

[1] 参见戴小俊:《环境正义的理论诠释与践履路径》,载《社会科学家》2022年第10期。

行政规制方法的应用的阶段转换。在此过程中,行政、民事和刑事法律适用的交叉,经济、社会与技术政策的引入,国家环境义务和公民环境权利的提倡以及环境伦理与自然哲学的升华等,为环境法成为部门法提供了条件。

环境法对传统法学的贡献首先是方法论上的创新。基于价值追求的不同,环境法积极吸收和应用生态学、经济学、医学、伦理学、社会学、政治与行政学以及传统法学的理论成果,这种兼容并蓄的方法使环境法发现的问题和得出的结论往往令人耳目一新,关于这一点,本教材会深入阐述。环境法所形成的一套相对新颖和完整的知识体系和学科体系,激发其他法学学科反思自己的法教义学与部门法方法论并与时俱进。

第四节 中国环境保护战略演变

一、初创时期的环境保护战略(1949—1971年)

中华人民共和国成立伊始,国家的主要任务是尽快建立独立的工业体系和国民经济体系,加上当时人口相对较少,生产规模不大,环境容量较大,整体上经济建设与环境保护之间的矛盾尚不突出,所产生的环境问题大多是局部的生态破坏和环境污染,尚属局部性的可控问题,未引起重视,没有形成对环境问题的理性认识,也没有提出环境战略和政策目标。尽管政府提出了"厉行节约、反对浪费、勤俭建国"的方针,倡导了"爱国卫生"和"除四害"等运动,但主要是面对当时物质匮乏、环境污染威胁到人的生存时的本能反应,并不是有目的地解决环境污染问题。[1] 该阶段只是在水土保持、森林和野生生物保护等一些相关法规中提出了有关环境保护的职责和内容,包含了一些原始性的环境保护要求。这一时期的国民经济建设开始出现一些环境保护萌芽,但总体上是一个非理性的战略探索阶段。"一五"时期,工业建设布局将工业区和生活区分离,建设以树林为屏障的隔离带,减轻工业污染物对居民的直接危害。"大跃进"期间,"大炼钢铁"导致"三废"放任自流,污染迅速蔓延,乱挖滥采矿产资源导致植被、地貌、景观、生物资源遭受劫难,生态破坏矛盾凸显。"文化大革命"时期,在"破除一切封、资、修""抓革命,促生产""备战备荒"的理念下,中国的环境污染和破坏迅速蔓延,环境问题由发生期上升到爆发期。[2] 在工业建设方面,重数量,轻质量,不讲究经济效益,不重视技术革新,不注意合理布局,导致了资源、能源的大量浪费和环境的严重污染;在城市建设方面,城市规划废弛,建设布局混乱,忽视基础设施,忽视清洁能源,使城市环境问题更为尖锐;在农业生产方面,片面强调"以粮为纲",毁林、毁牧和围湖造田,导致了生态环境的恶性循环。[3]

---

〔1〕 参见王金南等:《中国环境保护战略政策70年历史变迁与改革方向》,载《环境科学研究》2019年第10期。
〔2〕 参见吕忠梅:《〈环境保护法〉的前世今生》,载《政法论丛》2014年第5期。
〔3〕 参见张坤民:《中国环境保护事业60年》,载《中国人口·资源与环境》2010年第6期。

二、作为基本国策的环境保护战略(1972—1992 年)

该时期我国环保意识从启蒙期逐步进入初步发展阶段,提出“环境保护是基本国策”,确立了环境保护三大政策和八项管理制度。

从“文化大革命”以阶级斗争为纲到改革开放以经济建设为中心时期,乡镇企业不断发展壮大,环境保护工作没有及时跟上经济发展形势,对乡镇企业的环境污染监管处于失控状态,所造成的环境问题十分严重。例如,1972 年发生的大连湾污染事件、蓟运河污染事件、北京官厅水库污染死鱼事件,以及松花江出现类似于日本水俣病的征兆。1972 年 6 月 5 日,联合国第一次人类环境会议在瑞典斯德哥尔摩召开,在周恩来总理的关心推动下,我国派代表团参加了会议。参会期间,中国与会者在了解世界环境污染严重性的同时,发现中国环境问题已相当严重,自然生态的破坏情况较为恶劣,并且了解到环境问题会对经济社会发展产生重大影响。这次会议促使中国政府对环境问题予以关注。1973 年,第一次全国环境保护会议召开,拉开了环境保护工作的序幕。之后一段时期内,环境保护在我国的社会经济发展中的地位和作用不断提升。1974 年 5 月,首个国家级环保机构——国务院环境保护领导小组办公室成立,以中国政府名义加入联合国环境规划署,中国成为该署理事会的 58 个成员之一。1982 年,国家设立城乡建设环境保护部,内设环境保护局,结束了“国务院环境保护领导小组办公室”近 10 年的临时状态。1984 年 12 月,城乡建设环境保护部的环境保护局改为国家环境保护局,仍隶属城乡建设环境保护部,同时是国务院环境保护委员会的办事机构。1988 年,设立了直属国务院的国家环境保护局,自此环境管理机构成为国家的一个独立工作部门开始运行。

1973 年,第一次全国环境保护会议通过了中国首部环保规范性文件《关于保护和改善环境的若干规定(试行草案)》,确立了“全面规划、合理布局、综合利用、化害为利、依靠群众、大家动手、保护环境、造福人民”的 32 字环保方针。1979 年 9 月,我国第一部环境法律《环境保护法(试行)》(已失效)颁布,明确规定了环境影响评价、“三同时”和排污收费等基本法律制度,标志着我国环境保护开始步入依法管理的轨道,为实现环境和经济社会协调发展提供了法律保障。1981 年,国务院发布《关于在国民经济调整时期加强环境保护工作的决定》,提出了“谁污染谁治理”的原则。1982 年,国务院颁布了《征收排污费暂行办法》(已失效),排污收费制度正式建立。1982 年,国家计划委员会第一次把环境保护正式纳入国家“六五”计划,将环境保护列为一个独立的篇章,规定了计划期内的六项指标,同时规定了环境保护的主要任务和主要对策。1983 年,第二次全国环境保护会议明确提出环境保护是一项基本国策,使环境保护从边缘地位转移到中心位置。1989 年 4 月底,第三次全国环境保护会议系统地确定了环境保护三大环境政策和八项管理制度,即环境管理要坚持预防为主、谁污染谁治理和强化环境管理的三大环境政策,以及“三同时”制度、环境影响评价制度、排污收费制度、城市环境综合整治定量考核制度、环境目标责任制度、排污申报登记和排污许可证制度、限期治理制度和污染集中控制制度的八项管理制度。这些政策和制度,先以国务院政令颁发,后上升为各项污染防治的法律法规在全国实施,构成了一个较为完整的"三大环境政策和八项管理制度"体系,有效遏制了环境状况更趋恶化的形势。

三、可持续发展的环境保护战略(1992—2000年)

之所以把1992年至2000年这9年作为一个阶段看,是因为1992年是我国由计划经济向市场经济转轨的一年,也是中国环保历程中环境污染加剧和规模治理的时期,是以总量控制为核心的环境保护制度开始落实和完善的时期。

1992年在巴西召开的联合国环境与发展大会提出了可持续发展的理念,通过了《21世纪议程》,中国作为发展中国家参加了该会。1992年8月,中共中央、国务院颁布了《中国环境与发展十大对策》,明确提出实施可持续发展战略。1994年3月,国务院审议通过了《中国21世纪议程》,明确了中国实施可持续发展战略的国家行动计划和措施。[1] 1996年3月,八届全国人大四次会议批准《国民经济和社会发展"九五"计划和2010年远景目标纲要》,将可持续发展作为一条重要的指导方针和战略目标,并明确作出了中国今后在经济和社会发展中实施可持续发展战略的重大决策。2003年10月,党的十六届三中全会通过的《中共中央关于完善社会主义市场经济体制若干问题的决定》,提出了"五个统筹"和坚持以人为本,树立全面、协调、可持续的发展观,可持续发展战略正式成为国家主导发展战略。[2]

1993年,全国人大设立环境保护委员会,1994年更名为环境与资源保护委员会,全国政协也在1998年相应设立了人口资源环境委员会。各省、市、区也都相继建起相应的机构,在国家各级管理层面上,环境保护得到了重视。[3] 1998年,国家将副部级的国家环境保护局提升为正部级的国家环境保护总局,国务院环境保护委员会的职能、分散在电力工业部等各工业行业主管部门的污染防治职能并入国家环境保护总局。

1992年邓小平南方谈话掀起的新一轮大规模经济建设,加之20世纪80年代全国乡镇企业的无序发展,致使中国环境污染非常严重。[4] 因此,20世纪90年代前期我国环境保护的重点仍是污染控制。1998年,长江发生特大洪灾,这使全国上下深切地认识到大力保护自然生态的紧迫性,为此实施了一系列政策措施:全面停止长江、黄河上中游的天然林的采伐;把生态恢复与建设列为西部大开发的首要措施;制定实施了"退耕还林(草)、封山绿化、以粮代赈、个体承包"的政策;等等。这标志着中国环境政策发生了历史性转折,环境保护重点从偏重污染控制转变为污染控制与生态保护并重。[5]

在此阶段,国际国内环境立法的"生态环境"出现了重大变化,尤其是在立法理念、立

---

[1] 参见解振华:《中国改革开放40年生态环境保护的历史变革——从"三废"治理走向生态文明建设》,载《中国环境管理》2019年第4期。

[2] 参见张连辉、赵凌云:《1953—2003年间中国环境保护政策的历史演变》,载《中国经济史研究》2007年第4期。

[3] 参见曲格平:《中国环境保护四十年回顾及思考(回顾篇)》,载《环境保护》2013年第10期。

[4] 参见曲格平:《中国环境保护四十年回顾及思考(回顾篇)》,载《环境保护》2013年第10期。

[5] 参见张坤民:《中国环境保护事业60年》,载《中国人口·资源与环境》2010年第6期。

法宗旨的价值取向上发生了根本性变革。在国际上,明确提出对现行法律进行评估和制定新的符合可持续发展要求的法律,可持续发展及其要求得到了世界各国的广泛认同与接受。在中国,“实行依法治国,建设社会主义法治国家”的治国方略正式被载入《宪法》(1999 年修正)。

四、环境友好型的环境保护战略(2001—2012 年)

2001 年 12 月,我国加入世界贸易组织(WTO),随后 2002—2012 年,经济高速增长,重化工业加快发展,给环境保护带来了前所未有的压力。这是中国环境保护最为艰巨的 11 年,尽管中国政府不断加大减排力度,并辅之以市场化手段,控制主要污染物的排放,但环境质量并没有随之好转,污染事故仍然此起彼伏,由此引发的公众事件频繁发生。

党的十六大以来,党中央、国务院提出了树立和落实科学发展观、构建社会主义和谐社会、建设资源节约型和环境友好型社会等新思想、新战略、新举措。2003 年,党的十六届三中全会审时度势,明确提出了与可持续发展旨趣一致的科学发展观,要求“坚持以人为本,树立全面、协调、可持续的发展观,促进经济社会和人的全面发展”。2005 年 3 月 12 日,胡锦涛同志在中央人口资源环境工作座谈会上提出,要“努力建设资源节约型、环境友好型社会”。2005 年 10 月,党的十六届五中全会提出要加快建设资源节约型、环境友好型社会,并首次把建设资源节约型和环境友好型社会确定为国民经济与社会发展中长期规划的一项战略任务。2005 年年底,国务院发布了《关于落实科学发展观加强环境保护的决定》,把建设环境友好型社会的任务落实到了具体制度建设的层次上,并要求“弘扬环境文化,倡导生态文明”。2006 年 3 月,国家发布“十一五”规划,设立了“建设资源节约型、环境友好型社会”专篇,提出了具体的建设目标和要求。2007 年党的十七大一致同意将科学发展观写入党章。自此,科学发展、生态文明、资源节约和环境友好成为衡量我国经济和社会是否科学发展、发展是否和谐的重要判断标准。2011 年 12 月,第七次全国环境保护大会提出要坚持在发展中保护、在保护中发展,积极探索环境保护新道路。

在环境友好型战略驱动下,这一时期环境监管和政策管理整体能力进一步提升。2008 年 3 月,国家环境保护总局升格为环境保护部,并组建华东、华南、西北、西南、东北和华北六大区域环境保护督察中心。在实行总量控制、定量考核、严格问责的同时,多种政策综合调控开始受到重视,从主要用行政办法保护环境转变为综合运用法律、经济、技术和必要的行政办法解决环境问题,政策体系基本成型。《大气污染防治法》《水污染防治法》等法律法规适应新形势再次进行修改,《清洁生产促进法》《环境影响评价法》《放射性污染防治法》《循环经济促进法》相继出台。2007 年,中央财政预算账户首次设立“211 环境保护”科目,在财政预算账户里开始有了环保户头。排污权交易、生态补偿、绿色信贷、绿色保险和绿色证券等环境经济政策试点启动并逐步落地实施。[1]

---

〔1〕 参见常纪文:《三十年中国环境法治的理论与实践》,载《中国地质大学学报(社会科学版)》2009 年第 5 期。

五、生态文明时代的环境保护战略(2013年至今)

自2013年党的十八届三中全会召开以来,以习近平同志为核心的党中央把生态文明建设摆在治国理政的突出位置。党的十八大通过的《中国共产党章程(修正案)》把"中国共产党领导人民建设社会主义生态文明"写入党章,这是国际上第一次将生态文明建设纳入一个政党特别是执政党的行动纲领和党内法规。党中央把生态环境保护放在经济建设、政治建设、文化建设、社会建设和生态文明建设"五位一体"的总体布局中统筹考虑,生态环境保护工作成为生态文明建设的主阵地和主战场,环境质量改善逐渐成为环境保护的核心目标和主线任务,环境战略政策改革进入加速期。2015年4月,《关于加快推进生态文明建设的意见》对生态文明建设进行全面部署。2015年9月,党中央、国务院印发《生态文明体制改革总体方案》,提出到2020年构建起系统完整的生态文明制度体系。随着生态文明建设纳入"五位一体"国家发展战略,环境法已经成为新时代中国特色社会主义法律体系不可或缺的重要组成部分。

2018年3月,十三届全国人大一次会议通过了《宪法修正案》,把生态文明和美丽中国写入《宪法》(2018年修正),这为生态文明建设提供了国家根本大法遵循。2018年5月召开的第八次全国生态环境保护大会正式确立了习近平生态文明思想,这是我国生态环境保护历史上具有里程碑意义的重大理论成果,为环境战略政策改革与创新提供了思想指引和实践指南。习近平生态文明思想已经成为指导全国生态文明、绿色发展和"美丽中国"建设的指导思想,在国际层面也提升了世界可持续发展战略思想。

这一阶段围绕全面建成小康社会目标建设,改善环境质量成为环境保护工作的核心,也是响应社会的迫切需求,环境政策改革呈现了前所未有的巨大进展,环境法治体系向系统化和纵深化发展。2014年4月,我国《环境保护法》修订,贯彻了《中共中央关于全面深化改革若干重大问题的决定》提出的"建设生态文明,必须建立系统完整的生态文明制度体系,实行最严格的源头保护制度、损害赔偿制度、责任追究制度,完善环境治理和生态修复制度,用制度保护生态环境"的精神,回应了社会对"美丽中国"的殷切期待,被称为史上最严厉的环境保护法律。[1] 随后,《大气污染防治法》《水污染防治法》等相继完成修改。2017年,十二届全国人大五次会议通过的《民法总则》(已失效)第9条规定,"民事主体从事民事活动,应当有利于节约资源、保护生态环境",确立了民事活动的"绿色原则",2021年1月开始实施的《民法典》在物权编、侵权责任编和人格权编中,都对这一原则有相关的制度安排。2017年,十二届全国人大常委会第二十八次会议通过《关于修改〈中华人民共和国民事诉讼法〉和〈中华人民共和国行政诉讼法〉的决定》,确立了包括环境公益诉讼在内的检察公益诉讼制度。[2] 《土壤污染防治法》(2018年公布)、《环境保护税法》(2018年修正)等也先后制定(修改)并实施,我国基本形成了较为完整的生态环境保护法律体系,

---

〔1〕 参见吕忠梅:《〈环境保护法〉的前世今生》,载《政法论丛》2014年第5期。

〔2〕 参见吕忠梅、吴一冉:《中国环境法治七十年:从历史走向未来》,载《中国法律评论》2019年第5期。

开始成为世界生态文明建设的引领者。[1]

环境监管体制改革取得重大突破。2015 年 7 月,建立并实施中央环境保护督察制度,以中央名义对地方党委政府进行督察。2015 年 10 月,党的十八届五中全会明确提出实行省以下环保机构监测监察执法垂直管理制度。2018 年 3 月 17 日,十三届全国人大一次会议批准《国务院机构改革方案》,组建生态环境部,统一实行生态环境保护执法。如此高规格、高强度的环境执法史无前例。环境经济政策改革加速,明确了建立市场化、多元化生态补偿机制改革方向,补偿范围由单领域补偿延伸至综合补偿,跨界水质生态补偿机制基本建立,全国共有 28 个省级行政区开展排污权有偿使用和交易试点;出台了国际上第一个专门以环境保护为主要政策目标的环境保护税。

2017 年,党的十九大报告提出了新时代生态文明建设的宏伟蓝图和实现"美丽中国"目标的战略安排,2035 年实现生态环境根本好转、"美丽中国"目标基本实现。2022 年 10 月 16 日,党的二十大报告将"人与自然和谐共生的现代化"上升到"中国式现代化"的内涵之一,再次明确了新时代中国生态文明建设的战略任务,总基调是推动绿色发展,促进人与自然和谐共生。[2] 2023 年 12 月 27 日,《中共中央、国务院关于全面推进美丽中国建设的意见》正式发布,对新时代新征程全面推进美丽中国建设作出系统部署。

思考题

1. 论述环境、资源、生态三者的联系与区别。
2. 从不同的学科角度论述环境问题的发生机理。
3. 论述环境法学与其他学科的关系。
4. 概述中国环境保护战略的演变过程,并分析不同阶段的主要特点及其背后的社会经济因素。

进阶研习推荐文献

1. 姜春云主编:《拯救地球生物圈——论人类文明转型》,新华出版社 2012 年版。
2. 宣兆凯:《环境伦理走向实践的路径探索——建构以环境保护机制效能为取向的环境伦理》,载《北京师范大学学报(社会科学版)》2005 年第 4 期。
3. 吕忠梅:《生态环境法典中的"环境污染"概念辨析》,载《政法论丛》2024 年第 2 期。
4. 巩固:《环境法典基石概念探究——从资源、环境、生态概念的变迁切入》,载《中外法学》2022 年第 6 期。
5. 杜辉:《生态环境法典中公私融合秩序的表达》,载《法学评论》2022 年第 6 期。

---

[1] 参见解振华:《中国改革开放 40 年生态环境保护的历史变革——从"三废"治理走向生态文明建设》,载《中国环境管理》2019 年第 4 期。

[2] 参见王金南等:《中国环境保护战略政策 70 年历史变迁与改革方向》,载《环境科学研究》2019 年第 10 期。

第一章 环境法的概念、价值和目的

环境法的概念、价值和目的是构建和优化环境法律体系的逻辑基石。本章在介绍环境法概念和特征的基础上，进一步分析环境法的价值理念和价值目标，以及环境法的目的体系。结合中国独特国情与全球先进实践，"天人合一"思想、可持续发展思想、习近平法治思想和习近平生态文明思想共同构筑了环境法的价值理念体系。秩序、安全、正义、民主则构成了环境法追求的价值目标。在生态文明建设和美丽中国愿景的双重推动下，环境法目的体系可解释为"1+3"方面的内容，即一个基本目的——促进人与自然和谐共生，以及三个具体目的——"同一健康"、可持续发展和生态安全。

第一节 环境法的概念和特征

一、环境法的称谓及定义

环境法在不同国家和不同时期有不同的称谓。在美国，管理和控制环境问题的政策法和行政法统称为"环境法"。在冷战时期，西欧很多国家称为"污染控制法"；苏联以及原东欧社会主义国家称为"自然保护法"；俄罗斯则称为"生态法"；日本在早期称为"公害法"或"公害对策法"。在我国，因为环境法始于"三废"治理，又借鉴国际社会的术语，早期称为"环境保护法"；后来用"环境资源法""环境法"等术语，涵盖保护和改善环境、防治污染和环境破坏、合理开发与保护自然资源等内容。需注意，环境法的正式学科名称是"环境与资源保护法学"，俗称有"环境资源法学""环境法学"等。[1]

环境法是调整防治环境污染和公害、保护自然生态环境、合理开发利用与保护自然资源等活动的法律规范总称，是一个融环境污染法、自然资源法和自然生态环境保护法为一

[1] 中国环境法学学科肇始于20世纪80年代，1981年，国务院学位委员会批准武汉大学设立环境法学硕士学位授权点是其产生的重要标志。1994年，全国人大设立环境与资源保护委员会。1997年，国务院学科评定委员会将环境法与自然资源法整合为法学二级学科"环境与资源保护法学"。2018年，教育部高等学校教学指导委员会发布《普通高等学校法学类本科专业教学质量国家标准》，将环境资源法作为法学专业核心课程"10+X"分类设置模式中的X之一。2024年，中国学位与研究生教育学会官网发布《研究生教育学科专业简介及其学位基本要求（试行版）》，将环境与资源保护法学列为法学一级学科的二级学科。

体的独立的法律部门。[1]

二、环境法的特征

相较于传统法律学科，环境法学具有明显的自然科学和社会科学交叉渗透的特点，并呈现出以下突出特征。

（一）调整对象的双重性

传统法学认为法律调整的对象是法律关系，法律关系是一种法律规定的权利、权力和义务关系，这种关系是人与人之间的社会关系。从传统法学视角出发，环境法律关系最鲜明的特色在于其具有间接性——主体间因为有环境介质才能形成法律关系。环境法律主体间的社会关系以环境为媒介而形成，某一主体的行为先作用于环境，经过环境的迁移转化后再对利用环境的其他主体产生作用，进而形成两个主体间以环境为媒介的社会关系。以这种间接社会关系为特征而形成的环境法律关系必然也会遵循"人—环境—人"的间接关系模式。比如，在大气污染损害法律关系中，排污者向空气中排放污染物，其行为并不直接针对任何人，但是生活在一定范围内的人因为呼吸被污染的空气，身体健康受到损害。尽管环境法律关系普遍以环境为中介，存在间接关系特性，但法律作为生产关系中的上层建筑，是一种行为规范，所调整的仍然是人与人之间的社会关系。[2] 因此，从法的属性来看，环境法调整以环境为媒介的人与人之间的社会关系。

如果从环境法的特质出发，环境法直接调整人与自然的关系。环境法产生的根本原因是传统法所维系的社会价值缺少对生态环境的根本性关照和相关制度设计。一个缺少对生态环境根本性关照的价值共识即便在全社会得到贯彻与实现，也无法真正回应现实的环境危机。因为仅从人与人之间的主观价值世界出发，无法充分回应客观现实世界的实际需求。例如，达标排放是正确的，但即使所有企业都遵循达标排放的价值和行为要求，也并不必然实现生态环境良好，甚或因为排污标准过低导致法律目标和制度预期落空。在此，排污标准是否过低并非价值判断，而是一种客观事实判断。环境法产生于人类社会对环境危机的回应，其必然将解决环境危机这类"客观"问题作为法正当性、有效性的主观评价标准。[3] 这是中国学者提出环境法调整人与自然关系的最根本原因，该观点要求环境法的调整对象突破人域关系而走向人与自然关系。人与自然的关系并非人与人关系的中介或者内容，而是对人与人关系起决定性作用的目标和评价标准。但人与自然关系的调整最终要通过人的行为调整、人与人的社会关系调整来实现。因此，环境法从"法"属性角度看，

---

[1] 参见杜群：《可持续发展与中国环境法创新——环境法概念的复元和范畴的重界》，载《北京师范大学学报（人文社会科学版）》2001年第3期。

[2] 参见吕忠梅：《环境法律关系特性探究》，载《环境法评论》2018年第1期。

[3] 参见杜寅、高颖：《从还原论、整体论到系统论：环境法学方法立场的省思》，载《贵州大学学报（社会科学版）》2021年第2期。

其调整的是人与人的关系，而从“环境”二字的特质角度看，其调整的是人与自然的关系，其在价值目标和评价标准上区别于传统部门法。

（二）调整社会主体的代际性

由于环境利益享受与环境保护责任承担在时间轴上存在相互背离的趋势，可以看到代际的某种紧张关系，需要环境法从代际公平的角度进行持续不断的长期性调整。例如，林业从业者对森林进行管理，采伐森林之后在原地植树，从而再次培育森林，其合理管理的成果可让当代人享受充满生机的美丽森林景色。如果当代人为了获得木材资源而过度砍伐森林，后代人所面对的有可能就是林木衰败的自然环境。如果当代人不承担砍伐森林后进行恢复性植树的责任，那留给子孙后代的将是光秃秃的荒山。良好的自然环境在前代人积极保护和自我约束的基础上形成，最终由子孙后代来享受。由此可见，环境保护责任的承担和环境利益的享受在时间轴上出现了背离的现象。这种背离现象主要存在于聚集型环境污染、全球气候变化、核安全等领域，出现了代际利害关系的对立。[1]

环境法旨在消除这种代际利害关系上的对立，要求当代人把环境利益享受与自然资源、生态环境保护融为一体，将良好的环境传承给子孙后代。因此，世界各国环境法大多将后来人的利益保护作为立法之目的。例如，我国《环境保护法》（2014 年修订）的立法目的包括“促进经济社会可持续发展”，其中包含了对后代人利益的考虑。由于后代人的利益是尚未具体存在的国民利益，其享有主体也尚未具体存在，所以后代人自己无法对其利益进行主张。因此，需要将后代人的环境利益定位于抽象性的公共利益，并由国家公权力予以保护。

（三）调整社会行为的科技性

环境法律具有浓厚的科技性，这是它不同于其他法律部门的基本特征。但这并不意味着其他法律部门没有科技性，而是科技性对环境法运作和发展发挥着更多的支配性、决定性作用。在传统部门法领域，公众认知、科技下的因果关系与价值判断高度一致，导致科技性被价值判断遮盖。在环境法领域，环境法所调整的行为活动高度复杂，需利用科学和技术以预测和调整人类环境利用行为所导致的人与人、人与自然之间的不良后果甚至不可知的风险，并依据自然规律确立行为模式和法律后果模式。

环境法的科技性主要表现在以下两方面：

第一，科学技术深入影响环境法的价值判断。科学技术探究的是自然规律的客观必然性，面对的是客观世界，而法律调整的是价值，追求的是人的主观价值合理性。前者聚焦真假，后者着重对错。在环境法领域，科学技术下的真与假成为判断是非对错的重要标准。

---

〔1〕 参见［日］黑川哲志：《从环境法的角度看国家的作用及对后代人的责任》，王树良、张震译，载《财经法学》2016 年第 4 期。

例如,温室气体排放是否会导致气候变暖的判断是低碳相关立法正当性的前提。

第二,根据科学技术以及科学推理的结论确定行为模式和法律后果。科学技术不仅指现在已知的知识及其建议的内容,还包括在科学的不确定范围内预测和评价风险的方法。由于一环境事务的"解决"可能转而引起另一新的环境问题,所以环境法特别关注原因行为与后果行为的科技关联性。为此,环境法律规范要依据科学原理对可能影响环境、造成环境损害的行为模式预设义务,避免可预测的不良后果的发生。例如,环境影响评价制度、环境标准制度、限期淘汰落后生产工艺设备制度等。这是环境法科技性的明显标志。

(四)调整利益的公益性

环境法所保护的是作为公共物品的环境,它是人类生存、经济发展、社会繁荣的物质基础。整体环境不可能为某个阶级、阶层或者个人所独占,因而作为公共物品的环境具有使用非排他性和不可独占性。就规制对象而言,环境法所规制的环境污染和生态破坏,本质上是一种产业活动的危害性后果。这种公害对社会各阶层的利益均带来消极影响。总之,环境法所保护的生态环境,无论是保"利"还是除"害",都是维护公共利益,体现了环境法独特的公益属性。[1]

以公共利益为本位的环境法需对所有权的绝对化、不受限制的契约自由加以限制,将不得破坏和污染生态环境的前提加于私法之上,同时根据环境保护的要求,确定环境保护费用负担。[2] 如此一来,便形成了环境法领域的环境侵权、生态损害赔偿等私法的生态化。这些领域虽涉及环境私益的保护,但其本质源于环境公共利益的维护,因而需要通过私法与公法机制促进环境公益维护的社会责任承担。

环境法以公共利益为本位,并非以公共利益排斥其他利益,而是需要对诸多利益进行衡量。与民商法强调物尽其用、利益最大化、"两利相较取其重"不同,环境法强调"两害相权取其轻",强调损失最小化的方法论和价值取向。"损失最小化"类似于公法中的比例原则,应包含两个要素:一是确实受到损失,而且这个损失是必须付出的;二是损失对他人来说却是所得,利益的获得者必须支付对价。利益的取得必须支付对价,对价是给予受损者的补偿。[3]

(五)调整方法的多元性

环境法保护对象的广泛性和多样性决定了环境法是一个综合化的法律部门。环境法的调整范围和保护对象从空间和地域来说比任何部门法都更广泛,其所调整的社会关系也更为复杂。这决定了需要多种法律规范、多种方法对环境法律关系进行调整。

一方面,环境法在调整方法上呈现出多部门综合调整的特点。在环境法领域,各部门

---

〔1〕 参见蔡守秋主编:《环境资源法教程》(第2版),高等教育出版社2010年版,第39-40页。

〔2〕 参见吕忠梅:《环境法新视野》(第3版),中国政法大学出版社2019年版,第51-52页。

〔3〕 参见李启家:《环境法领域利益冲突的识别与衡平》,载《法学评论》2015年第6期。

法之间的关系正在由分割状态转变为交流和协同状态，使部门法之间的边界出现重合现象。环境危机对法律提出的挑战是全面、深刻和超前的，传统部门法往往不能及时作出积极的反应。然而，传统部门法对环境问题的感应缺失是环境法兴盛的契机，环境法成为未来法治与传统部门法沟通协调的桥梁。〔1〕宪法、行政法、民法、刑法与诉讼法均在逐渐适应和回应环境法的创新发展，生态文明入宪和《民法典》（2020 年公布）确立绿色原则就是典型例证。

另一方面，环境法内部呈现出多领域综合调整的特点。截至 2024 年 5 月，我国环境法体系约有 39 部单行法，涵盖自然资源法（含能源法）、污染防治法、自然生态保护法三大领域。这些单行法既包括事后救济的方法，也包括多种法律方法在事前进行预防；既包括实体法内容，也包括程序法内容。在环境法的实施层面，既有司法方法也有行政方法，经济、技术和宣传教育手段在环境法的适用上也有突出的表现。〔2〕

第二节　环境法的价值理念和价值目标

一、环境法的价值理念

法的价值理念通常是指人们关于一定的法律制度能否适应、满足主体需要和利益的价值意识，其主要以对法的价值评价或判断为内容，通过人们的法律动机、欲望、兴趣、情感、意志、信念、信仰和理想等形式表现出来。其中，关于法律的信念、信仰和理想等往往可以形成一系列具有明确目的的系统的社会思想形式，具有理性的、自觉的特点，从而构成法的价值理念中最为重要的组成部分。它的主要作用在于：对个人和社会组织的法律行为具有定向性，会内在地规范个人和社会组织的行为方式和行为趋向；对个人和组织的行为具有内在的调整作用，可从主观上确定人们选择一定法律行为的目标和方式，是人们进行法律行为的内在依据和内在尺度。

价值理念是环境法治的逻辑起点，不同的法律价值目标设定决定了环境法价值目标的内涵侧重，影响环境法规范的发展，从而决定了人类开发利用环境的行为动机和形态。中国传统文化、全球环境治理实践和中国式现代化发展实践是孕育环境法价值理念——“天人合一”思想、可持续发展思想、习近平法治思想和习近平生态文明思想的肥沃土壤。

（一）“天人合一”思想

1.“天人合一”思想中的生态文明蕴涵

“天人合一”是中国古典哲学的根本观念之一，该思想主张人与自然的和谐统一，认为

〔1〕参见吕忠梅：《环境法新视野》（第 3 版），中国政法大学出版社 2019 年版，第 86 - 90 页。

〔2〕参见汪劲：《环境法学》（第 4 版），北京大学出版社 2018 年版，第 24 - 25 页。

天与人、天道与人道、天性与人性是相通且统一的。人类和自然被视为一个整体,彼此之间相互依存、相互关联。其中蕴含的丰富的生态思想为人类应对当前面临的严峻环境问题提供了富有启发性的智慧成果。该思想中的生态文明智慧主要体现在以下三个方面:

首先,认同天生万物,强调尊重自然,不能妄为。天是具有永恒意义的自然界,人和万物皆由天生,天道照耀着世间万物的运命,因此人和自然界是密不可分的命运共同体。道家提出道生万物、道法自然的理念,认为世间万物生发的根本是道,这里的道从某种意义上讲也是指天。佛家的“天地与我同根,万物与我一体”[1],体现了人与自然本来就是同根同源的统一体。“不违农时,谷不可胜食也”(《孟子·梁惠王上》),则阐释生态系统的自然生产规律,要求要十分重视和尊重自然万物的自身更替变化规律。儒家的“天行有常,不为尧存,不为桀亡”(《荀子·天论》),说明天时运行是常态,自然规律是普遍客观存在的道理。总体来说,传统文化中的“天人合一”,“天”指的是天空、天道、自然大道,也指大地和万物生灵;“人”指的是人类及其文化社会。“天人合一”思想认为,虽然天地人各有其道,但又是相互对应、相互联系的,是生命共同体的关系,是万物生灵内在依赖的生成关系和互为实现的价值法则。因此,“天人合一”主张达到“天地与我并生,万物与我为一”的境界。这就要求人类的行为和决策遵循自然法则,遵从自然、尊重自然和保护自然,以达到人与自然的和谐统一。“天人合一”思想在中国传统文化中占据重要地位,对现代社会发展也具有极其重要的启示意义。

其次,肯定众生平等,要求人爱万物,有所作为。儒家承认一切生命都是有价值的,提出“仁者以天地万物为一体”,主张仁民爱物,把仁爱精神和情感倾注在天下苍生万物上,旨在引领人们爱护自然界的一切动植物以及其他产物。倡导道法自然的道家,提出“以道观之,物无贵贱;以物观之,自贵而相贱,以俗观之,贵贱不在己”(《庄子·外篇·秋水》),认为从“道”的层面来讲,天下的万事万物没有贵贱,都是平等的,具有同样的价值。佛家强调众生平等,认为众生皆有佛性。也就是说,宇宙间的所有事物,如佛、人、动植物,以及以其他形式存在的生命体都是平等的。这就意味着人与自然之于宇宙是平等的,两者之间的关系不应该是对立、紧张的,而是要求人把天地间的万物看作和自身平等并列存在的,因为人类本身源于自然,并且要依赖自然环境才能繁衍生息、延续发展。在天人合一生态视域下,天是博爱的,不断地用如四季变换、气候更替等自然形式滋养着大地万物;人应饱含对天的感激和敬畏,对自然万物富有感情,心存仁爱地对待宇宙间的所有生命体,顺应天道,有所作为地能动担当裁成天地、辅相万物的责任。

最后,追求天人相和,崇尚荣辱共存,有所不为。传统哲学思想追求天人相和,即人与自然和谐共处,这是“天人合一”思想中最具生态文明意蕴的部分。儒家关于追求天人合一的方式主要体现在三个方面:一是要妥善处理好自然资源的“养”与“用”,认为要在保护自然资源的前提下对自然资源进行开发和利用;二是要对自然资源取之有度,用之有节,要

---

[1] (东晋)僧肇:《肇论校释》,张春波校释,中华书局2010年版,第209页。

求人们在自然资源的承受限度内,依据自然资源的生长和再生产的规律,有节制地进行资源获取与劳动生产;三是要利用人的道德意识来协调天人关系,要求把自然界和谐发展纳入人的道德责任范围。总之,儒家注重用伦理道德的方式来达到天人合一的境界。老子认为"我无为,而民自化;我好静,而民自正;我无事,而民自富;我无欲,而民自朴"[1],这体现了道家无为而治的主张,强调用自然而然的方式去实现人和天地的并立,人和万物的为一,从而实现天人合一。佛家认为,"凡夫即佛,烦恼即菩提",一切生命在是自身的同时包含着他物,天和人本就是合二为一的。归根结底,中国古代的"天人合一"思想其实就是一种追求"和"的思想,即寻求人与人之间的和谐,追求人与自然之间的平衡。

2."天人合一"思想的生态文明意蕴在当代的发展

"天人合一"思想蕴含着丰富的生态内涵和东方智慧。中国自古以来就是一个追求人与自然和谐的国度,从古书典籍到流传至今的大量文物以及世代相传的风土民俗,都能够找到"天人合一"思想的缩影。这一思想曾是指导我国古代进行劳动生产和生态环境治理的智囊,是古人在日积月累的劳动实践中摸索出的天地之道,也是历代先哲对天人关系最为经典而凝练的抽象表达。"天人合一"思想从生发至今虽历时已久,但在科技进步的今天仍散发着智慧的光芒,为我国生态环境保护提供了重要的思想渊源。生态文明是中国共产党人在新时代致力于重构人与自然关系的最新实践理念,追求在正确对待人与自然关系的基础上妥善处理现存的生态恶化问题,保持经济、人口、资源与环境的均衡协调发展,使人类社会得以持续、健康发展。"天人合一"思想所追求的"天"与"人"和谐共生的目标与生态文明建设中建设和谐社会、追求可持续发展的宗旨相契合。由此可见,指导我国新时代生态文明建设的生态文明思想汲取了我国古代"天人合一"思想的生态智慧。

"天人合一"思想与生态文明思想在内在逻辑上存在关联,"天人合一"思想更多的是古代思想家们对人与自然关系在道德层面的理性认识,而生态文明思想既继承了传统的生态思想,又将其创造性地转化为能指导中国具体生态治理实践的指南。生态文明建设要求尊重自然、顺应自然、保护自然,人与自然和谐相处,不过度开发自然资源,保持生态环境的平衡和稳定;要从整体上考虑人类活动对自然环境的影响,采取综合性的措施来保护和改善生态环境;倡导一种简约、节制的生活方式,反对过度消费和浪费,减少人类对自然资源的消耗和对环境的污染,促进可持续发展。

(二)可持续发展思想

环境问题的演进虽然历经了几个世纪,但真正以环境问题为对象且有针对性地提出解决问题的思路及方法,是在20世纪中期生态危机逐渐显现以后才出现的,而且在如何认识、解决环境问题等思想上仍存在差异性,呈现出碎片化特征。随着环境问题的多学科研究以及管理实践,人类对环境问题产生及治理的认识也在不断深化。20世纪70年代以后,

---

[1] 张景、张松辉译注:《道德经》,中华书局2021年版,第234页。

环境保护策略多元发展:以经济手段来推进市场对环境价值的认识,并且以成本效益分析的方式来判断环境政策的优良与否;以行政手段来推行环境管理政策,控制环境污染和自然资源的开发利用;以法律手段来规范人类行为,确立公民的环境权益和企业的环境责任,保障环境保护的经济、行政措施得以有效实施;以科学技术的进步为基础,提高自然资源和能量的利用效率,减少污染物的产生等。20 世纪 80 年代以后,以可持续发展思想和战略为代表的整合型环境保护理念基本形成,并成为环境法的重要价值理念。

1992 年,联合国环境与发展大会通过《里约宣言》《21 世纪议程》等重要文件,号召各国制定其本国的可持续发展战略和政策。其中,《里约宣言》是 1992 年联合国环境与发展大会的中心成果之一,其主要内容是宣布关于环境与发展问题的 27 条原则,集中体现了国际社会所达到的对人类环境问题的更高认识。《21 世纪议程》指出,"人类当前所面临的紧迫的环境与发展问题,并为各国提出相应的目标、活动和实施手段,以便促使全世界为下世纪的挑战做好准备"[1]。《21 世纪议程》在 40 个领域阐述了有关发展的问题,提出了 120 个实施项目。总体来看,《里约宣言》和《21 世纪议程》不仅将可持续发展同人类生产活动广泛地联系起来,更明确其是环境保护的思想基础。这表明,可持续发展成为最新和最科学的发展价值观念,日益得到国际社会的广泛承认和认可。同时,《里约宣言》中的原则 11 鼓励和号召各国制定有效的环境立法应对环境问题,强调环境标准、管理目标和优先次序应反映它们所适用的环境与发展情况,指出一些国家所实施的标准对别的国家特别是发展中国家来说可能是不适当的,也许会使它们承担不必要的经济和社会代价。

可持续发展最终的价值目标是保证人类对生态系统和生物物种的持续利用,实现当代人与后代人之间的环境利益平衡,促进环境保护与社会的可持续发展,实现人与自然的和谐共处。该理念提出以后,在国际及国内层面的环境保护实践及立法中皆得到了体现与发展。2000 年 9 月,联合国千年峰会通过《联合国千年宣言》,提出了保护我们的共同环境的目标和任务。2001 年,联合国提出在 2015 年年底前实现消除贫穷、饥饿、疾病、文盲、环境恶化和对妇女的歧视等八项人类发展目标。2015 年 9 月,联合国召开发展问题特别峰会,评估千年发展目标落实情况,并制定未来 15 年的全球发展目标即《2030 年可持续发展议程》。《2030 年可持续发展议程》在强调消除贫困概念的同时,更突出了可持续发展的理念。它强调要平衡推进经济、社会和环境三大领域的发展,强调发展是一个由经济、社会和环境三个层面协同增效的过程。因此,该议程抛弃了传统的片面追求经济增长的模式,转向实现一种"不落下任何一个人"的包容性发展和"让地球治愈创伤和得到呵护"的绿色发展新理念。[2]《2030 年可持续发展议程》由 17 项目标和 169 项具体目标构成,包括消除贫困与饥饿、粮食安全、健康生活方式、教育、性别平等、水与环境卫生、能源、就业、基础设施和国家不平等等诸多议题,覆盖了可持续发展的各个重点领域。

---

〔1〕 王曦编著:《国际环境法》(第 2 版),法律出版社 2005 年版,第 38 – 39 页。

〔2〕 参见黄超:《从千年目标走向可持续发展》,载新华网,http://www.xinhuanet.com/world/2015 – 09/27/c_128271625.htm。

我国于1994年发布《中国21世纪议程》,从人口、环境、发展的具体国情出发,提出我国可持续发展的总体战略、对策及行动方案,明确提出“逐步建立国家可持续发展的政策体系、法律体系”。1996年3月,八届全国人大四次会议通过《国民经济和社会发展“九五”计划和2010年远景目标纲要》,把可持续发展作为现代化建设的重要战略,极大促进了我国环境法的发展。2014年修订的《环境保护法》对“环境”的定义增加了“湿地”一项,在立法内容中体现了“环境保护综合法”特征,增加了生态环境保护的相关内容,为使“环境”概念“名副其实”作出了积极努力。[1] 同时,该法第1条立法目的增加了“推进生态文明建设,促进经济社会可持续发展”的表述,自此“可持续发展”成为新时代中国环境立法的基本目的和价值追求。

(三)习近平法治思想

1. 习近平法治思想的内涵

2020年11月召开的中央全面依法治国工作会议,确立了习近平法治思想在全面依法治国中的指导地位。作为习近平新时代中国特色社会主义思想的重要组成部分,习近平法治思想展现出科学缜密的逻辑架构,实现了理论逻辑、历史逻辑与实践逻辑的辩证统一。其根本立足点是坚持以人民为中心,坚持法治为人民服务。进入新时代之后,中国社会主要矛盾已经转化为人民日益增长的美好生活需要和不平衡不充分的发展之间的矛盾。人民群众对民主、法治、公平、正义、安全、环境等方面的要求日益增长。因此,生态文明法治建设要回应人民群众的新要求、新期待,研究和解决法治领域人民群众反映强烈的突出问题,不断增强人民群众获得感、幸福感、安全感,用法治保障人民安居乐业。

习近平法治思想内涵丰富、论述深刻、逻辑严密、系统完备。其主要内容可以概括为“十一个坚持”:坚持党对全面依法治国的领导;坚持以人民为中心;坚持中国特色社会主义法治道路;坚持依宪治国、依宪执政;坚持在法治轨道上推进国家治理体系和治理能力现代化;坚持建设中国特色社会主义法治体系;坚持依法治国、依法执政、依法行政共同推进,法治国家、法治政府、法治社会一体建设;坚持全面推进科学立法、严格执法、公正司法、全民守法;坚持统筹推进国内法治和涉外法治;坚持建设德才兼备的高素质法治工作队伍;坚持抓住领导干部这个“关键少数”。其核心要义深刻阐明了全面依法治国的政治方向、重要地位、重点任务、重大关系、工作布局、重要保障,构成了一个富有开创性、实践性、真理性、前瞻性的科学思想体系。习近平法治思想坚持马克思主义立场观点方法,植根于中华优秀传统法律文化,借鉴人类法治文明有益成果,丰富和发展了马克思主义法治理论,标志着我们党对社会主义法治建设和人类法治文明发展的规律性认识达到新的历史高度,成为引领新时代中国特色社会主义法治建设的思想旗帜。

---

[1] 参见吕忠梅:《环境法典编纂方法论:可持续发展价值目标及其实现》,载《政法论坛》2022年第2期。

2. 将社会主义核心价值观融入习近平法治思想

习近平总书记指出："要发挥政策导向作用，使经济、政治、文化、社会等方方面面政策都有利于社会主义核心价值观的培育。要把社会主义核心价值观的要求转化为具有刚性约束力的法律规定，用法律来推动核心价值观建设。"[1] 2018 年 3 月 11 日，十三届全国人大一次会议通过《宪法修正案》，将"国家倡导社会主义核心价值观，提倡爱祖国、爱人民、爱劳动、爱科学、爱社会主义的公德"写入《宪法》总纲，使社会主义核心价值观成为社会主义现代化建设的总依据。党的十九大报告要求培育和践行社会主义核心价值观，倡导富强、民主、文明、和谐，倡导自由、平等、公正、法治，倡导爱国、敬业、诚信、友善。这三个倡导、十二个概念是社会主义核心价值观的精准内核，其中，富强、民主、文明、和谐是国家层面的价值目标，自由、平等、公正、法治是社会层面的价值取向，爱国、敬业、诚信、友善是公民个人层面的价值准则。

社会主义核心价值观有三个层次的内涵：(1) 国家层面。富强意指国富民强，将其置于社会主义核心价值观的最高位阶，包含社会主义国家建设的根本追求和目标导向；民主是中国人民希望充分参与国家社会公共事务，体现了中国人民当家作主的制度体系；文明是国家民族社会发展到较高阶段的正面评价，也是建设中国特色社会主义现代化强国的本质要求；和谐是要求人民安居乐业、幸福有序，是中国人民对美好生活的追求和向往。富强、民主、文明、和谐贯穿习近平法治思想始终。(2) 社会层面。自由是指人排除外在强制、对自身负责的一种精神状态，这既是人的本质追求，也是人类社会发展的一项基本价值追求；平等是指人与人之间在自身发展、社会活动等方面不存在歧视或差别对待，平等是社会主义国家法治建设的一项根本追求；公正即社会公平和正义，它是法治建设的生命线和基本要求；法治是依据法律进行的治理，它是社会治理的一种基本方式，也是国家治理的基本方略。(3) 个人层面。爱国是指公民或集体对国家的正向厚重情感，具体表现为民族自尊心和民族自信心，体现了个人或集体对祖国的依赖和依存；敬业是指人对自身职业的一种发自内心的高度认同感、荣誉感和使命感；敬业是公民坚守岗位、认真负责、奋发进取的基本条件，敬业还要求公职人员忠于党，忠于岗位，热爱本职工作，尽职尽责为人民服务，为社会服务；诚信是指人的言行要诚实，"信"即对他人信守承诺、讲信用；友善是指友好和善，强调人与人之间应相互尊重、相互关心、相互帮助，是中华民族为人处世的一项美德。

在生态文明建设中践行社会主义核心价值观是环境法治的重要内容。首先，应当弘扬生态文明主流价值观。这包括将生态文明纳入社会主义核心价值体系，形成崇尚生态文明的社会新风尚。这体现了社会主义核心价值观中的和谐、友善等理念，强调人与自然的和谐相处以及人类社会的共同进步。其次，要将生态文明与马克思主义理论相结合。弘扬马克思主义生态文明理论，特别是当代中国马克思主义生态文明理论，保证生态文明建设的正确

---

[1] 习近平：《在十八届中央政治局第十三次集体学习时的讲话》，载中共中央文献研究室编：《习近平关于社会主义文化建设论述摘编》，中央文献出版社 2017 年版。

方向,坚持在法治建设实践中坚持和发展马克思主义。最后,应当将生态文明融入共同理想。共同理想是社会主义核心价值体系的主题,也是推进社会主义核心价值体系的重点内容。生态文明、人与自然和谐共生的国家治理现代化是中国特色社会主义共同理想的重要内容。

(四)习近平生态文明思想

1. 习近平生态文明思想的内涵

2018年5月,全国生态环境保护大会确立了习近平生态文明思想。习近平生态文明思想是新中国成立以来历代党和国家领导人关于生态环境保护和生态文明建设重要论述、理念和思想的集大成者,是中国共产党人关于人与自然思想的历史新高度。习近平生态文明思想深刻回答了为什么建设生态文明、建设什么样的生态文明以及怎样建设生态文明等重大理论和实践问题。

习近平生态文明思想内涵丰富,集中体现为以下"十个坚持":

(1)坚持党对生态文明建设的全面领导。生态文明建设关系到中华民族永续发展的根本任务,事关党的使命宗旨。党的十八大将"中国共产党领导人民建设社会主义生态文明"写入党章,明确指出以生态文明建设为重点,努力建设美丽中国,实现中华民族永续发展。党的十九大把"增强绿水青山就是金山银山的意识"写入党章,2018年《宪法修正案》将"生态文明"写入《宪法》,充分展现了生态文明建设对党和国家事业发展的重要性,彰显了党和国家加强生态文明建设的坚强决心和坚定信念。

(2)坚持生态兴则文明兴。习近平总书记提出"生态兴则文明兴,生态衰则文明衰"的"文明兴衰论",是新时代生态文明建设的历史依据。生态环境的好坏直接关系到人类文明的兴衰。生态文明是一个国家综合实力、国际竞争力的体现。生态环境问题不仅制约了物质文明、政治文明和精神文明的发展,还影响了整个民族的生存状态。只有妥善处理好生态环境与人类文明的关系,才能为子孙后代留下持续发展的机会。

(3)坚持人与自然和谐共生。这是对为什么要建设生态文明这一问题的集中回答,直接反映了一个国家的社会发展水平和文明程度,是生态文明建设的基本原则。党的十八大以来,习近平总书记深刻认识到人与自然和谐共生在中华民族伟大复兴战略全局中的重要地位和作用,科学分析了人与自然和谐共生与社会主义现代化建设内在逻辑关系,并将其作为解决我国社会主要矛盾和生态环境问题的关键之举进行布局和谋划。习近平总书记指出,"人类只有遵循自然规律才能有效防止在开发利用自然上走弯路,人类对大自然的伤害最终会伤及人类自身,这是无法抗拒的规律"[1]。人与自然是一种共生关系,自然界可以提供人类生存与发展的物质基础,反过来人类又可以在保护自然中实现长远发展。

(4)坚持绿水青山就是金山银山。实现中华民族伟大复兴的中国梦,建设美丽中国,我

---

[1] 习近平:《决胜全面建成小康社会　夺取新时代中国特色社会主义伟大胜利——在中国共产党第十九次全国代表大会上的报告》,人民出版社2017年版,第50页。

们要建立的是一个人民物质生活富裕、生态环境宜居的绿色中国。习近平总书记指出,“我们既要绿水青山,也要金山银山。宁要绿水青山,不要金山银山,而且绿水青山就是金山银山”[1]。这就要求在发展经济的同时必须注重环境保护,牢固树立绿水青山就是金山银山的理念,将绿色转型的要求融入经济社会发展全局,全方位、全领域、全地域推进绿色转型,构建人与自然生命共同体。

(5)坚持良好生态环境是最普惠的民生福祉。这是新时代生态文明建设的宗旨。民生是人民幸福安康生活的根本,也是社会和谐的基石。让老百姓在生态宜居的优良环境中生活是我们党一切工作的出发点和落脚点。如果不能解决好人民群众最关心、最现实的利益问题,我们就无法安民、乐民。[2] 因此,生态文明建设也需以增进民生福祉为目标。

(6)坚持绿色发展是发展观的深刻革命。中共中央、国务院印发的《关于加快经济社会发展全面绿色转型的意见》(2024 年公布)指出,推动经济社会发展绿色化、低碳化,是新时代党治国理政新理念新实践的重要标志,是实现高质量发展的关键环节,是解决我国资源环境生态问题的基础之策,是建设人与自然和谐共生现代化的内在要求。习近平总书记指出,“新时代抓发展,必须更加突出发展理念,坚定不移贯彻创新、协调、绿色、开放、共享的新发展理念”[3]。坚持绿色发展,有利于推动经济社会的全面协调可持续发展。

(7)坚持统筹山水林田湖草沙系统治理。统筹山水林田湖草沙系统治理体现了习近平生态文明思想的系统观念。习近平总书记继承发展了马克思主义分析事物的方法,将山水林田湖草沙看作一个不可分割的生态系统,多次强调要坚持“山水林田湖草沙是生命共同体”的思想,他指出:“生态是统一的自然系统,是相互依存、紧密联系的有机链条。人的命脉在田,田的命脉在水,水的命脉在山,山的命脉在土,土的命脉在林和草,这个生命共同体是人类生存发展的物质基础。”[4]所以,加强我国生态文明相关工作力度,要坚持统筹山水林田湖草沙系统治理和一体化保护;要坚持以人为本,从实际出发,因地制宜开展生态文明建设。

(8)坚持用最严格制度和最严密法治保护生态环境。生态文明建设与法治建设是一个相互作用、相互促进的有机整体。习近平总书记指出,“只有实行最严格的制度、最严密的法治,才能为生态文明建设提供可靠保障”[5]。通过建立健全自然资源资产负债表、主体功能区划分、生态保护红线、总量控制等制度,生态文明意识和理念得以体现。

(9)坚持把建设美丽中国转化为全体人民自觉行动。生态文明建设是一个全民参与、全民共建、全民共享的过程,需要形成崇尚生态文明的社会氛围。坚持以人民为中心的群

---

[1] 习近平:《论坚持人与自然和谐共生》,中央文献出版社 2022 年版,第 40 页。

[2] 参见方世南:《习近平生态文明思想的鲜明政治指向》,载《理论探索》2020 年第 1 期。

[3] 中共中央宣传部、中华人民共和国生态环境部编:《习近平生态文明思想学习纲要》,学习出版社、人民出版社 2022 年版,第 50 页。

[4] 中共中央宣传部、中华人民共和国生态环境部编:《习近平生态文明思想学习纲要》,学习出版社、人民出版社 2022 年版,第 71 页。

[5] 中共中央文献研究室编:《习近平关于社会主义生态文明建设论述摘编》,中央文献出版社 2017 年版,第 99 页。

众观点,把建设美丽中国转化为全体人民自觉行动,是习近平生态文明思想所坚持的根本立场。习近平生态文明思想在整体上提出了一种建立由政府主导、以企业为主体、社会机构和公众共同参与的全面的环境治理体系的构想。

(10)坚持共谋全球生态文明建设之路。人类命运休戚与共,地球是我们生存发展的唯一家园,全球人类应当共同承担保护生态环境的责任和义务,加强各国之间的联系,推动建立人类命运共同体的进程。我国一直以来都是一个负责任的大国,习近平生态文明思想提出“人类命运共同体”,强调“建设生态文明关乎人类未来。国际社会应该携手共行,共谋全球生态文明建设之路”[1]。

2. 习近平生态文明思想的先进性

习近平生态文明思想具有先进的思想特征和理论特质,它立足于全球生态文明建设,诠释其时代性,承继中华民族优秀传统文化和历代中国共产党人的智慧结晶,坚持思想传承和理论维度创新统一。它不仅关注全球生态环境的整体发展,在国内区域的生态部署也极具科学性,以人民为中心,关注人民群众的生态利益,运用哲学思维、科学思维、系统思维,遵循自然法则和科学规律,以实事求是的态度去追寻美丽中国的生态目标和人类命运共同体的人类愿景。

二、环境法的价值目标

环境法的价值是环境法理论体系的基础和起点。环境法不仅追求人与自然和谐共生、人类永续发展等人类发展的目标和理念,更追求公平、正义、秩序、安全等传统的基本法律价值。环境法的价值体系由以人与自然和谐共生、可持续发展为内容的目的价值,以秩序、安全、正义、民主为内容的普遍价值组成,目的价值推动普遍价值在环境法治领域的拓展,是法律普遍价值的生态化反映。

(一)环境秩序价值

秩序是一种从内部建立起来的平衡状态。秩序的特征是,人们的行为受到一定限制和控制,社会生活中人的行为是互相影响、相互补充的,人们社会生活在某些方面具有一致性,人们的行为能够达到某种稳定的状态。秩序的状态有很多形式,法律秩序是其中一种。法律秩序是被特定化了的社会秩序,是由法所确认和保护的人们之间互动的有序的状态和结果。

秩序是基础性的环境法价值。环境法律都以实现某种秩序价值为目的,法的正义价值需要秩序价值来实现。生态哲学认为,人们把世界分为自然界和人类社会,自然界按照自身的规律运行而外化为自然秩序,人类社会按照社会规律运行而外化为社会秩序,自然秩序和社会秩序交叉和相互影响,从而造成了人类社会和自然界的严重对立,造成生态系统

---

[1] 习近平:《携手构建合作共赢新伙伴 同心打造人类命运共同体》,载《人民日报》2015年9月29日,第2版。

失衡，产生了当代的生态危机。生态哲学和习近平生态文明思想均认识到人类与自然界不是对立而是统一且同一的，人类与自然界相互影响、相互作用、相互依赖。因此，环境法所维护的秩序绝不仅是人类社会的秩序，其也包括自然秩序。这就需要法在保障人类权利得到实现的同时，适当限制人类的权利，使其负担一定的保护自然界中其他生命体的生存义务，以维护生态系统的平衡和人类社会的可持续发展。

环境法追求的秩序价值，是人与自然和谐共处的生态秩序，也是生态文明建设的基本要求。生态秩序追求人类社会与大自然之间的和谐共生、人类利益与生态环境自身利益的协调、人与人之间生态环境利益的协调，其中包括代内与代际之间在环境资源利益分配方面的均衡。

环境法追求的生态秩序关注的是人类社会和自然之间相互作用和相互关系的一致性、连续性和确定性状态，最终达致人类与自然和谐共处。传统法追求的秩序于人类社会，而生态秩序是人类社会与自然之间的桥梁。环境法治建设需在习近平生态文明思想的指引下形成和谐一致的生态文明建设的法治秩序。

（二）生态环境安全价值

生态环境安全是环境法价值的内在要求和本质反映。所谓安全就是主体没有危险、不受威胁的状态，主体利益不受来自外部或内部的破坏。它涉及主观和客观两个方面，客观上不受威胁，主观上不存在恐惧。安全包括安全状态和维护安全两个方面：一方面是指免于危险，没有恐惧；另一方面是指安全措施与安全机构。[1] 生态环境安全的概念在1977年由美国环境问题专家莱斯特·R. 布朗提出，他警告："在20世纪末，国家安全的关键是持续发展性。如果全球经济系统的生物基础不能得到保护，如果油井开始枯竭而新能源系统还未及时建立的话，经济的瓦解和崩溃势难避免。"[2] 进入20世纪90年代后，学界对"生态环境安全"的探讨越来越多。生态环境安全的概念有狭义与广义之分，[3] 环境法以自然生态系统为调整范围，一般采用狭义的生态环境安全概念。

生态环境安全是指人类赖以生存和发展的自然环境系统的结构及各要素处于一个相对稳定与协调的状态，即自然环境系统所具有的生态系统功能和调节能力对人类经济社会发展的冲击处于可承受和可恢复的范围之内。生态环境安全理论的提出是社会安全理论的展开和继续。现代环境问题不再限于区域性、污染性，而呈现出全球化、复杂化的趋势，如越境酸雨、温室气体排放、森林资源锐减、臭氧层耗竭、生物多样性减少等。这就使传统的法律调整方法及在其之上形成的社会安全理论遭到现代环境问题的冲击。因此，社会安全理论需继续展开，以应对当代生态危机带来的挑战。在传统安全价值体系中，交易安全、社会安全与生态环境安全是并存的，但是生态环境安全是最基本的，其次是社会安全和交

---

〔1〕 参见刘跃进：《"安全"及其相关概念》，载《江南社会学院学报》2000年第3期。

〔2〕 [美]莱斯特·R. 布朗：《建设一个持续发展的社会》，祝友三等译，科学技术文献出版社1984年版，第291页。

〔3〕 参见陈星、周成虎：《生态安全：国内外研究综述》，载《地理科学进展》2005年第6期。

易安全,这是因为人类社会的任何发展都必须以生态系统的安全为前提。

在我国,习近平总书记创造性地提出整体国家安全观,推动制定《国家安全法》(2015年公布)、《生物安全法》(2024年修正)等法律,将生态安全纳入国家安全体系,为环境法的生态安全价值奠定了理论与立法基础。环境法安全价值体现在保障人类健康、保护生态多样性、促进可持续发展和维护社会稳定等方面。这些价值共同构成了生态环境安全的核心内容,对于保障人类的生存和发展具有重要意义。

(三)环境正义价值

环境正义是立足于人类可持续生存与发展而确立的价值理念,是立足于人与自然、人与人之间的全面关系而确立的伦理原则。它要求人类在世代延续的过程中既保证当代人满足或实现自己的需要,又维持生态系统支持继续发展的负荷能力,以保证后代人也有满足他们利益需要的机会。环境正义理论将环境问题的真正根源归于社会关系和社会结构的"非正义性",主张所有地区与人群包括弱势群体享有免于遭受环境损害的自由,享有对干净的土地、空气、水和其他自然环境平等享用的权利,经由社会资源的公平分配达致可持续发展以提升民众的福祉。[1] 环境正义包括分配的正义、矫正的正义和承认的正义等。其中,矫正的正义是对分配过程中环境利益的不公平分配及其可能的环境健康风险与损害进行矫正,包括对基本权利的保障、对风险与损害的补偿、对应负责任者的惩罚。[2] 环境正义要求国家和社会主体切实行动以消除人类社会政治经济不平等,强调在消除对环境造成破坏的行为的同时,保障所有人的基本生存权及发展权。

环境正义是环境法的终极理想和目标。环境正义要求环境法律规范和原则能够促进和保障环境资源的分配,要求环境法律规范的确定符合生态规律,能够使人与自然和谐相处。在现实的社会中,人与自然的冲突是不可避免的,环境法的正义价值要求通过环境诉讼与非诉机制实现公平正义。它一方面要为和平地解决冲突提供程序和规则;另一方面要为公正地解决冲突提供程序和规则。环境正义不仅强调人与自然的和谐统一、协调发展,即种际正义;也强调生活在同一时代的几代人与未来世代人之间的正义关系,即代内正义、代际正义。当代人如果过度开发和利用自然资源、破坏生态系统的平衡,将会影响未来世代人的生存和可持续发展。

环境正义价值也是一种理念,强调在环境保护和可持续发展中,每个人都应该在可预测和合理的条件下享有平等的环境权利。这一价值理念建立在公正、平等和可参与的原则上。环境正义价值的核心在于维护环境权利平等,需采取加强环境监管、提高污染排放标准、推动绿色产业的发展、加强生态文明教育等一系列措施,实现环境正义价值。

---

[1] 参见杜健勋:《环境正义:环境法学的范式转移》,载《北方法学》2012年第6期。

[2] 参见郁乐:《环境正义的分配、矫正与承认及其内在逻辑》,载《吉首大学学报(社会科学版)》2017年第2期。

（四）环境民主价值

党的十八大以来，习近平总书记高度重视中国民主事业建设，发表了一系列重要讲话，形成了关于社会主义政治建设的重要论述。2021 年 7 月，在庆祝中国共产党成立 100 周年大会上的重要讲话中，习近平总书记提出了“发展全过程人民民主”[1]。习近平总书记提出：“全过程人民民主是社会主义民主政治的本质属性，是最广泛、最真实、最管用的民主。”[2]以全过程人民民主保障人民当家作主，是中国式现代化的本质要求。2021 年 12 月，国务院新闻办公室发表的《中国的民主》白皮书指出：“全过程人民民主，是近代以来党团结带领人民长期奋斗历史逻辑、理论逻辑、实践逻辑的必然结果……”[3]全过程人民民主是对中国特色社会主义政治发展道路的生成逻辑的思考和总结，中国独特政治制度的形成原因是中国“历史传承、文化传统、经济社会发展的基础上长期发展、渐进改进、内生性演化的结果”[4]。

环境民主价值主要体现在环境民主权利上。环境民主权利是公民可以自主选择是否参与环境保护和管理事务的权利。这种权利的确立是公民权利发展的结果，对公民的发展是有益的，并且能够积极改善公民在环境实体权益上的自由。在环境保护方面，集体行动可能会使交易成本变高，但这并不意味着公民在环境保护中的角色可以被忽视。相反，环境民主权利的确立正是为了保障公民在环境保护中的参与权，让公民可以自主选择是否参与环境保护和管理事务。这种权利的存在不仅是对公民权利的一种尊重和保护，而且是对环境保护工作的有力推动。总之，环境民主价值是公民在环境保护中的参与权和发展权的体现，是环境保护工作得以顺利进行的重要保障。

第三节　环境法的目的

一、环境法目的理论评析

法的目的是立法者通过其所制定的法律所要追求的价值目标最直接、最明确的表达，也是立法者对一定社会关系实行法律调整的思想动机和意图的出发点。环境法作为一个新兴的法律部门，其运行和实施当然具有明确的目的。环境法的目的决定了环境法的价值，也决定了环境法的指导思想、基本原则、基本制度等内容，对于环境法的实施成效具有

---

〔1〕 习近平：《在庆祝中国共产党成立 100 周年大会上的讲话》，载《人民日报》2021 年 7 月 2 日，第 2 版。

〔2〕 习近平：《高举中国特色社会主义伟大旗帜　为全面建设社会主义现代化国家而团结奋斗——在中国共产党第二十次全国代表大会上的报告》，人民出版社 2022 年版，第 37 页。

〔3〕 中华人民共和国国务院新闻办公室：《中国的民主》，载中华人民共和国中央人民政府网，https://www.gov.cn/zhengce/2021-12/04/content_5655823.htm。

〔4〕《习近平谈治国理政》（第 2 卷），外文出版社 2017 年版，第 286 页。

重要意义。对于环境法的目的,可以结合以下几种理论加以理解。

其一,环境法目的之“二元论”。该理论主张环境法兼顾经济发展和环境保护两个目标。这样的目标定位满足了人们对经济利益和生态利益的双重需求,因而为人们所普遍接受。环境立法目的“二元论”是人类对经济发展的矛盾心态在环境法中的表现。经济发展一方面带来了物质财富的极大增长,另一方面带来了环境问题和生态危机。于是人类开始用法律这一最强有力的社会调整控制手段来干预、规制那些不恰当的、以危害生态环境为代价的经济发展行为。任何生态环境要素对人类都有两方面的价值需求:经济价值和环境价值。这两种价值需求是对立的,不可兼得。由于人的理性有限,在二元并重的情况下,在环境保护和经济发展目的产生冲突时,人们必然会趋向于优先重视自己的经济利益而忽视甚至损坏环境利益。因此,二元并重实际上不可能真正做到“并重”,其更现实的可能是环境利益成为经济利益的附庸甚至牺牲品。[1] “二元论”在实践中对环境保护目标的偏离把握使环境保护法不仅没有起到保护环境的作用,反倒成为污染环境的掩护伞、环境危机的加速器。日益恶化的生存环境给人们生命健康带来了严重的危害,以及接连不断的抗议和抵制,人们开始对“二元论”进行了反思并提出了“一元论”的主张。

其二,环境法目的之“一元论”。该理论主张保护生态环境、保障人体健康是环境法的唯一目的。如果不把经济因素考虑在内,单纯从环境法的自身任务出发,环境法的“一元目的”一定会获得广泛赞同。把目光回归到环境自身才是确立环境立法目的的正确逻辑起点。物质财富的追求是人的本性使然,当这种追求的过度导致了环境危机,威胁了人类的另外一种利益即生态利益时,人类才不得不关注环境问题,不得不在两种冲突的利益中寻求调和、缓解冲突。因此,人类对环境的关注和保护并非心甘情愿,实属无奈。任何发展经济的行为都必然伴随着资源的耗费和环境的污染及生态的破坏,经济和环境的这种此消彼长的关系决定了发展经济和保护环境在本源上存在冲突和对立。任何保护环境的行为都将对发展经济形成影响和制约,只是程度轻重和范围大小不同而已。当人们把环境保护到非常优美、理想的状态时,经济发展就会受到严重影响甚至停滞。《增长的极限——罗马俱乐部关于人类困境的报告》提出的零增长理论不为人们所接受,是因为该理论太悲观,但并不是没有道理。因此,为保护环境而制约经济发展对多数人来说是非常痛苦、不能接受的。人们不可能为了保护环境而回到返璞归真的年代,尽管这是保护环境的理想状态;人们也不可能为了节约资源而放弃豪华舒适的物质生活,尽管这中间包含着对后世代利益的挤占和挪用。这种两难抉择导致一元论从理论上看是美好的,然而,在现实生活中人们接受起来要承受极大的痛苦,因而并不为大多数国家所采用。

其三,环境法目的之“生态一元论”。“生态一元论”是对传统目的论的反思和升华,是在当代环境伦理学说的兴起和发展以及与之相关的动物的权利等观点提出的影响下产生的。“生态一元论”观点认为,目的一元论及二元论的环境立法都是一种狭隘的人类利益

---

〔1〕 参见刘为彬:《环境法目的辨析》,载《福建政法管理干部学院学报》2007 年第 1 期。

中心思想的产物,在今天已经不能适应环境思想发展的需要,因为它们忽视了环境自身的价值和利益;人类作为生态自然界的一部分,是与其他生命物种种群共同拥有地球的,人类应当尊重其他生命物种,与生态自然和谐相处才能维持自身的生存和发展。“一元论与二元论的争论仍然是人类中心主义的延伸,是在把自然当成人类价值客体前提下的争论”[1],坚持“生态一元论”的学者认为环境法的目的应该是保护整体生态价值,这种观点既不是对“生态利益中心”的完全肯定,也不是对“人类利益中心”的完全否定,而是在协调“人类中心论”与“生态中心论”的前提下立足生态价值保护的新的“一元论”,是将环境法的保护领域由传统的人类生活环境扩展到整个生态系统。唯有如此,才能有效维护生态系统的协调均衡和稳定发展,将人类开发利用自然资源和污染环境的速度限定在自然界的承受能力范围之内。近代法在原则上将自然及其要素作为人类财产权的对象看待,人类对自然的利用在原则上是自由的。这样的理念是今天生态失衡、环境危机的根源之一。然而,人类的一切活动都是以自身利益为出发点和归宿的。所谓法律上的权利只能是人的权利,人类以外的其他物体只能是人类权利的对象,不可能成为权利的主体。人类通过立法加强对动物的保护,特别是对某些珍稀动物的保护,也是为了更好地实现人类的利益。因此,“人类中心主义”尽管在生态环境保护方面存在诸多的漏洞和弊端,但要让人类自觉地从中心地位退让下来也是不可能的,除非那样能更好地满足和实现人类的利益。因此,“生态一元论”固然美好,却离现实社会生活较为遥远。

上述学说都有各自坚持的立场,而且由于人们对环境问题认识水平的差异、经济社会发展程度以及由此带来的环境危机的严峻程度差异,人们认识经济社会与环境保护的着眼点和侧重点不同。这些观点也各自被不同的人群认可。

二、环境法目的变迁及新时代定位

(一)中国《环境保护法》立法目的之变迁

新中国的环境立法起步较晚,改革开放之后环境保护及其立法问题才得到重视,环境法目的等问题逐渐得到学界关注。1979 年公布的《环境保护法(试行)》(已失效)是我国第一部环境保护基本法,其立法目的表述为“保证在社会主义现代化建设中,合理地利用自然环境,防治环境污染和生态破坏,为人民造成清洁适宜的生活和劳动环境,保护人民健康,促进经济发展”。1989 年公布的《环境保护法》将立法目的修改为“为保护和改善生活环境与生态环境,防治污染和其他公害,保障人体健康,促进社会主义现代化建设的发展”。比较而言,两者仅仅在文字表述上稍有区别,立法目的没有实质区别,都是追求保护人体健康、促进经济发展的二元目标。如前文所述,这种二元立法目的的缺陷就是现实中往往会因为经济发展领域的强势演变成经济优先原则,并成为某些地方政府和企业回避环境保护的借口。2014 年修订后的《环境保护法》将立法目的修改为“为保护和改善环境,防治污染

---

[1] 高利红:《环境资源法的价值理念和立法目的》,载《中国地质大学学报(社会科学版)》2005 年第 3 期。

和其他公害,保障公众健康,推进生态文明建设,促进经济社会可持续发展”。

环境法目的是环境法学的核心范畴,对其进行准确定位是有效理解环境法的关键,也是正确进行环境立法、环境司法及环境执法的基础。自我国环境法学发展以来,环境法的目的这一主题便为学者们所广泛关注,主要围绕国家环境保护基本法相关“目的条款”进行阐释分析。但需要指出的是,国家在制定某部具体的法律文件时,除了将凸显其侧重保护的某类或某几类利益外,必然也要顾及其他合法利益。鉴于此,某一具体环境法律文件中的目的条款除将肯定其重点保障的本位利益外,必然也将提到对其他合法利益形态的顾及,甚至会对整个法律体系的目的进行倡导。因而,可以从目的条款中提炼出环境法的目的,但不能将目的条款中的所有内容都视为环境法的目的,否则我们无法真正把握环境法目的的实质所在。[1]

(二)环境法目的的新时代定位

结合当前全球环境治理实践及中国现实国情,我国新时代环境法应该构建“1+3”环境法目的体系,即以促进人与自然和谐共生为基本目的,并涵盖“同一健康”、可持续发展、生态安全等具体内容的目的体系。

1. 促进人与自然和谐共生

如何实现人与自然的和谐共生,在生态环境的承载能力范围内发展,是21世纪全人类面临的共同问题。法律的重要使命是通过建立人与自然“和谐发展”的价值判断标准,抑制人们开发利用生态环境的任意性,制裁污染和破坏环境的违法行为,达到促进人与自然和谐共生的目标。[2] 总体上看,把促进人与自然和谐共生作为环境法基本目的契合科学发展观、生态文明观等中国新时代特色发展理念,反映了环境法的本质特点,能兼顾环境问题的客观发展及人对环境问题认识滞后性的各种情形。

首先,科学发展观以及与之相一致的生态文明观,是我国关于人类发展路径和愿景的伟大理论创新,既是我国经济社会发展的重要指导方针,也是指导环境法制建设的重要理论依据。其中,科学发展观的重要内容之一是主张在开发利用自然中实现人与自然和谐相处、促进人与自然和谐共生,其初衷是解决人为原因引起的或至少是有人类行为参与其中的原因所造成的自然环境问题。还要看到,环境保护就是解决人类或人类行为与自然环境之间的关系问题,环境法的任务其实就是帮助人类实现自身行为与自然环境之间关系的改善,而以促进人与自然和谐共生为重要内容的科学发展观为解决人类或人类行为与自然环境之间的关系问题、为环境法帮助人类实现自身行为与自然环境之间关系的改善提出的基本要求和行为准则是人与自然和谐共生。[3]

其次,促进人与自然和谐共生深刻反映了环境法的本质特点。环境法的使命是帮助人

〔1〕 参见何佩佩、邹雄:《再探环境法之目的》,载《社会科学家》2015年第5期。
〔2〕 参见吕忠梅:《“人与自然和谐共生”视野下的环境法价值论》,载《政治与法律》2023年第7期。
〔3〕 参见徐祥民:《从立法目的看我国环境法的进一步完善》,载《晋阳学刊》2014年第6期。

类实现自身行为与自然环境之间关系的改善,这是环境法的本质特点,环境法的目的也要反映这个特点。如果说对环境的保护在很大程度上是防止和治理人为活动对自然环境的破坏,是处理人与自然的关系,那么人与自然的和谐就为这种处理行为确定了标准。按照这一要求,不管是“保护和改善环境”还是“防治污染和其他公害”,都应以人与自然和谐共生为衡量标准。除此之外,促进人与自然和谐共生的表达还给环境法设定了相对开放的调整范围。按照人与自然和谐共生这一表达,表现在自然环境上的人与自然之间的“不和谐”,也就是环境法要“避免”发生的情况,即实际发生的或为人类所认识到的任何种类的“环境损害”。环境问题在客观方面还处在“渐次暴露”的过程中,而在主观方面还有待人们进一步加深认识。在这种情况下,恰当的方法是根据现在暴露的环境问题和当下已经取得的对环境问题的认识制定环境法,同时在法律中为可能暴露的新的环境问题和人们对环境问题可能产生的新认识预留必要的空间,具有巨大包容性的“人与自然和谐共生”的表述则能兼顾上述情况。[1]

2. 人与自然“同一健康”

人类活动导致全球变暖以及自然栖息地丧失和破碎化,再加上人类、野生动物和驯养物种之间的接触,增加了动物、人类和环境交织出现的健康危机,这促使我们重新思考人类健康与动物健康以及环境健康的密切关系。在此背景下,“同一健康”(“One Health”)概念应运而生。该概念总结了一个多世纪以来为人所知的理念,即动物健康、人类健康和环境健康本质上是相互交织、相互依存的,一个健康会影响所有的健康,其核心是在个体健康的基础上强调群体的健康和生态系统的健康。当前,全球对“同一健康”的研究呈现出跨学科发展的趋势,相关实践也在推进过程中,如气候变化与疫病突发、栖息地丧失与疫病突发等。2007 年 4 月,美国兽医协会建立“One Health”行动小组,讨论推进“One Health”的行动计划,并将“One Health”定义为:通过区域、国内、全球范围的跨学科协作,实现人类、家畜、野生动物、植物和环境的最佳健康。该小组随后演变为“One Health”委员会(One Health Commission),并更新了对“One Health”的定义:“One Health”是一种多部门和跨学科协作的方法,通过在不同地方、区域、国家和全球开展工作,实现最佳健康,并认识到人类、动物、植物及其共享环境之间的相互联系。

为了在全球进一步推广使用“One Health”理念,促进健康可持续发展,世界卫生组织(WHO)、联合国粮食及农业组织(FAO)、联合国环境规划署和世界动物卫生组织(OIE)组建了“One Health”高级别专家小组,于 2021 年 12 月正式发布了“One Health”操作定义,明确了“One Health”是一种综合的、增进联合的方法,旨在可持续地平衡和优化人类、动物和生态系统的健康;认为人类、家畜和野生动物、植物以及更广泛的环境(包括生态系统)的健康是紧密联系和相互依赖的,需要动员社会各阶层的多个部门、学科和社区共同努力,促进福祉,应对健康和生态系统面临的威胁,同时满足对清洁水、能源和空气、安全和营养食

---

〔1〕 参见徐祥民:《从立法目的看我国环境法的进一步完善》,载《晋阳学刊》2014 年第 6 期。

品的共同需求，采取应对气候变化的行动，促进可持续发展。[1] 2022 年 10 月，上述四个国际组织的四方合作机制发布《"同一健康"联合行动计划》，应对人类、动物和环境等面临的健康威胁，同时促进可持续发展。2023 年 3 月 29 日，中亚五国（哈萨克斯坦、吉尔吉斯斯坦、塔吉克斯坦、乌兹别克斯坦、土库曼斯坦）共同确认其有意通过采用"同一健康"方法加强整片地区的景观韧性，从而降低该地区出现人兽共染病的风险，也凸显出全球携手推进"同一健康"积极内涵的积极行动。[2]

进入 21 世纪以来，新发突发传染病层出不穷、环境污染和食品污染等因素的影响，使人类健康面临更加复杂的局面和严峻挑战。在此背景下，我国积极推进"健康中国""美丽中国""法治中国"的融合建设。2012 年 10 月，国务院印发《卫生事业发展"十二五"规划》。党的十八届五中全会指出，要大力推进"健康中国"的建设。2016 年 3 月，十二届全国人大四次会议通过的《国民经济和社会发展第十三个五年规划纲要》要求"推进健康中国建设"，这标志着建设"健康中国"已正式上升为国家战略。2016 年 8 月，中共中央政治局会议审议通过的《"健康中国 2030"规划纲要》明确了未来 15 年中国健康发展的总目标，制定了健康水平、健康生活、健康服务和保障、健康环境与健康产业等方面的主要指标，强调要把健康融入所有政策，全方位、全周期保障人民健康，大幅提高健康水平，显著改善健康公平。随着党的十九大报告进一步要求"实施健康中国战略"，"加快生态文明体制改革，建设美丽中国"；党的二十大报告强调要"把保障人民健康放在优先发展的战略位置，完善人民健康促进政策"，健康中国建设的指导思想、顶层设计和实施路径逐步深化。环境法是建设"健康中国"和"美丽中国"战略的法制载体，新时代的中国环境立法应将"人类—动物—自然环境"作为一个整体来解决复杂人类健康问题，把"同一健康"作为立法目的，完善相关法律法规体系，促进不同法律部门、学科间的联系协作，落实"同一健康"具体行动计划，实现人类、动物和自然环境的最佳健康。

3. 可持续发展

可持续发展具有丰富的内涵，其既是环境法价值论、基础理论的基石，也是环境法目的论、实践论的目标导向。在 1987 年可持续发展被作为哲学和伦理学发展范式提出以后，国际社会自 2000 年开始致力于可持续发展的实践推动，可持续发展由此成为环境法的目的和重要的目标领域。2002 年国际法协会（ILA）通过《与可持续发展有关的国际法原则的新德里宣言》，在前言中对可持续发展作出进一步阐释："可持续发展的目标涉及经济、社会和政治进程中全面和综合的措施，这些措施旨在可持续利用地球上的自然资源，保护自然以及人类生活和经济社会发展所依赖的环境，并在全人类积极、自由和卓有意义地参与发展并公平地分配因此产生的福利的基础上，实现全人类获得适当生活水准的权利，同时适

[1] 参见廖春晓、李立明：《"同一健康"的发展与实践》，载《中华流行病学杂志》2022 年第 7 期。
[2] 参见《本期聚焦：同一健康，同一世界》，载生绿网，http://z.cbcgdf.org/nd.jsp? id=747。

当顾及后代的需求和利益。"[1]可持续发展蕴含着人类的目标追求：社会可持续是最终目的，环境可持续是社会可持续的基础，经济可持续是社会可持续的条件，在生态安全、人与自然和谐共生的基础上追求经济高质量发展和社会公平，才能最终实现人的全面发展。[2] 1992 年《里约宣言》正式确立"可持续发展"的国际法地位，并通过《21 世纪议程》明确了可持续发展的经济可持续、社会可持续、环境可持续的发展领域和目标，将环境、经济和社会相关事项纳入政策框架。在联合国的大力推动及各国的积极实践下，可持续发展已成为人类发展的目的和目标。

可持续发展所秉持的发展观、世界观、文明观，对建立在传统法律基础之上的经济发展模式和社会治理体系提出了变革要求，因此建立符合可持续发展要求的新型法律和现代环境治理体系就成为时代发展的必然要求。中国于 1994 年出台发展中国家第一个 21 世纪议程，并在 1996 年发布《国民经济和社会发展"九五"计划和 2010 年远景目标纲要》，开始将可持续发展纳入国民经济与社会发展规划，不断推动中国的可持续发展转型，尤其是 2021 年发布的《中华人民共和国国民经济和社会发展第十四个五年规划和 2035 年远景目标纲要》明确提出了"美丽中国建设目标基本实现"的综合性目标体系，并将联合国《2030 年可持续发展议程》融入构建新发展格局的整体部署，充分体现了中国对可持续发展的目标追求。同时，可持续发展对于人与自然关系的全新认识，已引领我国环境保护的范围从污染控制扩大到资源节约和生态保护，形成了以环境可持续为主，涉及经济可持续和社会可持续相关领域的全新法律体系。党的十八大以来，我国环境保护立法理念及立法体系得到进一步转型升级，其中"促进经济社会可持续发展"成为普遍的基本立法宗旨条款。可持续发展所蕴含的以环境可持续为基础、以经济可持续为条件、以社会可持续为目的的系统性观念与方法，已成为新时代环境法追求的目的价值所在。

4. 生态安全

"生态安全"一词是 20 世纪后半期提出的概念，是一个国家赖以生存和发展的生态环境处于不受或少受破坏与威胁的状态，其包括两重含义：一是指生态系统自身是否安全，即其自身结构是否受到破坏，功能是否健全；二是指生态系统对于人类是否安全，即生态系统所提供的服务是否能满足人类生存发展的需要。基于此，人的生态需要也是人类环境利益产生的根源。长期以来，人们只关注各类环境要素所对应的物质使用价值及其通过交换而形成的经济价值。随着环境危机的日益深化，人们逐渐认识到各类环境要素按照特定的客观规律相互影响、相互作用所组成的环境系统的更为关键的效用在于对地球整个生命支持系统的维持、演变和进化并保持其动态平衡的价值，此种价值可具化为生物多样性的产生和维持、气候气象的调节和稳定等不同的生态功能。环境的生态功能是人类可持续发展的

---

〔1〕 杨朝霞：《中国环境立法 50 年：从环境法 1.0 到 3.0 的代际进化》，载《北京理工大学学报（社会科学版）》2022 年第 3 期。

〔2〕 参见吕忠梅：《"人与自然和谐共生"视野下的环境法价值论》，载《政治与法律》2023 年第 7 期。

基础,而人类维持自身的生存与发展实质就是人类充分利用生态功能的过程。[1]

随着我国经济长期高速发展,各种累积的环境污染和生态风险进入集中高发阶段,生态文明建设进入多种压力叠加的关键期,恢复“绿水青山”并保障“金山银山”变得尤为重要。2000 年,国务院印发的《全国生态环境保护纲要》第一次明确提出了“维护国家生态环境安全”的目标。党的十八大以来,以习近平同志为核心的党中央创造性地提出总体国家安全观,开辟了中国特色国家安全理论的新境界,为新形势下维护和塑造国家安全提供了强大思想武器和根本遵循。作为国家安全的重要组成部分,生态安全是经济社会持续健康发展的重要保障,也是人类生存发展的基本条件。2015 年公布的《国家安全法》把生态安全作为维护国家安全的重要任务,其中第 30 条规定:“国家完善生态环境保护制度体系,加大生态建设和环境保护力度,划定生态保护红线,强化生态风险的预警和防控,妥善处置突发环境事件,保障人民赖以生存发展的大气、水、土壤等自然环境和条件不受威胁和破坏,促进人与自然和谐发展。”党的二十大报告也强调“必须坚定不移贯彻总体国家安全观”。

总之,当前我国总体国家安全观的确立也为我国环境法的生态安全目的价值奠定了理论与实践基础。同时,生态安全是建立在对人与自然关系整体性认识基础上的价值观,要求以环境法的形式树立生态理性,提升人们的生态意识和生态智慧。环境法的生态安全目的价值,对建立风险预防原则及其相关制度,完善空间区域法律制度,以及形成政府主导、企业主体、公众广泛参与的现代环境治理体系,都具有重要的意义。另外,在“只有一个地球”的认知基础上,生态安全价值为统筹国内法律与涉外法律,建立有效的国内环境问题综合控制、全过程控制和环境治理国际合作机制及危机处理机制赋予了正当性与合理性,为实现可持续发展目的价值也提供了具体路径与方法。[2]

思考题

1. 结合环境法的目的理论,评析中国《环境保护法》立法目的的变迁。
2. 论述习近平生态文明思想和习近平法治思想的基本内涵。
3. 论述传统的环境保护思想文化以及法制建设对现代环境法发展的意义。
4. 全面推进美丽中国时代,中国应当如何构建具有中国特色的环境法价值体系?
5. 论述环境法目的体系的结构及其功能。

进阶研习推荐文献

1. 习近平:《论坚持人与自然和谐共生》,中央文献出版社 2022 年版。
2. 杜群:《环境法融合论:环境·资源·生态法律保护一体化》,科学出版社 2003 年版。

---

〔1〕 参见何佩佩、邹雄:《再探环境法之目的》,载《社会科学家》2015 年第 5 期。

〔2〕 参见吕忠梅:《“人与自然和谐共生”视野下的环境法价值论》,载《政治与法律》2023 年第 7 期。

3. 汪劲:《环境法律的理念与价值追求——环境立法目的论》,法律出版社2000年版。
4. 蔡守秋主编:《环境资源法教程》(第3版),高等教育出版社2017年版。
5. 吕忠梅:《环境法新视野》(第3版),中国政法大学出版社2019年版。

第二章 环境法的部门法地位和法规范体系

环境法具有独特的调整对象、调整方法,是独立的部门法,其内部组成包括环境污染防治法、自然资源法和自然生态保护法三个子部门领域。其中,自然生态保护法可进一步划分为自然保护法和生态保护法。环境污染防治法、自然资源法和自然保护法是一次调整的基础领域,生态保护法是二次调整的派生领域。为确保环境法功能的有效发挥,不仅有必要妥当处理其与民法、行政法、刑法等传统部门法的关系,还要明确其与能源法、气候变化法、生态减灾法等相关领域法的关系。法源是环境法律适用与法学研究的基石,不仅关乎环境资源法律的具体应用,更是构建中国特色环境法规范体系、学科体系、学术体系和话语体系不可或缺的前提。本章系统阐释了环境法作为独立部门法的独特地位,并深入探讨其一般性法律渊源、特殊性法律渊源与社会性法律渊源,尤其关注党内法规体系与生态环境标准等独特的法律渊源类型。

第一节 环境法的部门法地位

截至2024年年底,以《宪法》为根本法和统帅,以《宪法》相关法、民商法、经济法、行政法、社会法、刑法、诉讼法、环境法等多个法律部门的法律为主干,由法律、行政法规、地方性法规、政府规章等多个层次的法律规范构成的中国特色社会主义法律体系已形成并不断完善,为全面推进美丽中国建设提供了坚实的法治保障。

一、环境法的部门法定位

(一)部门法的含义及划分标准

法律部门是指根据法律规范自身的不同性质、调整社会关系和调整方法的特殊性和特有性对法律规范进行的类别性划分。由于调整的社会关系及其调整方法不同,可将现行法律规范分为不同的法律部门,将调整同一类社会关系的法律规范的总和,同构为一个独立的法律部门。受苏联法学理论的影响,我国一直把是否具有"独立的调整对象"和"特有的调整方法"作为判断一种法律现象是否成为一个独立法律部门的标准,形成了"部门法的划分标准 = 调整对象(主要标准) + 调整方法(次要标准)"的判断定式。受部门法理论影响,新兴法律部门往往因不被认可符合独立部门法的判断标准,而被分别归属为其他多个部门法。

(二)环境法部门法定位的不同观点

一是环境法领域法说。该学说认为,环境法作为新兴的法律领域,是以应对和解决生态环境问题为中心的领域性法律,其调整的是涉及环境保护的社会关系。环境法是按照事物的领域来进行规范集成的,它所关注的不是调整的社会关系的法律性质而是事物的性质。因此,从传统部门法的视角来看,其调整的社会关系和方法都是综合性的,难以对相关法律规范进行体系化。领域法说认为,将环境法作为"重要立法领域"纳入中国特色社会主义法律体系,可以实现环境法内外部的双向体系化,即在环境法外部处理好环境法规范与相关部门法规范形式的关系,在环境法内部以法律规范类型化为基础,建构协调一致的环境法规范体系。

二是环境法附属其他部门法说。其主要有两种观点:(1)经济法说。早期环境法的发展寄身于经济法中的自然资源管理法,污染和公害问题则通过民商法调整,环境法是从经济法脱胎并逐步发展起来的部门法,故而将环境法归属为经济法的部门法范畴。随着环境法律体系的不断完善,环境法的调整范围逐渐从自然资源管理扩展到污染防治、生态保护等领域,逐渐超出了经济法所能涵盖的范畴。(2)行政法说。从环境法带有强烈的行政法特征出发,认为环境法属于特殊领域的行政法,将环境法归属于行政法这一部门法。但是将环境法归属于行政法并不能有效解释环境法的跨部门法的现象。

三是环境法独立部门法说。环境法是一门跨领域的部门法。环境资源问题广泛涉及社会、政治、经济、文化、娱乐、生活、教育、卫生、国防安全等经济社会领域,反映到法律规范的构成上,除了专门的环境资源法规范,还包括与宪法、行政法、民商法、刑法、诉讼法、国际法等部门法相关的法律规范。因而不能否定环境法部门法的内在逻辑性而惯性地将其归属于经济法、行政法,或将其机械地定位于可包罗万象的领域法范畴。

(三)环境法是独立的部门法

本教材采纳环境法独立部门法说。环境法是一门独立的法律部门法越来越成为共识,这是由它所特有的调整对象和调整方法决定的。

1. 环境法具有独特的调整对象

从其产生、发展的整个过程来看,环境资源问题主要是一个经济问题。法律作为解决环境与资源问题、协调人类与自然关系的调整工具,不能脱离人类经济生产过程。任何物质生产活动都存在经济再生产和自然再生产的相互制约和相互影响。其中,自然再生产是经济再生产的基础和前提条件。经济再生产持续运行的必要条件是它不超越自然再生产的正常负荷,具体表现是不超越可再生自然资源的再生限度和环境容量的阈限值。人类自身的再生产是联系自然再生产和经济再生产的中间环节。一方面人类作为自然人参与自然再生产过程,另一方面人类作为社会人参与社会化的经济再生产过程。劳动是沟通两种再生产的桥梁。如果劳动过程只是单纯地向自然界剥夺,破坏了自然再生产的能力,经济再生产将是无源之水,人类自身的再生产也无以为继。与自然再生产连接最为紧密的人类劳动活动当数环境和自然资源的开发、利用、营造和保护。可持续的经济过程所要求的正确的人类劳动过程应当是:在劳动中,人的活动借助劳动资料使劳动对象发生预定的变化,劳动的产品是经过形式变化的自然物质,这一自然物质产品应当既符合人的需要,也符合生态平衡的需求(包括生产产品的过程)。这种人类劳动过程(或者人类经济活动过程)与传统忽视自然再生产的经济活动存在本质区别,它是"生态"的经济活动过程。在生态经济系统内,人类的经济活动是生态物质循环的新形式,人类扩大社会生产实际上是不断加速和扩大生态系统的物质循环,在这里人类的物质生产与自然的物质生产紧密交织在一起。环境法正是规范人类在生态经济活动中的具体劳动行为,目的是使人类的经济再生产和自然再生产协调进行,实现持续发展。

值得注意的是,环境法调整的具体劳动行为具有两面性,不仅包括积极的劳动行为,还包括消极的不劳动行为。一方面,人们基于自然再生产过程进行创造社会财富的积极劳动行为,其行为形态表现为自然资源开发利用行为及其对环境产生的污染行为,成为环境法调整的主要对象。另一方面,人们基于保护自然原真性和自然生态系统而主观意志上要求的禁止和限制开发利用的不劳动行为,也是环境法调整的重要对象。前者纳入环境法的自然资源法、环境污染防治法的调整范畴,后者纳入环境法体系中自然生态保护法的调整范畴。因此,环境法的调整对象可以概括为基于人们积极的和消极的劳动行为而发生的生态经济活动及其社会关系,这一调整对象在本质上具有内在特定性,在形态上呈现交叉性和横向渗透性。

2. 环境法具有独特的调整方法

法律的调整方法有公法调整和私法调整之分,公法调整主要是行政法调整和刑法调整,私法调整则主要是民商法调整。环境法调整方法的独特之处在于法律调整方法的多元化运用,以及传统法律的多元化调整方法高度交叉融合所形成的合力,这种公私法调整方法结合以及制度耦合下的调整机制是其他部门法所不具备的。单采民刑法调整不足以解决环境和自然资源危机,过度硬性的行政法调整也暴露出缺陷,完全市场化的经济调节也值得商榷。通过梳理环境法调整方法的历史发展发现,唯有灵活采用多种调整方法,多管齐下,才能促进环境资源法律问题的解决和处理。20 世纪 70 年代环境危机是现代环境法的发端,我国环境法调整方法的发展经历了以下三个阶段。

(1)新中国成立至 20 世纪 70 年代:民商法主控调整时期。

20 世纪 70 年代呈现出的环境危机主要是环境污染和公害以及不合理利用自然资源引起的自然资源生态破坏。从环境经济分析角度看,环境危机的产生根源是经济内部性行为(开发利用环境与自然资源的物质生产),其缺乏生态约束条件导致了外部不经济的后果(自然资源破坏和环境污染等);从法律调整分析角度观察,主要是缺乏对涉及环境资源开发利用的外部不经济性的社会活动的法律规制导致的。传统以经济利益为重的自然资源法主要规范的是可物权化自然资源的活动。在自然资源的开发利用中，开发主体往往以经济效益最大化为利益驱动，因此环境污染和自然资源生态破坏在多数情况下由自然资源所有者或使用者不合理或非法使用自己的财产或其他非法活动所致。造成这种后果的原因可以归结为两类：一是"市场失灵"，自由市场存在制约与自然资源不合理利用活动的天然缺陷；二是传统自然资源法关于自然资源权属的规定尚不能针对自然资源的不合理的开发利用方式。因此，"环境污染和生态破坏是所有权绝对化、不受限制的契约自由的结果"，是私法调整的失误。

在这一阶段，对环境资源权益的保护，基本依赖传统民商法的规则和原则，如采行相邻侵害的损害赔偿，以及禁止令措施。但以民商法主控调整，并不意味着公法调整不发挥任何作用。实际上，在这一时期，也存在公法调整手段。比如，在当时的自然资源开发利用法律管制过程中，行政管制发挥着重要的规范调整作用。此外，当时关涉环境资源的刑事制裁也是公法调整，但是主要以既有刑法规范为解释适用至环境污染和自然资源生态破坏犯罪，属于附属刑法调整的方式。

适用传统的民商法调整环境资源问题存在缺陷：一是预防功能的局限。传统民商法调整的发生依据必须是人的生命、健康或财产受到实际损害的法律事实，这就决定了传统民商法只能为特定的环境和自然资源权益受害者提供事后救济，而不能为整体不特定社会成员在预防损害事实发生或消除致害根源方面提供法律保障。二是传统规则和原则的局限。例如，普通法适用妨害的局限性在于关于公妨害和私妨害的划分，传统公妨害只能由公共官员行使起诉权，而受害者往往无权起诉。效用比较原则也是妨害法的局限。只有在法院认定被告行为所损害的价值大于被告行为造成损害的社会价值的前提下，妨害法才对抑制环境污染和自然资源生态破坏发挥作用。此外，关于侵权行为的构成要件和举证责任等方面的规定也存在规范不足的问题。

(2)20 世纪 70 年代：行政法等公法主控调整时期。

20 世纪 60 年代末 70 年代初，环境危机日益严重，美国开始采用行政干预并辅之以严厉制裁的法律调整方法，具体措施有设立专门的行政机关、制定标准、设定禁止规定、要求行为义务、严格违法的法律责任等。这个时期，我国在污染防治方面，预防性或事后管制性的法律不断颁布，形成了一系列公法管制制度、完备的污染防治法体系以及分工负责和统一监督管理相结合的管理体制，形成了行政法主控的法律调整格局。在对资源开发的民商行为制约方面，对自然资源所有权进行限制，对开发利用自然资源的民商行为进行引导，对传统的私法制度进行完善。

这个阶段，民法的调整方法备受行政法的牵制。有关污染的损害赔偿责任的归责要件，往往与行政管制的内容（如是否先行由主管行政机关核定期限改善）与污染源的遵行情形（如污染源的污染排放是否违反排放标准）形成关联。刑法调整亦如此，环境刑罚多以行政管制义务的违反为犯罪构成要件，形成所谓附属型环境刑法或非自主性环境刑法。即使是环境自主性刑罚规定，也需要探寻环境行政法内容。因此，此阶段的环境法律调整呈现出行政管制主控特征。

(3)20 世纪 80 年代至今:公私法调整方法相结合时期。

以行政管制法为主导的法律调整,因日益膨胀的内在体制和特点逐渐呈现出弊端,出现了所谓“政府失灵”的现象。由此,随着对以行政管控为主的法律调整方式的反思,将环境污染防治内部化的技术控制制度理论应运而生。在肯定了政府干预不可替代的同时,倡导积极运用经济调节手段。政府首先要调整传统的自由市场,将不利于环境与自然资源开发利用的自由市场(“失灵”的市场)进行相应的经济调整转变为有效调控的市场,将公共商品性环境自然资源价值化,将污染行为视为经济活动的一环,将污染防治费用纳入企业经营的成本,最终使公共商品性环境自然资源的开发利用和管理纳入经济调节,以此实现环境污染防治从末端污染控制向全过程污染控制的模式转变。全过程污染控制模式是把环境污染治理与自然资源管理融合在一个经济过程中进行综合管理的策略,涉及自然资源开发利用,自然资源产品的生产、消费、回收,清洁开发、生产,可替代产品及其工艺的开发、应用等全过程。

随着 2020 年《民法典》的颁布,中国特色社会主义法律体系不断完善。在此背景下,环境法的调整方法体现为民商法、行政法、刑法相结合与相交融的调整特征。第一,民商法调整方法重新受到重视。这解决了如何将导致环境危机的“市场失灵”矫正为有效的市场,重新利用市场机制克服环境危机的问题。在这一阶段,政府通过环境经济政策调控改造了“市场”,通过规制市场,实现市场经济的环境规制效果,通过经济手段将污染防治成本内部化,通过经济杠杆影响资本投向从而达到预防污染的效果。这种与生产者的经济利益直接关联的经济调节手段,具有明显的成效。为此,环境经济制度得以发展,包括污染费、污染税、污染许可市场、碳排放权交易等;经济金融杠杆也在环保领域被广泛采用,包括国家为企业提供的专项借贷、信贷,保证“清洁生产”工艺、设备、设施的投资,节约自然资源的措施(废物再生、土地重耕等)的投资,环境保护的税收优惠、加快折旧,满足生态标准所要求的商品的税收等。第二,行政管制法“硬性”软化。行政管制的一个显著特征是强制性,采取行政命令、强制禁止等直接干预手段。近年来这种行政硬度有所软化,表现为软性协商或民主式参与制度的形成。例如,美国重视替代纠纷处理方式,根据环境纠纷的特点,倡导各种诉讼外的处理方式如调解、仲裁等;中国的“放管服”“合规不起诉”等政策,生态环境损害赔偿磋商制度等。第三,20 世纪八九十年代以来,专门的自主性刑法得到发展。自主性刑法以独立刑事法律规范为认定破坏环境与自然资源行为社会危害性及其法律后果的依据,如我国《刑法》(2023 年修正)专门设立的“破坏环境资源保护罪”一节,对惩治破坏环境资源犯罪作了全面规定。

二、环境法的部门法内部组成

(一)部门法内部组成的逻辑主线

以环境法律调整的社会劳动行为及其目的为逻辑主线,环境法的部门法体系构成可分为环境污染防治法、自然资源法和自然生态保护法三个子部门领域，其中自然生态保护法划分为自然保护法和生态保护法。环境污染防治法、自然资源法和自然保护法是一次调整的基础领域，生态保护法是二次调整的派生领域。

在环境法律调整中，社会成员的劳动行为按照是否创造财富，可以划分为基于环境资源的生产性、建设性的积极劳动行为和维护自然原真性的消极劳动行为。积极劳动行为，按照人类劳动作用于自然的过程即自然被人类以主观功利之目的划分为“环境”和“资源”客体的利用过程，可以进行二元划分：环境污染防治行为和资源开发利用保护行为，分别纳入环境污染防治法和自然资源法的调整范围。以民法为基石的法律传统由于是对创造财富的所有权和用益权提供的权利保障，往往重视对积极劳动行为的调整，忽视对消极劳动行为的保护。就自然保护法而言，其所指向的基础行为类型则是消极劳动行为（如自然保护地的禁止利用行为），自然保护中的消极劳动行为也是有价值的劳动行为。对此，习近平总书记提出的“绿水青山就是金山银山”“宁要绿水青山，不要金山银山”等理念，是对马克思主义劳动和生产力理论的丰富和发展。把消极劳动行为作为同质社会关系纳入自然保护法的调整范围，是对环境法律调整关系理论的创新。

生态保护法是环境法二次调整的领域，调整因治理、修复和维护生态系统的行为而形成的社会关系，是在环境污染防治法、自然资源法和自然保护法等环境法基础法域进行一次调整之后派生的法域。自然保护法与生态保护法在保护目标即维护自然生态系统及其功能上具有一致性，但是在法律调整行为上有质的差别，前者调整保护原真性自然的“不劳动行为”，而后者调整维护、修复功能性生态系统的积极行为。

（二）环境法的子部门法组成

1. 污染防治法

污染防治法也称环境污染防治法，是指国家为了预防和治理环境污染和其他公害而分门别类地制定的法律规范的总称。2014年修订的《环境保护法》是环境保护基本法，主要是污染防治的统领法。相关立法主要有《大气污染防治法》（2018年修正）、《水污染防治法》（2017年修正）、《固体废物污染环境防治法》（2020年修订）、《噪声污染防治法》（2021年公布）、《放射性污染防治法》（2003年公布）、《海洋环境保护法》（2023年修订）、《土壤污染防治法》（2018年公布）等七部单行法律。

2. 自然资源法

自然资源法是调整自然资源的开发、利用、管理、保护社会活动的法律规范的总称，是我国环境法体系中数量最多的、相对比较完善的体系。相关立法主要有《森林法》（2019年修订）、《草原法》（2021年修正）、《野生动物保护法》（2022年修订）、《矿产资源法》（2024年修订）、《土地管理法》（2019年修正）、《水法》（2016年修正）、《渔业法》（2013年修正）、《海域使用管理法》（2001年公布）、《深海海底区域资源勘探开发法》（2016年公布）等。

3. 自然生态保护法

自然生态保护法也称原真自然和生态保护法，是指关于保护、修复和恢复具有特殊价值和意义的原真自然或者自然生态系统的法律规范的总称，主要包括对生态系统、自然保护区、国家公园、森林公园、人文遗迹和自然遗迹、生物多样性、湿地、气候和气象生态系统等进行保护、修复和恢复的法律。自然生态保护相关立法主要有《水土保持法》(2010 年修订)、《防沙治沙法》(2018 年修正)、《防洪法》(2016 年修正)、《海岛保护法》(2009 年公布)、《自然保护区条例》(2017 年修订)等法律和行政法规。为加快"美丽中国"建设的步伐，需制定国家公园法或者自然保护地法，加强对自然保护区、风景名胜区、自然遗产、地质公园、海洋保护区、森林公园、湿地公园等各类自然保护地的一体化保护与系统治理。

三、环境法的交叉领域

(一)环境法与传统部门法

1. 环境法与民法的关系

2020 年颁布的《民法典》回应现代社会资源环境恶化情形下保护环境、维护生态的现实需要，整体贯彻绿色理念模式，确立了"绿色原则"，并规定了旨在贯彻、落实绿色原则的法律规则条款。例如，《民法典》(2020 年公布)第 247 条和第 250 条规定了自然资源归国家或集体所有，对矿藏、水流、森林、草原等公共物品设定了国家所有或集体所有权，从而区别于一般的物权所有权。《民法典》(2020 年公布)第 286 条规定了业主行使建筑物区分所有权时的环保义务，第 294 条规定了不得违法弃置污染物，第 346 条规定了用益物权人行使建设用地使用权时的环保义务等。《民法典》(2020 年公布)合同编规定了合同履行的附加环境保护义务，如第 619 条规定了买卖合同标的物的绿色包装义务。《民法典》(2020 年公布)侵权责任编单独设置"环境污染和生态破坏责任"专章，将生态环境损害赔偿制度的改革成果以法律规则的形式固定下来，明确了污染环境、破坏生态致损的侵权责任类型与举证责任分配，两人以上的损害责任承担方式，主观故意的惩罚性赔偿，第三人过错的责任承担及追偿，生态环境修复责任和生态环境损害赔偿诉讼的赔偿范围等。

2. 环境法与行政法的关系

行政法以秩序行政为规范对象，以约束政府权力和保护行政相对人权利为核心。现行污染防治、自然生态保护环境法规范，也以调整行政主体与行政相对人之间的关系为主导，属于环境行政法规范。现代环境治理以行政规制为主要手段，通过行政机关对环境利用行为人的监管执法来实现环境保护目标，以行政许可、行政处罚、行政强制等行政行为为基础，呈现出单方性、强制性和管制性的基本特征，环境保护法也因此呈现出以行政法律规范为主导的特征。

3. 环境法与经济法的关系

经济法是一个综合性的法律部门，它涉及社会生产和再生产过程中各种经济管理关系和经营协调关系。许多经济法律法规中都包含环境保护的有关内容，如企业法、土地法、农业法、交通运输法、涉外经济法、建筑法等。社会劳动保障法中也有关于生产劳动环境保护的规定。环境法与经济法有关宏观调控、财政投资与体制改革、税收征收和审计等制度有非常密切的联系。当前，我国经济社会发展已进入加快绿色化、低碳化的高质量发展阶段，2023 年 12 月 27 日《中共中央、国务院关于全面推进美丽中国建设的意见》指出要大力推动经济社会发展绿色化、低碳化，加快能源、工业、交通运输、城乡建设、农业等领域绿色低碳转型。党的二十届三中全会审议通过的《中共中央关于进一步全面深化改革　推进中国式现代化的决定》进一步提出要“聚焦建设美丽中国，加快经济社会发展全面绿色转型”。

4. 环境法与刑法的关系

各国在环境保护中普遍重视刑事责任。我国《刑法》(2023 年修正)分则第六章“妨害社会管理秩序罪”第六节规定了“破坏环境资源保护罪”。具体包括：污染环境罪，非法处置进口的固体废物罪，擅自进口固体废物罪，走私废物罪，非法捕捞水产品罪，危害珍贵、濒危野生动物罪，非法狩猎罪，非法猎捕、收购、运输、出售陆生野生动物罪，非法占用农用地罪，破坏自然保护地罪，非法采矿罪，破坏性采矿罪，危害国家重点保护植物罪，非法引进、释放、丢弃外来入侵物种罪，盗伐林木罪，滥伐林木罪，非法收购、运输盗伐、滥伐的林木罪等。此外，在走私罪、渎职罪等篇章中也有相关规定。

（二）环境法与相关的领域法

1. 环境法与能源法的关系

环境法和能源法有不同的价值目标。环境法侧重于污染防治、自然资源和自然生态系统的保护，注重人体健康保护与资源保护，凸显环境资源的生态价值。能源法侧重于能源开发和利用，确保以合理的价格保障能源供给，注重能源勘探开发、加工转换、仓储运输、服务供应和贸易规制等流程的行为规制，凸显能源资源的经济可持续价值。然而，随着环境、资源、能源一体化保护的强化，环境法与能源法之间的关系问题越来越聚焦于矛盾的统一性，即环境法在强调环境保护的同时需要回应能源开发利用过程中的产业结构优化调整问题，能源法在追求高效开发利用的同时，需要解决节能减排等一系列清洁生产、循环经济、绿色低碳消费等伴生问题。

2. 环境法与气候变化法的关系

气候变化法是领域法，涉及碳排放控制、气候灾害防控、能源结构调整、资源循环利用等多维度问题。气候变化法与环境法在调整目标、调整对象上具有交叉性，在调整手段上具有共性。气候变化法旨在减缓与适应气候变化对生态环境的影响，进而保护公众健康以及生态环境本身，与环境法的保护目标具有一致性。温室气体排放虽然不会造成传统意义上的环境污染和损害，但会引发气候变暖、海平面上升、灾害增加等生态问题，危害社会公众的人身财产安全以及生态系统。因此，应对气候变化属于《环境保护法》(2014 年修订)第 1 条所规定的“保护和改善环境，防治污染和其他公害”范畴，服务于“保障公众健康，推进生态文明建设，促进经济社会可持续发展”的根本目标。气候变化法的调整对象包括温室气体排放行为、碳汇开发利用行为,与污染排放行为、资源开发行为等环境法调整对象具有环境关联性。气候变化法与环境法的调整手段具有相似性,兼具公法和私法的多元调整和综合调整的特点。

3. 环境法与生态减灾法的关系

生态减灾法是指调整人类对生态系统的保护、恢复和重建(统称生态系统管理),以实施减少灾害风险行为而形成的社会关系的法律规范总称。生态减灾法是自然灾害法的专题法,法律规范散落在环境基本法、环境单行法、自然灾害单行法及其他行政法规和规范性文件之中。因此,生态减灾法是一个概念性的法群,其实证法构建在路径上需要依循生态保护法和自然灾害法的实质和形式要求,形成特定的生态减灾调整功能。生态减灾法概念的目的是,要求自然灾害法和生态保护法协同发展和融贯。在生态减灾法概念下,生态保护法具有以生态保护促进自然灾害减防的立法目的和法律保护目的,是能够将生态系统管理拓展至灾害风险控制领域的子部门法体系。在生态减灾法概念之下,游离于生态保护法调整的渐发性灾害(包括自然动力系统和人为动力系统交互作用下的环境影响和灾害风险)将被纳入法律控制,从而使自然灾害法和生态保护法相衔接。

第二节 环境法的法律渊源体系

广义的法律渊源即法律的来源,简称"法源",主要有正式渊源与非正式渊源,主要渊源与次要渊源,实质意义上的渊源与形式意义上的渊源,直接渊源与间接渊源,法定渊源与酌定渊源,必须的渊源、应当的渊源和可以的渊源,效力渊源和认知渊源等七种类型。[1]司法裁判依据的来源包含两层意义:裁判依据的效力渊源和裁判依据的认知渊源,前者作为裁判决定的直接依据,后者作为裁判决定依据的内容。[2] 从效力角度看,环境法的法律渊源包括一般性法律渊源、特殊性法律渊源和社会性法律渊源。

一、一般性法律渊源

(一)立法类法律渊源

立法类法律渊源主要包括宪法、法律(包括立法解释)、行政法规、地方性法规、国务院部委规章和地方政府规章、民族自治法规和规章。

1. 宪法

宪法是根本法律规范,具有统率所有法律规范的规制功能,也具有政治整合、确认与诠释其他法律规范的功能。我国宪法中的生态环境条款最早出现在 1978 年《宪法》中,2018

---

〔1〕 参见雷磊:《法的渊源:一种新的分类法及其在中国语境中的运用》,载《河北法学》2021 年第 11 期。

〔2〕 参见雷磊:《重构"法的渊源"范畴》,载《中国社会科学》2021 年第 6 期。

年"生态文明"入宪标志着宪法环境条款的成熟。我国宪法环境条款的规定主要体现在《宪法》(2018 年修正)序言第七自然段关于"生态文明""新发展理念"的阐述,第一章"总纲"第 9 条第 2 款(自然资源利用)、第 10 条第 2 款(土地资源利用)、第 22 条第 2 款(文物资源保护)和第 26 条(基本国策),以及第三章"国家机构"中的第 89 条第 6 项(国务院生态文明建设职权)等。这些宪法环境条款是我国制定和实施环境法的宪法依据。

在我国,作为制定法的宪法生态环境条款不得被援引、作为直接的裁判依据,但其体现的原则和精神可以在说理部分予以阐述。因此,宪法生态环境条款属于"认知渊源",可以发挥解释填补功能。换言之,司法机关在解释具体环境法律规范时,应当遵循宪法价值,将宪法作为重要参考因素,使个案的适用合乎宪法秩序。[1] 宪法生态环境条款对司法机关的解释填补功能主要体现为,司法机关在处理生态环境案件并需要进行司法解释时,应当以宪法生态环境条款的规定为基准,充分考虑宪法生态环境条款蕴含的精神和价值。司法机关进行司法解释时应优先选择与宪法生态环境条款的内容相匹配的解释,或者符合其价值的解释;既要注重进行扩张解释,尽可能将环境保护事项和利益纳入宪法生态环境条款的规定,以实现对生态环境的全方位、多角度保护,也要考虑基于实现个案正义的需要,当现实的情况与立法存在矛盾或者与宪法产生某种抵触效果时,对法律规范进行限缩解释。

2. 法律

法律层面的环境法渊源主要是指全国人民代表大会及其常务委员会制定的有关合理开发、利用、保护和改善环境资源方面的法律,具体包括三个层面:一是环境保护综合法。我国环境保护的综合立法是《环境保护法》(2014 年修订),该法规定了环境保护的基本任务、基本原则、基本制度和环境管理机构的权限、职责、法律责任等,是环境与资源保护的基本法,在我国环境与资源保护法律规范中发挥综合性的领导作用。二是环境保护单行法。环境保护单行法是针对特定的保护对象或特定的污染防治对象而制定的单项法律,在内容上可以区分为以环境污染防治为目的的法律和以自然资源管理和保护、自然生态保护为目的的法律。三是其他部门法中的环境保护规范。比如,《民法典》(2020 年公布)第七编第七章"环境污染和生态破坏责任",《行政强制法》(2011 年公布)中的环境代履行制度,《刑法》(2023 年修正)中的"破坏环境资源保护罪",《民事诉讼法》(2023 年修正)和《行政诉讼法》(2017 年修正)中的公益诉讼制度等。

3. 行政法规

国务院制定的行政法规是我国法律体系的重要组成部分,环境行政法规在我国环境立法体系中也占有重要地位。环境行政法规是指由国务院依照宪法和法律的授权,按照法定权限和程序颁布或通过的关于环境与资源保护方面的规范性法律文件。目前,国务院环境与资源保护行政法规涵盖广泛,现行有效的行政法规 100 多件,[2] 如《地下水管理条例》

---

〔1〕 参见张翔:《环境宪法的新发展及其规范阐释》,载《法学家》2018 年第 3 期。

〔2〕 参见赵晨熙:《我国生态环保法律体系已基本形成》,载《法治日报》2022 年 9 月 1 日,第 1 版。

（2021年公布）、《排污许可管理条例》（2021年公布）、《环境保护税法实施条例》（2017年公布）、《自然保护区条例》（2017年修订）、《建设项目环境保护管理条例》（2017年修订）、《消耗臭氧层物质管理条例》（2023年修订）、《太湖流域管理条例》（2011年公布）、《生态保护补偿条例》（2024年公布）、《防治海洋工程建设项目污染损害海洋环境管理条例》（2018年修订）等。

4. 地方性法规

地方性法规包括省级地方性法规和设区的市的地方性法规。省级地方性法规在环境法律、行政法规的贯彻实施中发挥了重要作用，并对设区的市的地方性法规起指导作用。《立法法》（2023年修正）授予设区的市立法权，我国289个设区的市和4个未设区的地级市都陆续获得了地方立法权，地级市立法成为我国地方立法的主力，出台的地方性法规的数量超出省级地方性法规一倍有余。2022年我国新制定环境地方性法规209件，其中省级54件、设区的市145件、经济特区2件、单行条例8件。[1] 截至2023年11月，在中国人大网“国家法律法规数据库”中以“生态”“环境保护”为关键词进行检索和统计，有效的省级、设区的市的地方性法规分别有191件、232件；除了综合性生态环境地方性法规外，涉及水污染、大气污染、土壤污染、固体废物污染、噪声污染等污染防治领域以及生态保护、区域协同和流域治理等方面的地方单行立法，也有相当大的数量；各地制定的生态环境领域地方性法规有1000多件。[2]

5. 国务院部委规章和地方政府规章

规章是指国务院组成部门及其直属机构，省、自治区、直辖市人民政府及省、自治区人民政府所在地的市和设区的市的人民政府，以及较大的市的人民政府、经济特区所在地的市人民政府，在它们的职权范围内，为执行法律法规，针对需要制定的环境事项或属于本行政区域的具体环境行政管理事项而制定的规范性文件，其“法源”地位由其法律形式和法属性决定。[3] 按照制定主体的不同，规章可以分为国务院部委制定的部门规章和地方政府制定的规章。

国务院部委的部门规章是环境立法的重要类型，对于环境行政管理制度的实际执行乃至发展完善具有重要意义。生态环境类部门规章由具有生态环境和自然资源管理职权的国务院所属部委制定，其中生态环境部和自然资源部制定的生态环境类部门规章较多，水利部等部门的部分规章也可归为生态环境类规章。例如，在污染防治方面，生态环境部制定了《环境监管重点单位名录管理办法》（2022年公布）、《尾矿污染环境防治管理办法》（2022年公布）、《排污许可管理办法》（2024年公布），农业农村部修订了《农药登记管理办法》（2022年修订）。在自然资源方面，农业农村部修订了《渔业捕捞许可管理规定》（2022

〔1〕 参见刘长兴：《体系化构建：中国环境立法年度观察报告（2022）》，载《南京工业大学学报（社会科学版）》2023年第2期。

〔2〕 参见梁鹰：《地方生态环境立法的特点、成效与启示》，载《地方立法研究》2024年第1期。

〔3〕 参见门中敬、李瑾：《规章的“法源”地位：制度变迁、理论推演与现实关照》，载《行政法学研究》2023年第2期。

年修订)、《渔业行政处罚规定》(2022 年修订),工业和信息化部制定了《工业节能监察办法》(2022 年公布)。在环境保护相关制度方面,自然资源部制定了《地质灾害防治单位资质管理办法》(2022 年公布),中国气象局修改了《气象行政处罚办法》(2022 年修改)等。国务院部委还可能联合其他部委或国家司法机关制定规章,如生态环境部联合最高人民法院、最高人民检察院、科学技术部、公安部、司法部、财政部等十四部门印发的《生态环境损害赔偿管理规定》(2022 年公布)。

地方政府生态环境类规章通常是就生态环境法律、行政法规和规章、地方性生态环境法规以及国家生态环境政策的贯彻执行问题作出具体规定,不得与所依据的法律法规相抵触,否则无效。地方政府生态环境类规章的立法主题更为具体。2022 年我国省级人民政府和设区的市的人民政府出台了超过 100 件环境保护方面的规章,规范领域包括森林等自然资源利用和保护、生活垃圾分类等固体废物管理、人居环境整治、室内控制质量管理、城市园林绿化和公园管理等。[1]

6. 民族自治法规和规章

民族自治地方人民政府不仅享有宪法和民族区域自治法赋予的民族自治地方自治机关的立法自治权,还享有一般地方政府制定地方性法规和地方政府规章的立法权。实践中,部分民族自治地方人民政府制定了一些与生态环境相关的地方性立法,其表现形式是地方性法规和政府规章。其中,生态环境类民族自治地方性法规如《宁夏回族自治区生态环境保护条例》(2024 年公布)、《广西壮族自治区漓江流域生态环境保护条例》(2011 年公布)、《黔南布依族苗族自治州 500 米口径球面射电望远镜电磁波宁静区环境保护条例》(2019 年修正)、《伊犁哈萨克自治州新疆黑蜂遗传资源保护条例》(2022 年公布),生态环境类民族自治地方政府规章包括《新疆维吾尔自治区乡村旅游促进办法》(2017 年公布)等。

(二)司法类法律渊源

司法类法律渊源主要包括最高司法机关制定的司法解释、规范性司法文件、指导性案例,以及指导性案例之外的公报案例、典型案例等类案裁判。

1. 司法解释

司法解释是最高司法机关就司法机关在司法工作中具体应用法律的问题所制定的解释性文件。它包括最高人民法院所作的审判解释、最高人民检察院所作的检察解释以及最高人民法院和最高人民检察院所作的联合解释。由于司法解释不仅针对个案作出,而且具有普遍的拘束力,所以又被称为"规范性司法解释",属于我国司法适用中规范性文件的一种。根据《最高人民法院关于司法解释工作的规定》(法发〔2021〕20 号)第 6 条的规定,司

---

〔1〕 参见刘长兴:《体系化构建:中国环境立法年度观察报告(2022)》,载《南京工业大学学报(社会科学版)》2023 年第 2 期。

法解释的形式包括“解释”“规定”“规则”“批复”“决定”五种。我国最高司法机关在司法实践过程中发布了大量的司法解释，如最高人民法院颁布的《生态环境侵权责任司法解释》（法释〔2023〕5号），最高人民法院和最高人民检察院联合颁布的《环境污染犯罪司法解释》（法释〔2023〕7号）、《关于检察公益诉讼案件适用法律若干问题的解释》（法释〔2020〕20号）、《非法采矿司法解释》（法释〔2016〕25号）等。

《最高人民检察院司法解释工作规定》（高检发办〔2019〕55号）第5条规定，最高人民检察院制定并发布的司法解释具有法律效力。《最高人民法院关于裁判文书引用法律、法规等规范性法律文件的规定》（法释〔2009〕14号）也将司法解释列为裁判文书应当引用的裁判依据之一。但这并不意味着司法解释具有效力渊源的地位，只有具备独立效力渊源的规范才能构成法的效力渊源，司法解释要成为具有拘束力的裁判依据，还得从立法机关的授权中寻找法源依据。事实上，《全国人民代表大会常务委员会关于加强法律解释工作的决议》（1981年公布）、《立法法》（2023年修正）第119条和《人民法院组织法》（2018年修订）第18条、《人民检察院组织法》（2018年修订）第23条都明确赋予最高司法机关解释制定法的权力。但是这种授权并不会使司法解释成为法的正式渊源（效力渊源），而相当于间接认可了司法解释的“认知渊源”地位：司法解释并不具备独立的“效力渊源”，但依照立法授权，它可以成为个案中裁判依据的内容来源。[1] 因此，司法解释在裁判文书中不能被单独引用，而需要与被它解释的法律条款一起引用。

2. 规范性司法文件

除了狭义的司法解释以外，各级司法机关还会制定规范性司法文件。最高司法机关在实践中还会发布一些无统一名号的红头文件、工作文件。其中，工作文件一般叫作公告、意见、通报、通知、答复和答复的函等，名号不统一，但对审判具有指导作用。同时，最高司法机关还可能针对裁判尺度问题制定一些纪要，如最高人民法院、最高人民检察院联合公安部、司法部和生态环境部制定的《关于办理环境污染刑事案件有关问题座谈会纪要》（2019年公布）。此外，地方人民法院、人民检察院效仿最高人民法院、最高人民检察院制定的文件虽然并非“司法解释”，但经常成为地方人民法院、人民检察院”审判工作所援引的文件。比如，《江苏省高级人民法院关于生态环境损害赔偿诉讼案件的审理指南（一）》（2018年公布）、《重庆市高级人民法院关于污染环境犯罪的量刑指导意见实施细则》（2018年公布）等。由于立法中欠缺相关的指示性条款，这些规范性文件不宜归属为法的渊源，应当作为“法律适用中可能用到的其他规范材料”，只能作为说理的根据，不能作为裁判依据。

3. 指导性案例

指导性案例是指由最高人民法院、最高人民检察院与公安部颁布的，对于全国审判工作、检察工作、刑侦工作与执行工作有指导意义的案例。截至2023年1月12日，最高人民法院共发布211个指导性案例，涵盖民法、刑法、行政法、行政诉讼法、环境法等。其中，生态环境纠纷指导性案例有31个（2016年1个、2019年12个、2021年8个、2023年10个），

〔1〕 参见雷磊：《法的渊源：一种新的分类法及其在中国语境中的运用》，载《河北法学》2021年第11期。

占比约为 14.7%,包括环境民事侵权、环境行政处罚、环境公益诉讼等各种类型,涉及环境污染防治、生态环境保护、资源开发利用以及环境治理与服务等相关领域。[1] 截至 2023 年 10 月 16 日,最高人民检察院共发布指导性案例 50 批共 204 个,其中,涉及生态环境纠纷的指导性案例共 25 个,案件类型涉及环境民事公益诉讼、环境刑事附带民事公益诉讼、环境行政公益诉讼以及环境行政处罚决定检察监督等。

指导性案例不是司法解释,相较于司法解释立法化、规范化和抽象化的特点,指导性案例的本质是"以案释法",它的作用在于将事实(个案)连接于规范(立法、司法解释),因此具有及时性、灵活性和针对性的优点。但由于它指向个案和事实,只是"判例"而不是具有普遍拘束力的"判例法",所以指导性案例不具有规范化和抽象化特点,这一点和司法解释存在本质不同。在效力上,与司法解释一样,指导性案例也是获得立法授权的"认知渊源"。其根据在于,《人民法院组织法》(2018 年修订)第 18 条第 2 款和《人民检察院组织法》(2018 年修订)第 23 条第 2 款分别授权最高人民法院和最高人民检察院发布指导性案例的权力。同时,《最高人民法院关于案例指导工作的规定》(法发〔2010〕51 号)第 7 条规定,最高人民法院发布的指导性案例,各级人民法院在审判类似案例时应当参照。《〈最高人民法院关于案例指导工作的规定〉实施细则》(法〔2015〕130 号)第 10 条进一步规定:"各级人民法院审理类似案件参照指导性案例的,应当将指导性案例作为裁判理由引述,但不作为裁判依据引用。"因此,生态环境类指导性案例属于"认知渊源"。一方面,指导性案例不具有独立的效力渊源地位,不得被独立引用为裁判的依据或替代法律、司法解释等作为裁判的依据;另一方面,"特定情形"中法官负有类案检索的义务,对于检索到的指导性案例,法官应当参照作出裁判。根据《最高人民法院关于统一法律适用加强类案检索的指导意见(试行)》(2020 年发布)第 9 条第 1 款的规定,检索到的类案为指导性案例的,人民法院应当参照作出裁判,但与新的法律、行政法规、司法解释相冲突或者为新的指导性案例所取代的除外。

4. 公报案例、典型案例等类案裁判

最高人民法院和省高级人民法院定期发布的公报案例、典型案例,对于我国法官的案件审理同样有重要指导作用。它们能在一定程度上澄清制定法用语,为将来的法官运用制定法解决具体案件提供思路、经验和指导。在生态环境领域,最高司法机关和省高级人民法院发布了大量公报案例和典型案例。在 2023 年最高人民法院发布的 31 个公报案例中,有 3 个是生态环境案例。此外,最高人民法院和最高人民检察院均发布了大量的生态环境典型案例。其中,最高人民法院自 2017 年以来每年定期发布"年度人民法院环境资源审判典型案例",同时结合司法实践需要不定期发布一些专题性典型案例,如"长江流域环境司法典型案例""生态环境损害赔偿制度典型案例""黄河流域环境司法典型案例""生物多样

---

〔1〕 参见尤婷:《环境纠纷指导性案例司法适用探析》,载《环境保护》2023 年第 14 期。

性环境司法典型案例”“环境污染刑事案件典型案例”“依法惩处盗采矿产资源犯罪典型案例”“司法积极稳妥推进碳达峰碳中和典型案例”等。最高人民检察院也发布了大量的生态环境典型案例,如“国有财产保护和国有土地使用权出让领域行政公益诉讼典型案例”“生物多样性保护公益诉讼典型案例”“湿地保护公益诉讼典型案例”“督促整治非法采矿公益诉讼典型案例”“涉案企业合规典型案例”等。

在同案同判作为司法公正之价值追求的背景下,类案裁判被用作辨法析理之说服性权威的现实性大大增强。《最高人民法院关于建立法律适用分歧解决机制的实施办法》(法发〔2019〕23 号)第 2 条第 2 项规定,在审案件作出的裁判结果可能与最高人民法院生效裁判确定的法律适用原则或者标准存在分歧的,最高人民法院各业务部门、各高级人民法院、各专门人民法院应当提出法律适用分歧解决申请。根据《最高人民法院关于统一法律适用加强类案检索的指导意见(试行)》(法发〔2020〕24 号)第 4 条和第 9 条的规定,检索到最高人民法院发布的典型案例及裁判生效的案件、本省(自治区、直辖市)高级人民法院发布的参考性案例及裁判生效的案件和上一级人民法院及本院裁判生效的案件的,人民法院应当作为作出裁判的参考。第 10 条规定,公诉机关、案件当事人及其辩护人、诉讼代理人等提交这些类案作为控(诉)辩理由的,人民法院可以通过释明等方式予以回应。这些制度的设计保证了类案裁判作为有优势的裁判理由的地位,也就是说,法官虽无义务运用它们,但它们在说理的分量上具有推定的优势;如果诉讼参与人对于不予类案同判的做法提出挑战,法官需作出回应。由此,类案裁判并非“效力渊源”,且并未被制定法认可为“认知渊源”,其只能归属于“裁判理由”。

(三)其他法律渊源

在生态环境法律适用过程中,还存在其他重要的法律渊源,包括立法解释、我国缔结或者参与的环境保护国际公约以及国家政策文件。

1. 立法解释

立法解释是有关国家机关为进一步明确法律规范的具体含义或针对法律制定后出现的新情况而明确适用法律依据所进行的解释,是一种有权的规范性解释,本质上属立法活动。立法解释可以进一步区分为对法律的解释、对法规(包括行政法规和地方性法规)的解释以及对规章的解释。我国现行立法解释体制主要规定在《宪法》(2018 年修正)、《全国人民代表大会常务委员会关于加强法律解释工作的决议》(1981 年公布)、《立法法》(2023 年修正)、《行政法规制定程序条例》(2017 年修订)、《规章制定程序条例》(2017 年修订)之中。其中,根据《立法法》(2023 年修正)第 53 条的规定,全国人民代表大会常务委员会的法律解释同法律具有同等效力。根据《行政法规制定程序条例》(2017 年修订)第 31 条的规定,行政法规条文本身需要进一步明确界限或者作出补充规定的,由国务院解释。根据《全国人民代表大会常务委员会关于加强法律解释工作的决议》(1981 年公布)第 4 条的规定,凡属于地方性法规条文本身需要进一步明确界限或作出补充规定的,由制定法规的省、自治区、直辖市人民代表大会常务委员会进行解释或作出规定。根据《规章制定程序条例》(2017 年修订)第 33 条第 1 款的规定,规章解释权属于规章制定机关。

在我国生态环境法律实践中,不同法律主体依据自身权限制定了相关的立法解释。比如,《全国人民代表大会常务委员会关于〈中华人民共和国刑法〉第二百二十八条、第三百四十二条、第四百一十条的解释》(2009 年修正)就《刑法》第 282、342、410 条中涉及的“违反土地管理法规”和“非法批准征收、征用、占用土地”的含义问题进行了解释。国土资源部也作出了一些与自然资源管理相关的规章解释,如《国务院法制办公室、国土资源部关于对〈中华人民共和国土地管理法实施条例〉第二条第(五)项的解释意见》(国法函〔2005〕36 号),以及《国家土地管理局关于认定收回土地使用权行政决定法律性质的意见》(〔1997〕国土〔法〕字第 153 号)等。

从效力来看,《全国人民代表大会常务委员会关于加强法律解释工作的决议》(1981 年公布)和《立法法》(2023 年修正)第 53 条明确赋予了全国人大常委会、国务院、地方性法规制定主体以及规章制定主体解释制定法的权力。因此,与司法解释类似,这些立法解释虽然不具备独立的“效力渊源”,但依照立法授权,它可以成为个案中裁判依据的内容来源,可以归属于环境法的法律渊源体系中的“认知渊源”,并且这些立法解释在裁判文书中不能被单独引用,需要与被它解释的法律条款一起引用。

2. 我国缔结或者参与的环境保护国际公约

环境保护国际公约是指多个国家及其他国际法主体之间为保护环境和利用自然资源所缔结的以国际法为准的确定其相互权利义务关系的国际书面协议或多边性条约。按照 1990 年全国人大常委会通过的《缔结条约程序法》和有关法律的规定,凡我国缔结或参加的国际条约与协定在我国具有法律效力,属于当代中国法的渊源之一。在多边性条约中,多国就全球性环境问题签订的条约为普遍性的全球性环境保护国际公约,如《联合国海洋法公约》《保护臭氧层维也纳公约》等;由某一地区的国家就某一地区性环境问题签订的多边性国际条约称为区域性环境保护公约,如《保护地中海免受污染公约》《波罗的海区域海洋环境保护公约》等。我国参加的国际环境保护条约主要有《联合国海洋法公约》《控制危险废物越境转移及其处置的巴塞尔公约》《保护臭氧层维也纳公约》《联合国气候变化框架公约》《生物多样性公约》《濒危野生动植物种国际贸易公约》《联合国防治荒漠化公约》等。

传统法学理论将国际条约视为法的正式渊源,因为国际条约在涉外案件中可以成为案件的裁判依据。国际条约的国内适用方式有两种,即并入和转化。转化了的国际条约无异于国内制定法,能否并入则取决于国内相关立法的具体规定。换言之,只有当我国某个立法明确规定相关条约可以在国内直接适用时,条约才可能在国内法院成为裁判依据。比如,我国《海商法》(1992 年公布)第 268 条第 1 款、《民用航空法》(2021 年修正)第 184 条第 1 款都规定:“中华人民共和国缔结或者参加的国际条约同本法有不同规定的,适用国际条约的规定;但是,中华人民共和国声明保留的条款除外。”《海洋环境保护法》(2023 年修订)第 123 条亦有类似规定:“中华人民共和国缔结或者参加的与海洋环境保护有关的国际条约与本法有不同规定的,适用国际条约的规定;但是,中华人民共和国声明保留的条款除外。”然而，即使是作出了规定的法律领域，相关法律也是直接但有保留地认可了国际条约的“认知渊源”地位。因此，无论是转化还是并入，国际条约能作为我国法院审理涉外案件之裁判依据的来源，其效力根据仍然在于我国法律创制机关的立法行为或者说制定法本身。在国内法院的司法裁判活动中，国际条约只能构成法的“认知渊源”。

3. 国家政策文件

国家政策文件是各级政府及其工作部门在其职权范围内就某些行政管理事项制定的指导性政策规范。由于政策的灵活性特征，在生态环境领域，各级政府会制定大量的环保政策文件。比如，中共中央、国务院发布的《关于完整准确全面贯彻新发展理念做好碳达峰碳中和工作的意见》(2021 年公布)，中国人民银行等七部门联合发布的《关于进一步强化金融支持绿色低碳发展的指导意见》(2024 年公布)等。如果这些政策指导性文件涉及公民、法人和其他组织的具体权利义务，对这些主体具有普遍约束力，就将成为规范性文件。不同于法律、法规和规章，这类规范性文件不具有法律效力(因而不得称为“规范性法律文件”)，对于公民(行政相对人)也无强制拘束力。

多数学者认为国家政策文件具有法的渊源地位，支持的理由多为国家政策对于填补法律漏洞、增强司法裁判说服力的意义。但单纯学理上的重要性不足以支撑国家政策成为法的渊源。[1] 国家环境保护政策文件本身不具备独立的“效力渊源”地位，能否成为“认知渊源”也要看有无立法认可。事实上，我国《民法通则》(已失效)第 6 条曾规定，民事活动中法律没有规定的，应当遵守国家政策。但《民法典》(2020 年公布)并未作出类似规定。这说明，目前国家政策在民法领域并不具备一般性法的“认知渊源”地位。但在特定领域，政策文件可能具有“认知渊源”的地位，如《北京市工业污染行业生产工艺调整退出及设备淘汰目录(2022 年版)》(京政办发〔2022〕3 号)。然而，法院裁判时不能仅适用该目录，还需要一起引用相关的法律规定，如《北京市大气污染防治条例》(2018 年修正)第 14 条和第 52 条第 2 款。《北京市大气污染防治条例》(2018 年修正)第 52 条第 2 款规定，“列入前款和本条例第十四条规定名录的项目，市人民政府有关部门不得批准建设；列入调整和淘汰名录的行业、工艺和设备，相关企业应当在规定期限内调整退出”，这就相当于间接认可了这些政策的“认知渊源”地位。

更常见的情形是援引国家生态环境保护政策文件作为裁判理由依据。《民法典》(2020 年公布)和其他法律包含大量不确定概念，可以通过援引政策加以解释，使政策目标贯彻在司法裁判过程中。例如，《民法典》(2020 年公布)的 11 处“公共利益”在具体裁判中都可以用气候政策补充，《民法典》(2020 年公布)第 9 条中的“节约资源”、第 509 条中的“浪费资源”、第 619 条中的“节约资源”和“保护生态环境”都可以通过参照援引气候政策在个案中获得具体的含义。[2] 此外，在检察公益诉讼实践中，常常可见检察机关用不具拘

〔1〕 参见齐恩平：《“民事政策”的困境与反思》，载《中国法学》2009 年第 2 期。

〔2〕 参见朱明哲：《司法如何参与气候治理——比较法视角下的观察》，载《政治与法律》2022 年第 7 期。

束力的环境政策作为确定行政机关是否依法履职的依据,如在被最高人民检察院选为典型案例的"磁湖案"中,湖北省黄石市西塞山区人民检察院根据黄石市政府文件《关于调整相对集中行政处罚权范围的通知》和《黄石市控制和查处违法建筑实施办法(试行)》的规定,认为黄石市下陆区城市管理局未履行查处违法建筑的职责。

总之,国家生态环境保护政策文件不能被归类为"效力渊源",其既有可能作为"认知渊源",也有可能成为"裁判理由",关键取决于法律如何规定。

二、特殊性法律渊源

(一)党政联合发文

党政机关联合发布的规范性文件分为两类[1]:

一类是事实上成为行政机关管理活动依据的党政联合发文,涉及对重要问题的处理办法或决定。例如,2020年3月,中共中央办公厅、国务院办公厅印发的《中央和国家机关有关部门生态环境保护责任清单》,通过责任清单的方式落实目标责任;2018年12月,中共中央办公厅、国务院办公厅印发的《关于深化生态环境保护综合行政执法改革的指导意见》则对生态环境保护综合行政执法改革的主要任务、对象范围、机构设置、职能配置、执法层级、执法事项、执法程序、执法方式、协调联动等问题进行了全面规定。此类党政联合发文严格来说已经超越了党政机关指导性文件的范围,兼具行政法规等制定法的性质,因而属于法的渊源,可以成为裁判依据。但由于欠缺明确的法律规定,目前此类党政联合发文暂时只能作为"裁判理由",是"法律适用中可能用到的其他规范材料"。

另一类是纯粹指导性的联合发文,多表现为指导意见,属于党政机关针对特定问题提出的见解,此类"党政联合发文"数量较多。这类规范性文件看似属于行政机关履职活动的一部分,但并非实施行政管理活动的依据。例如,中共中央办公厅、国务院办公厅印发的《关于全面推行河长制的意见》(2016年公布)、《关于在湖泊实施湖长制的指导意见》(2018年公布)、《关于全面推行林长制的意见》(2021年公布)等。这类联合发文的地位近似于政府指导意见,也只能作为裁判理由。

(二)党内法规

党内法规体系属于中国特色社会主义法治体系的五个子体系之一,是国家治理的重要规范基础。在生态环境治理领域,党内法规发挥了重要的规范作用。比如,中共中央办公厅、国务院办公厅联合印发的《党政领导干部生态环境损害责任追究办法(试行)》(2015年公布)、《中央生态环境保护督察工作规定》(2019年公布)等。从法规范调整逻辑上讲,党内法规并不直接调整普通公民之间及其与国家之间的关系。但由于中国共产党的领导地位,部分党内法规尤其是党的领导法规制度有可能涉及宪法和法律关系。党的领导法规制

[1] 参见张力:《党政联合发文的信息公开困境与规则重塑:基于司法裁判的分析》,载《中国法学》2020年第1期。

度同样属于党的政治、思想和组织领导的重要载体。由于欠缺明确的法律规定,此类文件亦只能作为“裁判理由”,是“法律适用中可能用到的其他规范材料”。

《宪法》(2018 年修正)第 1 条第 2 款中明确规定“中国共产党领导是中国特色社会主义最本质的特征”。党的领导主要是政治、思想和组织的领导,其中政治领导的重要方面就是通过党中央制定的路线方针政策对国家社会发展的全面领导。因此,党的文件已被《宪法》(2018 年修正)间接认可为宪法的“认知渊源”。此外,2019 年 12 月 16 日,十三届全国人大常委会四十四次委员长会议通过的《法规、司法解释备案审查工作办法》第 37 条规定,对法规、司法解释进行审查研究,发现法规、司法解释存在与党中央的重大决策部署不相符或者与国家的重大改革方向不一致问题的,应当提出意见。这意味着,党政联合发文和党内法规已成为合宪性审查依据的内容来源。

(三)生态环境标准

标准亦称技术标准,是指“对需要协调统一的重复性事物和概念所作的统一规定。以科学、技术和实践经验的综合成果为基础,经过有关方面协商一致,由主管机构批准,以特定的形式发布,作为共同遵守的准则和依据”[1]。我国生态环境治理已经进入“标准之治”的时代。截至 2023 年 11 月 12 日,我国累计发布国家生态环境标准 2873 项,现行 2351 项;累计依法备案地方标准 352 项,现行 249 项,标准覆盖各类环境要素和管理领域。[2] 既有的生态环境标准体系主要由生态环境质量标准、环境风险管控标准、污染物排放标准、生态环境监测标准、生态环境基础标准和环境管理技术规范组成。这些生态环境标准在立法、行政、司法上扮演重要角色。一方面,各类生态环境单行法律广泛引用生态环境标准,以实现科学立法。例如,《大气污染防治法》(2018 年修正)检索出“标准”65 次、《水污染防治法》(2017 年修正)检索出“标准”41 次。另一方面,行政执法和司法裁判离不开生态环境标准的技术支撑。例如,行政机关作出行政处罚、法院作出司法裁判都可能需要依据生态环境标准。

标准作为一种技术性规范文件,仅对科学技术领域具有规范效力(对科学技术领域的要求),即便是规范性最强的强制性国家标准,其本身也不具有法律上的规范效力,不能被认为是法律渊源。“标准文本中‘可以’‘必须’‘不得’等行为模式用语只具有科学和技术层面的意义而不具有法律上的意义;其后果也只表明违反标准的行为不能获得技术上的合理效果,而不具有法律上否定性评价的效果。因此标准本身并不能直接产生规范效力。”[3] 原因在于,标准既不以权利义务为内容,也欠缺法律后果要素,而是高度专业性的一系列数字和限值。例如,《加油站大气污染物排放标准》(GB 20952 - 2020)第 5.4 条规

---

〔1〕 丛树岩、龚雪主编:《互换性与技术测量》,机械工业出版社 2016 年版,第 2 页。

〔2〕 参见《生态环境部:已累计发布国家生态环境标准 2873 项》,载搜狐网 2023 年 11 月 23 日,https://www.sohu.com/a/738659067_115362。

〔3〕 柳经纬:《标准的规范性与规范效力——基于标准著作权保护问题的视角》,载《法学》2014 年第 8 期。

定:油气处理装置的油气排放浓度1小时平均浓度值应小于等于$25g/m^3$。“标准的规范效力既然不能从标准自身获得,那么我们只能在标准之外寻找其规范效力的来源。标准的规范效力只能来源于法律,是法律赋予标准以规范效力。”〔1〕质言之,违反标准的行为受到的制裁由法律施加,合乎标准的行为产生的效力由法律评价。环境标准系非自动执行规范,不具强制力;如欲产生强制力,得依赖《标准化法》(2017年修订)、《环境保护法》(2014年修订)与生态环境保护单行法的援引。〔2〕

《标准化法》(2017年修订)第2条第3款规定,“强制性标准必须执行。国家鼓励采用推荐性标准”;第25条规定,“不符合强制性标准的产品、服务,不得生产、销售、进口或者提供”。《标准化法实施条例》(2024年修订)第18条将“环境保护的污染物排放标准和环境质量标准”明确规定为强制性标准。《生态环境标准管理办法》(2020年公布)第5条规定,“国家和地方生态环境质量标准、生态环境风险管控标准、污染物排放标准和法律法规规定强制执行的其他生态环境标准,以强制性标准的形式发布。法律法规未规定强制执行的国家和地方生态环境标准,以推荐性标准的形式发布。强制性生态环境标准必须执行。推荐性生态环境标准被强制性生态环境标准或者规章、行政规范性文件引用并赋予其强制执行效力的,被引用的内容必须执行,推荐性生态环境标准本身的法律效力不变”。依据这些法律法规的授权,强制性生态环境标准可以成为个案中裁判依据的内容来源,可以归属于“认知渊源”。推荐性生态环境标准因欠缺立法授权,不能作为裁判依据,只能作为“裁判理由”,即“法律适用中可能用到的其他规范材料”。

三、社会性法律渊源:习惯法

环境习惯法是习惯法的一种,是指在民间自发生成的、以环境保护为指向的、具有内在约束力和强制力的行为规范,它们对环境法治建设具有重要意义。

实践中,环境习惯法的规范载体形式可能体现为以下五个方面:〔3〕一是民族禁忌。比如,哈尼族中盛行不得砍伐寨神树林和捕猎其中的动物的禁忌;彝族人忌砍有鸟巢的树木,忌砍树下有洞穴的树木,忌砍坟场的树木,忌砍独木和枯木,忌砍泥石流中的树木,忌砍水冲倒的树木等。二是民族习惯法。比如,广西金秀大瑶山就有关于钓鱼期、撵鱼期、禁止毒鱼、禁止网鱼的规定;壮族捕鱼也禁止用毒药捕杀;苗族榔约中有禁止烧坡、烧岭、烧谷的规定,有禁止涸泽而渔、焚林而猎、捕捉幼鸟的规定。三是村规民约。比如,吉林省集安市麻线乡太平村《太平村森林管护村规民约》(2011年公布)以及湖南省长沙市所属浏阳市葛家乡金塘村《金塘村环境保护村规民约》(2007年公布)。〔4〕四是习惯狩猎法。比如,青海蒙

〔1〕柳经纬:《标准的规范性与规范效力——基于标准著作权保护问题的视角》,载《法学》2014年第8期。
〔2〕参见周宇:《论标准之法律适用》,载《河南财经政法大学学报》2018年第5期。
〔3〕参见李可:《论环境习惯法》,载吕忠梅主编:《环境资源法论丛》第6卷,法律出版社2006年版。
〔4〕参见郭武:《环境习惯法现代价值研究——以西部民族地区为主要“场景”的展开》,中国社会科学出版社2016年版,第212页。

古族规定每年 3—10 月不能捕杀大型动物。狩猎时不能猎取怀孕、带仔的动物，幼小的动物、哺乳期的动物和正在交配的动物也在禁捕之列。五是习惯宗教法。比如，唐宋时的佛教规定，每年的正月、五月、九月这三个月的初一至十五不许杀生，要吃素守斋；每月设十斋日，不许屠宰牲口和钓鱼，严禁杀生。

习惯法的法源效力源自主客观两方面要素：长时间持续不断、稳定、均质和普遍的交往实践（客观要素）和必要的确信（主观要素）。这两方面相互支撑、缺一不可，为习惯法提供了独立的效力来源。在此意义上，习惯法的效力并不来自国家（通过立法或司法）的认可。习惯法本身可以成为一种独立的“效力渊源”，成为司法裁判的依据。《民法典》（2020 年公布）第 10 条规定，处理民事纠纷，应当依照法律；法律没有规定的，可以适用习惯，但是不得违背公序良俗。然而，需指明的是，习惯法与习惯是完全不同的法源类型。习惯只剩下了纯粹外在的反复规律性行为事实，本身并不具有法律拘束力。只有由法官依据立法的授权去具体认可和采纳，才能成为司法裁判依据的内容来源。因此，习惯不再是民众的行为规范，但它可以成为法官的裁判规范。习惯不具有法律效力，它不是法，而仅是法的认知渊源。[1]

第三节　环境保护的党内法规体系

在生态环境保护领域，党内法规体系不仅发挥了“全面从严治党”的作用，还在此基础上具有对国家治理和社会事务的规范作用，成为生态文明建设中的重要一环，构成生态环境治理体系和法治体系的重要组成部分。本书第二章第二节在特殊性法律渊源部分对党内法规进行了简介，本节再作详细介绍。

一、生态环境保护党内法规体系的形成和内涵

生态环境保护党内法规体系是我国生态环境保护法治建设重要的规范来源。一方面，它与国家法律体系共同组成了中国特色社会主义法治体系；另一方面，它在事实上对国家和社会事务产生了约束性的规范效力。理解生态环境保护党内法规体系，必须了解其发展历程，并把握它的基本内涵与表现方式。

党内法规体系是以党章为根本，以民主集中制为核心，以准则、条例等中央党内法规为主干，以部委党内法规、地方党内法规为重要组成部分，由各领域各层级党内法规组成的有机统一整体。生态环境保护党内法规体系，是体现党领导生态环境保护工作的统一意志，规范党对生态环境保护的领导和生态文明建设活动，依靠党的纪律保证生态环境保护实施的规章制度。

党的十八届四中全会公报在全面推进依法治国的总目标方面，在原本的建设社会主义

---

〔1〕 参见雷磊：《法的渊源：一种新的分类法及其在中国语境中的运用》，载《河北法学》2021 年第 11 期。

法治国家的基础上，提出建设中国特色社会主义法治体系，明确了中国特色社会主义法治体系由五个子体系组成：完备的法律规范体系、高效的法治实施体系、严密的法治监督体系、有力的法治保障体系、完备的党内法规体系。由此，确定了党内法规既是管党治党的重要依据，也是中国特色社会主义法治体系的重要组成部分。当代中国社会中客观存在法律规范、党内法规、党的政策、国家政策、社会规范等多种规范类型，都在各自领域中发挥着相应的指引和约束作用。因此，党内法规体系和法律法规体系并无高低之分，而是平行存在的两套规范体系。

党内法规体系与国家法律体系虽然都能对国家和社会事务起到调整作用，但是二者本身仍有所不同：

一是制定主体和程序不同。首先，制定主体不同。根据《立法法》(2023 年修正)，我国生态环境保护法律规范的制定主体包括全国人民代表大会及其常务委员会、国务院、地方人民代表大会及其常务委员会等。生态环境保护党内法规体系中的规范目前均以“党政联合”的形式发布，因此制定主体包括中共中央、中共中央办公厅、国务院、国务院办公厅。其次，制定程序不同。生态环境保护法律规范依据《立法法》(2023 年修正)规定的程序制定，而生态环境保护党内法规由党的机构依据《中国共产党党内法规制定条例》(2019 年修订)规定的程序制定，党的规范性文件则形成于党组织履职过程中。

二是适用的对象不同。国家法律适用于一切公民、法人和社会组织，包括中国共产党党员和各级党组织在内。党内法规通常适用于各级党组织和全体共产党员，其在生态环境保护领域对党外人员和事务发挥的规范效力，一方面可以被认为是特定情形下的“溢出效力”，另一方面是通过“党政联合发文”实现的，有别于国家法律对国家和社会事务的直接调整。

三是实施的方式不同。国家法律发挥的约束作用主要依靠国家强制力保障实施，而党内法规主要以党的纪律为实施保障，同时由于党政联合发文的形式，事实上实现了党领导国家政权和党政双轨权力的整合，有别于直接依靠国家强制力作为效力发挥的保障。

四是出台的规范标准不同。依规治党中“规”的规范标准高于依法治国中“法”的规范标准，由于法律规范应当具有普适性，所以其约束行为的标准相应较低。党内法规的实施程序实际严于国家法律的实施程序。通过强调党员的政治身份，规范党内人员和事务的行为准则，这一模式有利于弥补国家治理的制度短板，推动生态环境保护落到实处，因此党内法规体系能够在生态文明建设关键领域发挥特殊的规范效力。

党内法规与国家法律之间本就有密切的联系，尤其在生态环境保护领域，二者具有内在的、高度的统一性，具体包括以下几个方面：首先，本质和价值的一致性。党内法规和国家法律共同服务于推进社会主义法治国家建设，统一于人民利益福祉这一最高目标之下，二者之间是协调统一、良性互动的关系。在生态环境保护之中，党内法规的实施有利于保障法律制度的实施。实践中推进党内法规建设，加强了法治的制度保障。其次，同属中国特色社会主义法治体系。党内法规体系和国家法律体系共同组成了中国特色社会主义法治体系。再次,同属于国家治理体系。党是各项事业的坚强领导核心,是最高的政治领导力量,各个领域、各个方面都必须坚定自觉坚持党的领导。国家在应对复杂治理的过程中,很多问题需要从加强政党自身建设来进行突破,其中包括生态环境保护问题。全面推进依法治国,必须努力形成国家法律法规和党内法规制度相辅相成、相互促进、相互保障的格局。最后,统一于中国共产党依法执政。法治的本质特征之一即任何组织和个人都不能超越宪法和法律,必须受到宪法和法律的约束,执政党也不例外。依法执政不仅需要宪法、法律中规定党必须在宪法法律范围内活动,更需要党章和党内具体的规范来保证该原则的落实。即便党内法规及其规范性文件能够作为生态环境保护的制度依据,它们对于同一事项的规定也应与国家法律保持一致。在此基础上,党规的尺度标准可以严于国法。

二、生态环境保护党内法规表现方式

党内法规体系包含严格意义的党内法规和党的规范性文件。根据《中国共产党党内法规制定条例》(2019 年修订)的规定,只有具备“党章、准则、条例、规定、办法、规则、细则”七类名称之一的党规,才能称为党内法规;符合党规制定要件,但不具备上述七类名称的其余规章制度属于党的规范性文件。在严格区分党内法规与党的规范性文件的基础上,应承认两者均具有重要作用,均构成党内法规体系的主体。因此党内法规体系实质是极具中国特色的政党规范。立足于生态文明建设的实践,生态环境保护党内法规体系的基本内涵体现为生态环境政党法治的多元规范,具体表现为生态环境保护党内法规和生态环境保护党的规范性文件。

(一)生态环境保护党内法规

党内法规的名称为党章、准则、条例、规定、办法、规则、细则。党内法规的内容应当用条款形式表述,应当推定为具有类似于国家法律的文本形式。此外,党内法规应当适用于规范党的领导和党的建设活动。生态环境保护党内法规也不例外。按照这一标准,目前我国生态环境治理实践中,符合前述“七类名称”的党内法规共有五项,包括:《党政领导干部生态环境损害责任追究办法(试行)》(2015 年公布)、《生态文明建设目标评价考核办法》(2016 年公布)、《领导干部自然资源资产离任审计规定(试行)》(2017 年公布)、《中央生态环境保护督察工作规定》(2019 年公布),以及《中央生态环境保护督察整改工作办法》(2022 年公布)。生态环境保护党内法规主要表现为中共中央办公厅、国务院办公厅联合印发的规范性文件,即党政联合发文。党政联合发文是当代中国国家治理中独特的制度现象,是政治要素与法治要素共同作用于国家治理的创新成果。事实上,我国生态环境保护党内法规体系均采用党政联合发文的形式,通过党政一体化“高位推动”的模式,保证生态文明建设法律法规规章制度的落实。当前,生态环境保护党内法规的规范效力主要体现在党政领导干部生态环境责任追究和中央生态环境保护督察等领域。由此可见,党内法规适用于生态文明建设的关键环节,以政党责任的制度构造,实质发挥类似于国家法律的规范效力。

(二)生态环境保护党的规范性文件

尚不具备"七类名称"之一的规范不属于严格意义上的党内法规,应当将其称为党的规范性文件或党的政策。党的十八届三中全会全面启动了生态文明建设和体制改革工作,系统地带动了以总体方案、规划纲要、方案、意见等来命名的生态环保类规范性文件建设。目前,我国生态环境保护党的规范性文件均是以党政联合发文的形式发布的,具体可以分为两类:一是中共中央、国务院联合发布的党的规范性文件,包括《国有林场改革方案》(2015 年公布)、《国有林区改革指导意见》(2015 年公布)、《关于加快推进生态文明建设的意见》(2015 年公布)、《生态文明体制改革总体方案》(2015 年公布)、《关于加强耕地保护和改进占补平衡的意见》(2017 年公布)、《关于全面加强生态环境保护 坚决打好污染防治攻坚战的意见》(2018 年公布)、《关于建立国土空间规划体系并监督实施的若干意见》(2019 年公布)、《关于完整准确全面贯彻新发展理念做好碳达峰碳中和工作的意见》(2021 年公布),以及《黄河流域生态保护和高质量发展规划纲要》(2021 年公布)、《关于深入打好污染防治攻坚战的意见》(2021 年公布)、《关于加强新时代水土保持工作的意见》(2023 年公布)等;二是中共中央办公厅、国务院办公厅联合发布的党的规范性文件,包括《环境保护督察方案(试行)》(2015 年公布)、《开展领导干部自然资源资产离任审计试点方案》(2015 年公布)、《生态环境损害赔偿制度改革试点方案》(2015 年公布)、《关于设立统一规范的国家生态文明试验区的意见》(2016 年公布)、《垂直管理制度改革指导意见》(2016 年公布)、《关于全面推行河长制的意见》(2016 年公布)、《省级空间规划试点方案》(2017 年公布)、《关于划定并严守生态保护红线的若干意见》(2017 年公布)、《关于建立资源环境承载能力监测预警长效机制的若干意见》(2017 年公布)、《建立国家公园体制总体方案》(2017 年公布)、《关于深化环境监测改革提高环境监测数据质量的意见》(2017 年公布)、《关于创新体制机制推进农业绿色发展的意见》(2017 年公布)、《国家生态文明试验区(江西)实施方案》(2017 年公布)、《国家生态文明试验区(贵州)实施方案》(2017 年公布)、《生态环境损害赔偿制度改革方案》(2017 年印发)、《关于在湖泊实施湖长制的指导意见》(2018 年公布)、《农村人居环境整治三年行动方案》(2018 年公布)、《关于深化生态环境保护综合行政执法改革的指导意见》(2018 年公布)、《关于统筹推进自然资源资产产权制度改革的指导意见》(2019 年公布)、《国家生态文明试验区(海南)实施方案》(2019 年公布)、《关于建立以国家公园为主体的自然保护地体系的指导意见》(2019 年公布)、《天然林保护修复制度方案》(2019 年公布)、《关于在国土空间规划中统筹划定落实三条控制线的指导意见》(2019 年公布)、《关于全面加强危险化学品安全生产工作的意见》(2020 年公布)、《关于构建现代环境治理体系的指导意见》(2020 年公布)、《省(自治区、直辖市)污染防治攻坚战成效考核措施》(2020 年公布)、《关于全面推行林长制的意见》(2021 年公布)、《关于建立健全生态产品价值实现机制的意见》(2021 年公布)、《关于深化生态保护补偿制度改革的意见》(2021 年公布)、《关于进一步加强生物多样性保护的意见》(2021 年公布)、

《关于推动城乡建设绿色发展的意见》(2021 年公布)、《农村人居环境整治提升五年行动方案(2021—2025 年)》(2021 年公布)、《全民所有自然资源资产所有权委托代理机制试点方案》(2022 年公布),以及《关于全面推进美丽中国建设的意见》(2024 年公布)等。

三、生态环境保护党内法规体系的规范效力

在规范效力的体现形式上,生态环境保护党内法规体系既发挥了原本的党内约束效力,也在事实上规范了党外人员和事务。在追责方式上,党内法规的规范功能决定了它能够确定"党政同责"作为主要追责方式,呼应了生态环境保护的现实需求。

(一)生态环境保护党内法规效力的特殊性

党内法规的效力是指党内法规在规范党的领导和党的建设活动中的以党的纪律为保障的强制约束力,即党内法规约束党内人员和党内事务。但是,党内法规规范党的领导活动似乎不可避免地会作出关涉非党主体以及党外事务的明文规定。这在生态环境保护领域尤为突出,为保证我国生态文明建设的实施成效,结合中国特色的政治体制模式,生态环境保护党内法规体系既具备党内约束效力,也在特定情形下对国家和社会事务产生效力。理论上通常认为,党内法规是管党治党的重要依据,因此其调整范围仅局限于党内事务,调整对象也应局限于党组织和党员。但是,在现实中,很多党内法规的调整范围已经超越了纯粹党务,调整对象也超越了党组织和党员,从而将国家事务、非党组织和党外人员纳入了调整范畴,形成一种规范效力上的"溢出"。因此,党内法规影响力的范围可能大于、等于或小于其效力的应然范围。其效力涉及党外的那部分,通常被称为党内法规的"溢出效力"。党内法规"既管党内又管党外"的特性在生态环境保护领域最为典型。生态环境党内法规在我国生态环境法治建设与转型发展中起到了巨大的推动作用,是党内法规在生态文明建设特定事项中的应用,是中国生态环境法治体系中不可或缺的规范类别。生态环境党内法规在调整对象上包括党组织、党员,也包括政府机关及其工作人员;在调整事项上既涉及党内事务,也涉及经济、社会、法治各领域的事务,即包含生态文明建设中"党外主体""党外事务"的规范和直接调整。

(二)生态环境保护党的规范性文件效力的特殊性

相比于党内法规对党外人员和事务发挥的"溢出效力",党的规范性文件往往被认为是"政策文件",不具有法治层面的规范效力。但是在国家治理实践中,党的规范性文件在特定领域、特定时期、特定条件下发挥了相应的规范效力,这一规范效力并非通常意义上政策文件所具有的行政约束力,而是指在法治层面对相应国家与社会事务进行调整而产生的约束力和强制力,不仅仅是规范性文件实施后所产生的事实层面的效果,还要强调它具有规范指引和评价的功能。但是这一规范效力不应被称为"溢出效力"。党内法规更侧重于

规范党内事务,“法律”属性更强,由此产生的党外约束效力并非其主要目的,将其发挥的规范效力认定为“溢出效力”,更符合人们对于规范依据的普遍理解。相比之下,党的规范性文件发挥规范效力的途径更具政治属性,其内容往往直接涉及对党外事务的调整,可以被理解为国家政策与党的政策的集合体。它在事实上对党内、党外的各类人员和事务产生了强制约束力,就是其规范效力的特殊之处。党的规范性文件通过“党政联合发文”将“党的主张”转化为“党政主张”,区别于一般的规范性文件或政策文件。这一特殊形式的规范运用,往往存在于国家和社会运行的关键领域。自党的十八大以来,诸多党的规范性文件将党和国家的意志转化为生态文明制度创新与转型的规范指引,充分发挥了灵活性、针对性的优势,构成了重要的生态环境保护规范类型。典型领域如环保垂直管理改革、生态保护补偿制度、生态环境损害赔偿制度等。如果僵硬地秉持形式法治立场,将党的政策文件排除在法治视域之外,就人为地割裂和掩盖了执政党在生态文明建设中发挥的领导核心作用。党的规范性文件作为多元规范类型之一参与生态文明建设,即便与正式意义上的法的渊源不同,也依旧可以构成环境法的合理渊源。

(三)生态环境保护党内法规体系的责任追究

党内法规体系规范效力的发挥主要体现在责任追究层面,追责方式区别于国家法律体系。由于其规范效力遍及党内、党外的人员与事务,结合它的党规属性,责任追究既要关注党委主体又要关注政府主体。党内法规中明确规定的生态环境保护党政同责,是现实中生态环境事件追责的重要依据和主要形态。

党内法规体系是党政同责法治化的规范依据。党政同责是指实行党政同管、同抓、同责。其中“党政”包括中央和地方各级党委和政府(从省一级到乡镇街道一级的党政机关),“同责”应当具体从两个方面着手展开理解:一是同有职责,在某个领域,党委和政府部门都有相应的职责,党委书记和政府首长都应当依法、依规承担责任;二是同有责任,在违反职责时,党委和政府都应当承担相应的责任。需要注意的是,由于党委和政府的职责有所不同,其行为引起的政治、纪律、法律后果也不完全相同,所以党政同责不意味着二者责任完全相同。

党政同责最早在食品安全、计划生育和安全生产等领域使用。党政同责正式应用于生态环境保护领域,首见于2015年全国环境保护工作会议。针对一些地方政府对辖区环境质量负责落实不到位,对其考核问责也不到位的情况,明确提出要着力推动“党政同责”“一岗双责”,把生态文明建设作为地方党政领导班子和领导干部政绩考核评价重要内容,加大资源消耗、环境保护等指标权重,对任期内环境质量明显恶化的领导干部实行责任追究。根据《环境保护法》(2014年修订)第6条第2款的规定,地方各级人民政府应当对本行政区域的环境质量负责。这就意味着,某行政区域一旦出现环境污染事件或事故,在法律层面负有直接责任的是当地政府监管人员,地方党委由于不涉及具体环境监管工作,在法律追责范围之外。由于党政同责法治化在国家立法层面无法实现,所以必须利用党内法规,明确党委与政府共同承担生态环境保护责任。2015 年 8 月,中共中央办公厅、国务院办公厅印发的《党政领导干部生态环境损害责任追究办法(试行)》首次在环境领域提出党政同责。在实践中,也有一些地方采取党政联合出台规范性文件的方式,明确从党委和政府两个方面共同落实党政同责、一岗双责、齐抓共管的要求。

四、生态环境保护党内法规的实施

(一)对生态环境保护行政权的配置与行使进行直接调整

党内法规可对生态环境保护领域行政权力的有关事项予以明确,以贯彻落实生态文明体制改革的相应要求。其涉及生态环境保护行政组织法相关内容的确定、管理体制的变革、职责的跨部门整合以及行政执法体制的变革等内容。基于党管机构编制的原则,生态环境保护行政组织法的内容由中共中央颁布的关于党和国家机构改革的规范确定,代表性的是 2020 年中共中央办公厅、国务院办公厅印发的《中央和国家机关有关部门生态环境保护责任清单》,落实了生态环境保护领域的行政体制。生态环境保护管理体制的变革是生态文明建设的重点领域。根据 2016 年中共中央办公厅、国务院办公厅印发的《垂直管理制度改革指导意见》,省级生态环境主管部门上收生态环境质量监测事权,市(地)级统一管理行政区域内的环境执法力量,下移执法重心;后又发布规范性文件要求全面推进改革,现在我国已基本完成了环保垂直管理改革。为了消除传统科层管理体制的弊端,整合不同部门和地区的力量协同治理,我国开展了生态环境保护职责的跨部门整合。根据中共中央办公厅、国务院办公厅印发的关于"河长制""湖长制"等多层级跨部门职责整合制度的规范性文件,我国构建起了以党政领导负责制为核心的中国特色生态环境治理体制。为保障生态环境行政执法效果,实现执法体制的变革,中共中央办公厅、国务院办公厅于 2018 年印发《关于深化生态环境保护综合行政执法改革的指导意见》,对统一实行生态环境保护执法进行了全面的规定,要求组建综合行政执法队伍,整合了跨部门生态环境保护行政执法权。

(二)对党政领导干部所承担的生态环境保护责任的直接调整

党内法规可以明确规定在生态环境保护领域党政领导干部责任承担的要求,对领导干部的行为与决策起到实际的约束作用。生态环境的特性决定了人类社会不能过度干涉和掠夺自然提供的生存条件,必须以长远的眼光谋划可持续发展。其中,如何引导党政领导建立正确的政绩观,确保科学决策和遵循环境法律法规,成为新时代的挑战。

2015 年,中共中央办公厅、国务院办公厅印发《党政领导干部生态环境损害责任追究办法(试行)》,主要规定了文件适用的党政领导追责对象和范围、损害责任追究原则、四种领导干部类型下的二十五种追责情形、损害责任追究主要方式以及责任追究结果运用等,明晰了责任主体、抓住了突出问题,体现了"行为追责"与"后果追责"相结合的原则,既要对已经发生的生态环境损害后果进行严肃问责,也要对因不履行生态环境保护职责而可能产生的危害后果进行有效预防。其中特别明确了"党政同责"的原则,对于加强党政领导干部损害生态环境行为的责任追究,促进各级领导干部牢固树立尊重自然、顺应自然、保护自然的生态文明理念,增强各级领导干部保护生态环境、发展生态环境的责任意识和担当意识,推动生态环境领域的依法治理,都具有十分重要的意义,实现了有权必有责、用权受监督、违规要追究。2018 年,中共中央、国务院发布《关于全面加强生态环境保护坚决打好污染防治攻坚战的意见》,进一步明确了严格实行“党政同责、一岗双责”。如今,我国已构建了严密的领导干部环境责任追究制度体系,各省市纷纷出台实施细则,完善、落实、强化党政领导干部生态环境和资源保护职责。

(三)对贯彻落实环境法律法规、政策情况进行监督检查

党内法规通过设定制度以实现对生态环境保护工作监督问责的目标。当前最为突出的就是我国创新建立的督察制度。虽然《环境保护法》(2014 年修订)规定了上级人民政府及其生态环境主管部门对下级政府的监督权力,但基于我国的政党体制,不应忽略生态环境保护中对党委行为的约束。为了将各级党委政府共同纳入生态环境保护监督问责的对象范围,2015 年,中共中央办公厅、国务院办公厅印发《环境保护督察方案(试行)》,正式建立生态环境保护督察制度。2019 年,中共中央办公厅、国务院办公厅印发《中央生态环境保护督察工作规定》,确立了“中央—省”两级督察体制,并将生态环境保护督察对象拓展到国务院有关部门和有关国有企业。各地省委、省政府相继制定省级生态环境保护督察实施办法,形成了全面涵盖各级党政部门的督察规范体系。2022 年,中共中央办公厅、国务院办公厅印发《中央生态环境保护督察整改工作办法》,对省级党委、政府所承担的督察整改职责进行专门规定。

生态环境保护督察制度是党内法规发挥规范效力的典型领域。在国家相关立法完全空白的情况下,从发布党的规范性文件到发布党内法规,我国通过党政联合发文完成了督察制度的创设、完善、运行等过程,夯实了生态环境保护的政治责任。我国生态环境保护督察的过程主要包括调查、处置、问责等环节,其中督察机构可以根据工作需要请求相关组织和个人提供协助调查。调查的过程主要包括听取汇报、个别谈话、收集信访举报等。处置的方式主要包括边督边改、通报调查报告、监督整改方案的制定和落实情况。其中,问责是督察制度最关键的环节,督察效果的实现,有赖于通过问责倒逼地方各级党委政府及其有关部门真正落实“党政同责、一岗双责”的要求。问责主要针对不作为、慢作为,甚至失职、渎职等问题。问责的方式包括追究政治责任和追究法律责任。生态环境保护督察制度的实施完全依赖党内法规体系,是我国生态环境政党法治的典型代表,如今已经成为推动落实生态环保责任的一把“利剑”。

(四)其他领域中对国家及社会事务的调整

此外,其他生态环境保护领域同样广泛存在党内法规体系发挥规范效力的典型事迹,通过党政联合发文的方式,不断创设、完善生态环境保护制度,实现生态文明体制改革的创

新。其中,党内法规主要涉及生态文明建设目标评价考核、领导干部自然资源资产离任审计的内容;党的规范性文件涉及范围更广,涵盖生态环境损害赔偿、流域保护、生态保护补偿、生物多样性保护、国土空间规划、国家公园改革、"双碳"目标落实等领域。以生态环境损害赔偿制度为例,在国家立法滞后的现实情况下,中共中央办公厅、国务院办公厅于2015年印发《生态环境损害赔偿制度改革试点方案》(中办发〔2015〕57号,已失效),明确了生态环境损害赔偿制度改革的总体要求和目标,首次在"损害赔偿"的基础上提出了"环境有价"的原则,同时通过肯定列举和否定列举的方式,明确了生态环境损害赔偿制度中责任追究的情形。虽然形式上是党的规范性文件,但实际上具备构建我国生态环境损害赔偿制度的规范效力。随后,中共中央办公厅、国务院办公厅于2017年印发《生态环境损害赔偿制度改革方案》,进一步丰富、完善了该制度改革的具体内容。目前,我国已经构建了责任明确、赔偿到位、修复有效的生态环境损害赔偿制度。

回顾我国生态环境治理和保护的历史进程,一个显著的特征是:由于客观上缺乏国家法律的有关规定,较长一段时间内实践需要的制度依据存在空白。党内法规体系是根据党中央的有关部署,回应生态文明建设实践需要,不断探索革新,构建生态文明制度体系框架。生态环境保护党内法规在特殊时期、特殊领域发挥了重要的规范作用,能够作为国家治理和社会运行中制度的架构性和约束性指引,是生态环境保护法治建设的中国经验。

第四节 生态环境标准

一、生态环境标准概述

(一)生态环境标准的定义

生态环境标准是指为了防治环境污染、保证环境质量、维护生态平衡、保护人群健康,在综合考虑国内自然环境特征、社会经济条件和已有环保科学技术水平的基础上,对环境要素间的配比、布局和各种环境要素的组成以及进行环保工作的某些技术要求加以限定的技术规范。

(二)生态环境标准的功能

环境法具有显著的科学技术特征,这一特征在法律规范体系方面体现为生态环境标准是特殊类型的环境法律规范。生态环境标准在法律规定的指引下能够将环境法律规范内容具体化。通过环境管制性规范援引生态环境标准是典型的依据科学判断规范行为模式的法律方法。它一方面提升了环境管制法律措施的合理性和科学性,另一方面使环境管制法律措施便于社会各相关主体的认知和实施。

(三)生态环境标准的沿革

生态环境标准在中国的发展起步于20世纪70年代。1973年,《工业"三废"排放试行标准》为工业废气、废水、废渣的排放设定了技术要求,也标志着中国生态环境标准的诞生。随后,1979年颁布的《环境保护法(试行)》(已失效)进一步明确了生态环境标准的制定、审批以及实施的具体权限,将生态环境标准纳入法律制度框架内,为环境保护工作提供了法律支撑。1999年,为了加强生态环境标准的管理,对环境保护工作实行规范化、制度化管理,国家环境保护总局发布了《环境标准管理办法》(已失效)。这一办法对生态环境标准的制定、实施及监督进行了全面规定。2010年,环境保护部发布《地方环境质量标准和污染物排放标准备案管理办法》(已失效),强化了省级层面环境质量与污染排放标准的管理,由环境保护部对地方政府制定的相关标准进行备案和管理,体现了中央与地方在环境治理中的指导关系。2014年修订的《环境保护法》在第15条和第16条中对生态环境标准制定的体系和程序作了具体规定,进一步完善了生态环境标准制度。随着《环境保护法》的修订和一系列环境保护法律法规的更新、2017年《标准化法》的修订、2018年国务院机构改革及职能调整,以及生态环境部对生态环境标准制定、修订与实施工作提出新思路,前述生态环境标准管理规章已不适应新的环境管理要求,主要体现在:(1)标准类别划分和体系构成不能涵盖法律法规及职能调整赋予的环境管理领域;(2)标准定位与制定原则不能满足环境质量改善、环境风险管控等新时期生态环境管理需求;(3)不能有效指导地方生态环境标准工作;(4)缺失标准实施评估和信息公开等管理要求,不能反映生态环境标准管理改革进展。

在此背景下,生态环境部于2020年颁布了《生态环境标准管理办法》,对《环境标准管理办法》(已失效)和《地方环境质量标准和污染物排放标准备案管理办法》(已失效)进行了整合与修订。一是完善标准体系及类别划分。在"两级五类"标准体系基础上,增加"生态环境风险管控标准"类别,并将土壤污染风险管控、应对气候变化、海洋生态环境保护等相关标准纳入生态环境标准体系。二是调整和明确各类标准的作用定位与制定原则。遵循生态环境标准上位法的相关规定,体现新时期生态环境管理需求,分别明确六类生态环境标准的作用定位、制定原则与基本内容要求,特别是在《生态环境标准管理办法》(2020年公布)第20条第2款、第21条第3款中明确了不同类别污染物排放标准的定位区别与适用范围。三是明确标准实施相关要求。为确保标准有效实施,规定在排放标准发布前,应制订配套的标准实施工作方案;针对各方对标准实施提出的问题,进一步明确了国家与地方,综合型、行业型、通用型、流域(海域)或者区域型标准的制定原则、要求和实施顺序。四是加强指导地方生态环境标准工作。针对部分地方存在的标准制定工作滞后、思路不明等问题,为进一步推动地方因地制宜开展标准制定、修订工作,《生态环境标准管理办法》(2020年公布)第40条规定了应当制定地方排放标准的情形,第41条和第42条规定了地方标准制定的原则性要求;同时进一步规范了地方标准备案等管理性要求。五是增加标准实施评估和信息公开相关规定。为充分发挥标准在环境治理和优化经济发展方面的作用,《生态环境标准管理办法》(2020 年公布)第 48 条至第 50 条明确了标准实施评估的作用定位、评估周期和评估原则;此外,还增加了标准信息公开等规定。

综合而言,中国生态环境标准经过 40 多年的发展已经形成完善的制度体系,展示了我国环境保护法治从治理到保护,再到生态文明建设的制度变革。

二、生态环境标准体系

生态环境标准体系是一个复杂的有机技术体系,单个生态环境标准的技术内容往往不够完整,需要部分或者全部引用其他标准的内容才知其全貌,因此生态环境标准之间相互协调和衔接才能够使整个标准体系正常运行。我国生态环境标准体系从原先的五要素结构(国家环境质量标准、国家污染物排放标准、国家环境监测方法标准、国家环境标准样品标准和国家环境基础标准)转变为六要素结构(国家生态环境质量标准、国家生态环境风险管控标准、国家污染物排放标准、国家生态环境监测标准、国家生态环境基础标准和国家生态环境管理技术规范),逐步形成以生态环境标准为重要依据的环境保护管理体系。大量的环境管制手段通过援引生态环境标准的方式确立其科学性与正当性。生态环境标准也构成了环境资源开发利用主体履行义务、承担法律责任的重要依据,对界定相关主体之间的利益起到十分重要的作用。

(一)生态环境标准的分类

依据内容的不同,生态环境标准体系由六类生态环境标准组成。

1. 生态环境质量标准

根据《生态环境标准管理办法》(2020 年公布)第 10 条的规定,为保护生态环境,保障公众健康,增进民生福祉,促进经济社会可持续发展,限制环境中有害物质和因素,制定生态环境质量标准。这类生态环境标准是对一定区域环境内有害物质或因素含量的最高限额和有利环境要素的最低要求所作的规定,体现一个国家或地区环境政策和质量目标的实质。生态环境质量标准应当反映生态环境质量特征,根据环境要素的不同可以分为大气环境质量标准、水环境质量标准、海洋环境质量标准、声环境质量标准、核与辐射安全基本标准等内容。需要明确的是,在实施上述生态环境质量标准时,应当按照标准规定的生态环境功能类型划分功能区,明确适用的控制项目指标和控制要求,并采取措施达到生态环境质量标准的要求。

在所有生态环境标准中,生态环境质量标准占据核心地位。国家生态环境质量标准是一个国家环境政策和环境质量目标的具体体现,是国家实行环境保护规划、控制污染以及分级分类管理环境和科学评价环境质量的基础,是制定污染物排放标准的主要科学依据,也是判断某地域环境质量状况和环境是否受到污染的直接依据。简言之,生态环境质量标准是维护环境健康的科学基石,关系到社会的可持续发展与公民的福祉。

2. 生态环境风险管控标准

生态环境风险管控标准是在原有的生态环境标准基础上新增加的类型,究其原因是随着我国环境管理的核心目标导向逐渐从传统污染治理转向环境质量改善和风险管控,原有的生态环境标准类型无法适应新时代环境管理的目标,生态环境风险管控标准已经成为生态环境标准中不可或缺的一部分,亟须制定相关的生态环境风险管控标准。我国生态环境风险管控标准已经运用于《土壤污染防治法》(2018 年公布),该法对国家、地方两级土壤污染风险管控标准进行了规定,应当及时在整体层面规定新的标准类型,构建涵盖全面的生态环境标准体系。

根据《生态环境标准管理办法》(2020 年公布)第 15 条的规定,为保护生态环境,保障公众健康,推进生态环境风险筛查与分类管理,维护生态环境安全,控制生态环境中的有害物质和因素,制定生态环境风险管控标准。通过设定生态环境风险管控标准进行环境风险识别,确定可能对环境造成负面影响的各种因素,评估风险发生的概率及其对环境和公众健康可能造成的具体影响,进而通过具体的措施来降低或者控制风险以达到保护生态环境和人类社会长期可持续发展的目标。

生态环境风险管控标准主要包括土壤污染风险防控标准以及法律法规规定的其他环境风险管控标准。在具体实施时,生态环境风险管控标准应当按照功能用途分类管理,管控风险,实现安全利用。

生态环境风险管控标准是开展生态环境风险管理的技术依据,在整个生态环境标准体系中处于前端环节,特别强调保护环境和公众健康的重要性。生态环境风险管控标准促使政府、企业和公众关注潜在的环境和健康问题并进行更深入的研究,通过设定具体的管控标准和防控技术,减少行动迟缓可能导致的环境损害和健康风险,在不确定性较高的环境下帮助决策者更好地理解风险和作出谨慎的决定。

3. 污染物排放标准

根据《生态环境标准管理办法》(2020 年公布)第 20 条第 1 款的规定,为改善生态环境质量,控制排入环境中的污染物或者其他有害因素,根据生态环境质量标准和经济、技术条件,制定污染物排放标准。污染物排放标准是针对人为污染源排入环境的污染物的浓度或者总量而作出的限制规定,通过控制污染源排污量的途径来实现环境质量标准或者环境目标,因此对排放污染物的行为具有直接的约束力。许多国家立法中将污染物排放标准作为判断排污行为是否违法的客观标准和依据。污染物排放标准是排污单位守法的底线,也是具有生态环境监管职责的各部门开展相应行业、领域事前、事中、事后监管工作的基本依据。

污染物排放标准实行分类实施。(1)按照制定依据,污染物排放标准可以分为浓度标准和总量标准。浓度标准又称浓度控制标准,是以经济技术可行性为根据而为污染源规定的排放标准,常以某污染物在其载体中的百分比表示;总量标准又称总量控制标准,是以环境容量为根据而为污染源规定的排放污染物的数量限额,常以一定时间内排放污染物的总量表示。(2)按照适用对象,污染物排放标准可以分为行业型、综合型、通用型、流域(海域)或者区域型四种类型。行业型污染物排放标准适用于特定行业或者产品污染源的排放控制;综合型污染物排放标准适用于行业型污染物排放标准适用范围以外的其他行业污染源的排放控制;通用型污染物排放标准适用于跨行业通用生产工艺、设备、操作过程或者特定污染物、特定排放方式的排放控制;流域(海域)或者区域型污染物排放标准适用于特定流域(海域)或者区域范围内的污染源排放控制。通过对污染物排放标准的科学分类,可以更清晰地界定不同污染物排放标准的作用定位,构建更为合理的、更具针对性的污染物排放标准体系。

需要注意的是,污染物排放标准在实施过程中针对同一排污单位,同时存在不同级别、不同类型的污染物排放标准时,如何确定该单位应执行的排放标准,是开展环境影响评价、排污许可证申请与核发、环境监管执法等工作中经常遇到的问题。根据《生态环境标准管理办法》(2020年公布)第24条的规定,污染物排放标准的执行顺序是地方污染物排放标准优先于国家污染物排放标准;同属国家污染物排放标准的,行业型污染物排放标准优先于综合型和通用型污染物排放标准;同属地方污染物排放标准的,流域(海域)或者区域型污染物排放标准优先于行业型污染物排放标准,行业型污染物排放标准优先于综合型和通用型污染物排放标准。

4. 生态环境监测标准

根据《生态环境标准管理办法》(2020年公布)第26条的规定,为监测生态环境质量和污染物排放情况,开展达标评定和风险筛查与管控,规范布点采样、分析测试、监测仪器、卫星遥感影像质量、量值传递、质量控制、数据处理等监测技术要求,制定生态环境监测标准。生态环境监测标准确保监测活动的统一化和标准化,为制定和调整环保政策提供科学依据,是国务院生态环境主管部门建立环境监测制度、制定环境监测规范的组成部分。同时,生态环境监测标准是实施生态环境质量标准和污染物排放标准的配套技术标准,可以对环境质量进行准确评估,了解污染程度和环境变化趋势。

生态环境监测标准具体包括生态环境监测技术规范、生态环境监测分析方法标准、生态环境监测仪器及系统技术要求、生态环境标准样品等。根据法律规定,制定生态环境质量标准、生态环境风险管控标准和污染物排放标准时,应当采用国务院生态环境主管部门制定的生态环境监测标准。对于上述标准实施之后所发布的生态环境监测标准的适用,根据《生态环境标准管理办法》(2020年公布)第30条的规定,后发布的生态环境监测标准未明确是否适用于已出台的相关标准的,国务院生态环境主管部门可以组织开展适用性、等效性比对;通过比对的,可以用于生态环境质量标准、生态环境风险管控标准和污染物排放标准中控制项目的测定。

5. 生态环境基础标准

根据《生态环境标准管理办法》(2020年公布)第32条的规定,为统一规范生态环境标准的制订技术工作和生态环境管理工作中具有通用指导意义的技术要求,制定生态环境基础标准,包括生态环境标准制订技术导则,生态环境通用术语、图形符号、编码和代号(代码)及其相应的编制规则等。生态环境基础标准是生态环境标准的关键组成部分,通过提供统一的测量和评价方法,为环境监测、评估、保护和改善提供基本的框架和参照点,使生态环境标准管理更加规范化和系统化。

生态环境基础标准包含两个类别:一是生态环境标准制定技术导则,是制定上述各项生态环境标准的标准,以进一步明确制定各类生态环境标准的通用技术要求;二是在生态环境保护中广泛应用的术语、符号和代码等。《生态环境标准管理办法》(2020 年公布)规定,在各类生态环境标准制定过程中,应当做到符合相应类别的生态环境标准制订技术导则的要求,同时采用生态环境基础标准规定的通用术语、图形符号、编码和代号(代码)编制规则等,做到标准内容衔接、体系协调、格式规范。

6. 生态环境管理技术规范

根据《生态环境标准管理办法》(2020 年公布)第 36 条的规定,生态环境管理技术规范包括大气、水、海洋、土壤、固体废物、化学品、核与辐射安全、声与振动、自然生态、应对气候变化等领域的管理技术指南、导则、规程、规范等。为落实上位法规定的各类环境管理制度,制定生态环境管理技术规范,应当有明确的生态环境管理需求,内容科学合理,针对性和可操作性强,有利于规范生态环境管理工作。值得注意的是,为加强气候管理,生态环境管理技术规范纳入了气候变化领域标准,主要包括温室气体排放核算与报告、企业碳排放核查、企业单位产品碳排放限额等标准。

(二)生态环境标准的分级

生态环境标准依据效力范围可以分为国家、地方和行业生态环境标准。在上述六类生态环境标准中只有生态环境质量标准、生态环境风险管控标准和污染物排放标准可以对国家相应标准中未规定的项目作出补充规定,也可以对国家相应标准中已规定的项目作出更加严格的规定,而其他三类标准只有国家标准无地方标准。根据《生态环境标准管理办法》(2020 年公布)的规定,在有地方生态环境质量标准、地方生态环境风险管控标准和地方污染物排放标准的地区,应当依法优先执行地方标准。

1. 国家生态环境标准

国家生态环境标准是指由国务院生态环境主管部门制定并公布的,针对全国范围内一般环境问题的一系列环境保护规范和技术要求,包括生态环境质量标准、生态环境风险管控标准、污染物排放标准、生态环境监测标准、生态环境基础标准和生态环境管理技术规范等。国家生态环境标准在全国范围或者标准指定区域范围内执行,其控制指标的确定是按全国的平均水平和要求提出的,旨在规范和指导全国范围内的环境保护和污染防治工作。国家生态环境标准在整个生态环境标准体系中处于核心地位,是国家环境政策目标的综合反映。

2. 地方生态环境标准

地方生态环境标准是对国家生态环境标准的补充和完善,由省、自治区、直辖市人民政府制定并公布的一系列生态环境保护规范和技术要求，包括生态环境质量标准、生态环境风险管控标准、污染物排放标准等。地方生态环境标准在发布该标准的省、自治区、直辖市行政区域范围或者标准指定区域范围内执行，旨在规范和指导地方范围内的环境保护和污染防治工作，针对地区特有的环境问题制定更具体、更严格的管理措施，以促进地方绿色发展。地方生态环境标准应当报国务院生态环境主管部门备案。

此外，针对部分地方存在的标准制定工作滞后、思路不明等问题，为进一步推动地方因地制宜开展标准制定、修订工作，落实地方政府生态环境质量负责制，《生态环境标准管理办法》(2020 年公布)作出以下三项调整：(1)明确了应制定地方污染物排放标准的情形。为了更有针对性地改善环境质量和防控环境风险，促进经济绿色高质量发展，《生态环境标准管理办法》(2020 年公布)规定了省级人民政府应当制定地方污染物排放标准的五种情形，并给出制定原则，为地方生态标准制定工作提供更为明晰的指引，有利于推动地方标准发展。(2)强调地方标准应始终保持严于国家标准的基本要求。《生态环境标准管理办法》(2020 年公布)明确新发布实施的国家生态环境质量标准、生态环境风险管控标准或者污染物排放标准规定的控制要求严于现行的地方生态环境质量标准、生态环境风险管控标准或者污染物排放标准的，地方生态环境质量标准、生态环境风险管控标准或者污染物排放标准，应当依法修订或者废止。(3)调整明确了地方生态环境标准的备案要求。《生态环境标准管理办法》(2020 年公布)明确规定地方标准备案的范围仅限于地方生态环境质量标准、地方生态风险管控标准和地方污染物排放标准，且该备案属于事后备案，不是事前审查。备案不是地方标准生效的前提条件，备案与否均不影响地方标准生效执行。

3. 生态环境保护行业标准

生态环境保护行业标准是指需要在全国环境保护工作范围内统一技术要求，但目前没有国家生态环境标准时，由生态环境部应当制定的标准。生态环境保护行业标准又被称为国家生态环境保护标准，但其并不属于《标准化法》(2017 年修订)意义上的国家标准，根据国家质量技术监督局发布的《关于印发〈关于环境标准管理的协调意见〉的通知》(2001 年公布，质技监局标函〔2001〕126 号)，由于实践中不存在独立的环境保护行业，所以将此类标准命名为生态环境部标准，而在生态环境部官方发布的文件中将其制定的行业标准称为"国家环境保护标准"，但实际上该标准并非前述意义上的国家标准。

三、生态环境标准的制定

(一)制定原则

根据《生态环境标准管理办法》(2020 年公布)第 7 条第 1 款的规定，制定生态环境标准，应当遵循合法合规、体系协调、科学可行、程序规范等原则。

(二)制定主体

根据《生态环境标准管理办法》(2020 年公布)第 6 条的规定，国务院生态环境主管部门依法制定并组织实施国家生态环境标准,评估国家生态环境标准实施情况,开展地方生态环境标准备案,指导地方生态环境标准管理工作。省级人民政府依法制定地方生态环境质量标准、地方生态环境风险管控标准和地方污染物排放标准,并报国务院生态环境主管部门备案。地方各级生态环境主管部门在各自职责范围内组织实施生态环境标准。环境保护行业标准由生态环境部负责制定。此外,由于我国环境保护实行统一管理与分工负责管理的体制,国务院有关生态环境主管部门都可以在本部门范围内制定统一适用的行业标准。

(三)制定程序

根据《生态环境标准管理办法》(2020 年公布)第 7 条第 2 款的规定,制定国家生态环境标准,应当根据生态环境保护需求编制标准项目计划,组织相关事业单位、行业协会、科研机构或者高等院校等开展标准起草工作,广泛征求国家有关部门、地方政府及相关部门、行业协会、企业事业单位和公众等方面的意见,并组织专家进行审查和论证。具体工作程序与要求由国务院生态环境主管部门另行制定。对此,生态环境部制定了《国家生态环境标准制修订工作规则》(国环规法规〔2020〕4 号)。

根据《生态环境标准管理办法》(2020 年公布)第 42—45 条的规定,制定地方生态环境标准,应当根据本行政区域生态环境质量改善需求和经济、技术条件,进行全面评估论证,并充分听取各方意见。地方生态环境质量标准、地方生态环境风险管控标准和地方污染物排放标准发布后,省级人民政府或者其委托的省级生态环境主管部门应当依法报国务院生态环境主管部门备案。国务院生态环境主管部门收到地方生态环境标准备案材料后,予以备案,并公开相关备案信息;发现问题的,可以告知相关省级生态环境主管部门,建议按照法定程序修改。

四、生态环境标准的类型及规范效力

(一)强制性生态环境标准

对保障人身健康和生命财产安全、国家安全、生态环境安全以及满足经济社会管理基本需要的技术要求,应当制定强制性国家标准。国家和地方生态环境质量标准、生态环境风险管控标准、污染物排放标准和法律法规规定强制执行的其他生态环境标准属于强制性生态环境标准,强制性生态环境标准必须执行。尽管强制性生态环境标准具有较强的规范力,但生态环境标准作为一种技术性规范,本身并不具有法律上的规范效力,无法判断或决定平等主体之间是否存在环境妨害或者侵害,只有当生态环境标准在具体适用时被法律明确规定或者被环境行政决定时才具有法的拘束力。

根据《环境保护法》(2014 年修订)第 60 条的规定,企业事业单位和其他生产经营者超过污染物排放标准或者超过重点污染物排放总量控制指标排放污染物的,县级以上人民政府生态环境主管部门可以责令其采取限制生产、停产整治等措施;情节严重的,报经有批准权的人民政府批准,责令停业、关闭。这就是强制性生态环境标准强制力的重要体现,在严重违反强制性生态环境质量标准时,还有可能涉及刑事责任。

(二)推荐性生态环境标准

根据《生态环境标准管理办法》(2020 年公布)第 5 条的规定,法律法规未规定强制执行的国家和地方生态环境标准,以推荐性标准的形式发布。根据《标准化法》(2017 年修订)第 21 条的规定,推荐性生态环境标准的技术要求不得低于强制性国家标准的相关技术要求。强制性生态环境标准以外的生态环境标准属于推荐性生态环境标准,推荐性生态环境标准是对强制性生态环境标准的必要补充,国家鼓励采用推荐性生态环境标准,推荐性生态环境标准不具有强制性的效力,由相应的主体自愿决定是否遵守。当然,推荐性生态环境标准被强制性生态环境标准或者规章、行政规范性文件引用并赋予其强制执行效力的,被引用的内容必须执行,推荐性生态环境标准本身的效力不变。

(三)生态环境标准的效力解释

对于包括生态环境标准在内的技术标准的效力解释问题有多种讨论,通说认为,生态环境标准本身不能直接实现其效力,需要通过上升为法律规范或者借助其他法律规范而得以实施。生态环境标准经由法律条款的援引而具有特定的法律效力。

1. 外部效力说

当前学界普遍认同的观点是,法律援引技术标准之后,技术标准才具有拘束力。技术标准由于有了法律的援引而具有一种“外部效力”,要发挥生态环境标准的法律效力,需要援引相应的生态环境法律法规,从而发生“外部法律效果”。标准对于法律调整社会关系的作用体现在标准为确定当事人的权利和义务的内容提供了依据,为行为人“如何为”提供了指引,法律对标准形成了某种依赖关系。因此,生态环境标准发挥法律规范的效力需要借助环境法律规范的援引,其本身由于行政机关制定的技术性、专业性等特征,不应被归类为规范。

2. 技术规范说

生态环境标准制度的出现与发展的核心原因在于如今日益复杂的环境资源开发利用行为对环境行政管制提出了新的挑战,法律再也不能单纯以普遍性的规则体系作用于行为客体。因此,现代社会治理法律援用技术标准的现象越来越普遍。这种技术标准具有一定的专业性,行政机关可以基于其专业性行使判断权,以确保环境管制行为科学合理。所以,生态环境标准的制定主体主要为行政机关。如果某一种或某一类标准对国家和社会秩序具有极端重要性,那么法律应当设立一套强制适用的规则,规定国家必须制定该标准,而且通过与法律责任建立联结的方式保障该标准的实施。

思考题

1. 论述环境法的独立部门法地位并解析其内部组成。

2. 法律渊源的分类理论有哪些？结合效力渊源和认知渊源区分的理论，论述环境法法源的类型。
3. 论述指导性案例、公报案例、典型案例的法源地位。
4. 论述党内法规的法源地位及其与国家法律之间的关系。
5. 论述生态环境标准的类型及其规范效力。

进阶研习推荐文献

1. 蔡守秋：《调整论——对主流法理学的反思与补充》，高等教育出版社2003年版。
2. 杜群：《环境法融合论——环境·资源·生态法律保护一体化》，科学出版社2003年版。
3. 陈真亮：《现代环境法总论》，法律出版社2022年版。
4. 杜群：《环境法体系化中的我国保护地体系》，载《中国社会科学》2022年第2期。
5. 杜健勋：《中国环境法治：体系、教义与法典化》，载《学术论坛》2022年第2期。
6. 徐以祥：《论我国环境法律的体系化》，载《现代法学》2019年第3期。
7. 李艳芳：《论生态文明建设与环境法的独立部门法地位》，载《清华法学》2018年第5期。
8. 王灿发：《论生态文明建设法律保障体系的构建》，载《中国法学》2014年第3期。
9. 柳经纬：《标准的规范性与规范效力——基于标准著作权保护问题的视角》，载《法学》2014年第8期。
10. 陈海嵩：《生态环境政党法治的生成及其规范化》，载《法学》2019年第5期。

第三章 环境法基本原则

环境法基本原则具有向上归纳和向下演绎的体系化与结构性功能，对环境法立法论、解释论具有重要意义。通过环境法基本原则的规范内涵之解释以及司法适用，发挥基本原则对下位法或者单行法中一般原则的约束与引导作用，能够指引环境法律的制度完善与体系优化。本章主要阐释保护优先原则、防范原则、谨慎原则、公众参与原则、损害担责原则、恢复力原则等六个环境法基本原则的规范内涵、域内外相关立法以及司法贯彻等内容。

第一节 环境法基本原则概述

一、环境法基本原则的定义

法律原则是指可以为法律规则提供某种基础或本源的、综合性的、指导性的原理和准则的一种法律规范。[1] 法律原则是具有高度概括性的规范，通常反映出立法者的基本价值取向、法律观、法治精神和品格。法律原则是法律的基本价值表达，反映法律的基础性原理，为其他形式的法律规范提供本源性依据或出发点。[2] 法律原则在法律体系或者法律部门中居于基础性地位，是法律体系的重要组成部分，[3]与法的价值和目的紧密联系、相辅相成，"是整个法律活动的指导思想和出发点，构成法律体系或法律部门的神经中枢"[4]。法律原则可以分为基本原则与具体原则、一般社会原则与专门法律原则、公理性原则与政策性原则等。[5] 基本原则是据以行为或不为的根本的、主要的法则与标准，[6]被视为法秩序的基础价值，可谓"内在体系"优先于"外在体系"。[7]

要成为一个部门法的基本原则，一般需符合以下五方面特征：(1)规范性，具有法律规范的基本特性，对具体法律规范的制定与实施有规范意义。(2)特有性，反映本部门法特征和属性。(3)规律性，体现该部门法的行为规律和法治规律。(4)普遍性，涵盖部门法的基

---

〔1〕 参见舒国滢主编：《法理学》(第5版)，中国人民大学出版社2019年版，第108－109页。

〔2〕 参见张文显主编：《法理学》(第5版)，高等教育出版社2018年版，第120页。

〔3〕 参见王泽鉴：《民法总则》，北京大学出版社2009年版，第12页。

〔4〕 沈宗灵主编：《法理学》，高等教育出版社1994年版，第40页。

〔5〕 参见陈真亮：《现代环境法总论》，法律出版社2022年版，第132页。

〔6〕 参见王灿发：《环境法学教程》，中国政法大学出版社1997年版，第72页。

〔7〕 参见[德]托马斯·M. J. 默勒斯：《法学方法论》(第4版)，杜志浩译，北京大学出版社2022年版，第224页。

本内容并统摄整个部门法的规范。(5)体系性,是具有内在联系的、开放性的普遍规范体系。[1]

环境法基本原则是环境保护规范应遵循的根本价值,是国家环境保护方针政策、环境保护基本国策在法律上的体现,其贯穿整个环境法治过程,对各项环境法律制度和规范起统率和指导作用,既是解释环境保护法律法规的依据,也是补充法律漏洞、发展学说判例的基础。[2]

环境法基本原则是环境法的本质和根本价值的集中体现,是高度抽象的、最一般的社会行为规范和价值判断准则。环境法基本原则是认识环境法的性质,解释、执行、适用环境法律规范的重要依据。[3] 因此,环境保护法基本原则具有重要的方法论意义,对形成法体系、引导法规范内容具体化发挥一定作用,可以为环境保护的立法、执法、司法和守法提供指引。

二、环境法基本原则的规范表达

环境法基本原则是对国家环境保护战略和国家治理目标的核心规范表达。因国家在不同历史时期环境政策的重点和策略不同,环境立法对环境法基本原则的表达和规定也有所不同。不同国家应对的环境问题不同,其环境法基本原则也有差异,从全球来看,各国均确认的环境法基本原则有可持续发展原则、风险预防原则、损害预防原则、污染者负担原则、公众参与原则等。

环境法的基本原则可以直接明文规定在法律条文中。1972 年中国在联合国第一次人类环境会议上提出的环境保护工作 32 字方针——“全面规划、合理布局、综合利用、化害为利、依靠群众、大家动手、保护环境、造福人民”,在 1973 年中国第一次全国环境保护会议上得到确认,并被写入 1979 年《环境保护法(试行)》。2014 年《环境保护法》第 5 条规定的“环境保护坚持保护优先、预防为主、综合治理、公众参与、损害担责的原则”,是关于环境法基本原则的直接规定。有一些环境法基本原则虽然没有直接体现在条款中,但是寓意于具体的制度规范之中,尤其是正在形成中的新原则。[4]

环境法基本原则不是彼此孤立、互不相关的,而是互相联系、相互制约的。[5] 环境法基本原则对环境立法、执法、司法产生指导和规范效力,在立法目的和基本制度之间发挥重要的承上启下作用,发挥价值宣示、制度优化、法律漏洞弥补、利益衡平等功能。[6] 基于中国和全球环境法治实践,本教材重点阐释六项环境法基本原则,即保护优先原则、防范原则、谨慎原则、公众参与原则、损害担责原则、恢复力原则。

---

〔1〕 参见陈真亮:《现代环境法总论》,法律出版社 2022 年版,第 136 页。

〔2〕 参见梁慧星:《民法总论》(第 5 版),法律出版社 2017 年版,第 46 页。

〔3〕 参见陈真亮:《现代环境法总论》,法律出版社 2022 年版,第 132 页。

〔4〕 参见汪劲:《环境法学》(第 4 版),北京大学出版社 2018 年版,第 48 页。

〔5〕 参见韩德培主编,陈汉光副主编:《环境保护法教程》(第 8 版),法律出版社 2018 年版,第 54 页。

〔6〕 参见陈真亮:《现代环境法总论》,法律出版社 2022 年版,第 133 – 134 页。

第二节 保护优先原则

一、保护优先原则的内涵

保护优先原则初见于《国民经济和社会发展第十一个五年规划纲要》,对国土空间中的限制开发区域提出要坚持保护优先、适度开发、点状发展,在全国主体功能区规划中提出限制开发区域要实行生态保护优先的绩效评价。2011 年《国民经济和社会发展第十二个五年规划纲要》首次明确将生态环境纳入地方政府绩效评价体系。其规定:"对限制开发的农产品主产区和重点生态功能区,分别实行农业发展优先和生态保护优先的绩效评价,不考核地区生产总值、工业等指标。"随后鉴于全国生态环境的严峻形势,党的十八大把保护优先的方针扩展到全国各个地区,即所有地区都要在保护生态环境的前提下开发,没有环境保护措施的则不能开发。[1] 保护优先就是在环境上把保护放在首位,加大环境保护力度,坚持预防为主、综合治理,以解决损害群众健康的突出环境问题为重点,强化水、大气、土壤等污染防治,减少污染物排放,防范环境风险,明显改善环境质量。[2] 《环境保护法》(2014 年修订)将保护优先原则法定化,将其列为四大法定原则之首。

自 2014 年《环境保护法》修订以后,保护优先原则便获得了环境法基本原则的法律地位并被一以贯之地写入后续的环境单行法和国家政策中。比如,《国家安全法》(2015 年公布)第 30 条规定:"国家完善生态环境保护制度体系,加大生态建设和环境保护力度,划定生态保护红线,强化生态风险的预警和防控,妥善处置突发环境事件,保障人民赖以生存发展的大气、水、土壤等自然环境和条件不受威胁和破坏,促进人与自然和谐发展。"《长江保护法》(2020 年公布)第 3 条规定,长江流域经济社会发展应当坚持生态优先、绿色发展,共抓大保护、不搞大开发。《黄河保护法》(2022 年公布)第 3 条规定,要贯彻生态优先、绿色发展,量水而行、节水为重,因地制宜、分类施策,统筹谋划、协同推进的原则。《青藏高原生态保护法》(2023 年公布)第 3 条规定,青藏高原生态保护应当尊重自然、顺应自然、保护自然;坚持生态保护第一。

保护优先原则具有鲜明的中国特色,作为一项基本原则并未出现在大多数国家的环境基本法中。对于保护优先基本原则的阐释应当结合其产生的国家战略背景、动机以及其作为国家战略、基本原则的全面性。该原则是在中国生态环境保护制度体系初步建成,但仍面临资源约束趋紧、环境污染严重、生态系统退化等严峻形势,以解决损害群众健康突出环境问题为重点的大背景下提出来的。《环境保护法》(2014 年修订)第 5 条规定了保护优先原则,其目的是严格落实既有生态环境保护制度体系,扭转唯 GDP 论至上的政府决策与执

---

〔1〕 参见杨伟民:《真正领会和坚决贯彻执行节约优先、保护优先的方针》,载《中国经贸导刊》2013 年第 7 期。

〔2〕 参见本书编写组编:《新思想·新观点·新举措》,学习出版社、红旗出版社 2012 年版,第 98 页。

法导向,通过方针政策严格拘束各级政府行政决策与执法的裁量空间,扭转环境保护制度落地难、执行难的局面,以守护人民群众相关环境生存权益,维护经济发展的生态环境基础。值得注意的是,该原则并非抽象地规定环境利益应当优先于经济利益,或者环境保护应当优先于环境资源开发利用活动,而是具象化地引导环境保护制度依法、严格、有效落实。其优先于谁、优先的条件以及优先的理由已经为生态环境保护制度所界定。

二、保护优先原则的适用

作为法定的基本原则,保护优先原则适用应贯穿环境保护监督管理、环境保护立法、执法与司法活动的始终。保护优先原则的适用应注意不同情势下的约束力差异。

首先,底线约束情势下适用绝对保护优先原则。超越环境容量上限、资源开发利用上限与生态保护红线时,环境利益处于实质上的绝对优先,环境立法、行政执法与司法均应受到实质性优先的拘束,限制其突破上限与红线的裁量。例如,不允许地方立法变更国家自然保护区范围或者放松自然保护区管控措施。违反国家自然保护区有关规定的地方立法无效。[1] 这种实质性优先的制度支撑主要表现为以下三个方面:第一,在国家划定的重点生态功能区、生态环境敏感区和脆弱区划定生态保护红线,实行严格保护。[2] 第二,对超过环境容量区域或者对污染敏感区域实行严格保护,具体包括:超过国家重点大气污染物排放总量控制指标或者未完成国家下达的大气环境质量改善目标的地区;超过重点水污染物排放总量控制指标或者未完成水环境质量改善目标的地区;产出的农产品污染物含量超标,需要实施修复的农用地地块;土壤污染状况调查报告评审表明污染物含量超过土壤污染风险管控标准的建设用地地块;饮用水源保护区。[3] 第三,对超过自然资源利用上限的行为和区域采取严格管理,具体包括:不符合《水法》(2016 年修正)、《草原法》(2021 年修正)、《森林法》(2019 年修订)等单行法规定,不符合国家安全、环保、能耗、质量、自然资源利用方面强制性标准,不符合国际环境公约等要求的工艺、技术、产品、装备项目;[4] 自然资源利用上限管控区,包括生态用水补给区、地下水开采重点管控区、土地资源重点管控区、高污染燃料禁燃区与自然资源重点管控区;[5] 列入《产业结构调整指导目录(2024 年本)》限制类和淘汰类的项目。[6]

---

[1] 参见《中办、国办就甘肃祁连山国家级自然保护区生态环境问题发出通报》,载生态环境部网,https://www.mee.gov.cn/xxgk/hjyw/201707/t20170721_418244.shtml。

[2] 参见信春鹰主编:《中华人民共和国环境保护法释义》,法律出版社 2014 年版,第 16 页。

[3] 具体法律规定相应为:《大气污染防治法》(2018 年修正)第 22 条;《水污染防治法》(2017 年修正)第 20 条;《土壤污染防治法》(2018 年公布)第 57 条;《土壤污染防治法》(2018 年公布)第 60 条;《水污染防治法》(2017 年修正)第 5 章。

[4] 参见自然资源部:《关于印发〈自然资源开发利用限制和禁止目录(2021 年本)〉的通知(征求意见稿)》,载自然资源部网,http://search.mnr.gov.cn/axis2/download/P020201231589820775922.pdf。

[5] 参见环境保护部:《"生态保护红线、环境质量底线、资源利用上线和环境准入负面清单"编制技术指南(试行)》(环办环评〔2017〕99 号)。

[6] 参见国家发展和改革委员会:《产业结构调整指导目录(2024 年本)》,载国家发展和改革委员会网,https://zfxxgk.ndrc.gov.cn/web/iteminfo.jsp?id=20305。

其次,一般情势下适用相对保护优先原则。保护优先原则作为贯穿环境管理、法治始终的原则,除前述底线约束的情势外,在尚未超越环境容量上限、资源开发利用上限与生态保护红线的一般情势下,保护优先属于一般程序性优先,即行政决策、法律实施时应当依法将环境利益在程序上置于优先顺序进行考量。例如,新建、改建、扩建建设项目落地之前应当符合环境单行法确定的各类规划,并预先进行环境影响评价;排污企业、单位应当事先取得排污许可,并按照排污许可要求达标排放。在一般情势下,保护优先原则并非一味禁止对环境产生不利影响的生产生活活动,而是在红线与上限的范围内,允许符合法定条件的生产生活活动开展。在红线与上限范围内,选择何种发展方式,允许何种产业落地,对建设项目与排污企业是否采取更为严格的环境管制措施属于地方政府行政决策的裁量空间。在此空间中,环境利益与包括经济利益在内的各种非环境利益相互博弈,均具有利益实现的正当性,环境保护与环境利益并不具有绝对的排他效力。在一定程度上,可将这种形式上的保护优先理解为环境法中的防范原则,强调环境保护规制手段的提前介入,但其侧重点有所差异,着重预防措施的有效执行和落地,不可因经济发展而罔顾预防措施。例如,在环境法治实践中经常出现的未批先建行为,建设项目未完成环境影响评价就开工建设。[1]《环境保护法》(2014 年修订)第 61 条与《环境影响评价法》(2018 年修正)第 31 条取消了“限期补办手续”的要求,而对违法行为直接进行处罚,加大企业违规建设成本。这便是保护优先原则程序优先性对立法的直接价值牵引与拘束。

三、保护优先原则的多元阐释

由于保护优先原则为我国所独有,学术界对保护优先原则的认识并未达成共识。除本教材观点外,对保护优先原则的理解还包括以下几种:第一,保护优先仅存在于经济发展的速度和规模超过或可能超过环境的承载能力条件下,以及二者之间产生或可能产生不可调和的冲突。若不存在超载和不可调和的冲突,则无所谓优先或不优先。[2] 第二,保护优先是遇到环境(生态)风险科学性不确定的情形时,应以保护环境(生态)为优先原则,在此基础上与“针对可在科学上确定的环境损害”的预防为主原则相区分。[3] 第三,保护优先是指“对环境的保护行为优于对环境的开发利用行为”,它生成了两个义务性规范,一是人向环境中排放的污染物不能超过环境的纳污能力,即环境的自我更新能力;二是开发利用自然资源不能超过环境的自我恢复的能力。[4] 第四,保护优先要区分绝对的环境利益优先和相对的环境利益优先,在安全环境利益受损时表现为绝对的环境利益优先,而在舒适环

---

〔1〕 参见生态环境部:《关于加强“未批先建”建设项目环境影响评价管理工作的通知》,载生态环境部网,https://www.mee.gov.cn/gkml/hbb/bgt/201802/t20180228_431888.htm。

〔2〕 参见唐绍均:《“环境优先”原则的法律确立与制度回应研究》,法律出版社 2015 年版,第 23 - 24 页。

〔3〕 参见竺效:《论中国环境法基本原则的立法发展与再发展》,载《华东政法大学学报》2014 年第 3 期。

〔4〕 参见王伟:《保护优先原则:一个亟待厘清的概念》,载《法学杂志》2015 年第 12 期;王社坤、苗振华:《环境保护优先原则内涵探析》,载《中国矿业大学学报(社会科学版)》2018 年第 1 期。

境利益受损时表现为相对的环境利益优先，应对不同利益进行衡量。[1]

第三节　防 范 原 则

一、防范原则的内涵

防范原则又称预防原则，全称为预防为主、防治结合、综合治理的原则。狭义的防范原则是指在预测人为活动可能对环境产生或增加不良影响的前提下，事先采取防范措施，减轻或避免产生不良环境影响，或把不可能避免的不良环境影响控制在许可的限度之内。[2] 广义的防范原则是指采取各种措施有效防止环境问题的产生和恶化，或者采用多种手段综合治理已经产生的环境污染和生态破坏，有效地保护和改善环境质量。防范原则的基本要求是积极预防环境污染和生态破坏，即运用已有的知识、经验和技术措施，对开发和利用环境行为可能带来的环境危害事前采取措施以避免危害的产生。[3] 防范原则是指对开发和利用环境行为必然能产生的环境质量下降或者环境破坏等负面的环境影响和后果，采取预测、分析和积极的防范措施，避免、消除可能带来的环境损害。由此可见，防范原则针对的是开发利用行为与环境影响是确定性因果关系的情形。[4]

防范原则是产生较早且发展较成熟的环境法基本原则，也是最具特色的环境法基本原则。环境法确定防范原则有其必要性，主要是由环境问题本身的特点和环境风险规制的规律决定的：(1)环境污染和生态破坏一旦出现就难以消除与恢复，甚至具有不可逆性，如重金属污染、地下水污染以及土壤污染等。生物多样性一旦消失就永远消失了，没有办法补救。(2)治理环境污染和生态破坏的成本高昂，往往要投入巨额资金。预防相较于损害治理成本更低、效益更高并且更能体现环境治理的公平与效率。(3)环境污染和生态破坏所造成的危害具有潜伏期或者缓释性，在时间和空间上的可变性很大，具有难以预见性和不确定性。加之科学技术的局限，人类往往难以及时发现损害环境的活动造成的影响和最终后果，即危害的产生与受污染的后果显现之间的间隔相当长。(4)环境污染和生态破坏所造成的后果往往比较严重，对公众健康危害极大，会导致一系列疾病或者健康风险的发生，而且这些疾病不易被发现和治疗。(5)环境的整体性要求实行综合性的生态环境治理。环境具有整体效应率，即环境的整体功能大于环境诸要素的个体之和。因此，对污染和破坏的预防应从整体入手，避免对单个环境介质的规制可能导致的低效甚至无效的状态。流域

---

〔1〕 参见王伟：《保护优先原则：一个亟待厘清的概念》，载《法学杂志》2015 年第 12 期；王社坤、苗振华：《环境保护优先原则内涵探析》，载《中国矿业大学学报（社会科学版）》2018 年第 1 期。

〔2〕 参见蔡守秋主编：《环境资源法教程》，高等教育出版社 2004 年版，第 116 页。

〔3〕 参见吕忠梅主编：《环境法学概要》，法律出版社 2016 年版，第 78 页。

〔4〕 参见汪劲：《环境法学》（第 4 版），北京大学出版社 2018 年版，第 49 页。

立法、区域立法等根据环境的整体性特点立法已成为环境保护立法的趋势之一。[1]

二、防范原则的立法发展和实践

20世纪50年代,世界各国广泛采用的环境保护战略是以废物管理和污染控制为主的末端控制。最初,西方工业发达国家走了一条"先污染后治理"的道路,在环境问题上付出巨大的代价后才逐步转变到预防性政策,确立了"预防为主、防治结合、综合防治"的环境保护法的基本原则。

1969年美国《国家环境政策法》颁布以来,大部分环境法规已有诸如环境影响评价等预防污染的制度内容。1984年,美国将《固体废物处置法》修改为《资源保护回收法》,宣布从固体废物产生开始,实行"从摇篮到坟墓"的全过程管理和废物减量化的原则。1980年《世界自然资源保护大纲》推荐了"一揽子""预期性的环境政策",指出"这些政策要求在环境受损害之前便要付诸行动……并非企图代替反应性或治理性的政策""我们的行动策略应是把治理与预防明智地结合起来"。1982年《内罗毕宣言》指出,"与其花很多钱、费很多力气在环境破坏之后亡羊补牢,不如预防其破坏""只有采取一种综合的并在区域内统一的方法""才能实现于环境无害和持续的社会经济发展"。1991年,经济合作与发展组织(OECD)理事会在《关于综合污染防治的建议》中号召成员国采取措施、消除障碍,实行污染综合控制。1992年,联合国环境与发展大会通过了可持续发展战略,预防污染、全面管理、综合防治的环境管理实践进入新的历史阶段。1996年,欧盟理事会《污染综合防治指令》规定:"本指令的宗旨是对在共同体内的工业装置的污染排放规定可实行的预防或最小化措施,从而达到对作为整体的环境的高水平保护。"《法国环境法典》总则第L110-1条也规定:"预防行动与纠正原则,即以经济上可以承受的代价、利用最佳可得技术,优先从源头上采取预防及纠正环境损害的行动。"[2]

防范原则也是我国最早发展完善的一项环境法基本原则。1973年《关于保护和改善环境的若干规定(试行草案)》要求贯彻"预防为主"的方针。在1982年8月召开的全国工业系统防治污染经验交流会议上,时任城乡建设环境保护部部长李锡铭将我国防治工业污染的基本经验总结为三条:"通过技术改造,最大限度地把'三废'消除在生产过程之中,是防治工业污染的根本途径;大搞综合利用,实现'三废'资源化,是防治工业污染的必经之路;结合企业整顿,把环境保护纳入企业经济责任制,加强环境管理,是防治工业污染的重要保证。"国务院于1983年通过《关于结合技术改造防治工业污染的几项规定》(已失效),强调要"通过采用先进的技术和设备,提高资源、能源的利用率,把污染物消除在生产过程之中",并对技术改造方案提出了具体要求。

我国有不少环境保护单行立法体现了防范原则。《大气污染防治法》(2018年修正)、

[1] 参见王文革主编:《环境资源法:理论·实务·案例》,中国政法大学出版社2016年版,第63-64页。

[2] 《法国环境法典》(第1-3卷),莫菲、刘彤、葛苏聃译,法律出版社2021年版,第3页。

《水污染防治法》(2017 年修正)以及《固体废物污染环境防治法》(2020 年修订)等都有预防污染、综合防治和清洁生产的内容。2002 年制定的《清洁生产促进法》(已被修改)、《环境影响评价法》(已被修改)对从源头上预防污染、实行清洁生产作了具体规定,全面体现了预防为主、防治结合、综合治理的原则,标志着我国的污染防治工作已经从以末端治理为主进入以源头预防为主、综合治理的阶段。2014 年修订的《环境保护法》第 5 条规定,"环境保护坚持保护优先、预防为主、综合治理、公众参与、损害担责的原则",将预防为主原则正式写入基本法并明确了其法律地位。

预防为主原则还贯彻于重要的环境保护法律制度,通过环境影响评价制度、"三同时"制度、排污许可证制度、限期治理制度、环境资源税制度、清洁生产制度、循环经济制度、环境责任保险制度以及落后工艺和设备淘汰制度等来体现。对于预防而言,最重要的是从源头上预防环境危害的发生;对于治理而言,采取的治理措施要直接针对环境危害产生的原因,通过由点带面的途径达到综合治理的效果。

三、防范原则的适用

近年来,人民法院采取禁止令保全措施和预防性公益诉讼手段贯彻预防原则。

生态环境侵权行为具有突发性、瞬时性、不可逆转性以及其危害后果具有滞后性、长久性、难以修复性。针对生态环境保护特点,为了回应环境司法实践中对行为保全措施的特殊需求,最高人民法院以民事诉讼法行为保全制度为依据,延伸探索采取生态环境禁止令保全措施。2021 年发布的《禁止令规定》(法释〔2021〕22 号)坚持以人民群众对惩治环境污染、生态破坏行为的迫切需求为出发点,明确为防止申请人合法权益或者生态环境受到难以弥补的损害,可以采取禁止令保全措施给予救济,及时制止损害的发生或者继续扩大。

禁止令保全措施作为一种预防性的权利救济,其目的是及时制止生态环境侵权行为,避免对申请人合法权益或者生态环境造成难以弥补的损害。禁止令保全措施是民事诉讼保全制度在生态环境保护领域的具体适用。《禁止令规定》第 2 条明确规定,因污染环境、破坏生态行为受到损害的自然人、法人或者非法人组织,以及《民法典》第 1234 条、第 1235 条规定的"国家规定的机关或者法律规定的组织",可以向人民法院申请作出禁止令。为及时有效防止或者减少生态环境损害影响,《禁止令规定》明确了诉讼前和诉讼过程中均可以申请采取禁止令保全措施。对"情况紧急的"给予可以缩短作出禁止令保全措施时间的特殊规定,强化预防性保全措施功能。禁止令保全措施将生态环境的司法保护向预防性延伸,强化了环境司法对保护公众环境权益、震慑生态环境侵权行为的力度,在司法领域贯彻了"保护优先、预防为主"原则,对生态环境保护发挥重要作用。

根据 2022 年最高人民法院发布的《中国生物多样性司法保护》,司法以预防性诉讼保护生物多样性成效显著。自 2013 年以来,各级法院共审结涉生物多样性保护一审案件 18.2 万件,涉及中华鲟、藏羚羊、红豆杉等中国典型、独有野生物种,以及穿山甲、噬人鲨、珊瑚等全球珍稀、濒危物种,保护涵盖野生动植物及其生存环境、渔业以及林业资源、动植物检验检疫、植物新品种等不同类型。比如，云南法院在审理绿孔雀预防性保护民事公益诉讼案中，查明被告公司在生态保护红线范围内建设水电站，将危及国家Ⅰ级重点保护动物绿孔雀等物种生存环境以及整个生态系统，开创性突破“无损害即无救济”的传统司法理念，将生态环境保护落在损害结果发生前，判令被告公司停止水电站建设，待按要求完成环境影响评价、采取有效预防措施后由相关行政主管部门视情况作出决定，切实守护住绿孔雀等濒危物种赖以生存的家园，被联合国评为推动可持续发展目标典型案例。[1]

第四节　谨 慎 原 则

一、谨慎原则的内涵

谨慎原则，又称风险预防原则、风险防范原则，其核心思想是在面对不确定风险时应谨慎行事，防止环境恶化或者生态倒退。早在 1992 年，《里约宣言》中的原则 15 就对谨慎原则进行了规定：“为了保护环境，各国应该按照本国的能力，广泛采用谨慎预防措施。遇有严重或不可逆转损害的威胁时，不得以缺乏科学充分确实证据为理由，延迟采取性价比高的措施防止环境恶化。”

谨慎原则与防范原则有相似之处，却是不同的两个法律原则。谨慎原则针对的是不确定的环境风险，而防范原则针对的是确定的环境损害。谨慎原则重在采取预防措施以避免环境恶化之可能，防范原则重在采取措施以制止或者阻碍环境损害的发生。谨慎原则与防范原则之间构成了相互补充关系，共同调整环境损害发生前的相关活动。

依据谨慎原则实施强度的不同，可以分为强谨慎原则与弱谨慎原则。强谨慎原则是指除非能确定一项行动没有任何危害，否则不能进行，体现在 1982 年《世界自然宪章》、2000 年《卡塔赫纳生物安全议定书》等国际法文件中。弱谨慎原则是指缺乏充分的确定性不能作为推迟采取措施预防可能带来危害的行为的理由，体现在 1987 年《伦敦宣言》和 1992 年《生物多样性公约》等国际环境法文件中。

二、谨慎原则的立法发展

谨慎原则最早兴起于国际环境法，主要适用于生物物种保护、气候变化以及转基因生物等领域。1992 年《生物多样性公约》指出：“在存在生物多样性大量减少或丧失的威胁时，缺乏充分的科学确定性不应被用作推迟采取措施以避免或尽量减少这种威胁的理由。”1995 年《联合国鱼类种群协定》在第 6 条中采用了谨慎原则。1992 年《联合国气候变化框

---

〔1〕 参见张军：《最高人民法院关于人民法院环境资源审判工作情况的报告》，载中国法院网 2023 年 10 月 24 日，https://www.chinacourt.org/article/detail/2023/10/id/7593613.shtml。

架公约》第3条第3款指出,缔约方应采取预防措施,预测、防止或尽量减少气候变化的原因,并减轻其不利影响。2000年《卡塔赫纳生物安全议定书》亦指出:"在顾及对人类健康构成风险的情况下,即使由于在活性转基因产品所产生的潜在不利影响的程度方面未掌握充分的科学资料和知识,因而缺乏科学定论,也不应妨碍进口缔约方酌情作出决定,以避免或尽最大限度减少潜在不利影响。"

谨慎原则对保护环境意义重大,在各国环境法典中有众多规定。例如,《法国环境法典》总则第L110-1条第2(1)款规定:"谨慎原则。据此原则,即使按照当前的科学和技术知识尚无确定性,仍不得推迟采取有效且适当的措施,以经济上可以承受的代价预防对环境造成不可挽回的严重损害的危险。"《爱沙尼亚环境法典总则》第11条也规定:"(1)必须采取适当的风险预防措施,尽可能最大限度降低环境风险;(2)就涉及环境风险的活动作出相关决定,必须识别该活动的环境影响。在法律规定的情形下,必须按照法定程序进行环境影响评估。"

目前,我国并未明确确立谨慎原则,但该原则在我国的环境保护立法中已有体现。《防沙治沙法》(2018年修正)和《水污染防治法》(2017年修正)规定了预防为主、防治结合和综合治理的原则,《大气污染防治法》(2018年修正)亦提出要坚持源头治理、规划先行和调整能源结构。由于土壤污染具有隐蔽性、稳定性、被动承受性和不可逆转性等特点,《土壤污染防治法》(2018年公布)提出了环境风险管控的概念,并将环境风险具体分为生态风险和公众健康风险。其中的环境风险评估制度主要是对还具有较大不确定性的生态风险、公众健康风险进行预测。此外,该原则在地方立法中亦有体现。例如,《深圳经济特区生态环境保护条例》(2021年公布)第23条第2款规定,市、区人民政府应当组织相关部门对饮用水水源保护区以及供水单位周边区域的环境状况和污染风险进行调查评估,采取相应的风险防范措施,提高饮用水水源环境安全保障水平。

三、谨慎原则的适用

在域外,谨慎原则得到了欧洲法院(European Court of Justice,ECJ)的支持,[1]特别是在对人类健康构成威胁的环境风险方面。法院认为,欧盟委员会在"疯牛病"危机期间禁止牛肉出口并没有犯明显的错误。法院提到:"当有争议的决定被通过时,关于活的动物、牛肉和衍生产品所带来的风险有很大的不确定性。在对人类健康的风险的存在或程度不确定的情况下,机构可以采取保护措施,而不必等到这些风险的现实和严重性变得完全明显。"在1999年的"南方蓝鳍金枪鱼案"(Australia and New Zealand v. Japan)中,国际海洋法法庭(ITLOS)采取了谨慎原则。法庭无法最终评估关于新西兰所寻求的临时措施的科学证据。但在案件最终解决之前,法庭根据谨慎原则采取措施。国际海洋法法庭认为,面对这些措施在科学上的不确定性,应采取紧急措施,避免金枪鱼种群进一步恶化。法庭在其裁决中表示,"当事方应在这种情况下谨慎行事,确保采取有效的养护措施,防止对南方蓝鳍金枪

---

〔1〕 参见欧洲法院判决C-157/96及C-180/96。

鱼种群造成严重损害”。[1] 该决定规定了对实验性捕鱼的限制，以避免对鱼类可能造成的损害。

谨慎原则在我国的司法实践中主要表现为预防性环境公益诉讼。2015 年 9 月，中国生物多样性保护与绿色发展基金会针对实施雅砻江水电梯级开发计划可能破坏五小叶槭生存的情况，向四川省甘孜藏族自治州中级人民法院提起了对雅砻江流域水电开发有限公司的公益诉讼，该案被称为全国首例预防性环境公益诉讼案。2020 年，法院判决应当将五小叶槭的生存作为牙根水电站项目环境影响评价的重要内容，环境影响评价报告经主管部门审批通过后才能继续开展下一步工作。另一个案件为 2018 年 7 月“自然之友”环保组织起诉中国水电顾问集团新平开发有限公司、中国电建集团昆明勘测设计研究院有限公司案。“自然之友”环保组织认为项目开发建设活动可能会导致绿孔雀种群区域性灭绝，从而提起诉讼，申请人民法院判令停建戛洒江水电站。该案件是中国首例濒危野生动物保护预防性公益诉讼案件。2020 年，一审法院判决停止水电站建设，二审法院维持原判。

这两个案件中，原告的诉求都是面对不确定风险时，要求采取措施消除尚未发生但盖然性极高的生态环境风险，将生态环境保护提升至损害结果发生之前。这两个案件是我国司法实践中贯彻谨慎原则的典型案例。

第五节　公众参与原则

一、公众参与原则的内涵

公众参与原则是指公众有权通过一定的程序或者途径参与一切与公众环境权益相关的开发决策等活动，并有权得到相应的法律保护和救济，以防止决策的盲目性，使该项决策符合广大公众的切身利益和需要。[2] 1992 年《里约宣言》原则 10 是公众参与原则的代表性规定，内容是“环境问题的处理最好是由各个阶层所有有关的市民共同参加，在国家层面，每一个公民应该享有适当地获得公共机构拥有的有关环境信息的权利，包括在他们社区的危险物质、行为的信息，和参与决策过程的机会，国家通过信息公开提供便利和鼓励公众环境意识和参与，应提供采用司法和行政程序的有效途径，包括提供补偿和补救措施”。

公众参与原则根据参与主体和范围的不同，可以分为广义说和狭义说。广义说认为参与主体包括一切的单位和个人，对于参与范围则认为包括环境保护的所有环节；狭义说则认为参与的主体只能是与决策利益相关的公民，参与的范围仅限于环境决策。本教材根据《里约宣言》采用广义说。

公众参与对生态环境的可持续发展至关重要，也是国家重视公众权利的体现。这也是

---

[1] See ITLOS, Southern Bluefin Tuna Case (Australia and New Zealand v. Japan), Order of August 27, 1999.
[2] 参见汪劲：《环境法学》（第 4 版），北京大学出版社 2018 年版，第 61 页。

民间社会组织,包括企业、事业单位、非政府组织积极参与环境治理的重要途径。可持续发展背景下的公众参与要求国家通过立法来有效保护公众获取信息、表达意见,以及寻求救济的权利。它要求公众有权获得政府和企业掌握的关于利用自然资源和保护环境的适当、全面和及时的信息,同时不给申请人带来不必要的经济负担,并充分保护隐私和商业机密。

二、公众参与原则的立法发展

环境保护中的公众参与起源于20世纪30年代至60年代,当时发生了震惊世界的八大公害环境污染事件,这些事件引起了各国对生态环境保护的重视,公众开始关注并强烈要求参与到环境保护的运动中。公众参与原则最早在美国得到法律确认。美国1969年《国家环境政策法》第一次明确提出了公众参与环境事务的权利。该法宣布,“国会认为,每个人都应当享受健康的环境,同时每个人也有责任对维护和改善环境做出贡献”,同时规定联邦政府的一切部门应将其制定的环境影响评价和意见书“向社会公布”,并“向机关团体和个人提供关于对恢复、保持和改善环境质量有用的建议和信息”。1998年颁布的《法国环境法典》和1999年颁布的《加拿大环境保护法》都有专章内容涉及公众参与。

我国历来重视公众参与原则。1973年第一次全国环境保护会议提出了环境保护的方针,包括“依靠群众、大家动手、保护环境、造福人民”,其中,“依靠群众、大家动手”的实际内涵即体现了公众参与。我国《宪法》(2018年修正)第2条规定,“中华人民共和国的一切权力属于人民……人民依照法律规定,通过各种途径和形式,管理国家事务,管理经济和文化事业,管理社会事务”,这是公众参与原则的宪法依据。《环境保护法》(2014年修订)第6条第1款规定,一切单位和个人都有保护环境的义务。《环境影响评价法》(2018年修正)第5条规定,“国家鼓励有关单位、专家和公众以适当方式参与环境影响评价”。此外,《固体废物污染环境防治法》(2020年修订)、《环境保护行政许可听证暂行办法》(2004年公布)以及《环境影响评价公众参与办法》(2018年公布)等均有关于公众参与的规定。此外,国家环境保护总局2007年制定的《环境信息公开办法(试行)》(已失效)是当今世界少数有关环境信息公开的专门立法之一。《环境保护法》(2014年修订)第5条规定,“环境保护坚持保护优先、预防为主、综合治理、公众参与、损害担责的原则”,将公众参与原则正式写入基本法并明确了其法律地位。

公众参与原则在国际环境法上有广泛的体现。1986年《保护南太平洋区域自然资源和环境公约》第16(3)条要求与公众和受影响方分享评估中收集的信息。1992年《联合国气候变化框架公约》第4条第1款(i)项要求缔约方增强公众意识和参与这一进程,包括非政府组织的意识和参与。1992年《生物多样性公约》第14条要求公众适当参与环境影响评估程序。1994年《联合国防治荒漠化公约》在第3条(c)项中承认有必要让民间社会参与国家行动。《21世纪议程》则用11章的内容专门论述包括公众参与环境保护方面的问题。1998年6月25日,联合国为欧洲制定的《奥胡斯公约》,是国际上首个专门规定在环境保护方面公众的知情权、参与权和诉诸司法权的公约,对公众参与原则的发展意义深远。

三、公众参与原则的适用

（一）环境知情权以及相关制度设计

环境知情权是公众参与环境事务的重要前提。《环境保护法》（2014 年修订）第 53 条规定，“公民、法人和其他组织依法享有获取环境信息、参与和监督环境保护的权利。各级人民政府环境保护主管部门和其他负有环境保护监督管理职责的部门，应当依法公开环境信息、完善公众参与程序，为公民、法人和其他组织参与和监督环境保护提供便利”。第 55 条规定，“重点排污单位应当如实向社会公开其主要污染物的名称、排放方式、排放浓度和总量、超标排放情况，以及防治污染设施的建设和运行情况，接受社会监督”。

其他的法律规章，如《清洁生产促进法》（2012 年修正）、《环境影响评价法》（2018 年修正）、《循环经济促进法》（2018 年修正）以及《企业环境信息依法披露管理办法》（2021 年公布）等都贯彻了公众参与原则，保障了公众获取环境信息的权利。地方性法规、规范性文件中也有相关规定，如《河北省环境保护公众参与条例》（2020 年修正）和《江苏省生态环境保护公众参与办法》（2023 年修订）等。

（二）环境决策参与权以及相关制度设计

环境决策参与权是指公众通过各种途径可以参与到政府环境决策之中的权利，以此来确保环境决策的民主性和科学性，协调处理各方利益冲突。

在污染防治领域，公众参与主要体现在环境影响评价制度中。我国《环境保护法》（2014 年修订）第 56 条第 1 款规定，“对依法应当编制环境影响报告书的建设项目，建设单位应当在编制时向可能受影响的公众说明情况，充分征求意见”。《环境影响评价公众参与办法》（2018 年公布）第 3 条规定，“国家鼓励公众参与环境影响评价。环境影响评价公众参与遵循依法、有序、公开、便利的原则”。

自然资源保护是环境法范畴体系的一项重要内容，其中也体现了公众参与原则。例如，《森林法》（2019 年修订）第 12 条第 1 款规定，“各级人民政府应当加强森林资源保护的宣传教育和知识普及工作，鼓励和支持基层群众性自治组织、新闻媒体、林业企业事业单位、志愿者等开展森林资源保护宣传活动”。

生态保护法是环境法体系中的重要组成部分，其中也体现了公众参与原则。例如，《水土保持法》（2010 年修订）第 8 条规定，“任何单位和个人都有保护水土资源、预防和治理水土流失的义务，并有权对破坏水土资源、造成水土流失的行为进行举报”。

（三）环境司法参与权以及相关制度设计

环境司法参与权是指公众通过环境侵权诉讼和环境公益诉讼获得救济的权利。

环境侵权诉讼是指受害者通过环境侵权诉讼获得救济的诉讼。相关规定体现在《环境保护法》（2014 年修订）第 64 条和《民法典》（2020 年公布）第七编“侵权责任”第七章“环境污染和生态破坏责任"中。

公益诉讼是指对损害社会公共利益的违法行为，由法律规定的国家机关或组织向法院提起诉讼的制度。[1] 环境公益诉讼分为环境民事公益诉讼和环境行政公益诉讼。相关规定体现在《环境保护法》(2014 年修订)、《民事诉讼法》(2023 年修正)以及《行政诉讼法》(2017 年修正)等规定中。我国《环境保护法》(2014 年修订)第 58 条第 1 款规定了公益组织提起的诉讼制度："对污染环境、破坏生态，损害社会公共利益的行为，符合下列条件的社会组织可以向人民法院提起诉讼：(一)依法在设区的市级以上人民政府民政部门登记；(二)专门从事环境保护公益活动连续五年以上且无违法记录"。《民事诉讼法》(2023 年修正)第 58 条第 1 款规定，"对污染环境、侵害众多消费者合法权益等损害社会公共利益的行为，法律规定的机关和有关组织可以向人民法院提起诉讼"。

第六节　损害担责原则

一、损害担责原则的内涵

损害担责原则是指损害者应当为其所造成的环境污染和生态破坏承担相应的法律责任。所有部门法都有法律责任的规定，为侵害、侵权和侵犯行为承担责任是最基本的法律制度，为什么环境法把损害担责作为基本原则？

作为环境法基本原则的损害担责原则与一般意义上的法律归责制度不同：(1)立法理念不同。环境法基本原则的损害担责原则体现的是环境正义理念，有强烈的社会责任和道义的指向，也当然包括法律责任和义务的承担。(2)损害的公益性。"损害"本身意味着相关主体对某种法律保护的利益产生了不利影响，且需要启动责任机制，使该主体对自己的行为承担相应的法律责任。不同于其他公共利益的损害，环境"损害"的重要特殊性在于，其造成的损害既包括基于"环境"本身的，也包括基于"人"本身的。对基于"环境"本身造成的损害应当担责，这是对传统法律归责的突破。对"环境"本身造成的损害往往具有公益性，也实在地影响个体的生存和发展。因此，损害担责作为环境立法的基本原则，其很大程度上体现了在法律意义上建立了环境公益对个体生存和发展机会或者权利的"映射"和观照。(3)损害结果的未然性。在环境法基本原则的损害担责原则中，"损害"是指存在污染环境和破坏生态的行为，其非指实然的损害结果。[2] 当然，损害结果的实然发生必然意味着存在污染环境和破坏生态的行为。将损害的范围界定为不考虑损害后果的污染环境和破坏生态的行为，极大程度上降低了环境责任的启动门槛，由此可见，环境责任体系不同于环境法律责任体系。

---

〔1〕 参见《民事诉讼法学》编写组编：《民事诉讼法学》(第 3 版)，高等教育出版社 2022 年版，第 238 页。

〔2〕 参见信春鹰主编：《中华人民共和国环境保护法释义》，法律出版社 2014 年版，第 20 页。

损害担责原则为构建广泛的环境责任提供了法律依据,既为传统的环境法律责任也为新型环境责任提供了系统性法律评价依据。损害担责原则采用了整体主义的法律观,通过运用私法、公法以及公私混合等多元环境责任体系来解决环境义务负担问题。[1] 作为对传统法律责任的突破,我国持续推进的环境公益诉讼以及生态环境损害赔偿诉讼制度均呈现出新型环境法律责任的特征,出现了补植复绿、增殖放流、劳务代偿、技改抵扣以及认购碳汇等新型环境资源责任承担方式。

二、损害担责原则的立法发展

损害担责原则是《环境保护法》(2014 年修订)规定的一项基本原则。损害担责原则最早可追溯到联合国经济合作与发展组织理事会于 1972 年提出的"污染者负担原则",其目的是要求造成环境不利影响的责任者承担相应的责任,要求成员国停止对本国企业的污染防治措施提供资金补助,不应该将产业活动对环境的不利影响转嫁到由社会或者其他个体承担。随着环境保护观念的逐渐普及和深入,该原则逐渐被国际社会认可并成为国家环境立法的一项原则。1979 年《环境保护法(试行)》规定了"谁污染谁治理",其主要目的是明确污染者有责任对造成的污染后果进行治理,不足的是未包括对污染造成损失的赔偿责任。1989 年《环境保护法》贯彻了污染者付费原则。1996 年国务院发布的《关于环境保护若干问题的决定》提出了"污染者付费、利用者补偿、开发者保护、破坏者恢复"的原则,更加全面地规定了责任主体和责任范围。2014 年在修订《环境保护法》的过程中,这一原则的表述经过了多次论证。前期草案都采用了"污染者担责"的表述,第四审修改时有意见指出,污染者担责原则只体现了污染者的责任,未能涵盖生态破坏者的责任,为此这一表述最终被确定为"损害担责"原则。[2] 《环境保护法》(2014 年修订)对损害者的责任作出了具体的规定:企业事业单位和其他生产经营者应对所造成的损害依法承担责任;排放污染物的企业事业单位和其他生产经营者,应当按照国家有关规定缴纳排污费;排放污染物的企业事业单位,应当建立环境保护责任制度;重点排污单位有主动公开信息的责任;污染环境、破坏生态造成损害的,应当依照侵权责任法的有关规定承担侵权责任;规定了行政处罚、按日计罚、行政拘留等行政责任和刑事责任。[3]

三、损害担责原则的适用

(一)社会义务和责任

环境损害发生后,在法律责任体系之外,启动社会义务也至关重要,二者的目的均为恢复受损的环境。由于生态环境损害赔偿责任涉及社会复杂情形,或者损害赔偿金额巨大,

---

〔1〕 参见刘志坚:《环境法损害担责原则法理基础的经济与社会论证》,载《法学评论》2022 年第 2 期。

〔2〕 参见信春鹰主编:《中华人民共和国环境保护法释义》,法律出版社 2014 年版,第 20 页。

〔3〕 参见袁杰主编,全国人大常委会法制工作委员会行政法室编著:《中华人民共和国环境保护法解读》,中国法制出版社 2014 年版,第 28 页。

或者因果关系确定性难证明，相应责任承担往往脱离传统法律责任体系，此时，社会义务可以起到十分关键的保障作用。社会义务能够启动责任主体之外的力量作用于受损的环境，包括采取社会化填补、政府转移支付、生态补偿等责任机制。

（二）绿色生产和绿色供应链责任

绿色生产和绿色供应链是对生产者提出的要求，将其生产经营活动与环境相关的管理进行关联，将绿色要求纳入企业管理机制，如有些企业提出以环保为诉求的采购方案、绩效原则或者评估过程，让所有或者大部分的供应商遵循。绿色生产和绿色供应链的提出并非增加生产成本，在绿色生产和绿色供应链较为完备的生产环境中，企业符合相关的环境保护要求和标准可以极大地提升其市场竞争力。这可以从源头控制环境损害，且将环境方面的要求和标准融入生产经营活动，有效地避免生产经营者因环境损害而启动环境责任。

（三）产品生命周期管理责任

在社会激励方面，产品生命周期管理也是重要的手段，即对产品从需求到淘汰报废的全程进行监测、管理和控制。不同于对环境资源的直接攫取型开发利用方式，产品的生命周期管理是着眼于整个社会面的环境损害预防的，其对象具有普遍性、分散性，涉及的主体十分广泛。因此，需要尽可能将其引入市场机制，进一步保障和激发相关主体参与其中的环境红利，同时将产品生命周期管理的相关成本与收益纳入市场轨道。

第七节　恢复力原则

一、恢复力原则的内涵

恢复力原则受生态学与环境伦理学的影响颇深，作为环境法基本原则的恢复力原则具有以下内涵：(1)自然具有内在价值；(2)每个人都有权在不损害他人使用或在生态系统过程和结构持续性的基础上使用自然资源；(3)每个人都具有与自然和谐相处的道德义务；(4)应当采取具有成本效益的措施以增强社会—生态系统恢复力，不得以缺乏科学认识为由推迟；(5)确保年青一代、政府官员等普遍接受自然教育和培训，以查明可能影响生态系统恢复力的人类活动和自然现象；(6)各国政府负责查明危及生态系统恢复力的因素，并解决这些因素；(7)在评估任何影响环境的活动或政策时，应考虑社会—生态系统的恢复力。[1]

恢复力原则和风险预防原则都是与风险管理和环境保护相关的原则。然而，恢复力原

〔1〕 See Lia Helena Monteiro de Lima Demange, *The Principle of Resilience*, 30 Pace Envtl. L. Rev. 695, 2013.

则更强调强化系统的适应能力，以便系统能够应对环境的变化和不确定性。风险预防原则更侧重于通过采取行动来避免潜在的危害和损失。在实践措施上，风险预防原则通常采取谨慎的态度，试图尽可能减少风险和危害。恢复力原则更注重保持和恢复生态系统的功能和弹性，以应对未来的不确定性和变化。

恢复力原则和不倒退原则都强调保持环境的稳定性和健康性。然而，恢复力原则更侧重于增强适应能力和应对能力，以便生态系统和社区能够应对环境的变化和不确定性。不倒退原则更强调在任何行动或者决策下，不会使环境状况变得更糟。在实践中，这意味着，恢复力原则注重在生态系统受到干扰或者崩溃后的修复和恢复过程中，加强学习、创新和调整能力，以便更好地应对未来的不确定性和变化。不倒退原则更注重预防性措施的采取，以避免可能导致不可逆或者不可恢复的环境损失。

二、恢复力原则的立法发展

恢复力原则的内涵丰富，在国际环境法中得到了不同程度的体现。1972 年联合国人类环境会议通过的《联合国人类环境会议宣言》原则之一——人类有责任为了当代和后代保护和改善环境。1982 年《世界自然宪章》也多次提到对尊重自然及其自然过程、生态系统应该在以一种不损害其他生态系统和物种的整体性的方式下实现可持续利用、保障自然系统的正常功能，自然过程、生态系统和物种的状况应该得到密切监控以及早发现生态退化或生态威胁等，这些内容都旨在维持生态系统的整体性功能，提高生态系统在灾害面前的抵御力与适应力。1992 年《里约宣言》意识到人类有权以与自然和谐相处的方式过健康的、创造财富的生活，“与自然和谐相处”也意味着人类必须尊重自然规律，坚守自然底线，保障生态系统服务功能的健康。在此基础上，人类才有可能过上“健康”的生活。1996 年《联合国防治荒漠化公约》指出，荒漠化的成因是各种自然、生物、政治、社会、文化和经济因素的复杂的相互作用，因此，为了防止荒漠化和减缓干旱影响，需要一项长期的综合战略，同时在受影响地区重点提高土地生产力，恢复、保护并以可持续的方式管理土地和水资源，从而达到改善目的。2015 年通过的《2015—2030 年仙台减轻灾害风险框架》，设立了“预防新风险，减少已存风险和增强恢复力”的目标。2015 年《巴黎协定》规定要通过实施自愿减排贡献，减少温室气体排放并增强各方应对气候变化的适应能力，从而建立更具恢复力的低碳经济；另外，《巴黎协定》还呼吁各方采取措施，保障受气候变化影响最严重的社区和生态系统的生计和恢复力，并加强应对气候变化的国际合作。2017 年《世界环境公约（草案）》第 16 条规定，“各缔约方应采取必要措施，维护和重建生态系统和人类社区多样性及抵御环境破坏和退化、恢复和适应环境的能力”，这是首次以专条形式在国际环境法律文件中强调恢复力原则，反映了国际环境法原则的新发展。

美国环境法和灾害法体现了恢复力原则。2014 年《国家珊瑚礁恢复力战略》（*§ 6403. National Coral Reef Resilience Strategy*）是美国国家海洋和大气管理局（NOAA）旨在保护和恢复珊瑚礁生态系统，确保其恢复力和可持续性的一项法规。该战略将珊瑚礁生态系统的保护和管理纳入全国范围内的政策和计划，以提高其韧性和适应能力，使其能够抵抗气候变化和其他压力。其主要目标包括：通过减少人类活动的影响来改善珊瑚礁的生态系统健康状况；通过加强珊瑚礁生态系统的适应性和韧性来提高其抵抗气候变化和其他压力的能力；通过改善珊瑚礁生态系统的管理和监测来保护和恢复珊瑚礁的健康状况。2018 年《野火恢复力项目》（*§6591 d. Wildfire Resilience Projects*）旨在要求美国农业部、国土安全部和其他联邦机构合作，资助并支持野火恢复力项目，致力于减少野火对人类和自然资源的破坏，提高社区的恢复力，保护生态系统和生物栖息地。为实现这些目标，该法规要求联邦机构与州和地方政府、土著人民和利益相关者合作，共同制定并实施野火韧性项目，包括种植野火抵抗性植物、采用适当的土壤管理和森林管理等方法。2020 年《灾害救助与恢复力法案》（*Disaster Relief and Resilience Act 2020*）旨在促进美国的灾害救助和恢复力，以加强社区和国家对灾害的准备和应对能力；通过提供资金和资源来支持各种灾害救援和恢复力措施，包括提供紧急资金、建立和维护基础设施、支持社区准备和应对灾害等；还包括一些其他条款，如建立一个新的国家灾害恢复力计划、提高联邦政府在危机期间的协调和响应能力、加强对孤立和弱势社区的支持等。美国 2022 年《社区灾害恢复力区法案》（*Community Disaster Resilience Zones Act of 2022*）体现并促进了恢复力原则，授权地方社区采取全面的灾害恢复力方法促进协作和合作，以及鼓励创新和学习，旨在推广建立以社区为基础的灾害恢复力区，通过汇集社区领袖、居民和利益相关者，识别和解决其社区面临的独特挑战，加强当地应对灾害的能力。

欧盟《2030 生物多样性战略》规定了三个主要目标：一是保护自然，扭转生态系统的退化；二是建设应对气候变化和疾病暴发等当前和未来威胁的复原能力；三是支持绿色复苏——让人们了解大自然在帮助我们摆脱这些危机方面所能发挥的强大作用。“国家复苏与韧性计划”（national recovery and resilience plan，2021）是欧盟的一项金融工具，旨在通过为成员国提供资金支持而加强欧盟的抵御力，提高其在应对各种风险和危机时的适应能力和弹性。该计划重点关注欧盟面临的主要挑战，如气候变化、数字化和健康危机等，并提出了一系列具体措施，以帮助欧盟成员国应对这些挑战。

我国并未明确确立恢复力原则，但我国一直强调“保护优先、自然恢复为主”，这与恢复力原则具有相同内涵与同等功效。最早确立“自然恢复为主”的文件是 2000 年国家环境保护总局发布的《关于大理苍山洱海国家级自然保护区总体规划审核意见的复函》，该文件首次指出“自然植被的恢复应以自然恢复为主，减少人为干预”，之后明确规定自然恢复为主的法律法规和政策文件呈逐年增多的趋势，尤其是在 2012 年党的十八大报告正式确定了“坚持节约优先、保护优先、自然恢复为主的方针”后，其数量呈突变式增加。目前，这些立法遍及生态保护修复以及气候变化、防灾减灾等领域。比如，《长江保护法》（2020 年公布）第 52 条规定，国家对长江流域生态系统实行自然恢复为主、自然恢复与人工修复相结合的系统治理；《森林法》（2019 年修订）第 46 条第 1 款中规定，各级人民政府应当采取以自然恢复为主、自然恢复和人工修复相结合的措施，科学保护修复森林生态系统。

三、恢复力原则的适用

恢复力原则成为气候变化司法诉讼中的说理性依据。2017 年的 Clement v. U. S. Department of Interior[1]涉及阿拉斯加土著社区对美国内政部的石油和天然气开采政策提起的诉讼。原告指控美国内政部未能考虑开采对气候变化的影响以及阿拉斯加土著社区的文化和生计,并要求重新评估开采政策。原告认为,该开采政策将对土地、自然资源和文化遗产造成不可挽回的损失,而且会加剧全球气候变化。该案于 2017 年被提交至联邦法院,最终法院维持了原告胜诉的判决。这一判决为土著社区争取了更多关注和保护其文化和生计的措施。尤为值得一提的是,阿拉斯加土著社区在谈到气候威胁时提到了开发恢复力计划的机会。2018 年的 Rosado vs. Pruitt(2018 U. S. Dist. LEXIS 388)[2]涉及纽约州地区的海岸防护措施。该案中,原告提出了要求采取沿海复原措施的问题,因为海平面上升会导致该地区的严重气候问题,包括洪水和海岸侵蚀等问题。原告主张,根据《国家环境政策法》(*National Environmental Policy Act*),政府必须在任何具有环境影响的行动中进行全面的环境影响评估,并考虑采取适当的措施来减轻负面影响。法院判决政府必须执行全面的环境影响评估,并采取必要的行动以保护海岸区域。该判决被视为在气候变化方面的里程碑,因为它表明政府有责任采取措施以保护公民免受气候变化的影响。原告提到了由于海平面上升需要实施海岸恢复力项目的必要性。

恢复力原则也开始适用于我国司法实践中。比如,在 2017 年城固县人民检察院起诉城固县林业局不履行林业行政管理职责案中,原告认为被告对辖区内的森林资源的保护、利用、更新有管理和监督职责,却不依法履行监管职责,致使付某某超出采伐标准滥伐林木。经过诉前程序,城固县林业局仍然不依法履行监管职责。该处林地的树木被滥伐后,其环境和生态功能难以在数年内恢复到原有状态,国家和社会公共利益仍处于受侵害状态。被告就不履责提出抗辩事由及其证据时提到"本案所属标的物属栎类林,栎类树木无性繁殖能力强,萌力强,自行恢复力强,被采伐后芽条长势良好,不存在国家和社会公共利益处于被侵害状态"。虽然最终法院未采纳被告的抗辩,但是恢复力原则在司法实践中如何适用的确是一个亟须解决的问题,以避免屡见不鲜的"名为修复,实为破坏"的情况。

思考题

1. 论述环境法基本原则在环境法律体系中的地位和作用,以及其与环境法基本制度之间的关系。
2. 论述防范原则和谨慎原则的联系与区别。

---

[1] See United States District Court for the District of Alaska, Clement v. U. S. Department of Interior, 3:08 – cv – 00487 – HRH, 2017.

[2] See United States District Court Eastern District of New York, Rosado vs. Pruitt, Memorandum and Order, 17 – cv – 4843 (Erk), 2018.

3. 如何看待谨慎原则适用中的成本效益问题？如何妥善处理其与比例原则的关系？
4. 论述民法绿色原则与环境法基本原则的关系。
5. 如何优化环境法基本原则体系以应对现代环境问题挑战？

进阶研习推荐文献

1. 陈慈阳:《合作原则之具体化:环境受托组织法制化之研究》,台北,元照出版有限公司2006年版。
2. 时显群:《法律原则司法适用研究》,知识产权出版社2021年版。
3. 冯嘉:《环境法原则论》,中国政法大学出版社2012年版。
4. 胡建淼主编:《法律原则研究》,中国社会科学出版社2021年版。
5. 刘志坚:《环境法损害担责原则研究》,中国社会科学出版社2023年版。
6. 唐绍均:《"环境优先"原则的法律确立与制度回应研究》,法律出版社2015年版。
7. 唐双娥:《环境法风险防范原则研究:法律与科学的对话》,高等教育出版社2004年版。
8. 竺效:《论中国环境法基本原则的立法发展与再发展》,载《华东政法大学学报》2014年第3期。
9. 刘明全:《中国环境法预防原则的实质阐释》,载《清华法学》2022年第5期。
10. 曹炜:《环境法典基本原则条款构建研究》,载《中国法学》2022年第6期。

第四章　环境法律关系

环境法律关系作为环境法体系构建的基石,不仅深刻影响着环境司法实践的路径选择,更在方法论层面为环境保护的司法适用提供了坚实的理论基础。其核心要素——主体、客体与内容,共同勾勒出这一法律领域独特的架构。在此架构下,除"人"这一传统主体之外,"人类"、"未来世代"、"儿童"以及"动植物"乃至更为广泛的"自然"概念开始被赋予新型环境法律关系主体的地位,这一转变促使我们重新审视并深化对国家环境保护义务、环境法律权利以及环境人权等核心议题的探讨与分析。环境法的本质在于通过精细调控人与人之间的关系网络,进而促进并达成人与自然之间和谐共生的理想状态。在此目标的指引下,环境立法、执法与司法活动的核心应聚焦于公民环境权、生命健康权以及财产权等基本权利的保护与救济。此过程要求多元法律主体积极承担并全面履行环境义务,确保人身安全、财产安全以及环境资源的可持续利用与保护,并对所有涉及环境资源的行为实施综合而全面的法律规制与调整。本章主要介绍环境法律关系的内涵、特征、要素,以及国家环境保护义务、环境法律权利、国际人权视角下的环境权利等内容。

第一节　环境法律关系概述

一、环境法律关系的内涵及特征

"法律关系"是法学知识中的"最大公约数"。所有法律规范均是为了处理某种法律关系,创设具体法律规范的重要目的在于为法律关系的存在创造形式条件、确立法律后果。法律关系以一定形式的社会关系为现实载体,最终体现为特定法律规范所调整和约束的权利义务关系或者权力责任关系。环境法律关系,即由环境资源法律规范调整的,各类主体之间以及管理者在环境资源开发、利用、保护和改善活动中所形成的权利义务关系或者权力责任关系。

环境法律关系是环境法学的基本范畴,具有不同于传统法律关系的特殊性:[1]

首先,以环境法律规范为基础。环境法律规范是环境法律关系形成的前提,如果不存在环境法律规范,就不存在环境法律关系。环境法律规范的内容直接决定了环境法律关系

〔1〕 参见吕忠梅:《环境法律关系特性探究》,载《环境法评论》2018 年第 1 期。

的存在状态、种类及内容。在环境法律规范的内容周延、合理、可行的前提下,人们在现实生活中因环境资源活动而形成的社会关系,方能被全面地反映在环境法律规范涉及的关系类型中、纳入环境法律规范调整。

其次,以环境为媒介。相对于传统法律调整主体之间的直接法律关系,环境法律关系最鲜明的特征在于调整主体之间的间接性,所调整的社会关系主体之间通过环境介质才形成法律关系。具言之,某一主体的行为先作用于环境,经过环境的转化后再对利用环境的其他主体产生作用,进而形成两个主体间以环境为媒介的社会关系。以这种间接社会关系为特征而形成的环境法律关系,遵循"人—环境—人"的间接关系调整模式。比如,在大气污染损害法律关系中,排污者向空气中排放污染物,其行为并不直接针对任何社会个体,但是生活在一定范围内的人因为呼吸被污染的空气,导致身体健康损害。这一特性使人们在认识环境法律关系时不如传统法律关系那样直接,并增加了在因果关系、致害机理和受损程度等方面判断的复杂性。

最后,广泛的关联性。环境法调整的环境社会关系十分复杂,涉及生产、生活等各个领域,并同开发、利用、保护和改善环境资源的广泛社会活动密切相关。这不仅决定了环境社会关系是一种典型的由多个法律部门从不同角度进行调整的综合性社会关系,也使由环境法调整的环境法律关系与其他法律规范调整的法律关系紧密联系。环境法律关系性质相较于传统法律关系而言更多元化,呈现出广泛的关联性。

二、环境法律关系的主体

环境法作为独立的部门法,与传统部门法之间保持着密切的联系,环境法律关系可以还原为环境民事法律关系、环境行政法律关系、环境刑事法律关系和环境诉讼法律关系。对于这些法律关系,其法律主体与传统部门法的法律关系主体具有同源性和同质性。在遵循一般法律关系主体类型的同时,因环境法调整对象的特殊性,环境法律关系的主体也呈现出自身的独特性和专属性。

(一)遵循一般法律关系类型的主体论

环境法律关系可以还原为当事人地位平等的环境民事法律关系、当事人地位不平等的环境行政法律关系和环境刑事法律关系。无论是环境民事法律关系、环境行政法律关系还是环境刑事法律关系,均具有实体法和程序法两个面向。

环境民事法律关系的主体是参与环境民事法律关系并享有权利和承担义务的自然人、法人和非法人组织。环境行政法律关系的主体即环境行政法律关系的当事人,是指在环境行政法律关系中享有权力和承担责任的组织或者个人,包括行政主体、行政公务人员、行政相对人、利害关系人,以及行政监督主体(包括立法机关、司法机关、社会公众)。环境刑事法律关系的主体包括犯罪主体和控罪主体两个方面。

环境诉讼法律关系是被诉讼法调整,人民法院与环境诉讼中的诉讼参与人之间发生的以诉讼权利、义务为内容的社会关系。环境诉讼法律关系包括环境民事诉讼法律关系、环境行政诉讼法律关系以及环境刑事诉讼法律关系。

(二)环境法专属性主体论

认识环境法律关系主体的一般性特征的同时,还需特别关注环境法律关系的主体的独特性和专属性特征。

首先是公众和非政府社会组织。作为自然人的公民与社会公众均是重要的环境法律关系主体。社会公众包括两种类型:一是特定公民集合而成的社会公众,如同时因同一环境污染或者生态破坏行为而遭受损害的公民集合;二是不特定社会公众,如特定区域内对环境资源享有受益权的不特定的社会公众。公民和公众均与开发、利用、保护和改善环境的行为及其结果具有直接或者间接的利害关系。基于现代社会中公民具有的弱势地位及其利益分散、难以组织的现实,以及政府利用行政权力介入开发、利用环境行为规制的不足,各国从20世纪60年代开始出现了由公众依法自发成立的以环境保护为目的的非政府社会组织——环境保护组织,这些组织代表公民(自然人)和公众行使权利,对抗不当或者违法开发、利用环境的行为。

其次是环境公益诉讼中的人民检察院。人民检察院在我国环境治理的初期以以控罪主体身份追究环境刑事责任为主要职责。2015年以来,人民检察院以公益诉讼改革为契机,通过环境公益诉讼的方式深入介入环境治理,并且在监督行政机关履行环保职能、追究污染环境和破坏生态行为人的民事责任方面都发挥了重要的作用。目前,人民检察院具有的环境法律关系主体身份主要有三种类型:一是在环境刑事法律关系中作为控罪主体,通过追究环境犯罪,维护环境公共利益;二是在环境民事公益诉讼中作为公益诉讼起诉人,代表环境公共利益追究生态损害赔偿;三是在环境行政公益诉讼中作为原告,起诉行政机关违法行为,以维护环境公共利益。

再次是生态环境损害赔偿诉讼中的行政主体。根据《生态环境损害赔偿制度改革方案》(2017年印发)的规定,省级、市地级人民政府及其指定的相关部门、机构,或者受国务院委托行使全民所有自然资源资产所有权的部门,可以提起生态环境损害赔偿诉讼。对于生态环境损害赔偿诉讼法律关系的性质,尽管目前学界仍然存在争议,但通说认为其属于特殊的环境民事法律关系。此外,此类有悖传统法律关系的情形还有行政主体以地位平等当事人身份与民事主体形成环境民事法律关系。比如,生态环境局的食堂排放大气污染物质导致邻近果树受损而面对环境相邻关系的法律问题。

最后是"人类""未来世代人""儿童""动物或植物""自然"等新型的环境法律关系主体。从国际范围来看,不少国家的立法例已经开始有限承认这些新型的环境法律关系主体。例如,20世纪60年代美国的"田纳西河流域小鱼诉大坝案"、"日本龙美环境行政诉讼案"已经将自然物作为诉讼原告,而1993年安东尼奥代表45名儿童及未来世代人起诉菲律宾环境资源部门的"热带雨林出租案",以及近年来开始广泛兴起的由未来世代人作为诉讼原告的气候诉讼(如朱莉安娜诉美国案),均表明这些新型环境法律关系主体在部分国家的司法实践中获得了承认。在立法层面,2008 年厄瓜多尔国家宪法承认"自然权利"概念。尽管环境法律关系主体应当随着时代的发展保持动态扩张的开放性,但这种扩张应当遵循法律关系主体的人类理性。比如,对于"未来世代人"和"儿童",赋予其环境法律关系主体资格并无多大的障碍,由于与婴儿、无民事行为能力人、法人类似,"未来世代人"和"儿童"具有行使自己权利的可能性,当前世代人可以用常理推测和判断无民事行为能力人和法人的意图,故有代理制度的运用空间。但"动物或植物"乃至"自然"与其有质的差别。就法的人域思想关系本质而言,人们无法感同身受地与自然交流并建立思想关系,仅能在人域内分配关于自然的人类权益,并出于伦理的关怀而善待自然。因此,赋予动物或者其他自然体以法律关系主体资格并不现实。

三、环境法律关系的客体

环境法律关系客体不仅限于传统法律关系中的"人身"、"财产"("物")和"精神产品"(智力成果),还有无法与传统的"物"等同的"环境资源",以及法律关系主体的各类"环境资源行为"(包括行为结果)。

(一)人身、财产

环境污染或者生态破坏会侵害公民、法人或者其他组织的财产权,以及公民的生命权、身体权、健康权和隐私权等权益。这些权益指向的人身和财产客体将成为"中介",在权益受损害的主体与造成人身、财产损害的法律关系主体之间形成相邻法律关系或者侵权法律关系。此外,行政机关通过环境行政命令、环境行政处罚、环境行政强制等环境行政行为作用于行政相对人或者第三人的人身和财产,进而增加或者减损其相应的人身和财产权益。在环境刑事法律实践中,公安机关和检察机关的侦查、起诉、刑事强制措施行为,以及法院最终的判决亦会影响犯罪主体的人身和财产权益。

(二)环境资源

环境资源是一个混合概念,既包括环境要素、自然资源和自然生态,也包括这些要素或者系统所具有的生态服务功能。作为环境法律关系客体的环境资源,是指由法律确认的人类赖以生存和发展的客观物质条件的总和。《环境保护法》(2014 年修订)第 2 条规定,"本法所称环境,是指影响人类生存和发展的各种天然的和经过人工改造的自然因素的总体,包括大气、水、海洋、土地、矿藏、森林、草原、湿地、野生生物、自然遗迹、人文遗迹、自然保护区、风景名胜区、城市和乡村等"。该条规定中提及的"环境"是广义的概念,与"环境资源"等同。

从形式上看,作为环境法律关系客体的环境资源,尤其是在单一环境要素或者自然资源层面,许多时候可以归属于民法上的"物"。〔1〕但是,环境资源所包括的自然环境整体及其生态服务功能无法纳入"物"的范畴。民法与环境法是建立于不同哲学基础之上、具有不同价值取向的不同性质分类体系,环境法上的环境资源与民法上的物的差别体现了两部法律的本质差别。首先,"物"被认为是单纯的客体,而环境资源被认为具有一定的主体性。仅仅承认环境资源的有用性是不够的,还必须承认环境资源的内在价值、具有不依赖主体独立存在的意义,这使环境资源的客体地位区别于"物"的客体地位,获得了一定独立性。虽然环境资源的内在价值也不适宜通过赋予其法律上的权利予以保障,但可以形成对主体权利的限制,以由主体承担义务的方式来实现。其次,环境资源不完全具有"物"的可支配性。在环境法上,作为客体的环境资源不可能也不应该具备绝对的可支配性:一方面,绝对支配的前提是对象的完全特定化。由于环境资源的整体关联性和生态系统的物质循环、能量流动、信息传递不可分割,仅有部分环境要素可以相对、不完全地特定化,所以,对环境资源的支配只能是相对的。另一方面,环境资源负载着公共利益,对其特定化的部分不是也不能是完全的、任意的支配,应当受到限制。最后,环境资源不完全具有实体物质形态,其价值不直接体现于其物质实体。环境资源要么没有实体物质形态,表现为环境要素的自净能力或者承载能力;要么即便有实体物质形态,其价值也不直接体现于其物质实体。

环境资源的表现形态也是多元的:(1)污染防治法中的"环境资源",如环境容量、碳排放容量、排污设施、排污口、环境监测设备和监测设施,以及污染场地等;(2)自然资源法中的"环境资源",如森林、矿产、草原、海域、湿地等传统的自然资源,以及自然资源资产、自然生态空间和生态产品价值等新兴的"环境资源";(3)自然生态保护法中的"自然生态",如自然保护地、生态保护红线等。

(三)环境资源行为

环境资源行为是指环境法律关系主体实施的,纳入环境法律体系规制的各类产生环境影响的行为。根据不同的标准,环境资源行为可以作不同的分类:按照行为适用的阶段不同,环境资源行为可以分为环境资源的开发、利用、保护、改善、监督和管理的行为;按照行为的方式不同,分为积极作为和消极不作为;按照行为发生的领域不同,分为"环境排放和环境污染行为"、"自然资源开发利用行为"以及"自然生态保护行为"。

1. 环境污染行为

环境污染行为是指公民、法人或者其他组织在从事社会经济活动中,直接或间接地向环境排放超过其自净能力的物质或能量,从而使环境的质量降低,对人类的生存与发展、生态系统和财产造成不利影响的行为。按环境要素进行分类,环境污染行为可分为大气污染行为、水污染行为、土壤污染行为、噪声污染行为、辐射污染行为和热污染行为;按属性可以分为显性污染行为和隐性污染行为;按人类活动可分为工业环境污染行为、城市环境污染

〔1〕 参见吕忠梅:《环境法律关系特性探究》,载《环境法评论》2018年第1期。

行为和农业农村环境污染行为。

环境污染行为是倾倒、排放、释放、处置污染物质或者能量的行为,其并不必然导致法律上的“环境污染”。这是因为,正常的环境污染行为并不属于构成环境行政法律责任和环境刑事法律责任的要件,环境污染行为不等同于环境违法行为。环境行政法律责任成立并不必然要求有环境污染行为的存在,伪造监测数据、未按规定使用燃料行为均会受到环境行政处罚。正常的环境污染行为可能产生环境民事法律责任。如“达标排污行为”不影响环境污染行为违法性的认定,环境污染行为本身即包含行为的违法性。但是,环境污染行为是否达标会影响侵权责任的承担。

法律上应当规制的“环境污染”并非均由直接的“污染物质排放”造成,“污染物质排放”只是导致“环境污染”的原因之一。这是因为,“非点源”的排放也可能构成“环境污染”,如农业生产活动中因农药地表径流而造成的地下水污染;“环境污染”也并不仅限于将污染物质排放至环境中的行为,任何人为原因间接导致的生态环境的特性变化都可能构成“环境污染”,尤其是物理、化学和生物的变化。例如,人为原因引起的水流速度增加导致下游水体含氧量降低或者气体过度饱和,改变了水体物理或生物特性;人为原因引起的水流流量减少导致下游水体富营养化或者含盐量过高,改变了下游水体的特性。

在不同的部门法中,对“环境污染行为”的认定采取不同的评价方法。在环境行政案件或者环境刑事案件中,尤其是环境刑事案件中,因为“环境污染行为”(客观行为)是否存在将直接决定污染环境罪是否成立,此时应当采取更谨慎的司法认定方式。比如,《刑法》(2023 年修正)第 338 条将“排放、倾倒、处置”环境污染物作为构成犯罪的三种基本行为方式。由于司法实践中,对于“排放、倾倒”的认定一般不会产生争议,而“处置”的词义较广且本罪没有兜底条款,加之没有关于处置行为的司法解释,所以对“处置”的认定存在一定分歧。比如,具备刑事可罚性的非法出售、购买、运输、露天堆放环境污染物或封闭后置于地下等行为,能否认定为处置行为,实践中认定不一致。

2. 自然资源开发利用行为

自然资源开发利用行为是指通过科学和技术手段,对自然资源进行利用的活动。人类不合理地开发利用自然资源损坏了自然生态环境,使人类、动物、植物以及微生物等的生存条件发生恶化,导致对环境索取物质和能量过度,使自然的恢复和增殖能力受到破坏。比如,乱捕滥猎、过度采挖珍稀动植物;乱砍滥伐、过度放牧;毁林造田、过度垦荒;围湖造田、填海造地;建设大坝导致流域生态系统被破坏;开采矿产导致土地塌陷、水土流失;不合理地引进物种;破坏生物多样性等。因此,自然资源开发利用始终伴随着生态破坏,自然资源开发利用行为也被称为生态破坏行为。然而,自然资源开发利用行为只是导致生态破坏的原因之一,环境污染行为也有可能导致生态破坏。尽管环境污染行为和自然资源开发利用行为的核心差别在于“过度排放”和“过度索取”,但二者之间是密切联系、相互制约的。一方面,对自然资源的过度开发利用,有可能会使生态环境脆弱性加剧、稳定性减弱(如江河断流造成城市缺水或者水位下降,而减弱了对废水的稀释、净化能力),容易导致环境污染加剧;另一方面,生活环境受污染也会影响生态环境,如水污染会加剧水资源短缺等自然资源问题。

3. 不作为的保护、改善行为

除了环境资源的开发利用行为以外,环境资源行为还包括对一些环境资源的保护和改善行为。环境资源保护和改善行为既包括积极的作为行为,如通过植树造林、矿山复垦、土地整治等行为保护和改善环境资源;也包括消极的不作为行为,如因为生态保护红线或者分区管控被设定为国家公园或者其他自然保护地而限制甚至禁止行使环境资源权利,上下游政府因签订生态保护补偿协议而限制或者禁止开发利用自然资源等。

4. 环境资源管理行为

环境资源管理行为主要发生在环境行政法律关系之中。在环境法律实践中,行政主体可能实施的环境资源管理行为包括环境行政规划、环境行政许可、环境行政命令、环境行政处罚以及环境行政强制等。

四、环境法律关系的内容

环境法律关系是环境社会关系的法律体现。将环境法划分污染防治法、自然资源法与自然生态保护法,环境法律关系内容与之相对应,可以分为污染防治法律关系、自然资源法律关系和自然生态保护法律关系。

(一)污染防治法律关系

污染防治法是对污染物质排放和环境污染行为进行控制,旨在控制人类生产生活活动中所形成的废水、废气、废渣等废弃物的产生和排放对环境的影响的法律规范。在我国,这类环境法律规范主要有《水污染防治法》(2017 年修正)、《大气污染防治法》(2018 年修正)、《土壤污染防治法》(2018 年公布)、《固体废物污染环境防治法》(2020 年修订)、《噪声污染防治法》(2021 年公布)、《放射性污染防治法》(2003 年公布)以及《海洋环境保护法》(2023 年修订)等。污染防治法律关系,是依据污染防治法律规范的规定,通过一定的法律事实而形成的,反映不同环境法律关系主体在环境污染预防和治理等方面的权利义务、权力责任的法律关系。

(二)自然资源法律关系

自然资源法是调整自然资源所有、使用、开发利用、保护和管理的法律规范。这类法律规范主要有《土地管理法》(2019 年修正)、《水法》(2016 年修正)、《森林法》(2019 年修订)、《农业法》(2012 年修正)以及《海域使用管理法》(2001 年公布)等。自然资源社会关系经过自然资源法律规范的调整,在自然资源法主体之间形成一定的权利义务关系,是自然资源社会关系在法律上的表现。

（三）自然生态保护法律关系

自然生态保护法是对自然生态空间、原真性自然区域和天然生态系统进行保护、恢复、修复和治理的法律规范。在我国，自然生态保护法律规范主要包括《野生动物保护法》（2022 年修订）、《湿地保护法》（2021 年公布）、《水土保持法》（2010 年修订）、《防沙治沙法》（2018 年修正）以及《防洪法》（2016 年修正），以及未来将出台的"国家公园法""自然保护地法"等。自然生态保护法律关系是自然生态保护社会关系在法律上的表现，它是发生在国家及其主管职能部门、全民所有制单位、集体所有制单位、公民、法人或者其他组织之间的，以自然生态空间、原真性自然区域、天然生态系统的保护、恢复、修复和治理等方面的权利义务、权力责任为内容的法律关系。

第二节　国家环境保护义务

一、国家环境保护义务概述

国家环境保护义务是指在宪法秩序下，国家负有的保护和改善环境、保障自然资源的合理开发利用、防治环境污染和其他公害，从而更好地促进国民生存发展、推进生态文明建设的义务。随着生态文明建设纳入"五位一体"总体布局，环境法已经成为新时代中国特色社会主义法律体系的重要组成部分。每一种环境法理论的背后，皆蕴藏着一种国家理论。就环境宪法而言，一国宪法确立了什么样的环境基本国策，便存在相应的公民环境基本权利理念，并通过相应的环境保护国家机构实施环境基本权利，从而造就了相应内容和性质的国家环境义务。2012 年党的十八大创造性地将生态文明建设纳入了"五位一体"总体布局中，"五位一体"总体布局即经济建设、政治建设、文化建设、社会建设、生态文明建设五位一体，全面推进。2015 年 10 月，随着党的十八届五中全会的召开，增强生态文明建设首度被写入国家五年规划。党的十八大提出建设生态文明为根本大计，随后党的十九大指出建设生态文明是中华民族永续发展的千年大计，在随后的全国生态环境保护大会上进一步提升为根本大计。2023 年全国生态环境保护大会提出要把建设美丽中国摆在强国建设、民族复兴的突出位置。

国家环境保护义务的诞生最初是由于生态环境资源与人类社会发展之间存在的矛盾越发尖锐，在此基础上权衡何种手段能够更好地保证生态环境维持在适宜人类生存的状态。当前，我国经济社会发展已进入加快绿色化、低碳化的高质量发展阶段，生态文明建设仍处于压力叠加、负重前行的关键期，生态环境保护结构性、根源性、趋势性压力尚未得到根本缓解，经济社会发展绿色转型内生动力不足，生态环境质量稳步提升的基础不牢固，部分区域生态系统退化趋势尚未根本扭转，美丽中国建设任务依然艰巨。国家保护环境是一项世界性的、普遍性的宪法义务，国家在风险社会中担负着对国民的"生存照顾义务"。截至2023年年底,全球已有100多个国家在宪法中规定了环境保护有关条款。国家环境保护义务是宪法环境基本权利和环境人权在环境公法领域的具体体现。国家环境保护义务的规范履行,是公民环境权益保障和实现的一种法律保障机制,也是公民环境权益的反向证明方式;研究国家环境义务理论是公民环境权益之研究视角和方法的一次重大转换,也是公民环境法律权利研究的重要补充。

国家环境保护义务产生和履行的实践基础主要是环境污染、生态退化和资源枯竭、生物多样性丧失和气候变化等方面的自然环境、自然生态系统产生的现实问题。环境问题的实质源于生态环境承载力的有限性与人类个体追求欲望不断实现之间的矛盾,因此生态环境保护往往需要强制性的手段。生态环境保护领域是社会公共利益的集中体现,即生态环境公共利益是人类生存和发展必不可少的条件。良好生态环境是最公平的公共产品,是最普惠的民生福祉。环境保护具有高度的公益性,特别需要"国家"这个拥有特殊公共职能的主体发挥主导作用。环境污染和生态破坏会对国家统治的正当性提出挑战,国家必须通过生态环境保护维持自身的正当性。现代国家治理体系和治理能力现代化,需要充分履行国家对生态环境保护的义务和责任。生态环境保护领域一直存在"公地悲剧"或者负外部性问题,难以依靠市场自发实现环保目的,"市场失灵"需要发挥国家强制性管制的功能。当社会机制无法充分实现生态环境保护的目标时,由于国家掌握必要的权力与管制手段,可以将生态环境保护作为公共利益予以具体化,因此国家在生态环境保护中占据核心地位。

就历史发展和制度变迁而言,在经过初创时期的环境保护战略(1949—1971年)、作为基本国策的环境保护战略(1972—1992年)、可持续发展的环境保护战略(1992—2000年)、环境友好型的环境保护战略(2001—2012年)的发展阶段之后,尤其是党的十八大以来,中国开始迈入生态文明时代的环境保护战略(2013年至今)的发展阶段,中国始终保持加强生态文明建设的战略定力,把美丽中国建设摆在强国建设、民族复兴的突出位置,开始进入全面推进美丽中国建设的新时期。

二、国家环境保护义务的规范表现

(一)国家环境保护义务的宪法依据

宪法是国家的根本大法,在我国法律体系中具有最高的法律地位和法律效力。《宪法》(2018年修正)有关国家环境保护义务的规定,既赋予了国家生态环境保护职权的正当性,又为生态环境保护的具体实施指引了方向。1983年第二次全国环境保护会议首次明确提出环境保护是一项基本国策。《宪法》(2018年修正)序言中关于"贯彻新发展理念""推动物质文明、政治文明、精神文明、社会文明、生态文明协调发展"的规定,第9条第2款关于"国家保障自然资源的合理利用,保护珍贵的动物和植物。禁止任何组织或者个人用任何手段侵占或者破坏自然资源"的规定,第26条第1款关于"国家保护和改善生活环境和生态环境,防治污染和其他公害"的规定,以及第33条第3款关于"国家尊重和保障人权"的规定,第89条第6项关于国务院行使"领导和管理经济工作和城乡建设、生态文明建设”的规定,构成了国家环境保护义务的主要宪法渊源。建立在“基本权利—国家义务”关系上的国家义务体系,是以公民基本权利为逻辑前提和理论依据的,即国家义务直接源自公民基本权利。我国《宪法》(2018 年修正)虽然没有明确规定“环境权”,但是存在诸多国家环境保护义务的相关内容。与国家环境保护义务相关的条款在体量上占据近 1/5,在宪法所规定的基本国策中占据重要地位。

(二)环境基本国策:国家环境保护义务的规范形态

基本国策的英文为“basic national policy”,是基本的国家策略的简称,是指那些由基本国情决定的某一些具有战略性、长期性、全局性意义的问题的系统性对策或者策略,反映了国家在解决此类问题上的国家意志,其规范特性在于根本性、可持续性、中立性以及规范性等。简言之,基本国策就是国家“为了实现国家战略目标,根据基本国情做出的关键策略选择”〔1〕。基本国策条款大多以“动宾”式语法结构和修辞方式来表达相应的国家义务,如“国家促进/发展/鼓励/培育/指导/保护/推行……”等。比如,我国《宪法》(2018 年修正)第 26 条第 1 款规定:“国家保护和改善生活环境和生态环境,防治污染和其他公害。”环境基本国策以动态性的“国家目标条款”规范定位证成国家环境保护义务,科以国家和社会持续地全面推进生态文明建设的客观法义务。

基本国策是国家政策中的元政策,位于政策体系的最高位置,应引导、制约一般的具体政策的制定和实施,并为相关领域的政策协调提供上位依据。〔2〕 在全面推进美丽中国建设的时代背景下,有必要对我国《宪法》(2018 年修正)中的环境基本国策进行重新解读和理论解释,强化宪法环境基本国策条款的立法论和解释论研究,特别是应重视《宪法》(2018 年修正)第 12 条、第 22 条等规范中的国家环境义务,加强公物保护法、文化多样性保护法等方面的立法转化和具体化。此外,我国其他法律规定了三项环境基本国策,占现有五项“法定”基本国策〔3〕的 3/5:(1)1998 年修订的《土地管理法》增加了“十分珍惜、合理利用土地和切实保护耕地是我国的基本国策”的规定;(2)2007 年修订的《节约能源法》增加了“节约资源是我国的基本国策”的规定,并强调国家应实施节约与开发并举、把节约放在首位的能源发展战略;(3)2009年公布的《全国人民代表大会常务委员会关于积极应对气候变化的决议》要求坚持节约资源和保护环境的基本国策,第一次以“决议”的法律形式规定了“保护环境”的基本国策;(4)2014 年修订的《环境保护法》首次明确规定“保护环境是国家的基本国策”。〔4〕 宪定、法定的基本国策不仅是所有行使国家权力的机构都必须

〔1〕 彭云望、刘亚娜:《基本国策与基本政策辨析》,载《中国行政管理》2012 年第 7 期。

〔2〕 参见苏杨、尹德挺:《我国基本国策的实施机制:面临问题及政策建议》,载《改革》2008 年第 2 期。

〔3〕 其他两项法定基本国策为:计划生育(2001 年《人口与计划生育法》第 2 条第 1 款规定);男女平等(2005 年《妇女权益保障法》第 2 条第 2 款规定)。我国环境政策和法律逐渐运用了人口政策来应对环境问题,如《全国主体功能区规划》(国发〔2010〕46 号)专设“人口政策”一节。就此而言,计划生育、男女平等的基本国策可以发挥环境保护的规范功能和治理作用。

〔4〕 参见陈真亮:《现代环境法总论》,法律出版社 2022 年版,第 121 - 124 页。

遵循的义务,而且是全国上下必须共同努力的目标。[1] 基本国策作为国家发展的"灯塔",国家公权力的运行应当置于基本国策的规定下,有遵守基本国策的义务。因此,要重视对现有宪法和法律中的环境基本国策条款进行拓展和解释,尤其应重视通过宪法基本国策条款所确认的环境价值可能带来的理论与实践意义,强化基本国策对国家公权力的规范效力,促进我国宪法向生态型宪法转型。

(三)国家目标条款:国家环境保护义务的规范定位

关于宪法上环境基本国策条款的规范效力问题,传统上主要存在"方针条款"和"宪法委托"两种模式。前者是指基本国策的用语抽象、模糊而难以确定其具体含义时,将其视为无法律约束力的"方针条款";后者是指宪法只对立法者提出环境保护的要求而不涉及其他国家权力。在各国宪法中,当前普遍倾向是将环境基本国策定位为能约束所有国家公权力的"国家目标条款",赋予其执行力并强化。比如,联邦德国《基本法》第20条第1款规定:"国家为将来之世世代代,负有责任以立法及根据法律与法之规定经由行政与司法,于合宪秩序范围内保障自然之生活环境及动物。"

前述我国《宪法》(2018年修正)中涉及生态环境保护的条款是以基本国策的规范形态存在的,宜定位为"国家目标条款",即将生态环境保护作为独立的国家目的,对所有国家权力均具有约束力。《宪法》(2018年修正)总纲条款的最大特征是具有纲领性,规定了一系列未来要实现的国家目标。进言之,国家目标条款是对国家科以持续地重视或者实现特定任务的义务性的、具有法律约束力的宪法规范。它们属于具有宪法规范地位的国家政策,表征着最高法律文件对未来社会生活的政治期待,对国家公权力具有原则性、纲领性的引导作用,可称为"国策条款"。国家目标条款所发挥的宪法规范功能之一,就是升格政治目标,为其确立宪法上的约束力,使之得以恒久地贯彻。[2] 环境基本国策已经入宪入法,党政同责、一岗双责、生态环境督察、河湖长制、环境保护绩效考核、环境资源审计等极具中国特色的国家环境义务制度被创设,未来应遵循规范主义,强化其治理功能、实施效果、具体的实现过程和保障机制。2023年公布的《中共中央、国务院关于全面推进美丽中国建设的意见》进一步指出,建设美丽中国是全面建设社会主义现代化国家的重要目标,是实现中华民族伟大复兴中国梦的重要内容。党的十八大以来,以习近平同志为核心的党中央把生态文明建设摆在全局工作的突出位置,全方位、全地域、全过程加强生态环境保护,实现了由重点整治到系统治理、由被动应对到主动作为、由全球环境治理参与者到引领者、由实践探索到科学理论指导的重大转变,美丽中国建设迈出重大步伐。

---

〔1〕 参见莫纪宏主编:《宪法学》,社会科学文献出版社2004年版,第215页。

〔2〕 参见段沁:《国家目标条款的规范力——以德国宪法为借镜》,载《中国法律评论》2023年第5期。

三、国家环境保护义务的主要类型

(一)国家环境保护义务的类型划分

根据《生态环境损害赔偿管理规定》(环法规〔2022〕31号)第4条第1款的规定,生态环境损害是指因污染环境、破坏生态造成大气、地表水、地下水、土壤、森林等环境要素和植物、动物、微生物等生物要素的不利改变,以及上述要素构成的生态系统功能退化。现实世界中面临的生态环境损害情形复杂多样,大体上可以区分为两种情况:一是危害行为与损害后果之间的因果关系相对明确,构成危险形态;二是危害行为与损害后果之间的因果关系难以确定,构成风险形态。除去无法经由实践理性加以排除的剩余风险领域,国家环保义务应当以对危险的救济和对风险的预防为类型划分的基础,以此明确国家管理和社会运行过程中应当采取的环保措施。当存在生态环境危险时,损害发生的盖然性较高,国家有干预和排除的义务;当存在生态环境风险时,损害发生的盖然性不确定,国家可以干预,但必须在综合考量下开展行动;面对剩余风险,由于应对它往往有技术上的期待可能性和经济上的合比例性,所以国家原则上不应采取行动。

综观各国宪法和环境保护法典或者法律的规定,学界形成了"消极(尊重)、保护、给付"等国家义务三层次理论。[1] 在承认剩余风险的基础上,适当的危害的排除和对危害的预防构成了宪法上所要求的国家生态环境保护义务与责任,包括三个基本类型:(1)国家的现状保持义务,或者说"禁止生态倒退"义务,即国家权力应保证环境状况不继续恶化;(2)国家的危险防御义务,即对于明显的、直接危害环境的"危险",国家应当采取干预性措施并加以排除;(3)国家的风险预防义务,即对于具有科学不确定性的风险,国家应在合理判断社会经济所能接受的剩余风险的基础上,适当地采取符合比例原则的预防措施。

(二)现状保持义务

"现状保持"是国家环境保护的第一层次义务,即要求国家在生态环境保护领域做到禁止环境质量倒退,不得使人民的自然生存基础受到比目前更为严重的危害。这对应的是"尊重自然、顺应自然、保护自然"这一生态文明建设核心理念,这一特殊义务源于人与自然是生命共同体理论,以及公民基本权利对国家权力的防御功能和控制国家权力的法治理念。比如,《世界环境公约(草案)》第17条规定了"不倒退"原则(the principle of non－regression)。几乎主要的国际人权条约和文件都认为,人权一旦得到承认,就不能被限制、破坏或者废止,如《世界人权宣言》第30条规定,不得破坏该宣言所载的任何权利和自由。对环境法而言,在保护环境和基本权利的背景下承认"不倒退"原则,是指不降低对环境的保护水平。以往的国际性和区域性环境法都致力于将"改善环境"作为目标,只有少数的

〔1〕 参见张翔:《基本权利的受益权功能与国家的给付义务——从基本权利分析框架的革新开始》,载《中国法学》2006年第1期。

条约的正文中具有“不倒退”的表达，如1994年《北美环境合作协定》规定，禁止降低环境保护标准。“不倒退”作为一种共识被纳入2012年“里约+20”会议的最终成果《我们想要的未来》中。“不倒退”条款反映了《世界环境公约（草案）》将保护环境落实到各国法律和政策方面的决心。美国《清洁水法》中规定的“禁止倒退”规则（anti back sliding rule）也体现了“现状保持”义务。欧盟《水框架指令》也规定了类似的反生态倒退的法律目标——“减少污染，防止水生态系统（包括湿地）状况的恶化并改善其状况”。与“不倒退”相对应的概念是侧重于改善环境的“前进原则”，前进是为了改进环境法治体系，包括根据最新科学知识提高保护环境程度，反向而言就是禁止现存生态环境受到更恶劣的污染或生态破坏。[1]

就生态安全而言，国家的现状保持义务是要在环境的质和量方面都严守国家生态底线，遵守生态负载定律，防止突破生态承载力的底线阈值和极限而导致无法开展可持续性的环境利用。在中国，生态保护红线制度是较为能体现贯彻国家的现状保持义务的一项中国特色与创新制度。生态保护红线是指经国务院批准，由省级人民政府发布实施的生态保护红线。《国务院关于加强环境保护重点工作的意见》（国发〔2011〕35号）首次提出“生态红线”概念，要求“在重要生态功能区、陆地和海洋生态环境敏感区、脆弱区等区域划定生态红线”。《环境保护法》（2014年修订）规定了“保护优先、预防为主、综合治理、公众参与、损害担责”的基本原则，规定“地方各级人民政府应当对本行政区域的环境质量负责”，并且第29条第1款首次以法律的形式明确规定了生态红线制度——“国家在重点生态功能区、生态环境敏感区和脆弱区等区域划定生态保护红线，实行严格保护”。根据《生态保护红线生态环境监督办法（试行）》（国环规生态〔2022〕2号）第3条的规定，生态保护红线生态环境监督坚持生态优先、统筹兼顾、绿色发展、问题导向、分类监督、公众参与的原则，建立严格的监督体系，实现一条红线守住自然生态安全边界，确保生态保护红线生态功能不降低、面积不减少、性质不改变，提升生态系统质量和稳定性。作为环境法子部门法的自然生态保护法，旨在保护原真性自然生态系统，维护生态系统服务功能、提供生态产品，维护生态安全。除了通过禁止、限制环境资源的社会化开发的消极性的“不劳动”行为进行调整等消极保护方式和制度设计之外，现代环境法还要对不可避免的或者已经发生的环境污染和生态破坏，采取积极措施进行治理。比如，《环境保护法》（2014年修订）第28条第1款规定，“地方各级人民政府应当根据环境保护目标和治理任务，采取有效措施，改善环境质量”。《环境保护法》（2014年修订）第二章对政府环境监督管理职能作了具体的规定，对国家履行环境保护义务提出了高层次的要求。

（三）危险防御义务

“危险防御”是国家环境保护的第二层次义务，即要求国家积极采取措施对可能造成环境损害的各种“危险因素”加以干预、排除或综合防治。生态环境损害是对国家利益和

---

〔1〕 参见陈真亮：《现代环境法总论》，法律出版社2022年版，第152－158页。

公共利益的损害，危险防御义务可以与环境法基本原则中的防范原则或者预防原则相对应：在预测人为活动可能对环境产生或增加不良影响的前提下，事先采取防范措施以减轻或避免产生不良环境影响，或把不可能避免的不良环境影响控制在法律允许的限度之内。[1] 广义上的危险防御义务，要求国家采取各种措施有效防止环境问题的恶化，或者采用多种手段综合治理已经产生的环境污染和生态破坏，有效地保护和改善环境质量，及时避免、消除可能带来的生态环境损害。进言之，要求国家积极运用已有的知识、经验和技术措施预防环境污染和生态破坏，对开发和利用环境行为可能带来的环境危害事前采取预防措施。[2] 此时，国家应当以管制的方式来规制环境污染，国家的环境义务由消极的尊重义务扩展到积极的保护义务。当有第三人侵害可能发生时，国家要采取措施防止或者排除侵害的发生，救济受损环境利益等。国家的环境保护义务也可具体细化为事前的预防义务、事中的排除义务和事后的救济义务。为履行国家环境保护义务，需要环境立法、环境执法、环境司法的协同配合。

1973 年《关于保护和改善环境的若干规定（试行草案）》提出应当贯彻“预防为主”的方针。《环境保护法》（2014 年修订）第 5 条规定，“环境保护坚持保护优先、预防为主、综合治理、公众参与、损害担责的原则”，这意味着预防为主、防治结合、综合治理等原则对国家公权力主体构成法律约束力，应当加强环境风险的常态化、法治化管理。解决生态环境损害问题，站在公权力的视角，必须将污染物排放和生态资源开发控制在合理范围之内，首先应当通过行政手段管制给环境法益带来威胁的主体。

从国家环境保护危险防御义务的二元制度结构观之，为实现国家环境危险防御义务，在管制行政相对人行为的“外部效力”面向上，应强化立法权对行政权的约束；在约束国家行为的“内部效力”面向上，司法权应对行政权保持必要之谦抑。[3] 环境标准在行政行为中所体现的规范效力并非其本身具有的，而是经由法律赋予的。为使环境标准获得规范效力，或将其上升为法律规范，或经由其他法律规范得以实施。例如，行政法律规范赋予了行政机关一定范围内的行政裁量权，当环境标准作为行政裁量的依据时，其通过行政裁量权对生态环境执法产生规范效力。在立法方面，2023 年 12 月 29 日，十四届全国人大常委会第七次会议通过《全国人民代表大会常务委员会关于完善和加强备案审查制度的决定》，要求实行有件必备、有备必审、有错必纠。该决定还要求推进合宪性审查，在备案审查工作中注重审查法规、司法解释等规范性文件是否存在不符合宪法规定、宪法原则、宪法精神的内容，认真研究涉宪性问题，及时督促纠正与宪法相抵触或者存在合宪性问题的规范性文件。在司法方面，2021 年《禁止令规定》规定，为防止申请人合法权益或者生态环境受到难以弥补的损害，可以采取禁止令保全措施给予救济，及时制止损害的发生或继续扩大。当

---

〔1〕 参见蔡守秋主编：《环境资源法教程》，高等教育出版社 2004 年版，第 116 页。

〔2〕 参见吕忠梅主编：《环境法学概要》，法律出版社 2016 年版，第 78 页。

〔3〕 参见陈海嵩：《国家环境危险防御义务的二元制度结构》，载《北方法学》2015 年第 3 期。

环境行政机关的违法行为、延迟作为或者不作为对公众环境法律权益造成侵害或者有侵害风险时，法院允许无直接利害关系人为维护公众环境权益而提起行政诉讼，要求行政机关履行法定职责或者纠正、停止其侵害行为。以检察院为代表的国家机关提起环境公益诉讼，实际上是国家公权力机关积极履行国家环境保护义务的体现，也是完成《宪法》(2018年修正)所规定的生态文明建设任务，实现美丽中国和环境国家、法治国家的应有之义。

(四)风险预防义务

"风险预防"是国家环境保护的第三层次义务。风险是指无法经由经验法则判断后果的、可能会对法益造成危害的因素。现代风险社会中，造成生态环境损害的因素已经不限于具有确定性的"危险"，还包括具有不确定性的"风险"。1992年《里约宣言》中的原则15对谨慎原则进行了规定："为了保护环境，各国应该按照本国的能力，广泛采用谨慎预防措施。遇有严重或不可逆转损害的威胁时，不得以缺乏科学充分确实证据为理由，延迟采取性价比高的措施防止环境恶化。"风险所具有的全球性、世代性和潜在性使安全的担保存在困境，人民对于"安全"的感受更难以确定，期望国家能够采取行动抵御风险，风险预防的国家环境保护义务就此产生。1992年《生物多样性公约》指出："在存在生物多样性大量减少或丧失的威胁时，缺乏充分的科学确定性不应被用作推迟采取措施以避免或尽量减少这种威胁的理由。"《法国环境法典》总则第L110－1条第2(1)款规定："谨慎原则。据此原则，即使按照当前的科学和技术知识尚无确定性，仍不得推迟采取有效且适当的措施，以经济上可以承受的代价预防对环境造成不可挽回的严重损害的危险。"

全球气候变化、转基因生物、核能开发利用、生物多样性保护、公共安全、食品安全、禽流感、新冠病毒等背后的共同关键词和特征是风险规制或者风险预防。风险预防原则可谓环境法的黄金原则，使环境法超脱或超越传统法律部门。现代环境法视野下的风险有现代科技风险、生态风险、环境健康风险等类型，风险规制构成对自由的限制、环境义务的履行。"决策于未知之中"(decision making in uncertainties)成为风险规制活动的常态，故有"谨慎第一，科学次之"(caution first, science second)、"安全胜于懊悔"(better safe than sorry)等法谚。"预防原则可以说是环境法的最特殊特征，也是超越了行政法传统以来以危险排除之警察法或称秩序法，而进入到以未来性及前瞻性的法领域的"。因此，预防原则的法律化是环境法的最核心理念，预防原则之内容为何及其作用为何对环境法之发展至关重要。[1]

在国家风险预防义务的立法具体化方面，《国家安全法》(2015年公布)第四章"国家安全制度"第三节"风险预防、评估和预警"规定了国家安全风险评估机制、国家安全风险监测预警等制度。尽管该法没有明确规定风险预防原则，但是该法关于风险预防的一系列制

〔1〕 陈慈阳：《环境永续过程中之法制缺漏与新制度之建构——以环境救济法典之建构为任务》，载《清华法治论衡》2012年第2期。

度设计已经体现了风险预防原则理论内核和现实需要。该法作为首部体现和贯彻风险预防原则的法律,可以运用法律解释的方法将其适用到生态文明法治建设领域。《环境保护法》(2014 年修订)第 39 条规定,国家建立、健全环境与健康监测、调查和风险评估制度,该条确立了国家的环境风险预防与健康风险预防义务;第 47 条第 1 款规定,各级人民政府及其有关部门和企业事业单位,应当依照《突发事件应对法》的规定,做好突发环境事件的风险控制、应急准备、应急处置和事后恢复等工作,该条确定了国家就突发事件的风险控制、应急准备、应急处置和事后恢复义务。环境健康风险规制所涉议题宽泛,可通过社会整体视角加以续造化阐释。环境基本法实质意义上确立了风险管控制度,体现了风险预防原则的规范要求。此外,现行《防沙治沙法》(2018 年修正)及《水污染防治法》(2017 年修正)等法律都明确了预防为主、防治结合和综合治理的原则;《大气污染防治法》(2018 年修正)提出坚持源头治理、规划先行和调整能源结构的规制措施;《土壤污染防治法》(2018 年公布)明确提出了环境风险管控的概念,并将环境风险具体分为生态风险和公众健康风险;《生物安全法》(2024 年修正)确立了"坚持以人为本、风险预防、分类管理、协同配合的原则",并且设置生物安全风险防控体制的专章规定,这些规定都预示着新时代环境立法由"危害预防"转向"风险预防"的趋势。

我国是世界上最早实施环境影响评价制度的国家之一。1979 年《环境保护法(试行)》首次确立建设项目环境影响评价制度。《环境保护法》(2014 年修订)采用准用性规范规定,规定编制有关开发利用规划和建设对环境有影响的项目时,应当依法进行环境影响评价。《环境影响评价法》(2018 年修正)第 4 条规定,环境影响评价必须客观、公开、公正,综合考虑规划或者建设项目实施后对各种环境因素及其所构成的生态系统可能造成的影响,为决策提供科学依据。《规划环境影响评价条例》(2009 年公布)第 21 条规定:"有下列情形之一的,审查小组应当提出不予通过环境影响报告书的意见:(一)依据现有知识水平和技术条件,对规划实施可能产生的不良环境影响的程度或者范围不能作出科学判断的……"这些规定都实质性地体现了风险预防原则。《环境影响评价法》(2018 年修正)以及《规划环境影响评价条例》(2009 年公布)、《建设项目环境保护管理条例》(2017 年修订)对环境影响评价制度进行了全面规定,标志着该制度趋向成熟,并兼具督政、督企功能。随着"放管服"改革,中国环境影响评价制度呈现出由"管理"向"控权"的功能转型与改革趋势。此外,其他环境立法亦存在相关具体规定。

就代际正义与可持续发展而言,在风险决策过程中,应当通过适当的制度安排化解专家与公众之间的观点对立。一般情况下,风险决策形成过程中须充分考虑民众意见,根据民主审议的结果决定是否采取干预措施。在确定风险规制目标之后,进而确定具体的管制措施的过程中需要引入专家意见,依据现有的科学知识提出具体的政策建议以补强民主决策的合理性。在此过程中,国家应当负担起信息公开、保障公民参与等义务。在特殊情况下,如果某风险的结果是灾难性的,国家应当直接积极采取预防性的管制措施,无须过多考虑风险决策的正当性问题。根据《里约宣言》,采取风险预防措施的前提是"严重或不可逆转的环境损害"。风险预防还意味着国家对未来世代的"长期责任",是实现代际公平理念的重要一环,是建构"环境国家"的重要一环。由于风险认知、科学技术和社会资源的局限,目前无法全面地将所有可能的、潜在的风险都纳入国家环境规制范畴。

依据上述内容可知,影响风险决策的最主要因素是对生态环境损害的科学判断,而非环境法律规范,风险决策是国家环境保护风险预防义务的延伸。宪法虽然能够作为风险决策的合法性依据,但是宪法在规范方式上多使用具有高度抽象性、概括性的语言,而面对风险决策仍然需要具象化的合法性判断。

第三节 环境法律权利

一、环境法律权利的新兴和宪法依据

(一)环境法律权利的新兴

20 世纪 50 年代左右,工业废弃物污染、水污染、空气污染导致的环境危机频繁发生,对公民的人身和财产权益造成了严重损害。在此背景下,有关公民环境权、环境人权、环境权益以及环境法益等环境类新兴法律权利研讨热烈展开。

1960 年,联邦德国的一位医生首先提出了环境权的主张,他起诉至欧洲人权法院,认为倾倒放射性废物到北海违反了《欧洲人权公约》中关于保障清洁卫生环境的规定,引发了是否要将环境权纳入欧洲人权清单的讨论。此后环境权研究兴起。在美国,以萨克斯教授为代表的环境权理论得到了美国法学界的广泛认同。萨克斯教授认为,环境资源应该是全体国民的"共享资源"和"共有财产",为了合理支配和保护环境资源,有必要将其委托给国家进行管理,即公共信托。在公共信托关系中,国家作为受托人有责任和义务替全体国民管理好信托财产,委托人和受益人则依法享有权利。在日本,1970 年日本律师联合会第 13 次人权拥护大会上,仁藤一、池尾隆良两位律师第一次提出了法学意义的日本环境权理论,主张环境权既是宪法上的一种基本人权,也是私法上一种具有排他性质的支配权。[1]

环境权被国际法规范确认的最早体现是 1972 年斯德哥尔摩联合国人类环境会议通过的《联合国人类环境会议宣言》,该宣言第 1 条宣告:"人类有权在一种能够过尊严和福利的生活的环境中,享有自由、平等和充足的生活条件的基本权利,并且负有保护和改善这一代和将来的世世代代的环境的庄严责任。"随后,环境权被规定在各国际公约中,如 1982 年《世界自然宪章》和 1992 年《里约宣言》。2022 年 7 月 28 日联合国大会通过了第 76/300 号决议《享有清洁、健康和可持续环境的人权》,宣布享有清洁、健康和可持续的环境是一项普遍人权。

---

〔1〕 参见罗丽:《日本环境权理论和实践的新展开》,载《当代法学》2007 年第 3 期。

我国对环境权的研究始于20世纪80年代。在我国法治发展的进程中,对环境权问题展开了详细的讨论,存在诸多争议。质疑和否定环境权的理由为:[1]第一,各国宪法和环境基本法律中规定公民享有良好环境的权利不应被视为实体性基本人权,规定该权利的目的在于为国家环境管理权的确立寻求依据;[2]第二,国际公约中规定的环境权主体是人类整体,这种以人类整体为主体的环境权无法具体化为公民个人的权利,而是对所有主体普遍设定义务;[3]第三,环境法的核心范畴应当是环境公共利益,环境公共利益是一种法益而非权利,个人与环境之间不存在权利关系,只存在法益关系。[4] 尽管部分学者对环境权持否定意见,但大多数学者认可公民环境权存在。

环境权是指人类享有在清洁、健康和可持续的环境中生存的权利。环境权的主体有一般主体和法律主体之分:环境权的一般主体是公民或者自然人及其未来世代;环境权的法律主体是公民和自然人,一般不包括国家、法人、其他组织、自然体以及未来世代等。环境权的内容包括实体性权利和程序性权利。[5] 虽然我国现有的生态环境法律并未直接规定环境权,但是《宪法》(2018年修正)、《民法典》(2020年公布)以及环境单行法中的部分条款均涉及理论上环境权的内容,这是相关条款理解和把握环境权的前提。

(二)环境权的宪法依据

自20世纪90年代以来,有数十个国家在宪法层面上确认了环境权。截至2018年,联合国的会员国和观察员国中,共有87个国家的宪法规定了专门的环境权条款。[6]

我国宪法没有明文规定环境权,学界就环境权应否纳入宪法也存在争议,但宪法中的

---

〔1〕 参见吴卫星:《环境权理论的新展开》,北京大学出版社2018年版,第10-11页。

〔2〕 参见朱谦:《论环境保护中权力与权利的配置——从环境行政权与公众环境权关系的角度审视》,载《江海学刊》2002年第3期;朱谦:《环境权问题:一种新的探讨路径》,载《法律科学(西北政法学院学报)》2004年第5期;朱谦:《反思环境法的权利基础——对环境权主流观点的一种担忧》,载《江苏社会科学》2007年第2期。

〔3〕 参见徐祥民:《对"公民环境权论"的几点疑问》,载《中国法学》2004年第2期;徐祥民等:《环境权:环境法学的基础研究》,北京大学出版社2004年版,第75-76页。

〔4〕 参见巩固:《私权还是公益?环境法学核心范畴探析》,载《浙江工商大学学报》2009年第6期。

〔5〕 参见吴卫星:《我国环境权理论研究三十年之回顾、反思与前瞻》,载《法学评论》2014年第5期;吕忠梅:《再论公民环境权》,载《法学研究》2000年第6期;吕忠梅:《环境权入宪的理路与设想》,载《法学杂志》2018年第1期。

〔6〕 比如,1988年《巴西宪法》第八编"社会秩序"第六章"环境"第225条规定:"所有人都有权享有一个生态平衡的环境,这是供人民使用并且为健康生活必备的公共物品,政府和公众有义务为当代和未来世代的人保护环境。"1978年《西班牙宪法》第一编"基本权利与义务"第45条第1款规定:"每个人有权利享受适于人发展的环境,并有义务保护环境。"1987年《韩国宪法》第二章"公民的权利和义务"第25条规定:"(一)全体国民均享有在健康、舒适环境中生活的权利。国家和国民应努力保护环境。(二)环境权的内容和行使由法律规定。(三)国家应通过住宅开发等政策,努力使全体国民享有舒适的生活条件。"1996年《南非宪法》第二章"权利法案"第24条规定:"每个人有权——(a)获得对其健康和幸福无害的环境;(b)为了现在和未来世代的利益,采取适当的立法和其他措施保护环境,这些立法和其他措施能够:(i)防止污染和环境恶化;(ii)促进保育;(iii)在促进合理的经济与社会发展的同时,保障自然资源生态可持续的开发与利用。"2012年《肯尼亚宪法》第四章"权利法案"第42条专门规定了环境权:"每个人都有获得清洁、健康环境的权利,包括:(a)为了当代与未来世代的利益,通过立法或者其它方式,特别是第69条所规定的方式来保护环境;以及(b)履行由第70条所规定的与环境相关的义务。"参见吴卫星:《环境权理论的新展开》,北京大学出版社2018年版,第57-76页。

一些条款有助于理解环境权的内涵。《宪法》(2018 年修正)第 26 条规定:“国家保护和改善生活环境和生态环境,防治污染和其他公害。国家组织和鼓励植树造林,保护林木。”《宪法》(2018 年修正)第 26 条等宪法环境条款是环境保护的基本国策条款。基本国策条款规范国家整体发展的基本方向与原则,国家有法律上的义务通过行使国家权力追求基本国策条款设立的目标。根据《宪法》(2018 年修正)与生态文明建设有关的根本规范,宪法环境基本国策条款满足了环境权入宪的功能期待和价值诉求。随着“美丽中国”建设目标等入宪,中国形成了由“根本任务规范—纲领性规范—规则性规范”构成的宪法环境规范体系,并迈入中国版“环境国家”的生态文明时代。[1] 通过国家保护环境义务的履行,环境权可以间接得到保障和实现。这种由国家环境保护义务引申出的环境权是一种反射利益(又称反射权),即某种以公共利益为目的的法律,在达成公共利益的过程中,间接成就了个人的利益。[2] 法学通说认为,个人虽然享有反射利益,但不得在法律上主张其所获或者可能获得的利益。这一通说在我国司法实践中均有体现。司法机关认为,“为了防止出现民众诉讼,法律并不认可作为公众之一部分、仅具有反射利益的个人具有诉权”[3]。因此,通过《宪法》(2018 年修正)第 26 条引申出的环境权不具有直接的司法可诉性(可司法性)。

在宪法学层面,国家环境保护义务存在“客观法的再主观化”[4]可能性,即在国家未履行环境保护义务的情况下,特定公民可以向国家提出申请请求国家履行环境保护义务,如果国家不作为,即侵犯了该公民针对国家的环境保护请求权。[5] 此时,这种“主观权利”具有直接的可诉性。我国在实践中部分认可了该理论,如行政不作为诉讼制度,相对人可以起诉要求不作为的行政主体履行法定职责。《宪法》第 33 条第 3 款规定:“国家尊重和保障人权。”这是宪法中的概括性人权保障条款,该款中的人权应包括环境权。一方面,从学理上看,人权是人所固有的权利,环境权具有人权的本质属性,是一项基本人权,人们与生俱来拥有在健康优美的环境中生存的权利。[6] 另一方面,从实践来看,在当今国际社会,环境权通常被认为是新兴的第三代人权,[7]且环境人权正成为一项独立实质的人权类型。联合国大会通过的第 76/300 号决议《享有清洁、健康和可持续环境的人权》表明环境权利

---

〔1〕 参见陈真亮:《宪法环境基本国策对环境法法典化困境的纾解》,载《北京航空航天大学学报(社会科学版)》2022 年第 3 期。

〔2〕 参见张建文、张锐:《反射利益的概念及其法律地位》,载《河北法学》2023 年第 12 期。转引自陈新民:《中国行政法学原理》,中国政法大学出版社 2002 年版,第 60 页。

〔3〕 最高人民法院行政裁定书,(2018)最高法行申 2975 号。

〔4〕 客观法的再主观化,指从原本旨在保护公益的客观法中重新解释出主观权利的过程。

〔5〕 参见王锴:《环境权在基本权利体系中的展开》,载《政治与法律》2019 年第 10 期。

〔6〕 陈泉生、吴卫星、吕忠梅等学者均认为环境权属于基本人权。参见陈泉生:《环境权之辨析》,载《中国法学》1997 年第 2 期;吴卫星:《环境权入宪之实证研究》,载《法学评论》2008 年第 1 期;吕忠梅:《环境权入宪的理路与设想》,载《法学杂志》2018 年第 1 期。

〔7〕 第三代人权是指国家和民族的集体权利,它主要是指民族自决权、发展权,此外还有和平与安全权、环境权、自由处置自然财富和资源权、人道主义援助权等。参见曾龙、贺鉴:《论非洲的集体人权观与第三代人权的确认》,载《河北法学》2007 年第 2 期。

发生了人权转向趋势。[1] 我国于2021年9月发布的《国家人权行动计划(2021—2025年)》中单独列出“环境权利”,积极回应我国环境权利需求。

二、与环境相关的实体性权利

自然人享有在适宜环境中生存、发展的权利,[2]具体包括通风权、日照权、安静权、清洁空气权以及清洁水权等。[3] 在私法视野中,自然人和法人是当然的主体,国家只有在极特殊的情况下才能成为私法环境权的主体。[4] 自然物和后代人是环境伦理学的研究对象,能否成为环境权的主体存在很大争议。从法律实践来看,环境权是一种就应然权利的法律主张。尽管目前我国民商事法律还未确认独立的公民环境权,但与其所主张内容、保护利益密切相关的实体性权利非常多。我们可以将上述权利称为“与环境相关的实体性权利”。这些与环境相关的实体性权利在司法实践中发挥了重要作用,有效地保护了公民环境利益。

(一)关于人的环境权利

1. 环境人格权

《民法典》(2020年公布)第990条规定:“人格权是民事主体享有的生命权、身体权、健康权、姓名权、名称权、肖像权、名誉权、荣誉权、隐私权等权利。除前款规定的人格权外,自然人享有基于人身自由、人格尊严产生的其他人格权益。”从第990条可以演绎出两种权利:环境健康权以及自然人对于环境所享有的人格权益。

(1)环境健康权。

环境健康权保护的是公民的生命安全与身体健康,是避免环境污染或生态破坏导致的生命安全与身体健康遭受危害或风险的权利。[5] 《民法典》(2020年公布)第1002条规定:“自然人享有生命权。自然人的生命安全和生命尊严受法律保护。任何组织或者个人不得侵害他人的生命权。”生命权是以自然人的生命安全利益为内容的人格权,体现了人的尊严和基本价值的权利。《民法典》(2020年公布)第1004条规定:“自然人享有健康权。自然人的身心健康受法律保护。任何组织或者个人不得侵害他人的健康权。”健康权是自然人以其身体的生理机能的完整性和保持持续、稳定、良好的心理状态为内容的权利。

在绿色原则的统领下,可从三个方面对《民法典》(2020年公布)第1002条与第1004条进行解释,以适应环境健康权展开的需要。首先,这两个条款可作为环境健康权保护私法制度的确认和表达,因为良好的环境是公民享有生命权、健康权的必要条件,环境污染、

[1] 参见杜群、都仲秋:《环境权利的人权演进及其法治意蕴——以国际人权法为视角》,载《中国政法大学学报》2023年第6期。

[2] 参见蔡守秋:《论环境权》,载《金陵法律评论》2002年第1期。

[3] 参见吕忠梅:《论公民环境权》,载《法学研究》1995年第6期。

[4] 参见付淑娥:《私法视角下之环境权主体研究》,载《理论与改革》2013年第4期。

[5] 参见朱炳成:《公私法交融下的环境健康权保护》,载《吉林大学社会科学学报》2023年第3期。

生态破坏会损害公民的健康乃至生命。其次,不仅公民身体健康与生命安全属于环境健康权的保护范围,生命尊严与心理健康也属于环境健康权的保护范围,因为环境污染、生态破坏导致的不仅仅是身体上的损害,其所产生的恶劣、脏污的环境也是对生命尊严的践踏与心理健康的伤害。最后,健康风险的防范也应纳入健康权保护的范畴。环境污染、生态破坏具有科学不确定性,许多环境侵害的潜伏期长、后果严重且不可逆转,若不及时控制健康风险,可能会侵害公民的环境健康权,因此对健康风险的预防是保护环境健康权不可或缺的一部分。

(2)自然人对于环境所享有的人格权益。

《民法典》(2020年公布)第990条第2款规定,自然人享有基于人身自由、人格尊严产生的其他人格权益。随着社会的发展,新的人格利益不断产生,该款规定保持了人格权益保护范围的开放性,起到兜底性条款的作用。"其他人格权益"实际上就是指没有得到法律明文规定的,但是应当受到法律保护的人格利益。[1] 之所以称为"权益"而非"利益",是因为一方面其他法律条款中已规定了一些《民法典》(2020年公布)第990条第1款规定之外的、可以被具体化为人格权的人格利益;另一方面在未来新型人格利益有可能上升为独立的权利形态。人类与生俱来拥有欣赏整洁优美的环境的能力,环境人格权益所保护的利益是以环境资源的生态价值和美学价值为基础的利益,是一种精神利益。人身自由、人格尊严的实现与环境人格权益密切相关,环境人格权益作为一种新型人格权益,属于"其他人格权益"。《民法典》(2020年公布)第990条第2款可以作为环境人格权益保护的法律依据。

在环境人格权的讨论中,常常会提及阳光权、宁静权、清洁空气权、清洁水权、通风权、眺望权以及自然景观权等,[2] 这些"权"是按要素对环境人格权进行的分类。其中一些"权"如宁静权、眺望权应属环境人格权益。清洁水权、清洁空气权等既涉及环境健康权,也涉及环境人格权益。例如,清洁水权,将水的清洁程度从高到低排列,当水质低于某一程度时会影响人的健康,某些含有毒素、病原体的水甚至会危及人的生命,此时人们追求更洁净的水的权利其实是环境健康权的一种;当水质已经能够满足人的健康需求,而人们需要水质达到更高的标准,此时追求更洁净的水的权益才属于环境人格权益。

环境人格权益的行使往往会受到限制。例如,自然人有在安静环境中生活、工作和学习的权益,但现代社会不可能达到真正意义上的宁静,自然人在享受宁静权的同时,需要忍受一定限度的噪声,即需要履行一定的环境容忍义务。因此,对环境人格权益的保护往往要进行利益衡量,综合个案具体情况加以判断。

---

[1] 参见王利明:《论一般人格权——以〈民法典〉第990条第2款为中心》,载《中国法律评论》2023年第1期。

[2] 参见吕忠梅:《再论公民环境权》,载《法学研究》2000年第6期;刘长兴:《论民法上的环境人格权制度》,载吕忠梅、徐祥民主编:《环境资源法论丛》第5卷,法律出版社2005年版;胡卫萍:《新型人格权的立法确认》,载《法学论坛》2011年第6期;付淑娥:《环境人格权的宪法确认与保护》,载《甘肃社会科学》2017年第4期。

2. 环境物权

环境物权是通过功能定义法将物的生态功能与经济功能进行整合的新型物权,它的实质是在传统物权对物的经济功能加以界定的基础上增加了对物的生态功能的肯定,为了与民法上的一般物权相区别,才将其称为环境物权。[1] 环境物权的特点与环境物权客体的特殊性密切关联。环境物权的客体是环境资源,包括以自然资源为主的环境要素和以环境容量为主的环境功能。环境资源具有经济价值与生态价值的双重属性,作为一个各部分之间有机联系、不可分割的整体,环境资源的变化不仅对其他种类或地区的环境资源产生影响,而且会对环境系统整体产生影响。因此,首先,环境资源相较于传统民法上的物,具有公共物品性、外部性、复杂性的特征。其次,对比传统物权客体,环境物权客体是一种无体物权或者无形物权,其标的是环境容量和自然景观等无形功能和价值。最后,环境物权具有从属性,它在一定程度上依附于环境资源的实物形态。[2]

根据环境物权的性质,可将环境物权分为环境资源所有权与环境资源使用权。

(1)环境资源所有权。

环境资源所有权是权利主体对环境资源拥有的占有、使用、收益、处分的权利。《民法典》(2020 年公布)第 324 条规定:"国家所有或者国家所有由集体使用以及法律规定属于集体所有的自然资源,组织、个人依法可以占有、使用和收益。"环境资源所有权主体为国家和集体。一些特定资源的所有权只归国家,如《矿产资源法》(2024 年修订)第 4 条第 1 款规定:"矿产资源属于国家所有,由国务院代表国家行使矿产资源的所有权。地表或者地下的矿产资源的国家所有权,不因其所依附的土地的所有权或者使用权的不同而改变。"《水法》(2016 年修正)第 3 条规定:"水资源属于国家所有。水资源的所有权由国务院代表国家行使。农村集体经济组织的水塘和由农村集体经济组织修建管理的水库中的水,归各该农村集体经济组织使用。"

国家行使环境资源所有权的主要方式是出让环境资源使用权,集体行使自然资源所有权的主要方式是发包环境资源使用权。虽然环境资源国家所有权、环境资源集体所有权与一般私法上的所有权相比,在主体、客体和权利的行使方式等方面具有特殊性,但这并不妨碍环境资源国家所有权、环境资源集体所有权具有一定私权的性质。在法律中规定环境资源国家所有权不仅在社会主义国家是一种常态,在私有观念盛行的资本主义国家,环境资源国家所有权也是一个重要的所有权类型。[3] 在美国,联邦、州和地方政府拥有的土地约占美国国土总面积的 40%。[4]

---

〔1〕 参见吕忠梅:《论环境物权》,载《人大法律评论》2001 年第 1 期。

〔2〕 参见吕忠梅:《沟通与协调之途——论公民环境权的民法保护》,中国人民大学出版社 2005 年版,第 171 页。

〔3〕 参见刘卫先:《环境保护视野下自然资源所有权的类型选择》,载《中州学刊》2013 年第 12 期。

〔4〕 参见陈思楠、戚冬瑾:《美国规划管制、土地产权与土地价值影响调节策略——以纽约哈德逊广场更新为例》,载《城市发展研究》2023 年第 7 期。

(2)环境资源使用权。

环境资源使用权是环境利用人依法对环境资源进行利用的权利。环境资源使用权是一种他物权,可以分为自然资源准用益物权、自然资源担保物权以及环境相邻关系中的相邻权。

一是自然资源准用益物权,也称特许物权,是指环境利用人经过行政特别许可而开发利用自然资源的权利。自然资源是一种公共物品,故准用益物权法律关系是由一种体现资源管理的公权和体现民事主体利益的私权共同行使的法律事实的结合引起的。[1] 之所以称为准用益物权,是因为自然资源准用益物权在符合用益物权基本特征的同时与典型的用益物权存在明显的差别[2]:自然资源准用益物权的客体存在不特定性,如探矿权的客体难以特定化,渔业权的行使则无须将客体特定化;自然资源准用益物权在权利的构成上具有复合性,如采矿权除了开采矿产资源的权利,还包括对特定矿区或者工作区的地下使用权;自然资源准用益物权不以支配性为权利生成的基础,不具有严格的排他属性,数个准用益物权可能同时并存某一环境物质载体之上;自然资源准用益物权的取得和行使需受公法管理,大部分的自然资源使用权需要经过行政许可甚至是特许方可取得,而在行使时需要接受行政机关的监督、管理。自然资源准用益物权包括探矿权、采矿权、取水权、水域和海域使用权等。对于准用益物权的规定可见于《民法典》(2020 年公布)"物权编"第三分编"用益物权"。此外,自然资源准用益物权还包括环境容量使用权,也称排污权,是权利人依法享有的对环境容量进行使用、收益的权利。环境容量是指"在人类生存和自然生态不致受害的前提下,某一环境所能容纳的污染物的最大负荷量",其具有可感知性、可确定性和相对的可支配性,具有成为准用益物权客体的可能。[3] 根据有关法律的规定,排污权的取得需要行政机关的许可。《排污许可管理条例》(2021 年公布)第 2 条第 1 款规定:"依照法律规定实行排污许可管理的企业事业单位和其他生产经营者(以下称排污单位),应当依照本条例规定申请取得排污许可证;未取得排污许可证的,不得排放污染物。"根据环境容量和环境要素的差异,环境容量可以分为土壤环境容量、水环境容量、大气环境容量和生物环境容量等,以该分类为基础可以派生出包括土壤排污权、水体排污权等在内的排污权分类体系。在广义视角上,碳排放权也是一种排污权,碳排放权具有前置行政许可程序、客体相对特定等特性,与排污权的特性契合,[4] 是一种以大气对二氧化碳的承载力为客体的环境容量使用权。

二是自然资源担保物权,是以自然资源准用益物权为客体的担保物权。自然资源权利抵押人是合法取得自然资源用益物权的自然人、法人或者非法人团体,并且其拥有的自然资源准用益物权依法可以流转;自然资源权利抵押权人是债权合同关系中的债权人。自然

---

〔1〕 参见李显冬、唐荣娜:《论我国物权法上的准用益物权》,载《河南省政法管理干部学院学报》2007 年第 5 期。
〔2〕 参见李显冬、牟彤:《完善准物权理论以健全自然资源资产产权制度》,载《中国国土资源经济》2014 年第 2 期。
〔3〕 参见邓海峰:《环境容量的准物权化及其权利构成》,载《中国法学》2005 年第 4 期。
〔4〕 参见刘自俊、贾爱玲:《论碳排放权的法律性质——准用益物权》,载《环境污染与防治》2013 年第 10 期。

资源担保物权的形式主要是权利抵押,能够设定抵押的权利即自然资源抵押权的客体主要是自然资源准用益物权,环境资源所有权不能设定抵押,因为自然资源所有权不能转让,不能被优先受偿。[1]《民法典》(2020 年公布)第 395 条规定:“债务人或者第三人有权处分的下列财产可以抵押:(一)建筑物和其他土地附着物;(二)建设用地使用权;(三)海域使用权;(四)生产设备、原材料、半成品、产品;(五)正在建造的建筑物、船舶、航空器;(六)交通运输工具;(七)法律、行政法规未禁止抵押的其他财产。抵押人可以将前款所列财产一并抵押。”该条的规范逻辑为“法无禁止即可为”,因此,取水权、采矿权、采伐权、捕捞权、狩猎权等能够依法成为自然资源抵押权的客体。《民法典》(2020 年公布)第 440 条规定:“债务人或者第三人有权处分的下列权利可以出质:……(七)法律、行政法规规定可以出质的其他财产权利。”该条的规范逻辑为“法无授权不可为”,因此除非有法律特别规定,否则自然资源准用益物权不能够成为质权的客体。其他法律法规以及地方性法规进一步规定了可以设置自然资源担保物权的客体。《森林法》(2019 年修订)第 62 条规定:“国家通过贴息、林权收储担保补助等措施,鼓励和引导金融机构开展涉林抵押贷款、林农信用贷款等符合林业特点的信贷业务,扶持林权收储机构进行市场化收储担保。”森林资源权利能够作为担保客体设立自然资源担保物权。排污权也是自然资源担保物权的客体,许多地区出台了有关排污权抵押的规范,如《浙江省排污权抵质押贷款操作指引(暂行)》(2022 年公布)、《江苏省排污权抵押贷款管理办法(试行)》(2020 年公布)以及《珠海市排污权抵押贷款指导意见》(2017 年公布)等。碳排放权也能够作为自然资源担保物权的客体,但实践中就碳排放权担保的担保方式还存在较大争议。

三是环境相邻权,是指基于环境保护的客观要求而发生的一定范围和限度内的相邻关系中法律关系主体依法享有的权利的总称。权利人因为利用自己或他人的不动产从事经营开发活动或因日常生活产生废水、废气、废渣、粉尘、辐射、噪声、震动等侵害,危害到相邻人的财产、人身利益或生活环境的,如果侵害超过社会容许的限度,则是侵犯了环境相邻权。[2] 传统的相邻权要求的是不动产的紧密相接,而根据环境相邻权制度理论,不再要求两块土地在位置上相互邻接,倾向于结合损害的结果来考量是否应当运用环境相邻权制度来调整相关法律关系。《民法典》(2020 年公布)“物权编”第二分编“所有权”第七章规制了相邻关系问题。《民法典》(2020 年公布)第 290 条规定:“不动产权利人应当为相邻权利人用水、排水提供必要的便利。对自然流水的利用,应当在不动产的相邻权利人之间合理分配。对自然流水的排放,应当尊重自然流向。”第 293 条规定:“建造建筑物,不得违反国家有关工程建设标准,不得妨碍相邻建筑物的通风、采光和日照。”第 294 条规定:“不动产权利人不得违反国家规定弃置固体废物,排放大气污染物、水污染物、土壤污染物、噪声、光辐射、电磁辐射等有害物质。”上述规定均是关于环境相邻权的规定。除《民法典》(2020 年

---

[1] 参见黄锡生、梁伟:《自然资源物权法律关系理论探析》,载《西南政法大学学报》2007 年第 6 期。
[2] 参见王明远:《相邻关系制度的调整与环境侵权的救济》,载《法学研究》1999 年第 3 期。

公布）外，我国公法领域有关环境相邻关系法律制度的相关规定散落于各类污染防治法以及一些地方性法规之中，如《环境保护法》（2014年修订）和《水污染防治法》（2017年修正）等。对于特定环境要素的利用所涉及的相邻关系，如就采光权、通风权所涉及的相邻关系，主要涉及空间格局规划、设计问题，我国实行的《建筑法》（2019年修正）、《建设工程质量管理条例》（2019年修订）、《城市居住区规划设计规范》（2016年修订）以及《城市居住区规划设计标准》（2018年公布）等一系列国家建设法律法规与地方性法规对建筑物层高和间距等相关技术标准作出了相应规定。

3. 环境债权

环境债权是指行为人实施污染环境的行为造成环境侵权，从而产生的债权债务关系。在环境债权中，被侵权者即债权人，就环境侵权造成的人身权、财产权、环境权益等合法权益的损害对环境侵权行为人具有请求权。环境侵权行为人实施污染生态环境的行为，包括损害公民私人利益和损害生态自然环境两个方面，因此污染者应从公益和私益两个方面来承担环境侵权责任。[1]

（二）关于自然的权利

随着环境问题在全球范围内受到广泛关注，可持续发展与绿色生活的理念深入人心，“自然的权利”及其相关理论开始在思想界和实务界产生重要影响。自然的权利是自然界中自然物的权利。自然的权利的支持者认为，动物、植物和微生物有按照生态学规律继续存在下去的权利，自然景观也有按照其原有的状态存在下去的权利。所有自然物按照生态学规律的存在都是权利与义务的统一，任何生物和非生命体都具有生态学规律规定的存在权利，同时具有生态学规律规定的义务。自然意志、自然法则、自然力量不允许任何生物以及非生命体只行使存在权利而不履行存在义务，也不要求任何生物只履行存在的义务而不行使存在的权利。[2]

自然的权利的产生受到非人类中心主义的影响。对权利的理解存在人类中心主义和非人类中心主义两种观点，虽然它们都提倡保护环境，但它们立足于不同的环境伦理价值观。人类中心主义否定自然物具有内在价值，认为人类关怀环境、保护环境是为了人类的长远利益，因为对环境的破坏最终会造成人类的损害；非人类中心主义认为自然存在物具有内在价值，人类关怀环境、保护环境并不完全为关怀人和保护人。体现非人类中心主义的学说有动物权利论、生物中心主义和生态中心主义等理论学说，这些理论的区别在于它们将权利赋予不同范围的自然物。动物权利论者认为应当把“平等地关心所有当事人的利益”这一伦理原则扩展到动物之上；生物中心主义主张一切生命有与人绝对平等的权利；生态中心主义把权利主体的范围扩展到整个生态系统，认为所有生物以及自然系统都拥有其

---

〔1〕 参见王明远：《环境侵权救济法律制度》，中国法制出版社2001年版，第13页。

〔2〕 参见张锋：《自然的权利》，山东人民出版社2006年版，第2－8页。

目的或者目标,所以都拥有内在价值和存在下去的权利。

支持自然的权利的理由包括[1]:第一,权利本身就是一个开放和发展的概念。历史上无论是有生命的儿童、妇女、胎儿、印第安人、黑人还是无生命的公司、民族、国家都不被认为是权利的主体,纵观法律史,权利每一次扩展到新的实体,在那时都有点儿难以想象。“自然的权利”这一概念处在少数派权利扩大的历史延长线上,自然权利思想的合理性在于它是权利概念延伸的一个当然结果。第二,人类中心主义不可能完全解决好人与自然的关系问题。在人类中心主义背景下,随着科学的发展、技术的进步,人们常常认为自己支配、改造自然的能力在迅速加强,而没有意识到人们不能自由地选择自己的技术基础和技术手段。工具理性的合理性主导发展的方向,功利性则影响技术手段的选择和利用,技术没有使人获得自然中的真正自由,人越是控制自然,自然就越控制人、报复人,人对自然的控制只能获得局部的、暂时的胜利。第三,自然的权利具有转化为在法律上具有可操作性的可能。自然的权利并不依赖自然的责任能力,法律中一直都认可无责任能力的权利主体的存在。自然的权利可以通过代理人即人或者人的组织来代表自然行使。可以像处理无行为能力人的法律问题那样处理自然物的法律问题。现实中并不缺乏愿意为自然物提供监护的“监护人”,如环保组织。[2] 第四,自然权利理论已在法律实践领域展开,以自然权利为权利基础的诉讼在当今世界一些国家已经出现,如“鲸鱼社区诉布什案”、“帕里拉鸟系列案”等,而其结果并未像在理论探讨中所担忧的那么“荒谬”和“混乱”。国际条约中也有关于自然权利的规定,如1982年《世界自然宪章》序言指出:“人类是自然的一部分,生命有赖于自然系统的功能维持不坠,以保证能源和养料的供应。”“每种生命形式都是独特的,无论对人类的价值如何,都应得到尊重,为了给予其他有机体这样的承认,人类必须受行为道德准则的约束。”这些规定是对自然权利的主张。

批判自然的权利的观点认为[3]:第一,权利具有属人性,能够成为权利主体的只能是人——包括人的特定群体或者人类整体。尽管有观点认为人可做自然和动物的“代理人”,但是人不可能真正理解自然物,自然物的需求只不过是反映人的需求,自然物需求权利只不过是代理人的任意推测。第二,即使承认自然的权利,其权利义务也不具有对等性。如果承认自然是权利主体,那么它在享受权利的同时应当承担义务,但自然如何承担义务是一个问题。第三,主张自然权利不具有现实性。如果自然有权利,它如何主张?最有代表性的回答是“代理人”制度,但既然是“代理”,“代理人”如何从其被代理“人”那里得到指示呢?例如,为动物设立代理人,假设家养的宠物可以将其主人设定为代理人,那么对于数量庞大、种类繁多的野生动物,又该如何设定代理人?第四,自然权利的不可操作性。当权利发生冲突时,需要寻求纠纷解决机制的裁断与救济,但负责裁断与救济只可能是人类

---

〔1〕 参见张锋:《自然的权利——环境伦理的一个法学视角》,中国海洋大学2005年博士学位论文,第71-83页。

〔2〕 参见[美]克里斯托弗·D. 斯通:《树应该有诉讼资格吗?——迈向自然物的法律权利》,王明远译,载《清华法治论衡》2010年第1期。

〔3〕 参见张锋:《自然的权利——环境伦理的一个法学视角》,中国海洋大学2005年博士学位论文,第65-71页。

社会的法庭,裁判者永远是人类,这有违“任何人不得为自己的法官”的自然正义原则。当自然物与自然物之间的“权利”发生冲突时,又该如何解决?“如果我们相信所有物种有平等权利,那么就没有任何物种应该在遗传学方面受到控制,或者是为了其他物种的福利而被杀死”[1],这显然是荒谬的。

实际上,自然显示出的价值是通过人类以自己的需要出发而赋值的,因此不能诉求人与自然存在物的平等地位。人有保护世界物种多样性、尊重自然、维护生存环境的义务,这种义务来自人类对自身的道德行为关系的调整,而不是出于人类为自然的目的所作出的选择。人类对环境问题和生态破坏负有道德责任,主要是因为人类生存和社会发展的需要以及对子孙后代利益的关注,人类的生存不能离开自然,保护环境最终是为了人类的整体利益——包括当代人的利益与后代人的利益——而服务的。“自然的权利”实质上是未来世代的权利。

后代人权利理论是美国著名哲学家约尔·范伯格于1971年在《动物与未来世代的权利》一文中明确提出的。此后,后代人权利理论因环境危机的频发以及人们环境保护意识的增强而得到发展,并得到众多学者的支持。[2] 后代人权利理论对实务界产生了广泛的影响,出现了不少相关的立法和司法实践。许多有关环境保护的国际条约、宣言都明确保护未来世代的权利或者利益,并使用“后代人”这一称谓。1972年《联合国人类环境会议宣言》第6条“共同的原则”载明:“……为了在自然界里取得自由,人类必须利用知识在同自然合作的情况下建设一个较好的环境。为了这一代和将来的世世代代,保护和改善人类环境已经成为人类一个紧迫的目标,这个目标同争取和平、全世界的经济与社会发展这两个既定的基本目标共同和协调地实现。”第2条“共同的信念”载明:“为了这一代和将来的世世代代的利益,地球上的自然资源,其中包括空气、水、土地、植物和动物,特别是自然生态类中具有代表性的标本,必须通过周密计划或适当管理加以保护。”

1969年《美国国家环境政策法》将满足后代人的需求设定为立法目的之一:“联邦政府将与各州及地方政府以及有关之公共与私人团体合作,采取所有切实可行之手段与措施,包括财政及技术上援助,发展并增进一般福祉,创造并维持人类与自然得以共处于积极和谐之各种生存条件,以满足当代我国人民及其后代子孙对于社会、经济及其他方面之需要。”“国家应:一、履行每一世代均应为其后代子孙之环境尽保管人之责任……”2002年《俄罗斯联邦环境保护法》序言规定:“本联邦法确立环境保护领域国家政策的法律基础,以保证平衡地解决各项社会经济任务,保持良好的环境、生物多样性和自然资源,其目的是满足当代人和未来世世代代的需要、加强环境保护领域的法律秩序和保障生态安全。”

在司法中,国际法院的部分法官已接受后代人权利理论。[3] 如1993年丹麦诉挪威的

---

[1] [美]W. H. 默迪:《一种现代的人类中心主义》,章建刚译,载《哲学译丛》1999年第2期。

[2] 参见刘卫先:《后代人权利理论批判》,载《法学研究》2010年第6期。

[3] 参见刘卫先:《后代人权利理论批判》,载《法学研究》2010年第6期。

"东格陵兰岛海洋划界纠纷案",在讨论"全球范围内的平等"问题时,卫拉曼特雷法官在他的个人意见书中指出:"考虑到未来世代遗产中的自然力的因素,应当表明基于公平分配观念的原则和态度,这种公平分配从横向看可以适用于当代人,从纵向看还考虑了后代人的利益。"在个别国家的国内法院判决中,后代人权利也得到了认可,其中菲律宾"热带雨林出租案"影响最为广泛。[1] 45 名菲律宾儿童声称他们代表"他们这一代以及尚未出生的后代",并由他们的父母代表他们,在"菲律宾生态网组织"负责人的代理下,于 1990 年对被告"菲律宾环境与自然资源部部长"向菲律宾马卡蒂地区审判法院提起诉讼,要求被告"取消所有国内的木材许可合同并停止接受、审查、更新或批准新的木材许可合同"。初审法院驳回了原告的诉讼请求,原告不服并向菲律宾最高法院提起要求复审的特殊民事诉讼,菲律宾最高法院最终推翻原审判决,支持上诉方请求,将此案发回重审。

三、与环境保护相关的程序性权利

(一)知情权

环境知情权是指公众获得其所生活的地区、本国乃至他国的环境现实状况、管理状况等信息的权利,意味着社会成员有权依法获取、知悉与环境问题和环境政策有关的环境信息,[2]这不仅关系到公众基本权利的保护,而且有助于推进生态环境保护目标的实现,具有重要的现实意义。

《环境保护法》(2014 年修订)第五章"信息公开和公众参与"不仅规定"公民、法人和其他组织"为代表的社会公众依法享有"获取环境信息的权利",而且对公众环境知情权的义务主体、侵害救济等问题作了明确规定。它拓宽了政府这一关键义务主体的范围,有限度地确立了企业的义务主体地位,规定了"环评项目"的信息公开制度并初步构建了公众环境知情权救济机制。[3] 其中第 53 条规定:"公民、法人和其他组织依法享有获取环境信息、参与和监督环境保护的权利。各级人民政府环境保护主管部门和其他负有环境保护监督管理职责的部门,应当依法公开环境信息、完善公众参与程序,为公民、法人和其他组织参与和监督环境保护提供便利。"本条确认了获取环境信息、参与环境保护和监督环境保护三项具体的环境权利,并明确了相关权利的保障机制。

此外,《环境影响评价法》(2018 年修正)、《大气污染防治法》(2018 年修正)和《清洁生产促进法》(2012 年修正)等法律,以及《政府信息公开条例》(2019 年修订)和《企业环境信息依法披露管理办法》(2021 年公布)等法规、规章也为环境知情权提供了制度保障。为了保障公众的知情权,国家建立了决策信息公开与披露制度,要求政府阳光行政,增加行政决策的透明度。

---

[1] 参见邓熙晓:《论"热带雨林出租案"对环境法制建设的贡献》,中国海洋大学 2012 年硕士学位论文,第 5 – 7 页。
[2] 参见王文革:《环境知情权保护立法研究》,中国法制出版社 2012 年版,第 1 页。
[3] 参见刘畅:《刍议公众环境知情权的实现——兼评新〈环境保护法〉之相应规定》,载《河北法学》2015 年第 10 期。

(二)参与权

公民环境参与权是指公众参与环境保护的权利,公众有权通过一定的途径参与环保决策或者与环保相关的活动。主要表现为:公众参与环境法律制定的权利、参与环境行政管理的权利、参与环境诉讼的权利。

参与环境法律制定的权利,是指公民通过各种途径和方式,影响生态法律制定过程和结果的权利。在生态环境法律制定的过程中,公民可以自由表达自己的观点,积极建言献策。在法律颁布实施后,公民还有权对该法律制定的结果提出修改、撤销或者废止的建议。我国《立法法》(2023 年修正)明确规定了法律、行政法规、地方性法规制定过程中公众参与的方式。除直接按照法定程序参与立法外,公民还可以通过选举人大代表的方式间接参与生态环境法律的制定。

参与环境行政管理的权利,是指公民在生态环境法律制度的实施以及行政管理过程中有参与决策的权利。《环境保护法》(2014 年修订)和《环境影响评价法》(2018 年修正)明确规定了公众参与环境管理的权利,鼓励有关单位、专家和公众以适当方式参与环境行政管理,《行政许可法》(2019 年修正)对公众参与听证的条件和程序作了详细规定。公民可通过参加听证会的形式,针对与自身生态利益相关的事项,进行充分的讨论和评价,并提出有针对性的对策建议。行政机关应当对有关利害关系人和公众意见及时作出回应,并根据实际情况作出决定。

参与环境诉讼的权利,是指公民在生态保护中有参与诉讼的权利。除环境侵权诉讼外,我国《行政许可法》(2019 年修正)规定了公民提起行政诉讼的诉权。《行政许可法》(2019 年修正)第 7 条规定:“公民、法人或者其他组织对行政机关实施行政许可,享有陈述权、申辩权;有权依法申请行政复议或者提起行政诉讼;其合法权益因行政机关违法实施行政许可受到损害的,有权依法要求赔偿。”公众有权依法对行政机关设定或者实施的环境与资源行政许可申请行政复议或者提起行政诉讼。虽然我国公益诉讼并未规定公民参与公益诉讼的权利,但是公民可以以举报人、证人、鉴定人、旁听者的身份参与生态环境公益诉讼。

(三)监督权

公民环境监督权是指公民为保护和实现环境利益,对任何单位或个人的环境违法行为以及相关政府部门或工作人员不依法履职的行政不作为,向有关机关采取投诉、举报等多种措施进行监督的权利。我国《宪法》(2018 年修正)第 41 条规定公民拥有批评、建议、申诉、控告、检举的基本权利。国家机关及国家工作人员有接受公民监督(这种监督主要表现为对公职身份的监督、对公职行为的监督)的义务。《环境保护法》(2014 年修订)第 53 条、《水污染防治法》(2017 年修正)第 11 条、《海洋环境保护法》(2023 年修订)第 9 条和《水土保持法》(2010 年修订)第 8 条等明确规定公众依法享有监督环境保护的权利。

公民环境监督权包括三个方面的主要内容:第一,公民能够自由地决定是否对任何单位或个人的环境违法行为以及相关政府部门或工作人员不依法履职的行政不作为进行监督以及选择何种方式进行监督的权利。第二,公民在其监督权的行使遇到阻碍或其监督权受到侵害时,有权向有关国家机关请求就其监督权予以救济。第三,公民作为监督人的合法权益应当受到更为严格的保护。

(四)救济权

环境救济权是遭受环境损害时获得充分赔偿和补偿的权利。环境救济权是环境知情权与环境参与权必不可少的补充,是对环境损害的事后救济。1998 年联合国欧洲经济委员会(UNECE)在丹麦奥胡斯签订通过了《奥胡斯公约》。《奥胡斯公约》明确规定"公众要有获得环境司法救济的权利"。此外,《奥胡斯公约》还对环境知情权、公众参与权受到侵害时的救济进行了规定。其主要有两个方面:(1)公众的环境知情权受到有关公共机构的不当处理时,有权诉诸法院和其他独立、公正的机构;(2)在公众的决策参与权问题上,要保证公众可以就任何决策的实质合法性和程序合法性提起诉讼并得到司法救济。根据《奥胡斯公约》的规定,环境相关的司法救济既包括对一般性环境损害进行法律救济,即对环境实体权利的救济,也包括对环境知情权、公众参与权等环境程序保障性权利受到侵害的救济。

环境救济权的实现途径主要包括自力救济与公力救济两种。环境自力救济是指遭受环境损害的受害人无法通过公力手段获得救济时,为了保护其合法的环境权益,而自行对加害人及其设施采取行动造成适当损害的行为。环境公力救济包括行政救济与司法救济,行政救济即代表公权力的行政机关提供相应的准司法救济;司法救济即环境诉讼,具体包括环境私益诉讼与环境公益诉讼。环境公力救济是保护公众环境权的主要手段。

我国环境单行法大多规定了环境救济权,如《环境保护法》(2014 年修订)第 58 条规定了司法救济途径,确立了符合条件的社会组织的环境诉权。一些污染防治法也规定了行政救济与司法救济,如《水污染防治法》(2017 年修正)第 97 条规定:"因水污染引起的损害赔偿责任和赔偿金额的纠纷,可以根据当事人的请求,由环境保护主管部门或者海事管理机构、渔业主管部门按照职责分工调解处理;调解不成的,当事人可以向人民法院提起诉讼。当事人也可以直接向人民法院提起诉讼。"

此外,我国在环境损害司法救济方面还形成了"公私并行、六诉并存"的基本架构,[1]"六诉"包括检察机关提起的环境行政公益诉讼、刑事诉讼、刑事附带民事公益诉讼、环境民事公益诉讼、社会组织提起的环境民事公益诉讼以及行政机关提起的生态环境损害赔偿诉讼。

---

[1] 参见张宝:《我国环境公益保护机制的分化与整合》,载《湖南师范大学社会科学学报》2021 年第 2 期;程玉:《在功能主义与规范主义之间:生态损害责任的体系性控制》,载《清华法学》2024 年第 3 期。

第四节 国际人权视角下的环境权利

一、环境与人权的关系概述

(一)人权的基本内涵

"人权"是指作为一个人所应该享有的权利,是一个人为满足其生存和发展需要而应当享有的权利。从一般意义上说,人权是人的价值的社会承认,是人区别于动物的观念上的、道德上的、政治上的和法律上的标准。人的身份是其享有人权的充足理由,每个人都是人权的主体。[1] 人权被誉为近现代政治哲学和宪法法律的主要成就之一,其古典根源可追溯到古希腊和古罗马的政治法律思想,文艺复兴、宗教改革、自然法学说和资产阶级革命的发展使人权观念最终形成并迅速传播。现代人权观念是在第二次世界大战期间和战后被提出并得到系统阐述的,体现了人们对普遍人权的迫切需要和真切追求。

人权作为一种道德权利,不依赖实证法的规定。法律只是保障人权的基本手段,而不是人权的来源。第二次世界大战以后人权国际保护的理论和实践得到了迅速发展,主要表现为人权立法逐渐完善,国际人权保障机制日益发展,人权基本成为"法律制度中的人权"。1945 年联合国成立后,《联合国宪章》为避免两次世界大战期间的反人类罪行再度上演,重申基本人权、人格尊严与价值以及性别平等、国家平等之信念,宣布"对人类家庭所有成员的固有尊严及其平等的和不移的权利的承认,乃是世界自由、正义与和平的基础"。1948 年 12 月 10 日联合国大会通过了《世界人权宣言》,宣告"人人生而自由,在尊严和权利上一律平等",首次阐述了人类家庭所有成员的固有尊严和普遍人权,并将其作为各国努力实现的共同目标。

(二)环境人权的概念与提出背景

由于日趋严重的环境问题威胁了人类的生存权、发展权、健康权和充足的生活水准权等基本人权,环境问题已经成为全球亟须共同应对的巨大挑战。环境人权问题最早由联邦德国的医生提出。1960 年他向欧洲人权委员会提出控告,认为"向北海倾倒原子废弃物"的行为违反了《欧洲人权公约》中关于保障清洁卫生环境的规定,侵犯了公民的人权,从而引发了是否要将环境权追加纳入欧洲人权清单的讨论。20 世纪 70 年代初,著名国际法学家雷诺卡辛向海牙研究院提交了一份报告,提出要扩展现有的人权原则,原因是人类有免受污染和在清洁的空气和水环境中生存的权利。1970 年 3 月,国际社会科学评议会在东京召开公害问题国际座谈会,其随后发表的《东京宣言》第 5 项明确提出:"作为一种基本人

---

[1] 参见张文显主编:《法理学》(第 2 版),高等教育出版社 2003 年版,第 380 页。

权,每个人享有健康和福利等要素的环境的权利,后代人享有富有自然美的自然资源的权利,并在法律体系中进行规定。”1972 年联合国召开第一次人类环境会议,《联合国人类环境会议宣言》第 1 条明确提出:“人类有权在一种能够过尊严和福利的生活环境中,享有自由、平等和充足的生活条件的基本权利,并且负有保护和改善这一代和将来的世世代代的环境的庄严责任。”该条款明确提出了环境权利的同时,还强调了人类负有对环境的责任。1992 年《里约宣言》指出:“人类处在普受关注的可持续发展问题的中心,他们享有以与自然相和谐的方式过健康而富有生产成果的生活的权利”,再次指明环境保护与人权的密切交互性。

二、环境保护基本权利的国际法渊源

(一)普遍意义的国际法渊源

1.《联合国宪章》

1945 年《联合国宪章》为国际人权法的发展奠定了法律和概念上的基础,是最早与国际人权保障相关的国际法律文件。它重申了基本人权原则,首次将基本人权定型并进行原则化,为基本人权保护设定了共同标准。作为一个有法律约束力的文件,该宪章为联合国在人权领域采取具体措施和行动提供了法律依据。

《联合国宪章》在序言中阐释其目的是“重申基本人权,人格尊严与价值,以及男女与大小各国平等权利之信念”,第 1 条开宗明义地表达了基本人权的核心指向,即“不分种族、性别、语言、或宗教、增进并激励对于全体人类之人权及基本自由之尊重”。除了在序言部分明确重申基本人权信念外,还通过其他条款进一步阐明了基本人权的范围。《联合国宪章》并非专门性人权保护的国际规范文件,只是对人权问题作了一般性和原则性规定,但对人权保护具有里程碑意义,此后的国际人权宪章以及专门性国际人权公约都是依据《联合国宪章》的人权条款制定并加以细化的。

《联合国宪章》未明确提及环境事项,但是第 55 条之规定[1]为促进环境保护打下了基础,提供了一个有利的社会环境,有益于消除环境对生存、发展、健康和社会进步的消极影响。《联合国宪章》强调政府应重视社会利益、经济利益和人权发展,规定了政府负有维持和平和安全、促进发展的义务,这些义务有利于对自然环境的保护。

2.《世界人权宣言》

1948 年《世界人权宣言》是第一个系统地提出尊重和保护基本人权具体内容的国际法律文件,具有开创性意义,该宣言对国际人权活动的发展产生了深远的影响,它提出了国际社会应当努力实现的共同人权标准,明确了基本人权的权利和基本自由形态。该宣言在第 1—3 条提出“人人生而自由,在尊严和权利上一律平等”“人人有权享有生命、自由和人身

---

〔1〕《联合国宪章》第 55 条规定:“为造成国际间以尊重人民平等权利及自决原则为根据之和平友好关系所必要之安定及福利条件起见,联合国应促进:(子)较高之生活程度,全民就业,及经济与社会进展。(丑)国际间经济、社会、卫生及有关问题之解决;国际间文化及教育合作。(寅)全体人类之人权及基本自由之普遍尊重与遵守,不分种族、性别、语言或宗教。”

安全”，确立了自由权、尊严权、生命权、安全权在人权体系中的基础定位，并在第3—28条规定了公民权利和政治权利、经济社会和文化权利等一系列基本人权。《世界人权宣言》基本沿袭了西方国家长期以来关于人权的观念和国内法律实践，规定了公民权利和政治权利及国家保护义务，突出维持国际秩序对实现人权的重要意义。[1]

《世界人权宣言》在内容上虽未涉及环境保护相关内容，但其后通过的《公民权利和政治权利国际公约》和《经济、社会及文化权利国际公约》细化了各类型人权的内容，指明了各国为实现人权保护必须采取的措施，为后续“绿化”人权提供了规范支撑。

3.《公民权利和政治权利国际公约》

1966年《公民权利和政治权利国际公约》在重申《世界人权宣言》内容的基础上，又确认了新的权利，如民族自决权、少数者的权利、人格尊严权以及儿童权利等。为了执行上述权利，该公约第2—5条还规定了缔约国应该承担的义务，并设立了专门的人权事务委员会。在《公民权利和政治权利国际公约》规定的多项权利中，与环境保护密切相关的是生命权、儿童权利和少数群体权利。针对环境保护与生命权的关系问题，人权事务委员会在2018年指出，“环境退化、气候变化和不可持续的发展对今世后代享有生命权构成了最紧迫和严重的威胁”[2]。空气污染、水污染等环境问题会严重危及人类生命并造成死亡，尤其是儿童和少数弱体质人群这类自身较为脆弱的社会群体极易遭受环境负面影响，以致其生命健康受损。生命权、健康权等基本人权的享有需要良好环境的外在支持，维护良好的环境质量就是保护基本人权。

4.《经济、社会及文化权利国际公约》

1966年《经济、社会及文化权利国际公约》是《世界人权宣言》关于经济、社会、文化权利的具体化，主要表现在对自决权和生存权方面的规定上。它拓展了西方国家对人权定义的外延，改变了将人权仅理解为公民政治权利的传统观念，丰富和扩大了人权的经济、社会权利。该公约共计31个条款，由序言和五个部分组成。序言部分重申了该公约的基本原则和思想基础，强调该公约中的权利建立在“人的固有尊严”基础之上，这些权利共同构筑了世界自由、正义与和平的基础。第1条确立了民族自决权，第6—15条规定了个人应享受的经济、社会和文化权利，具体包括工作权利与享受公正和良好的工作条件的权利，组织和参加工会的权利，享受社会保障（包括社会保险）的权利，家庭、妇女、儿童和少年受广泛保护和协助的权利等一系列权利。这些权利属于积极权利的范畴，要求国家采取措施予以保障。

从内容上看，《经济、社会及文化权利国际公约》细化了《世界人权宣言》规定的内容并有新的发展，其中工作权、适当生活水准权、健康权与环境保护直接关联。联合国经济、社

---

[1] 参见［瑞典］格德门德尔·阿尔弗雷德松、［挪威］阿斯布佐恩·艾德编：《〈世界人权宣言〉：努力实现的共同标准》，中国人权研究会组织译，四川人民出版社1999年版，第5页。

[2] 联合国人权事务委员会：《关于生命权第36号一般性意见的决议》，载联合国人权高专办数据库2018年10月23日，https://documents.un.org/doc/undoc/gen/g19/261/15/pdf/g1926115.pdf。

会、文化权利委员会指出影响健康权的基本决定因素中就包括“有益健康的环境”。[1] 当前全球气候变化导致极端天气增多,粮食供应、获取和利用受到极大影响,粮食安全面临的风险增加,对维护人们享有的以食物权为核心的生活水准权构成威胁。由此可见,经济、社会、文化权利与公民享有良好的环境质量具有内在联系。

5.《发展权利宣言》

发展权是人权体系中最富有新意的部分。国际社会对发展权的确立历程起步于《联合国宪章》“较高之生活程度,全民就业,及经济与社会发展”的规定,并在一系列国际人权公约和国际人权法中阐述了发展和保障人权之间的关系。1970 年联合国人权委员会提出“发展权是一项人权,因为人类没有发展就不能生存”的观点,这一观点得到了发展中国家尤其是遭受不合理不公正的国际经济政治秩序束缚的第三世界国家的高度赞同。随后在 1979 年联合国大会通过的《关于发展权的决议》强调发展权利是一项人权,平等的发展机会是各个国家的特权。这是“发展权”概念首次出现在联合国大会决议中,具有重大的国际意义。

1986 年 12 月联合国通过的《发展权利宣言》全面阐述了发展权的基本内容:发展机会均等是国家和组成国家的个人的权利。发展权作为一项不可剥夺的人权,一方面要保证每个人都有参与发展的权利,为所有人创造公正有利的工作条件;另一方面要充分实现民族自决权,包括对国家内的自然资源和财富行使不可剥夺的完全主权。发展权也涉及环境问题,关于环境保护和发展关系的讨论从第二次世界大战后的“对立说”逐步演变到当下提倡的“可持续发展说”,即发展权是基本人权的体现。[2] 环境问题因发展而产生,但解决环境问题的出路也要依靠发展。面对发展权利和环境权利的矛盾,可持续发展成为科学解决之道,可持续发展理论中的代际公平呼应了环境保护和发展两者互为依托、不可偏废的基本理念。

(二)涉及环境权利的特定国际法渊源

1. 特殊主体权利保障公约

特殊群体即弱势群体,指的是在社会结构某一层面处于边缘或者底层地位,因社会性资源占有的差异性处于不利地位,需要法律予以特别保护的社会群体,如妇女、儿童、残疾人和原住居民等,主要特征表现为经济利益贫困、生活质量较低、政治参与度不高和心理承

---

〔1〕 参见联合国经济、社会、文化权利委员会:《联合国经济、社会、文化权利委员会关于健康权的第 14 号一般性意见》,载联合国人权高专办数据库 2000 年 8 月 11 日,https://documents.un.org/doc/undoc/gen/g00/439/33/pdf/g0043933.pdf。

〔2〕 从世界各国的发展看,环境保护和发展之间的关系由“对立”走向“可持续”。前者是指在各国发展初期,环境保护和发展是矛盾两端,各国为了促进经济增长只能以污染环境为代价,走“先污染后治理”的路线,这一时期各国对发展的需求高于环境保护。发展后期,各国意识到环境保护和发展之间的相互促进关系,经济发展需要与环境保护相协调,不得以牺牲环境为代价谋求经济发展,可持续发展理念较好地反映了经济、社会和环境保护三者间的协调关系。

受能力弱。从环境权利保障的角度看,国际人权法对妇女、儿童和原住居民进行了特别关注。

1979年联合国大会通过的《消除对妇女一切形式歧视公约》是第一个把性别平等和非歧视进行法律化的国际条约,其以男女平等和保障妇女人权为基本原则,被公认为国际妇女人权宪章。从内容上看,《消除对妇女一切形式歧视公约》没有明确规定妇女享有良好环境的权利,但与环境保护相关的条款即第14条第2款第(f)项和第14条第2款第(h)项预设了性别不平等的前提下环境破坏会对妇女产生更大的负面影响。[1] 尽管该专门性公约意识到并立意扭转妇女在环境危机中的弱势地位,但未能提供具体对策。[2] 联合国特别报告员在实地调研中发现气候变化导致的水资源短缺严重阻碍了妇女权利的实现,据此提出具有普遍指导意义的"基于人权的水治理方案",其目的在于为妇女赋权、增强妇女行权能力,确保妇女能够平等地享有获取信息、参与决策、诉诸司法以及分享水资源惠益的权利,发挥妇女在环境管理中的主体地位。

《儿童权利公约》(1989年)是国际社会保护儿童权利最重要、内容最全面的法律文件。该公约由序言和54项条款组成,其中第1—41条是实质性条款,涉及儿童的定义、基本原则、生存权、受保护权、发展权和参与权的具体内容。在内容方面,《儿童权利公约》(1989年)没有直接提到儿童享有健康环境的权利,但是第24(1)条[3]规定了儿童享有最高健康标准的权利。以气候变化为例,儿童往往缺乏应对不稳定气候风险的能力和自我保护意识,故受到气候变化的伤害最大且持续时间最长。这也是"朱莉安娜诉美国案"[4]、"Duarte Agostinho 等人诉葡萄牙和32国案"[5]等维护儿童权利的人权诉讼的事实依据。2023年8月美国蒙大拿州地区法院 Kathy Seeley 法官在"Rikki Held 等人诉蒙大拿州政府案"的判决书中肯定了气候变化危害儿童享有的生存权利的事实。[6] 联合国特别报告员从保护儿童生命权、健康权的角度提出,按照《儿童权利公约》(1989年)的立约宗旨,各国应当以保护儿童享有最高标准的健康权为目标采取保护措施,同时敦促各国在设计、执行

[1] 联合国《消除对妇女一切形式歧视公约》第14条第2款规定:"……(f)参加一切社区活动……(h)享受适当的生活条件,特别是在住房、卫生、水电供应、交通和通讯方面。"

[2] 参见消除对妇女歧视委员会:《CEDAW/C/GC/37:消除对妇女歧视委员会关于气候变化背景下减少灾害风险所涉性别方面的第37(2018)号一般性建议》,载联合国人权高专办数据库2018年3月13日,https://www.ohchr.org/zh/documents/general-comments-and-recommendations/general-recommendation-no37-2018-gender-related。

[3] 联合国《儿童权利公约》(1989年)第24(1)条规定:"缔约国确认儿童有权享有可达到的最高标准的健康,并享有医疗和康复设施;缔约国应努力确保没有任何儿童被剥夺获得这种保健服务的权利。"

[4] Juliana v. United States 被称为"青少年气候诉讼案"(Youth Climate Lawsuit),原告是一群年轻人,其控告美国政府未能采取足够的行动来应对气候变化,并损害了他们的未来权益,特别是违反了"生命、自由和财产"的保护。

[5] Duarte Agostinho and Others v. Portugal and 32 Other States, ECtHR, Application No. 39371/20, 4 February 2021 (ECtHR)。该案由葡萄牙年轻环保人士提起,以其生命权(《欧洲人权公约》第2条)、私生活和家庭生活权(《欧洲人权公约》第8条)以及免受歧视的权利(《欧洲人权公约》第14条)受到侵犯为由向欧洲人权法院提起诉讼。

[6] 2020年3月13日,Rikki Held 等蒙大拿州16名青年认为该州以化石燃料为基础的能源政策违反宪法规定,控告州政府、卫生部等政府机构,要求法院确认能源政策违宪并提供救济措施。2023年8月23日该案作出最终判决,这也是继2022年7月28日联合国大会通过第76/300号决议之后的司法判决。

和监测与气候变化有关的法律和政策时考虑到《巴黎协定》(2015年)所宣示的维护儿童权利和代际公平的宗旨。

原住居民的生存严重依赖自然环境,环境污染、资源退化都极易损害其享有的食物权和传统的土地资源利用权。[1] 2007年联合国通过《原住居民权利宣言》,明确了原住居民在土地、资源、文化等方面的基本权利,为今后原住居民相关的法律、政策、制度的制定提供了框架和标准,是维护原住居民权利历史上具有里程碑意义的事件。该宣言强调了国际社会对原住居民权利的关注和关怀。在程序上,要求相关主体在从事影响原住居民权利、生存、尊严和福祉的活动之前,必须保证原住居民的自由、优先和知情同意。实质权利层面,《原住居民权利宣言》第26条明确了原住居民享有的环境养护和环境保护权。在环境危机加速和气候变化加剧的背景下,社会保障机制的缺乏和薄弱,生态系统恶化、生物多样性减少同样会危及原住居民生存条件并引发环境卫生风险,危及其健康权甚至生命权。例如,在2022年"毛利人理事会诉新西兰案"中,原告认为新西兰政府未采取有效措施应对气候变化,损害了原住居民社区内的自然生态资源和文化资源。[2] 因此,联合国特别报告员呼吁各国应履行《巴黎协定》(2015年)规定的人权义务,尊重原住居民在气候行动中的自由权和事前知情同意权,并且遵守《生物多样性公约》(1992年)的相关规定,即在生物多样性资源开发前与原住居民和地方社区开展有关社会、文化和环境影响的评估并获得其同意。[3]

2. 区域人权法律文件

欧洲地区最早制定了与区域人权保护相关的法律文件。1950年欧洲理事会成员国根据《世界人权宣言》缔结了《欧洲人权公约》。该公约规定了12项公民权利与政治权利并设立了欧洲人权委员会和欧洲人权法院。此后该公约的相关议定书补充规定了13项基本的公民权利和政治权利。1961年通过的《欧洲社会宪章》进一步规定了19项基本经济、社会和文化权利与自由权,欧洲初步建立了一套系统的人权保护制度。从条文内容来看,《欧洲人权公约》没有明确人权与环境的直接联系,但是欧洲人权法院可以援引该公约规定的生存权、私人和家庭生活权、自由表达权和财产权等相关规定,通过扩张解释的方式将环境权利纳入人权保障体系,以此对环境污染、环境退化造成的公民权利受损案件进行审理和

---

[1] 例如,因为北极海冰减少削减土著人获取食物的能力、原住居民的土地部分或全部消失。一些气候减缓项目危及或侵犯了原住居民的权利,包括巴拿马的 Barro Blanco 水电项目、肯尼亚的水塔保护方案及减缓和适应气候变化方案以及洪都拉斯的 Agua Zarca 大坝。参见土著人权利特别报告员:《A/HRC/36/46:气候变化和气候资金对土著人民权利的影响——土著人民权利问题特别报告员的报告》,载联合国人权高专办数据库2017年11月1日,https://www.ohchr.org/zh/documents/thematic-reports/ahrc3646-report-special-rapporteur-rights-indigenous-peoples-climate。

[2] See Mataatua District Maori Council v. New Zealand, Waitangi Tribunal, WAI 2607, 16 January 2020 (New Zealand).

[3] 参见联合国消除种族歧视委员会:《CERD/C/SUR/CO/13-15:关于苏里南的第13-15次定期报告的结论性意见》,载联合国人权高专办数据库2015年8月11日,https://www.ohchr.org/zh/press-releases/2015/08/committee-elimination-racial-discrimination-considers-suriname。

裁判。

在美洲地区,1969 年美洲国家组织人权特别会议通过的《美洲人权公约》是保护和促进人权的基础性法律文件。该公约自生效以来一直是拉丁美洲以及加勒比地区保护人权的重要法律文书,随着环境问题的不断恶化,美洲地区逐渐认识到环境损害对人权的威胁。于是在 1988 年通过的《美洲人权公约补充议定书》(《圣萨尔瓦多议定书》)中对一些基本人权和自由进行了补充规定,其中第 11 条明确规定了公民享有健康环境的权利。泛美人权委员会(IACHR)在一份关于厄瓜多尔人权状况的报告中指出,严重的环境污染可能导致当地居民的身体疾病、损伤和折磨,侵害了作为人所应受到尊重的权利,并强调在抵制环境问题危害人类健康的过程中,个人需要有知情权、参与相关决策权和获得司法救助等权利。

在非洲地区,1981 年非洲统一组织制定了《非洲人权和民族权宪章》,该文件进一步强调了环境权利的重要性。该文件第 14 条将环境退化与财产权联系起来,反映出非洲区域法律对人权和环境的积极保护立场;第 21 条规定,一切民族均可自由处置其天然财富和资源;第 24 条规定,"所有民族都有权享有有利于其发展的、总体上满意的环境"。

综上可知,在环境保护问题上,国际法渊源通常采取对既有人权的扩张解释,将环境保护的理念注入传统的生命权、健康权、自由权概念,使传统人权涵摄环境权利,通过"绿化"人权体系实现对环境权利的保障。

三、独立环境人权的国际法发展

(一)独立环境人权的提出

《人权与环境原则宣言(草案)》(1994 年)最先开启了"环境与人权"议题的讨论。1988 年联合国人权委员会下属的小组委员会考虑到有毒、危险产品和废弃物转移对环境和人权的影响,通过第 1988/26 号决议特别指出,有毒、危险废品和废物的转移和倾倒对基本人权(包括对生活在健康环境中的权利)构成威胁。1989 年塞拉俱乐部法律防护基金提出了两项环境申诉,分别涉及危地马拉和厄瓜多尔的建设工程,小组委员会决定对环境和人权之间的关系进行研究。1990 年小组委员会通过第 1990/7 号决议,任命克森提尼为特别报告员,负责进行人权与环境的研究。1994 年特别报告员提交了人权与环境的最终报告,其中包括由专家组拟定的《人权与环境原则宣言(草案)》。该草案分为序言和五个部分,共 27 条。序言和第一部分重申了环境与人权的密切关系——考虑到对于人权的践踏导致环境的恶化,而环境的恶化亦可导致对人权的侵犯"(序言)。"人权、生态健全的环境、可持续发展与和平,是相互依存和不可分割的"(第 1 条)。第 2 条则明确宣示了独立的环境权:"所有人都有权享有安全、健康、生态良好的环境。"第二部分详细列举了环境权的实体方面的内容,如免于污染和环境退化的权利,享有安全、健康的食物、水和工作环境的权利等。第三部分规定了与环境权有关的程序性、救济性的权利,包括获得与环境有关的信息的权利,持有、发表和传播有关环境的观点和信息的权利,获得环境和人权方面的教育的权利,参与环境有关的计划和决策的权利,结社的权利,获得有效救济的权利。第四部分则规定了所有人与国家在保护和保全环境方面的义务和责任。第五部分共三条,规定了对于易受伤害人群应当给予特别关注、权利的限制等。从内容上看,该报告偏重强调环境与既有人权的关系,肯定了报告提出的"环境与人权之间存在密切关系"的基本观点以及所列举的环境实体权利和程序权利的内容,这为环境权利的人权转向提供了良好发端。[1]

《人权与环境框架原则》(2018 年)推动了环境人权议题的深入研究。2012 年至 2018 年,联合国人权理事会任命约翰·诺克斯为特别报告员,委托其对"与享有安全、清洁、健康及可持续之环境相关的人权义务"主题开展持续研究。2013 年 3 月,特别报告员提交给理事会第一份报告(A/HRC/22/43),强调了人权和环境相互依存的关系,以及生命权、健康权、食物权等基本人权的实现离不开良好的环境作为支撑,良好环境的维系也依赖信息权、参与权、救济权等(程序性权利)人权的行使。自 2014 年起,"与环境有关的人权义务"的主题研究涉及气候变化、生物多样性、儿童权利等多个领域。通过引证条约、机构、区域人权法庭等关于环境问题的条文规定、职责范围和司法活动等文献资料,特别报告员得出了"环境损害会侵害或威胁人权,根据人权法各国有义务保护人人免受环境损害的侵害"[2]的结论。联合国人权理事会认可了环境保护对享有和行使人权的重要性,并在 2015 年第 28/11 号决议中要求特别报告员继续开展如何"履行与享有安全、清洁、健康和可持续环境有关的人权义务"的研究。[3] 为了促进各成员国履行与享有安全、清洁、健康和可持续环境有关的人权义务,2018 年 3 月,特别报告员在人权理事会第 37 届会议上向人权理事会提交了《人权与环境框架原则》(A/HRC/37/59),[4]并将此作为各国理解和履行与环境有关的义务的文本。该框架原则的内容包括 16 项原则和 52 条评注,原则部分列明了各国根据人权法需要承担的与享有安全、清洁、健康和可持续环境有关的基本义务,评注部分则用来澄清每项原则的具体含义。16 项原则的主题分别是保护环境的义务、保障人权的义务、平等/不歧视、安全和受保护的工作环境、环境民主、环境教育、信息公开、环境影响评价、公众参与、诉诸环境司法、不倒退、环境标准的有效性、合作、弱势群体保护、原住居民保护、人权保障与可持续发展。原则 1 和原则 2 是基石性条款,强调了人权和环境保护相互依存的关系,指出安全、清洁、健康和可持续的环境是享有人权的必要条件,行使人权同样对环境

---

[1] 参见吴卫星:《环境人权在联合国系统之演进——联合国人权理事会第 48/13 号决议之评析》,载《人权法学》2022 年第 3 期。

[2] See *A/73/188*: *Report of the Special Rapporteur on the issue of human rights obligations relating to the enjoyment of a safe, clean, healthy and sustainable environment*, United Nations (July 19, 2018), https://www.ohchr.org/en/documents/thematic-reports/a73188-report-special-rapporteur-issue-human-rights-obligations-relating.

[3] 参见吴卫星:《环境人权在联合国系统之演进——联合国人权理事会第 48/13 号决议之评析》,载《人权法学》2022 年第 3 期。

[4] FRAMEWORK PRINCIPLES ON HUMAN RIGHTS AND THE ENVIRONMENT, https://www.ohchr.org/sites/default/files/FrameworkPrinciplesUserFriendlyVersion.pdf.

保护至关重要。特别报告员还建议联合国参考有关水权和卫生设施权的联合国大会决议,[1]其认为以决议的方式正式承认享有安全、清洁、健康和可持续环境的人权将促进国家承担采取人权规范保护环境资源的责任。此外,特别报告员还强调,环境保护是人类享有尊严、平等和自由的根基,各国应树立保障环境人权的基本观念。

2019 年《世界环境公约(草案)》是环境权利发展的里程碑性文件,旨在推动环境权利成为第三代基本人权。该公约的起草工作最初是民间活动,是由法国顶尖法律智库“法学家俱乐部”(Le Clubdes Juristes)下属的环境法委员会牵头实施。2018 年 5 月 10 日,联合国大会以 143 票赞成、6 票反对和 6 票弃权的表决结果通过了主题为“制定世界环境公约”的第 A/72/L. 51 号决议。该决议并未对上述公约草案本身进行表决,但是正式启动了联合国评估和审议制定“世界环境公约”可行性的工作程序。由此,该决议正式成为起草国际公约的蓝本,并对未来全球环境治理产生了深远影响。《世界环境公约(草案)》正文共 26 个条款,其中第 1—20 条是主体条款,主题分别包括享有生态良好的环境的权利、保护环境的义务、一体化和可持续发展、代际公平、预防原则、谨慎原则、环境损害、污染者付费、获取信息、公众参与、诉诸环境司法、教育和培训、研究和创新、非国家行为主体和地方实体的作用、环境规范的有效性、恢复力、不倒退、成员合作、与环境有关的武装冲突和国情多样性。第 1 条和第 2 条分别是关于环境权利和环境义务的条款,是该公约的基石性条款,是“本源性原则”(source principles)的宣示。第 3—20 条所规定的原则属于“衍生原则”(derived principles)。《世界环境公约(草案)》是国际社会尝试建立一体化全球环境治理机制的实践,其以环境人权为主线融贯了公民政治权利、经济社会文化权利和集体权利这三类人权领域,正文第 1 条规定了“对生态良好环境的权利”的独立环境人权,也是此概念在国际规范性文件中的首次使用。[2]

(二)独立环境人权的联合国大会决议

2018 年人权理事会特别报告员提交的第 A/73/188 号报告建议,联合国应该正式承认享有安全、清洁、健康和可持续环境的人权。该报告是联合国人权与环境系统研究的重要转折,表明人们意识到对环境权利的保护不应拘泥于传统绿化路径。在 2021 年 9 月 13 日召开的人权理事会第 48 届会议上,哥斯达黎加等 37 个国家提交了享有安全、清洁、健康和可持续环境的人权的决议草案。同年 10 月 8 日,人权理事会以 43 票赞成、0 票反对、4 票弃权通过了第 48/13 号决议,鉴于已有超过 155 个国家在国际协定、国家宪法、立法或者政策中承认了某种形式的健康环境权,人权理事会建议联合国大会对“享有清洁、健康和可持

---

[1] 2010 年 7 月 28 日,联合国大会通过了一项历史性决议,承认“享有安全和清洁饮水和卫生设施的权利是一项人权,这项人权对于充分享受生命和所有人权来说必不可少”(第 A/RES/64/292 号决议)。参见联合国大会:《享有饮水和卫生设施的人权》,载联合国人权高专办数据库 2010 年 7 月 28 日,https://documents. un. org/doc/undoc/gen/n09/479/34/pdf/n0947934. pdf。

[2] 参见彭亚媛:《全球环境治理视角下的〈世界环境公约(草案)〉》,载《中国国际私法与比较法年刊》2019 年第 1 期。

续环境的人权”进行审议。

2022 年 7 月 28 日,联合国大会通过了第 76/300 号关于《享有清洁、健康和可持续环境的人权》的决议,正式确立了环境人权的独立属性。该决议将环境权利从《世界环境公约(草案)》确立的“第三代基本人权”提升为“普遍权利”,为全球环境治理提供了更具有普遍意义的权利依据。该份决议从形式上肯定了独立环境人权的属性,但未能阐述其具体含义。2023 年 1 月,联合国人权事务高级专员办事处、联合国环境规划署和联合国开发计划署共同发表了报告《什么是享有健康的环境权利?》,从实质性要素(安全气候、清洁空气、生态系统和生物多样性、清洁饮用水、可持续的食物、无毒环境)和程序性要素(获取信息、公众参与、诉诸司法)两方面释义了“环境人权”。

“清洁”围绕空气和无毒无害环境展开,强调人们享有呼吸清洁空气的权利。为了有效规制空气污染、构建无毒无害环境,各国应积极履行国家环境保护义务,加快实施以清洁能源和清洁技术取代固体燃料和煤油的方案,在规制大气污染和有毒有害物质的法律制度中有效贯彻预防原则、谨慎原则和不歧视原则,并以人权理念激励政府、企业和个体履行环境保护义务。“健康”强调养护、保护、恢复生态系统和生物多样性与环境权利之间的关系,[1]也是环境人权的实质构成因素。在人与自然生命共同体理念下,国家应基于权利的方式制定和实施生物多样性战略,以基于自然的解决方式应对自然衰退和气候变化,这也是回应当前国际社会主张的“同一健康”理念,实现生物圈与人类社会共同健康的有效举措。享有可持续环境的权利表明了可持续发展目标与环境人权之间的关联,结合《2030 年可持续发展议程》设定的 17 项目标,其大多采取了基于人权的路径,目的是使所有人平等且有尊严地在健康的环境中发挥潜能。同时,可持续作为环境人权的主线在清洁空气、安全气候、健康生态系统等多份专题报告中得到了贯彻,其不单体现在生态保护和自然资源开发领域,也关涉以粮食可持续为核心的食物权的享有。

概言之,清洁、健康和可持续作为环境人权的实质性要素,既有其独特功能面向,也有共同核心指向,即始终围绕“环境人权”这一核心概念展开并服务于与环境权利相一致的共同目标。[2]

四、环境权利的国际人权司法保护机制

“无救济则无权利。”虽然很多国家从实体法层面确认了环境权,但该权利的可诉性和可司法性长期处于争论中。权利的可诉性,是指规定权利的法律规范能否被司法机关援引并作为裁判依据进行司法适用。[3] 环境权利的可诉性关涉环境权利在司法程序中能否得

[1] 参见《联合国专题报告 A/75/161》。

[2] 参见杜群、都仲秋:《环境权利的人权演进及其法治意蕴——以国际人权法为视角》,载《中国政法大学学报》2023 年第 6 期。

[3] 有学者将“justiciability”译为“可审判性”。参见汪习根:《法治社会的基本人权——发展权法律制度研究》,中国人民公安大学出版社 2002 年版,第 280 页。有学者将其表述为“可司法性”,有时表述为“可诉性”或“可受法院裁判性”。参见王晨光:《法律的可诉性——现代法治国家中法律的特征之一》,载《法学》1998 年第 8 期。

以适用及通过司法获得法律保护。基于上文所言,人权的内容具有确定性,人权的司法保护机制已经较为成熟,而国际法层面尚未建立实体性环境权。通过人权进路保护环境权利的优势在于:环境权纠纷和争议案件能够依据被承认的环境权利的独立人权属性而直接进入人权法院的管辖范围。

(一)人权司法机构和体系

国际人权宪章和其他人权国际公约规定,司法机关在公民基本权利遭受侵害时有责任对危害人权的行为进行责任追究并采取救济措施。国际人权法视野下,人权的司法保护体系具有专门性特征,人权受害者基于其受损权利的法律性质选择相应的救济路径。

在国际人权司法保障方面,国际法院和区域人权法院是主力军。《联合国宪章》(1945年)第7条确定了国际法院是联合国的司法机关,其宗旨是"解决国际间属于经济、社会、文化及人类福利性质之国际问题,增进并激励对于全体人类之人权及基本自由之尊重",上述规定成为国际法院促进和保护人权的规范基础。值得注意的是,国际法院并非专门性人权法院,不受理个人与国家之间的诉讼。国际法院需秉承以国家为中心的理念,处理国与国之间的法律争端并依据国际法规范作出判决,个人无权直接诉诸国际法院。在国际法院裁判的案件中,其对环境人权价值的认可已经有章可循。"匈牙利诉捷克斯洛伐克案"是国际法院面对的第一起经济发展和环境保护引起的冲突问题。该案的基本事实是:1977年匈牙利和捷克斯洛伐克决定共同在多瑙河上修建盖巴斯科夫大坝并签订了《布达佩斯条约》,1988年匈牙利政府出于环境保护的考量和河流生态利益高于经济利益的缘由中止了项目建设,相反捷克斯洛伐克并未终止建设并造成了环境灾难。对于捷克斯洛伐克是否违反《布达佩斯条约》(1977年)第15条规定的义务双方存在争议。最终在1993年匈牙利和捷克斯洛伐克共同决定将此案交由国际法院进行裁决。法院在审理过程中提及了可持续发展原则和代际公平的问题,明确了"保护环境是人权的重要组成部分"[1],也是从司法层面对《里约宣言》(1992年)关于环境保护与人权关系的积极回应。[2]

国际区域人权法院以欧洲人权法院、美洲人权法院和非洲人权和民族权法院为典型代表,其在保障人权方面也提供了诸多范例。美洲人权法院在"雅诺马米案"中为保护原住居民享有生命、自由和个人安全的权利,要求巴西政府采取及时有效的措施保障当地印第安人的利益。欧洲人权法院在审理"Lopez Ostra 诉西班牙案"时依据《欧洲人权公约》(1950年)第8条第1款之规定,指出"严重污染不仅会影响个人健康,还会涉及家庭和生活"。在"Arordelle 诉英国案"、"Powell and Rayner 诉英国案"、"Baggs 诉英国案"、"G. 和 E. 诉挪威案"、"Guerra 诉意大利案"等多个案件中,欧洲人权法院确认了污染对隐私权的干涉和

---

[1] Gabčíkovo – Nagymaros Project (Hungary/Slovakia) (Danube Dam Case), 1997 ICJ Rep. 7, at 88.

[2] 《里约宣言》宣布:"人类处在普受关注的可持续发展问题的中心,他们应享有以与自然相和谐的方式过健康而富有生产成果的生活的权利。"参见国家环境保护总局国际合作司、国家环境保护总局政策研究中心编:《联合国环境与可持续发展系列大会重要文件选编》,中国环境科学出版社2004年版,第123页。

侵犯，并将其写入欧盟立法。应该注意到，法院在上述案件中倾向采取“去环境化”的司法回避技术，原告在诉求中提出享有环境实体性权利的问题被转化为救济生命权、财产权等普遍性权利和集体性权利，这样一来就减少了法院在认定案件事实和司法审理过程中可能面对的难题。

司法救济是人权保护体系的重要环节，也是人权保障的最后防线。基于环境权利与其他人权类型之间的密切交互性，国际人权法在既有人权司法保障框架内也为环境权利提供了救济路径。从上述司法案例中可以看出，环境权利主要通过公民权利和政治权利的司法保护实现救济。这是因为法院对既有人权的关注受传统自由权—社会权两分法的影响，更关注公民权利和政治权利。古典自由主义认为经济、社会和文化权利是一种积极权利，国家负有积极给付的义务，这类权利的实现需仰赖国家财政和公共政策，具有宏观的政治性和政策性，不属于司法权擅长的领域。因此，传统法学理论和实践将经济、社会和文化权利归为二等权利并否认其具有可诉性。对经济、社会和文化权利重视不足的事实在国际人权法规范中得到了印证。例如，《经济、社会及文化权利国际公约》(1966 年)第 2 条第 1 款规定的国家履行保护义务是“尽最大努力”“有步骤”“逐渐达到”；《公民权利和政治权利国际公约》(1966 年)中的规定则是国家“即刻”承担保护义务。对公民权利和政治权利采用“个人享有的权利”的措施，而经济、社会和文化权利具有集体权利倾向，宜采用国家行为的措施。在个人申诉制度方面，前述两个公约的规定也有明显区别。《公民权利和政治权利国际公约》(1966 年)建立了由联合国人权事务委员会处理的个人申诉制度，以确保公民权利和政治权利得到及时救济；《经济、社会及文化权利国际公约》(1966 年)仅规定了监督公约实施的国家报告制度，没有建立相应的个人申诉制度。上述两类人权在国际法规范表达上的失衡造成了司法保障上的差异，也体现了司法实践中力求将环境权利定性为公民权利和政治权利的原因所在。

长期以来，环境权利作为社会权利的子内容，其可诉性也面临着“主观权利—客观秩序”的两难境地：作为主观法的规范表达，环境权利缺乏相对应的明确的义务客体；作为客观制度的目标表达，环境权利指向的生态利益系反射性利益，公民不能要求国家履行客观保护义务。因此，环境权利的可诉性不断被质疑，有的学者指出，环境权若取得可诉性，或将突破司法限度，导致民主危机或违背现代法治的分权原则。

(二)典型案例

环境权利的人权转向为破解可诉性难题提供了新思路。气候变化诉讼中，法院以人权为规范基础进行说理和裁判，为规避环境人权的可诉性障碍提供了实证经验。在荷兰“Urgenda 案”中，法院解释了气候变化与生命权、私人和家庭生活权等人权之间的联系，依据人权法阐释了政府在气候变化领域应承担的国家注意义务。[1] 2018 年舍斯赛(Shrestha)

---

〔1〕 该案中，荷兰最高法院的判决适用《荷兰宪法》第 21 条关于国家保护环境的宪法义务、《荷兰民法典》第 5 条第 37 款和第 6 条第 162 款关于禁止妨害、《欧洲人权公约》第 2 条和第 8 条关于国家积极义务的规定。

认为尼泊尔政府未能采取有效措施阻止气候变化损害,违反了尼泊尔《宪法》中关于享有尊严的生活和健康环境权的规定。尼泊尔最高法院审查后肯定了原告主张,认为气候变化将会影响原告享有尊严权和清洁健康的环境权利。[1] 在2020年"纽鲍尔诉德国案"(Neubauer etal. v. Germany)中,德国联邦宪法法院注意到了气候变化可能会限制、损害未来世代人的基本人权。[2] 上述案件表明,人权法框架为环境权利的司法救济提供了新渠道,有效规避了权利二分法的权利框架限制,以此支持环境人权的司法可诉性。整体而言,用权利的手段对抗环境危机,把"享有清洁、健康和可持续的环境"设定为公民的基本权利且具有可诉性,已成为国际人权法保障环境人权的司法创新举措并影响着国内司法适用。2023年8月美国"Rikki Held等人诉蒙大拿州政府案"中,法官将"享有清洁健康的环境"作为一项具有可诉性的基本权利,并将其作为儿童享有生存权的规范依据。2024年3月美洲人权法院对"拉奥罗亚诉秘鲁案"作出裁决,法院认定被告拉奥罗亚冶金厂产生的工业污染侵犯了公民享有健康环境的权利,并要求被告增加向儿童、妇女和老年人等弱势群体的赔偿金额。[3] 上述案件也反映了联合国大会第76/300号决议确立的独立环境人权对国内司法产生的巨大推动作用。

思考题

1. 如何理解环境法律关系中"人类"与"非人类存在"(如动植物、自然生态)作为主体的特殊性?请分析这种法律关系主体的多元性特征如何影响环境法律关系的构建与调整。
2. 未来世代作为潜在的法律主体,其权利主张的理论基础是什么?如何在法律体系中为"未来人"设定并保护其权利?
3. 环境权作为一项基本人权,其本质是什么?它包含哪些具体的内容或者要素?
4. 环境健康权如何超越传统健康权的概念,涵盖更广泛的环境因素对人类健康产生影响?
5. 国家在环境保护中承担哪些具体义务?这些义务在国际法和国内法上分别如何体现?
6. 如何评估国家履行环境保护义务的成效?当国家未能有效履行其义务时,应如何追究责任并寻求救济?
7. 论述环境权的可诉性。

进阶研习推荐文献

1. 吕忠梅:《环境法律关系特性探究》,载《环境法评论》2018年第1期。
2. 吴卫星:《环境权理论的新展开》,北京大学出版社2018年版。

---

[1] See Shrestha v. Office of the Prime Minister et al., Judgment of the Supreme Court of Nepal, 25 December 2018.

[2] BVerfG, Order of the First Senate of 24 March 2021 - 1 BvR 2656/18 -, paras. 1-270, https://www.bverfg.de/e/rs20210324_1bvr265618en.html.

[3] 参见关于健康环境权的具有里程碑意义的法院判决:拉奥罗亚诉秘鲁,https://gnhre.org/?p=17944。

3. 杜群、都仲秋:《环境权利的人权演进及其法治意蕴——以国际人权法为视角》,载《中国政法大学学报》2023 年第 6 期。
4. 胡静:《环境权的规范效力:可诉性和具体化》,载《中国法学》2017 年第 5 期。
5. 陈海嵩:《国家环境保护义务论》,北京大学出版社 2015 年版。
6. 陈真亮:《环境保护的国家义务研究》,法律出版社 2015 年版。
7. [日]大须贺明:《生存权论》,林浩译,法律出版社 2001 年版。
8. 杨朝霞:《论环境权的性质》,载《中国法学》2020 年第 2 期。
9. 王雨荣:《略论作为人权的环境权》,载《法制与社会发展》2023 年第 4 期。

第五章 ——— 环境监督管理体制、机制和区域合作

为全面推进生态文明建设和美丽中国建设,需要充分发挥生态环境主管部门的职能作用,强化对生态环境的统筹协调和监督管理。我国环境监督管理体制创设于20世纪70年代,经历了三个主要的发展阶段:创建阶段(1974—1998年)、发展阶段(1998—2018年)和大部制改革阶段(2018年至今)。《环境保护法》(2014年修订)确立了综合的环境管理体制,强调统一监督管理与部门管理相结合、中央管理和地方管理相结合。本章主要介绍了生态环境保护监督管理体制、自然资源监督管理体制和自然生态监督管理体制的内涵、历史演变、管理体制现状、监测网络体系、垂直管理体制改革、生态环境监察与督察体系,以及生态环境保护的区域流域、陆海统筹的环境协调管理机制等内容。

第一节 环境监督管理体制概述

一、我国环境监督管理体制的历史演变

环境监督管理体制作为环境管理的重要组成部分,是指有关生态环境行政保护监督管理机构的设置,以及环境保护监督管理权限在这些机构之间的划分,不包括全国人大系统这类立法机关和人民法院、人民检察院这类司法机关以及企业内部的环境管理体制。环境监督管理体制的功能是在生态环境保护领域发挥行政监管机构的职能作用,实现生态环境治理效能。我国环境监督管理体制创设于20世纪70年代。回望我国环境监督管理体制建设50多年的历程,在组织体系、政策体系、监管方式、责任体系和问责机制等方面都发生了深刻变化。从国务院有关机构的发展和变化来看,我国环境监督管理体制的发展历程大致可以分为三个阶段,体现了我国环境监督管理从无到有、从弱到强、从分散到统一的发展变化。

(一)创建阶段(1974—1998年)

从新中国成立到20世纪70年代初,我国尚未建立专门的环境保护机构,环境管理工作由有关的部委兼管。随着1973年第一次全国环境保护会议的召开,国务院批转发布了《关于保护和改善环境的若干规定(试行草案)》,要求各地区、各部门要设立精干的环境保护监督机构,赋予其监督、检查的职权。1974年5月,国务院设立了一个由20多个有关部

委领导组成的环境保护领导小组,主管和协调全国的环境工作,日常工作由其下设的领导小组办公室负责。《环境保护法(试行)》(1979 年公布)颁布后,全国很多省、市级人民政府设立了环境保护监督机构,国务院有关部门也设立了环境保护监督机构。1982 年全国人大常委会发布了《关于国务院部委机构改革实施方案的决议》,撤销了国务院环境保护领导小组,设立了城乡建设环境保护部,其内设的环境保护局作为全国环境保护的主管机构,另在国家计划委员会内部增设国土局,负责国土规划与整治工作。此时的环境保护局和国土局是国务院部委的下设机构。

1984 年 5 月,国务院发布《关于环境保护工作的决定》,决定成立国务院环境保护委员会,由时任副总理李鹏兼任委员会主任,办事机构设在城乡建设环境保护部(由环境保护局代行)。同年 12 月,城乡建设环境保护部环境保护局改为国家环境保护局,但仍是城乡建设环境保护部领导下的部属局,同时还作为国务院环境保护委员会的办公机构。1984 年以后,省、市、县环境保护监督管理机构相继作了调整。在这一阶段中,我国的环境管理机构可以分为三种类型:第一类是专门的环境保护机构,如国家环境保护局,省、自治区、直辖市环境保护局,市、县等地区性、综合性环境保护机构,这是环境监督管理体系的骨干部分;第二类是部门性、行业性的环境保护机构,如轻工、化工、冶金、石油等部门都设立了行业性的环境保护机构,主要负责控制污染和破坏;第三类是农业、水利等部门的资源管理机构,负责资源管理。

1988 年 5 月国务院机构改革,撤销城乡建设环境保护部,改设为建设部;国家环境保护局成为国务院直属机构,升格为副部级的国家环境保护局;对有关管理部门也进行了合并,如国土资源部、农业部、水利部等。这次改革为国家环境保护的专业化管理奠定了基础。

(二)发展阶段(1998—2018 年)

1998 年,部级的国家环境保护局升级为正部级的国家环境保护总局,国务院环境保护委员会撤销,该委员会职能和分散在电力工业部等各工业行业主管部门的污染防治职能并入国家环境保护总局,环境保护统一监督管理职能初步形成。2006 年开始,国家环境保护总局设立了东北、西北、西南、华东、华南六大督查中心,作为其派出机构。2008 年,国家环境保护总局升格为环境保护部,从国务院直属机构变为国务院组成部门。从上述我国环境保护监督管理体制的形成和发展的历史过程可以看出,随着环境问题的日益突出,党和国家对环境保护问题越来越重视,环境保护机构的地位愈加重要。随后,党的十八大报告强调,要“把生态文明建设放在突出地位”。以习近平同志为核心的党中央大力推行生态文明建设,推进生态文明理论创新、实践创新、制度创新,其中就包括环境监督管理体制创新。党的十八届三中全会公报提出,要“改革生态环境保护管理体制”。2015 年中共中央政治局审议通过《生态文明体制改革总体方案》,要求强化生态环境保护的“监管统一”,开始生态环境和资源管理的大部制改革。

(三)大部制改革阶段(2018年至今)

2018年国务院机构改革,组建了生态环境部。生态环境部不仅承担环境保护部的职责,还整合了之前分散在不同部门的环境管理职责,包括国家发展和改革委员会(以下简称国家发改委)、国家海洋局、水利部、农业部等部门的气候变化和减排、海洋环境保护、流域水环境保护、农业面源污染治理等职责。生态环境部内部也进行了职能整合、机构隶属关系调整和干部人事管理权限调整等。

在此阶段,党和国家在属地层次、次国家层次和国家层次进行了大尺度的生态环境大部制改革,包括:省以下机构"垂直改革",设置区域和流域环境监督管理机构,建立中央生态环保督察制度;建立统一监管所有污染物排放的环境保护管理制度,独立进行环境监管和行政执法;建立陆海统筹的生态系统保护修复和污染防治区域联动机制;健全国有林区经营管理体制,推进集体林权制度改革;完善环境信息公布制度,健全举报制度;完善污染物排放许可制度,实行企事业单位污染物排放总量控制监管制度;实行生态环境损害赔偿和责任追究制度。

二、生态环境统一监督管理体制

《环境保护法》(2014年修订)第10条原则性地规定了我国统一监督管理与部门管理相结合、中央管理和地方管理相结合的环境综合管理体制,同时规定了国务院环境保护主管部门,对全国环境保护工作实施统一监督管理;县级以上地方人民政府环境保护主管部门,对本行政区域环境保护工作实施统一监督管理。这种适应横向管理关系的管理体制,不仅保证了国务院生态环境主管部门作为统一监督管理机构的主导地位,还兼顾了其他有关部门的分工负责的职能。

在横向关系上,在人民政府内设立专门的生态环境行政管理机构,负责行使本辖区内的环境保护统一监督管理职责。统一监督管理部门在中央是国务院生态环境部,在地方主要是县级以上人民政府的生态环境主管部门。其他相关的环境保护监督管理部门包括海洋环境、港务、渔政海港、军队、公安、交通、铁道、民航等管理部门,作为行业分工负责的监督管理部门,分别在各自业务范围内对环境保护工作实施监督管理。统一监督管理部门和行业监督管理部门之间不是行政隶属关系,均代表国家行使行政执法权,二者在环境保护领域具有业务协调、督导的关系。

在纵向关系上,我国现行环境管理体制还有中央与地方分级监督管理相结合的特征。中央对地方的环境保护工作通过制定法规、政策、标准等进行宏观指导,地方政府及其生态环境主管部门负责本地方的环境保护工作。为了强化地方环境监督管理权的集中行使,地方环境行政管理体制在2016年进行垂直管理改革,市级环境保护局虽仍作为本级政府的职能部门接受本级政府的领导,但同时受到以省环境保护厅为主的垂直管理,县环境保护局调整为市环境保护局的派出分局。

三、生态环境保护统一监督管理部门的主要职能

纵观我国生态环境保护事业发展的历程,我国的生态环境职能部门多次沿革,直到2018年国务院机构改革,组建了生态环境部,作为我国现行的生态环境主要监管部门,在地方是各级环境保护厅或局。

根据国务院机构改革的安排,生态环境部的主要职责是制定并组织实施生态环境政策、规划和标准,统一负责生态环境监测和执法工作,监督管理污染防治、核与辐射安全,组织开展中央环境保护督察等。因此,生态环境部的基本职责定位是"监管",统一行使生态环境监管者职责。具体方式包括:(1)制定生态环境保护政策和法规,规划生态环境保护工作;(2)组织和协调全国生态环境保护工作;(3)监督和检查全国生态环境保护工作的实施情况,对违法违规行为进行处罚和管理;(4)推动全国生态环境保护行业的科技创新和技术进步;(5)建立和完善生态环境监测体系,对全国大气、水、土壤等环境状况进行检测和评估;(6)与其他部门和国际组织合作,推进全国生态环境保护合作和交流;(7)推进全民环保意识和责任感的普及和提高,加强环保宣传和教育工作;(8)承担其他生态环境保护方面的职责和任务。

除上述提及的日常事项以外,生态环境部还要重点强化生态环境制度制定、监测评估、监督执法和督察问责四大职能。具体而言:制度制定,即统一制定生态环境领域政策、规划和标准,划定并严守生态保护红线,制定自然保护地体系分类标准、建设标准并提出审批建议等;监测评估,即统一负责生态环境监测工作,评估生态环境状况,统一发布生态环境信息;监督执法,即整合污染防治和生态保护的综合执法职责、队伍,统一负责生态环境执法,监督落实企事业单位生态环境保护责任;督察问责,即对地方党委政府和有关部门生态环境工作进行督察巡视,对生态环境保护、温室气体减排目标完成情况进行考核问责,监督落实生态环境保护"党政同责、一岗双责"。此外,对于生态环境主管部门而言,审查许可是监管的重要手段。实践工作中,要在深入推进简政放权的基础上,进一步加强源头严控,强化环评审批、排污许可、自然保护地评审以及危险废物和化学品环境许可、海洋倾废审批、核与辐射安全许可等职责。

四、有关生态环境保护监督管理的国家机关

2020年3月,中共中央办公厅、国务院办公厅印发《中央和国家机关有关部门生态环境保护责任清单》,全面列明了中央和国家机关有关部门的生态环境保护责任。此处选择重要综合性部门列举其职责。

(一)国家发改委

国家发改委是国务院的职能机构,前身是国家计划委员会、国家发展计划委员会,是综合研究拟订经济和社会发展政策,进行总量平衡,指导总体经济体制改革的宏观调控部门。

随着计划经济体制向社会主义市场经济体制的转变,国家发改委不断推进改革,转变职能,发挥市场配置资源的基础性作用,同时改善宏观调控,有力推进国民经济持续快速健康发展。在生态环境保护领域,国家发改委同样发挥了其全面统筹的作用:推进可持续发展战略,研究拟订资源节约综合利用规划,参与编制生态建设规划,提出资源节约综合利用的政策,协调生态建设和资源节约综合利用的重大问题,组织协调环保产业工作。

国家发改委具体负责的生态环境保护工作包括:(1)优化重大生产力布局,化解钢铁、煤炭行业过剩产能,培育壮大新动能。(2)调整能源结构,推进天然气产供储销体系建设,增加清洁能源使用。(3)组织拟定和实施有利于资源节约与综合利用和生态环境保护的产业政策,修订产业结构调整指导目录,明确鼓励、限制和淘汰的生产能力、工艺和产品。(4)指导实施能源消费总量和强度双控行动,指导推进煤炭消费减量替代。(5)组织拟订循环经济、资源节约和综合利用规划、政策并协调实施。(6)深化资源环境价格改革,完善体现生态价值和环境损害成本的资源环境价格机制。(7)推动构建市场导向的绿色技术创新体系,发展壮大节能环保产业。(8)会同生态环境部组织开展环保信用评价,建立守信联合激励和失信联合惩戒机制,并将相关企业环境信用信息纳入全国信用信息共享平台。(9)提出健全生态保护补偿机制的政策措施。(10)统筹平衡行业管理部门提出的生态环保领域使用中央财政性建设资金项目的规模、方向和资金安排的意见。(11)按职责分工,推广、规范政府和社会资本合作模式,引导社会资本参与生态环境治理。

(二)工业和信息化部

工业和信息化部是2008年国务院机构改革组建的国务院组成部门,其主要职责为:拟订实施行业规划、产业政策和标准;监测工业行业日常运行;推动重大技术装备发展和自主创新;管理通信业;指导推进信息化建设;协调维护国家信息安全等。对于生态环境保护,工业和信息化部基于对产业的监督与管理,致力于构建安全稳定的生产体系,加快推进新型工业化,重点发展环保装备与技术,加快产业链供应链智能化绿色化升级,综合推进重点领域大气污染防治,聚焦重点流域推进工业节水减污,扎实推进重点行业固体废物综合利用。同时,工业和信息化部还承担了其他生态环境保护职责,具体如下:(1)拟订并组织实施工业、通信业的节能、节水和资源综合利用促进政策、规划、标准,参与拟订工业污染控制政策。(2)构建绿色制造体系,推动产业优化升级。(3)负责指导和督促化解过剩产能工作,严控高污染高耗能行业产能。(4)组织推广应用节能和新能源汽车。(5)指导、推进城市建成区、重点流域危险化学品企业搬迁改造。(6)发展环保装备制造业。

(三)财政部

财政部是国务院组成部门,负责贯彻落实党中央关于财经工作的方针政策和决策部署,在履行职责过程中坚持和加强党对财政工作的集中统一领导。财政是国家治理的基础和重要支柱。财政部的生态环境保护职能是充分利用财政手段支持我国的生态文明建设事业。财政部在生态环境保护中发挥的具体作用包括:(1)坚持资金投入同攻坚任务相匹配,负责建立常态化、稳定的财政资金投入机制。制定有利于生态环境保护的财税政策。(2)完善生态环境补偿制度,加大对重点生态功能区、生态保护红线区域等生态功能重要地区的转移支付力度。(3)设立国家绿色发展基金。(4)健全政府绿色采购制度并组织实施。(5)按职责分工,推广、规范政府和社会资本合作模式,引导社会资本参与生态环境治理。

五、生态环境监测网络体系

没有科学准确的监测数据作支撑,生态环境保护工作就成了无源之水、无本之木。生态环境监测体制改革是生态文明体制改革的有机组成部分。党的十八届三中全会提出,要"建立资源环境承载能力监测预警机制";《中共中央关于全面深化改革若干重大问题的决定》(2013 年公布)提出,要"建立和完善严格监管所有污染物排放的环境保护管理制度,独立进行环境监管和行政执法";《中共中央、国务院关于加快推进生态文明建设的意见》(2015 年公布)提出"利用卫星遥感等技术手段,对自然资源和生态环境保护状况开展全天候监测,健全覆盖所有资源环境要素的监测网络体系"。《环境保护法》(2014 年修订)第 17 条第 1 款也明确要求"国家建立、健全环境监测制度。国务院环境保护主管部门制定监测规范,会同有关部门组织监测网络,统一规划国家环境质量监测站(点)的设置,建立监测数据共享机制,加强对环境监测的管理"。2015 年国务院办公厅印发《生态环境监测网络建设方案》提出,要"全面设点、全国联网、自动预警、依法追责",形成生态环境监测新格局。随后,各地相继出台生态环境监测网络建设落实方案。《"十四五"生态环境监测规划》(2021 年公布)提出了关于生态环境监测的最新目标:"到 2025 年,政府主导、部门协同、企业履责、社会参与、公众监督的'大监测'格局更加成熟定型,高质量监测网络更加完善,以排污许可制为核心的固定污染源监测监管体系基本形成,与生态环境保护相适应的监测评价制度不断健全,监测数据真实、准确、全面得到有效保证,新技术融合应用能力显著增强,生态环境监测现代化建设取得新成效。"同时,还提出了到 2035 年生态环境监测体系全面建成的目标展望。此外,该规划规定了更细致的生态环境监测工作原则:(1)面向发展,服务公众。围绕高质量发展,健全生态环境监测与评价制度。(2)提质增效,协同融合。推进生态环境监测网络陆海天空、地上地下、城市农村协同布局,注重规模、质量、效益协调发展。(3)精准智慧,科技赋能。加大生态环境监测科学研究与技术创新力度。(4)深化改革,凝聚合力。落实统一生态环境监测评估要求,完善统筹协调与合作共享机制。

目前,我国生态环境监测管理体系、网络体系、业务体系和技术体系已经建立并逐步完善,主要成果是:第一,形成了较为完备的监测管理与组织体系;第二,建成了规模庞大的生态环境监测网络;第三,开发了先进适用的生态环境监测业务体系;第四,构建了适合我国国情的生态环境监测技术体系。生态环境监测网络建设的阶段性成果,为生态环境管理和生态文明建设提供了坚实的科技支持。

第二节 生态环境保护监督管理机制

一、生态环境垂直管理体制改革

2020年,国务院办公厅印发的《生态环境领域中央与地方财政事权和支出责任划分改革方案》(国办发〔2020〕13号),成为新时代生态环境领域内中央与地方在环境管理领域内财权与事权划分的依据。该通知的主要内容包括:第一,明确了中央与地方财政事权和支出责任划分的总体要求,健全充分发挥中央和地方两个积极性体制机制,适当加强中央在跨区域生态环境保护等方面事权,优化政府间事权和财权划分,建立权责清晰、财力协调、区域均衡的中央和地方财政关系,形成稳定的各级政府事权、支出责任和财力相适应的制度。第二,对生态环境规划制度制定、生态环境监测执法、生态环境管理事务与能力建设、环境污染防治,以及生态环境领域其他事项内容作出了中央与地方总体事权和财权划分的基本规定。

(一)生态环境垂直管理体制改革背景

中共中央办公厅、国务院办公厅联合印发《垂直管理制度改革指导意见》(2016年公布)正式启动地方环境管理体制改革。此项体制性改革涉及基层环保行政管辖关系和环境治理权限调整,省以下环保垂直管理改革适度地限制了基层环境治理权限,提升了省级生态环境主管部门的监管能力和基层生态环境主管部门的执法独立性。生态环境垂直管理改革的目的是克服环境管理中的地方保护主义,理顺环保机构与地方政府的条块关系,增强环境监测监察执法的独立性、公正性和有效性。

在改革之前,中国地方环保管理实践采取"双重领导、以块为主"的属地管理模式。环保行政主管部门受同级地方政府和上级环保主管部门的双重管理,上级环保部门主要进行业务指导,而地方政府则是行政隶属领导,负责当地环保部门的人员配置、晋升考核以及经费划拨。长期以来,我国环境监管的对象主要是企事业单位的环境违法行为。实际上,地方政府及其所属部门不履行环境保护法律法规和政策要求的行政懈怠、渎职、失职或者放任企业违法行为是"更严重的违法行为"。正如习近平总书记在党的十八届五中全会上指出的,综合起来,现行环保体制存在四个方面的突出问题:一是难以落实对地方政府及其相关部门的监督责任;二是难以解决地方保护主义对环境监测监察执法的干预;三是难以适应统筹解决跨区域、跨流域环境问题的新要求;四是难以规范和加强地方环保机构队伍建设。这是生态环境垂直管理改革针对的症结,是改革必须解决的关键问题。生态环境垂直管理改革的目标正是解决前述弊端,避免体制因素阻碍生态环境保护工作的推进。

(二)生态环境垂直管理体制改革基本内容

我国生态环境垂直管理改革经过试点工作,现已在全国范围内实施。《垂直管理制度改革指导意见》(2016年公布)是生态环境垂直管理改革的纲领性文件，规定了生态环境垂直管理的基本框架和内容，概括如下：

第一，突出强调地方党委和政府对环境保护的主体责任。《垂直管理制度改革指导意见》(2016年公布)明确提出要建立健全职责明晰、分工合理的环境保护责任体系，要求地方各级党委和政府负主体责任，主要领导成员对环境问题负主要责任，相关部门按环保责任清单履职尽责，避免政出多门和“责任真空”。明确地方政府及其有关部门在环境保护中的责任是做好环境保护工作的首要任务。同时，要求完善领导干部目标责任考核制度，把生态环境质量状况作为党政领导班子考核评价的重要内容，建立和实行领导干部违法违规干预环境监测执法活动、插手具体环境保护案件查处的责任追究制度。

第二，上收市、县生态环境主管部门的环境监测监察职能并下移环境执法职能。为强化省级环保部门对下级的监管，《垂直管理制度改革指导意见》(2016年公布)规定省级生态环境主管部门上收市、县级所有的环境监察职能和环境执法监测以外的监测职能，如日常监测、环境评价与考核等。环境监察由省级生态环境主管部门通过向市或跨市县区域派驻等形式实施，环境监测则由省级生态环境主管部门统一负责，实行生态环境质量省级监测、考核，将已有的市级环境监测机构调整为省级生态环境主管部门驻市环境监测机构。同时，为了督促基层生态环境主管部门加大对污染企业的执法力度，《垂直管理制度改革指导意见》(2016年公布)将环境执法和执法监测的重心向市、县下移，加强基层执法队伍建设。县级环境监测机构主要职能调整为执法监测，由市级生态环境主管部门统一管理、统一指挥。这一改革在坚持属地监管原则下提升了基层环保执法的独立性，削弱了基层政府对环保执法的干扰程度。改革后，省级生态环境主管部门主要负责环境质量监测、评价和考核，以及对市县政府及其相关履职情况的监察工作，市级生态环境主管部门则负责好综合统筹，县级生态环境主管部门则着重执行，从而在纵向上保障了环保的统一监督管理和责任落实。

第三，调整地方生态环境管理体制。市级生态环境主管部门实行以省级生态环境主管部门为主的双重管理，即主管机关包括省级生态环境主管部门和市级政府，县级生态环境主管部门则直接调整为市级生态环境主管部门的派出机构。这一体制改变了原有的地方环保机构的隶属关系、人财物管理权限和领导干部任免等事项。在领导隶属关系方面，省级生态环境主管部门直接管理市级环境监测机构，市级生态环境主管部门统一管理区域内的环境执法力量。在人财物管理方面，下级生态环境主管部门的人财物管理权限收归上级生态环境主管部门进行管理。在领导干部任免方面，市级生态环境主管部门的局长由省级生态环境主管部门提名，提交市级人大任免，党组书记及其成员由省级生态环境主管部门党组审批任免；县级生态环境主管部门的领导班子成员由市级生态环境主管部门任免。

(三)生态环境垂直管理体制改革创新面临的挑战

生态环境垂直管理体制改革带来体制创新，但同时也带来依法行政的挑战。根据《环境保护法》(2014年修订)的规定，生态环境主管部门是环境执法的职权主体，能够行使现场检查、行政处罚、行政强制等公权力；环境监察执法机构只有接受职权主体（生态环境主管部门）委托后，才能以生态环境主管部门的名义开展环境监督管理行政行为。但改革之后，县级生态环境主管部门作为上级生态环境主管部门的派出机构不再具有行政主体资格，无法继续委托环境执法部门实施行政处罚，县级人民政府失去了履行环保职责的主要组织机构，也难以依照《环境保护法》（2014 年修订）第 6 条第 2 款的规定对本行政区域的环境质量负责。

二、生态环境保护监察—督查体系

生态环境保护监察—督查体系是生态环境主管部门行使统一监督管理权的机构和执法队伍设置和职能配置的保障体系。2014 年之前，环境监管体系的工作以“督企”为核心。根据《环境保护法》（1989 年公布）第 7 条的规定，各级生态环境主管部门对所辖区域内的环境保护工作实施统一监督管理。据此，各级生态环境主管部门成立了专门机构负责环境执法与监督检查，即环境监察机构。同时，考虑到环境问题的跨区域性，为了克服地方政府对环境执法与监督的干扰，国家环境保护总局尝试建立跨区域的环境督查机构。按照行政区划层层设置的环境监察机构和按照地理区划设置的六大区域督查中心共同构成了我国环境监管体系。根据环境保护部 2008 年成立时的“三定方案”，环境监察局的主要职责是监督环境保护规划、政策、法规、标准的执行，协调解决跨区域的环境纠纷，区域环境督查中心的职责是承担所辖区域内的环境保护督查工作。尽管从理论上说，对环境保护政策法规执行情况的监督包括地方人民政府和排污单位（企业），但实践中，由于长期过度强调监管企业的环境责任，忽视了政府的环境保护主体责任，因此环境监管体系被公认为以“督企”为核心。

2014 年之后，环境监管体系发挥统一监督管理优势，以“督政”为工作核心。由于长期以来对地方政府落实环境政策法规的情况缺乏有效监督，以“督企”为核心的环保督查制度日益凸显出局限性。基于此，生态环境主管部门逐步将环保督查的重点由“督企”转为“督政”，即从“监督执法，只瞄企业”转变为“监企督政，督政为先”，督促、推动地方政府切实履行环保职责。2014 年 12 月，《环境保护部综合督查工作暂行办法》（环发〔2014〕113 号）出台，其明确指出环境监管执法从单纯的监督企业转向监督企业和监督政府并重，突出政府对环境质量的主体责任，在全国全面开展以“督政”为核心的环保综合督查。根据环境保护部发布的《全国环境监察工作要点》（2015 年公布），省级环保部门每年应当对行政区不少于 30% 的设区市级人民政府开展综合督查。总体上看，以“督政”为核心的环保综合督查在推动地方政府履行环保职责上起到了较好效果，局部地区的环境质量有所改善。尽管 2014 年以来的环保综合督查初具成效，但是仍有不足，一方面监督主体为生态环境主管部门，对地方政府的约束力不强；另一方面忽略了地方党委的环保责任。2016 年以来，落实“党政同责”的中央环保督察这一新型生态环境国家监督管理机制应运而生。

三、中央—省级生态环境保护督察体系

督察是党中央和政府常采用的一种提升党的政策落实效率和政府公共事务处理能力

的监督方式，是高于行政立法、行政执法等形式的一种监控行为，是对管理的再管理，对控制的再控制。生态环境保护督察的本质是开展环保督察巡视，通过巡视的手段，督察地方政府的组织领导、规划编制、责任落实、任务完成、考核奖惩、政府整改等情况，落实生态环境治理和保护的政府责任。生态文明体制改革以来，落实“党政同责”的中央环保督察机制发挥了重要的监督作用。2015 年 7 月，中央全面深化改革领导小组第十四次会议审议通过了《环境保护督察方案（试行）》，“环保督查”发展成了“环保督察”，是我国环境监督体制转型为“督政”之后的重大制度变革，突出强调生态环境保护中的“党政同责”“一岗双责”。目前，我国生态环境保护督察已经从中央层面传导到省级层面：中央环保督察如火如荼展开，成绩斐然；省级环保督察不断探索、完善。

（一）中央生态环境保护督察

2016 年，首个中央环境保护督察组进驻河北省开展督察试点工作，随后中央环保督察正式在全国范围内展开。中央环保督察机构也渐趋完善，2017 年以来，组建了固定的中央生态环境保护督察办公室，设在生态环境部，负责中央生态环境保护督察领导小组日常事务和组织协调工作。六大区域督查中心也转为生态环境部派出行政机构，并更名为区域“督察局”，配合开展中央生态环境保护督察相关工作。2018 年 5 月召开的全国生态环境保护大会和 6 月出台的《中共中央、国务院关于全面加强生态环境保护坚决打好污染防治攻坚战的意见》均对环境保护督察制度以及“党政同责”“一岗双责”提出了明确要求。2019 年 6 月，中共中央办公厅、国务院办公厅印发《中央生态环境保护督察工作规定》，首次以正式规章的形式明确了我国生态环境保护督察的制度框架、程序规范、权限责任等。2022 年 1 月，中共中央办公厅、国务院办公厅印发《中央生态环境保护督察整改工作办法》，进一步推进督察整改工作的规范化、制度化，完善督察整改工作长效机制。

根据《中央生态环境保护督察工作规定》（2019 年公布）的规定，中央生态环境保护督察包括例行督察、专项督察和“回头看”等。其中，例行督察对象包括：省、自治区、直辖市党委和政府及其有关部门，并可以下沉至有关地市级党委和政府及其有关部门；承担重要生态环境保护职责的国务院有关部门；从事的生产经营活动对生态环境影响较大的有关中央企业等。例行督察的内容围绕生态环境保护，包括：推进绿色发展理念、贯彻决策部署、贯彻落实法规政策、“党政同责”“一岗双责”责任机制建设、突出生态环境问题处理、生态环境治理、回应群众反馈、非法干预办案等情况。专项督察是专门针对“突出环境问题”开展的督察，督察事项主要包括：党中央、国务院明确要求督察的事项；重点区域、重点领域、重点行业突出生态环境问题；中央生态环境保护督察整改不力的典型案件等。“回头看”，就是检查例行督察的整改情况。督察“回头看”最终是要通过对整改方案有限的个案督察，推动生态环境保护体制机制的建立完善。

中央环保督察已经成为我国绿色高质量发展的重要推手。中央生态环境保护督察取得了显著成效。根据生态环境部的公开信息，截至 2023 年 3 月，第一轮中央生态环境保护督察整改方案确定的3294项整改任务,总体完成率超过97%。第二轮督察明确的2164项整改任务已完成60%,一批重大生态环境问题整改取得明显进展。通过中央环保督察推动,全国生态环境质量明显改善,加强了生态文明建设和生态环境保护政治责任,厚植了全面建成小康社会的绿色底色和质量成色。

(二)省级生态环境保护督察

在中央环保督察高效推进的过程中,各省(区、市)也参照中央生态环境保护督察有关做法,开展对所辖地市的省级生态环境保护督察,并取得了一定成效。地方生态环境主管部门内设督察办公室,一方面,积极整改、反馈中央环保督察发现的问题;另一方面,探索开展针对本地区的督察行动。中央和地区生态环境保护督察的稳步推进,标志着我国生态环境保护督察机制的进一步完善。省级生态环境保护督察作为中央生态环境保护督察的延伸和补充,具有重要意义。

省级生态环境保护督察也取得显著成效。自2016年启动省委、省政府环境保护督察以来,借鉴中央生态环保督察的经验和模式,全国31个省(区、市)陆续开展了省级生态环保督察,实现了对辖区内所有市(州)的全覆盖。各省份组建了督察领导小组、督察组等机构,2019年后省级生态环境管理部门还设立了督察(监察)办公室负责协调组织省级生态环境保护督察工作。在制度建设方面,河北省、江西省、吉林省和重庆市等地出台地方省级生态环境保护督察的工作办法、实施细则;四川省、湖南省等地制定了督察纪律、整改销号和督察联动机制建设等配套文件。

四、纪检监察机关的生态环境监管机制

监察委员会在生态环境监管中的作用主要体现为"督政",分为以下三个方面:(1)监督执行:监察委员会对政府公职人员在政策执行过程中的行为进行监督,预防和纠正职务违法、职务犯罪等行为,确保政府相关部门依法履职、秉公用权。(2)反腐败措施:一些影响恶劣的重大生态环保事件背后,往往隐藏着政治问题和经济问题交织的腐败。鉴于环保项目往往涉及大额资金,监察委员会特别关注这些领域的腐败行为,通过严格监督和调查,确保公共资源不被个别公职人员非法挪用或侵占,得到合理利用。同时,监察委员会负责调查公职人员在环境管理职责中的不端行为,如未能履行法定职责或违反法律法规,并对发现的违规行为进行纪律或法律处分。(3)监督中央生态环保督察整改情况:监察委员会立足职能职责,聚焦中央生态环保督察发现的问题,通过跟进监督、下沉检查、追责问责等方式,以实际举措督促问题整改到位。同时,对中央生态环保督察组移交的生态环境损害责任追究问题,监察委员会成立工作专班,制定追责问责工作实施方案,依规依纪依法开展调查处理工作。

从组织形式来看,监察委员会通过常设机构和临时性检查组完成对生态环境的监督和

管理。常设机构是设立驻各部门的纪检监察组,在行政序列上由同级纪委监委单列管理,从而具有较高的独立性和权威性。驻各部门的纪检监察组通过常规检查和专项审查,持续开展生态环保领域作风问题专项治理,深入查摆决策程序、环评审批、环境执法监测等重点领域存在的问题,确保环保法规在部门内部得到严格执行,并及时发现与纠正执行过程中的偏差和疏漏。临时性检查组是指生态保护专项监督检查组,通常由纪委监委与其他相关部门的人员联合成立,主要职责是通过对特定领域的检查,确保相关政府部门和企业严格履行环境保护义务。

第三节　自然资源监督管理体制

一、自然资源综合监督管理体系

我国自然资源管理体制先后经历了从1949年中华人民共和国成立至1998年近50年的分散管理阶段、从1998年至2018年的“部分集中”管理阶段。2018年以前,我国有关自然资源监管的职能散落在多个部门与机构之中,呈现出分散式的自然资源监管结构,不利于自然资源的科学规划与安全保障。这种分散式的自然资源监管体制造成了实践中的诸多乱象。《关于〈中共中央关于全面深化改革若干重大问题的决定〉的说明》(2013年公布)明确提出,“国家对全民所有自然资源资产行使所有权并进行管理和国家对国土范围内自然资源行使监管权是不同的,前者是所有权人意义上的权利,后者是管理者意义上的权力。这就需要完善自然资源监管体制,统一行使所有国土空间用途管制职责,使国有自然资源资产所有权人和国家自然资源管理者相互独立、相互配合、相互监督”。因此,由一个部门行使所有国土空间用途管制职责,对山水林田湖进行统一保护、统一修复是十分必要的。

2018年国务院机构改革批准成立自然资源部,并将国土资源部的职责,国家发改委的组织编制主体功能区规划职责,住房和城乡建设部的城乡规划管理职责,水利部的水资源调查和确权登记管理职责,农业部的草原资源调查和确权登记管理职责,国家林业局的森林、湿地等资源调查和确权登记管理职责,国家海洋局的职责,国家测绘地理信息局的职责整合,统一由自然资源部行使。改革后的自然资源管理体制呈现“总体集中 + 部分协同”的综合监督管理格局,实现了自然资源要素更为集中的管理。在确立自然资源部对自然资源进行综合监管的同时,其他自然资源相关部门也对自然资源进行补充监管,形成了完整、系统的自然资源监管体系。

二、自然资源综合监督管理部门的职责

2018年国务院机构改革之后,自然资源综合监督管理部门由原先的分散部门调整为统一的自然资源部。自然资源部是保障国家自然资源合理利用和保护的重要部门,其职能涵盖了自然资源的调查、监测、规划、管理、保护、修复、监管和执法等方面。根据《自然资源部职能配置、内设机构和人员编制规定》(2018年公布)的规定,其主要职责包括

以下四个方面。

第一,自然资源的调查和监测。自然资源部负责对全国的自然资源进行调查和监测,具体分为两个方面:为行政管理服务的调查和为权属登记服务的调查。前者可以称为资源调查,包括土地调查、自然资源调查等普查性的调查及森林资源调查、水资源调查、水能资源调查等专项调查。这种调查所形成的成果,不仅为自然资源管理部门服务,还要为水利、农业等其他专业部门服务。后者可称为权籍调查,是与不动产登记、自然资源资产登记直接相关的调查工作。通过对自然资源的调查和监测,及时了解资源的分布、数量、质量等情况,为资源的合理利用和保护提供科学依据。

第二,自然资源的规划和管理。自然资源部负责制定国家自然资源的规划和管理政策。规划范畴涵盖所有空间性规划,统筹空间定位、空间边界、建设规格与时序,包括土地利用规划、水资源管理、矿产资源开发、森林资源保护、草原资源管理、海洋资源开发等。管理手段主要包括:(1)空间使用许可。形成覆盖所有国土空间的用途管制制度。(2)权属管理。不仅包括确权登记职责,还包括履行全民所有自然资源资产所有者职责,对相关权属确权、纠纷调处进行统筹管理。(3)资源评价。通过评价,了解资源利用情况,为资源高效利用提供参考。通过制定科学的规划和管理政策,保障自然资源的合理利用和保护。

第三,资源的保护和修复。自然资源部负责对山水林田湖草进行整体保护、系统修复和综合治理;开展国家重点保护区、自然遗产、生态功能区等保护和修复工作,包括森林防火、草原退化治理、湿地保护、海洋生态修复等;科学区分、有效统筹环境污染治理项目、农田整治项目、生态修复项目。通过保护和修复自然资源,维护生态平衡,保障生态安全,促进可持续发展。

第四,资源的监管和执法。自然资源部负责对自然资源的开发利用进行监管和执法,包括土地利用、矿产资源开发、水资源利用、森林资源采伐等,应当组建较为强大的自然资源执法队伍,维护自然资源管理秩序。通过加强监管和执法,保障自然资源的合理利用,维护公平竞争的市场秩序。

三、自然资源分部门监督管理职责

在设立自然资源部之前,我国对自然资源的管理通常是依托行业展开的,主要形成林业、牧业、渔业、农业以及矿业等行业监管体系。虽然在国务院机构改革中设立了自然资源部履行统一监督管理职责,统一行使全民所有自然资源所有者职责,但是在对自然资源进行综合管理的过程中仍需要其他相关部门参与,其他相关行政部门也需分工负责依法开展对自然资源的监督管理。

(一)林业和草原部门的监管职责

国家林业和草原局从国家林业局的职能框架中沿革而来,统一整合了其他部门涉及林业和草原的监管事项。在成立国家林业和草原局之前,林业监督管理部门历经了林垦部、林业部、森林工业部、农林部、国家林业局等多个体制改革阶段。国家林业局是主管林业工作的国务院直属机构。为加大生态系统保护力度，统筹森林、草原、湿地监督管理，加快建立以国家公园为主体的自然保护地体系，保障国家生态安全，依据2018年国务院机构改革方案，组建国家林业和草原局，由自然资源部管理，同时加挂国家公园管理局牌子。自此，将国家林业局的职责，农业部的草原监督管理职责，以及国土资源部、住房和城乡建设部、水利部、农业部、国家海洋局等部门的自然保护区、风景名胜区、自然遗产、地质公园等管理职责整合，由国家林业和草原局统一负责。

根据《国家林业和草原局职能配置、内设机构和人员编制规定》(2018年公布)的规定，国家林业和草原局主要负责森林、草原、湿地资源的监督管理，陆生野生动植物资源的监督管理，各类自然保护地的监督管理。具体而言，国家林业和草原局负责林业和草原及其生态保护修复的监督管理；拟订林业和草原及其生态保护修复的政策、规划、标准并组织实施，起草相关法律法规、部门规章草案；组织开展森林、草原、湿地、荒漠和陆生野生动植物资源动态监测与评价；组织林业和草原生态保护修复和造林绿化工作；组织实施林业和草原重点生态保护修复工程，指导公益林和商品林的培育，指导、监督全民义务植树、城乡绿化工作；指导林业和草原有害生物防治、检疫工作；承担林业和草原应对气候变化的相关工作；等等。此外，由于加挂了国家公园管理局的牌子，国家林业和草原局是我国各类自然保护地的统一管理部门。2022年6月，国家林业和草原局印发《国家公园管理暂行办法》。

(二)水利部门的监管职责

水资源是人类生存和经济社会发展的物质基础，水利部门履行水资源合理开发利用、保护的监督管理职责。1949年10月1日，成立水利部，对全国范围内的水利事业进行统一领导和管理，后历经水利电力部等机构变革。1998年，国务院机构改革方案撤销水利电力部，重新组建水利部，负责全国水资源统一管理工作，对水资源采用按流域管理和行政区相结合的管理体制。2018年国务院机构改革，水利部原先的部分职能发生转移：水资源调查和确权登记管理职责转入自然资源部；编制水功能区划、排污口设置管理、流域水环境保护职责纳入生态环境部；农业投资项目管理职责转入农业农村部；水旱灾害防治相关职责转入应急管理部。经过此次机构改革，水利部的生态环境保护职能得到极大优化，在一定程度上缓解了过去行政管理体制繁冗带来的冲突与矛盾。

根据《水利部职能配置、内设机构和人员编制规定》(2018年公布)的规定，水利部主要职责是：负责保障水资源的合理开发利用；负责生活、生产经营和生态环境用水的统筹和保障；指导水资源保护工作等水资源监管工作。同时，为了解决我国复杂水问题，维护河湖健康生命，自2016年以来，我国全面推行“河长制”“湖长制”。这一工作落实的主体是地方党委和政府，水利部作为全国河湖的主管机关，需要会同相关部门共同落实中央的决策部署。

(三)农业农村部门的监管职责

2018年，国务院机构改革将农业部的职责整合，组建农业农村部。农业部的职能被调整给其他部门,包括:将草原资源调查和确权登记管理职责整合,纳入新组建的自然资源部;将农业部的监督指导农业面源污染治理职责整合,纳入新组建的生态环境部;将农业部的渔船检验和监督管理职责划入交通运输部;将农业部的草原防火整合职责纳入新组建的应急管理部;将农业部的草原监督管理职责,自然保护区、风景名胜区、自然遗产、地质公园等管理职责整合,纳入组建的国家林业和草原局,由自然资源部管理。重组后的农业农村部主要负责指导农用地的保护和管理。在自然资源监管方面,农业农村部主要负责组织农业资源区划工作。指导农用地、渔业水域以及农业生物物种资源的保护与管理,负责水生野生动植物保护、耕地及永久基本农田质量保护工作;指导农产品产地环境管理和农业清洁生产;指导设施农业、生态循环农业、节水农业发展以及农村可再生能源综合开发利用、农业生物质能产业发展;牵头管理外来物种。

(四)海洋资源监管相关部门的职责

专门的海洋管理机构始于1964年的国家海洋局,该局由海军代管。1993年,国家海洋局改由国家科学技术委员会管理。1994年,国家南极考察委员会办公室更名为国家海洋局南极考察办公室。1998年,国家海洋局划归国土资源部管理。2013年,国务院重新组建国家海洋局,以中国海警局名义开展海上维权执法,接受公安部业务指导。2018年,国务院机构改革,将国家海洋局的职责整合,组建自然资源部,自然资源部对外保留国家海洋局的牌子。根据《国家海洋局主要职责内设机构和人员编制规定》(2013年公布)的规定,国家海洋局负责全国海洋生态环境监管工作,具体包括:拟订和组织实施全国及重点海域海洋生态环境政策、规划、区划、法律、行政法规、部门规章、标准及规范;负责海洋生态环境调查评价;组织开展海洋生态保护与修复监管,监督协调重点海域综合治理工作;监督陆源污染物排海,监督指导入海排污口设置,承担海上排污许可及重点海域排污总量控制工作;负责防治海岸和海洋工程建设项目、海洋油气勘探开发和废弃物海洋倾倒对海洋污染损害的生态环境保护工作;按权限审批海岸和海洋工程建设项目环境影响评价文件;组织划定倾倒区;监督协调国家深海大洋、极地生态环境保护工作;负责有关国际公约国内履约工作;承担湾长制相关工作等。

四、自然资源监督管理监测网络

自然资源监测是在基础调查和专项调查形成的自然资源本底数据的基础上,掌握自然资源自身变化及人类活动引起的变化情况的一项工作。《环境保护法》(2014年修订)第18条规定,"省级以上人民政府应当组织有关部门或者委托专业机构,对环境状况进行调查、评价,建立环境资源承载能力监测预警机制"。《中共中央、国务院关于加快推进生态文明建设的意见》(2015年公布)也明确提出,要"利用卫星遥感等技术手段,对自然资源和生态环境保护状况开展全天候监测,健全覆盖所有资源环境要素的监测网络体系"。2020年,自然资源部印发《自然资源调查监测体系构建总体方案》(自然资发〔2020〕15号)。

（一）自然资源部综合监测网络

山水林田湖草冰沙的完整性对自然资源监测提出新要求，有必要构建统一于国土空间规划范畴内的全范围自然资源综合监测网络。对此，自然资源部办公厅于2023年9月5日印发《全国国土空间规划实施监测网络建设工作方案（2023—2027年）》。2023年12月6日，自然资源部办公厅印发《关于部署开展国土空间规划实施监测网络建设试点的通知》。通过国土空间规划监测网络建设，以实景三维中国为空间数据基础，完善自然资源三维立体"一张图"，实现空间规划与用途管制、耕地保护、开发利用、资产权益、确权登记、修复整治、灾害防治、海域海岛、执法督察等环节反映规划实施情况数据的实时汇集、关联计算。

（二）林业和草原综合监测体系

《森林法》（2019年修订）第27条规定："国家建立森林资源调查监测制度，对全国森林资源现状及变化情况进行调查、监测和评价，并定期公布。"《草原法》（2021年修正）第25条规定："国家建立草原生产、生态监测预警系统。县级以上人民政府草原行政主管部门对草原的面积、等级、植被构成、生产能力、自然灾害、生物灾害等草原基本状况实行动态监测，及时为本级政府和有关部门提供动态监测和预警信息服务。"对此，自然资源部国家林业和草原局组织实施了全国林草生态综合监测，主要监测内容包括森林、草原、湿地、荒漠、林草碳汇等，这是对各类林草资源及生态状况的综合监测。全国林草生态综合监测以国土"三调"数据为底板，对接全国森林资源管理"一张图"，融合森林、草原、湿地、荒漠等图斑专题信息，建立了涵盖空间位置、管理属性、自然要素、资源特征信息的全国林草资源数据库。[1] 通过全国林草生态综合监测，可以呈现林草资源保护和发展成效，为我国推进大规模国土绿化、荒漠化综合防治和"三北"等重点生态工程建设、林长制督查考核、山水林田湖草沙一体化保护和系统治理，以及实施碳达峰、碳中和战略提供重要基础支撑。

（三）水资源监测体系

《水法》（2016年修正）第16条第1款、第2款规定："制定规划，必须进行水资源综合科学考察和调查评价。水资源综合科学考察和调查评价，由县级以上人民政府水行政主管部门会同同级有关部门组织进行。县级以上人民政府应当加强水文、水资源信息系统建设。县级以上人民政府水行政主管部门和流域管理机构应当加强对水资源的动态监测。"2024年，水利部发布了《全国水资源监测体系建设总体工作方案（2024—2027年）》，规定要坚持问题导向，重点围绕取水口取水计量、河湖断面和地下水监测、监测计量数据信息化应用等方面，全面进行情况摸底和统计分析；要坚持目标导向，以支撑和保障水资源刚性约

---

〔1〕 参见刘洁：《全国森林资源管理"一张图"多手段提升数据精准化库监测》，载央视网，https://news.cctv.com/2023/07/24/ARTI0hNMpukXiaxLJF1yDzb0230724.shtml。

束制度为重点,紧紧围绕水资源管理各项重点任务,明确监测任务,完善监测体系,强化监测手段;要坚持效果导向,优化监测数据信息平台功能,加强国家、流域、省市县层面的信息共享和高效应用,提高监测数据使用效率和效果。

(四)农业资源监测体系

《环境保护法》(2014 年修订)第 33 条第 1 款提出:“各级人民政府应当加强对农业环境的保护,促进农业环境保护新技术的使用,加强对农业污染源的监测预警……”《全国农业可持续发展规划(2015—2030 年)》(2015 年公布)提出,要“开展农产品产地环境监测与风险评估,实施重度污染耕地用途管制,建立健全全国农业环境监测体系”和“保护生物多样性。加强畜禽遗传资源和农业野生植物资源保护,加大野生动植物自然保护区建设力度,开展濒危动植物物种专项救护,完善野生动植物资源监测预警体系,遏制生物多样性减退速度。建立农业外来入侵生物监测预警体系、风险性分析和远程诊断系统,建设综合防治和利用示范基地,严格防范外来物种入侵。构建国家边境动植物检验检疫安全屏障,有效防范动植物疫病”。

(五)海洋资源监测体系

《海洋环境保护法》(2023 年修订)第 23 条第 2 款规定,“国务院自然资源主管部门组织开展海洋资源调查和海洋生态预警监测,发布海洋生态预警监测警报和公报”。对此,国家海洋局印发《关于推进海洋生态环境监测网络建设的意见》(2015 年公布),到 2020 年,基本实现全国海洋生态环境监测网络科学布局,监测预警能力、信息化和保障水平显著提升,监测数据信息互联共享、高效利用,监测与监管协同联动。全面建成协调统一、信息共享、测管协同的全国海洋生态环境监测网络。

第四节 自然生态监督管理体制

自然生态保护的监督管理目前处于各部门分工负责的状态。从以下国家主要部委在自然生态保护管理职责的设置可以看出,我国主要相关部门在自然生态保护方面的分工负责的职责范围和协调合作的必要性。

一、自然生态保护的国家部委职责

(一)国家发改委的相关职责

国家发改委在自然生态保护方面的主要职责包括以下几个方面:

(1)制定和完善生态空间规划。牵头组织统一规划体系建设,负责国家级专项规划、区域规划、空间规划与国家发展规划的统筹衔接;促进生态环境分区管控成果与国民经济和社会发展相关规划、区域规划编制实施充分衔接。(2)审核生态空间用途调整方案。对于新增建设占用生态保护红线的问题,省级人民组织论证、提出调整方案后,需经国家发改委会同有关部门提出审核意见后,报经国务院批准;联合自然资源部、生态环境部共同推进全国重要生态系统保护和修复重大工程建设,在充分衔接国土空间规划的基础上,持续推进自然生态系统保护和修复,统筹山水林田湖草一体化保护和修复。(3)会同其他部门建设国家生态空间动态监管信息平台、信息共享机制和常态化资源环境承载能力监测预警机制。(4)会同其他部门共同负责生态保护补偿相关工作。落实资源开发补充制度,完善建设占用自然生态空间和压覆矿产的占用补偿制度。

(二)自然资源部的相关职责

自然资源部是保障国家自然资源合理利用和保护的重要部门,其职能涵盖了自然资源的调查、监测、规划、管理、保护、修复、监管和执法等方面。其自然生态监督职责包括以下几个方面:(1)建立空间规划体系并监督实施。具体包括推进主体功能区战略和制度,组织编制并监督实施国土空间规划和相关专项规划;拟定国土空间规划相关政策,开展国土空间开发适宜性评价,建立国土空间规划实施监测、评估和预警体系;组织划定生态保护红线、永久基本农田、城镇开发边界等控制线,构建节约资源和保护环境的生产、生活、生态空间布局;建立健全国土空间用途管制制度,研究拟订城乡规划政策并监督实施;组织拟订并实施土地、海洋等自然资源年度利用计划以及土地、海域、海岛等国土空间用途转用等。其中,国土空间用途管制司负责拟订国土空间用途管制制度规范和技术标准;提出土地、海洋年度利用计划和耕地、林地、草地、湿地、海域、海岛等国土空间用途转用政策;指导建设项目用地预审工作;承担报国务院审批的各类土地用途转用的审核、报批工作;拟订开展城乡规划管理等用途管制政策并监督实施。(2)负责统筹国土空间生态修复。由自然资源部国土空间生态修复司牵头组织编制国土空间生态修复规划并实施有关生态修复重大工程;负责国土空间综合整治、土地整理复垦、矿山地质环境恢复治理、海洋生态、海域海岸线和海岛修复等工作;牵头建立和实施生态保护补偿制度,制定合理利用社会资金进行生态修复的政策措施;提出重大备选项目,指导地方国土空间生态修复工作。(3)做好生态环境分区管控方案与国土空间规划的衔接。在生态环境分区管控制度中,自然资源主管部门要依托国土空间规划"一张图"系统,共享生态保护红线等数据。(4)开展国家重点保护区、自然遗产、生态功能区等保护和修复工作。包括森林防火、草原退化治理、湿地保护、海洋生态修复等;科学区分、有效统筹环境污染治理项目、农田整治项目、生态修复项目。通过保护和修复自然资源,维护生态平衡,保障生态安全,促进可持续发展。

(三)国家林业和草原局的相关职责

国家林业和草原局是在国家林业局的职能框架中沿革而来的,统一整合了其他部门涉及林业和草原的监管事项。国家林业和草原局是生态文明管理体制改革的一项重要内容,改革了已有的实体资源分部门管理模式,转向生态系统管理模式。国家林业和草原局在自然生态保护方面的职责包括以下几个方面:(1)林业和草原等生态保护修复的监督管理。包括拟订林业和草原及其生态保护修复的政策、规划、标准并组织实施,起草相关法律法规、部门规章草案;组织开展森林、草原、湿地、荒漠和陆生野生动植物资源动态监测与评价;组织林业和草原生态保护修复和造林绿化工作;组织实施林业和草原重点生态保护修复工程,指导公益林和商品林的培育,指导、监督全民义务植树、城乡绿化工作;指导林业和草原有害生物防治、检疫工作;承担林业和草原应对气候变化的相关工作;等等。(2)监督管理各类自然保护地。包括拟订各类自然保护地规划和相关国家标准,起草国家公园、自然保护区、风景名胜区、世界自然遗产、世界自然与文化双重遗产、地质遗迹、矿业遗迹、地质公园、海洋特别保护区等各类自然保护地法律法规、部门规章草案,拟订相关政策、规划、标准并组织实施;组织各类国家级自然保护地评审工作,提出新建、调整各类国家级自然保护地的审核建议并按程序报批;组织审核和监督管理世界自然遗产、世界地质公园的申报,会同有关部门审核世界自然与文化双重遗产的申报;组织开展各类自然保护地资源调查、保护建设、生态修复、监测评估等工作,指导督促重大案件查处;提出自然保护区、风景名胜区、地质公园、海洋特别保护区等自然保护地建设项目初审意见;组织实施自然保护地有偿使用、生态补偿和赔偿工作;承担中央政府直接行使所有权的国家公园等自然保护地的自然资源资产管理和国土空间用途管制职责;承担《生物多样性公约》、《保护世界文化和自然遗产公约》以及涉及国际海洋保护地和国家管辖范围外区域海洋遗传资源的国际公约履约工作,负责实施《国际地球科学与地质公园计划》。(3)监督管理国家公园。根据《国家公园管理暂行办法》(2022 年公布)的规定,国家林业和草原局负责全国国家公园的监督管理工作,各国家公园管理机构具体负责国家公园自然资源资产管理、生态保护修复等工作;国家林业和草原局会同国家公园所在地省级人民政府建立局省联席会议机制,国家公园管理机构依职能负责国家公园建设资金预算编制和执行;国家林业和草原局依据国土空间规划和国家公园设立标准编制国家公园布局方案,国家公园管理机构完成勘界立标并依法依规对国家公园内的自然资源进行确权登记;国家公园管理机构在维护产权人权益的前提下将集体所有资产转为全民所有自然资源资产;国家公园管理机构对国家公园内自然资源、人权资源等开展调查监测和统计分析形成本底资源数据库;国家林业和草原局建立自然资源统一调查监测评价体系,国家公园管理机构应当建立巡查巡护制度和防灾减灾应急保障机制;国家公园管理机构基于省级人民政府的授权履行相关执法职责等。

(四)生态环境部的相关职责

在自然生态保护领域,生态环境部的监督职责包括以下四个方面:

(1)生态保护红线监管。主要由生态环境部自然生态保护司下设的生态保护红线处负责,包括生态状况调查评估、生态保护红线监管,以及生态保护修复、湿地生态环境保护、荒漠化防治等监督工作。根据《生态保护红线生态环境监督办法(试行)》(国环规生态

〔2022〕2 号）的授权，生态环境部负责组织开展全国生态保护红线生态环境监督工作，监督事项包括生态保护红线生态环境相关制度制定与落实情况，生态保护红线调整对生态环境的影响以及生态保护红线内人为活动、生态破坏和生态保护修复等相关问题的整改情况；负责制定生态质量监测标准规范，并依托生态质量监测网络组织开展生态保护红线质量监测，省级生态环境主管部门组织开展本行政区域内生态保护红线质量监测，与国家生态质量监测网络实现数据共享。对于生态保护红线内的（疑似）生态破坏问题，生态环境部应立即核实线索并将相关结果通报省级人民政府，同时按照职责分工移交国务院有关主管部门并记录在册。此外，生态环境部将生态保护红线保护成效纳入生态环境领域考核，并将考核结果作为党政领导干部综合评价及责任追究、自然资源资产离任审计和区域开展生态补偿的重要参考。

（2）自然保护地监管。生态环境部自然生态保护司下设自然保护地监管处，承担国家公园等各类自然保护地监管工作。根据《自然保护地生态环境监管工作暂行办法》（环生态〔2020〕72 号）的授权，生态环境部负责指导、组织和协调全国自然保护地生态环境监管工作，并对国家级自然保护地生态环境实施重点监管，省、市级生态环境主管部门分别负责组织、协调开展本行政区域内各级各类自然保护地生态环境监管工作；生态环境部组织建立自然保护地生态环境监测制度、制定相关标准和技术规范；生态环境部组织建设国家自然保护地“天空地一体化”生态环境监测网络体系和人类活动遥感监测系统，省级生态环境主管部门组织建设本行政区域的生态环境监测网络体系，并与国家自然保护地生态监测网络实行联网和数据共享；生态环境部组织开展国家级自然保护地生态环境保护成效评估并统一发布评估结果，原则上每五年开展一次，对存在生态环境变化敏感、人类活动干扰强度大、生态破坏问题突出等情况的国家级自然保护地，可适当增加评估频次；生态环境部定期组织开展自然保护地生态环境强化监督，包括涉及自然保护地生态环境的指示批示和重大决策部署的落实情况，同时建立国家级自然保护地生态环境重点问题台账并抄送国务院自然保护地行政主管部门，督促有关部门处理整改；对于自然保护地存在的突出生态环境问题，生态环境部应依照相关法律法规开展综合执法；污染或破坏自然保护地造成生态环境损害的，应及时开展或移送有关部门进行生态环境损害赔偿。

（3）生物多样性监管。由自然生态保护司生物多样性保护处承担生物多样性保护、生物物种资源（含生物遗传资源）保护和生物安全管理工作，监督野生动植物保护。具言之，负责统筹协调生物多样性保护机制，牵头研究重要事项，汇编年度工作进展并提出下一年工作计划。生态环境部需会同有关部门对国家和地方生物多样性保护战略和行动计划的实施情况进行跟踪评估和监督检查，协调解决实施过程中遇到的重大问题，定期向国务院报告相关情况。各省级生态环境主管部门定期将生物多样性保护战略与行动计划执行进展汇报至生态环境部。

（4）制定完善生态环境分区管控相关政策。生态环境部负责对生态环境分区管控的工作指导，统筹推进重点流域、重点区域和重点海域的生态环境分区管控联动实施。省级生态环境主管部门在省级政府领导下做好分区管控方案和生态环境准入清单的实施和更新调整。市级生态环境主管部门在党委和政府的双重领导下，按照国家和省级要求做好分区管控的应用。生态环境部不断完善分区管控技术体系，构建跟踪评估指标体系和年度实施细则，加强分区管控实施成效评估，实行年度跟踪与五年评估相结合的跟踪评估机制，指导省、市级开展并编制评估报告，省、市级将该报告报至生态环境部备案；指导省级生态环境主管部门在实施过程中加强生态环境分区管控与主体功能区、国土空间规划分区和用途管制要求的衔接以及其他工作的协调联动，生态环境分区管控方案原则上保持每五年定期调整，五年内确需更新的，按照“谁发布、谁更新”的原则，在充分衔接国民经济和社会发展规划、国土空间规划的基础上，开展动态更新，同时报上一级生态环境主管部门备案；将生态环境分区管控的实施情况纳入污染防治空间成效考核，会同有关部门跟踪评价；会同自然资源主管部门共同研究制定生态环境分区管控单元划分要求以及相关标准规范。

二、生物多样性监测体系

生物多样性监测是对生物多样性组成和变化进行有计划的观察和记录，在一定时期内不同时空维度上，对一个或者多个样区的同一组生物多样性指标进行重复测量。生物多样性监测主要在三个水平上进行：在物种水平上，主要选择濒危物种、经济物种和指示物种等，监测其种群动态和主要影响因素；在生态系统水平上，通过选择重要的生态系统类型并在其典型地段建立一定面积的长期固定监测样地，实现对生态系统组成、结构、功能及关键物种、濒危物种等的监测；在景观水平上，主要通过遥感手段和地理信息系统对一定区域的景观格局和过程及其影响因素进行监测。[1] 中共中央办公厅、国务院办公厅印发《关于进一步加强生物多样性保护的意见》(2021 年公布)提出“构建完备的生物多样性保护监测体系”，持续推进生物多样性调查监测。截至 2023 年 4 月，我国已经初步建成科学、全面、长时间序列的生物多样性监测体系，依托生物多样性保护重大工程建立的中国生物多样性观测网络在全国 31 个省(自治区、直辖市)建立了 749 个监测样区，开发了全国监测数据信息管理平台。生物多样性监测的应用领域包括自然保护区、森林、湿地、草原等多个领域。[2]

(一)自然保护地生物多样性监测

国家林业和草原局自然保护地管理司发布《全国自然保护地生物多样性监测方案(试行)》(2022 年公布)，文件要求按照统一规划、统一标准、统一平台、统一管理的原则，构建统一的全国自然保护地生物多样性监测体系。在国家公园、自然保护区和野生动植物丰富的自然公园构建生态系统与景观变化的以无人机宏观监测、地面红外相机、摄像头和声波记录仪等自动监测设备为主的智能监测，典型植被样地、重点保护物种样区、生物多样性研

[1] 参见吴慧等：《全球视角下的中国生物多样性监测进展与展望》，载《生物多样性》2022 年第 10 期。

[2] 参见杨书杰：《完整纬度、梯度　我国已建立全国生物多样性监测网络》，载央视网，https://news.cctv.com/2023/04/28/ARTIxICPo7S7wgLmb3QTTBM4230428.shtml。

究和监测大样地、动植物动态巡护监测样线等综合监测，以及与环境因子采集设备等构成的天空地一体化监测体系，实现看得到野生动植物、管得住人的全新“互联网＋大数据＋自然保护地”管理模式，助力自然保护地生物多样性的有效保护。

从监测范围和指标上看，自然保护地生物多样性监测空间范围包括自然保护地全区、区内重点保护物种监测样线、典型植物群落调查样地、典型植被监测样地、生态系统监测大样地和国家重点保护物种监测样区以及生态定位站等层次。自然保护地内监测设施的选址要结合保护地内主要保护对象分布、生态系统空间布局等因素，开展有针对性的监测活动。监测指标分为生物多样性、景观与遗迹资源（对遗迹和景观为主的自然保护地的主要保护对象的核心指标，其他类型自然保护地作为选择性指标）、环境要素、资源利用、干扰和管理对策六大类。根据保护地保护对象和存在问题的不同选择相应的监测指标，并通过统一的数据平台统筹安排各类区域的基本监测指标和自选监测指标。

（二）其他领域生物多样性监测

除了上文提及的自然保护地生物多样性监测，我国各省市还在其他领域开展了生物多样性监测的实践，涉及森林、草原、荒漠和湿地生态系统。（1）森林。2004 年我国成立了森林生物多样性监测网络，旨在监测中国森林生物多样性变化，综合研究物种资源与生态环境。森林生物多样性监测网络的主要目标是，揭示不同时期森林生态系统及环境要素的变化规律及动因，研究物种多样性起源以及不同尺度的物种多样性变化；建立我国典型森林生态系统物种多样性监测的服务功能及价值评价与物种灭绝速率的评价指标体系；阐明全球变化对我国典型森林生态系统的影响，揭示我国不同区域生态系统对全球变化的作用及响应；通过了解我国典型森林生态系统生物多样性变化的规律，建立高效保护物种多样性的途径和措施，为自然保护区的建立进行科学的规划定位。（2）湿地。2023 年 1 月生态环境部自然生态保护司和法规与标准司发布的《湿地生态质量评价技术规范（征求意见稿）》（2023 年公布）要求从湿地生态结构特性出发，从重点保护生物指数、湿地植被覆盖度、物种多样性指数和外来物种入侵度四项指标建立评价体系。2019 年江苏省林业局发布的《江苏省湿地生态监测技术指南》将湿地生物多样性监测的指标限定在植物多样性和动物多样性。（3）草原。在地方实践中，2022 年科尔沁草原生物多样性调查与监测工作正式启动，该工作旨在摸清科尔沁草原重点区域内生物多样性本底情况，为评估科尔沁草原山水林田湖草沙一体化保护和修复提供支撑。[1] 2023 年安徽省生态监测中心首次组织开展了生态质量湿地样地生物多样性监测，设立的 16 个监测点共记录鸟类 96 种，其中国家一级重点保护动物 1 种，国家二级重点保护动物 10 种。[2]

---

〔1〕 参见马浩：《科尔沁草原生物多样性调查与监测工作正式启动》，载国家林业和草原局网 2022 年 7 月 3 日，https://www.forestry.gov.cn/main/586/20220629/100715585212823.html。

〔2〕 参见安徽省生态环境监测中心：《安徽省生态环境监测中心首次组织开展生态质量湿地样地生物多样性监测》，载安徽省生态环境厅网 2023 年 11 月 17 日，https://sthjt.ah.gov.cn/hbzx/gzdt/stdt/121877051.html。

第五节 生态环境区域和流域协调管理机制

一、区域环境协调管理机制

区域环境协调管理是区域一体化发展的重要组成部分。反之,区域发展战略也会深刻影响区域生产力布局和区域空间结构,进而产生相应的资源环境问题。对此,需要空间管制制度和环境管理制度协同配合,从土地用途管制、区域开发建设、生态环境保护、污染防治等多个方面共同发力、系统治理。[1]

(一)京津冀协同合作

京津冀区域环境协调管理机制是中国为推动区域生态环境保护和实现可持续发展而采取的一种跨区域合作模式。京津冀区域环境协调管理机制的具体内容包括:(1)政府间合作。京津冀三地政府通过签署合作协议,共同确定生态环境治理的目标和投入。这种合作模式有助于打破地区界限,形成统一的环境保护行动。(2)法律法规。通过联合立法和协同执法,京津冀区域实施统一的环境保护法规,确保区域内的环境保护工作有法可依。(3)生态补偿机制。建立生态补偿机制,按照"谁受益、谁付费"的原则,明确补偿主体和受偿主体,实现京津冀区域生态环境治理的成本共担与收益共享。(4)污染联防联控。京津冀地区实施大气污染联防联控,共同应对区域性的环境问题,如沙尘暴、水体污染和大气污染。(5)环境监测和信息共享。建立统一的区域空气质量监测体系,共享污染源监控信息,实现区域内环境监测数据的互联互通。(6)绿色发展。推动区域内的绿色、低碳发展,优化产业结构和能源结构,提高资源利用效率。(7)区域生态环境保护标准协同。推动区域内环境保护标准的对接和统一,加强排放标准、技术要求和管理规范的区域协同。

(二)长三角和珠三角区域协作

长三角和珠三角是中国经济发展最为活跃的两个区域,它们在跨区域环境协调管理方面采取了一系列措施,以促进区域环境的可持续发展。

长三角区域在环境协调管理方面,实施了一系列创新措施。例如,长三角生态绿色一体化发展示范区执行委员会、上海市生态环境局、江苏省生态环境厅、浙江省生态环境厅发布了《长三角生态绿色一体化发展示范区生态环境管理"三统一"制度建设行动方案》(2020年公布),着力构建生态环境管理"三统一"制度,即生态环境标准统一、环境监测统一和环境监管执法统一。此外,长三角地区还提出了共推绿色低碳发展、共保自然生态系统、共治跨界环境污染、共建环境基础设施、共创生态环境协作机制等五项主要任务,并强

---

[1] 参见耿海清:《新时期环保工作如何助力区域协调发展战略实施》,载《环境保护》2021年第7期。

化了区域性和跨界性定量指标设计，作为推动区域生态环境保护的工作指引和检验一体化保护成效的重要标准。上海、江苏、浙江、安徽四地生态环境及司法部门联合印发《长江三角洲区域生态环境行政处罚裁量规则》（2024 年公布）强化区域内与区域间立法的衔接与配合。自 2019 年以来，浙江嘉善、上海青浦、江苏吴江三地法院每年举行长三角一体化示范区司法协作会议。2024 年 3 月，上海、江苏、浙江两省一市人大常委会分别表决通过《促进长三角生态绿色一体化发展示范区高质量发展条例》。

珠三角区域则通过《珠江三角洲环境保护一体化规划（2009—2020 年）》（2010 年公布）来推进环境保护一体化，该规划强调了推进区域环境保护一体化的重要性，并提出了具体目标和措施，包括强化产业环境调控、优化水环境功能区、全面推进大气污染联防联控等。珠三角还探索了建立“湾长制”，实施海湾系统监管，加强陆海污染物排放和海洋空间资源管控，协调推进海洋生态保护与海洋灾害风险防范。生态环境部还分别与广东、澳门签署《共建国际一流美丽湾区合作框架协议》《内地与澳门特别行政区环境保护合作安排》，三地设立粤港环保及应对气候变化合作小组、粤澳环保合作专责小组，签订《粤港环保合作协议》《粤澳环保合作协议》《港澳环境保护合作协议》等合作协议，加快生态文明建设创新和先行先试，国际一流湾区和世界级城市群建设取得明显成效。

（三）青藏高原地区区域协作

青藏高原保护涉及多个行政区域，相应跨区域环境协调管理机制的内容有：（1）中央与地方的协调机制。根据《青藏高原生态保护法》（2023 年公布）的规定，中国建立了青藏高原生态保护协调机制，由中央政府统筹指导，国务院有关部门和地方政府分工负责，确保中央与地方在生态保护工作上的协调一致。（2）跨省际区划生态检察协作机制。《关于建立青藏高原及周边区域生态检察司法保护跨省际区划协作机制的意见》（2021 年公布）中提到，西藏、四川、云南、青海、甘肃、新疆 6 省区及新疆生产建设兵团检察院联合出台了协作机制，以加强青藏高原及周边区域生态检察司法保护。该机制包括信息共享、案件办理协作、生态修复协同以及多层级联络和业务交流协作等内容。（3）跨地区生态保护补偿机制。《青藏高原生态文明建设状况》（2018 年公布）白皮书提到，为了健全生态保护补偿机制，中国在青藏高原地区设置了跨地区环保机构，并进行了生态环境损害赔偿制度改革试点。（4）立法与政策体系。党中央印发了《青藏高原生态环境保护和可持续发展方案》（2021 年公布），提出建立青藏高原生态环境保护制度体系，体现了中国对青藏高原生态保护的重视和政策支持。

（四）黑土地保护区区域协作

黑土地保护涉及多个行政区域，相应跨区域环境协调管理机制的内容有：（1）保护责任的明确。根据《黑土地保护法》（2022 年公布）的规定，黑龙江省、吉林省、辽宁省、内蒙古自治区人民政府对本行政区域内的黑土地数量、质量和生态环境负责。这表明了地方政府在黑土地保护中的主体责任。（2）跨区域投入保护机制。针对黑土地保护中存在的政策协同性不足、责任主体不够明确等问题,立法进一步明确了各级政府的黑土地保护责任,并要求县级以上地方人民政府建立农业农村、自然资源、水利、发展改革、财政、生态环境等有关部门组成的黑土地保护协调机制。《黑土地保护法》(2022 年公布)要求"建立健全黑土地跨区域投入保护机制",有助于调动不同区域在黑土地保护上的合作和投入。

二、流域环境协调管理机制

(一)《水法》与流域协调管理机制

《水法》(2016 年修正)第 12 条第 1 款、第 3 款规定,国家对水资源实行流域管理与行政区域管理相结合的管理体制。国务院水行政主管部门在国家确定的重要江河、湖泊设立的流域管理机构,在所管辖的范围内行使法律、行政法规规定的和国务院水行政主管部门授予的水资源管理和监督职责。随后,《环境保护法》(2014 年修订)第 20 条第 1 款也规定,国家建立跨行政区域的重点区域、流域环境污染和生态破坏联合防治协调机制,实行统一规划、统一标准、统一监测、统一的防治措施。

为了纠正流域管理实践中由不同主体分别行使管理权的"多龙管水、多龙治水"的分割管理状态,有必要建立流域管理的协调机构和协调机制。现有的流域协调机构有两类:(1)由中央政府设立的协调机构。如长江、黄河、淮河、海河、珠江、松辽和太湖流域七大流域管理机构。(2)一些地区或省份自发建立的区域性环境合作组织。如泛珠三角区域设立的环境保护合作联席会议。在中央政府设立的流域水环境管理体制中,省级政府间的协调机构主要是七大流域管理机构。

(二)长江、黄河流域环境协调管理机制

长江流域与黄河流域的发展对于我国整体层面的流域治理具有举足轻重的意义。

《长江保护法》(2020 年公布)建立了长江流域环境协调管理机制,其主要内容包括:(1)统筹协调。统筹考虑长江流域的环境保护规划,以实现水资源、水生态和水环境的统一管理。(2)多元主体协同治理。强化机制引领和制度创新,明确不同区域政府间、政府与市场和社会主体间的协同行为。(3)区域、对象、要素目标协同。围绕长江全流域生态环境问题,破除行政辖区界限,合理确定各区域治理目标并细化分解。(4)治理措施。包括制定协同治理方案、政策法规、标准规范和科技支撑的协同创新。(5)绩效评估。建立绩效评估体系,科学评估协同治理成效,优化考核和奖惩机制。

《黄河保护法》(2022 年公布)建立了黄河流域环境协调管理机制,其主要内容包括:(1)建立了黄河流域生态保护和高质量发展统筹协调机制。全面指导和协调跨地区跨部门重大事项,形成中央统筹协调、部门协同配合、属地抓好落实、各方衔接有力的管理体制,实现统一规划设计、统一政策标准、协同生态保护、综合监管执法。(2)开展多元补偿主体协同治理。黄河流域水质保护和水量控制涉及多个补偿主体,包括中央和地方政府部门以及行业和企业,这些主体之间需要增强协同作用。(3)建立信息共享平台。利用大数据和区

块链技术建立环境信息系统,为横向生态补偿机制建设提供信息支撑。(4)建立项目建设管理协同平台。协同平台对运用补偿资金的项目进行跟进,发布项目进展,公开资金使用情况,接受公众监督,提升资金使用效率。

三、陆海统筹的环境协调管理机制

党的十八届三中全会决定明确提出,要改革生态环境保护管理体制,建立陆海统筹的生态系统保护修复和污染防治区域联动机制。随着生态文明建设和海洋发展战略的进一步推进,“陆海统筹”这一概念愈加频繁地出现在党内法规、行政法规、部门规章和地方性法规等法律文件中。在党内法规层面,2013 年 11 月,《中共中央关于全面深化改革若干重大问题的决定》中提到,要“建立陆海统筹的生态系统保护修复和污染防治区域联动机制”。2015 年 4 月,《中共中央、国务院关于加快推进生态文明建设的意见》同样要求“实施严格的围填海总量控制制度、自然岸线控制制度,建立陆海统筹、区域联动的海洋生态环境保护修复机制”。2019 年 5 月,中共中央、国务院发布《关于建立国土空间规划体系并监督实施的若干意见》,“陆海统筹”被确定为国土空间规划编制和陆海空间开发保护的基本原则。2019 年 10 月,《中共中央关于坚持和完善中国特色社会主义制度 推进国家治理体系和治理能力现代化若干重大问题的决定》中强调,要“完善污染防治区域联动机制和陆海统筹的生态环境治理体系”。在《关于在国土空间规划中统筹划定落实三条控制线的指导意见》(2019 年公布)、《关于划定并严守生态保护红线的若干意见》(2017 年公布)、《关于加强滨海湿地管理与保护工作的指导意见》(2016 年公布)、《围填海管控办法》(2017 年公布)、《海岸线保护与利用管理办法》(2017 年公布)、《海岛及海域保护资金管理办法》(2018 年公布)等党内法规制度、部门规范性文件中,均有关于“陆海统筹”的内容规定。[1]自 2020 年以来,“陆海统筹”开始被明确写入国家法律。《长江保护法》(2020 年公布)第 60 条规定:“国务院水行政主管部门会同国务院有关部门和长江河口所在地人民政府按照陆海统筹、河海联动的要求,制定实施长江河口生态环境修复和其他保护措施方案,加强对水、沙、盐、潮滩、生物种群的综合监测,采取有效措施防止海水入侵和倒灌,维护长江河口良好生态功能。”此外,《海警法》(2021 年公布)第 8 条也规定:“国家建立陆海统筹、分工合作、科学高效的海上维权执法协作配合机制。国务院有关部门、沿海地方人民政府、军队有关部门和海警机构应当相互加强协作配合,做好海上维权执法工作。”目前,法律上“陆海统筹”的含义更多与其所在的法律的宗旨相适应。《长江保护法》(2020 年公布)中的“陆海统筹”主要强调的是水生态环境保护;《海警法》(2021 年公布)虽然涉及海洋生态环境执法,但该法中的“陆海统筹”是对执法机制的要求;《海洋环境保护法》(2023 年修订)将“陆海统筹”规定为海洋环境保护应当坚持法律原则。

---

〔1〕 参见李挚萍、程晓娅:《“陆海统筹”的法律内涵及法律实现路径》,载《华南师范大学学报(社会科学版)》2021 年第4 期。

在地方层面，广西、海南、福建、浙江、山东、江苏、广东等省区以及深圳、青岛、大连、秦皇岛、滨州、珠海、锦州、潍坊、防城港、宁德等市颁布的地方立法均涉及“陆海统筹”，主要体现为两类立法：(1)海岸带、海域、海岛相关立法。如《福建省海岸带保护与利用管理条例》(2017年公布)第3条规定，“海岸带的保护与利用遵循陆海统筹、以海定陆、保护优先、合理利用、科学管理、军民融合、可持续发展的原则”；《深圳经济特区海域使用管理条例》(2020年公布)第3条规定，“海域使用坚持保护优先、合理开发、陆海统筹、统一规划和节约集约利用原则，实现生态效益、经济效益和社会效益有机统一”；《珠海经济特区海域海岛保护条例》(2020年修正)第3条规定，“海域海岛的保护遵循陆海统筹、规划引领、生态优先、绿色发展的原则”。(2)海洋环境保护立法。如《广东省实施〈中华人民共和国海洋环境保护法〉办法》(2018年修正)第3条规定，“海洋环境保护应当坚持科学规划、陆海统筹、预防为主、防治结合的原则，在重点海洋生态功能区、生态环境敏感区和脆弱区等海域划定生态保护红线，建立海洋资源开发与生态环境保护、海洋环境整治与陆源污染控制相结合的海洋环境保护机制”。

思考题

1. 概述中国环境监督管理体制从创建阶段到改革阶段的发展历程，并详细分析每个阶段的主要特点及其对当前环境管理的影响。
2. 论述我国生态环境垂直管理体制改革的背景、主要目标及其实施效果，并探讨其对环境管理效能的提升作用。
3. 论述我国生态环境督查重点由“督企”转为“督政”的重要意义，并探讨其对政府环境责任落实的推动作用。
4. 论述构建全国生态环境监测网络的重要性和改进措施。
5. 论述建立健全生态环境跨区域、跨流域管理体制机制的意义和路径。
6. 论述陆海统筹视角下海洋环境保护法律制度的完善路径。

进阶研习推荐文献

1. 周卫：《我国生态环境监管执法体制改革的法治困境与实践出路》，载《深圳大学学报(人文社会科学版)》2019年第6期。
2. 郑石明：《改革开放40年来中国生态环境监管体制改革回顾与展望》，载《社会科学研究》2018年第6期。
3. 齐晔等：《中国环境监管体制研究》，上海三联书店2008年版。
4. 黄锡生：《生态文明视阈下的环保监管模式创新研究》，中国社会科学出版社2019年版。
5. 刘卫先：《陆海统筹在自然生态保护法中的实现》，载《东方法学》2022年第3期。
6. 刘超：《环境空间视域下自然保护地省际协作保护机制之证成与构造》，载《河南师范大学学报(哲学社会科学版)》2022年第5期。

第六章 自然资源法

自然资源法是环境法的重要子部门法。自然资源法是指调整人们在自然资源分配、开发、利用、保护、管理、救济过程中发生的各种社会关系的法律规范的总称。其目的特别强调“人与自然和谐共生”“尊重自然、顺应自然、保护自然”“加强生态文明建设”。自然资源法发挥着界权、交易和治理等功能,基本法律制度主要包括自然资源国家所有权和使用权制度、自然资源资产产权制度、自然资源统一确权登记制度、自然资源规划和用途管制制度、自然资源承载力评估和绿色核算制度、自然资源开发利用许可制度、自然资源税费金制度、自然资源禁止限制利用和补偿制度,以及自然资源管护和防治制度。自然资源法的主要立法领域涉及土地、森林、矿产、水、草原、海洋、野生动植物、农业等资源。本章主要对自然资源法的概念、目的和功能、发展历史、法律体系、基本法律制度以及主要立法等内容进行系统阐释。

第一节 自然资源法概述

一、自然资源法的概念

自然资源法的定义包括形式和实质两个维度。形式意义上的自然资源法,是指土地法、水法、矿业法、林业法、草原法、渔业法以及野生动物保护法等自然资源法律规范的表现形式。实质意义上的自然资源法,是指调整人们在自然资源分配、开发、利用、保护、管理、救济过程中发生的各种社会关系的法律规范的总称。

自然资源法的调整对象是围绕自然资源分配、开发、利用、保护、管理、救济而形成的社会关系,[1]主要包括横向的权属关系、流转关系,纵向的管理关系,以及其他与自然资源开发利用相关的关系。其中,权属关系基于自然资源的稀缺的公共财产属性和价值性而产生,主要表现为国家、集体、企业和个人等所有社会主体因自然资源的权利归属而发生的社会关系,涉及自然资源权利类型的法定化、产权结构的法律配置,不同自然资源权利的取得、行使与保护,以及相互之间的转化关系等。流转关系为服务于自然资源的优化配置和高效利用的目标,主要表现为不同社会主体在实现自然资源产权流转配置过程中发生的社

〔1〕 参见黄锡生、杨睿:《法典化时代下自然资源法立法模式探究》,载《中国人口·资源与环境》2021年第8期。

会关系，涉及自然资源的流转主体、流转范围、流转条件、流转方式和法律救济等。管理关系基于国家对自然资源关系的必要适度干预而产生，是主要发生在作为监管和调控主体的国家与作为被监管和被调控主体的集体、企业和个人之间的社会关系，包括监管和调控的依据、对象、范围、方式、途径和救济等。其他与自然资源开发利用相关的关系包括财政、税收、金融、劳动、保险等社会关系。

二、自然资源法的目的和功能

（一）自然资源法的目的

自然资源法的目的具有多重性，包括：第一，合理开发利用自然资源，涉及促进、保障农业、渔业等行业发展的目的。第二，保护自然资源，同时会涉及保障从业人员的合法权益。第三，环境风险应对、灾害防治。第四，促进社会经济可持续发展。可持续发展，是指满足当代人需要，但不损害后代人满足其需要的能力的发展。在新时代背景下，自然资源法的目的特别强调“人与自然和谐共生”“加强生态文明建设”。

（二）自然资源法的功能

自然资源法主要具有界权、交易和治理三项功能。

第一，界权功能是指自然资源法发挥着界定谁对自然资源拥有所有权，以及谁拥有使用权的功能。这就需要加强与国土空间规划和用途管制的相衔接，推动自然资源资产所有权与使用权分离，加快构建分类科学的自然资源资产产权体系，着力解决权利交叉、缺位等问题。

第二，交易功能是指自然资源使用权经常出现在私人交易中——可能体现为许可证、租赁、销售、转让等交易。原则上，权利主体的交易遵循意思自治，但由于自然资源具有公共物品属性，甚至是国家基础生产资料，法律一般会要求有关自然资源开发利用的合同应当包括旨在促进某些公共政策的特定条款，在一定程度上限制当事人自行合意。例如，国外管理石油和天然气租赁的法律可能会规定，所有租赁协议都应明确承租人在矿产资源开发完毕后清理井场。在中国，矿山企业负有复垦复绿的义务。

第三，治理功能是指自然资源法能够被用来解决自然资源开发利用过程中产生的各类利益冲突和纠纷。除了解决纠纷，自然资源法也能够为自然资源的系统性修复提供法治保障，如编制实施国土空间生态修复规划，建立健全山水林田湖草系统修复和综合治理机制，为实现自然资源的可持续治理提供制度支撑。

三、自然资源法的发展历史

1978 年改革开放之后，我国自然资源立法快速发展。《宪法》（1982 年发布）规定了各类自然资源的基本归属，明确了自然资源的公有性质，奠定了整个自然资源产权制度构建的基础。《民法通则》（1986 年公布，已失效）为自然资源“公有私用”的开发利用提供了基本规则。《宪法修正案》(1988 年公布)进一步明确了土地使用权可以依法转让,为我国土地市场的发展完善提供了法制基础。此外,各种自然资源法律大量涌现,先后颁布了《森林法》(1984 年公布)、《草原法》(1985 年公布)、《土地管理法》(1986 年公布)、《矿产资源法》(1986 年公布)、《渔业法》(1986 年公布)、《水法》(1988 年公布)、《野生动物保护法》(1988 年公布)、《水土保持法》(1991 年公布)等。到 20 世纪 80 年代末,主要由单门类资源立法组成的自然资源法律体系框架初步形成,我国主要的自然资源管理基本实现有法可依和依法管理。

到 20 世纪 90 年代,特别 1992 年党的十四大明确提出建立社会主义市场经济体制的目标后,已有的明显带有计划经济色彩的法律法规越来越不适应经济的发展。自此,我国又相继对主要自然资源法律进行修改。这一阶段,我国的自然资源立法立足于自然资源所有权和使用权相分离,基本明确了各类自然资源的所有权制度,初步建立了自然资源开发利用准入制度、有偿使用制度和用途管制制度等,确定了自然资源立法的制度框架和主要原则。

2012 年党的十八大以来,随着生态文明建设纳入“五位一体”总体布局,以及全面依法治国纳入“四个全面”战略布局,自然资源立法以生态文明建设为基本遵循,以中国特色社会主义法治体系建设为根本目标,进入了一个转型发展的新时期。《宪法》(2018 年修正)将生态文明与物质文明、政治文明、精神文明、社会文明协调发展上升到国家根本大法的高度,明确了保护自然资源和建设生态文明的要求。《民法典》(2020 年公布)将绿色原则确定为民事活动的基本原则,并形成了现代产权制度和较为丰富完善的物权保护体系,为自然资源开发利用提供了依据和权利保障。同时,《森林法》(2019 年修订)、《草原法》(2021 年修正)、《土地管理法》(2019 年修正)、《水法》(2016 年修正)、《渔业法》(2013 年修正)、《野生动物保护法》(2022 年修订)、《野生植物保护条例》(2017 年修订)等法律法规也根据国家生态文明建设和法治建设最新的精神要求完成了进一步的修改完善。在这一阶段的立法中,自然资源产权制度进一步明确,有偿使用制度、产权流转制度、用途管制制度等各项制度逐步完善,内容逐渐丰富。

四、自然资源法律体系

自然资源法律体系是调整人们在自然资源开发、利用、保护和管理过程中发生的各种社会关系的法律规范的总称,主要包括土地、水、矿产、森林、草原、海洋、野生动植物等自然资源的法律、行政法规、地方性法规、部门规章、地方政府规章以及各类规范性文件等。

目前,我国已基本形成了一个以《宪法》(2018 年修正)为统领,以《民法典》(2020 年公布)、《行政许可法》(2019 年修正)、《行政处罚法》(2021 年修订)、《行政强制法》(2011 年公布)、《刑法》(2023 年修正)、《环境保护法》(2014 年修订)为基础,以《土地管理法》(2019 年修正)、《矿产资源法》(2024 年修订)、《森林法》(2019 年修订)、《草原法》(2021 年修正)、《水法》(2016 年修正)、《渔业法》(2013 年修正)、《野生动物保护法》(2022 年修订)、《海域使用管理法》(2001 年公布)、《野生植物保护条例》(2017 年修订)等各类自然资源法律法规为主体,以地方性自然资源法规[如《贵州省矿产资源管理条例》(2023 年修正)、《山东省水资源条例》(2024 年修正)、《湖南省野生动植物资源保护条例》(2020 年修正)等]为配套,以《资源税法》(2019 年公布)、《节约能源法》(2018 年修正)、《水土保持法》(2010 年修订)、《不动产登记暂行条例》(2024 年修订)、《自然资源统一确权登记暂行办法》(2019 年公布)等相关法律法规和规范性文件为补充的自然资源法律体系。

截至 2024 年 6 月,我国总共制定颁布了自然资源单行法 9 部,其他涉及自然资源的法律 52 部,行政法规和地方性法规近 100 部,部门规章和地方政府规章近 800 部。此外,我国还参加了《联合国气候变化框架公约》《生物多样性公约》《联合国海洋法公约》等多项国际公约。

第二节 自然资源基本法律制度

一、自然资源国家所有权和使用权制度

(一)自然资源国家所有权制度

在社会主义生产资料公有制背景下,除个别情形归属私人所有之外,[1]我国的自然资源所有权可分为自然资源国家所有权和自然资源集体所有权。[2] 自然资源所有权的规范依据主要体现为《民法典》(2020 年公布)物权编以及各自然资源单行法中的有关规定。《宪法》(2018 年修正)第 9 条和第 10 条中的"国家所有"的规定并非权属规定,而是制度保障。

国家和集体属于抽象的主体,无法直接行使自然资源所有权。为解决因所有权主体(国家、集体)虚置而引发的自然资源国家所有权保障不足的问题,我国在立法中确立了代表、代理行使制度。对于全民所有自然资源资产所有权,其行使模式大体上形成了"国务院代表行使、自然资源部授权统一行使、其他主体委托行使"的体系格局和层级结构。对于中央直接行使所有权的国有自然资源资产,如果须委托其他主体——如地方政府或国务院其他部门、机构行使,应当单独进行委托,这种委托适用《民法典》(2020 年公布)第 163 条的委托代理即意定代理规则。对于中央不直接行使所有权的国有自然资源资产,自然资源部

---

〔1〕《森林法》(2019 年修订)第 20 条规定:"国有企业事业单位、机关、团体、部队营造的林木,由营造单位管护并按照国家规定支配林木收益。农村居民在房前屋后、自留地、自留山种植的林木,归个人所有。城镇居民在自有房屋的庭院内种植的林木,归个人所有。集体或者个人承包国家所有和集体所有的宜林荒山荒地荒滩营造的林木,归承包的集体或者个人所有;合同另有约定的从其约定。其他组织或者个人营造的林木,依法由营造者所有并享有林木收益;合同另有约定的从其约定。"

〔2〕参见王洪亮等:《自然资源物权法律制度研究》,清华大学出版社 2017 年版,第 8 页。

作为统一代表机构可以与其他主体形成代理关系，此种代理并非委托代理，而是法定代理。[1] 对于集体所有的自然资源所有权，《民法典》(2020 年公布)第 262 条规定，对于集体所有的土地和森林、山岭、草原、荒地、滩涂等，依照下列规定行使所有权：(1)属于村农民集体所有的，由村集体经济组织或者村民委员会依法代表集体行使所有权；(2)分别属于村内两个以上农民集体所有的，由村内各该集体经济组织或者村民小组依法代表集体行使所有权；(3)属于乡镇农民集体所有的，由乡镇集体经济组织代表集体行使所有权。

(二)自然资源使用权制度

自然资源使用权是指权利人对于国家或者集体所有的自然资源，依法在一定范围内享有的占有、使用、收益的权利。按照所有权主体不同，自然资源使用权可以区分为国有自然资源使用权和集体所有自然资源使用权。按照自然资源客体不同可以区分为土地资源使用权、草原资源使用权、森林资源使用权、矿产资源使用权、水资源使用权、海洋资源使用权、野生动植物资源使用权等。

1. 自然资源使用权的取得

根据物权的产生逻辑，自然资源使用权由所有权派生而来。派生方式包括法律授权、以许可为核心的行政协议取得、承包经营取得以及转让取得等。

法律授权是指通过相关法律规定取得自然资源使用权。比如，《土地管理法》(2019 年修正)第 10 条规定，“国有土地和农民集体所有的土地，可以依法确定给单位或者个人使用。使用土地的单位和个人，有保护、管理和合理利用土地的义务”。

以许可为核心的行政协议取得是指权利人通过和行政主管部门签订行政协议获得自然资源使用权的许可。比如，《矿产资源法》(2024 年修订)第 33 条第 1 款规定，“矿业权人依照本法有关规定取得矿业权后，进行矿产资源勘查、开采作业前，应当按照矿业权出让合同以及相关标准、技术规范等，分别编制勘查方案、开采方案，报原矿业权出让部门批准，取得勘查许可证、采矿许可证；未取得许可证的，不得进行勘查、开采作业”。

承包经营取得是指对于集体所有的自然资源通过承包经营合同获得自然资源使用权。比如，《土地管理法》(2019 年修正)第 13 条第 1 款规定：“农民集体所有和国家所有依法由农民集体使用的耕地、林地、草地，以及其他依法用于农业的土地，采取农村集体经济组织内部的家庭承包方式承包，不宜采取家庭承包方式的荒山、荒沟、荒丘、荒滩等，可以采取招标、拍卖、公开协商等方式承包，从事种植业、林业、畜牧业、渔业生产……”

转让取得是指通过买卖、租赁等方式进行自然资源所有权的流通。比如，《森林法》(2019 年修订)第 16 条第 1 款规定：“……林业经营者依法取得的国有林地和林地上的森林、林木的使用权，经批准可以转让、出租、作价出资等。具体办法由国务院制定。”《草原

---

〔1〕 目前，关于全民自然资源委托代理的性质还存在争议，具有民事委托说、行政委托说、信托说和新型关系说等多种观点。本教材采纳民事委托说的通行观点。

法》(2021 年修正)第 15 条第 1 款也有类似规定,“草原承包经营权受法律保护,可以按照自愿、有偿的原则依法转让”。

2. 自然资源有偿使用原则

全民所有自然资源资产有偿使用是生态文明制度体系的一项核心原则。2016 年《国务院关于全民所有自然资源资产有偿使用制度改革的指导意见》进一步充实了自然资源有偿使用的重要意义。其实,自然资源有偿使用作为一项法律制度在立法上早有体现。《宪法》(1988 年修正)第一次正式承认土地使用权可以依法转让。同年,《土地管理法》(1988 年修正)明确国家实行国有土地有偿使用制度,标志着我国自然资源开始由无偿使用向有偿使用转变。后来,《民法典》(2020 年公布)第 325 条“法律另有规定的除外”的规定,主要是指有关法律规定可以无偿使用自然资源的情况。不少自然资源单行法均规定了自然资源无偿使用的例外规定。比如,《土地管理法》(2019 年修正)第 2 条第 5 款规定,“国家依法实行国有土地有偿使用制度。但是,国家在法律规定的范围内划拨国有土地使用权的除外”,本条中的“法律规定的范围”包括第 54 条中的“但书”规定:“……下列建设用地,经县级以上人民政府依法批准,可以以划拨方式取得:(一)国家机关用地和军事用地;(二)城市基础设施用地和公益事业用地;(三)国家重点扶持的能源、交通、水利等基础设施用地;(四)法律、行政法规规定的其他用地。”又如,《水法》(2016 年修正)第 7 条和第 48 条第 1 款。前者明确,“农村集体经济组织及其成员使用本集体经济组织的水塘、水库中的水的除外”。后者指出,“家庭生活和零星散养、圈养畜禽饮用等少量取水的除外”。再如,《矿产资源法》(2024 年修订)第 6 条第 1 款规定,“勘查、开采矿产资源应当按照国家有关规定缴纳费用。国务院可以根据不同情况规定减收或者免收有关费用”。《海域使用管理法》(2001 年公布)第 35 条规定:“下列用海,免缴海域使用金:(一)军事用海;(二)公务船舶专用码头用海;(三)非经营性的航道、锚地等交通基础设施用海;(四)教学、科研、防灾减灾、海难搜救打捞等非经营性公益事业用海。”

二、自然资源资产产权制度

在自然资源资产产权制度改革的语境下,自然资源资产产权是指自然资源资产的所有权、用益物权、债权等一系列权利的总称。自然资源资产产权制度是关于自然资源资产产权主体、客体、内容(权利义务)和权利取得、变更、消灭等规定的总和,是生态文明建设的基础性制度,对完善社会主义市场经济体制、维护社会公平正义、建设美丽中国起着重要的基础支撑作用。

改革开放以来,我国自然资源资产产权制度逐步建立,在促进自然资源节约集约利用和有效保护方面发挥了积极作用,但也存在自然资源资产底数不清、所有者不到位、权责不明晰、权益不落实、监管保护制度不健全等问题,这严重制约了自然资源资产的合理开发、高效利用、严格保护和系统修复。2015 年 9 月,中共中央、国务院联合发布了《生态文明体制改革总体方案》,首次提出要构建中央政府和地方各级政府“分级代理”行使自然资源资产所有权。2019 年 4 月,中共中央办公厅、国务院办公厅发布《关于统筹推进自然资源资产产权制度改革的指导意见》,期望建立起归属清晰、权责明确、保护严格、流转顺畅、监管有效的自然资源资产产权制度。2022 年 3 月,中共中央办公厅、国务院办公厅印发《全民所有自然资源资产所有权委托代理机制试点方案》,进一步明确了构建自然资源资产所有权委托代理行使模式。

目前,中国自然资源资产产权制度尚处于发展进程,改革聚焦五方面主要问题:第一,产权体系。侧重解决发展过程中不断出现的权利衍生、重叠、遗漏、交叉等问题。第二,产权主体。注重保障在发展过程中国有和集体所有资源资产所有者权益。第三,政府的角色问题。意在通过规范和提升政府职能,促进资源资产不断增效、提升资源及生态系统的韧性。第四,市场的作用。旨在让市场在经营性资源资产配置过程中起决定性作用。第五,重塑自然资源资产的价值。从"绿水青山就是金山银山"理念和生态环境系统观来理解并实现自然资源开发利用和保护修复的协调,[1] 并探索自然资源资产所有者权益的多种有效实现形式。

三、自然资源统一确权登记制度

(一)自然资源统一确权登记制度概述

自然资源统一确权登记制度是指对水流、森林、山岭、草原、荒地、滩涂、海域、无居民海岛以及探明储量的矿产资源等自然资源的所有权和所有自然生态空间统一进行确权登记,以清晰界定"四条边界"的制度。从具体登记内容来看,自然资源统一确权登记是对生态空间和自然资源所有权进行登记,以自然资源登记单元为基本单位,记载自然资源的自然状况、权属状况,同时关联不动产权利、许可证信息,以及公共管制要求等。

《中共中央关于全面深化改革若干重大问题的决定》(2013 年公布)明确提出,要"对水流、森林、山岭、草原、荒地、滩涂等自然生态空间进行统一确权登记,形成归属清晰、权责明确、监管有效的自然资源资产产权制度"。2015 年 9 月,《生态文明体制改革总体方案》提出建立统一的确权登记系统和权责明确的自然资源产权体系,逐步划清全民所有和集体所有之间的边界,划清全民所有、不同层级政府行使所有权的边界,划清不同集体所有者的边界。根据 2018 年 3 月《深化党和国家机构改革方案》的授权,新组建的自然资源部负有"两统一"职责,包括自然资源统一确权登记。2019 年,自然资源部等五部门联合印发《自然资源统一确权登记暂行办法》。2020 年,自然资源部印发《自然资源确权登记操作指南(试行)》,并制定了相关技术标准,建设了全国统一的登记信息系统。自然资源确权登记制度和工作体系全面建立实行。

(二)自然资源统一确权登记制度的性质

自然资源确权登记源于不动产登记,异于不动产登记,又融于不动产登记。自然资源

[1] 参见谭荣:《自然资源资产产权制度改革和体系建设思考》,载《中国土地科学》2021 年第 1 期。

确权登记的本质是产权登记,相当于为自然资源“上户口”,其首要内容是建立统一的确权登记系统,产权明晰是其首位目标。通过开展自然资源统一确权登记,有助于清晰界定全部国土空间各类自然资源资产的所有权主体,划清全民所有和集体所有之间的边界,划清全民所有、不同层级政府行使所有权的边界,划清不同集体所有者的边界,划清不同类型自然资源之间的边界。

自然资源确权登记不同于行政调查统计登记。行政调查统计登记是资源调查的范畴,重点在于弄清自然资源现状和变化情况,如国土“三调”和各类自然资源专项调查。

(三)自然资源确权登记的主体、对象、范围

自然资源主管部门是承担自然资源统一确权登记工作的机构,包括国务院、省、市、县的自然资源主管部门,按照分级和属地相结合的方式进行登记管辖。根据《自然资源统一确权登记暂行办法》(2019 年公布)第 3 条的规定,自然资源统一确权登记的对象和范围是水流、森林、山岭、草原、荒地、滩涂、海域、无居民海岛以及探明储量的矿产资源等自然资源的所有权和所有自然生态空间。《自然生态空间用途管制办法(试行)》(2017 年公布)第 2 条第 1 款规定,自然生态空间是指具有自然属性、以提供生态产品或生态服务为主导功能的国土空间,涵盖需要保护和合理利用的森林、草原、湿地、河流、湖泊、滩涂、岸线、海洋、荒地、荒漠、戈壁、冰川、高山冻原、无居民海岛等。

自然资源统一确权登记内容主要包括:(1)自然状况。包括自然资源的坐落、空间范围、面积、类型、数量、质量等。不同类型的自然资源登记的自然状况信息不一样,如水流记载河流长度、水面面积等,森林记载蓄积量、林种等。(2)权属状况。包括国家自然资源所有权,包括所有权主体、所有者职责履行主体、所有者职责代理履行主体以及行使方式等。(3)其他相关事项。包括登记单元范围内的不动产权利情况和公共管制信息等,通过关联方式体现。

(四)自然资源确权登记的程序

根据《自然资源统一确权登记暂行办法》(2019 年公布)第 20 条第 1 款、第 21 条的规定,自然资源登记类型包括自然资源首次登记、变更登记、注销登记和更正登记。自然资源首次登记程序为通告、权籍调查、审核、公告、登簿。

四、自然资源规划和用途管制制度

对自然资源作出规划与管制是自然资源管理的一项重要制度。由单行自然资源立法确立的土地利用总体规划、水资源规划、林业长远规划、水土保持规划、防沙治沙规划、草原建设保护利用规划等方面的要素型自然资源规划存在规划类型过多、内容重叠冲突等诸多问题。基于自然资源的整体系统性特征,有必要建立权责清晰、科学高效的统一国土空间规划体系与国土空间用途管制制度。其中,统一国土空间规划是国土空间用途管制的前

提，只有明确了一定时期的国土空间规划，才能进行后续有关自然资源用途管制的“审批许可”。

（一）统一国土空间规划制度

2018 年国务院机构改革的重要结果之一是设立了自然资源部，由其统领空间规划管理职能。具言之，新成立的自然资源部整合了国土资源部的职责、国家发改委的组织编制主体功能区规划职责、住房和城乡建设部的城乡规划管理职责、水利部的水资源调查和确权登记管理职责、农业部的草原资源调查和确权登记管理职责、国家海洋局的职责和国家测绘地理信息局的职责。在此基础上，部门规划管理职责的交叉重叠、部门与行业利益阻碍等机构职能问题得到解决。随后，国家开始启动国土空间规划的改革工作。2019 年《中共中央、国务院关于建立国土空间规划体系并监督实施的若干意见》颁布，国土空间规划“多规合一”的体系整合与“五级三类”的统一框架初步形成，推动了规划实践从多元分立走向一元整体。

国土空间规划是国家空间发展的指南、可持续发展的空间蓝图，是各类开发保护建设活动的基本依据。国土空间规划是对国土空间的保护、开发、利用、修复等作出的总体部署与统筹安排。其最大特点是将主体功能区规划、土地利用规划、城乡规划等空间规划融合为统一的国土空间规划，实现“多规合一”，形成全国国土空间规划“一张图”。统一国土空间规划制度是指国家或地方各级人民政府对一定区域国土空间的开发保护在空间和时间上作出安排的制度。根据《中共中央、国务院关于建立国土空间规划体系并监督实施的若干意见》（2019 年公布）的规定，统一国土空间规划包括总体规划、详细规划和相关专项规划。国家、省、市县编制国土空间总体规划，各地结合实际编制乡镇国土空间规划，呈现出五级三类的体系框架。

总体规划是由自然资源部门会同有关部门组织编制全国国土空间保护、开发、利用、修复的政策和总纲，由党中央、国务院审定后印发。省级国土空间规划由省级政府组织编制，经同级人大常委会审议后报国务院审批。市县和乡镇国土空间规划是本级人民政府对上级国土空间规划要求的细化落实，需报国务院审批的城市国土空间总体规划，由市政府组织编制，经同级人大常委会审议后，由省级政府报国务院审批；其他市县及乡镇国土空间规划由省级政府根据当地实际，明确规划编制审批内容和程序要求。详细规划是开展国土空间开发保护活动，包括实施国土空间用途管制、核发城乡建设项目规划许可，是进行各项建设的法定依据。在城镇开发边界内的详细规划，由市县自然资源主管部门组织编制，报同级政府审批；在城镇开发边界外的乡村地区，以一个或几个行政村为单元，由乡镇政府组织编制“多规合一”的实用性村庄规划，作为详细规划，报上一级政府审批。相关的专项规划强调的是专门性，一般是由自然资源部门或者相关部门来组织编制，可在国家级、省级和市县级层面进行编制，特别是对特定的区域或者流域，为体现特定功能对空间开发保护利用作出的专门性安排。

违反国土空间规划应承担相应的法律责任。比如,《土地管理法》(2019 年修正)第 74 条规定:"……对违反土地利用总体规划擅自将农用地改为建设用地的,限期拆除在非法转让的土地上新建的建筑物和其他设施,恢复土地原状,对符合土地利用总体规划的,没收在非法转让的土地上新建的建筑物和其他设施;可以并处罚款;对直接负责的主管人员和其他直接责任人员,依法给予处分;构成犯罪的,依法追究刑事责任。"

(二)国土空间用途管制制度

国土空间用途管制制度是指在国土空间规划确定空间用途及开发利用限制条件的基础上,在国土空间开发利用许可、用途变更审批和开发利用监管等环节,对耕地、林地、草原、河流、湖泊、湿地、海域、无居民海岛等所有国土空间用途或功能进行监管的制度。比如,在自然资源部或者各省的国土空间规划指南中,国土空间用途分区及管制规则一项,一般会将国土空间划分为耕地保护区、生态发展区、城镇发展区、乡村发展区这类一级分区,并细分为二级和三级分区。国土空间用途管制制度的核心内容包括:国土空间区域划分、分区内容确定、管制条款或正负面清单制定、管制实施。

2013 年党的十八届三中全会首次提出,要"完善自然资源监管体制,统一行使所有国土空间用途管制职责"。目前,国土空间用途管制的制度依据散见于诸如《土地管理法》(2019 年修正)第 4 条、《长江保护法》(2020 年公布)第 20 条、《海洋环境保护法》(2023 年修订)第 13 条和《青藏高原生态保护法》(2023 年公布)第 13 条等单行法的原则性规定中。2017 年 3 月,国土资源部会同九部委联合制定了《自然生态空间用途管制办法(试行)》,为开展自然资源用途管制制度提供了规范依据和操作指南。

对于违反国土空间规划和用途管制要求的建设行为,属于地方自然资源主管部门查处职责的,由该部门依法及时予以查处;属于地方其他部门职责的,自然资源主管部门在发现或收到违法线索后及时移交其他部门查处。国家自然资源督察机构按照职责,对地方政府国土空间规划实施情况适时开展督察。对违法违规审批用地、发放规划许可,未取得规划许可或者未按照规划许可的规定进行建设,造成严重后果的重大典型违法违规案件,自然资源部将依法开展挂牌督办、公开通报,并对相关责任主体进行约谈、问责。同时违法主体也要依法承担责任。

五、自然资源承载力评估和绿色核算制度

(一)自然资源承载力评估制度

承载力(carrying capacity)原为力学概念,是指物体在不产生任何破坏时所能承受的最大负荷。在《资源环境承载能力和国土空间开发适宜性评价指南(试行)》(2020 年公布)中,自然资源承载力是指基于特定发展阶段、经济技术水平、生产生活方式和生态保护目标,一定地域范围内资源环境要素能够支撑农业生产、城镇建设等人类活动的最大合理规模。

早期,资源环境承载力评价在灾后恢复重建总体规划、专项规划和实施规划中得到广泛应用,后来逐步被社会经济发展规划、国土空间规划和相关法律引入。国家"十一五"规划纲要明确提出,要"根据资源环境承载能力、现有开发密度和发展潜力,统筹考虑未来我国人口分布、经济布局、国土利用和城镇化格局,将国土空间划分为优化开发、重点开发、限制开发和禁止开发四类主体功能区"。2012 年 11 月,党的十八大将生态文明建设纳入统筹推进"五位一体"总体布局的重要内容。作为推进生态文明建设的重要抓手,资源环境承载能力评价和国土空间开发适宜性评价受到高度重视。2013 年 11 月 12 日,党的十八届三中全会更是将"建立资源环境承载能力监测预警机制,对水土资源、环境容量和海洋资源超载区域实行限制性措施",作为中央深化改革的重要任务之一,列入了《中共中央关于全面深化改革若干重大问题的决定》。《环境保护法》(2014 年修订)第 18 条要求建立环境资源承载能力监测预警机制。2017 年 3 月,国土资源部发布《自然生态空间用途管制办法(试行)》,该办法要求,在系统开展资源环境承载能力和国土空间开发适宜性评价的基础上,确定城镇、农业、生态空间,划定生态保护红线、永久基本农田、城镇开发边界,科学合理编制空间规划。2020 年,自然资源部印发了《资源环境承载能力和国土空间开发适宜性评价指南(试行)》。

(二)自然资源的绿色核算制度

自然资源的绿色核算制度是指将自然资源纳入国民经济核算体系。自然资源核算包括存量核算和流量核算。其中,存量核算是反映一个国家在某一时点上的自然资源储存总量及其价值总额,而流量核算主要反映一国在一定时期内生产活动中耗损的自然资源总量及总价值。自然资源核算应有两种表现形态:一是实物量,二是价值量。[1]

在国家层面,2021 年 12 月,《国务院办公厅关于印发要素市场化配置综合改革试点总体方案的通知》中提出,要"支持构建绿色要素交易机制。探索建立绿色核算体系、生态产品价值实现机制以及政府、企业和个人绿色责任账户"。2022 年 6 月,国家林业和草原局、国家统计局决定在内蒙古、福建等五省区开展森林资源价值核算试点,对试点省区全域及以地级市为区域单元开展森林资源价值量核算。

在地方层面,2020 年,浙江省发布了全国首部省级《生态系统生产总值(GEP)核算技术规范陆域生态系统》。丽水作为全国首个生态产品价值实现机制试点市,发布全国首份《生态产品价值核算指南》(2020 年公布)地方标准,出台《丽水市生态产品价值核算技术办法(试行)》(2019 年公布),开展市、县、乡、村四级 GEP 核算,率先发布四级 GEP 核算报告。2021 年 2 月,深圳市建立全国首个完整的 GEP 核算制度体系,以 GEP 核算实施方案为统领,以技术规范、统计报表制度和自动核算平台为支撑的"1+3"核算制度体系,深圳市市场监督管理局发布了《深圳市生态系统生产总值核算技术规范》(2021 年 3 月 1 日

〔1〕 参见张白玲:《中国"绿色核算"体系研究》,载《中国发展》2005 年第 3 期。

起实施)。

(三)自然资源离任审计制度

自然资源离任审计是指领导干部离任时,应当接受自然资源资产离任审计,审计机关依法依规对主要领导干部任职期间履行自然资源资产管理和生态环境保护责任情况进行的审计。

2013年11月,党的十八届三中全会通过《中共中央关于全面深化改革若干重大问题的决定》,提出要开展领导干部自然资源资产离任审计,并将自然资源资产管理和生态环境保护责任的履行情况纳入考核体系。2015年,中共中央办公厅、国务院办公厅发布《开展领导干部自然资源资产离任审计试点方案》,要求试点工作从2015年至2017年分阶段分步骤实施,预期在2018年建立经常性制度。2017年11月,中共中央办公厅、国务院办公厅印发《领导干部自然资源资产离任审计规定(试行)》,进一步明确审计对象、审计内容以及审计目标等问题,为开展经常性审计奠定了基础。

自然资源资产负债表是自然资源离任审计的核心。2015年,中共中央、国务院发布《关于加快推进生态文明建设的意见》,要求探索编制自然资源资产负债表,对党政领导干部实行自然资源资产离任审计。同年11月,国务院办公厅制定了《编制自然资源资产负债表试点方案》。2018年,国家统计局会同国务院有关部门联合制定了《自然资源资产负债表编制制度(试行)》。

六、自然资源开发利用许可制度

自然资源开发利用许可制度,又称自然资源开发利用许可证制度,是指在从事开发利用自然资源的活动之前,必须向有关管理机关提出申请,经审查批准,发给许可证后,方可进行该活动的一整套管理措施。实施自然资源开发利用许可制度有利于对开发利用自然资源的各种活动进行事先审查和控制。同时,自然资源开发利用许可制度还有利于根据客观情况的变化和需要,对持证人规定限制条件和特殊要求,便于发证机关对持证人实行有效的监督和管理。

我国在自然资源保护管理中普遍实行许可制度。比如,在土地资源方面,有土地使用权证;在草原资源方面,有草原使用权证;在森林资源方面,有林木采伐许可证、木材运输证件;在矿产资源方面,有采矿许可证、勘查许可证;在渔业资源方面,有养殖使用证、捕捞许可证;在野生动物资源方面,有特许猎捕证、狩猎证、驯养繁殖许可证、允许进出口证明书;在水资源方面,有取水许可证;等等。

从申请行为的用途来看,自然资源许可证可以分为三大类:第一,自然资源开发许可证。例如,林木采伐许可证、采矿许可证、捕捞许可证、采集证等。第二,自然资源利用许可证。例如,土地使用证、草原使用证、养殖使用证等。第三,自然资源进出口许可证。例如,野生动植物进出口许可证等。

七、自然资源税费金制度

自然资源有偿使用制度,也称自然资源税费金制度,是指国家采取强制手段对开发利用自然资源的单位或个人征收一定费用的一项管理制度。根据《民法典》(2020年公布)第325条的规定,国家实行自然资源有偿使用制度,但是法律另有规定的除外。除《民法典》(2020年公布)之外,《土地管理法》(2019年修正)、《森林法》(2019年修订)、《矿产资源法》(2024年修订)等单行自然资源法律也均对具体自然资源的有偿使用作出了明确规定。自然资源有偿使用制度包括自然资源税制度、自然资源费制度和矿产资源权益金制度。

(一)自然资源税制度

自然资源税,也称资源税,是对自然资源征税的税种的总称。1984年,为了逐步建立和健全我国的资源税体系,我国开始征收资源税。鉴于当时的一些客观原因,资源税税目只有煤炭、石油和天然气三种,后来又扩大到对铁矿石征税。1987年4月和1988年11月我国相继建立了耕地占用税制度和城镇土地使用税制度。国务院于1993年12月25日重新修订颁布了《资源税暂行条例》(已失效),财政部同年还发布了《资源税暂行条例实施细则》(已失效),自1993年12月30日起执行。修订后的条例扩大了资源税的征收范围,由过去的煤炭、石油、天然气、铁矿石少数几种资源扩大到原油、天然气、煤炭、其他非金属矿原矿、黑色金属矿原矿、有色金属矿原矿和盐七种。《资源税法》(2019年公布)进一步扩展了征税范围。在中华人民共和国领域及其管辖的其他海域开发应税资源的单位和个人,为资源税的纳税人,征收范围包括能源矿产、金属矿产、非金属矿产、水气矿产和盐五大类。然而,目前仍有一些重要的自然资源,如森林、海洋、淡水资源等并未列入征税范围。

(二)自然资源费制度

收费,一般是指政府因履行职责向一部分单位和公民提供直接服务而收取的非税收收入。政府收费通常有两类:一类是规费,是政府部门对公民个人提供特定服务或实施特定行政管理所收取的工本费或手续费;另一类是使用费,是政府对公共资源的使用者按一定的标准收取的费用。自然资源费制度属于后者,按照取之于资源用之于资源的原则,资源费纳入地方财政,作为开发利用自然资源和管理资源的专项资金。[1] 通过对自然资源的开发利用者征收相应的费用,从而达到运用经济手段促进节约资源的目的。在我国自然资源各单行法中,针对自然资源开发、利用、恢复、更新、培育、保护而征收的费用,可以分为三类。

一是自然资源使用费。自然资源管理部门对开发、占用、利用国有自然资源者,按照一

---

〔1〕 参见朱延松:《构建绿色税制条件下资源环境税的现实取向》,载《改革》2009年第9期。

定的标准所收取的费用,包括《土地管理法》(2019 年修正)第 55 条中的土地使用费、《水法》(2016 年修正)第 48 条中的水资源费、《海域使用管理法》(2001 年公布)第 33 条中的海域使用金等。

二是自然资源补偿费。为了恢复自然资源的更新能力,保护生态平衡,由自然资源行政管理部门向开发利用者征收的费用,包括《森林法》(2019 年修订)第 7 条的森林生态效益补偿基金和第 37 条第 2 款的森林植被恢复费,《土地管理法》(2019 年修正)中的第 30 条第 2 款的耕地开垦费、第 38 条第 1 款的耕地闲置费、第 43 条的土地复垦费、第 48 条的土地补偿费,《矿产资源法》(2024 年修订)第 6 条的矿产资源补偿费等。

三是自然资源管理费。自然资源行政管理部门对开发利用者所收取的因提供自然资源保护管理劳务的成本费用和维护自然资源利用设施的成本费用。比如,《水法》(2016 年修正)第 55 条的水费、《渔业资源增殖保护费征收使用办法》(2011 年修订)第 2 条的渔业资源增殖保护费、《防洪法》(2016 年修正)第 51 条和《河道管理条例》(2018 年修订)第 40 条的河道工程修建维护费和河道采沙取土管理费。

(三)矿产资源权益金制度

为建立"中国特色的新型矿产资源权益金制度",2017 年 4 月,国务院印发《矿产资源权益金制度改革方案》(国发〔2017〕29 号),随后财政部、国土资源部颁布《矿业权出让收益征收管理暂行办法》(财综〔2017〕35 号,已失效)。《矿产资源权益金制度改革方案》(2017 年公布)并未对"权益金"作出明确定义,但从方案的内容来看,不同于以往分散的矿产资源有偿使用制度,矿产资源权益金制度是一个完整的制度体系:第一,在矿业权出让环节,将探矿权采矿权价款调整为矿业权出让收益。第二,在矿业权占有环节,将探矿权采矿权使用费整合为矿业权占用费。第三,在矿产开采环节,组织实施资源税改革。第四,在矿山环境治理恢复环节,将矿山环境治理恢复保证金调整为矿山环境治理恢复基金。

在国外实践中,权益金是建立在矿业权人对矿产资源进行开采获益后以货币形式向资源所有者缴纳的回报,一般在开采环节收取。因此,从实现方式上看,与国外"权益金"性质相近的是资源税。《矿产资源权益金制度改革方案》(2017 年公布)明确将矿产资源补偿费并入资源税,在开采环节采取"从价计征"的方式按一定税率向企业征收。2023 年,财政部、自然资源部、税务总局对矿业权出让收益制度进行修订完善,印发《矿业权出让收益征收办法》。

八、自然资源禁止限制利用和补偿制度

自然资源禁限制度,是指自然资源法根据自然资源及其附属的生态特点,对开发利用资源的行为方式、利用对象、利用时间、利用范围、利用工具所规定的禁止和限制的制度。自然资源禁限制度是国土空间分区管控制度的重要内容。2010 年国务院颁布的《全国主体功能区规划》在国土空间划分格局中专门设定了与生态系统服务功能密切相关的区域——限制开发区域内的国家重点生态功能区和禁止开发区。国家重点生态功能区的功

能定位是保障国家生态安全,实现人与自然和谐相处;禁止开发区的功能定位是自然文化资源、珍稀动植物基因资源的保护地。

基于公平正义考虑,政府应当对因禁限制度保护环境而限制利用自然生态系统发展经济所失去资源开发机会的公民实施生态补偿。禁限行为与生态补偿行为之间是基础与派生的关系。首先,补偿主体会因设置生态功能区的政府有别而存在差异,对于国家设置的生态功能区来说,中央政府应承担生态补偿责任;省、自治区和直辖市设置的生态功能区,应由省级政府承担生态补偿责任。其次,受偿主体一般是生态功能区内的公民。再次,生态补偿额度则以对公民物质保障权和经济发展权的限制程度为根据核算,公民物质保障权应当以当地居民的最低生活标准为限度。最后,补偿经费的来源。由于生态系统功能具有公益性,生态补偿应该纳入财政预算,由国家和省级财政支付,并可以根据宏观经济形势及时调整。《生态文明体制改革总体方案》(2015 年公布)、《国务院办公厅关于健全生态保护补偿机制的意见》(2016 年公布)和《生态保护补偿条例》(2024 年公布)等文件均对全面推进生态补偿机制作出了顶层设计。

由于我国限制开发区域类型多样,自身具有异质性特征,决定了在建立限制开发区域利益补偿机制的时候,需要根据限制开发区域不同的类型进行具体方案设计。换言之,不同类型的限制开发区域,其利益补偿手段、标准和对象可能存在差异。

九、自然资源管护和防治制度

自然资源管护和防治的中心任务是保护、增殖(可更新资源)和合理利用自然资源。自然资源管护和防治义务的主体主要是自然资源的开发利用者,但也可能是各级政府及相应自然资源主管部门。其中,管护侧重于在未造成损害的情况下对自然资源进行可持续管理,而防治侧重于对损害的预防、恢复和治理。《环境保护法》(2014 年修订)第 30 条第 1 款明确了自然资源管护和防治制度的法律依据,该款规定:“开发利用自然资源,应当合理开发,保护生物多样性,保障生态安全,依法制定有关生态保护和恢复治理方案并予以实施。”

(一)自然资源管护制度

自然资源管护是综合运用管理和保护的手段,以实现维护自然资源整体稳定、促进自然资源可持续利用、提高自然资源生产供给自然资源产品能力的目的。因此,广义的自然资源管护包括自然资源防治。本教材认为,自然资源防治侧重于自然资源损害的预防和治理,因此狭义的自然资源管护,应专门指向预防和治理自然资源损害以外手段的管理和保护手段。

自然资源管护概念最早源于耕地资源管护。耕地资源管护主要体现为耕地生态管护。2001 年国土资源部印发《关于进一步加强和改进耕地占补平衡工作的通知》(已失效),首次提出耕地生态管护的概念,即要按照耕地数量、质量和生态管护三方面协调统一的要求开展耕地占补平衡。2008 年,国务院印发《全国土地利用总体规划纲要(2006—2020 年)》,进一步要求将耕地保护由单纯的数量保护转向数量、质量和生态全面管护。2012 年国土资源部印发《关于提升耕地保护水平全面加强耕地质量建设与管理的通知》(已失效),明确了耕地土壤重金属污染监测、被污染耕地治理等内容,对耕地保护赋予了“耕地数量管控、质量管理和生态管护”的新内涵。2016 年中央一号文件《关于落实发展新理念加快农业现代化实现全面小康目标的若干意见》提出推进耕地数量、质量、生态“三位一体”保护,标志着我国耕地保护正式进入耕地“三位一体”保护新阶段。随着生态文明建设的深入推进,全国人大常委会于 2018 年通过《土壤污染防治法》,要求未利用地、复垦土地等拟开垦为耕地的,应当对其依法进行土壤污染状况调查,并将耕地轮作休耕等内容纳入 2019 年新修正的《土地管理法》中。

在森林资源领域,自然资源管护也是一项重要的法律制度。2012 年国家林业局发布《天然林资源保护工程森林管护管理办法》,创设了森林管护实行森林管护责任协议书制度。

(二)自然资源防治制度

自然资源防治制度是指预防和治理自然资源损害的制度。其中,自然资源预防是指为预防自然资源遭受损害而采取的一系列管理措施,如在矿产资源领域会发生地质灾害、在森林资源领域会发生病虫灾害等。自然资源治理是指为恢复自然资源状况而采取的管理措施,主要包括矿山地质环境恢复和综合治理、土地综合整治、林业补植,以及尺度宏大的国土空间修复。

矿山地质环境恢复和综合治理、土地综合整治、林业补植主要侧重于单一自然资源要素的恢复。党的十八大以来,基于自然资源的整体系统性,国土空间生态修复受到高度重视。中共中央办公厅、国务院办公厅印发的《关于统筹推进自然资源资产产权制度改革的指导意见》(2019 年公布)中明确指出,要“编制实施国土空间生态修复规划,建立健全山水林田湖草系统修复和综合治理机制”。在系统修复和综合治理理念指引下,中国国土空间生态修复法律制度体系正逐步建立,体现为《环境保护法》(2014 年修订)、《长江保护法》(2020 年公布)、《黄河保护法》(2022 年公布)等国家法律的公布施行,以及《黄石市矿山生态修复条例》(2021 年公布)等地方性法规的通过实施。[1] 近年来,“国土空间开发保护法”“国土空间规划法”等立法进程也不断加快。

第三节 自然资源领域的主要立法

一、土地资源法

(一)土地资源法的概念

土地是指地球陆地的表层,土地资源是指一切对人类具有利用价值的土地。我国土地

〔1〕 参见孙佑海、赵燊:《国土空间生态修复法律制度建构的探讨》,载《自然资源学报》2023 年第 6 期。

资源丰富,《2023 年中国自然资源公报》调查成果显示,全国共有耕地 12758 万公顷、园地 2011.3 万公顷、林地 28354.6 万公顷、草地 26428.5 万公顷、湿地 2356.9 万公顷、城镇村及工矿用地 3596.8 万公顷、交通运输用地 1018.6 万公顷、水域及水利设施用地 3629.6 万公顷。但是我国人均占有量少,且农地资源相对缺乏。

土地资源法是调整土地开发、利用、保护和管理过程中所形成的社会关系的一系列法律规范的总称。为加强土地管理,维护社会主义公有制,保护、开发土地资源,合理利用土地和切实保护耕地,促进社会经济的可持续发展,党和国家在不同时期根据不同情况发布了相应的指示、纲要、通知、纪要、条例和法律。迄今为止,中国制定了《土地管理法》(2019 年修正)、《水土保持法》(2010 年修订)、《农业法》(2012 年修正)、《防沙治沙法》(2018 年修正)、《黑土地保护法》(2022 年公布)、《农村土地承包法》(2018 年修正)、《城市房地产管理法》(2019 年修正)、《农村土地承包经营纠纷调解仲裁法》(2009 年公布)、《乡村振兴促进法》(2021 年公布)等法律,以及《土地复垦条例》(2011 年公布)、《基本农田保护条例》(2011 年修订)、《土地管理法实施条例》(2021 年修订)、《土地调查条例》(2018 年修订)、《城镇国有土地使用权出让和转让暂行条例》(2020 年修订)等行政法规。此外,还有大量的政府规章、地方性法规和规范性文件涉及土地资源。

(二)土地管理法的立法沿革

1986 年 6 月,全国人大常委会审议通过《土地管理法》,结束了我国长期以来主要依靠行政手段和多部门分散管理土地的局面,城乡土地开始进入依法、统一运用综合手段全面、科学管理的轨道。《土地管理法》经历了四次修改。

1988 年,《土地管理法》迎来第一次修正。为适应市场经济的发展,本次修改删除了"禁止出租土地"的内容,并增加"国有土地和集体所有的土地的使用权可以依法转让""国家依法实行国有土地有偿使用制度"等规定。虽然修改幅度不大,但在中国立法史上具有划时代的意义,它拉开了自然资源有偿使用制度改革的序幕,为土地作为生产要素进入市场扫清了法律障碍,为我国工业化城镇化的快速推进奠定了基础。1998 年,全国人大常委会全面修订《土地管理法》,主要内容包括确立了以耕地保护为核心的土地用途管制制度,首次明确"十分珍惜、合理利用土地和切实保护耕地是我国的基本国策",严格控制耕地转为非耕地,实行占用耕地补偿制度,明确了征收的条件、程序和补偿原则,以及明确了土地所有权和使用权的归属及其变更登记的法律程序等。2004 年 8 月,全国人大常委会对《土地管理法》进行适宪性修改,把原来"国家为公共利益的需要,可以依法对集体所有的土地实行征用",修改为"国家为了公共利益的需要,可以依法对土地实行征收或者征用并给予补偿",同时将"征用"全部修改为"征收"。2019 年 8 月,全国人大常委会对《土地管理法》进行修正,主要内容包括:(1)破除集体经营性建设用地进入市场的法律障碍,同时,使用者取得集体经营性建设用地使用权后还可以转让、互换、出资、赠与或者抵押。(2)完善了农村宅基地制度,在原来一户一宅的基础上,增加宅基地户有所居的规定。(3)改革土地征收制度,对土地征收的公共利益范围进行明确界定,明确征收补偿的基本原则是保障被征地农民原有生活水平不降低、长远生计有保障,改进了原先的土地征收程序。(4)为改革预留了法律空间,增加第18条关于国家建立国土空间规划体系的规定。(5)将基本农田提升为"永久基本农田",增加第35条规定:永久基本农田经依法划定后,任何单位和个人不得擅自占用或者改变其用途。(6)适应"放管服"改革的要求,对中央和地方的土地审批权限进行了调整,按照是否占用永久基本农田来划分国务院和省级政府的审批权限。(7)在总则中增加第6条,标志着土地督察制度正式入法。

(三)土地管理法的主要内容

1. 土地权属规定

(1)土地所有权公有制。土地公有制是我国土地制度的基础,根据《宪法》(2018年修正)、《土地管理法》(2019年修正)等规定,我国实行土地社会主义公有制。城市市区的土地属于国家所有。农村和城市郊区的土地(包括宅基地、自留地、自留山)除由法律规定属于国家所有的以外,属于农民集体所有。因此,国家和农民集体是我国土地所有权的主体。

(2)国家所有土地的所有权由国务院代表国家行使。国务院自然资源主管部门统一负责全国土地的管理和监督工作。县级以上地方人民政府自然资源主管部门的设置及其职责,由省、自治区、直辖市人民政府根据国务院有关规定确定。由此,国务院才能代表国家进行国有土地占有、使用、收益和处分。在自然资源资产所有权委托代理改革的制度背景下,自然资源部成为统一履行土地所有权职责的主体。

(3)国有土地有偿使用制度。国家依法实行国有土地有偿使用制度。但是,国家在法律规定的范围内划拨国有土地使用权的除外。

2. 土地行政管理制度

(1)国家编制土地利用总体规划。各级人民政府应当采取措施,全面规划,严格管理,保护、开发土地资源,制止非法占用土地的行为。土地利用总体规划实行分级审批。省、自治区、直辖市的土地利用总体规划,报国务院批准。省、自治区人民政府所在地的市、人口在100万以上的城市以及国务院指定的城市的土地利用总体规划,经省、自治区人民政府审查同意后,报国务院批准。通过建立土地调查制度、土地统计制度以及全国土地管理信息系统,完善总体规划制度。

(2)土地用途管理制度。按照土地用途,将土地分为农用地、建设用地和未利用地。严格限制农用地转为建设用地,控制建设用地总量,对耕地实行特殊保护。使用土地的单位和个人必须严格按照土地利用总体规划确定的用途使用土地。

3. 耕地保护制度

(1)耕地总量控制、占补平衡制度。严格控制耕地转为非耕地,国家实行占用耕地补偿制度。非农业建设经批准占用耕地的,按照"占多少,垦多少"的原则,由占用耕地的单位负责开垦与所占用耕地的数量和质量相当的耕地;没有条件开垦或者开垦的耕地不符合要求的,应当按照省、自治区、直辖市的规定缴纳耕地开垦费,专款用于开垦新的耕地。

(2)永久基本农田保护制度。永久基本农田经依法划定后,任何单位和个人不得擅自占用或者改变其用途。国家能源、交通、水利、军事设施等重点建设项目选址确实难以避让永久基本农田,涉及农用地转用或者土地征收的,必须经国务院批准。

(3)耕地质量管护制度。各级人民政府应当采取措施,引导因地制宜轮作休耕,改良土壤,提高地力,维护排灌工程设施,防止土地荒漠化、盐渍化、水土流失和土壤污染。非农业建设必须节约使用土地,可以利用荒地的,不得占用耕地;可以利用劣地的,不得占用好地。

4. 建设用地管理制度

(1)农用地转用审批制度。建设占用土地,涉及农用地转为建设用地的,应当办理农用地转用审批手续。永久基本农田转为建设用地的,由国务院批准。在土地利用总体规划确定的城市和村庄、集镇建设用地规模范围内,为实施该规划而将永久基本农田以外的农用地转为建设用地的,按土地利用年度计划分批次按照国务院规定由原批准土地利用总体规划的机关或者其授权的机关批准。在已批准的农用地转用范围内,具体建设项目用地可以由市、县人民政府批准。在土地利用总体规划确定的城市和村庄、集镇建设用地规模范围外,将永久基本农田以外的农用地转为建设用地的,由国务院或者国务院授权的省、自治区、直辖市人民政府批准。

(2)明确征收程序和要求。征收下列土地的,由国务院批准:①永久基本农田;②永久基本农田以外的耕地超过35公顷的;③其他土地超过70公顷的。国家征收土地的,依照法定程序批准后,由县级以上地方人民政府予以公告并组织实施。同时征收土地应当给予公平、合理的补偿,保障被征地农民原有生活水平不降低、长远生计有保障。

二、森林资源法

(一)森林资源法的概念

森林资源包括森林、林木、林地以及依托其生存的野生动植物、微生物等。其中,森林,包括乔木林、竹林和国家特别规定的灌木林。按照用途可以分为防护林、特种用途林、用材林、经济林和能源林。林木,包括树木和竹子。林地,是指县级以上人民政府规划确定的用于发展林业的土地,主要包括郁闭度0.2以上的乔木林地以及竹林地、灌木林地、疏林地、采伐迹地、火烧迹地、未成林造林地、苗圃地等。《2023年中国自然资源公报》显示,全国共有林地28354.6万公顷。其中,乔木林地19680.8万公顷,竹林地699.2万公顷,灌木林地5835.8万公顷,其他林地2138.8万公顷。然而,根据第9次全国森林资源清查结果,我国人均森林面积0.16公顷,不足世界人均森林面积的1/3。

森林资源法是指调整因森林的采伐、利用、保护、培育和经营管理等活动中所产生的社会关系的一系列法律规范的总称。新中国成立以后,中国政府制定了许多关于合理利用森林资源的行政法规和部门规章。1963年,国务院颁布《森林保护条例》(已失效)。在20世纪80年代,中共中央、国务院以及原林业部还制定了一系列有关制止乱砍滥伐森林、植树造林、森林防火、森林采伐更新管理的具体规定。早期森林资源立法的重心是围绕保障持续林业产出目的而设置限制采伐和保证伐后林木更新等一系列规定,将提供木材和各种林产品、满足国家经济建设和人民生活的需要作为森林保护的首要功能,而1984年正式颁布的《森林法》明确将森林蓄水保土、调节气候、改善环境的作用放在首要位置,而将提供林产品的作用放在次要位置。

(二)森林法的历史沿革

1979年,国家颁布了《森林法(试行)》。该法是一部过渡性的法律,是森林资源利用法,第1条明确规定:"森林是国家的重要资源,能够提供木材和各种林产品,满足国家经济建设和人民生活的需要……"立法是"为了加快造林速度,加强森林保护管理,合理开发利用森林资源"。

农村土地承包制改革也带动了林业制度改革,《森林法(试行)》(1979年公布)不能适应森林资源利用和管理的需求。《森林法(试行)》(1979年公布)存在对过量采伐控制不严、处罚不力,试行法权威性不够,乱砍滥伐森林的严重现象。为此,全国人大常委会在1984年正式颁布《森林法》。该法以造林绿化为中心,强化植树造林。20世纪80年代初期,由于林业产权不明和受林业发展急功近利思想的影响,森林乱砍滥伐现象并未遏制。20世纪90年代以后,为了加快林业发展,适应社会主义市场经济发展,促进森林资源的保护、培育和合理利用,国家鼓励和调动全社会力量造林营林,保护生态环境,全国人大常委会于1998年对《森林法》进行第一次修正,突出了林业在生态环境建设中的主体作用,实现了《森林法》从林业利用向森林利用与保护并重的转变。2009年,对《森林法》进行第二次修正,对个别字句作出调整,无实质性内容调整。

2019年,为了加强森林保护和修复,守住森林红线,维护森林生态安全,坚持人与自然和谐共生,促进林业转型和林业可持续发展,推动林业现代化建设,全国人大常委会对《森林法》进行修订。本次修订的主要内容是:以国有林和集体林、公益林和商品林为主线,完善了森林权属、分类经营管理、森林资源保护、造林绿化、林木采伐等森林资源保护管理制度,完善了法律责任方面的违法行为种类、处罚幅度、代履行规定,增加了省级以上林业主管部门制定恢复植被和林业生产条件、树木补种标准的规定,加强执法的可操作性,提高法律威慑力。

(三)森林法的主要内容

1. 森林资源权属制度

森林资源是森林法的一个总概念,森林、林木以及林地是其从属概念。[1]《森林法实

---

[1] 参见杜群:《中国法律中的森林定义——兼论法律保护森林资源生态价值的迫切性》,载《资源科学》2018年第9期。

施条例》(2018 年修订)第 2 条第 1 款规定,森林资源,包括森林、林木、林地以及依托森林、林木、林地生存的野生动物、植物和微生物。

森林资源属于国家所有,由法律规定属于集体所有的除外,国家所有的森林资源的所有权由国务院代表国家行使。其中林地分为集体所有和国家所有,遵循土地资源权属的相关规定。农民集体所有和国家所有依法由农民集体使用的林地采取农村集体经济组织内部的家庭承包方式承包,林地的承包期为 30—70 年。

森林分为国家所有和集体所有。林木分为国家所有、集体所有和个人所有。农村居民在房前屋后、自留地、自留山种植的林木,归个人所有。城镇居民在自有房屋的庭院内种植的林木,归个人所有。集体或者个人承包国家所有和集体所有的宜林荒山荒地荒滩营造的林木,归承包的集体或者个人所有;合同另有约定的从其约定。

国家所有的林地和林地上的森林、林木可以依法确定给林业经营者使用。林业经营者依法取得的国有林地和林地上的森林、林木的使用权,经批准可以转让、出租、作价出资等,具体办法由国务院制定。集体所有和国家所有依法由农民集体使用的林地实行承包经营的,承包方享有林地承包经营权和承包林地上的林木所有权,合同另有约定的从其约定。承包方可以依法采取出租(转包)、入股、转让等方式流转林地经营权、林木所有权和使用权。未实行承包经营的集体林地以及林地上的林木,由农村集体经济组织统一经营。经本集体经济组织成员的村民会议 2/3 以上成员或者 2/3 以上村民代表同意并公示,可以通过招标、拍卖、公开协商等方式依法流转林地经营权、林木所有权和使用权。

森林资源所有权需要登记造册,核发证书,确认所有权。集体所有的森林、林木和林地,由所有者向所在地的县级人民政府林业主管部门提出登记申请,由该县级人民政府登记造册,核发证书,确认所有权。单位和个人所有的林木,由所有者向所在地的县级人民政府林业主管部门提出登记申请,由该县级人民政府登记造册,核发证书,确认林木所有权。使用集体所有的森林、林木和林地的单位和个人,应当向所在地的县级人民政府林业主管部门提出登记申请,由该县级人民政府登记造册,核发证书,确认森林、林木和林地使用权。

2. 森林资源规划

县级以上人民政府应当将森林资源保护和林业发展纳入国民经济和社会发展规划,并应落实国土空间开发保护要求,合理规划森林资源保护利用结构和布局,制定森林资源保护发展目标,提高森林覆盖率、森林蓄积量,提升森林生态系统质量和稳定性。同时,县级以上人民政府林业主管部门还要编制林业发展规划、专项规划并通过建立森林资源调查监测制度以配合规划落实。

3. 森林保护

《森林法》(2019 年修订)设立"森林保护"专章,明确了政府、林业主管部门的森林保护职责,对林业经营者各自承担的森林资源保护义务、公益林补偿、重点林区转型发展、天然林保护、护林组织和护林员、森林防火、林业有害生物防治、林地用途管制、古树名木和珍贵树木保护、林业基础设施建设等方面进行了规定。主要制度包括:(1)建立森林生态效益补偿制度。国家开展森林生态效益补偿制度,加大公益林保护支持力度,完善重点生态功能区转移支付政策,指导受益地区和森林生态保护地区人民政府通过协商等方式进行生态效益补偿。中央和地方财政分别安排资金,用于公益林的营造、抚育、保护、管理和非国有公益林权利人的经济补偿等,实行专款专用。(2)建立自然保护区。国家在不同自然地带的典型森林生态地区、珍贵动物和植物生长繁殖的林区、天然热带雨林区和具有特殊保护价值的其他天然林区,建立以国家公园为主体的自然保护地体系,加强保护管理。(3)森林保护总量控制和质量维护。对天然林采伐进行严格限制,对占用林地实行总量控制。禁止毁林开垦、采石、采砂、采土以及其他毁坏林木和林地的行为。禁止向林地排放重金属或者其他有毒有害物质含量超标的污水、污泥,以及可能造成林地污染的清淤底泥、尾矿、矿渣等。禁止在幼林地砍柴、毁苗、放牧。禁止擅自移动或者损坏森林保护标志。

4. 造林绿化

植树造林、保护森林,是公民应尽的义务。国家统筹城乡造林绿化,开展大规模国土绿化行动,绿化美化城乡,推动森林城市建设,促进乡村振兴,建设美丽家园。国家鼓励公民通过植树造林、抚育管护、认建认养等方式参与造林绿化。各级人民政府应当采取以自然恢复为主、自然恢复和人工修复相结合的措施,科学保护修复森林生态系统。新造幼林地和其他应当封山育林的地方,由当地人民政府组织封山育林。各级人民政府应当对国务院确定的坡耕地、严重沙化耕地、严重石漠化耕地、严重污染耕地等需要生态修复的耕地,有计划地组织实施退耕还林还草。各级人民政府应当对自然因素等导致的荒废和受损山体、退化林地以及宜林荒山荒地荒滩,因地制宜实施森林生态修复工程,恢复植被。

5. 森林可持续利用和经营

我国实行森林分类经营管理制度,对公益林和商品林实行分类经营管理,突出主导功能,发挥多种功能,实现森林资源永续利用。在符合公益林生态区位保护要求和不影响公益林生态功能的前提下,经科学论证,可以合理利用公益林林地资源和森林景观资源,适度开展林下经济、森林旅游等,利用公益林开展上述活动应当严格遵守国家有关规定。针对商品林,由林业经营者依法自主经营,在不破坏生态的前提下,可以采取集约化经营措施,合理利用森林、林木、林地,提高商品林经济效益。在保障生态安全的前提下,国家鼓励建设速生丰产、珍贵树种和大径级用材林,增加林木储备,保障木材供给安全。同时,林业经营者可以自愿申请森林认证,以促进森林经营水平提高和可持续经营。森林认证是运用市场机制来促进森林可持续经营的工具。此外,为实现森林资源的永续利用经营,《森林法》(2019 年修订)规定了采伐管理制度。公益林只能进行抚育、更新和低质低效林改造性质的采伐。但是,因科研或者实验、防治林业有害生物、建设护林防火设施、营造生物防火隔离带、遭受自然灾害等需要采伐的除外。商品林应当根据不同情况,采取不同采伐方式,严格控制皆伐面积,伐育同步规划实施。自然保护区的林木,禁止采伐,但因防治林业有害生物、森林防火、维护主要保护对象生存环境、遭受自然灾害等特殊情况必须采伐的和实验区的竹林除外。采伐林木的组织和个人应当按照有关规定完成更新造林。更新造林的面积不得少于采伐的面积，更新造林应达到相关技术规程规定的标准。

三、矿产资源法

（一）矿产资源的概念

矿产资源是指在自然界生成，存在于地壳之中，可以被人类利用，并具有一定数量和质量的矿物或岩石，其中包括呈固体、液体或气体状态的各种金属、非金属矿产、燃料矿产和地下热能等。截至2022年年末，全国已发现矿产资源173种，其中能源矿产13种，金属矿产59种，非金属矿产95种，水气矿产6种。2022年，中国近四成矿产储量均有上升。其中，储量大幅增长的有铜、铅、锌、镍、萤石、晶质石墨等。根据2023年全国油气储量统计快报数据，全国油气勘查新增探明储量总体保持高位水平，石油勘查新增探明地质储量连续4年稳定在12亿吨以上，天然气、页岩气、煤层气合计勘查新增探明地质储量连续5年保持在1.2万亿立方米以上。

矿产资源法是指调整在管理、保护、开采、利用矿产资源过程中所发生的各种社会关系的一系列法律规范的总称。我国现行矿产资源管理立法主要包括《矿产资源法》（2024年修订）、《煤炭法》（2016年修正）、《矿山安全法》（2009年修正）、《矿产资源勘查区块登记管理办法》（2014年修订）、《矿产资源开采登记管理办法》（2014年修订）、《探矿权采矿权转让管理办法》（2014年修订）、《深海海底区域资源勘探开发法》（2016年公布）、《乡镇煤矿管理条例》（2013年修订）等法律法规。

（二）矿产资源法的历史沿革

1986年，为了发展矿业，加强矿产资源的勘查、开发利用和保护工作，保障社会主义现代化建设的需要，全国人大常委会颁布了《矿产资源法》，该法于1996年、2009年经历了两次修正，于2024年进行了一次修订。1996年的第一次修正，着重规范矿业的改革、开放、发展和矿业秩序的治理整顿，实行统一规划、合理布局、综合勘查、合理开采和综合利用的方针，强化国家对矿产资源的所有权管理，加强国家对矿产资源的分配、勘查和开发利用，完善了法律责任制度。2009年为适应《刑法》的修正，统一法秩序，全国人大常委会对《矿产资源法》进行了第二次修正，将“法律责任”章按照《刑法》条款的表述进行修正，并未进行实质性修改。2024年的修订对《矿产资源法》进行了重大调整，并将部分行政法规中规定的事项写入法律。

（三）矿产资源法的主要内容

1. 矿产资源权属及流转制度

矿产资源权属分为所有权、探矿权和采矿权。其中，矿产资源属于国家所有。地表或者地下的矿产资源的国家所有权，不因其所依附的土地的所有权或者使用权的不同而改变。矿产资源所有权具有唯一性。已探明和未探明的矿产资源，附着于地面和赋存于地下的矿产资源,都属于国家所有。对于属于国家所有的矿产资源,由国务院统一代表行使国家对矿产资源的所有权。在自然资源资产所有权委托代理的制度背景下,将由自然资源部统一行使所有者代表职责。

勘查、开采矿产资源,必须依法分别申请、经批准取得探矿权、采矿权,并办理登记,但是,已经依法申请取得采矿权的矿山企业在划定的矿区范围内为本企业的生产而进行的勘查除外。探矿权、采矿权一般合称为"矿业权"。我国对矿业权采取有偿取得的制度。但是,国家对探矿权、采矿权有偿取得的费用,可以根据不同情况规定予以减缴、免缴,具体办法和实施步骤由国务院规定。开采矿产资源,必须按照国家有关规定缴纳资源税和资源补偿费。

除按下列规定可以转让外,探矿权、采矿权不得转让:(1)探矿权人有权在划定的勘查作业区内进行规定的勘查作业,有权优先取得勘查作业区内矿产资源的采矿权。探矿权人在完成规定的最低勘查投入后,经依法批准,可以将探矿权转让他人。(2)已取得采矿权的矿山企业,因企业合并、分立,与他人合资、合作经营,或者因企业资产出售以及有其他变更企业资产产权的情形而需要变更采矿权主体的,经依法批准可以将采矿权转让他人采矿。

2. 矿产资源规划制度

国家对矿产资源的勘查、开发实行统一规划、合理布局、综合勘查、合理开采和综合利用的方针。国家对国家规划矿区、对国民经济具有重要价值的矿区和国家规定实行保护性开采的特定矿种,实行有计划地开采,未经国务院有关主管部门批准,任何单位和个人不得开采。在开采主要矿产的同时,对具有工业价值的共生和伴生矿产应当统一规划,综合开采,综合利用,防止浪费;对暂时不能综合开采或者必须同时采出而暂时还不能综合利用的矿产以及含有有用组分的尾矿,应当采取有效的保护措施,防止损失破坏。

3. 矿产资源勘查登记、勘探制度

国家对矿产资源勘查实行统一的区块登记管理制度。矿产资源勘查登记工作,由国务院地质矿产主管部门负责;特定矿种的矿产资源勘查登记工作,可以由国务院授权有关主管部门负责。矿产资源勘查区块登记管理办法由国务院制定。

国务院矿产储量审批机构或者省、自治区、直辖市矿产储量审批机构负责审查批准供矿山建设设计使用的勘探报告,并在规定的期限内批复报送单位。勘探报告未经批准,不得作为矿山建设设计的依据。设立矿山企业,必须符合国家规定的资质条件,并依照法律和国家有关规定,由审批机关对其矿区范围、矿山设计或者开采方案、生产技术条件、安全措施和环境保护措施等进行审查,审查合格的,方予批准。

4. 地质调查、勘探制度

区域地质调查按照国家统一规划进行。区域地质调查的报告和图件按照国家规定验收,提供给有关部门使用。矿产资源普查在完成主要矿种普查任务的同时,应当对工作区内包括共生或者伴生矿产的成矿地质条件和矿床工业远景作出初步综合评价。普查、勘探易损坏的特种非金属矿产、流体矿产、易燃易爆易溶矿产和含有放射性元素的矿产,必须采用省级以上人民政府有关主管部门规定的普查、勘探方法,并有必要的技术装备和安全措施。

四、水资源法

(一)水资源法的概念

水资源包括地表水和地下水。受水资源自然条件、经济社会规模与发展阶段以及全球气候变化等因素的综合影响,中国正面临着水资源短缺、过度开发、供需矛盾、水环境污染、水生态退化和水灾等突发事件频繁等突出问题。[1]

水资源法是指国家为调整人们在开发、利用、保护和管理水资源以及防治水害过程中产生的各种水事关系而制定的一系列法律规范的总称。目前我国水资源法的调整领域主要为开发与利用、水资源、水域和水工程保护、用水管理、防汛与抗洪、工程管理。《水法》(2016 年修正)是最重要的水资源专门法律,其他涉水法律主要有《防洪法》(2016 年修正)、《水土保持法》(2010 年修订)、《水污染防治法》(2017 年修正)、《长江保护法》(2020 年公布)、《黄河保护法》(2022 年公布)等,行政法规有《地下水管理条例》(2021 年公布)、《节约用水条例》(2024 年公布)等。

(二)水法的历史沿革

中国水法经历了 2002 年、2009 年和 2016 年三次重要的修改和补充,中国水法的历史沿革体现了国家对水资源管理与保护的逐步深化和完善。1988 年《水法》标志着中国水资源管理进入法制化阶段,该法旨在合理开发、利用、节约和保护水资源,防治水害,实现水资源的可持续利用。2002 年,全国人大常委会第一次修订《水法》,建立水资源国家所有的一元所有制,完善了我国水资源开发利用和保护制度。2009 年对《水法》进行第一次修正,加强了国家对水资源的统一管理,重视水资源宏观管理和合理配置,将节约用水和水资源保护放在突出位置。2016 年《水法》进行了第二次修正,进一步强化水资源的统一管理,注重水资源宏观配置,尤其强调了市场在水资源配置中的作用,同时将节约用水和水资源保护放在突出位置。

(三)水法的主要内容

1. 水资源的权属制度

我国实行单一的水资源所有权,即水资源属于国家所有,国务院代表国家行使水资源的所有权。国务院水行政主管部门负责全国水资源的统一管理和监督工作。农村集体经济组织的水塘和由农村集体经济组织修建管理的水库中的水,归该农村集体经济组织使用。

---

〔1〕 参见王浩、王建华:《中国水资源与可持续发展》,载《中国科学院院刊》2012 年第 3 期。

2. 水资源有偿使用制度

国家对水资源依法实行取水许可制度和有偿使用制度。直接从江河、湖泊或者地下取用水资源的单位和个人,应当按照国家取水许可制度和水资源有偿使用制度的规定,向水行政主管部门或者流域管理机构申请领取取水许可证,并缴纳水资源费,取得取水权。但是,家庭生活和零星散养、圈养畜禽饮用等少量取水的除外。此外,农村集体经济组织及其成员使用本集体经济组织的水塘、水库中的水,也不适用取水许可制度和有偿使用制度。

3. 水资源规划

水资源规划是水资源合理开发利用和保护的前提。开发、利用、节约、保护水资源和防治水害,应当按照流域、区域统一制定规划。规划分为流域规划和区域规划。流域规划包括流域综合规划和流域专业规划;区域规划包括区域综合规划和区域专业规划。其中,区域综合规划,是指根据经济社会发展需要和水资源开发利用现状编制的开发、利用、节约、保护水资源和防治水害的总体部署。区域专业规划,是指防洪、治涝、灌溉、航运、供水、水力发电、竹木流放、渔业、水资源保护、水土保持、防沙治沙、节约用水等规划。流域范围内的区域规划应当服从流域规划,专业规划应当服从综合规划。此外,流域综合规划和区域综合规划以及与土地利用关系密切的专业规划,应当与国民经济和社会发展规划以及土地利用总体规划、城市总体规划和环境保护规划相协调,兼顾各地区、各行业的需要。

各类水资源规划应当由有权行政主体依照《水法》(2016 年修正)规定的法定程序进行编制,并报有权部门批准、审核和备案。防洪规划、水土保持规划的编制、批准,依照《防洪法》(2016 年修正)、《水土保持法》(2010 年修订)的有关规定执行。经批准的规划需要修改时,必须按照规划编制程序经原批准机关批准。水资源规划一经批准,必须严格执行。比如,建设水工程应当符合流域综合规划。在国家确定的重要江河、湖泊和跨省、自治区、直辖市的江河、湖泊上建设水工程,未取得有关流域管理机构签署的符合流域综合规划要求的规划同意书的,建设单位不得开工建设;在其他江河、湖泊上建设水工程,未取得县级以上地方人民政府水行政主管部门按照管理权限签署的符合流域综合规划要求的规划同意书的,建设单位不得开工建设。水工程建设涉及防洪的,依照《防洪法》(2016 年修正)的有关规定执行;涉及其他地区和行业的,建设单位应当事先征求有关地区和部门的意见。

4. 水资源的开发利用

《水法》(2016 年修正)为水资源开发利用设定了四项基本准则:(1)坚持兴利与除害相结合,兼顾上下游、左右岸和有关地区之间的利益,充分发挥水资源的综合效益,并服从防洪的总体安排。(2)应当首先满足城乡居民生活用水,并兼顾农业、工业、生态环境用水以及航运等需要。在干旱和半干旱地区开发、利用水资源,应当充分考虑生态环境用水需要。(3)跨流域调水,应当进行全面规划和科学论证,统筹兼顾调出和调入流域的用水需要,防止对生态环境造成破坏。(4)地方各级人民政府应当结合本地区水资源的实际情况,按照地表水与地下水统一调度开发、开源与节流相结合、节流优先和污水处理再利用的原则,合理组织开发、综合利用水资源。

对于水资源开发过程中可能会产生的移民保护问题,《水法》(2016 年修正)明确国家应采取保护措施。首先,国家对水工程建设移民实行开发性移民的方针,按照前期补偿、补助与后期扶持相结合的原则,妥善安排移民的生产和生活,保护移民的合法权益。其次,移民安置应当与工程建设同步进行。建设单位应当根据安置地区的环境容量和可持续发展的原则,因地制宜,编制移民安置规划,经依法批准后,由有关地方人民政府组织实施。所需移民经费列入工程建设投资计划。

5. 水资源、水域和水工程的保护

水资源的保护主要体现在维持水位、防止地下水水体污染等。县级以上人民政府水行政主管部门、流域管理机构以及其他有关部门在制定水资源开发、利用规划和调度水资源时,应当注意维持江河的合理流量和湖泊、水库以及地下水的合理水位,维护水体的自然净化能力。从事水资源开发、利用、节约、保护和防治水害等水事活动,应当遵守经批准的规划,因违反规划造成江河和湖泊水域使用功能降低、地下水超采、地面沉降、水体污染的,应当承担治理责任。开采矿藏或者建设地下工程,因疏干排水导致地下水水位下降、水源枯竭或者地面塌陷,采矿单位或者建设单位应当采取补救措施,对他人生活和生产造成损失的,依法给予补偿。

水域保护主要体现在水功能区划和饮用水水源保护区制度。水功能区划的主要规定如下:国务院水行政主管部门会同国务院生态环境主管部门、有关部门和有关省、自治区、直辖市人民政府,按照流域综合规划、水资源保护规划和经济社会发展要求,拟定国家确定的重要江河、湖泊的水功能区划,报国务院批准。跨省、自治区、直辖市的其他江河、湖泊的水功能区划,由有关流域管理机构会同江河、湖泊所在地的省、自治区、直辖市人民政府水行政主管部门、生态环境主管部门和其他有关部门拟定,分别经有关省、自治区、直辖市人民政府审查提出意见后,由国务院水行政主管部门会同国务院生态环境主管部门审核,报国务院或者其授权的部门批准。饮用水水源保护区规定如下:国家建立饮用水水源保护区制度。省、自治区、直辖市人民政府应当划定饮用水水源保护区,并采取措施,防止水源枯竭和水体污染,保证城乡居民饮用水安全。禁止在饮用水水源保护区内设置排污口。

为保护水利工程、水利设施,《水法》(2016 年修正)作出了专门规定:第一,禁止侵占水利工程设施和从事影响水工程运行和危害水工程安全的活动。单位和个人有保护水工程的义务,不得侵占、毁坏堤防、护岸、防汛、水文监测、水文地质监测等工程设施。在水工程保护范围内,禁止从事影响水工程运行和危害水工程安全的爆破、打井、采石、取土等活动。第二,建设工程设施需要扩建、改建、拆除或者损坏原有水工程设施的,建设单位应当依法采取补救措施或补偿损失。在河道管理范围内建设桥梁、码头和其他拦河、跨河、临河建筑物、构筑物,铺设跨河管道、电缆,应当符合国家规定的防洪标准和其他有关的技术要求,工程建设方案应当依照《防洪法》的有关规定报经有关水行政主管部门审查同意。

五、草原资源法

(一)草原资源法的概念

草原资源法中的草原包括天然草原和人工草地。天然草原是指一种土地类型,它是草本和木本饲用植物与其所着生的土地构成的具有多种功能的自然综合体,包括草地、草山和草坡。人工草地是指选择适宜的草种,通过人工措施而建植或改良的草地,具体包括改良草地和退耕还草地,不包括城镇草地。草原资源是一种可再生资源,是地球的“皮肤”,与森林资源一样是水库、钱库、粮库、碳库。我国草原资源丰富,以天然牧草地为主。

草原资源法是指调整人们在草原的开发、利用、保护、管理过程中所发生的各种社会关系的法律规范的总称。除草原资源开发利用、保护和专门法律《草原法》(2021 年修正)以外,与草原资源相关的法律法规还有《土地管理法》(2019 年修正)、《防沙治沙法》(2018 年修正)、《水土保持法》(2010 年修订)、《种子法》(2021 年修正)、《自然保护区条例》(2017 年修订)、《野生植物保护条例》(2017 年修订)等。

(二)草原法的历史沿革

1985 年我国颁布《草原法》,标志着中国草原管理工作开始进入法治化轨道。随后,《草原法》历经 2002 年修订和 2009 年、2013 年和 2021 年三次修正。2002 年对《草原法》进行第一次修订,增加了草原保护修复的条款,为草原保护和建设提供了法律依据,推动了草原生态建设工程的实施;同时,明确了草原家庭承包经营责任制的作用和管理方式。此后,在 2009 年和 2013 年对《草原法》进行了两次小幅度的修正。进入 21 世纪以来,草原退化的趋势初步得到了遏制,但生态脆弱的本质未得到根本改变。草原监督管理、修复和保护工作仍任重道远。2018 年,《草原法》修改列入全国人大常委会立法规划二类项目,同年,国家林业和草原局组建,高度重视《草原法》修改工作。2019 年,首次全国林业和草原工作会议召开,草原法治体系建设进入历史新阶段。党的十九大指出,要“统筹山水林田湖草系统治理,实行最严格的生态环境保护制度”。在此背景下,2021 年对《草原法》进行了第三次修正,进一步完善了草原保护修复权责机制和制度,创新完善草原利用制度,建立完善草原产权相关制度,加强草原监督管理等内容。

(三)草原法的主要内容

1. 草原权属制度

草原属于国家所有,但在法律有特别规定的情况下可以属于集体所有。国家所有的草原由国务院代表国家行使所有权,任何单位或个人不得侵占、买卖或以其他形式非法转让草原。在自然资源资产所有权委托代理制度改革的背景下,自然资源部将作为所有者职责的统一履行主体。草原资源的所有权和使用权应适用登记制度。其中,依法确定给全民所有制单位、集体经济组织等使用的国家所有的草原，由县级以上人民政府登记，核发使用权证，确认草原使用权。未确定使用权的国家所有的草原，由县级以上人民政府登记造册，并负责保护管理。集体所有的草原，由县级人民政府登记，核发所有权证，确认草原所有权。此外，依法改变草原权属的，还应当办理草原权属变更登记手续。

2. 草原承包经营制度

集体所有的草原或依法确定给集体经济组织使用的国家所有的草原可以由本集体经济组织内的家庭或联户承包经营。承包经营草原时，发包方和承包方应当签订书面合同。草原承包合同的内容应当包括双方的权利和义务、承包草原四至界限、面积和等级、承包期和起止日期、承包草原用途和违约责任等。承包期届满，原承包经营者在同等条件下享有优先承包权。草原承包经营权受法律保护，并可以依法转让。

3. 草原规划制度

国家对草原保护、建设、利用实行统一规划制度。国务院草原行政主管部门会同国务院有关部门编制全国草原保护、建设、利用规划，报国务院批准后实施。县级以上地方人民政府草原行政主管部门会同同级有关部门依据上一级草原保护、建设、利用规划编制本行政区域的草原保护、建设、利用规划，报本级人民政府批准后实施。

编制草原保护、建设、利用规划，应当依据国民经济和社会发展规划并遵循下列原则：(1)改善生态环境，维护生物多样性，促进草原的可持续利用；(2)以现有草原为基础，因地制宜，统筹规划，分类指导；(3)保护为主、加强建设、分批改良、合理利用；(4)生态效益、经济效益、社会效益相结合。草原保护、建设、利用规划应当包括：草原保护、建设、利用的目标和措施，草原功能分区和各项建设的总体部署，各项专业规划等。此外，草原保护、建设、利用规划应当与土地利用总体规划相衔接，与环境保护规划、水土保持规划、防沙治沙规划、水资源规划、林业长远规划、城市总体规划、村庄和集镇规划以及其他有关规划相协调。

4. 草原资源的建设与利用

(1)草原资源的建设。政府应当积极承担草原资源建设任务。县级以上人民政府应当增加草原建设的投入，支持草原建设。县级以上人民政府应当支持、鼓励和引导农牧民开展草原围栏、饲草饲料储备、牲畜圈舍、牧民定居点等生产生活设施的建设。县级以上地方人民政府应当支持草原水利设施建设，发展草原节水灌溉，改善人畜饮水条件。国家鼓励单位和个人投资建设草原，按照谁投资、谁受益的原则保护草原投资建设者的合法权益。国家鼓励与支持人工草地建设、天然草原改良和饲草饲料基地建设，稳定和提高草原生产能力。

(2)草原资源的利用。草原承包经营者应当合理利用草原，不得超过草原行政主管部门核定的载畜量；草原承包经营者应当采取种植和储备饲草饲料、增加饲草饲料供应量、调剂处理牲畜、优化畜群结构、提高出栏率等措施，保持草畜平衡。对于非牧业需求利用草原，需要经过省级以上人民政府草原行政主管部门的审核同意。进行矿藏开采和工程建设，应当不占或者少占草原，确需征收、征用或者使用草原的，必须经省级以上人民政府草原行政主管部门审核同意后,依照有关土地管理的法律、行政法规办理建设用地审批手续。因建设征收、征用集体所有的草原的,应当依照《土地管理法》(2019 年修正)的规定给予补偿;因建设使用国家所有的草原的,应当依照国务院有关规定对草原承包经营者给予补偿。

5. 草原保护

首先,对于基本草原,实施严格管理。应当划为基本草原的草原包括:(1)重要放牧场;(2)割草地;(3)用于畜牧业生产的人工草地、退耕还草地以及改良草地、草种基地;(4)对调节气候、涵养水源、保持水土、防风固沙具有特殊作用的草原;(5)作为国家重点保护野生动植物生存环境的草原;(6)草原科研、教学试验基地;(7)国务院规定应当划为基本草原的其他草原。

其次,国务院草原行政主管部门或者省、自治区、直辖市人民政府可以按照自然保护区管理的有关规定在下列地区建立草原自然保护区:(1)具有代表性的草原类型;(2)珍稀濒危野生动植物分布区;(3)具有重要生态功能和经济科研价值的草原。

六、海洋资源法

(一)海洋资源法的概念

海洋资源是指和海水水体、海底有直接关系的物质和能量,包括海水中生存的生物,溶解于海水中的化学元素,海水波浪、潮汐及海流产生的能量、贮存的热量,滨海、大陆架和深海海底所蕴藏的矿产资源,还有海水形成的压力差、浓度差等。海洋资源主要是指海域,二者意义基本相同。海域的范围包括中华人民共和国内水、领海的水面、水体、海床和底土。

海洋资源法是指调整人们在海洋资源的开发、利用、保护、管理过程中所发生的各种社会关系的一系列法律规范的总称。除了《海域使用管理法》(2001 年公布)以外,相关国家法律有《海洋环境保护法》(2023 年修订)、《海岛保护法》(2009 年公布)等。

(二)海域使用管理法的历史沿革

2002 年,《海域使用管理法》正式实施,该法改变了过去我国海域使用方面的无序、无度、无偿的“三无”状况,规范了用海秩序,对促进我国海洋事业健康发展产生了重大的影响和作用。2006 年,国家海洋局颁布《海域使用权管理规定》,首次细化了对海域使用权招标、拍卖、转让、出租、抵押程序。然而,《海域使用管理法》(2001 年公布)自实施以来,一直未修订。

(三)海域使用管理法的主要内容

1. 海域权属制度

海域属于国家所有,国务院代表国家行使海域所有权。任何单位或者个人不得侵占、买卖或者以其他形式非法转让海域。单位和个人使用海域,必须依法取得海域使用权。

近年来,为了完善海域资源资产产权制度,丰富海域使用权权能的重要举措,并缓解用海矛盾,提高资源利用效率,借鉴土地使用权分层设权的制度经验,海域使用权分层设权开始兴起。2023 年《自然资源部关于探索推进海域立体分层设权工作的通知》(自然资规〔2023〕8 号)明确指出,海域是包括水面、水体、海床和底土在内的立体空间。对排他性使用海域特定立体空间的用海活动,同一海域其他立体空间范围仍可继续排他使用的,可仅对其使用的相应海域立体空间设置海域使用权。在不影响国防安全、海上交通安全、工程安全及防灾减灾等前提下,鼓励对跨海桥梁、养殖、温(冷)排水、海底电缆管道、海底隧道等用海进行立体分层设权,生产经营活动存在冲突的除外。其他用海活动经严格论证具备立体分层设权条件的,也可进行立体分层设权。完全改变海域自然属性的填海,排他性较强或具有安全生产需要的海砂开采等开发活动不予立体分层设权。

2. 海域功能区划制度

海洋功能区划是根据海域的地理位置、自然资源状况、自然环境条件和社会需求等因素而划分的不同的海洋功能类型区,用来指导、约束海洋开发利用实践活动。海域功能区划是海域使用管理的重要依据,是实施海域管理的基础,海域使用必须符合海洋功能区划。

《海域使用管理法》(2001 年公布)区分了全国海洋功能区划和地方海洋功能区划两种,并规定了不同的编制和审批权限。全国海洋功能区划由国务院海洋行政主管部门会同国务院有关部门和沿海省、自治区、直辖市人民政府编制,报国务院批准。地方海洋功能区划由沿海县级以上地方人民政府海洋行政主管部门会同本级人民政府有关部门,依据上一级海洋功能区划编制,但其审批分为两个层次:第一层次是沿海省、自治区、直辖市海洋功能区划,须经该省、自治区、直辖市人民政府审核同意后,报国务院批准;第二层次是沿海市、县海洋功能区划,经该市、县人民政府审核同意后,报所在的省、自治区、直辖市人民政府批准,报国务院海洋行政主管部门备案。

海洋功能区划按照下列原则编制:(1)按照海域的区位、自然资源和自然环境等自然属性,科学确定海域功能;(2)根据经济和社会发展的需要,统筹安排各有关行业用海;(3)保护和改善生态环境,保障海域可持续利用,促进海洋经济的发展;(4)保障海上交通安全;(5)保障国防安全,保证军事用海需要。

为确定海域使用的保证重点和最佳功能,并为海域使用提供权威的法律依据,海洋功能区划经依法编制审批后,不得随意变更。确需修改的,应当依照法定程序、法定权限进行。海洋功能区划的修改,由原编制机关会同同级有关部门提出修改方案,报原批准机关批准,未经批准,不得改变海洋功能区划确定的海域功能。经国务院批准,因公共利益、国防安全或者进行大型能源、交通等基础设施建设,需要改变海洋功能区划的,根据国务院的批准文件修改海洋功能区划。

3. 海域使用申请与审批制度

申请使用海域的,申请人应当提交下列书面材料:(1)海域使用申请书;(2)海域使用论证材料;(3)相关的资信证明材料;(4)法律、法规规定的其他书面材料。县级以上人民政府海洋行政主管部门依据海洋功能区划,对海域使用申请进行审核,并依照《海域使用管理法》(2001 年公布)和省、自治区、直辖市人民政府的规定,报有批准权的人民政府批准。海洋行政主管部门审核海域使用申请,应当征求同级有关部门的意见。

七、农业资源法

(一)农业资源法的概念

依据资源的直接来源,农业资源可分为自然资源和社会资源两大类。农业自然资源包括由太阳辐射、降水、温度等因素构成的气候资源,由地貌、地形、土壤等因素构成的土地资源,由天然降水、地表水、地下水构成的水资源,由各种动植物、微生物构成的生物资源。农业社会资源是指通过开发利用自然资源创造出来的有助于农业生产力提高的人工资源,如劳力、畜力、农机具、化石燃料、电力、化肥、农药、资金、技术、信息等。农业资源法关注的农业资源主要是农业自然资源,兼顾考虑农业生产的社会经济技术条件。

农业资源法是指调整人们在农业自然资源的开发、利用、保护、管理过程中所发生的各种社会关系的一系列法律规范的总称。广义的农业资源法包括《农业法》(2012 年修正)、《渔业法》(2013 年修正)、《畜牧法》(2022 年修订)、《森林法》(2019 年修订)、《草原法》(2021 年修正)、《煤炭法》(2016 年修正)、《种子法》(2021 年修正)、《生物安全法》(2024 年修正)等。

(二)农业资源法的历史沿革

1. 渔业法的历史沿革

《渔业法》自 1986 年 7 月起施行,是中国渔业领域的首部法律。该法分别在 2000 年、2004 年、2009 年和 2013 年进行了四次修改。2000 年,《渔业法》迎来了第一次修改,主要修改内容包括:(1)在养殖业方面,授权县级以上地方人民政府以核发养殖证的形式,将规划用于养殖业的国有水域确定给单位和个人从事养殖生产使用,加强对重要养殖水域的资源保护,规定水产新品种经审定和批准后方可推广,禁止未经许可从事水产苗种的生产、经营和进出口,强调应科学确定养殖密度,合理投饵和使用药物,并建立了水产种质资源保护区制度。(2)在捕捞业方面,确立了捕捞限额制度和渔捞日志制度。要求根据统一规划、依照谁投资谁收益的原则开展渔港建设,提出加强对渔港的监管。(3)在远洋渔业方面,从事中外共管渔区作业和公海实施捕捞作业,必须取得国务院渔业主管部门颁发的捕捞许可证;强调到他国管辖海域从事捕捞业的,应经国务院渔业行政主管部门批准,并须遵守我国订立的条约以及相关国家的法律。(4)在法律责任方面,对擅自生产经营水产苗种,无证养殖妨碍航运、行洪,破坏渔业水域生态环境或造成水域污染事故,以及外国人或外国渔船擅自进入我国水域从事渔业活动等违法行为规定了罚则,依据社会经济发展水平提高了罚款数额并调整了部分处罚措施。此后,对《渔业法》于 2004 年、2009 年与 2013 年进行了三次小修,但变化基本不大。

2. 畜牧法的历史沿革

2005 年 12 月,《畜牧法》通过,后经历 2015 年和 2022 年两次修改。2015 年《畜牧法》

第一次修改主要涉及三个条文。第一,删去第22条第1款中"申请人持种畜禽生产经营许可证依法办理工商登记,取得营业执照后,方可从事生产经营活动"的规定。第二,将第24条第1款修改为:"申请取得生产家畜卵子、冷冻精液、胚胎等遗传材料的生产经营许可证,应当向省级人民政府畜牧兽医行政主管部门提出申请。受理申请的畜牧兽医行政主管部门应当自收到申请之日起六十个工作日内依法决定是否发给生产经营许可证。"第三,删去第71条"种畜禽生产经营者被吊销种畜禽生产经营许可证的,由畜牧兽医行政主管部门自吊销许可证之日起十日内通知工商行政管理部门。种畜禽生产经营者应当依法到工商行政管理部门办理变更登记或者注销登记"的规定。2022年,全国人大常委会对《畜牧法》进行全面修订。此次修法目的在于促进畜牧业高质量发展、做好畜禽粪污无害化处理、促进草畜平衡等,加强畜牧业绿色发展。主要修改内容包括:(1)明确县级以上人民政府应当将畜牧业发展纳入国民经济和社会发展规划,并要求国家建立健全现代畜禽养殖体系。畜禽养殖场的选址、建设应当符合国土空间规划,并遵守有关法律法规的规定,不得违反法律法规的规定,在禁养区域建设畜禽养殖场。(2)强化了畜禽遗传资源保护的相关要求,明确畜禽遗传资源保护以国家为主、多元参与,坚持保护优先、高效利用的原则,实行分类分级保护。同时,明确县级以上地方人民政府应当保障畜禽遗传资源保种场和基因库用地的需求。确需关闭或者搬迁的,应当经原建立或者确定机关批准,搬迁的按照先建后拆的原则妥善安置。(3)明确养殖户防疫条件和畜禽粪污无害化处理和资源化利用管理规定。(4)完善了加强畜禽疫病防治,做好畜禽粪污无害化处理,保障公共卫生安全的规定。(5)与草原法有关规定相衔接,新修订的《畜牧法》(2022年修订)还增加了促进草畜平衡具体措施的规定。国家鼓励推行舍饲半舍饲圈养、季节性放牧、划区轮牧等饲养方式,合理配置畜群,保持草畜平衡。(6)明确省、自治区、直辖市人民政府负责保障本行政区域内的畜禽产品供给。

3. 种子法的历史沿革

《种子法》于2000年制定通过后经历了2004年、2013年、2015年与2021年四次修改。

2004年《种子法》第一次修正,加强了对农作物和林木种质资源的保护,明确了品种选育、审定与登记的程序和要求,以提高种子质量和安全性。2013年《种子法》第二次修正,进一步明确了种子生产经营许可制度,加强了种子质量监管,加大了对违法行为的处罚力度。2015年《种子法》迎来了第三次修改,这是15年以来的首次大修,主要修改内容包括:设立了"新品种保护"专章,特别提出了保护植物新品种权,保障国家粮食安全,发展现代种业的立法目的;修改、完善了种质资源保护、育种科研体制机制、品种管理、植物新品种保护、种子生产经营、监督管理、扶持措施、法律责任等八个方面内容。2021年《种子法》第四次修改,在种业振兴开局之年,重点聚焦种业知识产权保护,扩大植物新品种权的保护范围及保护环节,建立实质性派生品种制度,完善侵权处罚赔偿和行政处罚制度。同时,此次修正也简化了向境外提供种质资源或与境外合作研究利用种质资源的审批手续,加强了种子检验检疫的管理。

4. 生物安全法的历史沿革

我国生物安全立法最早兴起于20世纪90年代，主要针对转基因生物安全进行单独立法，同时开展了综合性生物安全立法的研究工作。2021年《生物安全法》正式施行，标志着我国生物安全进入依法治理的新阶段。

（三）农业资源法的主要内容

1. 渔业法的主要内容

《渔业法》（2013年修正）的立法目的是加强渔业资源的保护、增殖、开发和合理利用，发展人工养殖，保障渔业生产者的合法权益，促进渔业生产的发展，适应社会主义建设和人民生活的需要。该法确立的主要基本制度如下：

（1）养殖业管理制度。国家实施渔业养殖使用证制度。国家对水域利用进行统一规划，确定可以用于养殖业的水域和滩涂。单位和个人使用国家规划确定用于养殖业的全民所有的水域、滩涂的，使用者应当向县级以上地方人民政府渔业行政主管部门提出申请，由本级人民政府核发养殖证，许可其使用该水域、滩涂从事养殖生产。县级以上地方人民政府应当采取措施，加强对商品鱼生产基地和城市郊区重要养殖水域的保护。国家鼓励和支持水产优良品种的选育、培育和推广。水产新品种必须经全国水产原种和良种审定委员会审定，由国务院渔业行政主管部门公告后推广。

（2）水产苗种检疫制度。水产苗种的进口、出口必须实施检疫，防止病害传入境内和传出境外，具体检疫工作按照有关动植物进出境检疫法律、行政法规的规定执行。引进转基因水产苗种必须进行安全性评价，具体管理工作按照国务院有关规定执行。

（3）捕捞限额制度。为保护渔业资源，加强渔业资源的规划和合理利用，国家根据捕捞量低于渔业资源增长量的原则，确定渔业资源的总可捕捞量，实行捕捞限额制度。国务院渔业行政主管部门负责组织渔业资源的调查和评估，为实行捕捞限额制度提供科学依据。中华人民共和国内海、领海、专属经济区和其他管辖海域的捕捞限额总量由国务院渔业行政主管部门确定，报国务院批准后逐级分解下达；国家确定的重要江河、湖泊的捕捞限额总量由有关省、自治区、直辖市人民政府确定或者协商确定，逐级分解下达。捕捞限额总量的分配应当体现公平、公正的原则，分配办法和分配结果必须向社会公开，并接受监督。

（4）捕捞许可证制度。到中华人民共和国与有关国家缔结的协定确定的共同管理的渔区或者公海从事捕捞作业的捕捞许可证，由国务院渔业行政主管部门批准发放。海洋大型拖网、围网作业的捕捞许可证，由省、自治区、直辖市人民政府渔业行政主管部门批准发放。其他作业的捕捞许可证，由县级以上地方人民政府渔业行政主管部门批准发放。但是，批准发放海洋作业的捕捞许可证不得超过国家下达的船网工具控制指标，具体办法由省、自治区、直辖市人民政府规定。

（5）渔业资源增殖保护制度。一是实行渔业资源增殖保护费制度。县级以上人民政府渔业行政主管部门应当对其管理的渔业水域统一规划，采取措施，增殖渔业资源。县级以上人民政府渔业行政主管部门可以向受益的单位和个人征收渔业资源增殖保护费，专门用于增殖和保护渔业资源。渔业资源增殖保护费的征收办法由国务院渔业行政主管部门会同财政部门制定，报国务院批准后施行。

二是实行水产种质资源保护区制度。国家保护水产种质资源及其生存环境，并在具有较高经济价值和遗传育种价值的水产种质资源的主要生长繁育区域建立水产种质资源保护区。未经国务院渔业行政主管部门批准，任何单位或者个人不得在水产种质资源保护区内从事捕捞活动。

2. 畜牧法的主要内容

《畜牧法》（2022 年修订）的立法目的是规范畜牧业生产经营行为，保障畜禽产品供给和质量安全，保护和合理利用畜禽遗传资源，培育和推广畜禽优良品种，振兴畜禽种业，维护畜牧业生产经营者的合法权益，防范公共卫生风险，促进畜牧业高质量发展。该法确立的主要基本制度如下：

（1）畜禽遗传资源保护制度。国家建立畜禽遗传资源保护制度，开展资源调查、保护、鉴定、登记、监测和利用等工作。各级人民政府应当采取措施，加强畜禽遗传资源保护，将畜禽遗传资源保护经费列入预算。畜禽遗传资源保护以国家为主、多元参与，坚持保护优先、高效利用的原则，实行分类分级保护。

（2）种畜禽生产经营许可制度。国家对种畜禽生产经营许可证实行统一管理，通过信息化手段实现精准化管理和服务。申请取得种畜禽生产经营许可证，应当具备下列条件：①生产经营的种畜禽是通过国家畜禽遗传资源委员会审定或者鉴定的品种、配套系，或者是经批准引进的境外品种、配套系；②有与生产经营规模相适应的畜牧兽医技术人员；③有与生产经营规模相适应的繁育设施设备；④具备法律、行政法规和国务院农业农村主管部门规定的种畜禽防疫条件；⑤有完善的质量管理和育种记录制度；⑥法律、行政法规规定的其他条件。

（3）畜禽屠宰管理制度。国家实行生猪定点屠宰制度。对生猪以外的其他畜禽可以实行定点屠宰，具体办法由省、自治区、直辖市制定。农村地区个人自宰自食的除外。省、自治区、直辖市人民政府应当按照科学布局、集中屠宰、有利流通、方便群众的原则，结合畜禽养殖、动物疫病防控和畜禽产品消费等实际情况，制定畜禽屠宰行业发展规划并组织实施。

国家鼓励畜禽就地屠宰，引导畜禽屠宰企业向养殖主产区转移，支持畜禽产品加工、储存、运输冷链体系建设。

（4）保障与监督制度。省级以上人民政府应当在其预算内安排支持畜禽种业创新和畜牧业发展的良种补贴、贴息补助、保费补贴等资金，并鼓励有关金融机构提供金融服务，支持畜禽养殖者购买优良畜禽、繁育良种、防控疫病，支持改善生产设施及畜禽粪污无害化处理和资源化利用设施设备、扩大养殖规模，提高养殖效益。

县级以上人民政府应当组织农业农村主管部门和其他有关部门，依照《畜牧法》和有关法律、行政法规的规定，加强对畜禽饲养环境、种畜禽质量、畜禽交易与运输、畜禽屠宰以及饲料、饲料添加剂、兽药等投入品的生产、经营、使用的监督管理。

3. 种子法的主要内容

《种子法》(2021 年修正)的立法目的是保护和合理利用种质资源,规范品种选育、种子生产经营和管理行为,加强种业科学技术研究、鼓励育种创新,保护植物新品种权,维护种子生产经营者、使用者的合法权益,提高种子质量,发展现代种业,保障国家粮食安全,促进农业和林业的发展。该法确立的主要基本制度如下:

(1)种质资源保护制度。国家对种质资源享有主权,任何单位和个人向境外提供种质资源或与境外合作研究利用种质资源均需经国务院相关部门批准。

国家有计划地普查、收集、整理、鉴定、登记、保存、交流和利用种质资源,重点收集珍稀、濒危、特有资源和特色地方品种,定期公布可供利用的种质资源目录。国务院农业农村、林业草原主管部门应当建立种质资源库、种质资源保护区或者种质资源保护地。

(2)品种审定和登记制度。国家对主要农作物和主要林木实行品种审定制度。主要农作物品种和主要林木品种在推广前应当通过国家级或者省级审定。由省、自治区、直辖市人民政府林业草原主管部门确定的主要林木品种实行省级审定。申请审定的品种应当符合特异性、一致性、稳定性要求。主要农作物品种和主要林木品种的审定办法由国务院农业农村、林业草原主管部门规定。审定办法应当体现公正、公开、科学、效率的原则,有利于产量、品质、抗性等的提高与协调,有利于适应市场和生活消费需要的品种的推广。在制定、修改审定办法时,应当充分听取育种者、种子使用者、生产经营者和相关行业代表意见。

(3)种子生产经营许可制度。从事种子生产经营的单位和个人需要取得相应的生产经营许可证。从事种子进出口业务的种子生产经营许可证,由国务院农业农村、林业草原主管部门核发。国务院农业农村、林业草原主管部门可以委托省、自治区、直辖市人民政府农业农村、林业草原主管部门接收申请材料。从事主要农作物杂交种子及其亲本种子、林木良种繁殖材料生产经营的,以及符合国务院农业农村主管部门规定条件的实行选育生产经营相结合的农作物种子企业的种子生产经营许可证,由省、自治区、直辖市人民政府农业农村、林业草原主管部门核发。

(4)实质性派生品种制度。实质性派生品种是指由原始品种实质性派生,或者由该原始品种的实质性派生品种派生出来的品种,与原始品种有明显区别,并且除派生引起的性状差异外,在表达由原始品种基因型或者基因型组合产生的基本性状方面与原始品种相同。实质性派生品种制度的引入,既表达了国家保护原始育种创新,遏制“剽窃育种”的决心,也为植物新品种的后续改良和推广应用,建立了合理的利益分享机制。该制度将从源头上解决我国种业品种遗传基础窄、种子同质化严重问题,激励原始育种创新,保障粮食安全。

植物新品种权所有人对其授权品种享有排他的独占权。植物新品种权所有人可以将植物新品种权许可他人实施,并按照合同约定收取许可使用费,许可使用费可以采取固定价款、从推广收益中提成等方式收取。任何单位或者个人未经植物新品种权所有人许可,不得生产、繁殖和为繁殖而处理、许诺销售、销售、进口、出口以及为实施上述行为储存该授权品种的繁殖材料，不得为商业目的将该授权品种的繁殖材料重复使用于生产另一品种的繁殖材料。《种子法》及有关法律、行政法规另有规定的除外。实施前述规定的行为，涉及由未经许可使用授权品种的繁殖材料而获得的收获材料的，应当得到植物新品种权所有人的许可，但是，植物新品种权所有人对繁殖材料已有合理机会行使其权利的除外。

4. 生物安全法的主要内容

《生物安全法》（2024 年修正）的立法目的是维护国家安全，防范和应对生物安全风险，保障人民生命健康，保护生物资源和生态环境，促进生物技术健康发展，推动构建人类命运共同体，实现人与自然和谐共生。生物安全是指国家有效防范和应对危险生物因子及相关因素威胁，生物技术能够稳定健康发展，人民生命健康和生态系统相对处于没有危险和不受威胁的状态，生物领域具备维护国家安全和持续发展的能力。该法确立的主要基本制度如下：

（1）生物安全风险监测预警制度。生物安全风险监测预警包括监测和预警两个方面。国家生物安全工作协调机制组织建立国家生物安全风险监测预警体系，提高生物安全风险识别和分析能力。

（2）生物安全风险调查评估制度。国家生物安全工作协调机制应当根据风险监测的数据、资料等信息，定期组织开展生物安全风险调查评估。有下列情形之一的，有关部门应当及时开展生物安全风险调查评估，依法采取必要的风险防控措施：一是通过风险监测或者接到举报发现可能存在生物安全风险；二是为确定监督管理的重点领域、重点项目，制定、调整生物安全相关名录或者清单；三是发生重大新发突发传染病、动植物疫情等危害生物安全的事件；四是需要调查评估的其他情形。

（3）生物安全信息共享制度。生物安全的信息共享对于人民群众的安全保障具有基础性作用。法律明确规定，国家生物安全工作协调机制组织建立统一的国家生物安全信息平台，有关部门应当将生物安全数据、资料等信息汇交国家生物安全信息平台，实现信息共享。

（4）生物安全信息发布制度。为了保障人民的生命安全，生物安全领域的知情权是十分重要的。为此法律明确规定，国家生物安全总体情况、重大生物安全风险警示信息、重大生物安全事件及其调查处理信息等重大生物安全信息，由国家生物安全工作协调机制成员单位根据职责分工发布；其他生物安全信息由国务院有关部门和县级以上地方人民政府及其有关部门根据职责权限发布。同时，为了防止生物安全领域可能出现的不安定因素，法律还规定，任何单位和个人不得编造、散布虚假的生物安全信息。

（5）生物安全名录和清单制度。建立生物安全名录和清单制度，是明确从事生物安全行为合法或非法的基本界线。为此法律规定，由国务院及其有关部门根据生物安全工作需要，对涉及生物安全的材料、设备、技术、活动、重要生物资源数据、传染病、动植物疫病、外来入侵物种等制定、公布名录或者清单，并动态调整。

(6)生物安全标准制度。维护生物安全需要基本的标准和技术规范。为此法律规定,国务院标准化主管部门和国务院其他有关部门根据职责分工,制定和完善生物安全领域相关标准。国家生物安全工作协调机制组织有关部门加强不同领域生物安全标准的协调和衔接,建立和完善生物安全标准体系。

(7)生物安全审查制度。维护生物安全需要对与生物安全相关的行为进行必要的审查,有关单位和个人应当自觉配合有关部门的审查。为此法律规定,对影响或者可能影响国家安全的生物领域重大事项和活动,由国务院有关部门进行生物安全审查,以有效防范和化解生物安全风险。

(8)统一领导、协同联动、有序高效的生物安全应急制度。生物安全领域一旦出现事故,将对人民的生命和生态环境带来严重危害,因此建立应急管理制度是极为必要的。为此法律规定,国务院有关部门应当组织制定相关领域、行业生物安全事件应急预案,根据应急预案和统一部署开展应急演练、应急处置、应急救援和事后恢复等工作;县级以上地方人民政府及其有关部门应当制定并组织、指导和督促相关企业事业单位制定生物安全事件应急预案,加强应急准备、人员培训和应急演练,开展生物安全事件应急处置、应急救援和事后恢复等工作;中国人民解放军、中国人民武装警察部队按照中央军事委员会的命令,依法参加生物安全事件应急处置和应急救援工作。

(9)生物安全事件调查溯源制度。一旦出现生物安全事件,必须进行事件调查溯源,否则就无法预防今后同类事件的发生。为此法律规定,发生重大新发突发传染病、动植物疫情和不明原因的生物安全事件的,国家生物安全工作协调机制应当组织开展调查溯源,确定事件性质,全面评估事件影响,提出意见建议。

(10)首次进境或者暂停后恢复进境的动植物、动植物产品、高风险生物因子国家准入制度。该项国家准入制度是防范生物安全风险的治本措施。为此法律规定,进出境的人员、运输工具、集装箱、货物、物品、包装物和国际航行船舶压舱水排放等应当符合我国生物安全管理要求。法律对海关相关工作提出严格要求:海关对发现的进出境和过境生物安全风险,应当依法处置。经评估为生物安全高风险的人员、运输工具、货物、物品等,应当从指定的国境口岸进境,并采取严格的风险防控措施。

(11)境外重大生物安全事件应对制度。在当前国家及地区之间经济和社会交往日益频繁的情况下,如何妥善应对境外重大生物安全事件对我国国家安全的影响极为紧迫。为此法律明确规定,境外发生重大生物安全事件的,海关依法采取生物安全紧急防控措施,加强证件核验,提高查验比例,暂停相关人员、运输工具、货物、物品等进境。必要时经国务院同意,可以采取暂时关闭有关口岸、封锁有关国境等措施。

思考题

1. 概述中国自然资源法从改革开放以来的发展历程,并分析不同阶段的特点。
2. 论述自然资源法基本法律制度体系的构成内容。

3. 论述自然资源国家所有权和使用权制度与自然资源资产产权制度的联系与区别。
4. 论述自然资源规划从要素型规划转向统一国土空间规划的原因和意义。
5. 概述自然资源统一确权登记制度的主要内容、性质和程序。
6. 论述自然资源开发利用许可制度实现自然资源开发利用行为监管的作用机理。
7. 论述自然资源禁止限制利用和补偿制度的内涵及其法理基础。
8. 概述我国森林立法的主要制度。
9. 论述自然资源法在全面推进美丽中国建设中的地位和作用。

进阶研习推荐文献

1. 张梓太主编:《自然资源法学》,北京大学出版社 2007 年版。
2. 孙宪忠等:《国家所有权的行使与保护研究》,中国社会科学出版社 2015 年版。
3. 孟勤国:《物权二元结构论——中国物权制度的理论重构》,人民法院出版社 2004 年版。
4. 崔建远主编:《自然资源物权法律制度研究》,法律出版社 2012 年版。
5. 崔建远:《准物权研究》(第 2 版),法律出版社 2012 年版。
6. 杜群、丁宁:《环境法法典化中自然资源法的定位与展开》,载《北京航空航天大学学报(社会科学版)》2022 年第 3 期。
7. 黄锡生、王中政:《论自然资源的法律概念》,载《资源科学》2022 年第 1 期。
8. 杜群:《中国法律中的森林定义——兼论法律保护森林资源生态价值的迫切性》,载《资源科学》2018 年第 9 期。
9. 邓海峰:《生态文明体制改革中自然资源资产分级行使制度研究》,载《中国法学》2021 年第 2 期。
10. 程雪阳:《国有自然资源资产产权行使机制的完善》,载《法学研究》2018 年第 6 期。
11. 巩固:《认真对待自然资源国家所有权公权说》,载《中外法学》2024 年第 4 期。

第七章 环境污染防治法

环境污染防治法是环境法的重要子部门法，与环境法的其他子部门法相互协调、相互交融，共同应对各类环境问题，以实现保护和改善环境的目的。本章主要对环境污染防治法的概念、发展历史、法律体系、主要立法以及基本法律制度等内容进行系统阐释。环境污染防治法是指以保护和改善环境为目的，调整人们在预防和治理环境污染过程中产生的社会关系的法律规范的总称。环境污染防治法的基本法律制度主要包括环境污染防治目标责任制度、环境污染防治规划制度、环境污染防治标准制度、环境影响评价制度、"三同时"制度、污染物排放许可制度、污染物排放总量控制制度、环境污染监测制度、环境信息公开制度、环境保护税制度以及突发污染事件应急管理制度等。环境污染防治法的主要立法领域涉及大气污染、水污染、海洋污染、土壤污染、固体废物污染、噪声污染、放射性污染等。

第一节 环境污染防治法概述

一、环境污染防治法的概念及发展历史

（一）环境污染和环境污染防治法的概念

环境污染，是指由于人类活动直接或者间接地向环境排入了超过其自净能力的物质和能量，从而使环境的物理、化学、生物学性质发生了不利于人类及其他生物正常生存和发展的变化的一种现象。环境污染防治法是在预防和治理环境污染过程中产生和发展起来的一系列法律规范组成的有机体系，具有针对性、体系性和综合性等特征。

环境污染防治法，是指以保护和改善环境为目的，调整人们在预防和治理环境污染过程中产生的社会关系的法律规范的总称。环境污染防治法是世界各国对环境污染问题的法律回应。在英国，煤烟造成的空气污染在1952年12月5—8日的"伦敦烟雾事件"中达到顶峰。据英国官方统计，"伦敦烟雾事件"中的丧生者达5000多人，在此后的两个月内有8000多人相继死亡。"伦敦烟雾事件"促使英国人痛下决心控制空气污染，由此催生了世界上第一部空气污染防治法——《清洁空气法》。[1] 在美国，1955年洛杉矶因光化学烟雾

---

〔1〕 参见林海：《伦敦，告别雾都之名》，载《检察风云》2013年第6期。

引起的呼吸系统衰竭死亡的人数达到400多人。污染事件频发促使美国联邦政府于1955年颁布《空气污染控制法》。[1] 自20世纪50年代,世界范围内发达国家逐渐建立和完善环境污染防治法律体系以缓解环境污染所带来的政治、经济与社会压力。可以说,环境保护的起点是污染控制,环境保护立法最初就是为了防治环境污染,环境法是在环境污染防治法的基础上发展起来的。[2]

(二)环境污染防治法的发展历史

我国的环境保护工作起步于"工业三废"[3]的治理。1972年6月,国务院批准了《国家计委、国家建委关于官厅水库污染情况和解决意见的报告》,建立了官厅水资源保护领导小组,开始了我国第一个水域污染治理实践。1977年,国家计划委员会、国家建设委员会、国务院环境保护领导小组、财政部制定了《关于治理工业"三废"开展综合利用的几项规定》。[4] 在治理"工业三废"相关政策和标准的基础上,1979年9月13日,五届全国人大常委会第十一次会议原则通过《环境保护法(试行)》(已失效),开启了我国环境保护专门立法的进程。此后,为应对不同类型的环境污染、保护不同类别的环境要素,我国陆续颁布和实施《大气污染防治法》(2018年修正)、《水污染防治法》(2017年修正)、《海洋环境保护法》(2023年修订)、《噪声污染防治法》(2021年公布)、《固体废物污染环境防治法》(2020年修订)、《放射性污染防治法》(2003年公布)和《土壤污染防治法》(2018年公布)等环境污染防治单行法律。除全国人大、全国人大常委会立法外,国务院制定了大量综合性或单行环境污染防治行政法规,各主管部门也分别制定了一些专项部门规章或环境标准,各地方制定了许多地方性环境污染防治的法规、规章或地方环境标准。可以说,目前我国已经构建起完整的环境污染防治法律体系。

回顾我国环境污染防治法的发展历史,可以分为如下五个阶段。

第一阶段:1949—1977年,工业污染防治的初步探索时期。新中国成立至改革开放前,社会主义工业化建设拉开序幕,环境污染问题在一些领域开始显现。在这一时期的党代会报告中并未明确提及环境保护,但在推进工业化建设的过程中,国家曾出台了一些具有环保功能的政策和措施,在一定程度上解决了当时的环境污染问题。

第二阶段:1978—1991年,预防为主、防治结合时期。改革开放后,民营企业的快速发展适应了当时经济社会发展的客观需要,但多数民营企业缺乏环境责任意识,环保管理水

---

[1] 参见薛恩同:《美国的清洁空气法》,载北京法院网2013年4月9日,https://bjgy.bjcourt.gov.cn/article/detail/2013/04/id/939269.shtml。

[2] 参见汪劲主编:《环保法治三十年:我们成功了吗》,北京大学出版社2011年版,第3-4页。

[3] 工业三废是指工业生产过程中排出的废气、废水、废渣的简称。工业废气是指工业生产过程中排放出的各种不再使用的气体,包括烟尘、臭气、刺激性气体及其他有害气体。工业废水是指工业生产过程中排放出的,经过使用而退出循环系统的,含有各种有机物、无机物、有毒物的污水。工业废渣是指工业生产过程中排出的固体废弃物,其中包括矿业废渣、冶炼废渣、煤灰渣及工业垃圾等。

[4] 参见汪劲主编:《环保法治三十年:我们成功了吗》,北京大学出版社2011年版,第3-4页。

平低，造成了较为严重的环境破坏问题。这一时期国家加紧出台了一系列环保法律法规，并加强了环保机构建设。

第三阶段：1992—2001年，污染防治和生态保护并重。在市场经济背景下，改革开放开始向各领域全面推进，我国经济步入快速发展时期，但与之相随的生态环境恶化问题越发凸显。

第四阶段：2002—2011年，在发展中保护、保护中发展。进入21世纪，随着改革开放的深入推进和工业化、城镇化的加速推动，我国经济总量持续扩大，但经济增长主要由重工业带动。随着资源浪费现象和环境污染问题日益严重，政府环境治理压力越来越大，对环境保护的重视程度和环保要求越来越高。这一时期我国进一步完善了环保法律法规建设，制定了大量环境要素单行保护法。

第五阶段：2012年至今，坚持生态优先。面对日益严峻的环境污染形势，自2012年党的十八大召开以来，环境问题得到了党和政府的空前重视，我国环保事业迈向更高层次。党的十八大报告提出了经济建设、政治建设、文化建设、社会建设和生态文明建设的"五位一体"总体布局，将生态文明建设置于突出位置，并提出了坚持节约优先、保护优先、自然恢复为主的方针。党的十九大更进一步把"坚持人与自然和谐共生"作为新时代坚持和发展中国特色社会主义的基本方略之一，强调"必须树立和践行绿水青山就是金山银山的理念，坚持节约资源和保护环境的基本国策"。2014年新修订的《环境保护法》进一步强化了政府和企业的环境治理责任，对环境违法行为的惩治力度大大加强，彰显了国家解决当前严峻环境污染问题的决心。2016年，我国首部专门体现"绿色税制"的单行税法《环境保护税法》于十二届全国人大常委会第二十五次会议通过，并于2018年1月1日起施行，在我国施行了40年的排污费征收制度被环保税取代，环保"费改税"正式完成。北京、天津、上海、重庆、湖北、广东及深圳等省市陆续开展了碳排放交易试点，各行业也逐渐建立起全国统一的碳排放交易市场，生态补偿、绿色采购、绿色价格等政策也都相继发展起来。2018年，十三届全国人大一次会议审议通过了《宪法修正案》，生态文明被正式纳入宪法，更加体现了党和政府对生态环境的高度重视以及中国特色社会主义生态文明建设的战略思想。

（三）环境污染防治法的特征

环境污染防治法既有环境法的一般特征，也有其自身的特点。

1. 针对性

环境污染防治法在问题应对和调整领域上具有针对性、特殊性。为应对环境污染问题而发展起来的环境污染防治法，尽管在目的上与环境法相同，但其实现保护和改善环境目的的领域和手段有别于环境法的其他子部门法。环境污染防治法是针对环境污染问题而建立起来的法律规范系统，通过调整在预防和治理环境污染过程中产生的社会关系实现保护和改善环境的目的。

2. 系统性

环境污染防治法既是环境法的一个子部门，又是环境污染防治法律规范构成的有机系统。环境污染防治法并非指某一具体的单行法，而是指由应对不同类型的环境污染、保护不同类别的环境要素的污染防治法律规范构成的系统性规范统一体。它既包括污染防治的单行法律规范，也包括其他部门法中有关污染防治的个别条款。环境污染防治法律规范之间并非相互独立的而是有机联系的，它们共同调整因预防和治理环境污染而产生的社会关系。

3. 综合性

环境污染防治法的综合性体现在调整范围的广泛性和规范构成的复杂性，内容涉及生产和生活的各个领域，涵盖不同类型的环境污染，事关不同类别环境要素的保护。环境污染防治法的法律规范体系极为复杂，既有防治环境污染的一般规则，又有防治特定环境污染的特别规定；既有实体性法律规范，又有程序性法律规范；既包括行政法律规范，又包括相关民事和刑事法律规范。

尽管环境污染防治法子系统有其自身的特征，但这并不意味着其与环境法的其他子部门法相互割裂、截然分开。事实上，环境污染防治法子系统与环境法的其他子部门法相互协调、相互交融，共同应对各类环境问题以实现保护和改善环境的目的。

二、环境污染防治法的体系

环境污染防治法体系是环境法体系的重要组成部分，其并不是指单独存在的某部法律，而是指调整因预防和治理环境污染而产生社会关系的一系列法律规范构成的有机联系整体。根据法律体系理论和环境污染防治立法实践，环境污染防治法体系是指我国现行全部有关预防和治理环境污染的法律规范组成的有机联系的统一整体。作为环境污染防治法体系组成部分的法律规范必须是现行有效的，必须是以预防和治理环境污染为目的，并且这类法律规范之间是相互协调、有机联系的。从法律效力的角度，可以将环境污染防治法体系的外延大致分为以下几类。

1. 宪法中有关环境污染防治的规定

《宪法》(2018 年修正)第 26 条第 1 款规定："国家保护和改善生活环境和生态环境，防治污染和其他公害。"该款是对国家环境污染防治义务的原则性规定和最高规范形态，对所有国家公权力都具有约束力，是其他环境污染防治法律规范的最高效力渊源。

2. 环境保护基本法中有关环境污染防治的规定〔1〕

《环境保护法》(2014 年修订)第一章"总则"规定了"一切单位和个人"防治污染的一般义务；第二章"监督管理"对生态环境保护规划、污染物排放标准、环境监测和现场检查、环境影响评价以及生态环境保护目标责任等污染防治制度进行了原则性规定；第四章专门

---

〔1〕 在我国，作为环境保护基本法的《环境保护法》和其他环境污染防治单行法都由全国人大常委会表决通过，虽然它们在法律效力上处于同一个层级，但是环境保护基本法对环境污染防治单行法具有指引作用。

规定了“防治污染和其他公害”,该章对清洁生产和资源循环利用,“三同时”制度,企业环境保护责任制,排污监测,排污收费,重点污染物排放总量控制和区域限批,排污许可,严重污染环境的工艺、设备和产品实行淘汰,突发环境事件管控,化学物品和放射性物品管理,农业和农村污染管控以及城市污水及废弃物处置等问题作出了较为明确的规定。《环境保护法》(2014 年修订)有关环境污染防治的规定为环境污染防治单行立法提供了依据。

3. 环境污染防治单行法

环境污染防治单行法,是指为保护某种环境要素或防治某类环境污染而进行的专门立法。相关单行法主要包括 1987 年制定并于 2018 年最新修正的《大气污染防治法》,1984 年制定并于 2017 年最新修正的《水污染防治法》,2018 年制定的《土壤污染防治法》,1995 年制定并于 2020 年最新修订的《固体废物污染环境防治法》,1996 年制定并于 2018 年修正、2022 年废止的《环境噪声污染防治法》,2021 年制定的《噪声污染防治法》,2003 年制定的《放射性污染防治法》,2002 年制定并于 2018 年最新修正的《环境影响评价法》,1982 年制定并于 2023 年最新修订的《海洋环境保护法》,2002 年制定并于 2012 年最新修正的《清洁生产促进法》,2008 年制定并于 2018 年最新修正的《循环经济促进法》等。在这些法律中,前 7 部环境污染防治单行法,是防治某类污染物综合性单行法,后面 4 部单行法还包含部分自然资源保护的规定。可以说,这些单行法是环境污染防治法体系的主干,其他有关环境污染防治的法规和规章的主要目的都是细化和实施环境污染防治单行法的相关规定。

4. 环境污染防治法规

环境污染防治法基本法和单行法相对抽象,具体实施需要环境污染防治法规细化和拓展。环境污染防治法规包括行政法规和地方性法规:(1)相关行政法规主要有《城镇排水与污水处理条例》(2013 年公布)、《防治船舶污染海洋环境管理条例》(2018 年修订)、《畜禽规模养殖污染防治条例》(2013 年公布)、《废弃电器电子产品回收处理管理条例》(2019 年修订)、《危险化学品安全管理条例》(2013 年修订)、《海洋倾废管理条例》(2017 年修订)、《放射性废物安全管理条例》(2011 年公布)、《建设项目环境保护管理条例》(2017 年修订)、《全国污染源普查条例》(2019 年修订)、《排污许可管理条例》(2021 年公布)等。(2)相关地方性法规,如《北京市水污染防治条例》(2021 年修正)、《天津市大气污染防治条例》(2020 年修正)、《福建省土壤污染防治条例》(2022 年公布)、《深圳经济特区环境噪声污染防治条例》(2020 年修正)、《海南省机动车排气污染防治规定》(2021 年修订)等。

5. 环境污染防治规章

环境污染防治法律体系的主体规范是行政法律规范,环境污染防治的法律法规主要由行政机关实施。为确保环境监督管理部门合法高效地履行环境污染防治职责,中央部委和地方政府制定了大量的环境污染防治规章。相关部门规章主要有:《饮用水水源保护区污染防治管理规定》(2010 年修正)、《近岸海域环境功能区管理办法》(2010 年修正)、《电子废物污染环境防治管理办法》(2007 年公布)、《尾矿污染环境防治管理办法》(2022 年公布)、《危险废物转移管理办法》(2021 年公布)等。环境污染地方性规章,如《河北省扬尘污染防治办法》(2020 年公布)、《四川省机动车和非道路移动机械排气污染防治办法》(2021 年公布)、《重庆市建设用地土壤污染防治办法》(2021 年修改)、《浙江省畜禽养殖污染防治办法》(2021 年修正)、《上海市社会生活噪声污染防治办法》(2012 年公布)、《宁夏回族自治区辐射污染防治办法》(2018 年公布)等。

6. 环境污染防治司法解释

环境污染防治法律规范的实施既需要环境监督管理部门的严格执法,也需要司法机关的公正司法。环境污染防治司法解释,是指国家最高司法机关在适用法律过程中对具体应用环境污染防治法律规范所作的解释。国家最高司法机关专门针对适用环境污染防治法律规范所作的司法解释很少,如《环境污染犯罪司法解释》(法释〔2023〕7 号),但《最高人民法院关于审理环境民事公益诉讼案件适用法律若干问题的解释》(法释〔2020〕20 号)、《生态环境侵权责任司法解释》(法释〔2023〕5 号)和《最高人民法院关于审理生态环境侵权纠纷案件适用惩罚性赔偿的解释》(法释〔2022〕1 号)等司法解释对环境污染防治法律规范的实施亦具有重要保障作用。

7. 其他部门法中的有关环境污染防治的规定

除环境污染防治专门性立法以外,民法、行政法和刑法等其他部门法中亦有不少法律条文对环境污染防治进行了直接规定。这些规定也是我国环境污染防治法体系的组成部分。《民法典》(2020 年公布)第七编第七章"环境污染和生态破坏责任"对因环境污染而造成他人损害的侵权责任进行了专门规定。行政法律中也有不少条款对环境污染防治作了专门规定,如《治安管理处罚法》(2012 年修正)第 58 条规定,"违反关于社会生活噪声污染防治的法律规定,制造噪声干扰他人正常生活的,处警告;警告后不改正的,处二百元以上五百元以下罚款";《建筑法》(2019 年修正)第 41 条规定,"建筑施工企业应当遵守有关环境保护和安全生产的法律、法规的规定,采取控制和处理施工现场的各种粉尘、废气、废水、固体废物以及噪声、振动对环境的污染和危害的措施";等等。《刑法》(2023 年修正)分则第六章第六节"破坏环境资源保护罪"规定了污染环境罪、非法处置进口的固体废物罪和擅自进口固体废物罪等环境污染犯罪。

第二节　环境污染防治基本法律制度

一、环境污染防治目标责任制度

(一)环境污染防治目标责任制度的概念

虽然不同时期、不同地区的环境污染防治任务、环境质量目标各异,但无论什么时期和地区的目标和任务都只有分解并分配到具体的单位和责任人才具有可实施性。环境污染防治目标责任制通过签订环境保护目标责任书的形式,促使地方各级人民政府和负有生态环境监督管理职责的部门落实环境污染防治指标和任务,实现环境质量目标。环境污染防治目标责任制度,是有关环境污染防治目标与指标设定、分配和考核评价的法律规范有机体系。这一制度明确了特定时期某一辖区内、某个部门的环境污染防治目标任务和主要责任人,理顺了各级地方人民政府和各个部门在环境保护方面的具体任务,从而使环境污染防治的任务和改善环境质量的目标能够得到层层分解落实。

《环境保护法》(2014 年修订)第 26 条原则性地规定了环境保护目标责任制,即"国家实行环境保护目标责任制和考核评价制度。县级以上人民政府应当将环境保护目标完成情况纳入对本级人民政府负有环境保护监督管理职责的部门及其负责人和下级人民政府及其负责人的考核内容,作为对其考核评价的重要依据。考核结果应当向社会公开"。1987 年制定并于 2018 年最新修正的《大气污染防治法》、1984 年制定并于 2017 年最新修正的《水污染防治法》、2018 年制定的《土壤污染防治法》等单行法,都有环境污染防治目标责任制的相关规定。

(二)环境污染防治目标责任制度的内容

环境污染防治目标责任制度,是环境保护目标责任制的核心组成部分。广义上的环境保护目标责任制包括企事业单位环境保护目标责任制度和政府环境保护目标责任制度。本部分仅介绍政府环境保护目标责任制度。

1. 环境污染防治目标指标的设定

环境污染防治目标的设定,是环境污染防治目标责任制度实施的起点。环境污染防治目标指标的设定需要统筹考虑辖区内生态环境状况和经济社会发展需要,需要平衡好生态环境利益和经济社会利益,需要兼顾环境污染防治目标指标的前瞻性和可行性。设定的环境污染防治目标只有转化为更为具体的环境污染防治指标才能保障环境污染防治目标责任制度的有效运行。例如,《"十三五"生态环境保护规划》(2016 年公布)的主要目标包括"主要污染物排放总量大幅减少",而"主要污染物排放总量大幅减少"需要具体的污染物排放总量下降指标才有可实施性。

环境污染防治指标通常出现在各级各类生态环境规划之中,包括预期性指标和约束性指标。预期性指标是指在具体落实过程中可以适当变通的指标,而约束性指标是须落实到位的指标,在一定程度上具有法律效力。例如,《"十三五"生态环境保护规划》(2016 年公布)将二氧化硫排放量下降 15% 设定为约束性指标,将重点地区重点行业挥发性有机物排放量下降 10% 设定为预期性指标。

2. 环境污染防治指标的分配

环境污染防治指标的分配,是环境污染防治目标责任制实施的关键环节。依据环境污染防治目标确定的环境污染防治指标,需要进一步分配到各个辖区各个单位才能真正落实。指标的分配遵循自上而下的分解原则,上一级政府借助科层制路径将指标分解到其辖区内的下一级政府,直到分解落实到具体的企事业单位。就重点污染排放总量控制指标的分配,《环境保护法》(2014 年修订)第 44 条第 1 款进行了一般性规定,“国家实行重点污染物排放总量控制制度。重点污染物排放总量控制指标由国务院下达,省、自治区、直辖市人民政府分解落实。企业事业单位在执行国家和地方污染物排放标准的同时,应当遵守分解落实到本单位的重点污染物排放总量控制指标”。“十三五”期间,国家对北京市下达了二氧化硫、氮氧化物、挥发性有机物、化学需氧量和氨氮排放总量分别下降 35%、25%、25%、14.4% 和 16.1% 的目标任务。为落实上级下达的污染物排放总量控制指标,北京市环境保护局制定了北京市“十三五”重点污染物总量控制计划,将各类污染物排放总量控制指标分配到北京市下辖的各个区。[1]

3. 环境污染防治指标考核评价

环境污染防治目标是否最终实现,需要对各级政府环境污染防治各类指标落实情况进行考核评价。指标考核评价包括考核主体、考核对象、考核方式、考核结果及其运用。环境污染防治指标考核评价在目标责任制度中占有非常重要的地位,它不仅有利于促使考核对象积极采取措施落实指标任务,而且有利于发现目标责任制度执行过程中存在的问题,甚至错误,以便今后不断改进或调整原定指标,最终实现防治污染、改善环境的目的。简言之,科学、合理、完备的考核评价体系是环境污染防治目标责任制得以真正落实的重要保障。[2]

为贯彻落实生态环境保护目标责任制,吉林省人民政府于 2021 年 3 月印发《吉林省 2021—2025 年政府生态环境保护目标责任制工作实施方案的通知》。该通知具体规定了生态环境保护目标考核内容、考核办法以及如何组织实施。[3] 为执行通知的要求,吉林省政府每年对下辖地方政府进行生态环境保护目标考核评价,并公布考评情况。2023 年 4 月,吉林省政府发布《关于 2022 年度政府生态环境保护目标责任制考评情况的通报》,对下辖的长春市政府、延边州政府和四平市政府等落实生态环境保护目标情况进行了考核评级,并对生态环境保护工作的主要成效、存在问题和下一步工作要求等进行了通报。[4]

二、环境污染防治规划制度

(一)环境污染防治规划制度的概念

环境污染防治规划,是指政府及其生态环境主管部门根据环境资源状况和经济社会发展需要,依照法定程序编制的关于一定时空范围内的环境污染防治目标、任务、措施和保障

〔1〕 各类污染物排放总量控制指标分配情况,参见《北京市环境保护局关于印发本市“十三五”重点污染物总量控制计划的通知》(京环发〔2017〕22 号)。

〔2〕 参见王清军:《文本视角下的环境保护目标责任制和考核评价制度研究》,载《武汉科技大学学报(社会科学版)》2015 年第 1 期。

〔3〕 参见《吉林省 2021—2025 年政府生态环境保护目标责任制工作实施方案的通知》(吉政函〔2021〕25 号)。

〔4〕 参见《吉林省人民政府关于 2022 年度政府生态环境保护目标责任制考评情况的通报》(吉政函〔2023〕16 号)。

等事项的总体安排。环境污染防治规划是生态环境保护规划体系的重要组成部分,是环境预测和综合决策的产物,既要考量环境污染的现状、公众的环保期待,又要考量污染防治的经济和社会成本。

环境污染防治规划制度,是关于环境污染防治规划的编制主体、目标任务、指标体系、编制程序和实施保障等规定的法律规范有机体系。环境污染防治规划属于内部行政行为,对行政机关以外的主体没有直接的法律拘束力,其通常表现为一个个规划文件,如《重点流域水污染防治规划(2016—2020 年)》(2017 年公布)、《北京市"十四五"时期土壤污染防治规划》(2022 年公布)等。环境污染防治规划的编制、公布和实施具有法律约束力。如 1987 年制定并于 2018 年修正的《大气污染防治法》第 14 条第 1 款规定,"未达到国家大气环境质量标准城市的人民政府应当及时编制大气环境质量限期达标规划,采取措施,按照国务院或者省级人民政府规定的期限达到大气环境质量标准",第 16 条规定:"城市人民政府每年在向本级人民代表大会或者其常务委员会报告环境状况和环境保护目标完成情况时,应当报告大气环境质量限期达标规划执行情况,并向社会公开。"

(二)环境污染防治规划体系

环境污染防治规划体系,既包括专门的环境污染防治规划,也包括其他规划中有关环境污染防治的内容。

1. 国民经济和社会发展五年规划纲要

由国务院编制和执行,全国人民代表大会表决通过的国民经济和社会发展五年规划纲要,对国家重大建设项目、生产力分布和国民经济重要比例关系等作出规划,为国民经济发展远景规定目标和方向。2021 年 3 月,由十三届全国人大四次会议表决通过的《中华人民共和国国民经济和社会发展第十四个五年规划和 2035 年远景目标纲要》对生态文明建设和绿色发展提出了新要求新目标,要求"能源资源配置更加合理、利用效率大幅提高,单位国内生产总值能源消耗和二氧化碳排放分别降低 13.5%、18%,主要污染物排放总量持续减少";并在第三十八章"持续改善环境质量"中专门编写了第一节"深入开展污染防治行动",对大气、水和土壤污染的防治提出了明确的目标和任务。

2. 生态环境保护规划

生态环境保护规划具有综合性,将环境污染防治和生态环境保护的目标及措施规定在同一个规划文件当中。生态环境保护五年规划是生态环境保护领域最高层级、最为综合的专门性规划,其中很大篇幅规定环境污染防治的目标、任务、领域和措施等内容。例如,2016 年 11 月由国务院印发的《"十三五"生态环境保护规划》就规定了"十三五"期间空气、水、土壤污染防治的具体指标以及主要污染物减排目标,并规定了实现目标的"大气、水、土壤三大污染防治行动计划"。此外,在《重点流域水生态环境保护规划》(2023 年公布)、《"十四五"海洋生态环境保护规划》(2022 年公布)、《"十四五"土壤、地下水和农村生态环境保护规划》(2021 年公布)、《成渝地区双城经济圈生态环境保护规划》(2022 年公布)等生态环境保护规划中,有很多内容涉及环境污染防治。

3. 环境污染防治专项规划

环境污染防治专项规划是专门针对某一类污染物质或者保护某一类环境要素而制定的污染防治规划。针对某一类污染物质的环境污染防治专项规划,如《重金属污染综合防治“十二五”规划》(2014 年公布)、《“十二五”危险废物污染防治规划》(2012 年公布)、《核安全与放射性污染防治“十三五”规划及 2025 年远景目标》(2017 年公布)等;针对保护某一类环境要素的环境污染防治专项规划,如《重点区域大气污染防治“十二五”规划》(2012 年公布)、《重点流域水污染防治规划(2016—2020 年)》(2017 年公布)、《北京市“十四五”时期土壤污染防治规划》(2022 年公布)等。需要指出的是,在意识到环境污染防治和生态环境保护的系统性和交织性后,全国性的环境污染防治专项规划近年来已经很少见。

4. 其他规划

由于环境污染与生产生活相伴而生,在其他行业、领域的发展规划中也有一些内容涉及环境污染防治。例如,2021 年 12 月,国务院发布的《“十四五”现代综合交通运输体系发展规划》第八章第三节就专门规定了“加强重点领域污染防治”,具体涉及船舶污染防治和交通运输噪声污染治理;2022 年 1 月,国家发改委、国家能源局印发的《“十四五”现代能源体系规划》规定“力争到 2025 年,大气污染防治重点区域散煤基本清零,基本淘汰 35 蒸吨/小时以下燃煤锅炉”;等等。这些规定都可以纳入环境污染防治规划体系中。

三、环境污染防治标准制度

(一)环境污染防治标准制度的概念

环境污染防治标准,是指为保护生态环境,保障公众健康,增进民生福祉,促进经济社会可持续发展,限制环境中有害物质和因素,而就环境质量、环境风险管控、污染物排放和环境监测方法以及其他需要的事项,按照法律规定的程序制定的各种技术指标和规范的总称。[1] 一个地区的环境质量、环境污染程度,一家企业排放的污染物是否符合规定,都需要一定的科学技术指标进行判定,环境污染防治标准即此类科学技术指标。[2] 环境污染防治标准通过客观科学的数值和指标来量化环境质量、污染浓度和环境风险,以帮助人类分析和预测环境的承载能力,从而间接约束人类的环境利用行为。环境污染防治标准是国家制定环境规划、强化环境管理和加强环境执法的主要技术依据。

环境污染防治标准制度,是指关于环境污染防治标准的编制、审批、发布、实施和评估的一系列法律规范组成的有机体系,是环境污染防治标准的程序化和法定化。环境污染防

---

〔1〕 参见汪劲:《环境法学》(第 4 版),北京大学出版社 2018 年版,第 116 页。

〔2〕 生态环境质量标准、生态环境风险管控标准、污染物排放标准、生态环境监测标准、生态环境基础标准和生态环境管理技术规范都是环境污染防治不可或缺的科学技术指标,在这里统称为环境污染防治标准。2020 年 12 月颁布的《生态环境标准管理办法》将上述标准统称为生态环境标准,本部分内容对环境污染防治标准和生态环境标准不作区分。

治标准制度是规范环境污染防治标准相关行为的法律规范体系,在《环境保护法》(2014 年修订)、《标准化法》(2017 年修订)以及各环境污染防治单行法当中都有相关规定。为加强生态环境标准管理工作,生态环境部于 2020 年 12 月颁布了《生态环境标准管理办法》,专门对生态环境标准的制定、实施、备案和评估进行了规定。

党中央、国务院高度重视新污染物治理。党的二十大将开展新污染物治理作为深入推进环境污染防治的重要任务进行部署。确保新污染物治理能力明显增强是深入打好污染防治攻坚战的主要目标之一。2022 年 5 月,《新污染物治理行动方案》的发布明确了新污染物治理的总体思路和行动举措,并要求 2022 年发布首批重点管控新污染物清单。基于有毒有害化学物质的环境风险分析及新污染物管控技术可行性和经济社会影响评估,我国于 2022 年 12 月发布了《重点管控新污染物清单(2023 年版)》,确定了 14 种重点管控新污染物,并规定了主要的环境风险管控措施,要求各级生态环境、工业和信息化、农业农村、商务、市场监督管理以及海关等部门,按照职责分工加强对新污染物的管控和治理。第一批重点管控新污染物涵盖了持久性有机污染物、内分泌干扰物、抗生素等类型的新污染物,每一种类的重点管控新污染物均对应明确的禁止、限制、限排等环境风险管控措施,并且有确定的实施要求及时间表。[1]

应对气候变化是人类共同的责任。2006 年我国主动提出了第一个自愿减排目标,即 2010 年单位 GDP 能耗要比 2005 年下降 20% 左右。随后我国制定了一系列减排相关政策。在 2020 年 12 月举行的气候雄心峰会上,习近平主席进一步宣布,到 2030 年,中国单位国内生产总值二氧化碳排放将比 2005 年下降 65% 以上,非化石能源占一次能源消费比重将达到 25% 左右,森林蓄积量将比 2005 年增加 60 亿立方米,风电、太阳能发电总装机容量将达到 12 亿千瓦以上。[2]

(二)环境污染防治标准的体系

以适用范围为分类依据,环境污染防治标准可分为国家环境污染防治标准和地方环境污染防治标准。

1. 国家环境污染防治标准

根据《环境保护法》(2014 年修订)第 15 条第 1 款和《生态环境标准管理办法》(2020 年公布)第 4 条第 2 款、第 6 条第 1 款等的规定,国务院生态环境主管部门依法制定并组织实施国家生态环境标准。国家生态环境标准包括国家生态环境质量标准、国家生态环境风险管控标准、国家污染物排放标准、国家生态环境监测标准、国家生态环境基础标准和国家生态环境管理技术规范。国家生态环境标准在全国范围或者标准指定区域范围执行。

---

〔1〕 参见李仓敏、王燕飞:《新污染物治理与现有环境治理措施衔接的探讨》,载《环境保护》2023 年第 7 期。

〔2〕 参见高世楫、俞敏:《中国提出“双碳”目标的历史背景、重大意义和变革路径》,载《新经济导刊》2021 年第 2 期。

2. 地方环境污染防治标准

根据《环境保护法》(2014 年修订)第 15 条第 2 款和《生态环境标准管理办法》(2020 年公布)第 4 条第 3 款、第 4 款,第 6 条第 2 款,第 39 条的规定:省、自治区、直辖市人民政府可以制定地方生态环境标准,地方生态环境质量标准、地方生态环境风险管控标准和地方污染物排放标准可以对国家相应标准中未规定的项目作出补充规定,也可以对国家相应标准中已规定的项目作出更加严格的规定。地方生态环境标准应当报国务院生态环境主管部门备案。地方生态环境标准在发布该标准的省、自治区、直辖市行政区域范围或者标准指定区域范围执行。有地方生态环境质量标准、地方生态环境风险管控标准和地方污染物排放标准的地区,应当依法优先执行地方标准。

另外,以环境污染防治标准是否具有强制性为依据,还可将其分为强制性标准和推荐性标准。根据《生态环境标准管理办法》(2020 年公布)第 5 条的规定,国家和地方生态环境质量标准、生态环境风险管控标准、污染物排放标准和法律法规规定强制执行的其他生态环境标准,以强制性标准的形式发布。法律法规未规定强制执行的国家和地方生态环境标准,以推荐性标准的形式发布。强制性生态环境标准必须执行。推荐性生态环境标准被强制性生态环境标准或者规章、行政规范性文件引用并赋予其强制执行效力的,被引用的内容必须执行,推荐性生态环境标准本身的法律效力不变。

四、环境影响评价制度

环境影响评价制度因其技术性、前瞻性和综合性是环境行政决策的主要科学依据,是贯彻分类防治原则和全过程管控原则的基础性制度。

(一)环境影响评价制度的概念

环境影响评价制度首创于美国,我国环境影响评价制度的实施始于 20 世纪 70 年代末。[1] 环境影响评价,是指对规划和建设项目实施后可能造成的环境影响进行分析、预测和评估,提出预防或者减轻不良环境影响的对策和措施,进行跟踪监测的方法与制度。环境影响评价必须客观、公开、公正,综合考虑规划或者建设项目实施后对各种环境因素及其所构成的生态系统可能造成的影响,为决策提供科学依据。

环境影响评价制度是有关环境影响评价的适用对象、评价内容、审批程序和法律效果等事项的法律规范有机体系。2002 年 10 月,全国人大常委会通过《环境影响评价法》,以专门立法的形式对规划和建设项目的环境影响评价进行了系统详细的规定。《环境保护法》(2014 年修订)以及《大气污染防治法》(2018 年修正)、《水污染防治法》(2017 年修正)等环境污染防治单行法也都对环境影响评价作出了相应规定。此外,1998 年国务院颁布实施并于 2017 年修订的《建设项目环境保护管理条例》,其核心内容就是建设项目的环境

---

〔1〕 1979 年《环境保护法(试行)》对建设项目实施环境影响评价作出了规定。

影响评价;2009 年国务院还颁布实施了《规划环境影响评价条例》,对规划的环境影响评价进行了全面规定。

(二)环境影响评价制度的内容

环境影响评价制度的内容十分丰富,涉及适用对象、评价内容、审批程序和法律效果等一系列事项。

1. 环境影响评价的适用对象

根据《环境影响评价法》(2018 年修正)第 2 条的规定,环境影响评价适用对象包括规划和建设项目两大类。

(1)规划的环境影响评价。国务院有关部门、设区的市级以上地方人民政府及其有关部门,对其组织编制的土地利用的有关规划,区域、流域、海域的建设、开发利用规划,应当在规划编制过程中组织进行环境影响评价,编写该规划有关环境影响的篇章或者说明。国务院有关部门、设区的市级以上地方人民政府及其有关部门,对其组织编制的工业、农业、畜牧业、林业、能源、水利、交通、城市建设、旅游、自然资源开发的有关专项规划,应当在该专项规划草案上报审批前,组织进行环境影响评价,并向审批该专项规划的机关提出环境影响报告书。专项规划中的指导性规划,应当在规划编制过程中组织进行环境影响评价,编写该规划有关环境影响的篇章或者说明。

(2)项目的环境影响评价。国家根据建设项目对环境的影响程度,对建设项目的环境影响评价实行分类管理。建设项目的环境影响评价分类管理名录,由国务院生态环境主管部门制定并公布。建设单位对可能造成重大环境影响的建设项目,应当编制环境影响报告书,对产生的环境影响进行全面评价;对可能造成轻度环境影响的建设项目,应当编制环境影响报告表,对产生的环境影响进行分析或者专项评价;对环境影响很小、不需要进行环境影响评价的建设项目,应当填报环境影响登记表。

2. 环境影响评价的评价内容

土地利用的有关规划,区域、流域、海域的建设、开发利用规划的环境影响评价的具体范围,由国务院生态环境主管部门会同国务院有关部门规定,报国务院批准。专项规划的环境影响报告书应当包括实施该规划对环境可能造成影响的分析、预测和评估;预防或者减轻不良环境影响的对策和措施;环境影响评价的结论。

建设项目的环境影响报告书应当包括下列内容:建设项目概况;建设项目周围环境现状;建设项目对环境可能造成影响的分析、预测和评估;建设项目环境保护措施及其技术、经济论证;建设项目对环境影响的经济损益分析;对建设项目实施环境监测的建议;环境影响评价的结论。环境影响报告表和环境影响登记表的内容和格式,由国务院生态环境主管部门制定。

3. 环境影响评价的审批程序

规划或建设项目的环境影响评价文件编制完成后,应当提交审批机关审查批准后该规划或项目才能实施。

(1)规划环境影响评价的审批。专项规划的编制机关在报批规划草案时,应当将环境影响报告书一并附送审批机关审查;未附送环境影响报告书的,审批机关不予审批。设区的市级以上人民政府在审批专项规划草案,作出决策前,应当先由人民政府指定的生态环境主管部门或者其他部门召集有关部门代表和专家组成审查小组,对环境影响报告书进行审查。审查小组应当提出书面审查意见。设区的市级以上人民政府或者省级以上人民政府有关部门在审批专项规划草案时,应当将环境影响报告书结论以及审查意见作为决策的重要依据。在审批中未采纳环境影响报告书结论以及审查意见的,应当作出说明,并存档备查。由省级以上人民政府有关部门负责审批的专项规划,其环境影响报告书的审查办法,由国务院生态环境主管部门会同国务院有关部门制定。

(2)建设项目的环境影响评价的审批。建设项目的环境影响报告书、报告表,由建设单位按照国务院的规定报有审批权的生态环境主管部门审批。审批部门应当自收到环境影响报告书之日起60日内,收到环境影响报告表之日起30日内,分别作出审批决定并书面通知建设单位。建设项目的环境影响评价文件经批准后,建设项目的性质、规模、地点、采用的生产工艺或者防治污染、防止生态破坏的措施发生重大变动的,建设单位应当重新报批建设项目的环境影响评价文件。建设项目的环境影响评价文件自批准之日起超过5年,方决定该项目开工建设的,其环境影响评价文件应当报原审批部门重新审核,原审批部门应当自收到建设项目环境影响评价文件之日起10日内,将审核意见书面通知建设单位。

4. 环境影响评价的法律效果

环境影响评价的法律效果包括两个方面:一是经批准后环境影响评价文件的法律效力;二是违反环境影响评价制度的法律后果。

环境影响评价文件是环境影响评价机构对规划或建设项目实施后可能造成的环境影响的分析、预测及提出的预防或者减轻不良环境影响的对策建议,其内容属于科学判断而非行政机关的意思表示。因此,非经有权机关审查批准,环境影响评价文件不具有法律上的执行效力。经有权机关批准后,环境影响评价文件事实上具有行政许可的法律效力,报批单位获得了附条件的行政许可,即按照环境影响评价文件中提出环境保护对策措施从事影响环境的行为。

环境影响评价制度实施过程中涉及众多主体,不同主体在此过程中应履行的义务和承担的职责各异,违反相关法律规定应承担的法律责任也不同。

在规划环境影响评价中有规划编制机关、环境影响评价机构、审查小组和审批机关等参与主体。规划编制机关违反法律规定,未组织环境影响评价,或者组织环境影响评价时弄虚作假或者有失职行为,造成环境影响评价严重失实的,对直接负责的主管人员和其他直接责任人员,由上级机关或者监察机关依法给予行政处分。规划审批机关对依法应当编写有关环境影响的篇章或者说明而未编写的规划草案,依法应当附送环境影响报告书而未附送的专项规划草案,违法予以批准的,对直接负责的主管人员和其他直接责任人员,由上级机关或者监察机关依法给予行政处分。

在建设项目环境影响评价中有建设单位、环境影响评价机构和审批机关等参与主体。建设单位未依法报批建设项目环境影响报告书、报告表,或者未依法重新报批或者报请重新审核环境影响报告书、报告表,擅自开工建设的,由县级以上生态环境主管部门责令停止建设,根据违法情节和危害后果,处建设项目总投资额1%以上5%以下的罚款,并可以责令恢复原状,对建设单位直接负责的主管人员和其他直接责任人员,依法给予行政处分。环境影响评价机构违反国家有关环境影响评价标准和技术规范等规定,致使其编制的建设项目环境影响报告书、环境影响报告表存在基础资料明显不实,内容存在重大缺陷、遗漏或者虚假,环境影响评价结论不正确或者不合理等严重质量问题的,由设区的市级以上人民政府生态环境主管部门对其处所收费用3倍以上5倍以下的罚款,情节严重的,禁止从事环境影响报告书、环境影响报告表编制工作;有违法所得的,没收违法所得。负责审核、审批、备案建设项目环境影响评价文件的部门在审批、备案中收取费用的,由其上级机关或者监察机关责令退还;情节严重的,对直接负责的主管人员和其他直接责任人员依法给予行政处分。

五、"三同时"制度

(一)"三同时"制度的概念

"三同时"制度是指建设项目的环境保护设施必须与主体工程同时设计、同时施工、同时投产使用的各项法律规定组成的有机体系。"三同时"制度是我国独创的,具有中国特色并行之有效的环境管理制度。[1] 它与环境影响评价、环境许可等制度相结合,有效地贯彻全过程管控原则。1979年《环境保护法(试行)》对"三同时"制度从法律上加以确认。该法第6条第1款规定:"……在进行新建、改建和扩建工程时,必须提出对环境影响的报告书,经环境保护部门和其他有关部门审查批准后才能进行设计;其中防止污染和其他公害的设施,必须与主体工程同时设计、同时施工、同时投产;各项有害物质的排放必须遵守国家规定的标准。"2014年修订后的《环境保护法》总结过去40多年实施"三同时"制度的经验,在第41条中规定:"建设项目中防治污染的设施,应当与主体工程同时设计、同时施工、同时投产使用。防治污染的设施应当符合经批准的环境影响评价文件的要求,不得擅自拆除或者闲置。"针对防治污染设施"建而不用"的问题,该条强调了防治污染的设施"不得擅自拆除或者闲置"。2017年修订后的《建设项目环境保护管理条例》第三章"环境保护设施建设",对"三同时"制度的具体实施进行了更为系统详细的规定。

---

〔1〕 1972年6月,在国务院批准的《国家计委、国家建委关于官厅水库污染情况和解决意见的报告》中,第一次提出了"工厂建设和三废利用工程要同时设计、同时施工、同时投产"的要求。1973年8月,经国务院批准的《关于保护和改善环境的若干规定(试行草案)》规定:"一切新建、扩建和改建的企业,防治污染项目,必须和主体工程同时设计、同时施工、同时投产。"

(二)“三同时”制度的内容

1.“三同时”制度的适用范围

《环境保护法》(2014 年修订)第 41 条规定:“建设项目中防治污染的设施,应当与主体工程同时设计、同时施工、同时投产使用……”《建设项目环境保护管理条例》(2017 年修订)第 2 条规定:“在中华人民共和国领域和中华人民共和国管辖的其他海域内建设对环境有影响的建设项目,适用本条例。”由此可见,在中华人民共和国领域和中华人民共和国管辖的其他海域范围内,对环境有影响的建设项目,都必须适用“三同时”制度。凡是通过环境影响评价审批可以开发建设的项目,在建设时必须按照“三同时”制度的规定,建设污染防治设施,把环境保护对策和措施落到实处。

2.“三同时”制度的实施程序

“三同时”制度的实施程序,大体可以分为环境保护设施的设计、建设、验收和投产使用四个阶段。(1)建设项目的初步设计,应当按照环境保护设计规范的要求,编制环境保护篇章,落实防治环境污染和生态破坏的措施以及环境保护设施投资概算。(2)建设单位应当将环境保护设施建设纳入施工合同,保证环境保护设施建设进度和资金,并在项目建设过程中同时组织实施环境影响报告书、环境影响报告表及其审批部门审批决定中提出的环境保护对策措施。(3)编制环境影响报告书、环境影响报告表的建设项目竣工后,建设单位应当按照国务院生态环境主管部门规定的标准和程序,对配套建设的环境保护设施进行验收,编制验收报告。建设单位在环境保护设施验收过程中,应当如实查验、监测、记载建设项目环境保护设施的建设和调试情况,不得弄虚作假。除按照国家规定需要保密的情形外,建设单位应当依法向社会公开验收报告。分期建设、分期投入生产或者使用的建设项目,其相应的环境保护设施应当分期验收。(4)编制环境影响报告书、环境影响报告表的建设项目,其配套建设的环境保护设施经验收合格,方可投入生产或者使用;未经验收或者验收不合格的,不得投入生产或者使用。

3.违反“三同时”制度的法律责任

建设单位编制建设项目初步设计未落实防治环境污染和生态破坏的措施以及环境保护设施投资概算,未将环境保护设施建设纳入施工合同的,由建设项目所在地县级以上生态环境主管部门责令限期改正,处 5 万元以上 20 万元以下的罚款;逾期不改正的,处 20 万元以上 100 万元以下的罚款。

需要配套建设的环境保护设施未建成、未经验收或者验收不合格,建设项目即投入生产或者使用,或者在环境保护设施验收中弄虚作假的,由县级以上生态环境主管部门责令限期改正,处 20 万元以上 100 万元以下的罚款;逾期不改正的,处 100 万元以上 200 万元以下的罚款。对直接负责的主管人员和其他责任人员,处 5 万元以上 20 万元以下的罚款。造成重大环境污染或者生态破坏的,责令停止生产或者使用,或者报经有批准权的人民政府批准,责令关闭。建设单位未依法向社会公开环境保护设施验收报告的,由县级以上生态环境主管部门责令公开,处5万元以上20万元以下的罚款,并予以公告。

六、污染物排放许可制度

(一)污染物排放许可制度的概念

污染物排放许可,是指实行排污许可管理的企业事业单位和其他生产经营者(以下简称排污单位),在排放污染物前应当向生态环境主管部门申请排污许可证,获得许可后方可按照排污许可证的要求排放污染物。排污许可证是对排污单位进行环境监管的主要依据,对于控制污染排放、预防环境污染有十分重要的作用。

污染物排放许可制度是关于排污许可的申请、审查、批准和监督管理的法律规范有机体系。现行《环境保护法》(2014年修订)第45条明确规定:"国家依照法律规定实行排污许可管理制度。实行排污许可管理的企业事业单位和其他生产经营者应当按照排污许可证的要求排放污染物;未取得排污许可证的,不得排放污染物。"1987年制定并于2018年修正的《大气污染防治法》、1984年制定并于2017年修正的《水污染防治法》、2021年公布的《噪声污染防治法》等环境污染防治单行法中,都有排污许可的相关规定。2020年12月,国务院常务会议通过《排污许可管理条例》,对排污许可证的监督管理进行了系统详细的规定。

(二)污染物排放许可制度的内容

1. 污染物排放许可制度的适用范围

实行排污许可管理的排污单位,应当按照排污许可证的要求排放污染物。根据《排污许可管理条例》(2021年公布)第2条第2款的规定,排污单位实行分类管理,实行排污许可管理的排污单位范围、实施步骤和管理类别名录,由国务院生态环境主管部门拟订并报国务院批准后公布实施。国家根据排污单位污染物产生量、排放量、对环境的影响程度等因素,实行排污许可重点管理和简化管理。对污染物产生量、排放量或者对环境的影响程度较大的排污单位,实行排污许可重点管理;对污染物产生量、排放量和对环境的影响程度较小的排污单位,实行排污许可简化管理。

2. 污染物排放许可制度的实施程序

(1)申请。

排污单位应当向其生产经营场所所在地设区的市级以上地方人民政府生态环境主管部门(审批部门)申请取得排污许可证。排污单位有两个以上生产经营场所排放污染物的,应当按照生产经营场所分别申请取得排污许可证。申请取得排污许可证,可以通过全国排污许可证管理信息平台提交排污许可证申请表,也可以通过信函等方式提交。

(2)审批。

审批部门应当对排污单位提交的申请材料进行审查,并可以对排污单位的生产经营场所进行现场核查。审批部门应当在全国排污许可证管理信息平台上公开受理或者不予受理排污许可证申请的决定,同时向排污单位出具加盖本审批部门专用印章和注明日期的书面凭证。

(3)排污管理。

排污单位应当遵守排污许可证规定,按照生态环境管理要求运行和维护污染防治设施,建立环境管理制度,严格控制污染物排放。污染物排放口位置和数量、污染物排放方式和排放去向应当与排污许可证规定相符。排污单位应当按照排污许可证规定和有关标准规范,依法开展自行监测,并保存原始监测记录。原始监测记录保存期限不得少于5年。排污单位应当对自行监测数据的真实性、准确性负责,不得篡改、伪造。

(4)监督检查。

生态环境主管部门根据排污许可管理类别、排污单位信用记录和生态环境管理需要等因素,合理确定检查频次和检查方式。生态环境主管部门可以通过全国排污许可证管理信息平台监控排污单位的污染物排放情况,发现排污单位的污染物排放浓度超过许可排放浓度的,应当要求排污单位提供排污许可证、环境管理台账记录、排污许可证执行报告、自行监测数据等相关材料进行核查,必要时可以组织开展现场监测。排污单位应当配合生态环境主管部门监督检查,如实反映情况,并按照要求提供排污许可证、环境管理台账记录、排污许可证执行报告、自行监测数据等相关材料。禁止伪造、变造、转让排污许可证。

3. 违反污染物排放许可制度的法律责任

(1)生态环境主管部门的法律责任。

生态环境主管部门在排污许可证审批或者监督管理中有下列行为之一的,由上级机关责令改正;对直接负责的主管人员和其他直接责任人员依法给予处分:①对符合法定条件的排污许可证申请不予受理或者不在法定期限内审批;②向不符合法定条件的排污单位颁发排污许可证;③违反审批权限审批排污许可证;④发现违法行为不予查处;⑤不依法履行监督管理职责的其他行为。

(2)排污单位的法律责任。

排污单位没有合法有效的排污许可证排放污染物或者超过许可排放浓度、许可排放量排放污染物的,生态环境主管部门责令改正或者限制生产、停产整治,处20万元以上100万元以下的罚款;情节严重的,报经有批准权的人民政府批准,责令停业、关闭。排污单位以欺骗、贿赂等不正当手段申请取得排污许可证的,由审批部门依法撤销其排污许可证,处20万元以上50万元以下的罚款,3年内不得再次申请排污许可证。此外,违反排污许可证制度,构成违反治安管理行为的,依法给予治安管理处罚;构成犯罪的,依法追究刑事责任。

七、污染物排放总量控制制度

(一)污染物排放总量控制制度的概念

污染物排放总量控制制度简称为总量控制制度,属于污染防治法律制度的重要组成部分。污染物排放总量控制制度是指国家生态环境主管部门根据环境管理目标的要求,确定一定时期一定区域内的污染物排放总量控制指标，并逐级分解、落实到排污单位，有计划地控制及削减污染物排放量的法律制度。《环境保护法》(2014 年修订)第 44 条第 1 款中规定，国家实行重点污染物排放总量控制制度。

污染物排放总量控制制度具有以下特点：(1)制度内容的科技性。从制度实施的角度而言，污染物排放总量控制制度内容具有高度的科技性，具体体现为污染物排放总量控制制度的规范制定和实施都是以环境科学为发展和成熟的前提，污染物排放总量控制制度的内容中包含了众多的技术性专业术语和专有名词，污染物排放总量控制制度的实施需要科学技术的保证。(2)制度效能的高效性。从制度实施效能的角度而言，污染物排放总量控制制度高效遏制了环境污染的持续恶化。污染物排放总量控制制度是一项事前预防性制度，是一种基于过程的控制，强调全过程地控制污染物的排放情况，能够更好地反映污染物进入环境的客观情况，有利于污染物排放的减少，从根本上能够杜绝污染物排放者稀释污染物实现达标减排的效果。(3)制度实施的区域性。污染物排放总量控制制度是以一定的区域及特定的污染物为控制对象的。环境状况的差异性、地区发展的不平衡性以及不同功能区环境保护的特殊性决定了污染物排放总量控制制度的区域性。并且，随着我国产业结构的调整，各个地区产业政策的结构化差异也造成了污染物排放的区域性。[1]

(二)污染物排放总量控制制度的内容

1. 适用范围

根据《环境保护法》(2014 年修订)第 44 条的规定，企业事业单位在执行国家和地方污染物排放标准的同时，应当遵守分解落实到本单位的重点污染物排放总量控制指标。根据《水污染防治法》(2017 年修正)第 10 条的规定，排放水污染物，不得超过国家或者地方规定的水污染物排放标准和重点水污染物排放总量控制指标。根据《大气污染防治法》(2018 年修正)第 18 条的规定，企业事业单位和其他生产经营者建设对大气环境有影响的项目，应当依法进行环境影响评价、公开环境影响评价文件；向大气排放污染物的，应当符合大气污染物排放标准，遵守重点大气污染物排放总量控制要求。

2. 实施程序[2]

(1)污染源调查和环境质量监测。实行污染物排放总量控制，要做的第一项基础工作就是了解本辖区内污染源的情况和环境质量状况，这就要求生态环境主管部门组织好本地的监测网络，做好调查和监测。一方面，调查辖区内污染源的数量，每个污染源排放污染物的种类、排放浓度、排放量、排放规律和排放方式；另一方面，做好环境质量监测，详细记录辖区内环境污染程度和主要污染物。用科学全面的调查研究和大量监测数据，为环境管理部门制定总量控制规划方案提供决策依据。

---

〔1〕 参见张璐：《环境与资源保护法学》，北京大学出版社 2023 年版，第 228 – 229 页。
〔2〕 参见王文革：《环境资源法》，中国政法大学出版社 2020 年版，第 186 页。

（2）确立环境保护总量控制目标。确定总量控制的目标值，主要通过以下六种方式：①以维持某一时期污染物排放水平为基本目标，或以某一时期污染物排放水平为基数，确定削减污染物的比率；②以维持某一时期或某一标准的水体、水质为控制目标确定的目标总量；③受经济投资约束的目标总量，如投资多少所能削减的最大污染物量，以控制污染源排放总量作为目标；④经济发展，维持污染物排放总量不增加的目标总量；⑤将配合政府领导环境目标责任制的管理目标作为总量目标；⑥按工业行业确定总量目标。

确定总量控制目标的范围。从污染源的可控制性出发，依照削减污染物目标的技术路线，结合技术、经济特点，优化分配排污负荷，对环境的改善情况进行预测，确定重点控制对象。通常为了环境管理方便，环境管理部门可根据当地污染现状和管理实力，如管理力量、技术水平和财政支持能力，先对污染大户工厂和行业实行总量控制。

确定总量控制目标的污染物项目。总量控制在污染物项目的选择上，往往选择那些与目标直接相关的，当前迫切需要解决，经济上、技术上可实现的污染项目。总量控制目标在污染物项目的选择上应当针对性强、灵活性大，环境管理部门根据当地实际管理和监测力量确定项目，也可分期分批控制各种污染物，同时要考虑污染源可能削减能力和水平，既要抓住主要污染物，又要考虑控制代价。

（3）明确区域功能，结合环境保护目标，制订总量控制规划方案。作为政府的生态环境主管部门，要根据所辖区域的功能和实际情况，按照功能区域的划分原则进行科学划分，如居民区、工业区、商业区、自然保护区等，对环境技术、经济效益系统进行分析，制订出可供实施的规划方案，调整和控制排污，使之满足环境保护目标的要求。只要区域的功能区划分已定，就要根据功能区的划分制订环境保护规划方案。要严格依照区域当前环境质量、排污状况，制定辖区环境保护目标要求，根据目标要求对排污企业提出治理、整改措施的总体方案，保证目标的全面落实。

（4）坚持排污许可证制度。许可证制度是一项排污控制的综合性管理措施，包括法律、行政、技术、经济、环境等多方面。在总量控制的技术基础上，把要削减的污染物量进行优化分配，经生态环境主管部门协商与确认，提出总量排放规划方案，报经行政领导部门批准后，通过向排污单位发放排污许可证的形式使单位排污合法化。许可证要明确其应排放的污染物的种类、数量、浓度、排污去向和有效时间等。

3. 违反污染物排放总量控制制度的法律责任

根据《环境保护法》（2014 年修订）第 60 条的规定，企业事业单位和其他生产经营者超过污染物排放标准或者超过重点污染物排放总量控制指标排放污染物的，县级以上人民政府生态环境主管部门可以责令其采取限制生产、停产整治等措施；情节严重的，报经有批准权的人民政府批准，责令停业、关闭。《水污染防治法》（2017 年修正）第 83 条中规定，超过水污染物排放标准或者超过重点水污染物排放总量控制指标排放水污染物的，由县级以上人民政府生态环境主管部门责令改正或者责令限制生产、停产整治，并处 10 万元以上 100 万元以下的罚款；情节严重的，报经有批准权的人民政府批准，责令停业、关闭。《大气污染防治法》(2018 年修正)第 99 条中规定,超过大气污染物排放标准或者超过重点大气污染物排放总量控制指标排放大气污染物的,由县级以上人民政府生态环境主管部门责令改正或者限制生产、停产整治,并处 10 万元以上 100 万元以下的罚款;情节严重的,报经有批准权的人民政府批准,责令停业、关闭。《海洋环境保护法》(2023 年修订)第 93 条中规定,超过标准、总量控制指标排放污染物的,由依照本法规定行使海洋环境监督管理权的部门或者机构责令改正或者责令采取限制生产、停产整治等措施,并处以罚款;情节严重的,报经有批准权的人民政府批准,责令停业、关闭。有前述行为的,处 10 万元以上 100 万元以下的罚款。

八、环境污染监测制度

(一)环境污染监测制度的概念

环境污染监测是指行使环境监督管理权的机关及其工作人员,依法监测企事业单位和其他生产经营者的排污行为,并对造成或可能造成环境污染的行为进行现场监督、检查、处理以及执行其他公务的活动。该制度是环境污染防治事中监控的核心制度,是确保企事业单位和其他生产经营者履行污染防治义务的重要保障。

环境污染监测制度是有关环境污染监测的主体、范围、程序和法律责任的法律规范有机体系,是环境污染监测工作的法定化、制度化。《环境保护法》(2014 年修订)第 17 条、第 18 条对政府层面环境监测网络的建设提出了要求,第 42 条第 3 款对重点排污单位的污染物排放监测进行了原则性规定,第 24 条对现场检查的部门及职责进行了一般规定。《大气污染防治法》(2018 年修正)、《水污染防治法》(2017 年修正)、《噪声污染防治法》(2021 年公布)等单行法,都对环境污染监测进行了相关规定。《环境监测管理办法》(2007 年公布)、《环境监察办法》(2012 年公布)对环境污染监测的主体、职责、方法和程序等作出了详细的规定。

(二)环境污染监测制度的内容

1. 环境污染监测的主体

环境污染监测包括生态环境主管部门的监督性监测和实行排污许可管理单位的自行监测。环境污染监测是县级以上生态环境主管部门的法定职责,污染源监督性监测数据是生态环境主管部门进行排污许可和环境执法等环境管理工作的依据。实行排污许可管理的单位应当按照国家有关规定和监测规范,对排放的污染物自行监测,并保存原始监测记录。实行排污许可重点管理的排污单位还应当安装污染物排放自动监测设备,与生态环境主管部门的监控设备联网,并保证监测设备正常运行。

生态环境主管部门和其他负有环境监督管理职责的部门,是环境污染现场检查的主体,其有权对排放污染物的企业事业单位和其他生产经营者进行现场检查。被检查者应当如实反映情况,提供必要的资料。实施现场检查的部门、机构及其工作人员应当为被检查者保守商业秘密。

2. 环境污染监测制度的实施

实行排污许可管理的单位应当按照排污许可证规定和有关标准规范,依法开展自行监测,并保存原始监测记录。实行排污许可重点管理的排污单位,应当依法安装、使用、维护污染物排放自动监测设备,并与生态环境主管部门的监控设备联网。排污单位应当按照排污许可证规定的内容、频次和时间要求,向生态环境主管部门如实报告污染物排放行为、排放浓度、排放量等。排污单位发现污染物排放自动监测设备传输数据异常的,应当及时报告生态环境主管部门,并进行检查、修复。

生态环境主管部门和其他负有环境监督管理职责的部门发现排污单位的排污数据异常或者有其他违法行为线索,应当对排放污染物的企业事业单位和其他生产经营者进行现场检查。检查人员进行现场检查,不得少于两人,并应当主动出示执法证件,表明身份,说明执法事项。被检查者应当如实反映情况,提供必要的资料,不得拒绝或者阻挠。

3. 违反环境污染监测制度的法律责任

环境监管部门及其工作人员、环境监测机构及环境监测人员未按照国家环境监测技术规范从事环境污染监测活动,伪造、篡改环境污染监测数据,擅自对外公布环境污染监测信息的,由任免机关或者监察机关按照管理权限依法给予行政处分;涉嫌犯罪的,移送司法机关依法处理。

实行排污许可管理的单位未按照规定开展自行监测,未保存原始监测记录;实行排污许可重点管理的排污单位,未按照国家规定安装、使用、维护自动监测设备,或者未与生态环境主管部门的监控设备联网,由生态环境主管部门责令改正,处2万元以上20万元以下的罚款;拒不改正的,责令限制生产、停产整治。拒绝、阻挠监督检查,或者在接受监督检查时弄虚作假的,由生态环境主管部门或者其他负有环境监督管理职责的部门责令改正,处2万元以上20万元以下的罚款;构成违反治安管理行为的,由公安机关依法予以处罚;构成犯罪的,依法追究刑事责任。

九、环境信息公开制度

(一)环境信息公开制度的概念

环境信息公开制度,是指政府相关部门和企业将依法应当公开的环境信息向社会公开,为公民、法人和其他组织参与和监督环境保护提供便利的制度。环境信息公开制度是保障公民环境权益的基础性制度,也是最能体现和贯彻公众参与原则的制度。我国环境信息公开制度的建立与发展也经历了很长的时间。国家环境保护总局于2007年第一次局务会议通过了《环境信息公开办法(试行)》(已失效),并于2008年5月1日起施行,确立了环境信息公开制度并规定了具体内容。2013年12月18日,环境保护部、国家发改委、中国人民银行、中国银行业监督管理委员会印发的《企业环境信用评价办法(试行)》确立了企业环境信用评价制度,进一步补充和完善了环境信息公开制度。2014年环境保护部部务会议审议通过的《企业事业单位环境信息公开办法》(已失效)细化了环境信息公开制度对企事业单位提出的要求。《环境保护法》(2014 年修订)专门新增了“信息公开和公众参与”一章,从基本法的角度再次确立了环境信息公开制度并且明确了该制度作为环境保护基本法律制度的地位。2019 年 7 月 11 日,生态环境部部务会议审议通过《生态环境部关于废止、修改部分规章的决定》,决定废止《环境信息公开办法(试行)》,预示着环境信息公开制度将迎来新的发展。2021 年 12 月生态环境部正式发布《企业环境信息依法披露管理办法》和《企业环境信息依法披露格式准则》,为完善环境信息披露制度提供了重要依据。

(二)环境信息公开制度的内容

1. 环境信息公开的主体

根据《环境保护法》(2014 年修订)第 53 条第 2 款中的规定,“各级人民政府环境保护主管部门和其他负有环境保护监督管理职责的部门,应当依法公开环境信息”。

2021 年 12 月 11 日生态环境部公布并于 2022 年 2 月 8 日起实施的《企业环境信息依法披露管理办法》第 7 条规定,“下列企业应当按照本办法的规定披露环境信息:(一)重点排污单位;(二)实施强制性清洁生产审核的企业;(三)符合本办法第八条规定的上市公司及合并报表范围内的各级子公司(以下简称上市公司);(四)符合本办法第八条规定的发行企业债券、公司债券、非金融企业债务融资工具的企业(以下简称发债企业);(五)法律法规规定的其他应当披露环境信息的企业”。重点排污单位等五类环境信息披露主体强制披露,扩展了环境信息披露范围以及提升了环境信息披露质量与透明度。[1]

2. 环境信息公开的内容

政府主动公开的环境信息范围:国务院生态环境主管部门统一发布国家环境质量、重点污染源监测信息及其他重大环境信息。省级以上人民政府生态环境主管部门定期发布环境状况公报。县级以上人民政府生态环境主管部门和其他负有环境保护监督管理职责的部门,应当依法公开环境质量、环境监测、突发环境事件以及环境行政许可、行政处罚、排污费的征收和使用情况等信息。县级以上地方人民政府生态环境主管部门和其他负有环境保护监督管理职责的部门,应当将企业事业单位和其他生产经营者的环境违法信息记入社会诚信档案,及时向社会公布违法者名单。

《环境保护法》(2014 年修订)和《企业环境信息依法披露管理办法》(2021 年公布)规定了企业环境信息公开的内容。《环境保护法》(2014 年修订)第 55 条规定,重点排污单位应当如实向社会公开其主要污染物的名称、排放方式、排放浓度和总量、超标排放情况,以及防治污染设施的建设和运行情况,接受社会监督。《企业环境信息依法披露管理办法》(2021 年公布)第 11 条规定,企业应当按照《企业环境信息依法披露格式准则》(2021 年公

---

〔1〕 参见王文兵、钱宇航、王立彦:《企业环境信息披露:值得期待的变革——基于我国环境保护与信息披露制度的建设》,载《商业会计》2022 年第 10 期。

布)编制年度环境信息依法披露报告和临时环境信息依法披露报告。第 12 条规定:“企业年度环境信息依法披露报告应当包括以下内容:(一)企业基本信息,包括企业生产和生态环境保护等方面的基础信息;(二)企业环境管理信息,包括生态环境行政许可、环境保护税、环境污染责任保险、环保信用评价等方面的信息;(三)污染物产生、治理与排放信息,包括污染防治设施,污染物排放,有毒有害物质排放,工业固体废物和危险废物产生、贮存、流向、利用、处置,自行监测等方面的信息;(四)碳排放信息,包括排放量、排放设施等方面的信息;(五)生态环境应急信息,包括突发环境事件应急预案、重污染天气应急响应等方面的信息;(六)生态环境违法信息;(七)本年度临时环境信息依法披露情况;(八)法律法规规定的其他环境信息。”第 17 条规定:“……以临时环境信息依法披露报告的形式,披露以下环境信息:(一)生态环境行政许可准予、变更、延续、撤销等信息;(二)因生态环境违法行为受到行政处罚的信息;(三)因生态环境违法行为,其法定代表人、主要负责人、直接负责的主管人员和其他直接责任人员被依法处以行政拘留的信息;(四)因生态环境违法行为,企业或者其法定代表人、主要负责人、直接负责的主管人员和其他直接责任人员被追究刑事责任的信息;(五)生态环境损害赔偿及协议信息。企业发生突发环境事件的,应当依照有关法律法规规定披露相关信息。”

3. 违反环境信息公开制度的法律责任

《环境保护法》(2014 年修订)第 68 条中规定,地方各级人民政府、县级以上人民政府生态环境主管部门和其他负有环境保护监督管理职责的部门应当依法公开环境信息而未公开的,对直接负责的主管人员和其他直接责任人员给予记过、记大过或者降级处分;造成严重后果的,给予撤职或者开除处分,其主要负责人应当引咎辞职。设区的市级以上地方生态环境主管部门在企业环境信息依法披露监督管理中有玩忽职守、滥用职权、徇私舞弊行为的,依法依纪对直接负责的主管人员或者其他直接责任人员给予处分。

重点排污单位不公开或者不如实公开环境信息的,由县级以上地方人民政府生态环境主管部门责令公开,处以罚款,并予以公告。《企业环境信息依法披露管理办法》(2021 年公布)第 28 条规定,“企业违反本办法规定,不披露环境信息,或者披露的环境信息不真实、不准确的,由设区的市级以上生态环境主管部门责令改正,通报批评,并可以处一万元以上十万元以下的罚款”。第 29 条规定,“企业违反本办法规定,有下列行为之一的,由设区的市级以上生态环境主管部门责令改正,通报批评,并可以处五万元以下的罚款:(一)披露环境信息不符合准则要求的;(二)披露环境信息超过规定时限的;(三)未将环境信息上传至企业环境信息依法披露系统的”。

十、环境保护税制度

环境保护税是将环境污染负外部性内部化的重要手段,是通过经济激励促使排污者减少污染排放、保护环境的重要方式。

(一)环境保护税制度概述

环境保护税,有的国家最初称为环境污染税,最早起源于英国,“福利经济学之父”庇古于1920年在《福利经济学》一书中系统地研究了环境与税收的理论问题,他主张“政府利用宏观税收调节环境污染行为”。庇古提出,应当通过征税使破坏环境的厂商承担给环境造成的损害成本,而此税收的额度必须等同于给环境造成的损害,使外部经济效果内部化。环境保护税是国家为减少污染物排放、保护和改善环境,而对向环境排放应税污染物的企业事业单位和其他生产经营者征收的一种税。作为国家进行环境管理的重要经济手段,环境保护税试图通过对排污者征税将环境污染的社会成本内部化,与此同时促使企业提升环保意识、革新技术,提高资源使用效率、减少污染排放,最终实现经济社会的可持续发展。环境保护税制度是有关环境保护税征税对象、范围、计算方法、税收减免和征收管理等事项的法律规范有机体系。

与西方发达国家不同,我国长期以来并不存在真正意义上的环境保护税制度,而是以排污费制度来替代环境保护税制度。[1] 我国在1978年12月首次提出实行征收排污费制度,1979年《环境保护法(试行)》(已失效)确立了排污收费制度。此后,通过出台一系列的法规规章和规范性文件,我国建立起排污收费制度。1982年2月国务院制定的《征收排污费暂行办法》(已失效)对征收排污费的目的、范围、标准、加收和减收的条件,费用管理和使用办法等都作了规定,奠定了征收排污费制度的基本框架。2003年国务院发布了《排污费征收使用管理条例》(已失效),以行政法规的形式确立了市场经济条件下的排污收费制度,在《排污费征收管理办法》(已失效)及相关法规的基础上对排污费的征收、使用、管理进行了完善。

然而,为了实现费改税的目的,《环境保护法》(2014年修订)第43条第2款规定,依照法律规定征收环境保护税的,不再征收排污费。2016年12月25日,《环境保护税法》立法通过,并于2018年1月1日起正式施行,《环境保护税法》施行之日起,《排污费征收使用管理条例》(2003年公布)废止,这标志着排污费制度从此退出了历史舞台,环境保护税制度自此登上了历史舞台。[2] 《排污费征收工作稽查办法》(国家环境保护总局令第42号,2007年公布),以及《关于统一排污费征收稽查常用法律文书格式的通知》(环办〔2008〕19号)等27件规范性文件也已废止。至此,施行近40年的排污收费制度被征收环境保护税取代,征收部门由生态环境主管部门改为税务机关,生态环境主管部门配合,确定了“企业申报、税务征收、环保监测、信息共享”的税收征管模式。这是适应生态文明建设的现实需

---

〔1〕 参见于连超、张卫国、毕茜:《环境保护费改税促进了重污染企业绿色转型吗?——来自〈环境保护税法〉实施的准自然实验证据》,载《中国人口·资源与环境》2021年第5期。

〔2〕 参见于连超、张卫国、毕茜:《环境保护费改税促进了重污染企业绿色转型吗?——来自〈环境保护税法〉实施的准自然实验证据》,载《中国人口·资源与环境》2021年第5期。

要,也对推动法治政府建设具有积极作用。[1] 从法律的内容上看,环境保护税实际上是对排放污染行为征税。

(二)环境保护税制度的内容

由于排污单位的多元性和排放污染物的多样性,环境保护税的征收相对复杂,涉及征税对象和范围、计算方法、税收减免和税收征管等事项。

1. 征税对象和范围

环境保护税的纳税人是在中华人民共和国领域和中华人民共和国管辖的其他海域,直接向环境排放应税污染物的企业事业单位和其他生产经营者。排放生活污水和垃圾的居民个人不需要缴纳环境保护税,因为我国大部分市县的生活污水和垃圾已集中处理,不直接向环境排放。但是,依法设立的城乡污水集中处理、生活垃圾集中处理场所超过国家和地方规定的排放标准向环境排放应税污染物的,应当缴纳环境保护税。应税污染物,是指《环境保护税法》(2018 年修正)所附《环境保护税税目税额表》《应税污染物和当量值表》规定的大气污染物、水污染物、固体废物和噪声。

2. 计算方法

污染物排放量、污染当量值、污染当量数和税额标准四项指标,是计算环境保护税的关键。污染物排放量,是指排污单位排放的各类污染物的数量。比如,A 企业排放二氧化硫 95 吨,化学需氧量 30 吨。污染当量值是相当于 1 个污染当量的污染物排放数量,用于衡量大气污染物和水污染物对环境造成的危害和处理费用。以水污染物为例,将排放 1 千克的化学需氧量所造成的环境危害作为基准,设定为 1 个污染当量,将排放其他水污染物造成的环境危害与其进行比较,设定相当的量值。比如,氨氮的污染当量值为 0.8 千克,表示排放 0.8 千克的氨氮与排放 1 千克的化学需氧量的环境危害基本相等。应税大气污染物和水污染物的污染当量数,是以该污染物的排放量除以该污染物的污染当量值计算的。例如,A 企业排放二氧化硫 9.5 吨,二氧化硫的污染当量值是 0.95 每千克,A 企业排放的二氧化硫污染当量数就是 10000。税额标准是指每一污染当量数需缴纳的税额数量,大气污染物的税额幅度为 1.2—12 元,水污染物的税额幅度为 1.4—14 元。应税大气污染物和水污染物的具体适用税额,由各省、自治区、直辖市人民政府在税额幅度内确定。假设 A 企业所在地的大气污染物的税额为 3 元,A 企业为其所排放的 9.5 吨二氧化硫需缴纳 30000 元的污染税。固体废物和噪声实行固定税额。固体废物按不同种类,税额标准分别为每吨 5—1000 元不等;噪声按超标分贝数实行分档税额,税额标准为每月 350—11200 元不等。[2]

---

[1] 参见谭柏平:《生态环境与资源法学》,法律出版社 2022 年版,第 82 - 83 页。

[2] 污染当量值和税额标准,依照《环境保护税法》(2018 年修正)所附的《应税污染物和当量值表》和《环境保护税税目税额表》。此外,排污单位的同一排污口可能排放几种不同的污染物,此种情况下具体如何计算应纳税数额,请参见《环境保护税法》(2018 年修正)第 9 条。

3. 税收减免

根据《环境保护税法》(2018 年修正)第 12 条、第 13 条的规定,目前环境保护税减免规定主要集中在以下三个方面:一是鼓励集中处理。对依法设立的城乡污水集中处理、生活垃圾集中处理场所排放相应应税污染物,不超过国家和地方规定的排放标准的,免征环境保护税。二是鼓励资源利用。纳税人综合利用的固体废物,符合国家和地方环境保护标准的,免征环境保护税。三是鼓励清洁生产。对于应税大气污染物和水污染物,纳税人排放的污染物浓度值低于国家和地方规定的排放标准 30% 的,减按 75% 征税;纳税人排放的污染物浓度值低于国家和地方规定的排放标准 50% 的,减按 50% 征税。

此外,规模化养殖以外的农业生产排放应税污染物的,机动车、铁路机车、非道路移动机械、船舶和航空器等流动污染源排放应税污染物的,均免征环境保护税。

4. 税收征管

生态环境主管部门依法监测污染物的排放。生态环境主管部门和税务机关应当建立涉税信息共享平台和工作配合机制。生态环境主管部门应当将排污单位的排污许可、污染物排放数据、环境违法和受行政处罚情况等环境保护相关信息,定期交送税务机关。税务机关应当将纳税人的纳税申报、税款入库、减免税额、欠缴税款以及风险疑点等环境保护税涉税信息,定期交送生态环境主管部门。

十一、突发污染事件应急管理制度

即使严格实施事前预防和事中监控法律制度,自然灾害或者安全生产事故等意外仍然可能会引发突发污染事件。因此,突发污染事件应急管理制度成为环境污染防治基本法律制度体系不可或缺的组成部分。

(一)突发污染事件应急管理制度的概念

突发污染事件是指由于污染物排放或自然灾害、生产安全事故等因素,污染物或放射性物质等有毒有害物质进入大气、水体、土壤等环境介质,突然造成或可能造成环境质量下降,危及公众身体健康和财产安全,或造成生态环境破坏,或造成重大社会影响,需要采取紧急措施予以应对的事件,主要包括大气污染、水体污染、土壤污染等突发性环境污染事件和辐射污染事件。

突发污染事件应急管理制度,是有关突发污染事件风险控制、应急准备、应急处置和事后恢复等事项的法律规范有机体系。2006 年 1 月,国务院和国务院办公厅先后发布《国家突发公共事件总体应急预案》和《国家突发环境事件应急预案》(已失效),初步建立起突发污染事件应急管理制度。目前,突发污染事件应急管理制度主要包括《突发事件应对法》(2024 年修订)、《环境保护法》(2014 年修订)和环境污染防治单行法中的相关规定,以及《国家突发环境事件应急预案》(2014 年修订)、《突发环境事件信息报告办法》(2011 年公布)、《突发环境事件调查处理办法》(2014 年公布)、《突发环境事件应急管理办法》(2015

年公布)等。

(二)突发污染事件应急管理制度的内容

突发污染事件的发展、发生和处置、恢复具有过程性,突发污染事件应急管理主要包括突发污染事件的风险控制、应急准备、应急处置和事后恢复等四大部分。

1. 风险控制

企业事业单位,应当按照有关规定开展突发环境事件风险评估,确定环境风险防范和环境安全隐患排查治理措施;完善突发环境事件风险防控措施,包括有效防止泄漏物质、消防水、污染雨水等扩散至外环境的收集、导流、拦截、降污等措施;建立隐患排查治理档案,及时发现并消除环境安全隐患。

县级以上地方生态环境主管部门,应当开展本行政区域突发环境事件风险评估工作,分析可能发生的突发环境事件,提高区域环境风险防范能力;对企业事业单位环境风险防范和环境安全隐患排查治理工作进行抽查或者突击检查,将存在重大环境安全隐患且整治不力的企业信息纳入社会诚信档案,并可以通报行业主管部门、投资主管部门、证券监督管理机构以及有关金融机构。

2. 应急准备

企业事业单位,应当按规定制订突发环境事件应急预案,并按照分类分级管理的原则,报县级以上生态环境主管部门备案;将突发环境事件应急培训纳入单位工作计划,对从业人员定期进行突发环境事件应急知识和技能培训,并建立培训档案,如实记录培训的时间、内容、参加人员等信息;储备必要的环境应急装备和物资,并建立完善相关管理制度。

县级以上地方生态环境主管部门,应当制定突发污染事件应急预案,报本级人民政府和上级生态环境主管部门备案;建立健全环境应急值守制度,确定应急值守负责人和应急联络员并报上级生态环境主管部门;定期对从事突发污染事件应急管理工作的人员进行培训,加强环境应急能力标准化建设,提高环境应急处置救援能力;当环境污染可能影响公众健康和环境安全时,建议本级人民政府依法及时公布环境污染公共监测预警信息,启动应急措施。此外,突发污染事件应急预案制定单位应当定期开展应急演练,撰写演练评估报告,分析存在问题,并根据演练情况及时修改完善应急预案。

3. 应急处置

企业事业单位造成或者可能造成突发环境事件时,应当立即启动突发环境事件应急预案,采取切断或者控制污染源以及其他防止危害扩大的必要措施,及时通报可能受到危害的单位和居民,并向事发地县级以上生态环境主管部门报告,接受调查处理。

获知突发环境事件信息后,事件发生地县级以上地方生态环境主管部门应当按照规定的时限、程序和要求,向同级人民政府和上级生态环境主管部门报告;立即组织排查污染源,初步查明事件发生的时间、地点、原因、污染物质及数量、周边环境敏感区等情况;开展应急监测,及时向本级人民政府和上级生态环境主管部门报告监测结果。

应急处置期间,事发地县级以上地方生态环境主管部门应当组织开展事件信息的分析、评估,提出应急处置方案和建议报本级人民政府。突发污染事件的威胁和危害得到控制或者消除后,事发地县级以上地方生态环境主管部门应当根据本级人民政府的统一部署,停止应急处置措施。

4. 事后恢复

应急处置工作结束后,县级以上地方生态环境主管部门应当及时总结、评估应急处置工作情况,提出改进措施,并向上级生态环境主管部门报告;在本级人民政府的统一部署下,组织开展突发环境事件环境影响和损失等评估工作,并依法向有关人民政府报告;按照有关规定开展事件调查,查清突发环境事件原因,确认事件性质,认定事件责任,提出整改措施和处理意见;在本级人民政府的统一领导下,参与制定环境恢复工作方案,推动环境恢复工作。

第三节　环境污染防治主要立法

一、大气污染防治法

(一)大气与大气污染

大气是指覆盖地球表面的,由多种气体成分组成的自然混合体,其主要成分包括氮、氧、惰性气体、二氧化碳、水蒸气和其他杂质。大气与人们的日常生产生活密切相关,空气质量的好坏直接决定特定区域环境质量,直接影响人民群众的身体健康和社会经济生活。

大气污染物是指人们在生产生活中,向大气排入有毒有害物质和能量,使其物理、化学、生物或者放射性等特性发生改变,导致大气环境质量下降,进而危害人体健康、生命安全或者产生财产损害的现象。当大气中污染物质的浓度达到有害程度,以致破坏生态系统和人类正常生存和发展的条件,对人或物造成危害的现象叫作大气污染。大气污染能对环境和人类造成各种危害,如导致植物枯萎死亡、影响局部天气、腐蚀建筑物和室外金属器件和导致呼吸系统疾病等。大气污染物主要来源于工农业生产、交通运输、建筑扬尘和生活污染,这些污染物的来源领域是大气污染防治法重点管控的对象。

(二)我国大气污染防治立法沿革

20 世纪 80 年代,我国的空气污染问题逐渐凸显。1982 年 4 月,国务院原环境保护领导小组批准发布我国首个空气质量标准《大气环境质量标准》(GB 3095 - 82),为大气环境质量分级及分类管理提供了基准。为了加强大气环境管理、防治大气污染,全国人大常委会于 1987 年 9 月 5 日通过了《大气污染防治法》,自 1988 年 6 月 1 日起施行,并与 1991 年 5 月发布的《大气污染防治法实施细则》(已失效)一起构筑起我国最初的大气污染防治法律体系。1995 年和 2000 年全国人大常委会对《大气污染防治法》进行两次修改，强调经济与社会可持续发展，修改了落后工艺和设备、煤炭洗选、立法目的、防治主体、法律责任等问题和条目，法律条文数目显著增加，惩罚力度大幅提高。2013 年年初，我国整个东部地区出现了长时间、大面积的灰霾污染过程，其影响波及我国东北、华北、华中和四川盆地的大部分地区，引起了社会和政府的高度重视。2013 年 9 月，我国迅速出台了史上最为严格的《大气污染防治行动计划》，进一步加快产业结构调整、能源清洁利用和机动车污染防治。[1] 为落实《大气污染防治行动计划》(2013 年公布)，衔接好修订后的《环境保护法》(2014 年修订)，2015 年 8 月全国人大常委会对《大气污染防治法》进行了修订，修订内容包括强化政府大气污染防治责任、严格大气污染排放许可和总量控制、提高重点领域和重点区域大气污染防治要求、完善重污染天气的预警和应对，以及优化执法措施和手段。2018 年 10 月，全国人大常委会对《大气污染防治法》进行了修正，对负有生态环境监督管理职责的部门名称作出了修改，与改革后的国家机构名称相一致。

(三)我国大气污染防治法的主要内容

1. 重点领域大气污染防治

《大气污染防治法》(2018 年修正)对燃煤和其他能源利用、工业生产、机动车船、防治扬尘及农业和生活等重点领域的大气污染防治规定了一系列的对策和措施。

能源利用领域的大气污染防治措施，主要包括：调整能源结构、优化煤炭使用方式；推行煤炭洗选加工，降低煤炭的硫分和灰分；鼓励和支持洁净煤技术的开发和推广；禁止进口、销售和燃用不达标的煤炭；加强民用散煤的管理，推广节能环保型炉灶；生产达标燃油及禁止进口、销售和燃用不达标石油焦；划定并公布高污染燃料禁燃区，禁止销售、燃用高污染燃料；推进热电联产和集中供热；燃煤电厂和其他燃煤单位应当采用清洁生产工艺，控制大气污染物排放；优先安排清洁能源发电上网。

工业生产领域的大气污染防治措施，主要包括：采用清洁生产工艺或者采取技术改造等控制大气污染物排放；挥发性有机物的原材料和产品达标管理；生产和服务活动减少含挥发性有机物废气排放；生产和使用有机溶剂、油气的企业，减少物料泄漏和安装油气回收装置；加强精细化管理，严格控制粉尘和气态污染物的排放；加强可燃性气体的回收利用。

机动车船领域的大气污染防治措施，主要包括：大力发展城市公共交通，提高公共交通出行比例；推广应用节能环保型和新能源机动车船；禁止生产、进口或者销售大气污染物排放超过标准的机动车船、非道路移动机械；定期对机动车进行排放检验，检验合格方可上道路行驶；对船舶发动机及有关设备进行排放检验，经检验符合国家排放标准的，船舶方可运营；禁止生产、进口、销售不符合标准的机动车船、非道路移动机械用燃料。

防治扬尘污染的对策措施，主要包括：地方各级人民政府加强对建设施工和运输的管

---

[1] 参见王文兴等：《新中国成立 70 年来我国大气污染防治历程、成就与经验》，载《环境科学研究》2019 年第 10 期。

理，保持道路清洁，控制料堆和渣土堆放，扩大绿地、水面、湿地和地面铺装面积，防治扬尘污染；施工单位在施工工地设置硬质围挡，并采取覆盖、分段作业、择时施工、洒水抑尘、冲洗地面和车辆等有效防尘降尘措施；运输煤炭、垃圾、渣土、砂石、土方、灰浆等散装、流体物料的车辆应当采取密闭或者其他措施防止物料遗撒造成扬尘污染，并按照规定路线行驶。

农业和生活领域的大气污染防治措施，主要包括：科学合理施用化肥并按照国家有关规定使用农药，减少氨、挥发性有机物等大气污染物的排放；畜禽养殖场、养殖小区应当及时对污水、畜禽粪便和尸体等进行收集、贮存、清运和无害化处理，防止排放恶臭气体；划定区域，禁止露天焚烧秸秆、落叶等产生烟尘污染的物质；禁止在居民住宅楼、未配套设立专用烟道的商住综合楼以及商住综合楼内与居住层相邻的商业楼层内新建、改建、扩建产生油烟、异味、废气的餐饮服务项目；任何单位和个人不得在城市人民政府禁止的时段和区域内燃放烟花爆竹。

2. 重点区域大气污染防治

国务院生态环境主管部门根据主体功能区划、区域大气环境质量状况和大气污染传输扩散规律，划定国家大气污染防治重点区域，报国务院批准。省、自治区、直辖市划定本行政区域的大气污染防治重点区域。国家建立重点区域大气污染联防联控机制，统筹协调重点区域内大气污染防治工作。

重点区域内有关省、自治区、直辖市人民政府应当确定牵头的地方人民政府，定期召开联席会议，按照统一规划、统一标准、统一监测、统一的防治措施的要求，开展大气污染联合防治，落实大气污染防治目标责任。国务院生态环境主管部门应当加强指导、督促。

国务院生态环境主管部门会同国务院有关部门、国家大气污染防治重点区域内有关省、自治区、直辖市人民政府，根据重点区域经济社会发展和大气环境承载力，制定重点区域大气污染联合防治行动计划，明确控制目标，优化区域经济布局，统筹交通管理，发展清洁能源，提出重点防治任务和措施，促进重点区域大气环境质量改善。

国家大气污染防治重点区域内新建、改建、扩建用煤项目的，应当实行煤炭的等量或者减量替代。国务院生态环境主管部门和国家大气污染防治重点区域内有关省、自治区、直辖市人民政府可以组织有关部门开展联合执法、跨区域执法、交叉执法。

3. 重污染天气的预警与应对

大气污染排放、气象条件和区域传输三方面不利因素的叠加，局部区域可能出现重污染天气。[1]《大气污染防治法》(2018 年修正)以专章的形式规定了重污染天气的应对，应对重污染天气的对策措施主要包括：建立重点区域重污染天气监测预警机制，统一预警分级标准；县级以上地方人民政府将重污染天气应对纳入突发事件应急管理体系；县级以上地方人民政府依据重污染天气的预警等级，及时启动应急预案，根据应急需要可以采取责

[1] 重污染天气是指根据《环境空气质量指数(AQI)技术规定(试行)》(HJ 633—2012)，AQI 日均值大于 200，或细颗粒物(PM2.5)日浓度大于 115 微克/立方米，或臭氧日最大 8 小时(O_3 - 8h)浓度大于 215 微克/立方米的大气污染天气。

令有关企业停产或者限产、限制部分机动车行驶、禁止燃放烟花爆竹、停止工地土石方作业和建筑物拆除施工、停止露天烧烤、停止幼儿园和学校组织的户外活动、组织开展人工影响天气作业等应急措施;应急响应结束后,人民政府应当及时开展应急预案实施情况的评估,适时修改完善应急预案。

二、水污染防治法

(一)水环境与水污染

水环境,是指围绕人群空间及可直接或间接影响人类生活和发展的水体。水体是被水覆盖地段的自然综合体,它不仅包括水,还包括水中溶解物质、悬浮物、底泥和水生生物等。水环境主要由地表水环境和地下水环境两部分组成。地表水环境包括河流、湖泊、水库、海洋、池塘、沼泽和冰川等,地下水环境包括泉水、浅层地下水和深层地下水等。水是生命之源。我国人均水资源占有量低且分配不均,防治水污染、保护水生态、保障饮用水安全,事关人民群众根本利益、事关经济社会可持续发展。水环境是构成环境的基本要素之一,是人类社会赖以生存和发展的重要场所,也是受人类干扰和破坏最严重的领域。

水污染,是指水体因某种物质的介入,而导致其化学、物理、生物或者放射性等方面特性的改变,从而影响水的有效利用,危害人体健康或者破坏生态环境,造成水质恶化的现象。污水中的酸、碱、氧化剂,以及铜、镉、汞、砷等化合物,苯、二氯乙烷、乙二醇等有机毒物,会毒死水生生物,影响饮用水源、风景区景观。污水中的有机物被微生物分解时消耗水中的氧,影响水生生物的生命,水中溶解氧耗尽后,有机物进行厌氧分解,产生硫化氢、硫醇等难闻气体,使水质进一步恶化。水污染分为自然污染和人为污染两大类型:自然污染指自然界本身的地球化学异常释放有害物质而对水体造成的污染;人为污染源指由于人类活动产生的污染物对水体造成的污染,包括工业水污染、城镇生活水污染、农业和农村水污染以及船舶水污染。

(二)我国水污染防治立法沿革

回顾我国水污染防治发展历程,可以分为以下三个阶段:

第一阶段是1995年以前以点源为主的水污染防治阶段。[1] 我国水污染防治立法始于20世纪50年代中期,但最初的规定集中在饮用水卫生方面。1955年国家组织有关部门研究生活饮用水水质卫生标准并制定印发《自来水水质暂行标准》;1956年国务院颁布《工厂安全卫生规程》(已失效)专门对饮用水水源的保护、废水的处理等作了规定;1957年国务院有关部门颁布了《关于注意处理工矿企业排出有毒废水、废气问题的通知》,首次对水污染防治提出了具体的要求。随着我国经济的发展,工业"三废"的排放也日益增多,国务院有关部门制定了一系列防治水污染的规范性文件和标准。这个时期的标准、规程和通知

---

[1] 参见徐敏等:《中国水污染防治40年回顾与展望》,载《中国环境管理》2019年第3期。

实际上“扮演”了法的角色,发挥法的作用。[1] 改革开放初期是我国构建水环境管理体系的重要时期,涉水的环境保护法律法规、标准和政策制度等管理性文件在 20 世纪八九十年代相继出台。1979 年 9 月颁布的《环境保护法(试行)》首次以法律的形式对水污染防治作了原则性的规定。为了贯彻实施上述规定,国家制定颁布了一系列水环境标准。1984 年 5 月,全国人大常委会通过《水污染防治法》,对防治陆地水污染作了系统的规定。1989 年 7 月,国务院批准实施《水污染防治法实施细则》(已失效)。此外,1988 年 1 月颁布的《水法》也对合理开发水资源和防治水污染作了规定。在水环境标准方面,我国还分别对地面水环境质量、生活饮用水质、农田灌溉水质、渔业水质以及污水排放等制定了大量标准,形成了以《地表水环境质量标准》(GB 3838 - 2002)为中心的水环境标准体系。

第二阶段是 1995 年至 2015 年大规模治水阶段。20 世纪 90 年代,我国水污染总体上继续呈恶化趋势,流域污染、城市生活污水污染和非点源污染的问题越来越严重。为此,1996 年全国人大常委会对《水污染防治法》进行了修改。此次修改,突出了“全过程控制”管控理念,提出了流域管理的理念并对此作出详细规定,加强对城市污水的集中治理,强化对饮用水源的保护,完善了水污染事故的应急处理制度。1996 年修正实施《水污染防治法》并未有效缓解我国水环境整体恶化的趋势,水污染物排放总量居高不下,严重水污染事件频发,城乡居民饮用水安全存在极大隐患。为此,2008 年全国人大常委会对《水污染防治法》进行了第二次修改。

第三阶段是 2015 年《水污染防治行动计划》实施后的系统治污阶段。[2] 2015 年,全国人大常委会对《水污染防治法》实施情况开展执法检查,认为水污染防治工作取得阶段性成果,水环境质量有所改善,同时指出当前我国水环境质量仍不容乐观,水污染形势依然严峻,水污染防治任务艰巨。2015 年 4 月,国务院印发《水污染防治行动计划》,对水污染防治工作作出全面部署,确立了一系列新制度新措施。《水污染防治行动计划》(2015 年公布)使水污染治理实现了历史性和转折性变化,其最大亮点是系统推进水污染防治、水生态保护和水资源管理,即“三水”统筹的水环境管理体系,对健全污染防治新机制进行了有亮点、有突破的探索。[3] 为此,2017 年全国人大常委会对《水污染防治法》进行了第三次修改。此次修改的主要内容包括:进一步强化地方政府责任,明确企业主体责任,完善总量控制与排污许可、饮用水安全保障、地下水污染防治、水生态保护、区域流域水污染联合防治等制度,加大处罚力度,将《水污染防治行动计划》确立的各项制度措施规范化、法制化。[4]

(三)我国水污染防治法的主要内容

虽然海水也属于地表水的范畴,但是 1984 年制定并于 2017 年修正的《水污染防治法》

---

〔1〕 参见黄锡生、陈有根:《我国水污染防治的立法研究》,载《国家行政学院学报》2006 年第 2 期。

〔2〕 参见徐敏等:《中国水污染防治 40 年回顾与展望》,载《中国环境管理》2019 年第 3 期。

〔3〕 参见徐敏等:《中国水污染防治 40 年回顾与展望》,载《中国环境管理》2019 年第 3 期。

〔4〕 参见陈吉宁:《关于〈中华人民共和国水污染防治法修正案(草案)〉的说明》,载中国人大网 2017 年 6 月 29 日,http://www.npc.gov.cn/npc/c1773/c1849/c6680/swrfzfzfjc/swrxgzl/201908/t20190814_300617.html。

只适用于中华人民共和国领域内的江河、湖泊、运河、渠道、水库等地表水体以及地下水体的污染防治。海洋污染防治适用1982年制定并于2023年修订的《海洋环境保护法》。

1. 流域水污染联合防治

水具有流动性,流域生态环境具有整体性,不受行政区划的约束。局部水域和整个流域的水体环境质量相互影响,水污染防治必须将区域管理与流域管理相结合。根据《水污染防治法》(2017年修正)第9条第1款和第3款的规定,"县级以上人民政府环境保护主管部门对水污染防治实施统一监督管理""县级以上人民政府水行政、国土资源、卫生、建设、农业、渔业等部门以及重要江河、湖泊的流域水资源保护机构,在各自的职责范围内,对有关水污染防治实施监督管理"。

国务院生态环境主管部门应当会同国务院水行政等部门和有关省、自治区、直辖市人民政府,建立重要江河、湖泊的流域水环境保护联合协调机制,实行统一规划、统一标准、统一监测、统一的防治措施。

2. 水污染防治一般规定

水污染防治一般规定,主要涉及有毒有害水污染名录和风险管理,以及有关禁止排放和限制排放的规定。

国务院生态环境主管部门应当会同国务院卫生主管部门,根据对公众健康和生态环境的危害和影响程度,公布有毒有害水污染物名录,实行风险管理。排放名录中所列有毒有害水污染物的企业事业单位和其他生产经营者,应当对排污口和周边环境进行监测,评估环境风险,排查环境安全隐患,并公开有毒有害水污染物信息,采取有效措施防范环境风险。

禁止向水体排放、倾倒放射性固体废物或者含有高放射性和中放射性物质的废水;禁止向水体排放、倾倒工业废渣、城镇垃圾和其他废弃物;禁止将含有汞、镉、砷、铬、铅、氰化物、黄磷等的可溶性剧毒废渣向水体排放、倾倒或者直接埋入地下;禁止利用无防渗漏措施的沟渠、坑塘等输送或者存贮含有毒污染物的废水、含病原体的污水和其他废弃物;等等。

可以向水体排放含低放射性物质的废水,但应当符合国家有关放射性污染防治的规定和标准;向水体排放含热废水,应当采取措施,保证水体的水温符合水环境质量标准;含病原体的污水应当经过消毒处理,符合国家有关标准后,方可排放;等等。

3. 重点领域水污染防治措施

在我国,工业水污染、城镇生活水污染、农业和农村水污染以及船舶水污染是水污染防治的重点领域。

工业水污染防治主要措施包括:合理规划工业布局,提高水的重复利用率,减少废水和污染物排放量;排放工业废水的企业应当采取有效措施,收集和处理产生的全部废水,含有毒有害水污染物的工业废水应当分类收集和处理,不得稀释排放;对严重污染水环境的落后工艺和设备实行淘汰制度;禁止新建不符合国家产业政策的小型造纸、制革、印染、染料等严重污染水环境的生产项目；采用原材料利用效率高、污染物排放量少的清洁工艺，并加强管理，减少水污染物的产生。

城镇生活水污染防治主要措施包括：城镇污水集中处理；向城镇污水集中处理设施排放水污染物，应当符合水污染物排放标准；城镇污水集中处理设施的运营单位或者污泥处理处置单位应当安全处理处置污泥，保证处理处置后的污泥符合国家标准，并对污泥的去向等进行记录。

农业和农村水污染防治主要措施包括：国家支持农村污水、垃圾处理设施的建设，推进农村污水、垃圾集中处理；加强化肥、农药的生产、使用管理，防止造成水污染；加强禽畜养殖管理，对禽畜粪便、污水进行综合利用或者无害化处理；从事水产养殖应当保护水域生态环境，科学确定养殖密度，合理投饵和使用药物，防止污染水环境；农田灌溉用水应当符合相应的水质标准，防止污染土壤、地下水和农产品。

船舶水污染防治主要措施包括：船舶排放含油污水、生活污水达标排放；船舶的残油、废油应当回收，禁止排入水体；禁止向水体倾倒船舶垃圾；船舶装载运输油类或者有毒货物，应当采取防止溢流和渗漏的措施，防止货物落水造成水污染；港口、码头、装卸站和船舶修造厂所在地市、县级人民政府应当统筹规划建设船舶污染物、废弃物的接收、转运及处理处置设施；船舶及有关作业单位从事有污染风险的作业活动，应当按照有关法律法规和标准，采取有效措施，防止造成水污染；禁止采取冲滩方式进行船舶拆解作业。

4. 饮用水水源和其他特殊水体保护

划定饮用水水源保护区，并对饮用水源保护区的不同区域进行分级管理：在饮用水水源保护区内，禁止设置排污口；禁止在饮用水水源一级保护区内新建、改建、扩建与供水设施和保护水源无关的建设项目，禁止从事网箱养殖、旅游、游泳、垂钓或者其他可能污染饮用水水体的活动；禁止在饮用水水源二级保护区内新建、改建、扩建排放污染物的建设项目，从事网箱养殖、旅游等活动的，应当按照规定采取措施，防止污染饮用水水体；禁止在饮用水水源准保护区内新建、扩建对水体污染严重的建设项目，改建建设项目，不得增加排污量。

县级以上人民政府可以对风景名胜区水体、重要渔业水体和其他具有特殊经济文化价值的水体划定保护区，保护区内不得新建排污口。在保护区附近新建排污口，应当保证保护区水体不受污染。

5. 水污染事故处置

各级人民政府及其有关部门，可能发生水污染事故的企业事业单位，应当依照《突发事件应对法》（2024 年修订）的规定，做好突发水污染事故的应急准备、应急处置和事后恢复等工作。可能发生水污染事故的企业事业单位，应当制订有关水污染事故的应急方案，做好应急准备，并定期进行演练。

企业事业单位发生事故或者其他突发性事件，造成或者可能造成水污染事故的，应当立即启动本单位的应急方案，采取隔离等应急措施，防止水污染物进入水体，并向事故发生地的县级以上地方人民政府或者生态环境主管部门报告。生态环境主管部门接到报告后，应当及时向本级人民政府报告，并抄送有关部门。

市、县级人民政府应当组织编制饮用水安全突发事件应急预案。饮用水供水单位应当根据所在地饮用水安全突发事件应急预案，制订相应的突发事件应急方案，报所在地市、县级人民政府备案，并定期进行演练。饮用水水源发生水污染事故，或者发生其他可能影响饮用水安全的突发性事件，饮用水供水单位应当采取应急处理措施，向所在地市、县级人民政府报告，并向社会公开。有关人民政府应当根据情况及时启动应急预案，采取有效措施，保障供水安全。

三、海洋污染防治法

（一）海洋与海洋污染

海洋是地球上最大的生态系统，也是地球上最重要的资源和食物来源之一。地球表面被各大陆地分隔为彼此相通的广大水域称为海洋，其总面积约为3.6亿平方公里，约占地球表面积的71%，海洋中含有13.5亿立方千米的水，约占地球上总水量的97%。海洋是生命的摇篮，为生命的诞生、进化与繁衍提供了条件；海洋是风雨的故乡，为调节全球气候作出重大贡献；海洋是资源的宝库，为人类提供丰富资源能源；海洋是交通的要道，为人类海上运输提供经济便捷的通道。因此，要尊重海洋、顺应海洋、敬畏海洋，增强海洋意识。

《联合国海洋法公约》把海洋污染定义为："人类直接或者间接把物质或能量引入海洋环境，其中包括河口湾，以致造成或可能造成损害生物资源和海洋生物、危害人类健康、妨碍包括捕鱼和海洋的其他正当用途在内的各种海洋活动、损坏海水使用质量和减损环境优美等有害影响。"海洋污染具有污染来源多、扩散面积广、停留时间长和治理难度大等特点，海洋污染物主要有陆地、海上和大气三种污染来源。

（二）我国海洋污染防治立法沿革

我国海洋污染防治立法源于20世纪70年代。针对入海河口、港湾、内海和沿岸海域的局部污染，1974年国务院批准制定了《防止沿海水域污染暂行规定》，在有关单位内部试行。1979年《环境保护法（试行）》对海洋污染防治和生态保护作出了原则性规定。1982年4月国家发布《海水水质标准》，以防止和控制海水水质污染。20世纪70年代后期，我国参加了《联合国海洋法公约》（1982年12月10日通过，1994年11月16日开始生效）的起草谈判工作，国家保护海洋环境和确立、防止、减少和控制海洋环境污染的法律措施是《联合国海洋法公约》生效后的重要内容，这些内容也是缔约国必须履行的国内法义务。

我国没有单行的"海洋污染防治法"，只有1982年制定的作为单行法的《海洋环境保护法》，该法是海洋环境保护领域的综合性法律，主要规定了各种来源的海洋污染防治。1999年对《海洋环境保护法》进行了第一次修订。修订后的法案从8章48条修订为10章98条，新增了"海洋环境监督管理"和"海洋生态保护"两个专章，将原"防止海洋石油勘探开发对海洋环境的污染损害”一章扩展为“防治海洋工程建设项目对海洋环境的污染损害”,并几乎对所有条款进行了修改。

2013 年、2016 年和 2017 年分别对《海洋环境保护法》进行了三次修正。其中,2017 年修正主要涉及入海排污口,从审批程序上将入海排污口设置的审批程序简化为备案程序,并相应修改后面的通报程序和处罚条款。[1] 2023 年全面修订后的《海洋环境保护法》坚持陆海统筹、区域联动,全面加强海洋环境污染防治,完善海洋生态保护,强化海洋环境监督管理,推进海洋环境保护法律域外适用,修订亮点纷呈,有许多制度创新和务实管用的举措。

(三)我国海洋污染防治法的主要内容

1. 海洋污染防治监督管理体制

我国管辖海域的广阔性、海洋功能的多样性和海洋污染来源的多元性,以及海洋环境的统一性,使海洋污染防治的监督管理涉及众多职能部门,各职能部门在充分发挥专业优势的同时,更需要齐抓共管、相互配合。

国务院生态环境主管部门对全国海洋环境保护工作实施指导、协调和监督,并负责全国防治陆源污染物和海岸工程污染。国家海洋行政主管部门负责海洋环境的监督管理,组织海洋环境的调查、监测、监视、评价和科学研究,负责全国防治海洋工程和海洋倾废污染。国务院交通运输主管部门负责所辖港区水域内非军事船舶和港区水域外非渔业、非军事船舶污染海洋环境的监督管理,并负责污染事故的调查处理;对在我国管辖海域航行、停泊和作业的外国籍船舶造成的污染事故登轮检查处理。国家渔业行政主管部门负责渔港水域内非军事船舶和渔港水域外渔业船舶污染海洋环境的监督管理,负责保护渔业水域生态环境工作,并调查处理前述规定的污染事故以外的渔业污染事故。军队生态环境主管部门负责军事船舶污染海洋环境的监督管理及污染事故的调查处理。

2. 主要海洋污染的防治措施

海洋环境的污染损害,主要源自陆源污染、海岸工程建设、海洋工程建设、海洋倾废、船舶及有关作业活动,海洋污染防治措施主要针对这些领域。

防治陆源污染的主要措施:向海域排放陆源污染物,必须达标排放;有条件的地区应当将排污口在深海设置,实行离岸排放;禁止向海域排放油类、酸液、碱液、剧毒废液和高、中水平放射性废水;禁止经中华人民共和国内水、领海转移危险废物;沿海城市人民政府应当加强城市污水的综合整治。

防治海岸工程建设污染的主要措施:新建、改建、扩建海岸工程建设项目,必须严格执行环境影响评价和“三同时”制度;禁止在沿海陆域内新建不具备有效治理措施的化学制

---

[1] 参见张海文:《〈中华人民共和国海洋环境保护法〉发展历程回顾及展望》,载《环境与可持续发展》2020 年第 4 期。

浆造纸、化工、印染、岸边冲滩拆船以及其他严重污染海洋环境的工业生产项目;严格限制在海岸采挖砂石;露天开采海滨砂矿和从岸上打井开采海底矿产资源,必须采取有效措施,防止污染海洋环境。

防治海洋工程建设污染的主要措施:海洋工程建设项目必须符合全国海洋主体功能区规划、海洋功能区规划、海洋环境保护规划和国家有关环境保护标准;必须严格执行环境影响评价和“三同时”制度;不得使用含超标准放射性物质或者易溶出有毒有害物质的材料;海洋石油勘探开发及输油过程中,必须采取有效措施,避免溢油事故的发生。

防治海洋废弃物倾倒污染的主要措施:需要倾倒废弃物的单位,必须经国家海洋行政主管部门审查批准,发给许可证后,方可倾倒;禁止境外废弃物在我国管辖海域倾倒;制定可以向海洋倾倒的废弃物名录,按照废弃物的类别和数量实行分级管理;选划海洋倾倒区,组织倾倒区的环境监测;禁止在海上焚烧废弃物;禁止在海上处置放射性废弃物或者其他放射性物质。

防治船舶及有关作业活动污染的主要措施:任何船舶及相关作业不得违法向海洋排放污染物、废弃物和压载水、船舶垃圾及其他有害物质;从事船舶污染物、废弃物、船舶垃圾接收、船舶清舱、洗舱作业活动的,必须具备相应的接收处理能力;建立船舶油污保险、油污损害赔偿基金制度;港口、码头、装卸站和船舶修造厂必须按照有关规定备有足够的用于处理船舶污染物、废弃物的接收设施,并使该设施处于良好状态;船舶发生海难事故,造成或者可能造成海洋环境重大污染损害的,国家海事行政主管部门有权强制采取避免或者减少污染损害的措施。

四、土壤污染防治法

(一)土壤与土壤污染

土壤是指地球表面具有一定肥力且能生长植物的疏松层,主要由矿物质、有机质、水分和空气等组成。土壤具有肥力,能够供应和协调植物生长所需要的营养条件(水分和养分)和环境条件(温度和空气);土壤具有同化和代谢外界输入物质的能力,输入的物质在土壤中经过复杂的迁移转化,再向外界输出。土壤的这两个功能相辅相成,使其成为一种宝贵的基础资源。土壤是万物之本,是人类赖以生存的物质基础。土壤安全,事关饮食安全、居住安全和生态安全,事关民生福祉、社会稳定和经济可持续发展。

土壤污染,是指因人为因素导致某种物质进入陆地表层土壤,引起土壤化学、物理、生物等方面特性的改变,影响土壤功能和有效利用,危害公众健康或者破坏生态环境的现象。土壤污染具有滞后性、隐蔽性、累积性、地域性和难治理性等特征。根据土壤污染物的性质,土壤污染可划分为有机物污染、无机物污染、病原体污染和放射性污染;根据引起土壤污染的不同途径,土壤污染可划分为大气颗粒物沉降引起的土壤污染、水污染引起的土壤污染和固体废弃物引起的土壤污染。

(二)我国土壤污染防治立法沿革〔1〕

1. 土壤污染防治原则性立法阶段

1973 年,国务院第一次全国环境保护会议通过我国首部环境保护规范性文件《关于保护和改善环境的若干规定(试行草案)》,该试行草案在第五部分"加强对土壤和植物的保护"中规定"注意改良土壤,防止有害物质、放射性物质的污染和积累"。1979 年《环境保护法(试行)》第 10 条和第 21 条提到了保护土壤和防止土壤污染。1986 年《土地管理法》第 3 条规定了"各级人民政府必须贯彻执行十分珍惜和合理利用土地的方针,全面规划,加强管理,保护、开发土地资源,制止乱占耕地和滥用土地的行为",这些早期的原则性规定,并没有与之相配套的具体制度和规范,与当时社会主义法制建设刚刚恢复、土壤污染形势并不严重的现状相适应。

2. 土壤污染防治分散性立法阶段

这一阶段从 1987 年《大气污染防治法》的颁布到 2004 年《固体废物污染环境防治法》的修订。这一时期,在我国经济快速发展的同时环境污染问题开始凸显。但是因土壤污染的危害后果的滞后性,其与水污染、大气污染相比尚不突出。与土壤污染防治相关的规定分散在《水污染防治法》《大气污染防治法》《放射性污染防治法》《固体废物污染环境防治法》等污染防治单行法律,《危险化学品安全管理条例》、《农药管理条例》、《城市生活垃圾管理办法》、《农药限制使用管理规定》(已失效)、《废弃危险化学品污染环境防治办法》(已失效)等污染源管理行政法规和规章,以及《土壤环境质量标准》(GB 15618 - 1995)和《土壤环境监测技术规范》(HJ/T 166 - 2004)等标准和技术规范中。

3. 土壤污染防治专门立法的政策酝酿阶段

这一时期,我国土壤污染问题凸显,国家政策开始高度重视土壤污染防治工作,出现推动土壤污染防治专门立法的政策酝酿高峰期。国务院 2005 年 12 月发布的《关于落实科学发展观加强环境保护的决定》指出"要抓紧拟订有关土壤污染……方面的法律法规草案"。2008 年 6 月环境保护部发布的《关于加强土壤污染防治工作的意见》(已失效)提出了"到 2010 年……初步构建土壤污染防治的政策法律法规等管理体系框架"的主要目标。2013 年 1 月,国务院办公厅发布《关于印发近期土壤环境保护和综合治理工作安排的通知》,确立了严格控制新增土壤污染、确定土壤环境保护优先区域、强化被污染土壤的环境风险控制、开展土壤污染治理与修复、提升土壤环境监管能力、加快土壤环境保护工程建设六个方面的主要任务。

4. 土壤污染防治专门立法阶段

2013 年,《土壤污染防治法》被列入了第十二届全国人大常委会的立法规划并被确立为一类项目,标志着我国土壤污染专门立法工作正式全面展开。2013 年年底,全国人大环

---

〔1〕 参见彭本利、李爱年:《我国土壤污染防治立法回溯及前瞻》,载《环境保护》2018 年第 1 期。

资委委托环境保护部起草了《土壤污染防治法》(草案建议稿)。2014 年 12 月,草案建议稿提交全国人大环资委。2016 年 5 月 28 日,国务院发布《土壤污染防治行动计划》,在第二部分专门规定了"推进土壤污染防治立法,建立健全法规标准体系",并在第 4 条中提出,要"加快推进立法进程"。2017 年 6 月 22 日,《土壤污染防治法(草案)》首次被提请十二届全国人大常委会二十八次会议审议,并在中国人大网公布,广泛征求社会公众的意见。2018 年 8 月 31 日,十三届全国人大常委会第五次会议通过《土壤污染防治法》。

(三)我国土壤污染防治法的主要内容

1. 土壤环境监测与信息共享

监测土壤环境,普查土壤污染状况,掌握并分享土壤环境信息,是进行土壤污染防治规划、土壤风险管控和土壤污染修复的前提和基础。《土壤污染防治法》(2018 年公布)规定了土壤环境监测和信息共享机制以及土壤污染普查制度。该法第 15 条第 2 款规定:"国务院生态环境主管部门制定土壤环境监测规范,会同国务院农业农村、自然资源、住房城乡建设、水利、卫生健康、林业草原等主管部门组织监测网络,统一规划国家土壤环境监测站(点)的设置。"第 8 条第 2 款规定:"国务院生态环境主管部门应当会同国务院农业农村、自然资源、住房城乡建设、水利、卫生健康、林业草原等主管部门建立土壤环境基础数据库,构建全国土壤环境信息平台,实行数据动态更新和信息共享。"第 14 条第 1 款规定:"……国务院生态环境主管部门会同国务院农业农村、自然资源、住房城乡建设、林业草原等主管部门,每十年至少组织开展一次全国土壤污染状况普查。"土壤环境信息及其公开,让隐蔽性的土壤污染无处遁形,成为土壤污染防治制度和措施贯彻实施的数据基础。

2. 土壤污染预防和土壤环境保护

土壤污染具有治理难度大甚至不可逆的特征,预防是最好的保护。《土壤污染防治法》(2018 年公布)规定了土壤污染防治规划、涉土利用规划和建设项目环境影响评价、重点物质和重点单位名录及严格监管,以及加强未污染土壤保护和土壤资源的保护等一系列制度和措施。该法第 18 条规定:"各类涉及土地利用的规划和可能造成土壤污染的建设项目,应当依法进行环境影响评价……"第 20 条规定:"……公布重点控制的土壤有毒有害物质名录,并适时更新。"第 21 条第 1 款规定:"……根据有毒有害物质排放等情况,制定本行政区域土壤污染重点监管单位名录,向社会公开并适时更新。"第 31 条第 2 款规定:"地方各级人民政府应当重点保护未污染的耕地、林地、草地和饮用水水源地。"第 31 条第 4 款规定:"对未利用地应当予以保护,不得污染和破坏。"第 33 条第 1 款规定:"国家加强对土壤资源的保护和合理利用。对开发建设过程中剥离的表土,应当单独收集和存放,符合条件的应当优先用于土地复垦、土壤改良、造地和绿化等。"

3. 土壤污染风险管控和修复

由于土壤不具备大气和水体的流动性,土壤污染的自我净化能力差,被污染的土地治理修复困难,《土壤污染防治法》(2018 年公布)建立了类型化的土壤污染风险管控和修复制度。土壤污染风险管控和修复,包括土壤污染状况调查和土壤污染风险评估、风险管控、修复、风险管控效果评估、修复效果评估、后期管理等活动。《土壤污染防治法》(2018 年公布)第四章专门规定了风险管控和修复各个环节的具体要求,并对农用地与建设用地进行了区别管控。对农用地实行分类管理制度,即按照土壤污染程度和相关标准,将农用地划分为优先保护类、安全利用类和严格管控类;对建设用地则编制土壤污染风险管控和修复名录,列入名录的地块应当按照名录规定进行修复和污染防治,并禁止将该部分地块用途变更为住宅、公共管理或公共服务用地。值得注意的是,《土壤污染防治法》(2018 年公布)对土壤污染状况调查、风险管控评估和修复效果评估单位出具虚假报告行为的处罚规定堪称"史上最严",不仅包括对单位和个人的双罚制、个人从业禁止,在恶意串通的情况下,违法单位还须承担与委托人的连带责任。[1]

4. 土壤污染治理与修复责任

土壤污染源的多样性、土壤污染的滞后性和累积性,使土壤污染的责任主体和责任分配十分复杂。《土壤污染防治法》(2018 年公布)以"污染者担责"为基本原则,将土壤污染责任主体划分为土壤污染责任人、土地使用权人和地方政府三大类,并进一步明确了三者之间的土壤污染责任分配。该法第 45 条第 1 款规定:"土壤污染责任人负有实施土壤污染风险管控和修复的义务。土壤污染责任人无法认定的,土地使用权人应当实施土壤污染风险管控和修复。"第 47 条规定:"土壤污染责任人变更的,由变更后承继其债权、债务的单位或者个人履行相关土壤污染风险管控和修复义务并承担相关费用。"第 48 条规定:"土壤污染责任人不明确或者存在争议的,农用地由地方人民政府农业农村、林业草原主管部门会同生态环境、自然资源主管部门认定,建设用地由地方人民政府生态环境主管部门会同自然资源主管部门认定。认定办法由国务院生态环境主管部门会同有关部门制定。"

五、固体废物污染环境防治法

(一)固体废物与固体废物污染

固体废物,是指在生产、生活和其他活动中产生的丧失原有利用价值或者虽未丧失利用价值但被抛弃或者放弃的固态、半固态和置于容器中的气态的物品、物质以及法律、行政法规规定纳入固体废物管理的物品、物质。经无害化加工处理,并且符合强制性国家产品质量标准,不会危害公众健康和生态安全,或者根据固体废物鉴别标准和鉴别程序认定为不属于固体废物的除外。固体废物一般分为工业固体废物、生活垃圾、建筑垃圾、农业固体废物和危险废物,它们是固体废物法律规范重点管控的对象。

固体废物污染是指因固体废物的不当处置而使其进入环境,从而危害公众健康或财产安全,以及破坏生态系统造成环境恶化的现象。固体废物的产生并不必然导致环境污染,但固体废物的不当处置将会污染大气、水体和土壤,危害人体健康。随着工业化、城市化的

---

[1] 参见杨建学、杨攀:《我国〈土壤污染防治法〉的亮点与挑战》,载《法治论坛》2019 年第 2 期。

发展,固体废物污染成为我国不得不面对的问题。2021 年,我国一般工业固体废物产生量为 39.7 亿吨,综合利用量为 22.7 亿吨,处置量为 8.9 亿吨;工业危险废物产生量为 8653.6 万吨,利用处置量为 8461.2 万吨。〔1〕 我国固体废物的减量化、资源化和无害化,任重而道远。固体废物是大气、水和土壤等环境要素的共同污染源,依法促进固体废物的减量化、资源化和无害化,有利于保护生态环境,保障公众健康,维护生态安全,推进生态文明建设,促进经济社会可持续发展。

(二)固体废物污染环境防治立法沿革

20 世纪 70 年代,我国就开始了有关固体废物综合利用和管理的工作。1989 在巴塞尔签署的《控制危险废物越境转移及其处置的巴塞尔公约》对固体废弃物越境转移问题作了详细的规定,我国于 1991 年加入该公约。为履行国际承诺,第八届全国人大常委会于 1995 年 10 月 30 日颁布《固体废物污染环境防治法》。该法是我国防治固体废物污染环境的第一部专项法律,规定了一般固体废物和危险废物申报登记制度、固体废物进口许可证制度、危险废物经营许可证制度、控制固体废物越境转移制度等许多新的管理制度和措施。2002 年 6 月 29 日,九届全国人大常委会第二十八次会议通过《清洁生产促进法》,该法鼓励和促进清洁生产,〔2〕有利于推进固体废物的减量化、资源化和无害化。

随着我国工业化、城市化的发展以及人民生活水平的提高,固体废物产生量持续增长,固体废物处置能力明显不足,固体废物处置标准不高、管理不严,农村固体废物污染问题日益突出,废弃电器产品等新型废物不断增长。在此背景下,全国人大常委会于 2004 年对《固体废物污染环境防治法》进行了第一次修订,修订的主要内容包括全面落实污染者责任、限制过度包装、严格固体废物进口管理、完善危险废物的管理措施等。〔3〕 2008 年 8 月 29 日,十一届全国人大常委会第四次会议通过《循环经济促进法》,该法要求在生产、流通和消费等过程中进行减量化、再利用和资源化,以减少资源消耗和废物产生。2013 年、2015 年和 2016 年,全国人大常委会对《固体废物污染环境防治法》共进行了三次修正,加强了生活垃圾处置设施、场所关闭、闲置或者拆除的管理,进一步严格了固体废物进口管理,进一步完善了危险废物跨省转移管理。

为应对固体废物非法转移、倾倒屡禁不止,生活垃圾分类管理成效不显著,绿色生活方式和消费模式尚未形成,固体废物污染风险隐患加剧等新问题和新挑战,2020 年十三届全国人大常委会第十七次会议对《固体废物污染环境防治法》进行了第二次修订。此次修订

---

〔1〕 参见中华人民共和国生态环境部编:《中国生态环境统计年报:2021》,中国环境出版集团 2022 年版,第 25、29 页。

〔2〕 清洁生产,是指不断采取改进设计、使用清洁的能源和原料、采用先进的工艺技术与设备、改善管理、综合利用等措施,从源头削减污染,提高资源利用效率,减少或者避免生产、服务和产品使用过程中污染物的产生和排放,以减轻或者消除对人类健康和环境的危害。

〔3〕 参见毛如柏:《关于〈中华人民共和国固体废物污染环境防治法(修订草案)〉的说明——2004 年 10 月 22 日在第十届全国人民代表大会常务委员会第十二次会议上》,载《中华人民共和国全国人民代表大会常务委员会公报》2005 年第 1 期。

涉及增加医疗废物的监管要求，逐步实现固体废物零进口，加强生活垃圾分类管理，限制过度包装和一次性塑料制品使用，强化建筑垃圾污染环境防治，完善危险废物监管制度体系，明确电器电子电池生产者责任延伸制度，严格法律责任等内容。

（三）我国固体废物污染环境防治法的主要内容

推行绿色发展方式，促进清洁生产和循环经济发展，是固体废物污染环境防治的治本之策。减少固体废物的产生量，促进固体废物的综合利用，降低固体废物的危害性是指导固体废物污染环境防治的主要原则。坚持污染担责，是实现固体废物污染环境防治的基本保障。

1. 固体废物污染环境防治的一般制度与措施

严格实施环境污染防治规划、标准和环境影响评价、"三同时"、现场检查等环境污染防治基本制度。收集、贮存、运输、利用、处置固体废物的单位和其他生产经营者，应当加强对相关设施、设备和场所的管理和维护，保证其正常运行和使用。在生态保护红线区域、永久基本农田集中区域和其他需要特别保护的区域内，禁止建设工业固体废物、危险废物集中贮存、利用、处置的设施、场所和生活垃圾填埋场。实施固体废物跨省转移许可制度。禁止境外的固体废物进境倾倒、堆放、处置。建立产生、收集、贮存、运输、利用、处置固体废物的单位和其他生产经营者信用记录制度，将相关信用记录纳入全国信用信息共享平台。产生、收集、贮存、运输、利用、处置固体废物的单位，应当依法及时公开固体废物污染环境防治信息，主动接受社会监督。

2. 普通固体废物污染环境防治的制度与措施

固体废物主要来源于工业固体废物、生活垃圾、建筑垃圾、农业固体废物等，其中的非危险废物适用一般的污染防治制度与措施。

防治工业固体废物污染环境的主要制度与措施包括：落后生产工艺和设备限期淘汰；建立工业固体废物管理台账，实现工业固体废物可追溯、可查询；执行排污许可管理制度；加强工业固体废物贮存、处置设施、场所管理；减少矿业固体废物的产生量和贮存量，提高矿业固体废物的综合利用。

防治生活垃圾污染环境的制度与措施主要包括：建立生活垃圾管理系统，实现生活垃圾分类制度有效覆盖；改进燃料结构，发展清洁能源，减少燃料废渣等固体废物的产生量；避免过度包装，组织净菜上市，减少生活垃圾的产生量；提高生活垃圾的综合利用和无害化处置水平，促进生活垃圾收集、处理的产业化发展；加强农村生活垃圾污染环境的防治，保护和改善农村人居环境；按照产生者付费原则，建立生活垃圾处理收费制度。

防治建筑垃圾、农业固体废物污染环境的主要制度与措施包括：推进建筑垃圾源头减量，建立建筑垃圾回收利用体系；建立建筑垃圾全过程管理制度，规范建筑垃圾产生、收集、贮存、运输、利用、处置行为；工程施工单位应当及时清运工程施工过程中产生的建筑垃圾等固体废物，并按照环境卫生主管部门的规定进行利用或者处置；鼓励和引导有关单位和其他生产经营者依法收集、贮存、运输、利用、处置农业固体废物;产生秸秆、废弃农用薄膜、农药包装废弃物等农业固体废物的单位和其他生产经营者,应当采取回收利用和其他防止污染环境的措施。

防治其他领域固体废物污染环境的制度与措施主要包括:建立电器电子、铅蓄电池、车用动力电池等产品的生产者责任延伸制度,实现电器、电子、电池有效回收和利用;对废弃电器电子产品等实行多渠道回收和集中处理制度;防止过度包装,优先采用可重复使用、易回收利用的包装物;依法禁止、限制生产、销售和使用不可降解塑料袋等一次性塑料制品;加强城镇污水处理设施产生的污泥和处理后的污泥管理。

3. 危险废物污染环境防治的制度与措施

危险废物,是指列入国家危险废物名录或者根据国家规定的危险废物鉴别标准和鉴别方法认定的具有危险特性的固体废物。由于危险废物的有毒有害性,需要采取更为严格的污染防治制度和措施:制定国家危险废物名录,实施分级分类管理;建立危险废物信息化监管体系,并通过信息化手段管理、共享危险废物转移数据和信息;实施危险废物集中分类处置制度和识别标志制度;建立危险废物管理台账,如实记录危险废物的种类、产生量、流向、贮存、处置等有关信息;执行危险废物排污许可、经营许可制度和转移联单制度;严格落实危废事故应急处置制度;禁止经中华人民共和国过境转移危险废物;加强医疗废物收集、贮存、运输、处置的监督管理。

六、噪声污染防治法

噪声污染直接影响身心健康和生活质量,已成为人民群众关心的热点问题。噪声污染防治法律规范,是守护和谐安宁家园的法律武器,将为防治噪声污染,保障公众健康,保护和改善生活环境,维护社会和谐,推进生态文明建设,促进经济社会可持续发展提供重要法治遵循。

(一)噪声与噪声污染

从物理学角度来讲,噪声是发声体做无规则振动时发出的声音。从生理学观点来看,噪声是指干扰人们休息、学习和工作以及对所要听的声音产生干扰的声音。法律上的噪声,是指在工业生产、建筑施工、交通运输和社会生活中产生的干扰周围生活环境的声音。

噪声污染,是指超过噪声排放标准或者未依法采取防控措施产生噪声,并干扰他人正常生活、工作和学习的现象。噪声污染是一种能量型污染,产生的危害多具有暂时性,一般情况下污染源停止,环境噪声污染就随之消失。噪声污染具有感觉性特征,不同人对同种噪声的感知程度有差异,因此某种环境噪声是否干扰了他人正常生活、工作或学习需要结合噪声接受者的具体情况进行判断。噪声污染对人、动物、仪器仪表以及建筑物均构成危害,其危害程度主要取决于噪声的频率、强度及暴露时间。

(二)我国噪声污染防治立法沿革

我国噪声污染防治立法工作开始于20世纪50年代。1956年5月,国务院通过《工厂安全卫生规程》(已失效),该规程第77条规定工厂应采取降噪措施,保障工人健康。[1] 1957年10月,全国人大常委会颁布《治安管理处罚条例》(已失效),对在城市中任意制造高分贝噪声,影响周围居民工作和休息的行为者规定了处罚措施。1973年8月,国务院召开第一次全国环境保护会议,制定了我国第一部环境保护综合性法规《关于保护和改善环境的若干规定(试行草案)》,要求"尽量减少噪音,保护环境安静"。1979年《环境保护法(试行)》对城市区域、工业和交通运输等噪声污染防治作了原则性规定。1989年9月,国务院发布《环境噪声污染防治条例》(已失效),首次对工业生产、建筑施工、交通运输和社会生活噪声的防治进行了全面规定。

随着社会的进步和经济的发展,噪声扰民问题日益突出。1996年10月29日,八届全国人大常委会第二十二次会议通过《环境噪声污染防治法》(已失效)。该法是我国关于环境噪声污染防治的首部综合性法律,以专章的形式分别规定了工业噪声、建筑施工噪声、交通运输噪声和社会生活噪声的防治。该法自1997年3月1日起施行,直到2018年12月全国人大常委会才对《环境噪声污染防治法》的个别条款进行修正。《环境噪声污染防治法》实施20多年后,我国噪声污染防治的形势已发生了重大的变化,环境噪声污染防治法已不能适应新形势的要求,亟须修改完善。2021年12月24日,十三届全国人大常委会第三十二次会议通过了全面修订后的《噪声污染防治法》,其亮点表现在:明确噪声污染内涵,扩大法律适用范围;完善噪声标准体系,科学精准依法治污;强化噪声源头防控,筑牢污染第一防线;强化各级政府责任,明确目标考核评价;分类防控噪声污染,对症下药精准施策;聚焦噪声扰民难点,保障安宁和谐环境。[2]《噪声污染防治法》于2022年6月5日起施行,《环境噪声污染防治法》同时废止。

(三)我国噪声污染防治法的主要内容

《噪声污染防治法》(2021年公布)的适用范围是工业生产、建筑施工、交通运输和社会生活中产生的噪声污染。

1. 噪声污染防治标准和规划

国家推进噪声污染防治标准体系建设。国务院生态环境主管部门制定国家声环境质量标准。国务院生态环境主管部门根据国家声环境质量标准和国家经济、技术条件,制定国家噪声排放标准以及相关的环境振动控制标准。声环境质量标准、噪声排放标准和其他噪声污染防治相关标准应当定期评估,并根据评估结果适时修订。

---

[1] 1956年5月25日国务院全体会议第二十九次会议通过的《工厂安全卫生规程》第77条规定:在有噪音、强光、幅射热和飞溅火花、碎片、刨屑的场所操作的工人,应该由工厂分别供给护耳器、防护眼镜、面具和帽盔等。

[2] 参见李静云:《新噪声法六大亮点》,载《中国环境报》2022年1月3日,第6版。

各级人民政府及其有关部门制定、修改国土空间规划和相关规划，应当依法进行环境影响评价，充分考虑城乡区域开发、改造和建设项目产生的噪声对周围生活环境的影响，统筹规划，合理安排土地用途和建设布局，防止、减轻噪声污染。有关环境影响篇章、说明或者报告书中应当包括噪声污染防治内容。未达到国家声环境质量标准的区域所在的设区的市、县级人民政府，应当及时编制声环境质量改善规划及其实施方案，采取有效措施，改善声环境质量。

2. 噪声污染防治的监督管理

排放噪声、产生振动，应当符合噪声排放标准以及相关的环境振动控制标准和有关法律、法规、规章的要求。国务院生态环境主管部门负责制定噪声监测和评价规范，组织开展全国声环境质量监测，推进监测自动化，统一发布全国声环境质量状况信息。可能产生噪声污染的建设项目，应当依法进行环境影响评价、执行"三同时"制度。国家鼓励、支持低噪声工艺和设备的研究开发和推广应用，实行噪声污染严重的落后工艺和设备淘汰制度。生态环境主管部门和其他负有噪声污染防治监督管理职责的部门，有权对排放噪声的单位或者场所进行现场检查。排放噪声造成严重污染，被责令改正拒不改正的，生态环境主管部门或者其他负有噪声污染防治监督管理职责的部门，可以查封、扣押排放噪声的场所、设施、设备、工具和物品。

3. 重点领域噪声污染防治制度和措施

噪声污染主要来源于工业生产、建筑施工、交通运输和社会生活，2021 年重新制定的《噪声污染防治法》分别以专章的形式对上述来源的噪声规定了污染防治制度和措施。

工业噪声污染防治的主要制度与措施包括：工业企业选址应当符合国土空间规划以及相关规划要求，防止工业噪声污染；排放工业噪声的企业事业单位和其他生产经营者，应当依法取得排污许可证或者填报排污登记表；设区的市级以上地方人民政府生态环境主管部门应当制定本行政区域噪声重点排污单位名录；噪声重点排污单位应当按照国家规定，安装、使用、维护噪声自动监测设备，与生态环境主管部门的监控设备联网。

建筑施工噪声污染防治的主要制度与措施包括：建设单位应当按照规定将噪声污染防治费用列入工程造价，在施工合同中明确施工单位的噪声污染防治责任；施工单位应当按照规定制定噪声污染防治实施方案，采取有效措施，减少振动、降低噪声；在噪声敏感建筑物集中区域施工作业，应当优先使用低噪声施工工艺和设备，并设置噪声自动监测系统；在噪声敏感建筑物集中区域，禁止夜间进行产生噪声的建筑施工作业，但抢修、抢险施工作业，因生产工艺要求或者其他特殊需要必须连续施工作业的除外。

交通运输噪声污染防治的主要制度与措施包括：新建公路、铁路线路选线设计，应当尽量避开噪声敏感建筑物集中区域；新建民用机场选址与噪声敏感建筑物集中区域的距离应当符合标准要求；禁止驾驶拆除或者损坏消声器、加装排气管等擅自改装的机动车以轰鸣、疾驶等方式造成噪声污染；警车、消防救援车、工程救险车、救护车等机动车安装、使用警报器，应当符合国务院公安等部门的规定，非执行紧急任务，不得使用警报器；依法划定禁止机动车行驶和使用喇叭等声响装置的路段和时间,并向社会公告;因交通运行排放噪声造成严重污染的,相关单位要制定噪声污染综合治理方案,采取有效措施,减轻噪声污染。

社会生活噪声污染防治的主要制度与措施包括:文化娱乐、体育、餐饮等场所的经营管理者应当采取有效措施,防止、减轻噪声污染;使用可能产生社会生活噪声污染的设备、设施的企业事业单位和其他经营管理者等,应当采取优化布局、集中排放等措施,防止、减轻噪声污染;禁止在商业经营活动中使用高音广播喇叭或者采用其他持续反复发出高噪声的方法进行广告宣传;对已竣工交付使用的住宅楼、商铺、办公楼等建筑物进行室内装修活动,应当按照规定限定作业时间,采取有效措施,防止、减轻噪声污染;在居民住宅区安装、运营电梯、水泵、变压器等共用设施设备的,应当符合民用建筑隔声设计相关标准要求。

七、放射性污染防治法

(一)放射性与放射性污染

放射性,是指元素从不稳定的原子核自发地放出射线(如 α 射线、β 射线、γ 射线等)而衰变形成稳定的元素而停止放射(衰变产物)的现象。衰变时放出的能量称为衰变能量。原子序数在 83(铋)或以上的元素都具有放射性,但某些原子序数小于 83 的元素(如锝)也具有放射性。放射性有天然放射性和人工放射性之分。天然放射性是指天然存在的放射性核素所具有的放射性。它们大多属于由重元素组成的三个放射系(钍系、铀系和锕系)。人工放射性是指用核反应的办法所获得的放射性。

放射性污染,是指由于人类活动造成物料、人体、场所、环境介质表面或者内部出现超过国家标准的放射性物质或者射线。在自然状态下,来自宇宙的射线和地球环境本身的放射性元素一般不会给生物带来危害。但是自 20 世纪 50 年代以来,人类的活动使人工辐射和人工放射性物质大大增加,环境中的射线强度随之增强,危及生物的生存,从而产生了放射性污染。放射性污染很难消除,射线强弱只能随时间的推移而减弱。环境中的放射性物质可经呼吸道、消化道、皮肤或黏膜进入人体,它们发出的射线会破坏机体内的大分子结构,甚至直接破坏细胞和组织结构,给人体造成损伤。放射性污染主要来源于原子能工业排放的放射性废弃物、核武器试验的沉降物、医疗检查和诊断过程中的放射性物质、科学研究中使用的放射性物质。

(二)我国放射性污染防治立法沿革

我国对核能与核技术的开发利用始于 20 世纪 50 年代,但有关放射性污染防治的法律规范诞生较晚。1986 年 10 月,国务院发布《民用核设施安全监督管理条例》,要求民用核设施的选址、设计、建造、运行和退役,必须保障工作人员、群众和环境不致遭到超过国家规定限值的辐射照射和污染,并将辐射照射和污染减至可以合理达到的尽量低的水平。1987 年 6 月,国务院发布《核材料管制条例》,旨在保证核材料的安全与合法利用,防止被盗、破坏、丢失、非法转让和非法使用,保护国家和人民群众的安全。1987 年 7 月,原国家环境保护总局发布《城市放射性废物管理办法》(已失效),要求加强对放射性同位素和辐射技术广泛地应用而产生的放射性废物和废放射源的管理,以保护环境,保障人体健康。1993 年 8 月,国务院发布《核电厂核事故应急管理条例》(已被修改),以规范可能或者已经引起放射性物质释放、造成重大辐射后果的核电厂核事故应急管理工作。

核能与核技术已在我国国防、医疗、能源、工业、农业、科研等领域得到广泛利用,但是核能与核技术开发利用过程中的安全问题和放射性污染防治问题也越来越突出。2003 年 6 月 28 日,十届全国人大常委会第三次会议通过《放射性污染防治法》,这是我国第一部防治放射性污染的专门法律,也是核领域的第一部法律。该法确立了放射性污染防治的监督管理体制,规定了核设施、核技术利用、铀(钍)矿和伴生放射性矿开发利用的放射性污染防治主要制度和措施,强调了放射性废物的管理,明晰了相关行政部门的监督管理职责和有关单位的法律责任等。

核安全与放射性污染防治密切相关,核设施和核材料的安全运转和使用是预防放射性污染的重要环节。日本福岛核事故后,核安全问题为社会公众广泛关注,并成为国际社会关注的重要安全问题之一。发展核事业的首要条件是保障安全,核安全是核事业发展的前提、基础和生命线。2017 年 9 月 1 日,十二届全国人大常委会第二十九次会议通过《核安全法》,该法对核安全基本方针、原则,法律制度、措施的建立和实施,核安全责任,公众参与及监督管理体制等重大问题作出了系统规定。其中,有关放射性废物安全的系列制度与措施,与放射性污染防治直接相关。

(三)我国放射性污染防治法的主要内容

放射性污染防治法适用于中华人民共和国领域和管辖的其他海域在核设施选址、建造、运行、退役和核技术、铀(钍)矿、伴生放射性矿开发利用过程中发生的放射性污染的防治活动。

1. 放射性污染防治的监督管理体制

国务院生态环境主管部门对全国放射性污染防治工作依法实施统一监督管理。国务院卫生健康行政部门和其他有关部门依据国务院规定的职责,对有关的放射性污染防治工作依法实施监督管理。

根据《放射性污染防治法》(2003 年公布)第 11 条第 1 款、第 2 款,第 12 条的规定,“国务院环境保护行政主管部门和国务院其他有关部门,按照职责分工,各负其责,互通信息,密切配合,对核设施、铀(钍)矿开发利用中的放射性污染防治进行监督检查。县级以上地方人民政府环境保护行政主管部门和同级其他有关部门,按照职责分工,各负其责,互通信息,密切配合,对本行政区域内核技术利用、伴生放射性矿开发利用中的放射性污染防治进行监督检查”。“核设施营运单位、核技术利用单位、铀(钍)矿和伴生放射性矿开发利用单位,负责本单位放射性污染的防治,接受环境保护行政主管部门和其他有关部门的监督管理,并依法对其造成的放射性污染承担责任。”第 60 条规定,“军用设施、装备的放射性污染防治，由国务院和军队的有关主管部门依照本法规定的原则和国务院、中央军事委员会规定的职责实施监督管理”。

2. 放射性污染防治的一般制度和措施

县级以上人民政府应当将放射性污染防治工作纳入环境保护规划。2017 年 2 月，国务院批准发布《核安全与放射性污染防治“十三五”规划及 2025 年远景目标》，明确了保持核电厂高安全水平、降低研究堆及核燃料循环设施风险、加快早期核设施退役及放射性废物处理处置等 10 项重点任务，以及核安全改进工程、核设施退役及放射性废物治理工程等 6 项重点工程。

国务院生态环境主管部门根据环境安全要求、国家经济技术条件制定放射性污染防治标准，并与国务院标准化行政主管部门联合发布。目前，国务院生态环境主管部门已制定和实施《铀、钍矿冶放射性废物安全管理技术规定》（GB 14585 – 93）、《放射性废物管理规定》（GB 14500 – 93）、《放射性物质安全运输规程》（GB 11806 – 2019）等一系列放射性污染防治标准。

国家建立放射性污染监测制度。国务院生态环境主管部门会同国务院其他有关部门组织环境监测网络，对放射性污染实施监测管理。辐射环境监测是国家生态环境监测工作的重要组成部分，是放射性污染防治的基础工作，是客观反映辐射环境质量状况、监督运营单位切实履行达标排放主体责任的重要支撑。我国已建成国家、省和部分地市三级机构组成的辐射环境监测组织体系，其中省级辐射环境监测机构均已通过检验检测机构资质认定和生态环境部组织的监测能力评估。

3. 放射性污染防治的重点领域

核设施的放射性污染防治。《放射性污染防治法》（2003 年公布）第三章对核设施的放射性污染防治进行了规定。核设施选址、建造、运行必须严格执行环境影响评价和“三同时”制度。对核设施进行全生命周期管理，核设施营运单位在进行核设施建造、装料、运行、退役等活动前，必须按照国务院有关核设施安全监督管理的规定，申请领取核设施建造、运行许可证和办理装料、退役等审批手续；核设施营运单位领取有关许可证或者批准文件后，方可进行相应的建造、装料、运行、退役等活动。国家建立健全核事故应急制度。核设施主管部门、生态环境行政主管部门、卫生健康行政主管部门、公安部门以及其他有关部门，在本级人民政府的组织领导下，按照各自的职责依法做好核事故应急工作。

核技术利用的放射性污染防治。《放射性污染防治法》（2003 年公布）第四章对核技术利用的放射性污染防治进行了规定。国家实行放射性同位素和射线装置许可制度，生产、销售、使用放射性同位素和射线装置的单位，应当按照国务院有关放射性同位素与射线装置放射防护的规定申请领取许可证，办理登记手续。放射工作场所必须严格执行环境影响评价和“三同时”制度。贮存、领取、使用、归还放射性同位素时，应当进行登记、检查，做到账物相符。生产、使用放射性同位素和射线装置的单位，应当按照国务院生态环境行政主管部门的规定对其产生的放射性废物进行收集、包装、贮存。

铀(钍)矿和伴生放射性矿开发利用的放射性污染防治。《放射性污染防治法》(2003年公布)第五章对铀(钍)矿和伴生放射性矿开发利用的放射性污染防治进行了规定。铀(钍)矿和伴生放射性矿开发利用,必须严格执行环境影响评价和“三同时”制度。对铀(钍)矿和伴生放射性矿开发利用过程中产生的尾矿,应当建造尾矿库进行贮存、处置;建造的尾矿库应当符合放射性污染防治的要求。铀(钍)矿开发利用单位应当制定铀(钍)矿退役计划。铀矿退役费用由国家财政预算安排。

放射性废物管理。《放射性污染防治法》(2003年公布)第六章对放射性废物管理进行了规定。关于放射性废物的减量化,有关单位应当合理选择和利用原材料,采用先进的生产工艺和设备,尽量减少放射性废物的产生量。向环境排放放射性废气、废液,必须符合国家放射性污染防治标准并取得相关部门的许可。放射性废物分类处置,低、中水平放射性固体废物在符合国家规定的区域实行近地表处置,高水平放射性固体废物和 α 放射性固体废物实行集中的深地质处置。产生放射性固体废物的单位,应当按照国务院生态环境行政主管部门的规定,对其产生的放射性固体废物进行处理后,送交放射性固体废物处置单位处置,并承担处置费用。国家实行放射性废物贮存、处置许可管理制度,设立专门从事放射性固体废物贮存、处置的单位,必须经国务院生态环境行政主管部门审查批准,取得许可证。

思考题

1. 论述环境污染防治法在环境法体系中的地位。
2. 概述环境污染防治法基本法律制度体系的内容。
3. 概述环境标准制度的概念和类型。
4. 概述我国环境信息公开制度的内容以及相应的义务主体。
5. 概述环境保护税制度中的征税对象和范围。
6. 概述我国海洋污染防治立法的主要法律法规规定及其主要措施。
7. 概述我国土壤污染防治立法的主要制度。

进阶研习推荐文献

1. 汪劲主编:《环保法治三十年:我们成功了吗》,北京大学出版社2011年版。
2. 王灿发、冯嘉:《论我国水污染防治立法的新发展》,载《北京林业大学学报(社会科学版)》2009年第1期。
3. 张小筠、刘戒骄:《新中国70年环境规制政策变迁与取向观察》,载《改革》2019年第10期。
4. 黄锡生:《论生态文明法律制度体系的现代化建构》,载《学术论坛》2023年第2期。
5. 胡静:《土壤污染防治规定的法典表达》,载《西北大学学报(哲学社会科学版)》2024年第 3 期。
6. 刘长兴、柯泉:《环境法典污染控制制度的二元结构与体系整合》,载《西北大学学报(哲学社会科学版)》2024 年第 3 期。
7. 郭延军:《排污指标法律属性辨析——兼及“排污权”交易制度的走向》,载《政治与法律》2024 年第 7 期。
8. 彭峰:《敏捷治理时代生态环境行政许可的改革及其限度》,载《行政法学研究》2022 年第 6 期。
9. 王社坤:《环评与排污许可制度衔接的实践展开与规则重构》,载《政法论丛》2020 年第 5 期。

第八章　自然生态保护法

自然生态保护法是环境法的重要子部门法,根据保护客体的不同,可将其分为自然保护法和生态保护法,保护方式有消极保护和积极保护等,其都旨在保护原真性自然生态系统,维护生态系统服务功能,提供生态产品,维护生态安全。新时期,需要实施山水林田湖草沙一体化保护和系统治理,加强生物多样性保护,筑牢自然生态屏障,守牢美丽中国建设安全底线。自然生态保护法主要立法有水土保持法、防沙治沙法、防洪法、湿地保护法、黑土地保护法、自然保护地法、长江保护法、黄河保护法、青藏高原生态保护法、海洋环境保护法等。本章主要阐释自然生态保护法的概念、规范体系、保护客体、保护目的、保护方式、主要立法以及主要法律制度等内容。

第一节　自然生态保护法概述

一、自然生态保护法的概念

自然生态保护法是为了保护原真自然生态系统,维护生态系统质量和功能,增强生态产品供给能力和生态系统服务功能,通过禁止或限制资源环境开发利用行为,对一定自然区域或流域、野生生物及其生态环境实行特殊保护而制定的法律规范的总称。

根据保护客体的不同,自然生态保护法可以分为自然保护法和生态保护法。自然保护法是对原真自然生态系统和生物多样性的保护;生态保护法是对自然生态系统的维护尤其是对生态破坏后果的修复、治理和恢复。生态保护法与自然资源法在立法目标上不同,但在规范依据上有交叉和重叠。

从国土空间区位上进行区分,污染防治法主要指向了主体功能区中的重点开发区和优化开发区,自然资源法主要指向了限制开发区,而自然生态保护法主要指向禁止开发区和位于限制开发区的重要生态功能区。禁止开发区包括国务院和有关部门正式批准的国家级自然保护区、世界文化自然遗产、国家级风景名胜区、国家森林公园和国家地质公园等。限制开发区中的重要生态功能区主要包括天然林保护地区、草原退化地区、自然灾害频发地区、石漠化和荒漠化地区、水土流失严重地区等。重要生态功能区指在水土保持、水生态保护、防风固沙、环境质量维护、保护生物多样性等方面具有重要作用,关系到国家或区域整体生态安全的地域空间。

我国在20世纪50年代以前没有自然保护的概念,与之相关的概念仅指对自然界中的自然资源的保护。1987年,国务院环境保护委员会发布《中国自然保护纲要》。这是我国第一部保护自然资源和自然环境的宏观指导性文件,有力推动了我国自然保护事业的发展。1997年党的十五大提出"实施可持续发展战略",国家将生态环境保护上升到与经济社会发展同等重要的地位,国家环境安全的观念初步形成。自此,我国先后制定了《中国21世纪议程》(1994年公布)、《中国生物多样性保护战略与行动计划》(2011—2030年)(2010年发布),提出"山水林田湖草是生命共同体""人与自然是生命共同体"等生态文明建设理念。上述理念立足于人与自然生命共同体这一人类生态系统的基础上,统筹山水林田湖草一体化与系统治理,进一步深化生态保护工作内涵。

我国生态环境立法遵循以生态要素或者环境要素为基本单元的路径。在这种立法模式下,我国自然生态保护立法进程得到较快发展,形成了自然生态保护的法律法规体系,主要有:(1)有关资源保护的法律规范,如《野生动物保护法》(2022年修订)、《野生植物保护条例》(2017年修订)、《渔业法》(2013年修正)、《森林法》(2019年修订)、《草原法》(2021年修正)、《土地管理法》(2019年修正)、《黑土地保护法》(2022年公布)、《水法》(2016年修正)、《海洋环境保护法》(2023年修订)、《土地复垦条例》(2011年公布)、《基本农田保护条例》(2011年修订);(2)有关生态系统保护的法律规范,如《水土保持法》(2010年修订)、《防沙治沙法》(2018年修正)、《防洪法》(2016年修正)、《湿地保护法》(2021年公布);(3)有关区域性自然生态保护的法律法规、部门规范性文件,如《风景名胜区条例》(2016年修订)、《自然保护区条例》(2017年修订)、《长江保护法》(2020年公布)、《黄河保护法》(2022年公布)、《青藏高原生态保护法》(2023年公布)、《国家级自然公园管理办法(试行)》(2023年公布)等。今后,我国自然生态保护立法发展需要实现从要素分散治理到区域集中治理的转变,形成从环境要素保护到生态系统保护的递进,实现对生态系统整体性的保护。

二、自然生态保护法的保护客体和保护目的

(一)保护客体

按照生态保护法客体的范围大小,可以将其分为原真自然、生态系统、自然生态空间,从而由点到面地实现对生态环境的系统性的全面保护。原真自然、生态系统、自然生态空间不同于以人类为中心的"环境"概念,强调自然界之中的客观存在,通常与特定的空间相联系,具有区域性特征,以提供生态服务或生态产品为主体功能,即客观性、空间性和自然性。

1. 原真自然

原真自然是指并未受到人类生产、生活活动冲击和影响的天然的自然客体,作为组成部分的天然生态因素或天然生态条件,如动物、植物、微生物、土地、矿物、海洋、河流、阳光、大气、水分等,尚处于原真和天然、并未受到人为改变的自然状态。我国自然保护地体系中

的国家公园和自然保护区中的大部分自然客体就属于原真自然。

2. 生态系统

人类保护生态的价值在于生态系统对人类的服务功能。生态学所言“生态系统”是一个包括人类在内的生态因子之间的互动关系。人类是生态系统最活跃、最能动的组分，人类对生态系统的长期作用往往导致生态系统结构和功能的演变，形成自然生态系统、半人工生态系统和人工生态系统等形态的“生态系统”。自然生态保护法保护生态系统着重保护生态系统服务功能。《千年生态系统评估（MA）：成就与展望》指出，生态系统服务（ecosystem services）指人类从生态系统获得的所有惠益，包括供给服务（如提供食物和水）、调节服务（如控制洪水和疾病）、文化服务（如精神、娱乐和文化收益）以及支持服务（如维持地球生命生存环境的养分循环）。生态系统产品和服务是生态系统服务功能的同义词。具体包括：（1）产品供给功能（如供给林木、水产、矿产、野生动植物产品等）；（2）人居支持功能（如提供洁净空气、清洁水源、美丽景观等）、生态调节功能（如调节气候、纳污净化、涵养水源、水土保持、防风固沙等）；（3）文化承载功能（如精神和宗教、故土情怀、文化遗产、灵感启发等）；（4）生态支持功能（对前述其他功能的支持，如空气产生、物质迁移、能量传输、土壤形成、初级生产等）等。生态系统服务功能的变化通过影响人类的安全、维持高质量生活的基本物质需求、健康，以及社会文化关系等而对人类福利产生深远的影响。

3. 自然生态空间

生态空间是指具有自然属性，以提供生态服务或生态产品为主体功能的国土空间，包括森林、草原、湿地、河流、湖泊、滩涂、岸线、海洋、荒地、荒漠、戈壁、冰川、高山冻原、无居民海岛等。自然生态空间将山水林田湖草等各类自然生态要素纳入生态空间，作为一个生命共同体进行统一保护、统一修复。政策语境中的自然生态空间的范围是：（1）具有特殊重要生态功能或生态敏感脆弱、必须强制性严格保护的陆地和海洋自然区域，包括陆域生态保护红线、海洋生态保护红线集中划定的区域，以及生态保护红线之外需要予以保留原貌、强化生态保育和生态建设、限制开发建设的陆地和海洋自然区域；（2）生态廊道（珍稀动植物迁徙廊道、基础设施缓冲廊道、隔离廊道、生态屏障等）、生态斑块（国家公园、自然保护区、自然公园等各类自然保护地布局、规模和名录）等。

（二）保护目的

生态保护法以生态善为价值坐标，以生态惠益为价值追求，旨在通过保护原真自然、生态系统服务功能和自然生态空间，实现提供生态产品、维护生态安全的目的。

1. 提供生态产品

生态产品是指为维系生态安全，保障生态调节功能，提供良好人居环境的自然要素，其中主要包括清新的空气、洁净的水源、清洁的土壤和宜人的气候等产品，生态产品来自自然生态系统,人们最终享受到的生态产品实质上是一种生态系统服务。[1] 从构成上看,生态产品所涵盖的内容范围小于生态系统服务,生态系统服务包含了生态系统为人类提供的所有环境条件和效用,既包括为人类福祉提供的各种终端产品和服务,也包括生态系统自身的维持功能和必须依赖其他功能和过程才会对人类福祉有益的中间服务。生态产品只是生态系统服务中直接对人类社会有益、直接被人类社会消费的服务和产品,不包含生态系统服务中的支持服务、间接过程和资源存量。

2. 维护生态安全

生态安全性是指生态系统的健康和完整情况。生态系统在各种生物要素和环境要素组成的生态系统结构得以保持的条件下,其生态功能也可以得到保持,生态系统的运行就可以保持平衡,其作为经济发展基础的作用也能得到有效发挥。相反,一旦生态系统的结构由于某种原因遭到破坏则其系统的功能就不能保持,生态系统的运行就不能维持平衡,其作为经济发展基础的作用也就不能有效地发挥,甚至会引起严重的生态问题。

生态安全的前提是保证生态系统服务正常发挥,或者在一定的弹性范围内正常发挥。从生态安全的定义可以看出生态安全与生态系统服务功能有紧密的关联。生态系统服务是生态安全的正向目标。生态环境良好的地区生态系统服务越强,生态安全程度越高,反之则存在生态安全隐患。生态系统服务与生态安全是密切相关的,生态安全的显性特征之一是生态系统服务的状态。因此,生态安全包含两重含义:[2] 一是生态系统自身是否安全,即其自身结构是否受到破坏;二是生态系统对于人类是否安全,即生态系统服务是否能提供足以维持人类生存和发展的可靠生态保障。

三、自然生态保护法的子领域划分

根据保护方式的特征,可将自然生态保护法分为自然保护法和生态保护法两个子领域。这两个子领域法在保护目标上具有一致性,但在法律调整行为上有所差别。自然保护法主要调整保护原真性自然的"不劳动行为",而生态保护法主要是调整、维护、修复功能性生态系统的"生态行为"。前者体现为消极的保护,后者体现为积极的保护。

(一)自然保护法

自然保护法主要是调整国土空间中的禁止开发区和位于限制开发区的重要生态功能区,自然保护地体系的范围主要分布在禁止开发区与限制开发区,在国土空间中属于禁止进行工业化、城镇化开发的重点生态功能区,调整客体的空间属性决定自然保护地的调整行为不能是积极性的开发行为。自然保护地体系旨在保护自然的原真性,因此,主要通过禁止、限制环境资源的社会化开发的消极性的"不劳动行为"进行调整。自然保护法主要

---

[1] 参见曾贤刚、虞慧怡、谢芳:《生态产品的概念、分类及其市场化供给机制》,载《中国人口·资源与环境》2014 年第 7 期。

[2] 参见郭中伟、甘雅玲:《关于生态系统服务功能的几个科学问题》,载《生物多样性》2003 年第 1 期。

包括自然保护地体系、生态空间和生态保护红线相关法律法规。

自然保护地由各级政府依法划定或确认的重要的自然生态系统、自然遗迹、自然景观及对其所承载的自然资源、生态功能和文化价值实施长期保护的陆域或海域。自然保护地体系相关法律包括国家公园、自然保护区、各类自然公园有关的国家和地方法律法规。

生态空间即自然生态空间,是国土空间规划中旨在保护国家自然生态安全而禁止和限制开发的一类重要的国土空间。《全国主体功能区规划》(2010 年公布)、《自然生态空间用途管制办法(试行)》(2017 年公布)均对生态空间进行了规定。此外,地方各级人大制定的国土空间规划条例也规定了生态空间的内容。在内容上生态空间相关法律侧重表达地表空间的物理特性和可塑性或地表空间的性质、功能和结构等内容。

生态保护红线相关规定主要包括《环境保护法》(2014 年修订)生态保护红线条款、《关于划定并严守生态保护红线的若干意见》(2017 年公布)以及相关环境规划和技术标准。生态保护红线纳入国家法律之后,在较长一段时间内内容都相对单薄。

自然保护地、自然生态空间和生态保护红线相关法律法规在法律目标、科学依据和管制措施方面具有高度的同质性。自然保护地体系基础形态以自然保护区划和区域保护制度为内容,核心范式是生态文明建设中形成的自然生态空间和生态保护红线制度。但这两个核心范式不是平行而是包容的构建关系,根据自然生态空间格局构建理论,自然保护地体系基础形态可称为"自然生态空间格局下的生态保护红线体系"。

(二)生态保护法

生态保护法是对不可避免的或已经发生的环境污染和生态破坏,采取积极措施进行治理的法律。在环境污染行为和资源开发利用行为经生态环境影响评价和生态环境风险评价等基础法律制度的调整之后,对仍然存在的"外溢性"负外部性生态环境影响和损害的法律调适,主要采取生态修复的方式实现。生态保护法的核心内容是生态恢复和生态修复。

生态恢复就是通过自然的休养生息和生态环境的自我调节、净化和恢复能力,改善、恢复或重建生态系统,维护生态平衡。生态恢复与自然保护法的内容有所重叠,划定限制开发区、禁止开发区,禁止或限制经济开发行为,利用自然恢复能力自我调节。

生态修复是在不破坏或尽量少破坏自然生态的前提下,采用一定的生物、生态及工程技术措施,遵循生态学原理和生态系统内在机制,使受损的生态系统实现近自然恢复。生态修复领域的法律法规主要包括国务院各部门有关生态修复的技术性文件、地方有关生态修复的法律法规,如《海洋生态修复技术指南(试行)》(2021 年公布)、《互花米草治理区域生态修复技术指南(试行)》(2023 年公布)、《朔州市桑干河流域生态修复与保护条例》(2023 年公布)、《朝阳市矿山生态修复条例》(2023 年公布)等。

生态恢复和生态修复并不是非此即彼的对立关系。采取生态恢复措施,并不是完全顺其自然;采取生态修复措施,并不是忽略生态系统的自然属性。正确处理生态恢复和生态修复的关系,目的是综合运用恢复和修复两种手段。

第二节 自然生态保护的主要法律制度

一、主体功能区制度

自2010年《全国主体功能区规划》发布到2012年党的十八大报告提出主体功能区战略,再到2013年党的十八届三中全会实施主体功能区制度,在主体功能区从规划引领、战略推进到制度落实的演变过程当中,针对生态和农业空间的保护属性以及针对城镇空间无序开发的约束性日益明晰。[1] 党的二十大以来,中央及各省(自治区、直辖市)也多次对主体功能区作出重要部署,主体功能区战略、理念及相关政策已得到各级政府部门的重视和落实。强化主体功能定位,优化国土空间开发格局,完善主体功能区制度,成为推进我国高质量发展的重要举措。[2]

(一)主体功能区制度的概念

主体功能区是指根据不同区域的资源环境承载能力、现有开发强度和发展潜力,统筹规划人口分布、经济布局、国土利用和城镇化格局,确定不同区域的主体功能,并据此明确开发方向,完善开发政策。主体功能区制度,是指根据资源环境承载能力、现有开发密度和发展潜力,统筹考虑未来我国人口分布、经济布局、国土利用和城镇化格局,将国土空间划分为优化开发、重点开发、限制开发和禁止开发四类主体功能区,按照主体功能定位调整完善区域政策和绩效评价,规范空间开发秩序,形成合理的空间开发构架。主体功能区是根据自然规律、经济规律、社会规律和城镇发展规律,以分区的方式确定不同地区国土空间开发保护主要导向与差别化空间政策的宏观规划方法和过程。主体功能区制度是基于主体功能区理念,在统筹落实国家重大战略基础上,对国土空间开发保护作出的总体性部署。

(二)主体功能区制度的主要内容

根据《全国主体功能区规划》(2010年公布),按照开发方式进行划分,可以将主体功能区划分为优化开发区域、重点开发区域、限制开发区域和禁止开发区域,其中限制开发区域又可以分为农产品主产区和重点生态功能区;按照开发内容进行划分,可以分为城市化地区、农产品主产区、重点生态功能区;按照层级划分,可以分为国家级主体功能区和省级主体功能区。

优化开发区域是经济比较发达、人口比较密集、开发强度较高、资源环境问题更加突出,从而应该优化进行工业化城镇化开发的城市化地区。这些区域国土开发密度较高、资

---

〔1〕 参见贾克敬等:《主体功能区优化完善技术方法研究》,载《国土资源导刊》2024年第1期。

〔2〕 参见黄征学、潘彪:《主体功能区规划实施进展、问题及建议》,载《中国国土资源经济》2020年第4期。

源环境承载能力已开始减弱。

重点开发区域是指有一定经济基础、资源环境承载能力较强、发展潜力较大、集聚人口和经济条件较好，从而应该重点进行工业化城镇化开发的城市化地区。

限制开发区域是指资源环境承载能力较弱、大规模集聚、经济和人口条件不够好并关系到全国或较大区域范围生态安全的区域。限制开发区域分为农产品主产区和重点生态功能区。农产品主产区即耕地较多、农业发展条件较好，尽管也适宜工业化城镇化开发，但从保障国家农产品安全以及中华民族永续发展的需要出发，必须把增强农业综合生产能力作为发展的首要任务，从而应该限制进行大规模高强度工业化城镇化开发的地区。限制开发区域中的重点生态功能区是指在涵养水源、保持水土、防风固沙、调蓄洪水、保护生物多样性等方面具有重要作用，关系到国家或区域生态安全的地域空间，包括东北的兴安岭、长白山林地、三江平原湿地等，西北的新疆阿尔泰、青海三江源等地，内蒙古的部分沙漠化防治区，西南等地的一些干热河谷、喀斯特石漠化防治区，黄土高原水土流失防治区，大别山土壤侵蚀防治区等。

禁止开发区域是指依法设立的各级各类自然文化资源保护区域，以及其他禁止进行工业化城镇化开发，需要特殊保护的重点生态功能区。目前，我国禁止开发区中，国家级自然保护区 474 处，世界文化自然遗产 55 处，国家重点风景名胜区 244 处，国家森林公园 897 处，国家地质公园 219 处。[1]

主体功能区制度是对我国国土空间开发管理思路和战略的一个重大创新，具有重要的理论和现实意义。其中限制开发区域与禁止开发区域的相关规定对生态系统保护意义重大，如限制开发区域要求国家尽快建立和完善一系列生态补偿机制，用于限制开发区域的生态维护和保养；禁止开发区域强调了对自然文化资源的原真性和完整性保护。

二、生态保护红线制度

《国务院关于加强环境保护重点工作的意见》（2011 年公布）首次提出“生态红线”的概念，要求“在重要生态功能区、陆地和海洋生态环境敏感区、脆弱区等区域划定生态红线”。2014 年 4 月 24 日《环境保护法》修订，首次以法律的形式将生态红线加以明确规定，其第 29 条第 1 款规定：“国家在重点生态功能区、生态环境敏感区和脆弱区等区域划定生态保护红线，实行严格保护。”2023 年 4 月 22 日，自然资源部宣布全国生态保护红线划定工作全面完成。

（一）生态保护红线制度概述

生态保护红线是指在生态空间范围内具有特殊重要生态功能、必须强制性严格保护的区域。优先将具有重要水源涵养、生物多样性维护、水土保持、防风固沙、海岸防护等功能

[1] 参见黄征学、潘彪：《主体功能区规划实施进展、问题及建议》，载《中国国土资源经济》2020 年第 4 期。

的生态功能极重要区域,以及生态极敏感脆弱的水土流失、沙漠化、石漠化、海岸侵蚀等区域划入生态保护红线。在生态保护红线内,自然保护地核心保护区原则上禁止人为活动;在生态保护红线内、自然保护地核心保护区外,禁止开发性、生产性建设活动,在符合法律法规的前提下,仅允许对生态功能不造成破坏的有限人为活动。

(二)生态保护红线制度的主要内容

1. 生态保护红线的划定对象

生态保护红线的划定对象主要包括重点生态功能区、生态环境敏感区和脆弱区。重点生态功能区包括在限制开发区域的重点生态功能区和在禁止开发区域的重点生态功能区。在限制开发区域的重点生态功能区,是指生态系统十分重要,关系全国或较大范围区域的生态安全,目前生态系统有所退化,需要在国土空间开发中限制进行大规模高强度工业化、城镇化开发,以保持并提高生态产品供给能力的区域。国家重点生态功能区共 25 个,总面积 386 万平方公里,分为水源涵养型、水土保持型、防风固沙型和生物多样性维护型四种类型。国家重点生态功能区要以保护和修复生态环境、提供生态产品为首要任务,因地制宜地发展不影响主体功能定位的适宜产业,引导超载人口逐步有序转移。要对各类开发活动进行严格管理,尽可能减少对自然生态系统的干扰,不得损害自然生态系统的稳定性和完整性。在禁止开发区域的重点生态功能区,是指有代表性的自然生态系统、珍稀濒危野生动植物物种的天然集中分布地、有特殊价值的自然遗迹所在地和文化遗址等需要在国土开发空间中禁止进行工业化、城镇化开发的区域。

生态环境敏感区和脆弱区,主要是指依法设立的各级各类自然、文化保护地,以及对建设项目的某类污染因子或者生态影响因子特别敏感和脆弱的区域,主要包括:自然保护区、风景名胜区、世界文化和自然遗产地、饮用水水源保护区、基本农田保护区、基本草原、森林公园、地质公园、重要湿地、天然林、珍稀濒危野生动植物天然集中分布区、重要水生生物的自然产卵场及索饵场、越冬场及洄游通道、天然渔场、资源性缺水地区、水土流失重点防治区、沙化土地封禁保护区、封闭及半封闭海域、富营养化水域,以及文物保护单位,具有特殊历史、文化、科学、民族意义的保护地。应当对这些区域划定生态保护红线,进行严格保护。[1]

2. 生态保护红线区的禁限措施

政府应当将生态保护红线作为编制空间规划的核心内容,对不符合生态保护红线管控要求的规划及时进行调整。禁止不符合主体功能定位的各类开发建设活动。生态环境主管部门应当会同有关部门和人民政府,依照法律法规和国家有关规定制定生态保护红线准入清单,报上级批准后公布执行。任何单位和个人不得擅自调整生态保护红线准入清单。政府及其有关部门对不符合生态保护红线准入清单的开发活动,不得办理相关审批、核准

[1] 参见韩德培主编:《环境保护法教程》(第 7 版),法律出版社 2015 年版,第 94 页。

或者备案手续。法律法规另有规定的，从其规定。

《宁夏回族自治区生态保护红线管理条例》所称生态保护红线，是指在生态空间范围内具有特殊重要生态功能、必须强制性严格保护的区域。生态保护红线管理应当坚持科学划定、严格保护、稳定功能、部门协调的原则。

3. 生态红线的监测调查

生态红线领域的监测包括生态质量监测与生物多样性监测。生态环境行政主管部门制定生态保护红线生态环境监测技术规范，完善天地一体的生态质量监测网络，组织开展生态保护红线生态质量监测。生态环境行政主管部门组织开展生态保护红线全覆盖人为活动遥感监测，重点监测矿产资源开发、工业开发、能源开发、旅游开发、交通开发，以及其他可能造成生态破坏的人为活动。生态环境行政主管部门构建生物多样性监测网络，组织开展生物多样性保护优先区域和国家重大战略区域的生态系统、生物物种、遗传基因生物多样性调查与观测。生态监测结果纳入全国生态环境状况公报和中国海洋生态环境状况公报，并向社会公布。

除生态红线监测外，生态环境行政主管部门建立生态保护红线监督指标体系，制定生态状况调查评估技术规范，组织开展生态保护红线生态状况调查评估，评估生态状况和保护成效。评估结果纳入全国生态环境状况公报和中国海洋生态环境状况公报，并向社会公布。

三、生态保护补偿制度

（一）生态保护补偿制度概述

生态保护补偿是指通过财政纵向补偿、地区间横向补偿、市场机制补偿等机制，对按照规定或者约定开展生态保护的单位和个人予以补偿的激励性制度安排。生态保护补偿可以采取资金补偿、对口协作、产业转移、人才培训、共建园区、购买生态产品和服务等多种补偿方式。目前，中国生态保护补偿制度涵盖森林保护补偿、草原生态保护补偿、流域生态保护补偿、水源区等水流生态保护补偿、区域综合保护补偿、海洋生态保护补偿、荒漠生态保护补偿、湿地生态保护补偿、耕地生态保护补偿、水生生物资源养护保护补偿等领域。

党的十八大以来，以习近平同志为核心的党中央将建立健全生态保护补偿机制作为建设生态文明的重要举措，统筹谋划、全面推进生态保护补偿制度及相关领域改革，生态保护补偿工作加速推进。2016 年，国务院办公厅印发《关于健全生态保护补偿机制的意见》；2021 年，中共中央办公厅、国务院办公厅印发《关于深化生态保护补偿制度改革的意见》；2024 年 4 月 6 日，国务院发布《生态保护补偿条例》，该条例于 2024 年 6 月 1 日起施行，这意味着中国成为世界上第一个针对生态保护补偿全面立法的国家。

（二）生态保护补偿制度的主要内容

1. 财政纵向补偿

财政纵向补偿是指国家通过财政转移支付等方式，对开展重要生态环境要素保护的单位和个人，以及在依法划定的重点生态功能区、生态保护红线、自然保护地等生态功能重要区域开展生态保护的单位和个人，予以补偿。

《生态保护补偿条例》(2024 年公布)明确了纵向补偿包括八大领域的分类补偿和重点生态功能区转移支付、自然保护地生态补偿这两类综合补偿。对开展重要生态环境要素保护的单位和个人，中央财政按照森林，草原，湿地，荒漠，海洋，水流，耕地和水生生物资源、陆生野生动植物资源八大领域分类实施补偿。补偿的具体范围、补偿方式应当统筹考虑地区经济社会发展水平、财政承受能力、生态保护成效等因素分类确定，并连同补偿资金的使用及其监督管理等事项依法向社会公布，有关地方人民政府可以结合实际建立分类补偿制度，对开展重要生态环境要素保护的单位和个人加大补偿力度。对于重点生态功能区转移支付、自然保护地生态补偿这两类综合补偿，由中央财政安排重点生态功能区转移支付，结合财力状况逐步增加转移支付规模，根据生态效益外溢性、生态功能重要性、生态环境敏感性和脆弱性等特点，在重点生态功能区转移支付中实施差异化补偿，加大对生态保护红线覆盖比例较高地区支持力度；同时国家建立健全以国家公园为主体的自然保护地体系生态保护补偿机制，中央财政和地方财政对开展自然保护地保护的单位和个人分类分级予以补偿，根据自然保护地类型、级别、规模和管护成效等合理确定转移支付规模。

地方人民政府及其有关部门获得的生态保护补偿资金应当按照规定用途使用，地方人民政府及其有关部门应当按照规定将生态保护补偿资金及时补偿给开展生态保护的单位和个人，不得截留、占用、挪用或者拖欠。由地方人民政府统筹使用的生态保护补偿资金，应当优先用于自然资源保护、生态环境治理和修复等，有关地方人民政府应当按照国家有关规定稳步推进不同渠道生态保护补偿资金统筹使用。

2. 地区间横向补偿

国家鼓励、指导、推动生态受益地区与生态保护地区人民政府通过协商等方式建立生态保护补偿机制，开展地区间横向生态保护补偿。根据生态保护实际需要，上级人民政府可以组织、协调下级人民政府之间开展地区间横向生态保护补偿。地区间横向生态保护补偿针对江河流域上下游、左右岸、干支流所在区域，重要生态环境要素所在区域以及其他生态功能重要区域，重大引调水工程水源地以及沿线保护区等区域开展。

对在生态功能特别重要的跨省、自治区、直辖市和跨自治州、设区的市的重点区域开展地区间横向生态保护补偿的，中央财政和省级财政可以给予引导支持。对开展地区间横向生态保护补偿取得显著成效的，国务院发展改革、财政等部门可以在规划、资金、项目安排等方面给予适当支持。

开展地区间横向生态保护补偿时，有关地方人民政府应当签订书面协议并严格履行。协议的内容包括但不限于补偿的具体范围，生态保护预期目标及其监测、评判指标，生态保护地区的生态保护责任，补偿方式以及落实补偿的相关安排，协议期限，违反协议的处理等。确定补偿协议的内容，应当综合考虑生态保护现状、生态保护成本、生态保护成效以及地区经济社会发展水平、财政承受能力等因素。

3. 市场机制补偿

国家充分发挥市场机制在生态保护补偿中的作用，推进生态保护补偿市场化发展，拓展生态产品价值实现模式；鼓励企业、公益组织等社会力量以及地方人民政府按照市场规则，通过购买生态产品和服务等方式开展生态保护补偿；建立健全碳排放权、排污权、用水权、碳汇权益等交易机制，推动交易市场建设，完善交易规则；鼓励、支持生态保护与生态产业发展有机融合，在保障生态效益前提下，采取多种方式发展生态产业，推动生态优势转化为产业优势，提高生态产品价值；鼓励、引导社会资金建立市场化运作的生态保护补偿基金，依法有序参与生态保护补偿。

第三节　自然生态保护法的主要立法

一、水土保持法

水土保持，是指对因自然因素和人为活动造成水土流失所采取的预防和治理措施。早在 1952 年，原政务院发布了《关于发动群众继续开展防旱、抗旱运动并大力推行水土保持工作的指示》（已失效），1957 年国务院发布了《水土保持暂行纲要》（已失效），1982 年又发布了《水土保持工作条例》（已失效），1988 年经国务院批准，由国家计委、水利部发布了《开发建设晋陕蒙接壤地区水土保持规定》（已失效）。1991 年全国人大常委会通过了《水土保持法》，1993 年国务院发布了《关于加强水土保持工作的通知》，同年发布了《水土保持法实施条例》。1991 年公布的《水土保持法》及其实施条例对水土保持工作作出了全面规定。《水土保持法》于 2010 年 12 月 25 日修订通过，2011 年 3 月 1 日起施行。此外，《水法》（2016 年修正）、《土地管理法》（2019 年修正）、《森林法》（2019 年修订）、《草原法》（2021 年修正）、《防沙治沙法》（2018 年修正）中也有关于水土保持的相关规定。《水土保持法》（2010 年修订）是为了预防和治理水土流失，保护和合理利用水土资源，减轻水、旱、风沙灾害，改善生态环境，保障经济社会可持续发展而制定的，其主要内容如下：

（一）水土保持法的监督管理体制

国务院水行政主管部门（水利部）主管全国的水土保持工作。县级以上地方人民政府水行政主管部门主管本行政区域的水土保持工作。县级以上人民政府林业、农业、国土资源等有关部门按照各自职责，做好有关的水土流失预防和治理工作。

（二）植被管护制度

地方各级人民政府应当按照水土保持规划，采取封育保护、自然修复等措施，组织单位和个人植树种草，扩大林草覆盖面积，涵养水源，预防和减轻水土流失。

（三）水土保持监测制度

国务院水行政主管部门应当完善全国水土保持监测网络，对全国水土流失进行动态监测；完善全国水土流失监测网络，制定水土保持相关技术标准、规范和规程；对有严重水土流失可能的生产建设活动应重点开展监测并上报水土流失监测结果。

（四）水土保持规划与方案制度

水土保持规划是对一定时期的水土保持的目标、任务和措施等作出的总体部署和安排。[1] 水土保持区划是专项或特定区域水土保持规划的基础。水土保持区划是在自然区划、土壤侵蚀区划的基础上，并根据社会经济条件和水土保持现状区域的相同性和分异性，提出区域水土保持的方向、任务和措施的部署。按侵蚀营力，全国水土保持区划分为三类一级分区，分别为水力侵蚀、风力侵蚀和冻融侵蚀为主的水土保持区。在一级分区的基础上，根据影响水土流失的自然因素的特点，按区域性地貌单元的分异性划分二级分区。[2]

编制水土保持方案。在山区、丘陵区、风沙区以及水土保持规划确定的容易发生水土流失的其他区域开办可能造成水土流失的生产建设项目，生产建设单位应当编制水土保持方案，报县级以上人民政府水行政主管部门审批，并按照经批准的水土保持方案，采取水土流失预防和治理措施。水土保持方案应当包括水土流失预防和治理的范围、目标、措施和投资等内容。

（五）水土流失的治理

地方各级人民政府及其有关部门应当组织单位和个人，在水力侵蚀地区，以天然沟壑及其两侧山坡地形成的小流域为单元，因地制宜地采取工程措施、植物措施和保护性耕作等措施，进行坡耕地和沟道水土流失综合治理；在风力侵蚀地区，因地制宜地采取轮封轮牧、植树种草、设置人工沙障和网格林带等措施，建立防风固沙防护体系；在冻融侵蚀地区，采取监测、径流排导、削坡减载、支挡固坡、修建拦挡工程等措施，建立监测、预报、预警体系。

在饮用水水源保护区，采取预防保护、自然修复和综合治理措施，配套建设植物过滤带，积极推广沼气，开展清洁小流域建设，严格控制化肥和农药的使用，减少水土流失引起的面源污染，保护饮用水水源。

已在禁止开垦的陡坡地上开垦种植农作物的，应当按照国家有关规定退耕，植树种草；耕地短缺、退耕确有困难的，应当修建梯田或者采取其他水土保持措施。在禁止开垦坡度以下的坡耕地上开垦种植农作物的，应当根据不同情况，采取修建梯田、坡面水系整治、蓄

---

〔1〕 参见钱水苗、叶勇飞、范莉编著：《环境资源法》，高等教育出版社2005年版，第279页。

〔2〕 参见唐克丽等编著：《中国水土保持》，科学出版社2004年版，第156－157页。

水保土耕作或者退耕等措施。

对生产建设活动所占用土地的地表土应当进行分层剥离、保存和利用，做到土石方挖填平衡，减少地表扰动范围；对废弃的砂、石、土、矸石、尾矿、废渣等存放地，应当采取拦挡、坡面防护、防洪排导等措施。生产建设活动结束后，应当及时在取土场、开挖面和存放地的裸露土地上植树种草、恢复植被，对闭库的尾矿库进行复垦。

在干旱缺水地区从事生产建设活动，应当采取防止风力侵蚀措施，设置降水蓄渗设施，充分利用降水资源。

二、防沙治沙法

土地沙化，是指主要因人类不合理活动所导致的天然沙漠扩张和沙质土壤上植被及覆盖物被破坏，形成流沙及沙土裸露的过程，如盲目开垦、过度放牧、乱砍滥伐、滥挖野生中药材等沙生植物、滥开矿藏、不合理开发利用水资源等，不包括原生沙漠和戈壁。沙化土地，包括已经沙化的土地和具有明显沙化趋势的土地。

防沙治沙，是指预防土地沙化和治理沙化土地的活动。在防沙治沙的立法方面，2001年九届全国人大常委会第二十三次会议通过了《防沙治沙法》，2004 年国家林业局发布了《营利性治沙管理办法》。此外，《土地管理法》(2019 年修正)、《矿产资源法》(2024 年修订)、《农业法》(2012 年修正)、《森林法》(2019 年修订)、《草原法》(2021 年修正)、《水土保持法》(2010 年修订)等相关法律也对防沙治沙作出了规定。《防沙治沙法》(2018 年修正)是为预防土地沙化，治理沙化土地，维护生态安全，促进经济和社会的可持续发展而制定的。其主要内容如下：

(一)防沙治沙的监督管理体制

在国务院领导下，国务院林业草原行政主管部门(国家林业和草原局)负责组织、协调、指导全国防沙治沙工作。国务院林业草原、农业、水利、土地、生态环境等行政主管部门和气象主管机构，按照有关法律规定的职责和国务院确定的职责分工，各负其责，密切配合，共同做好防沙治沙工作。县级以上地方人民政府组织、领导所属有关部门，按照职责分工，各负其责，密切配合，共同做好本行政区域的防沙治沙工作。

(二)封禁保护制度

设立封禁保护区。在防沙治沙规划所确定的规划期内不具备治理条件的以及因保护生态的需要不宜开发利用的连片沙化土地，应当规划为沙化土地封禁保护区，实行封禁保护。在沙化土地封禁保护区范围内，禁止一切破坏植被的活动。

禁止在沙化土地封禁保护区范围内安置移民。对沙化土地封禁保护区范围内的农牧民，县级以上地方人民政府应当有计划地组织迁出，并妥善安置。沙化土地封禁保护区范围内尚未迁出的农牧民的生产生活，由沙化土地封禁保护区主管部门妥善安排。

封禁保护区内禁止建设活动。未经国务院或者国务院指定的部门同意,不得在沙化土地封禁保护区范围内进行修建铁路、公路等建设活动。

(三)植被管护制度

营造防风固沙林网、林带,种植多年生灌木和草本植物。除了抚育更新性质的采伐外,不得批准对防风固沙林网、林带进行采伐。在对防风固沙林网、林带进行抚育更新性质的采伐之前,必须在其附近预先形成接替林网和林带。对林木更新困难地区已有的防风固沙林网、林带,不得批准采伐。

沙化土地所在地区的县级以上地方人民政府,不得批准在沙漠边缘地带和林地、草原开垦耕地;已经开垦并对生态产生不良影响的,应当有计划地组织退耕还林还草。草原地区的地方各级人民政府,应当加强草原的管理和建设,由林业草原行政主管部门会同畜牧业行政主管部门负责指导、组织农牧民建设人工草场,控制载畜量,调整牲畜结构,改良牲畜品种,推行牲畜圈养和草场轮牧,消灭草原鼠害、虫害,保护草原植被,防止草原退化和沙化。

(四)土地沙化监测制度

土地沙化的监测是防沙治沙的一项基础性工作,它为编制防沙治沙规划提供了重要依据。国务院林业草原行政主管部门组织其他有关行政主管部门对全国土地沙化情况进行了监测、统计和分析,并定期公布监测结果。县级以上地方人民政府林业草原或者其他有关行政主管部门应当按照监测技术规程,对沙化土地进行监测并报告。

(五)防沙治沙规划制度

防沙治沙规划是指在一定时期和一定区域范围内,根据土地开发利用现状、沙化程度以及国民经济和社会发展规划,对土地沙化的预防和沙化土地的治理等工作所作的统筹安排和合理布局。[1] 编制防沙治沙规划,应当根据沙化土地所处的地理位置、土地类型、植被状况、气候和水资源状况、土地沙化程度等自然条件及其所发挥的生态、经济功能,对沙化土地实行分类保护、综合治理和合理利用。防沙治沙规划应当与土地利用总体规划相衔接,防沙治沙规划中确定的沙化土地用途,应当符合本级人民政府的土地利用总体规划。

沙化土地所在地区的县级以上地方人民政府水行政主管部门,应当加强流域和区域水资源的统一调配和管理,在编制流域和区域水资源开发利用规划和供水计划时,必须考虑整个流域和区域植被保护的用水需求,防止因地下水和上游水资源的过度开发利用,导致植被破坏和土地沙化。该规划和计划经批准后,必须严格实施。沙化土地所在地区的地方各级人民政府应当节约用水,发展节水型农牧业和其他产业。

---

[1] 参见韩德培主编:《环境保护法教程》(第6版),法律出版社2012年版,第178页。

(六)沙化土地相关权益

国家鼓励单位和个人在自愿的前提下,捐资或者以其他形式开展公益性的治沙活动。县级以上地方人民政府林业草原或者其他有关行政主管部门,应当为公益性治沙活动提供治理地点和无偿技术指导。从事公益性治沙的单位和个人,应当按照县级以上地方人民政府林业草原或者其他有关行政主管部门的技术要求进行治理,并可以将所种植的林、草委托他人管护或者交由当地人民政府有关行政主管部门管护。

使用已经沙化的国有土地的使用权人和农民集体所有土地的承包经营权人,必须采取治理措施,改善土地质量,确实无能力完成治理任务的,可以委托他人治理或者与他人合作治理,委托或者合作治理的,应当签订协议,明确各方的权利和义务。

不具有土地所有权或者使用权的单位和个人从事营利性治沙活动的,应当先与土地所有权人或者使用权人签订协议,依法取得土地使用权。

已经沙化的土地范围内的铁路、公路、河流和水渠两侧,城镇、村庄、厂矿和水库周围,实行单位治理责任制,由县级以上地方人民政府下达治理责任书,由责任单位负责组织造林种草或者采取其他治理措施。沙化土地所在地区的地方各级人民政府,可以组织当地农村集体经济组织及其成员在自愿的前提下,对已经沙化的土地进行集中治理。农村集体经济组织及其成员投入的资金和劳力,可以折算为治理项目的股份、资本金,也可以采取其他形式给予补偿。

三、防洪法

洪水灾害是我国最严重的自然灾害之一。我国历来十分重视防洪。新中国成立后,发布了《防汛条例》(2011 年修订)、《河道管理条例》(2018 年修订)、《关于蓄滞洪区安全与建设指导纲要》(1988 年公布,已失效)等行政法规和文件。1997 年 8 月八届全国人大常委会第二十七次会议通过并颁布了《防洪法》,将防洪工作进一步纳入法治化的轨道。《防洪法》(2016 年修正)的主要内容如下:

(一)防洪规划保留区制度

防洪规划保留区,是指经防洪规划确定,依法批准划定并公告的河道整治计划用地和规划建设的堤防用地范围内的土地。规划保留区内的土地利用,应当符合防洪规划的要求,不得建设与防洪无关的其他永久性工程设施;在特殊情况下,国家建设项目确需占用规划保留区内的土地的,应当征求有关行政主管部门的意见。

(二)规划同意书制度

规划同意书是指水行政主管部门对防洪工程和其他水工程、水电站的可行性研究报告进行审查,对于符合防洪规划的要求者予以同意签署的法定程序。在江河、湖泊上建设防洪工程和其他水工程、水电站等，应当符合防洪规划的要求，水库应当按照防洪规划的要求留足防洪库容；有关的可行性研究报告按照国家规定的基本建设程序报请批准时，应当附具有关水行政主管部门签署的符合防洪规划要求的规划同意书。

（三）洪水影响评价报告制度

《水法》（2016 年修正）、《防洪法》（2016 年修正）、《河道管理条例》（2018 年修订）规定了洪水影响评价报告制度，其主要作用在于避免进洪时对蓄滞洪区内的非防洪建设项目造成不必要的经济损失，并防止建设项目对防洪工作产生严重影响。

跨越河道的管道、渡槽、线路的净空高度，以及穿越河道的管道和在两堤之间埋设管道的深度，必须符合防洪和航运的要求，应当就建设项目对防洪可能产生的影响作出评价，编制防洪影响报告，提出防御措施。

在洪泛区、蓄滞洪区内建设非防洪建设项目，其可行性研究报告报请批准时，工程建设方案应当经有关水行政主管部门审查同意，并附具有关水行政主管部门审查批准的洪水影响评价报告书。建设单位在取得河道主管机关的审查同意书后，方可开工建设。

（四）河道管理范围内建设项目审批制度

建设跨河、穿河、穿堤、临河的桥梁、码头、道路、渡口、管道、缆线、取水、排水等工程设施，应当符合防洪标准、岸线规划、航运要求和其他技术要求，不得危害堤防安全、影响河势稳定、妨碍行洪畅通，其可行性研究报告按照国家规定的基本建设程序报请批准前，其中的工程建设方案应当经有关水行政主管部门根据前述防洪要求审查同意。

四、湿地保护法

1992 年我国加入《关于特别是作为水禽栖息地的国际重要湿地公约》。2013 年《湿地保护管理规定》（已被修改）开始施行，2022 年 6 月 1 日起正式施行的《湿地保护法》是我国首部系统、全面的湿地保护法律，确立保护优先、严格管理、系统治理、科学修复、合理利用的湿地保护基本原则，规定了重要的湿地保护法律制度。

（一）湿地分级管理与名录制度

国家对湿地实行分级管理，按照生态区位、面积以及维护生态功能、生物多样性的重要程度，将湿地分为重要湿地和一般湿地。重要湿地包括国家重要湿地和省级重要湿地，重要湿地以外的湿地为一般湿地。重要湿地依法划入生态保护红线。

国务院林业草原主管部门会同国务院自然资源、水行政、住房城乡建设、生态环境、农业农村等有关部门发布国家重要湿地名录及范围，并设立保护标志。国际重要湿地应当列入国家重要湿地名录。省、自治区、直辖市人民政府或者其授权的部门负责发布省级重要湿地名录及范围，并向国务院林业草原主管部门备案。一般湿地的名录及范围由县级以上地方人民政府或者其授权的部门发布。

（二）湿地开发利用的禁止与限制

《湿地保护法》（2021 年公布）明确了湿地开发的禁止行为。禁止开（围）垦、排干自然湿地，永久性截断自然湿地水源；禁止擅自填埋自然湿地，擅自采砂、采矿、取土等行为。建设项目规划选址、选线审批或者核准时，涉及国家重要湿地的，应当征求国务院林业草原主管部门的意见；涉及省级重要湿地或者一般湿地的，应当征求县级以上地方人民政府授权的部门的意见；临时占用湿地的按照有关法律法规规定，期限一般不得超过 2 年，并不得在临时占用的湿地上修建永久性建筑物，临时占用湿地期满后 1 年内，用地单位或者个人应当恢复湿地面积和生态条件。

对于擅自占用重要湿地、开（围）垦、填埋自然湿地、排干自然湿地或永久性截断自然湿地水源等破坏湿地的行为，规定了如罚款、停产停业整顿、没收违法所得等行政处罚。除此之外，也明确其相应的修复责任。

（三）湿地修复制度

县级以上地方人民政府应当科学论证，对具备恢复条件的原有湿地、退化湿地、盐碱化湿地等，因地制宜采取措施，恢复湿地生态功能。县级以上地方人民政府应当按照湿地保护规划，因地制宜采取水体治理、土地整治、植被恢复、动物保护等措施，增强湿地生态功能和碳汇功能。

修复重要湿地应当编制湿地修复方案。重要湿地的修复方案应当报省级以上人民政府林业草原主管部门批准。林业草原主管部门在批准修复方案前，应当征求同级人民政府自然资源、水行政、住房城乡建设、生态环境、农业农村等有关部门的意见。

修复重要湿地应当按照经批准的湿地修复方案进行修复。重要湿地修复完成后，应当经省级以上人民政府林业草原主管部门验收合格，依法公开修复情况。省级以上人民政府林业草原主管部门应当加强修复湿地后期管理和动态监测，并根据需要开展修复效果后期评估。

因违法占用、开采、开垦、填埋、排污等活动，导致湿地破坏的，违法行为人应当负责修复。违法行为人变更的，由承继其债权、债务的主体负责修复。因重大自然灾害造成湿地破坏，以及湿地修复责任主体灭失或者无法确定的，由县级以上人民政府组织实施修复。

五、自然保护地法

（一）自然保护地法治建设的历史

从 1956 年中国成立第一个自然保护区——广东鼎湖山国家级自然保护区，到 2019 年 1 月中共中央全面深化改革委员会第六次会议审议通过《关于建立以国家公园为主体的自然保护地体系的指导意见》要求建设“以国家公园为主体、自然保护区为基础、各类自然公园为补充的自然保护地分类系统”,至今,中国自然保护地法治建设已经走过了60多年的历程。

回顾历史,中国自然保护地法治建设可分为三个历史阶段:首先,单一类型自然保护区创建发展阶段,自1956年至改革开放初期的1982年,创建形成中国自然保护区体系。其次,类型化自然保护地创建发展阶段,自1982年第一个风景名胜区和森林公园建立至2013年国家生态文明体制改革提出建立国家公园体制。中国自然保护地类型从1个发展至10多个,顺次为风景名胜区(1982年)、森林公园(1982年)、世界遗产(1987年)、地质公园(2001年)、水利风景区(2001年)、湿地公园(2005年)、城市湿地公园(2005年)、海洋特别保护区(2005年)、海洋公园(2011年)等,覆盖了中国主要的自然保护空间客体。[1] 最后,以国家公园为主体的自然保护地体系的综合性建设阶段,自2013年至今,在这一阶段,中国开展建设新型自然保护地体系,其中,国家公园体制建设既是新型自然保护地体系改革的重大历史机遇,也是自然保护地体系建设的重要内容。

早在1979年,林业部、中国科学院、国家科委、国家农委、国务院环境保护领导小组、农业部、国家水产总局、地质部联合发出了《关于加强自然保护区管理、区划和科学考察工作的通知》;1985年经国务院批准,林业部公布了《森林和野生动物类型自然保护区管理办法》;1991年,国务院办公厅公布了《关于国家级自然保护区申报审批意见的报告》;1994年,国务院发布了《自然保护区条例》;1995年,国家海洋局发布了《海洋自然保护区管理办法》;1997年,农业部发布了《水生动植物自然保护区管理办法》;2006年,国家环境保护总局公布了《国家级自然保护区监督检查办法》(已被修改)。另外,《环境保护法》(2014年修订)、《海洋环境保护法》(2023年修订)、《森林法》(2019年修订)、《草原法》(2021年修正)、《野生动物保护法》(2022年修订)等也设有自然保护区的规定。

(二)国家公园制度

国家公园是以保护具有国家代表性的自然生态系统为主要目的,实现自然资源科学保护和合理利用的特定陆域或者海域,是自然生态系统中最重要、自然景观最独特、自然遗产最精华、生物多样性最富集的部分。

2013年,党的十八届三中全会首次提出建立国家公园体制。2015年,中共中央制定了生态文明体制的改革方案,开启了为期3年的国家公园试点。2017年党的十九大报告明确要求,建立以国家公园为主体的自然保护地体系。根据《建立国家公园体制总体方案》(2017年公布)的规定,国家公园是指由国家批准设立并主导管理,边界清晰,以保护具有国家代表性的大面积自然生态系统为主要目的,实现自然资源科学保护和合理利用的特定

---

[1] 其他重要法规规章文件还包括《森林和野生动物类型自然保护区管理办法》(1985年公布)、《海洋自然保护区管理办法》(1995年公布)、《水生动植物自然保护区管理办法》(已失效)、《自然保护区土地管理办法》(1995年公布)、《自然保护区管护基础设施建设技术规范》(2003年公布)、《国家级自然保护区评审委员会组织和工作制度》(1999年)、《国家级自然保护区监督检查办法》(2021年修正)等。

陆地或海洋区域。2021 年,在国家公园体制试点的基础上,中国正式设立三江源、东北虎豹、大熊猫、武夷山以及海南热带雨林等第一批国家公园。2022 年,国家林业和草原局等部门联合印发的《国家公园空间布局方案》明确提出,到 2035 年,基本建成世界最大的国家公园体系,进一步推进以国家公园为主体、自然保护区为基础、各类自然公园为补充的自然保护地体系建设。2022 年,国家林业和草原局为加强国家公园建设管理,保障国家公园工作平稳有序开展,印发了《国家公园管理暂行办法》。

国家公园应当根据功能定位进行合理分区,划分为核心保护区和一般控制区,实行分区管控。国家公园范围内自然生态系统保存完整、代表性强,核心资源集中分布,或者生态脆弱需要休养生息的区域应当划为核心保护区。国家公园核心保护区以外的区域划为一般控制区。

国家公园核心保护区原则上禁止人为活动。国家公园管理机构在确保主要保护对象和生态环境不受损害的情况下,可以按照有关法律法规政策,开展或者允许开展下列活动:管护巡护、调查监测、防灾减灾救灾等活动及必要的设施修筑,以及因有害生物防治、外来物种入侵等特殊情形,开展生态修复、增殖放流、病虫害动植物清理等活动。

国家公园一般控制区禁止开发性、生产性建设活动,国家公园管理机构可以按照有关法律法规政策,开展或者允许开展一些对生态功能不造成破坏、符合管控要求的有限人为活动。例如,不破坏生态功能的适度参观旅游和相关的必要公共设施建设;符合县级以上国土空间规划的线性基础设施建设、防洪和供水设施建设与运行维护;重要生态修复工程;在严格落实草畜平衡制度要求的前提下开展适度放牧以及人工集体商品林在过渡期内开展必要的经营。

国家公园管理机构应当配合不动产登记机构将国家公园作为独立自然资源登记单元,依法依规对国家公园内的自然资源所有权进行统一确权登记。国家公园管理机构应当按照依法、自愿、有偿的原则,探索通过租赁、置换、合作、设立保护地役权等方式对国家公园内集体所有土地及其附属资源实施管理,在确保维护产权人权益前提下,探索通过赎买方式将集体所有商品林或其他集体资产转为全民所有自然资源资产,实现多元化保护。

(三)自然保护区制度

自然保护区,是指对有代表性的自然生态系统、珍稀濒危野生动植物物种的天然集中分布区、有特殊意义的自然遗迹等保护对象所在陆地、陆地水体或者海域,依法划出一定面积予以特殊保护和管理的区域。

我国《自然保护区条例》(2017 年修订)确立了综合管理与分部门管理相结合的管理体制。国务院生态环境行政主管部门负责全国自然保护区的综合管理;国务院林业、农业、地质矿产、水利、海洋等有关行政主管部门在各自的职责范围内主管有关的自然保护区。县级以上地方人民政府负责自然保护区管理的部门的设置和职责,由省、自治区、直辖市人民政府根据当地具体情况确定。

凡具有下列条件之一的，应当建立自然保护区：(1)典型的自然地理区域、有代表性的自然生态系统区域以及已经遭受破坏但经保护能够恢复的同类自然生态系统区域；(2)珍稀、濒危野生动植物物种的天然集中分布区域；(3)具有特殊保护价值的海域、海岸、岛屿、湿地、内陆水域、森林、草原和荒漠；(4)具有重大科学文化价值的地质构造、著名溶洞、化石分布区、冰川、温泉等自然遗迹；(5)经国务院或者省、自治区、直辖市人民政府批准，需要予以特殊保护的其他自然区域。

自然保护区可以分为三类：(1)自然生态系统类自然保护区，是指以具有一定代表性、典型性和完整性的生物群落和非生物环境共同组成的生态系统作为主要保护对象的一类自然保护区，分为森林生态系统类型自然保护区、草原与草甸生态系统类型自然保护区、荒漠生态系统类型自然保护区、内陆湿地和水域生态系统类型自然保护区、海洋和海岸生态系统类型自然保护区五个类型。(2)野生生物类自然保护区，是指以野生生物物种，特别是珍稀、濒危物种种群及其生境为主要保护对象的一类自然保护区，分野生动物类型自然保护区和野生植物类型自然保护区两个类型。(3)自然遗迹类自然保护区，是指以具有特殊意义的自然地质遗迹和古生物遗迹为主要保护对象的一类自然保护区，分地质遗迹类型自然保护区和古生物遗迹类型自然保护区两个类型。

(四)自然公园制度

自然公园包括森林公园、地质公园、海洋公园、湿地公园等。

森林公园，是指森林景观优美，自然景观和人文景观集中，具有一定规模，可供人们游览、休息或者进行科学、文化、教育活动的场所。自然景观一般包括具有观赏价值的自然资源、地球历史变迁遗迹、生物进化资源和野外娱乐资源；人文景观包括文物古迹、革命历史纪念地、古文化遗址、古墓葬、古建筑、石窟寺、摩崖石刻等。我国现阶段建立的森林公园，是国家公园的一种类型。林业部1994年发布了《森林公园管理办法》(已失效)，2016年对该规章进行了修改，主要内容如下：

森林公园分级分类管理。森林公园按其森林景观和人文景物的观赏、科学、文化价值和旅游条件以及知名度等，划分为三级：国家级、省级和县级森林公园。建立森林公园，必须事先做好森林风景资源的调查和评价工作，依照规定的程序进行申报、审批和公布。森林公园的撤销、合并及变更，必须经原审批单位审批。

国家禁止在森林公园毁林开荒和毁林采石、采砂、采土以及其他毁林行为。采伐森林公园的林木，必须遵守有关林业法规、经营方案和技术规程的规定。占用、征用或者转让森林公园经营范围的林地，必须依法办理占用、征用或者转让手续，交纳有关费用，报有审批权的人民政府批准。依法做好植树造林、森林防火、森林病虫害防治、林木林地和野生动植物资源保护等工作。

国家允许对进入森林公园进行游览等活动的单位和个人，可以收取门票及有关费用。在森林公园设立网点，必须经森林公园经营管理机构同意，并按规定向其交纳有关费用。

森林公园范围内的单位、居民和进入森林公园内的游人,应当保护园内各项设施,遵守有关管理制度。森林公园经营管理机构,应当按规定设置防火、卫生、环保、安全等设施和标志,维护旅游秩序。森林公园的治安管理工作,由所在地林业公安负责。

六、野生动物保护法

(一)野生动物及其立法沿革

野生动物是指非人工繁殖、驯养,自然生长的各种动物,涵盖爬行动物、昆虫、哺乳动物、两栖动物、鱼类、腔肠动物等。它们可根据生活环境分为陆生和水生两类,是确定野生动物主管部门的主要依据。在法律层面,野生动物被分为受《野生动物保护法》(2022 年修订)保护和不受该法保护的两大类。受保护的主要为珍贵、濒危及有重要生态、科学、社会价值的动物,而不具备这些属性的野生动物,如有害或产业用野生动物,则不受该法调整,但可能受其他法律如《渔业法》(2013 年修正)的约束。

1950 年,中央人民政府政务院颁布了《稀有生物保护办法》,这可以看作新中国成立后野生动物保护立法的起步。2014 年修订的《环境保护法》则以环境基本法的形式规定了野生动物保护问题。该法第 29 条第 2 款规定:"各级人民政府对具有代表性的各种类型的自然生态系统区域,珍稀、濒危的野生动植物自然分布区域,重要的水源涵养区域,具有重大科学文化价值的地质构造、著名溶洞和化石分布区、冰川、火山、温泉等自然遗迹,以及人文遗迹、古树名木,应当采取措施予以保护,严禁破坏。"此外,一些环境单行法,如《森林法》《草原法》基于各自的立法目的也部分地涉及野生动物保护的内容。1988 年,我国《野生动物保护法》颁布,它是我国第一部野生动物保护的综合性法律,2022 年 12 月对该法进行了最新修订。目前,我国有关野生动物保护已经形成了一个包括法律、法规、规章等不同效力等级的法规范组成的法律体系,主要包括《野生动物保护法》(2022 年修订)、《陆生野生动物保护实施条例》(2016 年修订)、《水生野生动物保护实施条例》(2013 年修订)、《国家重点保护野生动物名录》(2021 年修改)等。这些法律、法规和部门工作文件为我国野生动物的保护和管理提供了重要的规范基础。

(二)野生动物保护的主要法律规定

根据《野生动物保护法》(2022 年修订)及其他法律、相关法规和规章,我国野生动物保护的主要法律规定包括以下四个方面:

一是野生动物资源所有权。我国野生动物资源所有权归国家,但个人和组织有权进行开发利用,如驯养繁殖和狩猎,但需遵守相关法律规定。

二是野生动物保护管理体制。各级政府负责管理野生动物资源,制定相关规划和措施。国务院林业草原、渔业部门分别主管全国陆生、水生野生动物管理,地方政府也设有相应管理机构。

三是野生动物保护规定。首先,国家高度重视珍贵、濒危野生动物的保护,将其划分为国家重点保护和地方重点保护两类。国家重点保护野生动物包括一级和二级保护动物。同时,地方政府也根据当地实际情况,制定了地方重点保护野生动物名录,为这些动物提供额外的保护。其次,为了切实保护野生动物的生存环境,国家在野生动物主要生息繁衍的地区和水域划定了自然保护区。此外,各级野生动物行政主管部门还负责监视和监测环境对野生动物的影响,以便及时应对可能产生的危害。最后,在预防建设项目对野生动物生存环境造成破坏方面,相关法规要求建设单位在提交环境影响报告书时必须评估其对野生动物生存环境的影响。生态环境主管部门在审批这些项目时,也会征求同级野生动物行政主管部门的意见,以确保建设活动不会对野生动物造成不可逆转的损害。

四是野生动物管理规定。在野生动物管理方面,国家建立了野生动物资源档案制度。野生动物行政主管部门定期组织资源调查,以全面了解野生动物的种类、数量、分布及利用保护状况。这些档案为管理、保护和合理开发利用野生动物资源提供了有力支持。此外,国家还实行了严格的许可证制度来控制野生动物的猎捕、杀害、收购、经营、运输和出口等活动。无论是猎捕国家重点保护野生动物还是非重点保护野生动物,都需要经过严格的审批程序并获得相应的许可证。这一制度有效遏制了非法猎捕和贸易行为,保护了野生动物资源。

七、长江保护法

近几十年来,随着国家经济社会的快速发展,长江流域生态环境面临严峻挑战。党的十八大以来,以习近平同志为核心的党中央对长江保护与治理作出一系列重要部署,把修复长江生态环境摆在压倒性位置。在此背景下制定实施的《长江保护法》(2020 年公布),贯彻生态优先、绿色发展理念,将切实保障长江流域生态安全,为推动长江经济带高质量发展增添新动能,全力以赴治好“长江病”。《长江保护法》(2020 年公布)由总则、规划与管控、资源保护、水污染防治、生态环境修复、绿色发展、保障与监督、法律责任和附则 9 章组成,共 96 条。《长江保护法》(2020 年公布)针对长江特点和存在的突出问题,采取特别的制度措施,标志着长江大保护进入依法保护的新阶段。

(一)长江保护法的立法沿革

关于长江立法呼声从 20 世纪 90 年代开始就已经有了,从初次提出到上升到国家战略,《长江保护法》用了近 30 年的时间。

1993 年,水利部将长江法列入五年立法计划并向全国人大常委会作了报告,并由长江水利委员会进行起草论证。2005 年,长江流域 14 省市政协召开长江水环境保护研讨会,2006 年,全国政协人口资源环境委员会向国务院递交《关于长江流域水污染防治立法的建议》。2006 年,长江水利委员会正式向水利部提交了《长江法(立法建议)》。2016 年 1 月 5 日,习近平总书记在推动长江经济带发展座谈会上强调:“当前和今后相当长一个时期,要把修复长江生态环境摆在压倒性位置,共抓大保护,不搞大开发。”2016 年 5 月,《长江经济带发展规划纲要》发布，提出，要“建立健全长江经济带生态环境保护法律制度，抓紧制定长江保护法，联动修订水法、航道法等”。2018 年 9 月，《长江保护法》进入了一类立法计划，法律草案正在加紧起草完善。2019 年，《长江保护法》被纳入全国人大常委会年度立法工作计划，由全国人大环资委牵头、国务院各部门配合开展《长江保护法》立法工作。2020 年 12 月 26 日，《长江保护法》在十三届全国人大常委会第二十四次会议上表决通过，该法于 2021 年 3 月 1 日起施行。

（二）我国长江保护法的主要内容

《长江保护法》（2020 年公布）重点内容包括以下五个方面：

一是规划和管控。《长江保护法》（2020 年公布）的特点在于空间性特征。长江流域既是以水为纽带和基础的自然空间单元，也是人类生产生活的社会空间单元，《长江保护法》（2020 年公布）把长江流域视为一个有边界范围的空间，以解决长江流域空间不均衡为重点，确立了具有空间特点的国土空间开发管控的法律制度。《长江保护法》（2020 年公布）规定要建立以国家发展规划为统领，以空间规划为基础，以专项规划、区域规划为支撑的长江流域规划体系，涉及长江流域国土空间利用的专项规划应当与长江流域国土空间规划相衔接，对长江流域国土空间实施分区、分类用途管制。主要措施包括：河湖岸线实施特殊管制；分区确定重点污染物排放总量控制指标；实施生态环境分区管控；加强对水能资源开发利用的管理；划定河道湖泊管理范围；在流域水生生物重要栖息地科学划定禁航和限航区域；实施河道采砂规划和许可制度等。

二是流域资源保护。《长江保护法》（2020 年公布）对于流域资源实施更为严格的保护措施，主要内容包括：（1）水资源保护措施：制定跨省河流水量分配方案措施；加强流域生态用水保障，针对长江干流、重要支流和重要湖泊制定生态流量管控指标；采取病险水库除险加固、建设堤防和蓄滞洪区、提升洪涝灾害防御工程标准、加强水工程联合调度、开展河道泥沙观测和河势调查等措施，提高防御水旱灾害的整体能力；对跨长江流域调水实施科学论证并加强管控；制定饮用水水源地名录，划定保护区，加强饮用水水源地保护；定期评估地下水资源状况，保障地下水安全；确定长江流域农业、工业用水效率目标，加强用水计量和监测设施建设；完善规划和建设项目水资源论证制度；加强对高耗水行业、重点用水单位的用水定额管理，严格控制高耗水项目建设。（2）生态资源保护措施：在重要典型生态系统的完整分布区、生态环境敏感区以及珍贵野生动植物天然集中分布区和重要栖息地、重要自然遗迹分布区等区域设立国家公园、自然保护区、自然公园等；在重要生态区、生态状况脆弱区划定公益林；严格管控草原资源。（3）生物资源保护：建立长江流域水生生物完整性指数评价体系；对长江流域珍贵、濒危水生野生动植物实行重点保护；鼓励开展水生野生动植物生境特征和种群动态的研究，建设人工繁育和科普教育基地，组织开展水生生物救护；禁止在长江流域开放水域养殖、投放外来物种或者其他非本地物种种质资源。

三是水污染防治。长江流域水污染防治主要措施包括：制定长江流域专门的水环境质量标准,对国家水环境质量标准中未作规定的项目可以补充规定,对国家水环境质量标准中已经规定的项目,可以作出更加严格的规定;授权地方政府制定更为严格的水环境质量标准和水污染排放标准;制订总磷污染控制方案;统筹建设长江流域城乡污水集中处理设施及配套管网,对排污口实施分类管理;加强长江流域农业面源污染防治;加强地方对固体废物非法转移和倾倒的联防联控,对沿江垃圾填埋场、加油站、矿山、化工园区和化工项目等地下水重点污染源及周边地下水环境安全隐患开展调查评估;建立长江流域危险货物运输船舶污染责任保险与财务担保相结合机制,禁止在长江流域水上运输剧毒危险化学品和国家规定禁止通过内河运输的其他危险化学品。

四是生态环境修复。《长江保护法》(2020 年公布)中对生态环境修复主要采取以下措施:对长江流域重点水域实行严格捕捞管理;制定并组织实施长江干流和重要支流的河湖水系连通修复方案;实施河湖岸线修复;加强重点库区消落区生态环境保护和修复,因地制宜采取退耕还林还草还湿、禁用农药化肥、调控水库水位等措施;组织实施流域森林、草地、湿地修复工作;开展富营养化湖泊生态环境修复工作,通过调整产业布局规模、控制性水工程统一调度、生态补水、河湖连通等综合措施,改善和恢复湖泊生态系统的质量和功能,对于氮磷浓度严重超标的湖泊,在影响湖泊水质的汇水区采取削减化肥用量,禁止使用含磷洗涤剂,全面清理投饵、投肥养殖等措施进行修复;对长江流域濒危的野生动植物和受到严重破坏的栖息地、天然集中分布区、破碎化的典型生态系统制订修复方案和行动计划,修建迁地保护设施,建立野生动植物遗传资源基因库,进行抢救性修复;在长江流域水生生物重要栖息地实施生态环境修复和保护,对鱼类等水生生物洄游产生阻隔的涉水工程结合实际采取建设过鱼设施、河湖连通、生态调度、灌江纳苗等多种措施满足水生生物的生态需求;在长江河口加强对水、沙、盐、潮滩、生物种群的综合监测,防止海水入侵和倒灌;对长江流域水土流失重点预防区和重点治理区,以自然恢复为主,有计划地实施退耕还林还草还湿;划入自然保护地核心保护区的永久基本农田,依法有序退出并予以补划;因地制宜采取消除地质灾害隐患、土地复垦、恢复植被、防治污染等措施加快历史遗留矿山生态环境修复工作;对长江流域江河源头和上游地区实施生态环境修复和其他保护措施,地方人民政府因地制宜在项目、资金、人才、管理等方面给予支持。

五是绿色发展。《长江保护法》(2020 年公布)中设立"绿色发展"专门章节,实施绿色发展,主要内容包括:推动产业升级改造、清洁化改造,减少资源消耗和污染物排放;定期评估各类开发区的资源能源节约集约利用、生态环境保护等情况;在长江流域实施重点行业和重点用水单位节水技术改造;加强节水型城市和节水型园区建设,促进节水型行业产业和企业发展,加快建设海绵城市;建设美丽城镇和美丽乡村,因地制宜组织实施厕所改造,鼓励使用节能环保的建筑材料,加强生产建设活动废弃土石渣管理;编制并组织实施养殖水域滩涂规划,强化水产养殖管理;加强长江流域综合立体交通体系建设,完善港口、航道等水运基础设施,提升水道功能;统筹建设船舶污染物接收转运处置设施、船舶液化天然气加注站,制定并实施港口岸电设施、船舶受电设施建设和改造计划;鼓励并支持清洁能源或者新能源动力船舶建造、港口绿色设计；倡导绿色生活方式，引导绿色消费、绿色低碳的生活方式。

八、黄河保护法

（一）黄河和黄河保护

保护黄河是事关中华民族伟大复兴的千秋大计。中华人民共和国成立后，党和国家开展了大规模的黄河治理保护工作，并取得了举世瞩目的成就。党的十八大以来，以习近平同志为核心的党中央把黄河流域生态保护和高质量发展上升为重大国家战略，对推动黄河流域生态保护和高质量发展作出全面部署。《黄河保护法》（2022 年公布）的出台，为统筹推进黄河流域生态保护和高质量发展提供了法治保障。《黄河保护法》（2022 年公布）的制定，顺应了黄河流域生态文明建设的时代需要，旨在推进黄河流域大保护大治理，实现生态环境高水平保护和经济社会高质量发展。

（二）黄河流域保护法沿革

黄河保护立法的最初想法可以溯及 20 世纪 90 年代。1993 年 7 月，水利部向全国人大常委会报送的五年立法规划中明确提出"黄河法"立法计划。2006 年 7 月 24 日，温家宝总理签发第 472 号国务院令，颁布《黄河水量调度条例》。这是我国黄河保护最早的立法活动。2019 年 9 月 18 日，习近平总书记在河南郑州主持召开黄河流域生态保护和高质量发展座谈会并发表重要讲话。在讲话中，习近平总书记强调保护黄河是事关中华民族伟大复兴的千秋大计，要求加强对黄河流域生态保护和高质量发展的领导。2020 年 11 月 20 日，由国务院负责，9 个部门参与，水利部、国家发改委牵头，共同成立黄河立法起草工作小组。[1] 2022 年 10 月 30 日，十三届全国人大常委会第三十七次会议表决通过了《黄河保护法》。

（三）我国黄河保护法的主要内容

《黄河保护法》（2022 年公布）立法内容主要包括以下六个方面：

一是规划和管控。《黄河保护法》（2022 年公布）建立以国家发展规划为统领，以空间规划为基础，以专项规划、区域规划为支撑的黄河流域规划体系。主要内容包括：编制黄河流域国土空间规划，明确黄河流域三省空间开发管制界限，涉及黄河流域国土空间利用的专项规划应当与黄河流域国土空间规划相衔接；黄河流域国土空间实行分区、分类用途管制，国土空间开发利用活动应当符合用途管制要求，并依法取得规划许可；制定生态环境分区管控方案，禁止在黄河干支流岸线管控范围内新建、扩建化工园区和化工项目；流域水电

---

〔1〕 参见黄辉：《"走向流域法治"系列报道之三 | 黄河保护法出台始末》，载微信公众号"民主与法制周刊"2023 年 2 月 7 日，https://mp. weixin. qq. com/s/uICssmFYMk4QrLyn9N - nMQ。

开发应当符合国家、流域规划和生态保护要求,不符合要求的应当组织整改或逐步退出;黄河流域管理机构统筹流域治理等目标,建立水资源、水沙、防洪防凌综合调度体系,实施黄河干支流控制性水工程统一调度。

二是生态保护和修复。国家加强黄河流域生态保护与修复,坚持山水林田湖草沙一体化保护与修复,实行自然恢复为主、自然恢复与人工修复相结合的系统治理,主要保护和修复措施包括:编制黄河流域国土空间生态修复规划;加强水源涵养区的保护,禁止在黄河上游河道、湖泊管理范围内从事采矿、采砂、渔猎等活动;在黄河流域重要生态功能区域、生态脆弱区域划定公益林,加强区域天然林、湿地、草原保护与修复,开展科学治理荒漠化、沙化土;在水土流失重点预防区、治理区、重要支流源头区实施水土流失防治,禁止在25度以上陡坡地开垦种植农作物;采取小流域综合治理、坡耕地综合整治等水土保持重点工程;编制并实施黄河入海河口整治规划,组织开展黄河三角洲湿地生态保护与修复;明确河流控制断面生态流量和湖泊生态水位的管控指标;在黄河流域重要典型生态系统的完整分布区、生态环境敏感区以及珍贵濒危野生动植物天然集中分布区和重要栖息地、重要自然遗迹分布区等区域,依法设立国家公园、自然保护区、自然公园等自然保护地;对黄河流域濒危的野生动植物和受到严重破坏的栖息地、天然集中分布区、破碎化的典型生态系统开展保护与修复,修建迁地保护设施,建立野生动植物遗传资源基因库,进行抢救性修复;加强黄河流域水生生物重要栖息地的生态保护与修复,对鱼类等水生生物洄游产生阻隔的涉水工程结合实际采取多种措施满足水生生物的生态需求;实行黄河流域重点水域禁渔期制度等措施。

三是水资源节约集约利用。《黄河保护法》(2022年公布)实施最严格的水资源管理,主要措施包括:黄河水量实行统一配置,黄河流域管理机构商黄河流域省级人民政府制定和调整黄河水量分配方案和跨省支流水量分配方案;国家对黄河流域水资源实行统一调度,遵循总量控制、断面流量控制、分级管理、分级负责的原则,根据水情变化进行动态调整;实行水资源差别化管理;实行高耗水产业准入负面清单和淘汰类高耗水产业目录制度;推进污水资源化利用,提高非常规水、再生水比例等。

四是水沙调控与防洪安全。水沙调控与防洪安全是保障黄河长治久安的重要措施,事关黄河流域高质量发展的成败。(1)在水沙调控方面:国家完善以骨干水库等重大水工程为主的水沙调控体系,实行黄河流域水沙统一调度制度;黄河流域河道治理,应当因地制宜采取河道清障、清淤疏浚、岸坡整治、堤防加固、水源涵养与水土保持、河湖管护等治理措施;国家实行黄河流域河道采砂规划和许可制度;干支流骨干水库库区,科学调控水库水位;在三门峡、小浪底、故县、陆浑、河口村水库库区养殖,应当满足水沙调控和防洪要求,禁止采用网箱、围网和拦河拉网方式养殖。(2)在防洪安全方面:国务院水行政主管部门组织编制黄河防御洪水方案,黄河流域管理机构制定年度防洪调度方案,加强黄河流域河道、湖泊管理和保护;黄河流域管理机构会同省级人民政府依据黄河流域防洪规划,制定黄河滩区名录,黄河滩区利用、建设和生态保护与修复应当满足河道行洪需要;禁止在河道、湖泊管理范围内建设妨碍行洪的建筑物、构筑物以及从事影响河势稳定、危害河岸堤防安全和其他妨碍河道行洪的活动。黄河流域城市人民政府统筹城市防洪和排涝工作,加强城市防洪排涝设施建设和管理以及洪涝灾害防御宣传教育和社会动员。

五是污染防治。国家加强黄河流域农业面源污染、工业污染、城乡生活污染等的综合治理、系统治理、源头治理,推进重点河湖环境综合整治。同时,制定黄河流域水环境质量标准;补充制定水污染物排放标准,对于特殊情形应当制定严于国家水污染物排放标准的地方水污染物排放标准;根据水环境质量改善目标和水污染防治要求,确定黄河流域各省级行政区域重点水污染物排放总量控制指标;加强黄河流域土壤生态环境保护和污染管控;组织开展固体废物非法转移和倾倒的联防联控;定期开展有毒有害化学物质调查监测;加强对农业污染源的监测预警。

六是促进高质量发展。黄河流域高质量发展应当坚持新发展理念,加快发展方式绿色转型,以生态保护为前提优化调整区域经济和生产力布局。国务院有关部门和黄河流域县级以上地方人民政府及其有关部门应当协同推进黄河流域生态保护和高质量发展战略;强化生态环境、水资源等约束和城镇开发边界管控,严格控制黄河流域上中游地区新建各类开发区;严格限制在黄河流域布局高耗水、高污染或者高耗能项目,黄河流域能源、化工等行业应当开展清洁生产,依法实施强制性清洁生产审核;鼓励、支持黄河流域建设高标准农田、现代畜牧业生产基地以及种质资源和制种基地;鼓励、支持黄河流域科技创新。

九、黑土地保护法

中国东北黑土区是国家重要的粮食生产基地,粮食产量和商品粮调出量均占据显著地位,对保障国家粮食安全具有重要意义。然而,黑土地的开垦和过度利用已对其形成条件造成了深刻影响,破坏了地表过程和有机质积累,导致黑土优质特性退化。中国东北地区黑土虽然垦殖历史不长,但土壤已遭受不同程度的破坏,特别是近 60 年来,耕作层有机质含量显著下降,黑土层厚度明显减少。《黑土地保护法》(2022 年公布)的出台解决了我国黑土地保护法律规范分散、核心问题缺少立法的困境。

《黑土地保护法》(2022 年公布)没有分章,而是以短小精悍的方式,设计了 38 个条文,将党和国家对黑土地保护的一系列重大方针政策在法律中规定下来,成为这项法律的基本内容。《黑土地保护法》(2022 年公布)的适用范围主要关注空间效力和对人的效力。该法适用于黑龙江省、吉林省、辽宁省以及内蒙古自治区的特定区域,这些区域以黑土地为主要特征,尤其是拥有黑色或暗黑色腐殖质表土层、性状好、肥力高的优质耕地。《黑土地保护法》(2022 年公布)的主要内容包括以下三个方面:

一是《黑土地保护法》(2022 年公布)明确规定了各方在黑土地保护中的职责。首先,发包方需制止承包方损害黑土地等行为;其次,农业生产经营者承担保护和合理利用黑土地的义务,并将国有农场的黑土地保护纳入法律调整范围;再次,农业投入品的生产者、经营者和使用者,以及从事畜禽养殖的单位和个人需采取措施开展废弃物资源化利用和无害化处理；复次，法律鼓励社会资本投入黑土地保护事业，并保护投资者的合法权益；最后，农民专业合作社、企业等主体可与农户建立保护黑土地的利益分配机制。

二是《黑土地保护法》（2022 年公布）设定了严格的法律责任追究机制。该法规定了行政处分、行政处罚、刑事责任、生态修复责任或生态环境损害赔偿责任等多种处罚措施。对于截留、挪用黑土地保护资金，未依法履行保护职责等行为，将给予相应的行政处分；对于非法占用、损毁黑土地农田基础设施，违法将黑土地用于非农建设等行为，将进行行政处罚；对于造成黑土地污染、水土流失、盗挖滥挖黑土等行为，将依法从重处罚；对于明知是非法出售的黑土而购买的单位和个人，也将进行处罚。此外，法律还规定了对黑土地破坏或生态环境损害的单位和个人需承担治理修复、赔偿损失的责任，并与相关法律做好衔接。这些规定确保了法律责任的刚性，为黑土地保护提供了有力的法律保障。

三是《黑土地保护法》（2022 年公布）建立了有效的统筹协调工作机制。为形成黑土地保护工作的合力，法律建立了有效的统筹协调工作机制。这包括加强国家和地方政府对黑土地保护工作的领导、组织、协调和监督管理，并明确了各部门在黑土地保护中的职责。同时，法律还鼓励乡镇政府协助实施黑土地保护工作，推广适宜的保护措施，并督促农业生产经营者履行保护义务。此外，法律还强调因地制宜、科学合理地确定黑土地保护范围，并有针对性地推进保护工作。

十、青藏高原生态保护法

继《长江保护法》（2020 年公布）、《黄河保护法》（2022 年公布）、《黑土地保护法》（2022 年公布）之后，2023 年 4 月 26 日十四届全国人大常委会第二次会议通过《青藏高原生态保护法》，该法自 2023 年 9 月 1 日起施行。《青藏高原生态保护法》的通过，标志着针对特殊地理、特定区域或流域的生态环境保护 4 部立法正式诞生。[1] 此外，基于高原特殊的地理区位以及与民族团结、国防安全的密切关系，青藏高原的生态保护，不仅是从环境保护考虑，还涉及经济、民生、民族和安全问题。《青藏高原生态保护法》（2023 年公布）的制定实施，对我国西南民族地区、整体生态安全乃至环喜马拉雅地区将发挥积极深远的影响。

《青藏高原生态保护法》（2023 年公布）共计 7 章 63 条，分别是总则、生态安全布局、生态保护修复、生态风险防控、保障与监督、法律责任、附则。该法的目的分为三个层次，旨在加强青藏高原生态保护，防控生态风险，确保生态安全。首要目标是保护青藏高原独特的自然环境，同时建设国家生态文明高地，促进可持续发展。最高层次目标为实现人与自然和谐共生，强调尊重、顺应和保护自然。该法适用范围可以分为三个方面的内容：（1）该法的调整对象，即适用于调整从事或涉及青藏高原地区生态保护相关活动的行为；（2）该法就相关行为未作规定时的处理方式，即适用其他有关法律规定；（3）明确该法所称青藏高原，包括了西藏自治区、青海省的全部行政区域，以及由国务院授权的部门确定的新疆维吾尔

---

〔1〕 参见江珊、王萍：《立法守护青藏高原生态》，载《中国人大》2023 年第 3 期。

自治区、四川省、甘肃省、云南省这4个省（区）的相关县级行政区域。《青藏高原生态保护法》（2023年公布）的主要内容包括以下三个方面：

一是关于生态安全布局的主要规定。首先，该法对构建青藏高原生态安全格局、优化青藏高原生态安全屏障体系等问题作出重要规定。其次，法律明确了青藏高原生态安全屏障体系建设的国家战略地位，要求国家统筹生态安全布局，通过实施重大生态系统保护修复工程，推进综合治理和系统治理，旨在保护青藏高原的水源涵养、生物多样性和生态系统碳汇等核心生态功能。再次，法律着重提升青藏高原生态系统的质量、多样性和稳定性。通过建立国土空间规划制度和国土空间用途管制制度，细化农业、生态、城镇等功能空间划分，并加强生态保护红线内的监督管理，确保国土空间得到合理规划和高效利用。（1）在生态环境分区管控方面，法律要求制定严格的生态环境分区管控方案和生态环境准入清单，严格遵循生态保护红线、环境质量底线和资源利用上线，确保生态环境得到有力保护。同时，这些方案和清单还需与国土空间规划相衔接，形成全面系统的生态环境管理体系。（2）针对青藏高原国土空间的可持续利用，法律强调了对森林、草原、河流、湖泊等生态系统的保护，并规定国土空间用途的转换应有利于维护生态系统功能，如水源涵养、生物多样性保护等。这一规定有助于实现青藏高原地区经济与生态的协调发展。复次，在自然保护地体系建设方面，法律明确了自然保护地的类型、覆盖范围及建设目的。通过设立国家公园、自然保护区等保护地类型，覆盖重要生态系统和珍稀物种栖息地，旨在保持自然生态系统的原真性和完整性。最后，法律强调青藏高原生态系统和资源环境承载能力的强化。要求产业结构和布局与生态系统承载能力相适应，并规定了新建、扩建产业项目的原则，以确保经济发展与生态保护相协调。

二是关于生态保护修复的主要规定。（1）《青藏高原生态保护法》（2023年公布）确立了青藏高原生态保护修复的国家战略地位，坚持山水林田湖草沙冰一体化保护修复和系统治理的原则，并强调以自然恢复为主，结合人工修复的方式。（2）法律特别强调了对三江源等核心区域的重点保护修复。规定以国务院有关部门和地方人民政府为主体，采取科学禁牧封育、治理退化生态系统、防治水土流失等措施，并禁止破坏生态功能或不符合区域管控要求的开发活动。针对青藏高原特有的雪山冰川冻土，法律明确了省级人民政府的保护主体责任，并规定了划定生态保护红线、实施封禁保护、划定冻土区保护范围及与周边生态系统一体化保护的具体职责。（3）强化青藏高原的生物多样性保护。国务院相关部门和地方各级政府被指定为保护主体，具体措施包括实施生物多样性保护重大工程、建设生态廊道、加强野生动物栖息地建设和完善相关名录。

三是关于强化生态风险防控的主要规定。（1）《青藏高原生态保护法》（2023年公布）对强化青藏高原生态风险防控等作出重要规定。为了建立健全青藏高原生态风险防控体系，确保该地区的生态安全，相关法规提出了具体规定。（2）明确国家作为该体系建设的主体，要求采取有效措施提升风险防控能力和水平，特别是针对自然灾害和气候变化等风险点。在加强自然灾害调查评价和监测预警方面，法规指定了国务院有关部门、青藏高原地区有关地方人民政府及其相关部门为责任主体，要求他们针对地震、雪崩、山体滑坡等自然灾害进行调查和预警。(3)规定在地质灾害易发区进行工程建设时必须开展地质灾害危险性评估，并采取相应的工程治理措施。对于可能影响生态和地质环境的重大工程建设，法规明确要求建设单位制定并有效实施生态和地质环境监测方案，并尽可能避让野生动物重要栖息地和国家重点保护野生植物的天然集中分布区。在无法避让的情况下，建设单位必须采取措施减少对自然生态系统与野生动植物的不利影响。(4)强调自然灾害防治和外来入侵物种防控的重要性。要求国务院有关部门和青藏高原县级以上地方人民政府加强综合治理，提高防御工程标准，并建立防治工程和非工程体系。同时，对建设单位和运营单位在交通、水利等基础设施工程建设中的自然灾害防治义务进行了规定。(5)针对外来入侵物种问题，法规明确规定了防控主体和职责，包括外来物种引入审批管理和防控治理等，并对擅自引进、释放或丢弃外来物种的行为作出了禁止性规定。这些规定共同构成了青藏高原生态风险防控体系的重要法律基础。

思考题

1. 概述自然生态保护法的客体。
2. 论述自然生态保护法项下积极保护方式和消极保护方式的联系与区别。
3. 论述主体功能区与生态红线、自然保护地的关系。
4. 概述以国家公园为主体、自然保护区为基础、自然公园为补充的自然保护地体系。
5. 论述《长江保护法》与《水污染防治法》、《水法》的关系。
6. 概述《黑土地保护法》的特征。

进阶研习推荐文献

1. 吕忠梅主编：《超越与保守：可持续发展视野下的环境法创新》，法律出版社 2003 年版。
2. 杜群：《生态保护法论：综合生态管理和生态补偿法律研究》，高等教育出版社 2012 年版。
3. 杜群：《环境法体系化中的我国保护地体系》，载《中国社会科学》2022 年第 2 期。
4. 杜群：《生态补偿的法律关系及其发展现状和问题》，载《现代法学》2005 年第 3 期。
5. 杜群、车东晟：《新时代生态补偿权利的生成及其实现——以环境资源开发利用限制为分析进路》，载《法制与社会发展》2019 年第 2 期。
6. 汪劲：《论〈国家公园法〉与〈自然保护地法〉的关系》，载《政法论丛》2020 年第 5 期。
7. 王清军：《生态保护国家补偿责任的内涵、性质和构成》，载《行政法学研究》2023 年第 4 期。
8. 吕忠梅、刘佳奇：《自然保护地体系立法理路》，载《世界社会科学》2024 年第 1 期。
9. 徐祥民：《关于编纂“自然地理环境保护法编”的构想》，载《东方法学》2021 年第 6 期。
10. 吴凯杰：《环境法体系中的自然保护地立法》，载《法学研究》2020 年第 3 期。

第九章 ———————— 环境保护法律责任

环境保护法律责任是指实施了环境违法行为所引起的不利法律后果。与传统部门法相比,环境保护法律责任具有法律责任保护客体的二元性、责任承担方式的司法能动性、责任追究机制的混合性等特性。根据不同的分类标准,环境保护法律责任可以作不同的类型划分。现有环境保护法律责任较为庞杂,零散分布于相关领域的各部门法、多层级规范性文件之中,因此,需要促进环境保护法律责任的体系化,在秩序维护和利益保护目标的指引下,合理配置不同阶段、不同领域的不同法律责任承担方式及其功能。基于三大传统部门法分立的现实基础,环境保护法律责任的体系化主要涉及行民衔接、刑民衔接以及行刑衔接等方面的问题。本章主要对环境保护法律责任的概念、类型划分、法规范体系、环境保护民事责任、环境保护行政责任、环境保护刑事责任、生态环境损害责任等内容进行系统阐释。

第一节　环境保护法律责任概述

一、环境保护法律责任的概念和特征

法律责任是指法律规定的公民或法人应当履行的义务,以及违反法律规定而由国家机关强制行为人承受的否定性评价或相应的处罚、惩罚或制裁。法律责任的概念有广义、狭义和最狭义之分。广义的法律责任不仅包括法律责任,还包括社会责任和党内责任。环境保护法的损害担责原则指向广义的法律责任。狭义的法律责任则与法律义务同义,而最狭义的法律责任仅限于由违法行为带来的不利后果。本教材所谓的环境保护法律责任是最狭义上的,即实施了环境违法行为所引起的不利法律后果。与传统部门法责任不同,环境保护法律责任具有三方面的特殊性。

(一)法律责任保护客体的二元性

与传统部门法责任不同,环境保护法律责任不仅包括对人的责任,还特别重视对环境的责任,即生态环境损害责任。为了救济生态环境自身损害而触发的法律责任即为对环境的责任。对环境的责任与对人的责任之间存在较大差异。首先,人类活动对生态环境的影响"与生俱来",当前的环境危机在人类数千年开发利用自然的基础上积累而成,并非当代

人的短期行为；其次，人类活动对环境的污染和破坏后果大部分不可直接归于传统法上的人身或财产损害，而是对生态平衡、生态系统功能的侵害，以及对当代不特定人群甚至是后代的大规模健康侵害；最后，环境污染和生态破坏的后果及于人类及其地球上的所有生物，生物多样性丧失或生态系统崩溃必然导致人类社会系统的消亡。在此背景下，两种类型的法律责任可能在责任主体、因果关系、损害后果确定、责任承担方式等具体责任规则方面存在较大差异。

（二）责任承担方式的创新性

在全面推进美丽中国建设和全面依法治国新任务的指引下，各级法院在服务保障新时代党和国家工作大局、完善生态环境裁判规则体系、构建中国特色环境资源审判体系、提升环境资源司法服务水平以及增强中国环境司法国际影响力等各方面积极创新。在环境保护法律责任领域，司法创新使责任承担方式的发展具有鲜明的政策导向特征。这种创新起步于环境刑事法律责任的承担方式，最典型的是“补植复绿”这一承担方式。福建省创新的“补植复绿”方式最早被用于毁林刑事案件，后来被推广至环境民事、刑事案件中。随后，环境保护法律责任承担方式创新与发展远不止于“补植复绿”，如惩罚性赔偿、从业禁止、环境教育、异地修复、劳务代偿（如护渔、防火宣传、编创防火小品并演出、垃圾清理）、技改抵扣、公益劳动、责令补种、增殖放流、认购碳汇等。随着立法者的重视，部分责任承担方式逐渐入典入法成为法定的责任承担方式，如惩罚性赔偿、从业禁止等。

（三）责任追究机制的混合性

在传统部门法中，民事责任追究主要依赖于民事诉讼，而行政处罚、刑事处罚等公法责任追究则主要依赖于行政命令、行政强制等行政执法机制。但在环境保护领域，法律责任追究呈现出公法机制和私法机制混合适用的特征。这一特征同时体现在“对人的责任”和“对环境的责任”中。

对于旨在救济生态环境自身损害对环境的责任，相关责任追究主体不仅可以利用行政命令（如责令消除危险、责令限期治理等）、行政强制（如代履行）等传统的公法机制，以及行政磋商等新型柔性执法机制，还可启用民事诉讼进行责任追究。对此，我国立法者确立了环境民事公益诉讼、生态环境损害赔偿诉讼制度。尽管学界关于前述诉讼的法律性质仍有争议，但现实中两类诉讼依托的诉讼程序规则是民事诉讼，审理两类诉讼案件的法官亦是民事法官。

对于私人利益因为环境污染或者生态破坏遭受的对人的损害，尽管受害者主要依赖于诉讼、仲裁、调解、和解等传统民事机制进行责任追究，但对于特定问题，立法者也授权行政机关利用行政机制介入环境民事责任追究过程。比如，《水法》（2016 年修正）第 57 条第 1 款规定，当事人不愿协商或者协商不成的，可以申请县级以上地方人民政府或者其授权的部门调解，也可以直接向人民法院提起民事诉讼。此外，《土地管理法》（2019 年修正）第

14 条第 1—3 款规定了土地争议的行政诉讼制度:土地所有权和使用权争议,由当事人协商解决,协商不成的,由人民政府处理。当事人对人民政府处理决定不服的,才可向人民法院起诉。

二、环境保护法律责任的类型

根据不同的分类标准,环境保护法律责任可以作如下不同的区分。

以违反的法律规范归属的环境法领域作为划分标准:(1)环境污染防治法律责任,是指因倾倒、排放、释放、处置污染物质或者能量等环境污染行为而触发的法律责任,如因违法排污引发的行政处罚。(2)自然资源可持续利用法律责任,是指因挖掘、开采、利用自然资源等行为而引发的法律责任,如侵害他人土地承包经营权引发的民事责任。(3)自然生态保护法律责任,是指因环境资源的保护和改善行为而触发的法律责任,如因为生态保护红线或者分区管控被设定为国家公园或者其他自然保护地而限制甚至禁止行使环境资源权利从而导致的征收补偿责任,以及上下游政府因签订生态保护补偿协议而限制甚至禁止行使环境资源权利引发的违约责任等。

以违反的法律规范归属的传统部门法作为划分标准:(1)环境保护民事责任,是指环境法律关系主体因污染环境、破坏生态而损害他人合法权益或者侵害环境公共利益而应承担的不利民事法律后果。根据违反义务不同,分为环境保护侵权责任与环境保护违约责任。(2)环境保护行政责任,是指行为人违反法律规定的环境保护行政义务或法律禁止事项而应承担的法律后果。根据主体不同,可分为环境保护行政主体与环境保护行政相对人的行政责任。(3)环境保护刑事责任,是指行为人故意或过失实施严重危害环境的行为,并造成了人身伤亡或公私财产严重损失,已经构成犯罪,要承担刑事制裁的法律责任。在大陆法系国家秉持的公私法二元分离的语境中,环境保护行政责任和环境保护刑事责任也可以被归类为环境保护公法责任。

以法律责任发挥的功能不同作为划分标准:(1)预防性责任,是指为了预防环境问题的再次发生、预防可能的环境风险而设置的责任承担方式。狭义的预防性责任承担方式主要是指责任人应当承担的预防环境风险的责任,包括停止侵害、排除妨碍、消除危险,以及因停止侵害为基础创制的禁止令。广义的预防性责任承担方式,还包括间接发挥预防环境风险功能的责任承担方式(如环境罪犯承担的职业禁止责任和禁止社会性活动的责任,环境行政相对人承担的停产停业、环境信用评级降低、缴纳企业预提费用等),以及重新开展环境影响评价等责任方式。(2)补救性责任,是指能够发挥填平、救济权益损害的责任承担方式。补救性责任可以进一步分为填平私益损害的承担方式——赔偿损失、恢复原状、赔礼道歉,以及填补公益损害的责任承担方式——专门创设的生态修复责任和生态环境损害赔偿责任。值得注意的是,生态修复责任既体现在民法体系中,也体现在行政法体系中,如《土壤污染防治法》(2018 年公布)中规定的土壤修复责任。(3)惩罚性责任,是指旨在惩戒、威慑责任人不再实施环境违法行为的责任承担方式。尽管惩罚性环境保护法律责任主要体现为环境保护领域的各类行政处罚、刑事处罚,但《民法典》(2020 年公布)第 1232 条扩大了惩罚性环境保护法律责任的体系范围。

三、环境保护法律责任的体系化

环境保护法律责任体系化是一种动态的概念,是指运用法律体系化的一般原理,为环境保护法律责任规范体系的规范整合选择合适的路径。促进环境保护法律责任体系化的主要原因是立法者采用的责任分类标准是依据所违反的法律规范归属的传统部门法类型。一般认为,环境保护的民事责任、刑事责任和行政责任三者相互独立,但实际上三者之间存在属性上的模糊、认定上的纠结以及种类上的聚合问题。环境保护法律责任的综合性就体现在其包罗了前述三个责任形态,反映在立法上就是责任规则规定在不同法律中,呈现出环境保护法律责任规则分散化的格局,而且不仅是形式上的分散,更主要的是实质内容上缺乏相互衔接和协调。环境保护法律责任的作用是保障环境法的实施,责任规则的分散化无助于制度落实和整体性环境保护目标的实现,甚至可能因为责任配置不当而导致执行冲突。环境保护法律责任体系化的整体思路是在秩序维护和利益保护目标的指引下,合理配置不同阶段、不同领域的不同法律责任承担方式及其功能。环境保护法律责任体系化最终体现为两个层面的规范效果:一是不同性质的责任应界分适用,以避免责任的不当折抵或遗漏;二是相同性质的责任应统筹适用,以避免责任的重复。基于三大传统部门法分立的现实基础,环境保护法律责任的体系化主要涉及行民衔接、刑民衔接以及行刑衔接三个方面的问题。

(一)环境保护法律责任的行民衔接

1. 行政命令与民事责任的衔接

环境保护的民事责任和行政责任可能存在功能重叠、竞争关系。具言之,环境保护行政命令中的责令停止违法行为、责令恢复原状、责令限期采取治理措施、责令改正和代履行等责任承担方式,与停止侵害、消除危险、排除妨碍、禁止令、生态环境修复、生态环境损害赔偿等责任承担方式,均旨在排除行为人对生态环境带来的风险或者造成的损害。由此,这两类责任承担方式会在功能上具有相似性、重复性。在目前欠缺妥当衔接规则的制度背景下,前述责任承担方式的功能重叠、效果重复可能会导致实践中两种责任追究机制并行不悖,造成执法或者司法资源浪费,对于同一损害,环境行政机关采取的责任方式与法院适用的责任方式可能存在重复,具有责任追究效果的一致性。比如,在萍乡萍钢安源钢铁有限公司、宝海锌营养科技有限公司污染环境纠纷案[(2019)赣 03 民初 13 号]中,重庆两江志愿服务发展中心向法院提起诉讼之前,萍乡市环保局对两被告已下达停产通知,责令其停产整治,完善雨污分流系统等。但一审法院判决两被告继续完善雨污分流系统,避免对河流等外环境造成损害。在腾格里沙漠污染系列案件中,生态环境部责令关闭暗排污染的企业,同时责令部分企业搬迁并对沙漠污染进行治理、修复。与此同时,中国生物多样性保护与绿色发展基金会将涉污染企业诉至法庭,请求停止违法活动、消除危险、恢复生态及赔偿,最终法院也受理此案。

2. 合规抗辩

合规抗辩是指造成环境污染或者生态破坏的个人或者单位在承担侵权责任时有权以其行为符合国家规定(通常是符合国家或者地方污染物排放标准)为由主张责任不成立。在欧盟《环境责任指令》中,合规抗辩被授权给各成员国自主决定是否采纳。目前,在我国环境保护侵权责任规则及其实践中,合规抗辩规则的发展存在多样化特点。

一方面,《最高人民法院关于审理环境侵权责任纠纷案件适用法律若干问题的解释》(法释〔2015〕12 号,已失效)第 1 条第 1 款规定,"污染者以排污符合国家或者地方污染物排放标准为由主张不承担责任的,人民法院不予支持"。由此,至少在环境保护私益侵权领域,是否遵守环境管制性规范与环境保护侵权责任的成立并无直接关系。最高人民法院之所以否认合规在环境保护私益侵权责任领域的适用,主要原因是我国将环境保护私益侵权责任的归责原则界定为无过错责任原则。《生态环境侵权责任司法解释》(法释〔2023〕5 号)第 4 条虽然不再提及合规效力,但并不代表《关于审理环境侵权责任纠纷案件适用法律若干问题的解释》(已失效)确立的合规不免除环境保护私益侵权责任规则不再适用。这是因为,在《民法典》第 1232 条确立的无过错归责原则中该规则未被否定,仍然可从本条推导出合规不免除环境私益侵权责任的规则。然而,在环境保护私益侵权责任中完全适用合规抗辩的规则设计并未得到彻底贯彻。在司法实践中,存在大量对"不可量物"污染或"能量型"污染承认合规抗辩的案例,该类案件主要集中在噪声污染、辐射污染和粉尘污染领域。换言之,此类案件对环境保护侵权责任的认定以超标排放为依据。

另一方面,在环境保护公益侵权责任领域,合规抗辩不免除侵权责任的效力规则并未得到贯彻。根据《民法典》(2020 年公布)第 1234—1235 条的规定,生态环境修复责任、生态环境损害赔偿责任等环境保护公益侵权责任的成立须满足"违反国家规定"的要件。但如何界定"国家规定"在学界、实务界存有争议。之所以使用"违反国家规定"而不是使用"违反法律(或者法律、行政法规)规定",是因为立法考虑到"放权"的需要;"违反国家规定",不仅包括违反法律、行政法规的规定,也可以包括违反部门规章和地方法规的规定,以及违反司法解释的规定等。[1] 在此意义上,合规可以成为特定情形下责任人主张其不应承担环境保护公益侵权责任的理由。

从理论上看,无论是环境保护私益侵权责任还是环境保护公益侵权责任,如果在相应责任认定过程中完全以公法管制性规范作为依据难免有"一刀切"的嫌疑。这是因为,管制性规范并不一定具有权衡和调节私益的功能,环境保护侵权责任认定中如直接援引公法的管制性规范,就意味着将公法中应对社会风险、环境健康风险的绝对性标准直接适用到私法中复杂多样的利益调节领域。因此,如果一味否认合规抗辩,则有可能对合规行为的

〔1〕 参见张新宝:《侵权责任编:在承继中完善和创新》,载《中国法学》2020 年第 4 期。

自由施加过度的限制，导致社会接受该种产品或服务的价格增加，风险制造者不再从事该种活动，社会活动也随之萎缩，社会福利受损。如果一味承认合规抗辩，则意味着合规排放行为将不受任何法律规制，同时导致私法对因合规行为产生的环境私益损害袖手旁观。[1]

（二）环境保护法律责任的刑民衔接

一般认为，刑事责任与民事责任应当完全分开，不容混淆，反对引民入刑。由此，归属于民事领域的赔偿不应被纳入刑事领域，如果将赔偿作为对加害人定罪量刑的依据，则等同于将民事责任刑事化，是对罪刑法定原则的颠覆。但随着恢复性司法理念的勃兴，"赔偿减刑"开始为越来越多的学者所赞成。司法实践中，也存在将民事责任的履行作为刑事从宽情节的情况。例如，《最高人民法院关于刑事附带民事诉讼范围问题的规定》（法释〔2000〕47号，已失效）第4条规定，人民法院可以将被告人赔偿被害人物质损失这一情节作为量刑情节加以考量。又如，《最高人民法院关于审理交通肇事刑事案件具体应用法律若干问题的解释》（法释〔2000〕33号）也将"赔偿减刑"正式确定为一项刑事诉讼法律制度。再如，《最高人民法院关于贯彻宽严相济刑事政策的若干意见》（法发〔2010〕9号）规定，对于案发后被告人认罪悔罪，并且积极赔偿被害人的，人民法院在审理过程中可作为酌定量刑情节予以衡量。然而，"赔偿减刑"区别于执行过程中的减刑，两者在适用时间、适用前提条件等都有本质区别。执行过程中的减刑主要是指《最高人民法院关于办理减刑、假释案件具体应用法律的规定》（法释〔2016〕23号）中的减刑。该规定明确提出，如果罪犯在执行刑事处罚期间，确有悔改表现，则可以适用减刑、假释。《最高人民法院关于办理减刑、假释案件审查财产性判项执行问题的规定》（法释〔2024〕5号）进一步为人民法院正确处理减刑、假释与财产性判项执行的关系提供指引。

在环境保护法律责任领域，积极认赔（积极履行环境私益损害赔偿责任、生态修复责任或者生态环境损害赔偿责任）也具有"减刑"的刑事法律效用。[2] 将积极履行环境损害民事责任作为量刑情节已在司法解释中有所提及。比如，《最高人民检察院关于全面履行检察职能为推进健康中国建设提供有力司法保障的意见》（高检发〔2016〕12号）第6条明确指出，"行为人主动采取补救措施，消除污染，积极赔偿，防止损失扩大的，依法从宽处理"。《环境污染犯罪司法解释》（法释〔2023〕7号）第6条将"积极修复生态环境"与"认罪认罚"和"有效合规整改"组合起来，作为"可以从宽处罚"的条件。实际上，司法实践中也不乏将修复生态环境责任作为酌定从宽量刑情节的案例。例如，最高人民法院发布的秦某学滥伐林木刑事附带民事公益诉讼案（最高人民法院指导案例172号），其中的裁判要点之一是被告人通过交纳保证金的方式承担修复生态环境义务，人民法院将其作为案件的从轻量刑情

---

〔1〕 参见车东晟：《环境污染侵权认定中合规抗辩的效力》，载《法律科学（西北政法大学学报）》2024年第2期。

〔2〕 参见张辉：《论生态环境损害赔偿义务人"认赔"的刑事法律效用》，载《现代法学》2021年第6期。

节进行考虑。又如,在宁夏明盛染化有限公司、廉某中污染环境案中,宁夏明盛染化有限公司在案发后及时采取措施消除污染,最终法院以此作为从宽处罚情节,在量刑中予以考量。

最后,积极的民事责任认赔不仅具有"从轻、减轻刑罚"的刑事法律效用,其也可能发生"免于诉讼"的刑事法律效用。《检察机关办理长江流域非法捕捞案件有关法律政策问题的解答》(高检办发〔2021〕1 号)明确提出,依照《刑法》和该意见相关规定,根据案件具体情况,从行为人犯罪动机、主观故意、所使用的方法、工具、涉案水生生物的珍贵、濒危程度、案发后修复生态环境情况等方面,综合判断其行为的社会危害性。

(三)环境保护法律责任的行刑衔接

环境犯罪具有行政从属性,是国家基于宏观政策对行政处罚与刑事处罚的整体考量,旨在用较小成本实现高效管理的同时,避免违反罪刑法定原则。为了实质性解决环境犯罪问题,避免实践中频发的环境保护案件移送不力、以罚代刑、证据转化难等现象,有必要构建环境行政执法与刑事司法的有效衔接机制,更加充分地保护生态环境。环境保护法律责任行刑衔接包括两个维度。

1. 环境保护领域行政处罚与刑事处罚的程序衔接

为解决"以罚代刑""不刑不罚"现象,促进环境保护行政处罚与环境保护刑事处罚的程序衔接,我国先后制定了《行政执法机关移送涉嫌犯罪案件的规定》(2001 年公布,2020 年被修订)、《公安机关受理行政执法机关移送涉嫌犯罪案件规定》(公通字〔2016〕16 号)、《环境保护行政执法与刑事司法衔接工作办法》(环环监〔2017〕17 号)以及《最高人民检察院关于推进行政执法与刑事司法衔接工作的规定》(高检发释字〔2021〕4 号)等。

生态环境保护行刑衔接机制的运行始于立案衔接阶段,该程序运转是否顺畅决定着整个行刑衔接机制能否有效运行。关涉生态环境保护立案衔接机制的现行法律规定主要体现在"一部法律""两个文件"中。"一部法律"是指《行政处罚法》(2021 年修订)。该法第 27 条规定:"违法行为涉嫌犯罪的,行政机关应当及时将案件移送司法机关,依法追究刑事责任。对依法不需要追究刑事责任或者免予刑事处罚,但应当给予行政处罚的,司法机关应当及时将案件移送有关行政机关。行政处罚实施机关与司法机关之间应当加强协调配合,建立健全案件移送制度,加强证据材料移交、接收衔接,完善案件处理信息通报机制。""两个文件"是指国务院制定的《行政执法机关移送涉嫌犯罪案件的规定》(2020 年修订)与环境保护部、公安部、最高人民检察院联合发布的《环境保护行政执法与刑事司法衔接工作办法》(环环监〔2017〕17 号)。此外,还有一些地方层面制定的关涉生态环境保护行刑衔接机制的规范性文件。实践中,为了保证立案衔接的顺畅运行,生态环境主管部门与刑事司法机关共同制定了相关机制。第一,信息共享机制。信息共享机制可以保障生态环境主管部门与刑事司法机关之间的信息互通,尤其是关于可能需要启动立案衔接程序的案件信息。如上海检察机关建立了信息共享平台,并专门制定了管理办法,使其在实践中得以有效运行。第二,联席会议制度。该制度有利于多部门之间的工作协同,同时有利于多部门进行案情通报、工作商讨与案件移送。第三,案件通报与备案机制。生态环境主管部门或侦查机关应及时向检察机关通报相关案情及办理情况,保证立案衔接工作受到检察机关的监督。该机制运行以信息共享机制和联席会议制度为基础支撑。

生态环境行政执法证据与刑事司法证据的衔接、转化也很重要。《刑事诉讼法》(2018年修正)第54条第2款就行政执法证据向刑事司法证据的转化作出规定。鉴于物证、书证、视听资料、电子数据等证据材料均属于实物证据,具有较强的客观性,比较稳定,经过司法机关的审查、转化后即可在刑事诉讼中作为证据使用。《环境保护行政执法与刑事司法衔接工作办法》(环环监〔2017〕17号)第20条在《刑事诉讼法》(2018年修正)第54条第2款规定的范围外增加规定,"监测报告、检验报告、认定意见、鉴定意见、勘验笔录、检查笔录等证据材料,在刑事诉讼中可以作为证据使用"。《环境保护行政执法与刑事司法衔接工作办法》(环环监〔2017〕17号)第6条还规定环境行政执法机关应将调查询问笔录、采样记录单等有关涉嫌犯罪的证据材料移送公安机关。但是,有些言词证据由于具有一定的主观性和不确定性,如证人证言等,应由司法机关直接提取。即使生态环境行政执法机关向公安机关移送涉嫌环境犯罪案件时,附上了调查询问笔录,也不得直接转化为刑事司法证据。另外,在污染环境罪等办理过程中经常出现环境监测报告这一类证据,如果移送案件的生态环境行政执法机关未将采样记录单等关键材料予以移送,应在公安机关书面告知后3日内予以补正。因为采样记录单属于用来证明其采样程序合法的关键证据,进而可以用于证明送检样品的真实性,最终用于证明环境监测结果的真实性。

2. 环境保护领域行政处罚与刑事处罚的实体衔接

从犯罪构成角度看,环境犯罪往往以违反行政法律规范为前提,其天然具有行政从属性。污染环境罪是行政犯罪,而行政犯罪法律责任的实现,一般由行政机关先追究行政责任,再由刑事司法机关追究刑事责任。刑事责任和行政责任均是公法责任,但二者性质不同,现行法律法规均未规定对于同一违反行政法上义务的违法行为在追究刑事责任后,不再追究行政责任。但对于此种情形下行政责任与刑事责任的具体适用,目前法律仅作出了有限规定。《行政处罚法》(2021年修订)第35条规定:"违法行为构成犯罪,人民法院判处拘役或者有期徒刑时,行政机关已经给予当事人行政拘留的,应当依法折抵相应刑期。违法行为构成犯罪,人民法院判处罚金时,行政机关已经给予当事人罚款的,应当折抵相应罚金;行政机关尚未给予当事人罚款的,不再给予罚款。"因此,除治安拘留折抵刑期、罚款折抵罚金以外,其他类型责任方式的竞合处理规则并不明确。对此,司法实践确立了区别对待规则:当行政责任内容与刑事责任内容具有相同的法效果时,因刑事责任是最严厉的制裁措施,如行政责任已先行承担,则在刑事责任中应予以折抵;如刑事责任已先行承担,则刑事责任吸收行政责任。当行政责任内容的法效果与刑事责任内容的法效果不同时,行政责任与刑事责任应分别适用。比如,在江苏省宿迁市宿城区人民检察院诉沭阳县农业委员会等不履行林业监督管理法定职责行政公益诉讼案[(2017)苏1302行初348号]中,法院采纳了该项规则。

最后,由于《民法典》(2020 年公布)第 1232 条中确立的惩罚性赔偿责任在目的和功能上更加接近于公法处罚,有必要衔接惩罚性赔偿责任与行政处罚、刑事处罚。对此,《最高人民法院关于审理生态环境侵权纠纷案件适用惩罚性赔偿的解释》(法释〔2022〕1 号)第 10 条第 2 款确立了综合考虑规则:"因同一污染环境、破坏生态行为已经被行政机关给予罚款或者被人民法院判处罚金,侵权人主张免除惩罚性赔偿责任的,人民法院不予支持,但在确定惩罚性赔偿金数额时可以综合考虑。"

第二节　环境保护民事责任

根据不同标准,环境保护民事责任有不同的类型。根据违反义务不同,可以分为环境保护侵权责任和环境保护违约责任。根据责任成因不同,可以分为环境污染民事责任和生态破坏民事责任。根据责任功能不同,可以分为预防性责任、赔偿性责任和恢复性责任。

一、环境保护侵权责任

环境保护侵权责任,是指环境法律关系主体因污染环境、破坏生态而损害他人合法权益或者侵害环境公共利益而应承担的不利法律后果。根据责任成因不同,环境保护侵权责任可以分为:(1)环境污染侵权责任,是指因大气、水、土壤、固体废物、海洋、噪声、放射性物质等遭受污染造成他人人身、财产损害的现象后所应承担的不利后果。(2)生态破坏侵权责任,是指通过破坏生态造成他人人身、财产损害而应承担的不利民事法律后果。《侵权责任法》(2009 年公布,已失效)并没有单独列出生态破坏侵权责任,而是在环境污染责任的内涵中加以解释,《民法典》(2020 年公布)第 1229 条增加了"破坏生态"类型,用"侵权人"代替"污染者",从而将生态破坏侵权责任正式作为独立责任形态。

(一)归责原则

侵权行为的归责原则,是指在损害事实已经发生的情况下,确定侵权行为人对自己的行为所造成的损害是否需要承担侵权责任的依据和标准。这种依据和标准体现了法律的价值判断,即法律是应以行为人的过错还是应以已发生的损害结果为价值判断标准,抑或以公平考虑等作为价值判断标准,而使行为人承担侵权责任。侵权原则归责体系是由各归责原则构成的具有逻辑联系的系统结构,在当代世界各国的侵权法中侵权行为归责原则都呈现出多元化的趋势。我国《民法典》(2020 年公布)也就侵权责任设定了多元的归责体系。《民法典》(2020 年公布)第 1165 条规定了过错责任原则(含过错推定):"行为人因过错侵害他人民事权益造成损害的,应当承担侵权责任。依照法律规定推定行为人有过错,其不能证明自己没有过错的,应当承担侵权责任。"过错责任原则,是以过错作为价值判断标准,判断行为人对其造成的损害应否承担侵权责任的归责原则。在一般侵权行为引起的损害赔偿案件中,应当由主观上有过错的一方承担赔偿责任。主观过错是损害赔偿责任构成的必备要件之一,缺少此要件,即使侵权人的行为造成了损害事实,并且侵权人的行为与损害结果之间有因果关系,也不承担赔偿责任。《民法典》(2020 年公布)第 1166 条规定了无过错责任原则:“行为人造成他人民事权益损害,不论行为人有无过错,法律规定应当承担侵权责任的,依照其规定。”此外,《民法典》(2020 年公布)还在特殊侵权责任类型中规定了公平责任和危险责任。从广义上看,公平责任和危险责任均不再要求过错存在。

环境保护侵权责任作为一种特殊的侵权责任,其特殊性首先表现在适用无过错责任归责原则。目前各国环境法普遍为环境保护侵权责任设定了有限适用的或者全面适用的无过错责任原则,甚至有的国家采用了更严格的严格责任原则、绝对责任原则。由于我国《民法典》(2020 年公布)第 1229 条未明确要求行为人有过错,因此环境保护侵权责任也适用无过错归责原则。对此,《生态环境侵权责任司法解释》(法释〔2023〕5 号)第 4 条第 1 款规定:“污染环境、破坏生态造成他人损害,行为人不论有无过错,都应当承担侵权责任。”环境保护侵权责任适用无过错归责原则的原因包括:(1)现代工业排污具有高度危险性,即使企业采取安全措施,也无法完全避免对他人造成危害,且即使企业无过错,也可能会造成巨大的环境污染、生态破坏,以及对他人人身与财产造成巨大的损失;(2)现代工业生产往往伴随着复杂的科学技术难题,普通公众难以了解污染成因,甚至无法取得关键证据,也就难以证实企业的过错责任;(3)无过错责任是民法公平原则的客观要求,环境保护侵权中的加害人多是营利者,如果因为加害人无过错或者无法证明其有过错,受害人得不到法律保护,就容易造成不公平。值得注意的是,环境保护侵权责任适用无过错责任原则仅限于直接造成损害的侵权行为人。对于行为人以外的其他责任人,仍应遵循过错责任原则。对此,《生态环境侵权责任司法解释》(法释〔2023〕5 号)第 4 条第 2 款规定:“行为人以外的其他责任人对损害发生有过错的,应当承担侵权责任。”

(二)构成要件

《民法典》(2020 年公布)第 1229 条规定,环境污染和生态破坏侵权责任适用无过错责任归责原则。依此规定,构成环境污染和(或)生态破坏侵权责任需要符合三个要件:(1)侵权人实施了污染环境或者破坏生态的行为;(2)存在损害;(3)污染环境或者破坏生态的行为与损害之间存在因果关系。由于适用无过错责任原则,责任之构成不要求侵权人有过错。

1. 不以行为违法为前提

在环境保护侵权责任的违法性要件认定上,较多教科书都提出不应当适用违法性要件的观点,尤其是结合环境法的实际与特殊性进行讨论,通常是基于《环境保护法》(2014 年修订)第 64 条、《侵权责任法》(2009 年公布,已失效)第 65 条以及《民法典》(2020 年公布)第 1229 条等没有在条文中采用“违反本法规定”的表述或者说没有明确规定违法性要件,进而认为环境保护侵权责任既不以过错为要件也不以违法性为要件。反对违法性要件存在的学者,大多也会同时援引《最高人民法院关于审理环境侵权责任纠纷案件适用法律若干问题的解释》(法释〔2020〕17号,已失效)第1条第2款的规定,主张有关法律规范明确排除了环境保护侵权责任中的违法性要件。

近年来,不少学者开始反思、批判传统观点,主张环境保护侵权责任的构成要件应当包括违法性要件。本教材持赞同观点,主要原因在于:(1)违法性与过错之间存在本质差异,过错概念难以包含或吸收违法性要件。(2)"达标"行为不一定"合法",标准难以充分体现侵权法的价值需求,受害人必然难以得到该有的保护和救济,对违法性概念应作拓展解析。因此,违法性不能等同于"违反法律规范"。实际上,侵权行为的违法性是指侵害民事权益行为的不正当性,其内涵要广于"违反法律规范"。(3)无过错责任原则适用的情况下,过错要件的作用已经被排除,如果将违法性要件也排除在外,恐怕过于偏重受害人的利益有碍对行为人自由的保障,导致利益衡量的失衡和价值选择的偏颇。(4)权益区分保护并不是适用违法性要件的前提条件,且我国现行法律在一定程度上承认,民事权利和民事利益受到不同程度的法律保护。(5)一些法院认识到违法性对于环境侵权责任成立所具有的重要意义,并在具体案件中予以适用。比如,在珲春市六国特色园与王某弟环境污染责任纠纷案[(2018)吉24民终1891号]中,原告王某弟以被告珲春特色园排放猪粪便污染物导致其水田稻苗出现枯黄、死苗等现象为由提起诉讼。二审法院通过审查有关技术鉴定报告、情况调查报告等证据认定珲春特色园排放污染物造成他人稻田土壤环境污染的行为具有违法性和损害事实,且珲春特色园排放污染物污染环境的行为属于无过错责任,同时不能提供证据证明其行为与损害之间不存在因果关系,最终判定被告承担侵权责任。

实际上,《民法典》(2020年公布)对于环境公益侵权责任第1234条和第1235条已经明确引入了违法性要件——"违反国家规定",且《生态环境侵权责任司法解释》中也已删除《最高人民法院关于审理环境侵权责任纠纷案件适用法律若干问题的解释》(2020年修正,已失效)的第1条第2款。

2. 行为与损害

环境保护侵权责任的首要构成要件是存在侵权行为。侵权行为是指侵犯他人权利或者合法利益的加害行为本身。若无加害行为,就不会产生侵权责任。在环境保护领域,侵权行为包括环境污染与生态破坏两种行为。其中,环境污染行为是指倾倒、排放、释放、处置污染物质或者能量的行为。生态破坏行为是指人类不合理地开发利用自然资源损坏了自然生态环境,从而使人类、动物、植物、微生物等的生存条件发生恶化。《民法典》(2020年公布)第1229条在"污染环境"之外较《侵权责任法》(2009年公布,已失效)增加了"破坏生态"类型,明确拓展了环境保护侵权责任的原因行为类型。由于《生态环境侵权责任司法解释》(法释〔2023〕5号)第4条对行为人和行为人以外的人分别确立了无过错归责原则和过错归责原则,在个案中判断环境保护侵权行为的类型和行为人具有重要意义。值得注意的是,环境保护侵权行为不仅包括积极的作为行为,还包括不作为行为,即该作而不作。对此,《生态环境侵权责任司法解释》(法释〔2023〕5号)第16条和第17条规定了两类不作为行为：一是经营场所、公共场所的经营者、管理者或者群众性活动的组织者未尽到安全保障义务；二是依照法律规定应当履行生态环境风险管控和修复义务的民事主体，未履行法定义务造成他人损害。

损害要件也是环境保护侵权责任的重要构成要件。《民法典》(2020 年公布)第 1229 条中的“损害”有两层含义。从狭义上讲，本条中的“损害”与《侵权责任法》(2009 年公布，已失效)第 65 条中的“损害”一样，仅指他人的人身损害和财产损失。但从广义上讲，本条中的损害还包括“环境被污染”“生态被破坏”这一生态环境损害本身。这是对《民法典》(2020 年公布)第 1234 条和第 1235 条进行体系解释的结论。具言之，《民法典》(2020 年公布)第 1234 条和第 1235 条规定了造成环境被污染、生态被破坏本身的侵权责任。既然环境被污染、生态被破坏的责任也在《民法典》(2020 年公布)“环境污染和生态破坏责任”一章项下作出了规定，那么对第 1229 条规定的“损害”理应作上述广义理解：将环境损害的范围从人身、财产损害扩大到生态环境损害。有关生态环境损害法律责任的内容，本教材将在本章第五节中进行专门论述。

此外，此处的“损害”不仅包括实害结果，还应当涵盖造成损害的重大风险。换言之，真正的实害结果是否出现与环境保护侵权责任是否成立并无必然关系。比如，在能源噪声污染案件中，长时间的累积污染才会造成损害结果的显现。为了保护受害人的权益，不宜一味否定“损害”。在黄某诉海安经济开发总公司、阳光嘉园分公司噪声污染责任纠纷案[(2014)通中环民终字第 0003 号]中，黄某由于新买商品房内变压器低频噪声而造成精神疲劳，多次摔倒进行开颅手术。虽然我国暂时没有统一的环境噪声标准相关规定，在行为定性和损害结果认定方面面临困难，但法院在处理相关案件时借助相关医学惯例和科学研究进行损害研究，将长期低频噪声作为损害原因对未来损害风险进行认定，从而确定了行为与结果之间的因果关系。此外，重金属对于身体的损害结果在当下也并不会显现，但随着时间流逝，也会使受害人产生健康问题，造成身体受损或者财产损失，这时也应当将预期风险考虑到损害结果中。因此，对于环境保护侵权损害，不能要求一定以当前的损害作为要件，还要充分考虑各种预期结果，将损害风险也作为损害要件。但损害风险的验证具有不确定性，在大多数案件中可能会因为证据不足很难被采纳。

3. 因果关系

因果关系是指各种现象之间引起与被引起的关系，即行为与结果之间存在的原因与结果之间的客观联系。在环境保护侵权责任案件中，因果关系证明比较困难，主要原因包括：(1)污染物在环境中具有无形性和累积性，污染行为和实际损害结果往往无法及时显现，往往要经过时间的积累才能出现，此时的空间延伸性使其因果关系证明十分困难；(2)许多污染都是多种污染物复合作用的结果，如某人心脏出现问题，该问题可能是周边噪声影响、吸入不符合质量标准的大气污染物导致或者喝的水有问题甚至是多种因素互相作用的结果；(3)对于各种污染物的扩散、变质、转移等多种问题，现代科学技术无法精确地认识清楚，还需要具备专业知识的专业研究人员利用专门仪器，甚至花费巨大的人力和财力才能调查清楚。这无论对于哪一方都是十分大的压力。对此,《民法典》(2020 年公布)第 1230 条规定:“因污染环境、破坏生态发生纠纷,行为人应当就法律规定的不承担责任或者减轻责任的情形及其行为与损害之间不存在因果关系承担举证责任。”此即举证责任倒置原则。《最高人民法院关于生态环境侵权民事诉讼证据的若干规定》(法释〔2023〕6 号)第 6 条亦有类似规定:“被告应当就其行为与损害之间不存在因果关系承担举证责任。被告主张不承担责任或者减轻责任的,应当就法律规定的不承担责任或者减轻责任的情形承担举证责任。”这些规定确立的是因果关系推定规则。具言之,如果行为人拒绝对其行为与损害之间不存在因果关系承担举证责任,或者不能证明其行为与损害之间不存在因果关系,则应当认定存在因果关系。如果其他构成要件满足,则行为人要对其行为造成的损害承担环境保护侵权责任。

因果关系推定实际上导致举证责任倒置效果,但这并不意味着被侵权人不承担任何举证责任。然而,人民法院对被侵权人就污染行为与损害结果之间存在因果关系的举证责任要求非常低,只需要证明两者之间存在关联性即可。对此,《最高人民法院关于生态环境侵权民事诉讼证据的若干规定》(法释〔2023〕6 号)第 5 条第 1 款规定:“原告起诉请求被告承担环境污染、生态破坏责任的,应当提供被告行为与损害之间具有关联性的证据。”至于如何判断关联性,《最高人民法院关于生态环境侵权民事诉讼证据的若干规定》(法释〔2023〕6 号)第 5 条第 2 款明确指出:“人民法院应当根据当事人提交的证据,结合污染环境、破坏生态的行为方式、污染物的性质、环境介质的类型、生态因素的特征、时间顺序、空间距离等因素,综合判断被告行为与损害之间的关联性是否成立。”

4. 惩罚性赔偿责任的构成要件

惩罚性赔偿是传统侵权法填平原则的例外,具有加重责任的性质。根据《民法典》(2020 年公布)第 1232 条的规定,侵权人违反法律规定故意污染环境、破坏生态造成严重后果的,被侵权人有权请求相应的惩罚性赔偿。因此,惩罚性赔偿责任的构成要件包括三个特别要件,即行为必须违反法律规定,侵权人主观上具有故意,以及损害后果严重。《最高人民法院关于审理生态环境侵权纠纷案件适用惩罚性赔偿的解释》(法释〔2022〕1 号)对前述三个特别要件进行了解释。

一是行为违法要件。惩罚性赔偿具有惩罚功能。侵权人实施了污染环境的违法行为,是对其施以惩罚的正当性基础。《最高人民法院关于审理生态环境侵权纠纷案件适用惩罚性赔偿的解释》(法释〔2022〕1 号)第 5 条对于“行为是否违反法律规定”作出了认定规则,除狭义的全国人大及其常委会制定的法律外,包括行政法规、地方性法规等在内,必要时可以参照规章的规定。

二是主观要件。侵权人的主观恶意,是惩罚性赔偿的基础要件。《最高人民法院关于审理生态环境侵权纠纷案件适用惩罚性赔偿的解释》(法释〔2022〕1 号)第 6 条列举了侵权人是否具有故意的考量因素,包括其职业经历、专业背景或者经营范围,因同一或者同类行为受到行政处罚或者刑事追究的情况,以及污染物的种类,污染环境、破坏生态行为的方式等。但故意作为一种主观状态,往往难以直接证明,一般需通过侵权人的行为来认定。因此,《最高人民法院关于审理生态环境侵权纠纷案件适用惩罚性赔偿的解释》(法释〔2022〕1号)第7条根据《环境保护法》(2014年修订)、《野生动物保护法》(2022年修订)、《矿产资源法》(2024年修订)等相关法律规定,明确了应当认定侵权人具有故意的9种典型情形。

三是后果要件。惩罚性赔偿的适用应遵循谦抑原则,聚焦于损害后果严重的侵权行为,避免侵权人动辄得咎。并且,此种严重后果不能是造成损害的重大风险,必须是已经实际发生的、现实存在的人身损害、财产损失或者生态环境损害等实害结果。《最高人民法院关于审理生态环境侵权纠纷案件适用惩罚性赔偿的解释》(法释〔2022〕1号)第8条规定,人民法院认定是否造成严重后果,应根据污染环境、破坏生态行为的持续时间、地域范围,造成环境污染、生态破坏的范围和程度,社会影响等因素综合判断。造成他人死亡、健康严重损害,重大财产损失,生态环境严重损害或者重大不良社会影响的,应当认定为造成严重后果。

(三)环境保护侵权责任的减免责事由

侵权责任免责事由,虽然也称为侵权责任抗辩事由,但二者具有显著区别。侵权责任的抗辩事由,是指被告针对原告要求承担侵权责任的请求而提出的证明原告的诉讼请求不成立或不完全成立的事实。免责事由只包括免除侵权责任的法定事由,而抗辩事由则包括免责事由和减轻责任的法定事由,相当于"抗辩事由 = 免责事由 + 减责事由"。免责事由的功能是依照法律的规定破坏侵权责任构成,进而免除行为人对造成损害的侵权责任,而抗辩事由包含的减责事由,其功能并非对抗侵权责任的构成,而是在行为人的行为构成侵权责任的基础上,对抗被侵权人主张的全部赔偿数额而予以减少。环境保护侵权责任虽然适用无过错责任归责原则,但无过错责任归责原则不是绝对责任归责原则,目前大多数国家规定了环境保护侵权责任的抗辩事由。

1. 免责事由

《民法典》(2020年公布)"侵权责任编"第七章"环境污染和生态破坏责任"并未专门规定免责事由。尽管1989年《环境保护法》第41条第3款规定了免责事由,即"完全由于不可抗拒的自然灾害,并经及时采取合理措施,仍然不能避免造成环境污染损害的,免予承担责任",但2014年修订《环境保护法》时删除了此规定。目前,环境污染和生态破坏责任的免责事由主要由环境保护单行法规定。例如,《海洋环境保护法》(2023年修订)第116条。此外,《生态环境侵权责任司法解释》(法释〔2023〕5号)第8条规定:"两个以上侵权人分别污染环境、破坏生态,部分侵权人能够证明其他侵权人的侵权行为已先行造成全部或者部分损害,并请求在相应范围内不承担责任或者减轻责任的,人民法院应予支持。"

尽管《民法典》(2020年公布)并未就特殊的环境保护侵权责任设定具体的免责事由,但《民法典》(2020年公布)总则编规定的"通用免责事由"和侵权责任编"一般规定"中规定的“专用免责事由”，均具有适用的可能性。原因在于，通用免责事由是可以适用于侵权责任的民事责任免责事由，而专用免责事由是适用于所有侵权责任领域的免责事由。其中，通用免责事由包括不可抗力、正当防卫、紧急避险和自愿救助他人；专用免责事由包括受害人故意、第三人原因、自甘风险和自助行为。此外，司法实践中还有三类免责事由但并未被《民法典》（2020年公布）规定为侵权责任免责事由，包括职务授权行为、受害人承诺和意外。[1] 这三类免责事由在环境保护侵权责任司法实践中也具有适用的可能性。

值得注意的是，现实中可能会出现通用免责事由、专用免责事由以及尚未法定化的司法实践中认可的免责事由与民法特别法（如侵权责任编中的“环境污染和生态破坏责任”）、环境保护单行法中相应规定不一致的情形。《民法典》（2020年公布）第1178条规定：“本法和其他法律对不承担责任或者减轻责任的情形另有规定的，依照其规定。”比如，《民法典》（2020年公布）第1233条规定的环境保护侵权第三人规则，与专用免责事由的规定不同。根据该条规定，受害人可以向第三人请求赔偿，也可以直接向行为人请求赔偿，行为人承担赔偿责任之后，向第三人追偿。因此，可以理解为，第1233条确立的第三人原因非免责事由是相较于专用免责事由规定的特殊规定。实际上，第1233条指向的第三人原因可能已经不适合被称为免责事由，而是《民法典》（2020年公布）专门设立的不真正连带责任规则，与合同领域第三人原因规则相似。《生态环境侵权责任司法解释》（法释〔2023〕5号）第18条第2款亦规定，侵权人以损害是由第三人过错造成的为由，主张不承担责任或者减轻责任的，人民法院不予支持。在此意义上，《民法典》（2020年公布）第1233条和《生态环境侵权责任司法解释》（法释〔2023〕5号）第18条第2款实际上排斥了《民法典》（2020年公布）第1175条的适用。该条规定：“损害是因第三人造成的，第三人应当承担侵权责任。”此外，《民法典》（2020年公布）第1204条产品责任第三人规则和第1250条饲养动物损害责任第三人规则，均适用的是此种规则。

2. 减责事由

减责事由是指侵害行为已经发生，但是由于法律规定的特殊原因可以减轻加害人的责任。环境保护侵权责任领域的减责事由主要包括过失相抵、受害人的重大过失、第三人的过错等。

首先，过失相抵。过失相抵中的“过失”既包括受害人过失也包括第三人过失。《民法典》（2020年公布）第1173条规定：“被侵权人对同一损害的发生或者扩大有过错的，可以减轻侵权人的责任。”这就是过失相抵原则在民法典中的体现，该原则在环境保护侵权责任中亦适用。对此，《生态环境侵权责任司法解释》（法释〔2023〕5号）第26条就规定了与有过失的减责事由：“被侵权人对同一污染环境、破坏生态行为造成损害的发生或者扩大有重大过失，侵权人请求减轻责任的，人民法院可以予以支持。”

其次，受害人的重大过失。《民法典》（2020年公布）第1174条规定：“损害是因受害人

---

〔1〕 参见杨立新：《民法典侵权责任免责事由体系的构造与适用》，载《求是学刊》2022年第5期。

故意造成的，行为人不承担责任。”受害人故意作为免责事由，一旦适用则会产生免责效果。但是由于被害人过失而产生的损害可以减轻加害人的责任。对此，《水污染防治法》(2017年修正)第96条第3款中规定，“水污染损害是由受害人重大过失造成的，可以减轻排污方的赔偿责任”。因此，如果水污染是受害人一般过失造成的，排污方应承担全部责任。如此立法的目的是让排污方对排污行为可能造成的水污染损害负有严格的注意义务，即使损害发生与受害人的一般过失有关也不能适用过失相抵原则。

再次，第三人的过错。《民法典》(2020年公布)第1175条规定：“损害是因第三人造成的，第三人应当承担侵权责任。”尽管《生态环境侵权责任司法解释》(法释〔2023〕5号)第18条第2款规定，侵权人以损害是由第三人过错造成的为由，主张不承担责任或者减轻责任的，人民法院不予支持，但《生态环境侵权责任司法解释》(法释〔2023〕5号)第19条第2款和第20条第2款均规定了“第三人承担与其过错相适应的责任”的规定。

最后，部分损害由其他侵权人的侵权行为先行造成。《生态环境侵权责任司法解释》(法释〔2023〕5号)第8条规定了特殊的减责事由，如果两个以上侵权人分别污染环境、破坏生态，部分侵权人能够证明其他侵权人的侵权行为已先行造成部分损害，并请求在相应范围内减轻责任，人民法院应予支持。

(四)环境保护侵权责任的承担方式

21世纪的侵权责任法呈现的最大特点就是侵权责任承担方式的多元化，突破了传统民法单一的损害赔偿的救济方法。我国《民法典》(2020年公布)第179条第1款规定，承担民事责任的方式包括：(1)停止侵害；(2)排除妨碍；(3)消除危险；(4)返还财产；(5)恢复原状；(6)修理、重作、更换；(7)继续履行；(8)赔偿损失；(9)支付违约金；(10)消除影响、恢复名誉；(11)赔礼道歉。《民法典》(2020年公布)侵权责任编第七章“环境污染和生态破坏责任”不仅在第1232条中规定了惩罚性赔偿责任方式，还在第1234条和第1235条中针对环境公益侵权规定了两种创新性责任承担方式——生态环境修复责任方式和生态环境损害赔偿责任方式。此外，《环境保护法》(2014年修订)、《海洋环境保护法》(2023年修订)、《水污染防治法》(2017年修正)、《固体废物污染环境防治法》(2020年修订)、《大气污染防治法》(2018年修正)等法律也都对环境侵权责任承担方式作了一些规定。在我国自然资源如森林、水、土地管理、渔业、矿产资源等法律中，责任承担方式以赔偿损失为主，但也包括复垦和采取补救措施等其他责任承担方式。总之，除了“修理、重作、更换”“消除影响、恢复名誉”等责任形式不适用于环境保护侵权责任承担之外，其余均可适用。根据功能性质不同，本教材将前述环境保护侵权责任承担方式划分为以下三类。

1. 预防性责任承担方式

预防性责任包括停止侵害、排除妨碍、消除危险。尽管《民法典》(2020年公布)侵权责任编第七章“环境污染和生态破坏责任”并未规定环境保护侵权责任的预防性责任承担方式，但根据体系解释的原理，《民法典》(2020年公布)侵权责任编第一章中的“一般规定”

可以适用于因环境污染危及他人人身、财产安全的情形。《民法典》(2020 年公布)第 1167 条规定,侵权行为危及他人人身、财产安全的,被侵权人有权请求侵权人承担停止侵害、排除妨碍、消除危险等侵权责任。

上述预防性责任承担方式在环境保护侵权诉讼中是首要的责任承担方式,强调对将来环境损害的预防功能,与实际损害发生后恢复原状、赔偿损失相比,对人身、财产权益的保护更为有效。责任内容包括两个方面:一是行为责任。停止侵害主要是制止被告继续实施某种侵害,防止侵害后果扩大,该责任方式以侵害正在进行或者仍在延续为条件。排除妨碍是指被告实施的行为妨碍私人利益实现的,可以要求加害人排除权益障碍。消除危险是指被告具有损害社会公共利益重大风险的污染环境、破坏生态的行为,原告有权要求被告采取有效措施消除这种威胁。二是成本责任。《最高人民法院关于审理环境民事公益诉讼案件适用法律若干问题的解释》(法释〔2020〕20 号)第 19 条第 2 款规定,原告为停止侵害、排除妨碍、消除危险所采取合理预防、处置措施而发生的费用应由被告承担。上述费用包括但不限于应急处置费用,还应当包括因预防非突发状态下违法排放损害生态环境而产生的费用,以及生态环境损害发生后清理、处置污染物的费用。应当明确的是,清理、处置污染物主要属于预防性措施而非恢复原状中的修复性措施。

此外,为了避免因诉讼审判程序导致环境风险得不到有效预防,最高人民法院引入了生态环境禁止令制度,并制定了《禁止令规定》(法释〔2021〕22 号)。

2. 补救性责任承担方式

环境污染或者生态破坏会对个人的生命、身体、健康等人格权益或者财产权益造成损害,《民法典》(2020 年公布)为救济此种损害专门规定了补救性责任方式,即“损害赔偿”。狭义的损害赔偿是指侵权人通过支付一定数额的金钱填补被侵权人的损失。除了赔偿一定数额的金钱这种侵权责任承担方式之外,还有其他具有类似填补或者说补偿功能的补救性侵权责任承担方式,如恢复原状、消除影响、赔礼道歉等。这些侵权责任承担方式虽然不是支付一定数额的金钱,但也能达到填补或者补偿被侵权人损害的效果,因此是广义上的损害赔偿。

根据环境保护侵权行为侵害的利益不同,损害赔偿包括人身损害赔偿、财产损失赔偿和精神损害赔偿。

首先,人身损害赔偿是指当人的生命、健康或者身体遭受到不法侵害,造成伤害、残疾甚至死亡时,要求行为人或者赔偿义务人以财产进行赔偿的责任承担方式。《民法典》(2020 年公布)第 1179—1181 条规定了人身损害赔偿的范围、请求权主体、数额确定等问题。《最高人民法院关于审理人身损害赔偿案件适用法律若干问题的解释》(法释〔2022〕14 号)进一步明确了医疗费、护理费、交通费、营养费、住院伙食补助费等为治疗和康复支出的合理费用,以及误工费、辅助器具费和残疾赔偿金、丧葬费和死亡赔偿金等各项人身损害赔偿金的计算方式等。

其次,财产损失赔偿是指侵权行为导致他人财产损失时,侵权人应承担的赔偿责任。

《民法典》(2020年公布)第1182条和第1184条分别规定了因侵害人身权益而造成财产损失的赔偿和因侵害他人财产而造成的财产损失的赔偿。考虑到第1179条已经对侵害生命权、身体权、健康权造成人身损害和财产损失的损害赔偿作出了全面规定,包括医疗费、护理费、交通费、营养费等为治疗和康复支出的合理费用以及因误工减少的收入、残疾赔偿金、死亡赔偿金和丧葬费等,第1182条不适用于生命权、身体权、健康权等物质性人身权益遭受侵害的案件,仅限于侵害人身自由和人格尊严、姓名权、名称权、荣誉权、名誉权、隐私权、婚姻自主权以及个人信息等非物质性人身权益受到侵害造成财产损失的案件。因此,因环境污染或生态破坏侵犯个人信息,可以适用第1182条,而因环境污染造成生命权、身体权、健康权受到侵害的,只能适用第1179条。如果环境污染或者生态破坏直接侵害的是他人的财产,则适用第1184条,相应财产损失按照损失发生时的市场价格或者其他合理方式计算。法律认可的财产损失(应当赔偿的财产损失)可以分为两类:一是直接损失,是指环境危害所直接造成的受害者财产减少,如农作物减产、鱼虾死亡等,也包括环境危害人身造成的差旅费或者医疗费。二是间接损失,是指危害环境造成受害人财产或者人身伤亡,不仅失去现实利益,也失去了预期利益。比如,农民购买了坏种子或者劣质化肥,直接损失就是为买种子和化肥造成的费用损失,而导致的庄稼减产甚至绝收就属于间接损失。

值得注意的是,《生态环境侵权责任司法解释》(法释〔2023〕5号)有限地承认了部分经济损失的可赔偿性。《生态环境侵权责任司法解释》(法释〔2023〕5号)第23条第1款规定,因污染环境、破坏生态影响他人取水、捕捞、狩猎、采集等日常生活并造成经济损失,同时符合下列情形,请求人主张行为人承担责任的,人民法院应予支持:(1)请求人的活动位于或者接近生态环境受损区域;(2)请求人的活动依赖受损害生态环境;(3)请求人的活动不具有可替代性或者替代成本过高;(4)请求人的活动具有稳定性和公开性。但这些经济损失获得赔偿的前提是经过行政许可的合法利益。《生态环境侵权责任司法解释》(法释〔2023〕5号)第23条第2款规定,根据国家规定须经相关行政主管部门许可的活动,请求人在污染环境、破坏生态发生时未取得许可的,人民法院对其请求不予支持。

最后,精神损害赔偿是指被侵害的自然人遭受精神损害,由侵权人就此等精神损害予以金钱赔偿的一项损害赔偿制度。《民法典》(2020年公布)第1183条规定,侵害自然人人身权益造成严重精神损害的,被侵权人有权请求精神损害赔偿。因故意或者重大过失侵害自然人具有人身意义的特定物造成严重精神损害的,被侵权人有权请求精神损害赔偿。在环境保护领域,尤其是环境噪声侵权案件中,法院一般均会认可精神损害赔偿。近年来,对于一些特定的自然物也存在适用精神损害赔偿的案例。[1]

---

〔1〕 比如,在山东聊城村中百年古槐被车破坏案中,法院认为,涉案受损古槐树经鉴定损失价值为3万元,处理事故人员误工费1000元、交通费1000元。对于原告主张的精神损害抚慰金,因案涉百年古槐树系邢氏家族成员的精神寄托,承载着村中邢氏家族数代人的深厚感情,古槐树遭受损害,邢氏家族27人作为原告要求赔偿精神损害抚慰金予以支持,酌情按5000元计算,以上合计37000元,由保险公司予以赔偿。

3. 惩罚性损害赔偿

狭义的损害赔偿作为侵权责任承担的主要方式,目的在于弥补被侵权人的损害。但晚近诞生的惩罚性赔偿则超出了狭义损害赔偿的功能:其目的主要不是填补或者说补偿被侵权人损害,而是惩罚侵权人使其在财产利益上感受到切肤之痛,进而收敛自己的行为,同时对其他民事主体起到一定的警示作用。在此意义上,也可将惩罚性赔偿理解为广义的损害赔偿。《民法典》(2020 年公布)第 179 条第 2 款明确将惩罚性赔偿列为法定的责任方式,第 1232 条规定了生态环境侵权惩罚性赔偿责任。

对于私人人身、财产权益因环境污染、生态破坏遭受侵害的环境保护私益侵权而言,受害人可以主张惩罚性赔偿责任。《最高人民法院关于审理生态环境侵权纠纷案件适用惩罚性赔偿的解释》(法释〔2022〕1 号)规定了惩罚性赔偿金的计算基数和倍数。其中,第 9 条第 1 款规定:"人民法院确定惩罚性赔偿金数额,应当以环境污染、生态破坏造成的人身损害赔偿金、财产损失数额作为计算基数。"而第 10 条第 1 款规定:"人民法院确定惩罚性赔偿金数额,应当综合考虑侵权人的恶意程度、侵权后果的严重程度、侵权人因污染环境、破坏生态行为所获得的利益或者侵权人所采取的修复措施及其效果等因素,但一般不超过人身损害赔偿金、财产损失数额的二倍。"由于惩罚性赔偿金旨在发挥惩罚功能,为避免过度惩罚,《最高人民法院关于审理生态环境侵权纠纷案件适用惩罚性赔偿的解释》(法释〔2022〕1 号)第 10 条第 2 款规定:"因同一污染环境、破坏生态行为已经被行政机关给予罚款或者被人民法院判处罚金,侵权人主张免除惩罚性赔偿责任的,人民法院不予支持,但在确定惩罚性赔偿金数额时可以综合考虑。"值得注意的是,惩罚性赔偿责任虽然功能上与公法处罚相同,但其性质属于民事责任,故《最高人民法院关于审理生态环境侵权纠纷案件适用惩罚性赔偿的解释》(法释〔2022〕1 号)第 11 条第 1 款规定,侵权人因同一污染环境、破坏生态行为,应当承担包括惩罚性赔偿在内的民事责任、行政责任和刑事责任,其财产不足以支付的,应当优先用于承担民事责任。该条第 2 款规定,侵权人因同一污染环境、破坏生态行为,应当承担包括惩罚性赔偿在内的民事责任,其财产不足以支付的,应当优先用于承担惩罚性赔偿以外的其他责任。

(五)数人环境保护侵权责任的适用规则

在侵权责任领域,单个的责任主体对某一损害后果单独承担侵权责任为常态,数个独立的主体对同一损害后果承担共同的侵权责任为例外,需要有法律加以特别规定。这种由数个主体对同一损害后果承担侵权责任的责任承担情形,为数人共同的侵权责任。这是对数人共同侵权责任的广义理解。狭义的共同侵权责任仅指连带的侵权责任。狭义的数人侵权责任具有以下法律特征:其一,数个责任主体均为独立承担民事责任的主体,彼此之间不存在雇主、雇员之间的关系,监护人与被监护人之间的关系或者法人与法人分支机构之间的关系。对此,应当注意的是,《生态环境侵权责任司法解释》(法释〔2023〕5 号)中规定的股东与公司(第 15 条)和排污单位和第三方治理机构(第 12 条、第 13 条、第 14 条)均非数人侵权责任概念能够涵盖的情形。其二,数人对同一损害后果承担侵权责任,并非数人对不同损害后果承担责任。其三,数人承担何种共同的侵权责任,应由法律加以规定。

与一般侵权中单个责任主体对某一损害后果单独承担侵权责任为常态不同,在环境保护侵权案件中,实施污染环境、破坏生态行为的通常不止一个行为人,数人侵权是一种较为常见的侵权形态。基于保护被侵权人的目的,立法针对特定情形设定了数人环境保护侵权责任规则。数人共同的环境保护侵权责任涉及两个以上行为侵害环境权益的主体,根据《民法典》(2020 年公布)和《生态环境侵权责任司法解释》(法释〔2023〕5 号)等相关规定,数人环境保护侵权责任可以分为三种情形:一是数人对同一环境损害后果承担连带的责任;二是数人对同一环境损害后果承担按份的责任;三是在整体责任承担中,部分责任主体承担全部的侵权责任,其他责任主体承担补充侵权责任。

1. 数人承担连带的环境保护侵权责任

数人承担连带的环境保护侵权责任是指数个主体(各主体并不必然均是实际实施环境污染或者生态破坏行为的人)基于共同侵权行为或者法律要求,对同一环境保护侵权行为造成的损害承担连带责任,受害人可以向任何一名行为人请求全部赔偿,赔偿者在履行赔偿义务后,可以向其他行为人追偿。数人承担连带环境保护侵权责任的常见情形是两个以上侵权人共同实施污染环境、破坏生态行为造成同一损害,此时的法律依据是《民法典》(2020 年公布)第 1168 条规定的"共同实施侵权行为"。《生态环境侵权责任司法解释》(法释〔2023〕5 号)进一步规定了数人承担连带环境保护侵权责任的情形。

其一,《生态环境侵权责任司法解释》(法释〔2023〕5 号)第 5 条规定,两个以上侵权人分别污染环境、破坏生态造成同一损害,每一个侵权人的行为都足以造成全部损害,被侵权人根据《民法典》(2020 年公布)第 1171 条的规定请求侵权人承担连带责任的,人民法院应予支持。此种情形是数人的侵权行为因发生了"原因聚合"而承担连带责任。

其二,《生态环境侵权责任司法解释》(法释〔2023〕5 号)第 7 条第 1 款规定,两个以上侵权人分别污染环境、破坏生态,部分侵权人的行为足以造成全部损害,部分侵权人的行为只造成部分损害,被侵权人请求足以造成全部损害的侵权人对全部损害承担责任,并与其他侵权人就共同造成的损害部分承担连带责任的,人民法院应予支持。此种情形是相对复杂的"单向连带责任",仅仅是污染行为足以造成全部损害的侵权人对全部损害部分承担连带责任,其他侵权人并不对足以造成全部损害的侵权人单独造成的损害部分承担连带责任。

其三,《生态环境侵权责任司法解释》(法释〔2023〕5 号)第 9 条规定,两个以上侵权人分别排放的物质相互作用产生污染物造成他人损害,被侵权人请求侵权人承担连带责任的,人民法院应予支持。

2. 数人承担按份的环境保护侵权责任

与连带责任相对的是按份责任,数人承担按份的环境保护侵权责任是指承担环境侵权责任的行为人为二人及以上,他们各自按照一定的份额承担侵权责任。按份责任的行为人只对自己分担的责任份额负责清偿,受害人无权请求其承担全部责任。对此,《生态环境侵权责任司法解释》(法释〔2023〕5号)第6条第1款规定,两个以上侵权人分别污染环境、破坏生态,每一个侵权人的行为都不足以造成全部损害,被侵权人根据《民法典》(2020年公布)第1172条的规定请求侵权人承担责任的,人民法院应予支持。值得注意的是,第1172条并未直接采用“按份责任”的表述,其采用的是“相应的责任”和“平均承担责任”。但一般认为,第1172条规定的是承担按份责任的无意思联络的数人侵权,数个侵权人按照各自责任的大小相应地向被侵权人承担按份责任。[1]

3. 数人中部分承担全部责任、部分承担补充责任

数人中部分承担全部责任、部分承担补充责任,是指由侵权人承担全部责任,其他特定的主体承担相应的补充责任。比如,《生态环境侵权责任司法解释》(法释〔2023〕5号)第16条规定,侵权人污染环境、破坏生态造成他人损害,被侵权人请求未尽到安全保障义务的经营场所、公共场所的经营者、管理者或者群众性活动的组织者承担相应补充责任的,人民法院应予支持。

4. 数人共同的环境保护侵权责任的内部划分

《民法典》(2020年公布)第1231条规定,两个以上侵权人污染环境、破坏生态的,承担责任的大小,根据污染物的种类、浓度、排放量,破坏生态的方式、范围、程度,以及行为对损害后果所起的作用等因素确定。一般认为,本条是关于数人侵权责任内部责任划分的规定。换言之,本条既可以作为按份责任的内部责任划分标准,也可以作为连带责任情形下部分侵权人在承担全部责任后向其他侵权人主张追偿权时法院判断责任划分的标准。《生态环境侵权责任司法解释》(法释〔2023〕5号)第24条规定,两个以上侵权人就污染环境、破坏生态造成的损害承担连带责任,实际承担责任超过自己责任份额的侵权人根据《民法典》(2020年公布)第178条的规定向其他侵权人追偿的,人民法院应予支持。但该条规定的追偿仅限于补偿性赔偿,侵权人就惩罚性赔偿责任向其他侵权人追偿的,人民法院不予支持。此外,《生态环境侵权责任司法解释》(法释〔2023〕5号)第25条第1款在《民法典》(2020年公布)第1231条的基础上对进一步规定,两个以上侵权人污染环境、破坏生态造成他人损害,人民法院应当根据行为有无许可,污染物的种类、浓度、排放量、危害性,破坏生态的方式、范围、程度,以及行为对损害后果所起的作用等因素确定各侵权人的责任份额。仔细观察可知,该规定与《民法典》(2020年公布)第1231条仅考虑“原因力”因素不同,《生态环境侵权责任司法解释》(法释〔2023〕5号)第25条同时确立了“原因力”和“过错”的双重判断因素。其中,“行为有无许可”属于对行为人是否有过错的判断因素。

(六)介入第三人过错时的环境保护侵权责任

《水污染防治法》(2017年修正)和《民法典》(2020年公布)等法律均涉及对第三人承

---

〔1〕 参见程啸:《我国侵权法上“相应的责任”的体系解释》,载《环球法律评论》2024年第3期。

担责任的规定。《民法典》(2020 年公布)第 1233 条规定,因第三人的过错污染环境、破坏生态的,被侵权人可以向侵权人请求赔偿,也可以向第三人请求赔偿。侵权人赔偿后,有权向第三人追偿。“因第三人的过错污染环境、破坏生态”,是指侵权人(第一人)、被侵权人(第二人)以外的第三人实施了污染环境、破坏生态的行为,且该实施行为是基于过错,即故意或者过失。需指出的是,立法上和理论上均认为环境污染、生态破坏的侵权责任是无过错责任,但承担第 1233 条规定的责任以及侵权人获得相关的追偿权,均以第三人的过错为要件。

第三人承担责任以过错为要件,是因为在因第三人过错污染环境、破坏生态的情况下,绝大多数情形是第三人实施了行为,而作为侵权人的“污染者”“破坏者”客观上提供了行为所需的物质基础(如污染物质等)。没有过错的“污染行为”“破坏行为”一般是指在国家标准范围内进行的上述行为。对于第三人而言,由于其并不以该国家标准范围内的“行为”为经常行为或营业行为,因此,对于该第三人而言,只要其从事了这些行为,原则上就是有过错的。质言之,要求第三人具有过错的原因在于,在一般理性人标准下,该第三人的“污染行为”“破坏行为”原则上就是有过错的,因为一个理性人根本不会从事这些行为。此外,还须注意,在大多数情况下,“污染者”“破坏者”对于其具有污染、破坏能力的物质材料负有一定的看管义务,第三人原则上无法使用这些物质材料。当第三人能够使用这些物质材料时,要么是第三人具有过错,要么是“污染者”“破坏者”具有过错(因其未履行相关义务)。前者在《民法典》(2020 年公布)第 1233 条中予以规定,后者则直接由《民法典》(2020 年公布)第 1229 条所规定的环境污染、生态破侵权责任的一般责任承担规则调整。可以理解为,污染环境、破坏生态,既可以是作为行为,也可以是不作为行为。无论是作为行为还是不作为行为,都属于行为,存在该行为时,污染者、破坏者应承担独立的侵权责任。只有在污染者、破坏者完全不存在任何“行为”时,因第三人过错污染环境、破坏生态的,才须由《民法典》(2020 年公布)第 1233 条予以调整。换言之,若损害不属于第三人过错造成,则被侵权人只能主张侵权人应依据《民法典》(2020 年公布)第 1229 条担责,此时侵权人担责之后也不享有向第三人进行追偿的权利。

第三人存在过错污染环境、破坏生态可能是损害发生的唯一原因,也可能是损害发生的部分原因。比如,在原油泄漏造成损害的案例中,因第三人过错行为造成损害的情况:侵权人拥有所有权的油轮合法合规停靠在某港口的码头等待卸货。第三人的船只违规驶入该港口,撞在停靠在码头上的油轮,致使油轮破损,所载原油泄漏。泄漏的原油污染了一定范围的海域,致使该海域的渔民遭受财产损失。在本案中,被侵权人有权依据《民法典》(2020 年公布)第 1229 条请求侵权人(油轮所有人)承担侵权责任;有权依据《民法典》(2020 年公布)第 1233 条请求侵权人(油轮所有人)承担赔偿责任,也可以依据《民法典》(2020 年公布)第 1233 条请求有过错的第三人(肇事船只的所有人等)承担赔偿责任。

为正确适用本条,《生态环境侵权责任司法解释》(法释〔2023〕5 号)对介入第三人过错时的环境保护侵权责任进行了细化规定。

首先,《生态环境侵权责任司法解释》(法释〔2023〕5号)第18条规定,因第三人的过错污染环境、破坏生态造成他人损害,被侵权人请求侵权人或者第三人承担责任的,人民法院应予支持。侵权人以损害是由第三人过错造成的为由,主张不承担责任或者减轻责任的,人民法院不予支持。

其次,《生态环境侵权责任司法解释》(法释〔2023〕5号)第19条规定,因第三人的过错污染环境、破坏生态造成他人损害,被侵权人同时起诉侵权人和第三人承担责任,侵权人对损害的发生没有过错的,人民法院应当判令侵权人、第三人就全部损害承担责任。侵权人承担责任后有权向第三人追偿。侵权人对损害的发生有过错的,人民法院应当判令侵权人就全部损害承担责任,第三人承担与其过错相适应的责任。侵权人承担责任后有权就第三人应当承担的责任份额向其追偿。对本条的理解需要注意三个方面。其一,被侵权人选择请求第三人承担赔偿责任的,人民法院应根据第三人的过错程度确定其相应赔偿责任。如果第三人的过错行为造成了全部损害,第三人应当赔偿全部损害;如果第三人的过错行为只是部分损害的发生原因,则在被选择的情况下,第三人对该部分损害承担赔偿责任。其二,侵权人的追偿权能实现不影响其对被侵权人责任之承担,也就是追偿不能的风险由侵权人自担。其三,本条所规定的追偿权是单向的,有过错的第三人如果被选择承担了侵权责任,之后不得向侵权人追偿。

最后,《生态环境侵权责任司法解释》(法释〔2023〕5号)第20条规定:"被侵权人起诉第三人承担责任的,人民法院应当向被侵权人释明是否同时起诉侵权人。被侵权人不起诉侵权人的,人民法院应当根据民事诉讼法第五十九条的规定通知侵权人参加诉讼。被侵权人仅请求第三人承担责任,侵权人对损害的发生也有过错的,人民法院应当判令第三人承担与其过错相适应的责任。"

(七)特殊的连带责任规则

为实现环境保护侵权责任强化的目标,达到救济受害人、保护环境的双重法律效果,有必要对连带责任、雇员责任、企业控股股东的"直索责任"等进行扩张适用。[1] 为此,《生态环境侵权责任司法解释》(法释〔2023〕5号)规定了一些特殊的连带责任规则,主要包括股东连带责任、排污单位和第三方治理机构的连带责任、排污单位与第三方服务机构之间的连带责任,以及特殊情形下的帮助侵权。由于部分责任主体并不能归属于侵权行为人,前述情形不适合被狭义的数人共同侵权概念涵盖。

其一,《生态环境侵权责任司法解释》(法释〔2023〕5号)第15条规定了股东对公司的连带责任,"公司污染环境、破坏生态,被侵权人请求股东承担责任,符合公司法第二十条规定情形的,人民法院应予支持"。

其二,《生态环境侵权责任司法解释》(法释〔2023〕5号)第14条规定了排污单位应当

---

〔1〕 参见张新宝、庄超:《扩张与强化:环境侵权责任的综合适用》,载《中国社会科学》2014年第3期。

与第三方治理机构承担连带责任的情形:(1)第三方治理机构按照排污单位的指示,违反污染防治相关规定排放污染物的;(2)排污单位将明显存在缺陷的环保设施交由第三方治理机构运营,第三方治理机构利用该设施违反污染防治相关规定排放污染物的;(3)排污单位以明显不合理的价格将污染物交由第三方治理机构处置,第三方治理机构违反污染防治相关规定排放污染物的;(4)其他应当承担连带责任的情形。对此,《生态环境侵权责任司法解释》(法释〔2023〕5 号)明确了二者承担连带责任的法律依据是《民法典》(2020 年公布)第 1168 条。应当注意的是,对于非属于前述情形的责任承担,《生态环境侵权责任司法解释》(法释〔2023〕5 号)根据"对污染危险的控制力度"的标准区分了两种情形。一是根据该解释第 12 条的规定,排污单位将所属的环保设施委托第三方治理机构运营,第三方治理机构在合同履行过程中污染环境造成他人损害。排污单位应承担侵权责任(对污染危险的控制力度强),至于其内部责任则依双方间的合同约定进行判断,第三方过错应承担相应责任,此时排污单位可向第三方机构追偿。二是根据《生态环境侵权责任司法解释》(法释〔2023〕5 号)第 13 条的规定,排污单位将污染物交由第三方治理机构集中处置,第三方治理机构在合同履行过程中污染环境造成他人损害。第三方机构承担侵权责任(排污单位对污染危险和治污过程的控制力度较弱)。但本条同时规定,如果排污单位在选任、指示第三方治理机构中有过错,排污单位承担相应责任。选任、指示过错的判断可能包括以下三种情形:(1)选任不具有相应能力的第三方治理机构。(2)排污单位没有履行预处理义务。(3)排污单位向第三方治理机构提供的数据、信息错误,缺乏日常检查监督等。

其三,《生态环境侵权责任司法解释》(法释〔2023〕5 号)第 21 条规定了环境影响评价机构、环境监测机构以及从事环境监测设备和防治污染设施维护、运营的机构承担连带责任的适用情形,包括:(1)故意出具失实评价文件的;(2)隐瞒委托人超过污染物排放标准或者超过重点污染物排放总量控制指标的事实的;(3)故意不运行或者不正常运行环境监测设备或者防治污染设施的;(4)其他根据法律规定应当承担连带责任的情形。对此,《生态环境侵权责任司法解释》(法释〔2023〕5 号)明确了前述主体承担连带责任的法律依据是《环境保护法》(2014 年修订)第 65 条。

其四,根据《生态环境侵权责任司法解释》(法释〔2023〕5 号)第 10 条规定,为侵权人污染环境、破坏生态提供场地或者储存、运输等帮助,被侵权人根据《民法典》(2020 年公布)第 1169 条的规定请求行为人与侵权人承担连带责任的,人民法院应予支持。对本条的理解应当结合该解释第 11 条进行体系解释。该解释第 11 条第 1 款规定,如果行为人是过失为侵权人污染环境、破坏生态提供场地或者储存、运输等便利条件,则承担与其过错相适应的责任。该解释第 11 条第 2 款规定,行为人存在重大过失的,依照本解释第 10 条的规定处理。因此,第 10 条的适用前提应当是行为人故意为侵权人污染环境、破坏生态提供场地或者储存、运输等帮助。总之,因故意和重大过失而与侵权行为人形成帮助关系,应承担连带责任。

二、环境保护违约责任

环境保护违约责任是指合同当事人因违反环境义务而应承担的不利法律后果。合同领域向来被认为是"契约自由"的领地,合同法意思自治的本质使其难以容纳来自外部的限制,而"环保义务是公法义务"更被普遍认同。因此,之前环境保护违约责任极少,环境保护民事责任一般是指侵权责任。但基于《民法典》(2020 年公布)第 9 条引入的"绿色原则",《民法典》(2020 年公布)合同编在《合同法》(1999 年公布,已失效)的基础上新增加了 4 个与生态环境保护有关的条款,为合同领域植入了绿色要素,对经济交易活动提出了绿色要求。首先,《民法典》(2020 年公布)合同编第 509 条在《合同法》(1999 年公布,已失效)第 60 条基础上增加了第 3 款,将"绿色原则"的正面指引表述为"避免浪费资源、污染环境和破坏生态"的反向限制性规定,明确了合同履行的绿色约束,将绿色原则"纳入附随义务体系,令契约当事人承担保护环境附随义务"。其次,《民法典》(2020 年公布)合同编第 558 条在《合同法》(1999 年公布,已失效)第 92 条"保密"后增加了"旧物回收"义务,扩展了后合同义务的内容。同时,新增第 625 条对第 558 条规定的旧物回收义务进一步具体化,并改变了后合同义务的规范结构。最后,《民法典》(2020 年公布)合同编第 619 条在《合同法》(1999 年公布,已失效)第 156 条基础上增加了包装方式不明确时按照"有利于节约资源、保护生态环境"的要求确定包装方式的规定,明确了合同法上的适当包装义务,以立法方式确定了合同附随义务中的协助义务。

在司法实践中,以绿色原则、绿色条款为由要求解除合同或追究违约责任的情况越来越多。值得注意的是,不仅合同的履行可能因为违反基于绿色原则所创设的上述规则而引发违约责任,合同当事人对环境保护相关合同内容的履行情况也可能触发违约责任。根据归属的环境法领域不同,环境保护合同包括污染防治类合同、自然资源开发利用类合同和自然生态保护类合同。

其一,污染防治类合同。最为典型的污染防治合同是第三方环境污染治理合同。由于第三方治理合同既可以是民事合同,也可以是行政协议,当合同约定事项未完成时,排污者、第三方甚至政府都有可能按照第三方治理合同的约定承担相应的违约责任。当排污企业超出合同约定的污染物的种类、数量、浓度等排放污染物,或存在其他违约行为,则应承担违约责任。当第三方治污企业未按合同约定治理污染物,致使污染物的种类、数量、浓度等未达到合同约定之标准,或存在其他违约行为时,则第三方应按照合同的约定承担相应的违约责任。在政府委托第三方治理的情形下,若因政府监管缺失或其他原因,造成第三方治污企业未完成治理任务,则政府要按照合同约定承担相应的违约责任。违约责任的承担方式有继续履行、减少治理费用、赔偿损失等。选择继续履行的责任承担方式时,要保证第三方或排污企业已经纠正违约行为。选择减少治理费用的责任承担方式时,合同要明确约定减少费用的标准和范围。选择赔偿损失的责任承担方式时,应合理约定损失的确定标准。值得注意的是,如果是污染防治类行政合同,合同当事人违反合同约定,不仅要承担违约责任,还可能导致行政处分、行政补偿甚至刑事责任的产生。

其二,自然资源开发利用类合同。自然资源类合同是指围绕自然资源开发利用而形成的合同,包括行政协议和民事合同两种。其中,在自然资源所有权派生形成使用权的过程中,主要依托的是自然资源行政协议,如国有土地使用权出让协议、矿业权出让协议等。特殊的例外是集体所有自然资源,如集体土地承包经营合同,其法律属性是特殊的民事合同。在自然资源使用权流转过程中,主要存在的是民事合同,如土地经营权流转合同、林地使用权转让合同等。这些合同在履行过程中有可能会因为当事人的违约发生法律责任。

其三,自然生态保护类合同。自然生态保护合同是指就保护自然生态环境而签订的合同,最主要的自然生态类合同是国家公园特许经营协议。比如,《海南热带雨林国家公园特许经营管理办法》(2021 年公布)第 7 条规定,海南热带雨林国家公园一般控制区内可以开展下列符合海南热带雨林国家公园总体规划和专项规划的特许经营项目:(1)建设、运营经营服务设施;(2)销售商品;(3)租赁设备或者场地;(4)提供住宿、餐饮、游憩导览、解说;(5)经营户外运动项目或者商业拍摄、商业演艺活动等文化体育服务;(6)提供生态旅游和体验、森林康养、休闲度假服务;(7)提供生态科普、自然教育服务;(8)提供旅游运输服务;(9)生产、销售载有海南热带雨林国家公园标识的产品;(10)其他实行特许经营的项目。国家公园特许经营协议在履约过程中会发生违约情形,触发违约责任。比如,特许经营者存在“破坏自然资源、环境、景观的”,“未经授权擅自开展特许经营活动或者超出约定范围从事经营服务活动的”,“以转让、出租、质押等方式处置特许经营权或者国家公园管理机构提供给特许经营者使用的资源资产、设施设备的”,“擅自停业、歇业的”等违法行为,如果情节严重,国家公园管理机构有权解除特许经营协议。由于特许经营协议属于行政协议,特许经营者违约还会面临被追究行政处罚、刑事处罚的风险。

三、环境保护相邻关系

相邻关系是社会关系的重要类型,与人们的日常生活和部分生产活动息息相关,是民事法律关系的重要类型和近现代民法的重要制度。相邻关系调整的是相邻不动产所有人或利用人之间的利益关系,并且已经形成相对稳定的规则。从权利角度讲,相邻关系也可以被理解为相邻权。相邻关系并非一成不变的概念,其是不断丰富发展的概念。随着环境问题出现,相邻关系的适用范围也从传统的不动产利用转向噪声、大气污染等问题。在此意义上,环境保护相邻关系是指基于环境保护的客观要求而发生的一定范围内的相邻关系。

《民法典》(2020 年公布)第 294 条规定:“不动产权利人不得违反国家规定弃置固体废物,排放大气污染物、水污染物、土壤污染物、噪声、光辐射、电磁辐射等有害物质。”该条规定的是相邻不动产之间不可量物的环境侵害,即环境保护相邻关系。从理论上看,《民法典》物权编中的相邻关系,主要是为了相邻权人的生活便利而设置,这就决定了权利人应当在一定范围内负有容忍义务,即对他人的看似侵权但实际基于社会利益平衡的行为而做出的一种让步,这其中自然包括权利人对相邻人为生活便利而在合理限度内排放污染物行为的容忍。如果在合理范围内排放污染物,排放人则并不违反相邻关系的规定,也不构成环境侵权。但是,如果违反规定排放污染物,如违反《噪声污染防治法》(2021 年公布)排放噪声、违反《水污染防治法》(2017 年修正)排放水污染物,对相邻权人造成损害,则属于环境侵害,此时排放人应承担责任。不过,此处的侵权责任,是以过错责任为归责原则的。一般环境侵权规定在《民法典》(2020 年公布)侵权责任编中,第 1229 条规定:“因污染环境、破坏生态造成他人损害的,侵权人应当承担侵权责任。”由此可以看出,一般环境侵权适用的是无过错责任,即无论侵权人是否违反法律规定,即使是合法的排放,造成他人损害的,同样要承担侵权责任。因此,相邻关系的侵权归责和一般环境侵权的归责的基础不同,带来的法律后果也是完全不同的。

一般环境侵权与环境相邻关系的侵权的区别,主要体现在责任适用方面。由于相邻关系是为了生活的方便而设定的法律制度,如果从环境侵权的角度理解,相邻关系通常指向日常生活带来的环境污染,因此适用过错责任原则。这是因为民众在日常生活中排放的污染物通常不会带来较大损害,适用过错原则符合便于生活的精神。一般环境侵权通常不是基于日常生活需要,而是基于生产经营发生的,应当适用无过错责任,侵权人不能以其与被害人是相邻关系为由主张适用过错责任。《生态环境侵权责任司法解释》(法释〔2023〕5 号)第 2—3 条采纳了此种观点。其中,第 2 条规定,“因下列污染环境、破坏生态引发的民事纠纷,不作为生态环境侵权案件处理……(三)不动产权利人在日常生活中造成相邻不动产权利人损害的……”;第 3 条规定:“不动产权利人因经营活动污染环境、破坏生态造成相邻不动产权利人损害,被侵权人请求其承担生态环境侵权责任的,人民法院应予支持。”比如,两个相邻不动产的权利人,一方出于家庭生活而弃置了厨余垃圾,臭味影响了相邻权利人的身体健康,这种情况下属于生活原因带来的环境侵权,应当适用相邻关系的规则;两个相邻不动产的权利人,一方为居家生活,而另一方为生产经营,如自然人养猪养鸡,产生了大量的污染物造成相邻人损害,此时侵权人不能以二者是相邻关系为由主张适用相邻关系规则,而应适用一般环境侵权规则,即承担无过错责任。值得注意的是,对于在日常生活中造成相邻不动产权利人损害的行为,不作为生态环境侵权案件处理,意味着此类案件不再适用侵权的保护方法(侵权责任规则),而应当适用物权的保护方法。换言之,此时应当适用《民法典》(2020 年公布)物权编第三章物权的保护的规定,即《民法典》(2020 年公布)第 233—239 条。

第三节　环境保护行政责任

环境保护行政责任是指行为人违反法律规定的环境保护行政义务或法律禁止事项而应承担的法律后果。环境保护行政责任在理论上有不同的分类,在现行有效的环境保护法律中主要集中在环境保护行政处分、环境保护行政处罚和违反环境保护行政协议的法律责任等方面。

一、环境保护行政责任的分类

根据法律关系不同,环境保护行政责任可分为环境保护内部行政责任和环境保护外部行政责任。前者是指环境保护行政主体作为内部行政法律关系主体时因行政违法违规而必须承担的行政责任,包括行政内部组织之间、组织与工作人员、组织与受委托的企事业单位或个人之间的内部行政责任。后者是指环境保护行政主体作为外部行政法律关系主体时因行政违法而必须承担的行政责任,包括行政主体及其工作人员对行政相对人承担的责任、行政相对人的行政责任。

根据主体不同,可分为:(1)环境保护行政主体的行政责任,是指国家行政机关或受委托的企业事业单位,依照有关法律、法规或内部规章对犯有违法失职和违纪行为的工作人员的一种行政制裁。(2)环境保护行政相对人的行政责任,是指由法律授权的生态环境主管部门和其他行使生态环境监督管理权的机关,按照国家有关法律规定的程序,对违反规定但尚不构成犯罪的行为相对人给予的行政制裁。按照《环境保护法》(2014 年修订)以及各环境保护单行法,除了生态环境主管部门作为统一监督管理机关外,还包括自然资源、农业农村、住房和城乡建设、水利、应急管理等部门依法协助实施环境保护监督管理。

根据功能不同,可分为:(1)惩罚性行政责任,是指对环境行政违法行为的责任主体施加某种痛苦达到教育和预防目的的环境保护行政责任形式,主要形式有,通报批评、行政处罚、行政处分等。(2)补救性行政责任,是指对环境行政违法行为主体施加的责任,补救其所造成的危害后果,恢复遭受破坏的环境行政法律关系和秩序。主要有认错道歉、恢复名誉、消除影响、撤销违法、纠正不当、返还权益、行政赔偿等。

二、环境保护行政处分

环境保护行政处分,是指国家机关、企事业单位按照行政隶属关系,依法对在保护和改善生态环境和生活环境,防治污染和其他公害中违法失职,但又不够刑事惩罚的所属公职人员的一种行政惩罚措施。根据《环境保护法》(2014 年修订)及其各环境保护单行法、《公务员法》(2018 年修订)、《环境保护违法违纪行为处分暂行规定》(2006 年公布)等,环境保护行政处分的形式包括警告、记过、记大过、降级、撤职、开除六种。2018 年《监察法》公布前,我国对行政公务员的环境保护违法违纪处分是一种以《公务员法》(2018 年修订)、《行政机关公务员处分条例》(2007 年公布,已失效)、《行政监察法》(2010 年修正,已失效)、《环境保护违法违纪行为处分暂行规定》(2006 年公布)等为依据,源自行政权力的内部行政惩戒行为,体现为单轨制。2018 年《宪法》修正以及《监察法》实施后,对行政公务员的环境保护处分存在行政处分和政务处分两种相对独立的制度分化。其中,行政处分以行政权为依托,以《公务员法》(2018 年修订)等为主要法律依据;政务处分依托监察权,以《监察法》(2024 年修正)为法律依据,二者并存且互补。对行政公务员的违法违纪行为,行政处分和政务处分皆可适用,《公务员法》(2018 年修订)第 61 条和《公职人员政务处分法》(2020 年公布)第 16 条均确立了禁止重复处分的规则。由于环境行政责任中主要是以传统行政处分条款为主,政务处分条款为辅,为行文方便,本教材将政务处分条款附带在行政处分中一并说明。

根据《环境保护法》(2014 年修订)和相关污染防治、自然资源、原真自然和生态保护法单行法的规定,行政处分的对象主要有以下三类:

第一类,单位实施了破坏或者污染环境的行为,情节较重但又不能够进行刑事处罚的有关责任人员。主要包括:(1)《海洋环境保护法》(2023 年修订)第 115 条第 1 款规定,造成海洋环境污染、生态破坏事故的单位,直接负责的主管人员和其他直接责任人员属于公职人员的。(2)《森林法》(2019 年修订)第 79 条规定,违反该法规定,未完成更新造林任务的,且由县级以上人民政府林业主管部门责令限期完成而未完成的直接负责的主管人员和其他直接责任人员。(3)《水土保持法》(2010 年修订)第 53 条规定,依法应当编制水土保持方案的生产建设项目,未编制水土保持方案或者编制的水土保持方案未经批准而开工建设的;生产建设项目的地点、规模发生重大变化,未补充、修改水土保持方案或者补充、修改的水土保持方案未经原审批机关批准的;水土保持方案实施过程中,未经原审批机关批准,对水土保持措施作出重大变更的,对生产建设单位直接负责的主管人员和其他直接责任人员依法给予处分。

第二类,有环境保护违法违纪行为的国家行政机关及其工作人员中的直接责任人员。主要包括:(1)《环境影响评价法》(2018 年修正)第 29 条规定,规划编制机关违反本法规定,未组织环境影响评价,或者组织环境影响评价时弄虚作假或者有失职行为,造成环境影响评价严重失实的,对直接负责的主管人员和其他直接责任人员,由上级机关或者监察机关依法给予行政处分。(2)《环境影响评价法》(2018 年修正)第 30 条规定,规划审批机关对依法应当编写有关环境影响的篇章或者说明而未编写的规划草案,依法应当附送环境影响报告书而未附送的专项规划草案,违法予以批准的,对直接负责的主管人员和其他直接责任人员,由上级机关或者监察机关依法给予行政处分。(3)《环境影响评价法》(2018 年修正)第 33 条规定,负责审核、审批、备案建设项目环境影响评价文件的部门在审批、备案中收取费用的,由其上级机关或者监察机关责令退还;情节严重的,对直接负责的主管人员和其他直接责任人员依法给予行政处分。

第三类,在执法活动中存在滥用职权、玩忽职守、徇私舞弊但尚不够刑事惩罚的违法行为的生态环境主管部门工作人员。主要包括:(1)《水污染防治法》(2017 年修正)第 80 条规定,环境保护主管部门或者其他依照该法规定行使监督管理权的部门,不依法作出行政许可或者办理批准文件的,发现违法行为或者接到对违法行为的举报后不予查处的,或者有其他未依照本法规定履行职责的行为的,对直接负责的主管人员和其他直接责任人员依法给予处分。(2)《土壤污染防治法》(2018 年公布)第 85 条第 1 款规定,地方各级人民政府、生态环境主管部门或者其他负有土壤污染防治监督管理职责的部门未依照本法规定履行职责的,对直接负责的主管人员和其他直接责任人员依法给予处分。(3)《森林法》(2019年修订)第70条第1款规定,县级以上人民政府林业主管部门或者其他有关国家机关未依照该法规定履行职责的,对直接负责的主管人员和其他直接责任人员依法给予处分。(4)《防沙治沙法》(2018年修正)第44条规定,违反该法第37条第1款规定,截留、挪用防沙治沙资金的,直接负责的主管人员和其他直接责任人员,由监察机关或者上级行政主管部门依法给予行政处分。

三、环境保护行政处罚

(一)环境保护行政处罚的概念

环境保护行政处罚,是指生态环境主管部门对违反环境保护法而破坏或者污染环境,但尚不够刑事处罚的单位或者个人实施的一种行政惩罚措施。生态环境主管部门,即《环境保护法》(2014年修订)第10条所规定的县级以上人民政府环境保护主管部门和其他依法行使环境保护监督管理权的部门。具体而言,对污染防治实施监督管理的主要包括海洋、海事、港监、公安、交通、铁道、民航管理部门等;对自然资源开发、利用和保护实施监督管理的主要包括土地、矿产、林业、农业、渔业、水行政主管部门;对原真自然或自然生态系统保护实施监督管理的主要包括海洋、农业、土地、林业草原行政主管部门、水行政主管部门等。针对某些环境保护违法行为所采取严厉的处罚措施,关系到企业的发展,为保障生态环境和经济、社会的可持续发展,应当由有批准权的人民政府批准,因此县级以上人民政府也行使行政处罚权。《环境保护法》(2014年修订)第60条规定,"企业事业单位和其他生产经营者超过污染物排放标准或者超过重点污染物排放总量控制指标排放污染物的,县级以上人民政府环境保护主管部门可以责令其采取限制生产、停产整治等措施;情节严重的,报经有批准权的人民政府批准,责令停业、关闭"。

由此可见,受到行政处罚的行为,是违反环境保护法中行政规范而非刑事规范的行为,即"不够刑事处罚"的行为,因而与刑事处罚相比,行政处罚是对违法情节或者危害后果较轻的行为实施。行政处罚的对象是违反了环境保护法,实施破坏或者污染环境行为的单位和个人,而不包括正在履行环境保护公职的国家机关、企业事业单位中的工作人员。后者造成环境破坏或者污染事故,情节较重的,应受到行政处分而非行政处罚。

(二)环境保护行政处罚的构成要件

环境保护行政处罚的构成要件分为"必要条件"和"选择条件"。前者是一般场合下行政相对人承担行政处罚的必备条件,包括行为的违法性与行为人的主观过错。后者是指只有在法律明文规定的场合下才成为行政相对人承担行政处罚的构成要件,包括危害后果和因果关系。

行为的违法性,是指行为人违反环境保护法,实施了破坏或污染环境的行为。但应注意,受到行政处罚的行为,应是违反环境保护法中行政规范而非刑事规范的行为,即“不够刑事处罚”的行为。这些违法行为可以表现为作为或者不作为。比如,《环境保护法》(2014 年修订)第 60 条规定的“企业事业单位和其他生产经营者超过污染物排放标准或者超过重点污染物排放总量控制指标排放污染物”;《水污染防治法》(2017 年修正)第 89 条规定的“船舶未配置相应的防污染设备和器材,或者未持有合法有效的防止水域环境污染的证书与文书”。

行为人的主观过错。对环境保护行政相对人而言,行政处罚的功能在于惩罚,因此需要行为人主观上具有过错,即行为人主观上具有故意或过失也是环境保护行政处罚的必要条件。故意的心理状态是违法行为人明知自己的行为必然或可能造成环境污染或破坏的后果,但希望或放任这种危害后果的发生,包括直接故意和间接故意。过失则表现为由于疏忽大意或过于自信而导致损害发生。实践中,对环境和资源的破坏多表现为故意,对环境的污染多表现为过失的心理状态。但为保证行政效率,只要环境保护行政相对人的行为客观上违反相关法律法规,即可推定其主观上具有过错。如果相对人要推翻这种过错推定,则适用《行政处罚法》(2021 年修订)第 33 条第 2 款,应承担举证责任。

危害后果是否作为环境保护行政处罚的构成要件,取决于相关法律规定。有的法律将危害后果作为环境保护行政处罚的构成要件。比如,根据《水污染防治法》(2017 年修正)第 94 条的规定,要给予某企业事业单位行政处罚,应当以该企业事业单位违反该法规定并实际造成水污染事故为前提。但大多数法律规定不以危害后果作为环境保护行政处罚的构成要件,即只要存在环境违法行为,无论是否造成危害后果,都应给予行政处罚。比如,《环境保护法》(2014 年修订)第 60 条规定,“企业事业单位和其他生产经营者超过污染物排放标准或者超过重点污染物排放总量控制指标排放污染物的,县级以上人民政府环境保护主管部门可以责令其采取限制生产、停产整治等措施;情节严重的,报经有批准权的人民政府批准,责令停业、关闭”。

违法行为与危害后果之间的因果关系,不是承担环境保护行政处罚的必要条件。在以危害后果作为责任构成要件时,因果关系成为环境保护行政处罚的必要要件;在不以危害后果为必要条件的场合,不存在因果关系证明问题。

(三)环境保护行政处罚的责任方式

以处罚内容为标准,行政处罚的种类可以分为声誉罚、财产罚、行为罚、资格罚和人身罚五类。《行政处罚法》(2021 年修订)第 9 条规定,行政处罚的种类包括警告、通报批评;罚款、没收违法所得、没收非法财物;暂扣许可证件、降低资质等级、吊销许可证件;限制开展生产经营活动、责令停产停业、责令关闭、限制从业;行政拘留以及法律、行政法规规定的其他行政处罚。《生态环境行政处罚办法》(2023 年公布)第 8 条规定,生态环境行政处罚的种类包括:警告、通报批评;罚款、没收违法所得、没收非法财物;暂扣许可证件、降低资质等级、吊销许可证件、一定时期内不得申请行政许可;限制开展生产经营活动、责令停产整治、责令停产停业、责令关闭、限制从业、禁止从业；责令限期拆除；行政拘留；法律、行政法规规定的其他行政处罚种类。《生态环境行政处罚办法》（2023 年公布）在《行政处罚法》（2021 年修订）基础上增加了“一定时期内不得申请行政许可”“责令停产整治”“禁止从业”“责令限期拆除”等处罚措施。根据《自然资源行政处罚办法》（2024 年修订）第 4 条，自然资源行政处罚包括警告、通报批评；罚款、没收违法所得、没收非法财物；暂扣许可证件、降低资质等级、吊销许可证件；责令停产停业；限期拆除在非法占用土地上的新建建筑物和其他设施；法律法规规定的其他行政处罚。与《行政处罚法》（2021 年修订）相比，《自然资源行政处罚办法》（2024 年修订）增加了“限期拆除在非法占用土地上的新建建筑物和其他设施”等处罚措施。与《生态环境行政处罚办法》（2023 年公布）相比，《自然资源行政处罚办法》（2024 年修订）未规定“一定时期内不得申请行政许可”“限制开展生产经营活动”“责令停产整治”“责令关闭”“限制从业”“禁止从业”“行政拘留”等处罚措施。

1. 警告、通报批评

警告与通报批评，都是影响被处罚人声誉的行政处罚，以公开公布的方式对违法者通过书面形式予以谴责和告诫，使被处罚人的名誉权受到损害，既制裁教育本人又广泛教育他人。

警告是生态环境主管部门对轻微违法相对人的谴责和告诫。例如，《水污染防治法》（2017 年修正）第 88 条规定：“城镇污水集中处理设施的运营单位或者污泥处理处置单位，处理处置后的污泥不符合国家标准，或者对污泥去向等未进行记录的，由城镇排水主管部门责令限期采取治理措施，给予警告……”《固体废物污染环境防治法》（2020 年修订）第 108 条规定：“违反本法规定，城镇污水处理设施维护运营单位或者污泥处理单位对污泥流向、用途、用量等未进行跟踪、记录，或者处理后的污泥不符合国家有关标准的，由城镇排水主管部门责令改正，给予警告……”《噪声污染防治法》（2021 年公布）第 82 条规定：“违反本法规定，有下列行为之一，由地方人民政府指定的部门说服教育，责令改正；拒不改正的，给予警告……在噪声敏感建筑物集中区域使用高音广播喇叭的……”《森林防火条例》（2008 年修订）第 49 条、第 51 条规定，违反该条例规定……由县级以上地方人民政府林业主管部门……给予警告。

通报批评是指行政机关对违法行为人在一定范围内通过书面批评加以谴责和告诫，指出其违法行为，避免其再犯。通报批评是 2021 年《行政处罚法》修订后形成的独立行政处罚种类，行政部门不能再随意通过“红头文件”设置对行政相对人的通报批评；实施通报批评，也应当依法履行相应的行政处罚程序。通报批评在环境保护行政处罚领域并不多见。

2. 罚款、没收违法所得、没收非法财物

罚款、没收违法所得、没收非法财物均属于财产罚的范畴，是对处罚对象科以财产上的处罚，剥夺其财产的所有权，让其在财产上承担损失，进而达到惩戒被处罚对象的目的。罚款是指行政机关强制违法当事人在一定期限内向国家缴纳一定数额金钱的处罚。

罚款是生态环境主管部门依法强令违法者向国家缴纳一定数额的金钱。罚款是最为常见的一种行政处罚,在《环境保护法》(2014 年修订)和各单行法中均有规定。不同法律对不同的违法行为规定了不同的罚款数额,裁量空间较大。比如,《森林法》(2019 年修订)第 73 条第 1 款规定:"违反本法规定,未经县级以上人民政府林业主管部门审核同意,擅自改变林地用途的,由县级以上人民政府林业主管部门责令限期恢复植被和林业生产条件,可以处恢复植被和林业生产条件所需费用三倍以下的罚款。"

《环境保护法》(2014 年修订)第 59 条增设了"按日连续处罚"的行政处罚方式。作为一种特殊的行政处罚,该制度较大幅度增加了企业的违法成本,对持续性违法排污者形成了强有力的震慑,破解了违法成本远低于罚款的困局。按日连续处罚是指排污者违法排放污染物受到罚款处罚,被责令改正而拒不改正时,依法作出处罚决定的行政机关可以自责令改正之日的次日起,按照原处罚数额按日连续处罚。罚款数额依照有关法律法规按照防治污染设施的运行成本、违法行为造成的直接损失或者违法所得等因素确定。地方性法规可以根据环境保护的实际需要,增加按日连续处罚的违法行为的种类。《环境保护主管部门实施按日连续处罚办法》(2014 年公布)第二章进一步明确了按日连续处罚的适用范围,主要包括以下行为:超过国家或者地方规定的污染物排放标准,或者超过重点污染物排放总量控制指标排放污染物的;通过暗管、渗井、渗坑、灌注或者篡改、伪造监测数据,或者不正常运行防治污染设施等逃避监管的方式排放污染物的;排放法律、法规规定禁止排放的污染物的;违法倾倒危险废物的;其他违法排放污染物行为。

没收违法所得、没收非法财物是指国家行政机关根据行政管理法律、法规,将行为人违法所获得的财物或非法财物强制无偿收归国有的一项行政处罚措施。比如,《放射性污染防治法》(2003 年公布)第 53 条规定,"违反本法规定,生产、销售、使用、转让、进口、贮存放射性同位素和射线装置以及装备有放射性同位素的仪表的,由县级以上人民政府环境保护行政主管部门或者其他有关部门依据职权责令停止违法行为,限期改正;逾期不改正的,责令停产停业或者吊销许可证;有违法所得的,没收违法所得;违法所得十万元以上的,并处违法所得一倍以上五倍以下罚款;没有违法所得或者违法所得不足十万元的,并处一万元以上十万元以下罚款"。《土地管理法》(2019 年修正)第 74 条规定,"买卖或者以其他形式非法转让土地的,由县级以上人民政府自然资源主管部门没收违法所得"。《防沙治沙法》(2018 年修正)第 38 条规定,"违反本法第二十二条第一款规定,在沙化土地封禁保护区范围内从事破坏植被活动的,由县级以上地方人民政府林业草原行政主管部门责令停止违法行为;有违法所得的,没收其违法所得"。

3. 暂扣许可证件、降低资质等级、吊销许可证件、一定时期内不得申请行政许可

暂扣许可证件、降低资质等级、吊销许可证件、一定时期内不得申请行政许可属于资格罚。

暂扣许可证件是指国家行政机关对违反行政管理法规的公民、法人或其他组织依法实行暂时扣留其许可证,剥夺其从事某项生产或经营活动权利的行政处罚,是暂时性中止行

政许可。

降低资质等级是指将违法行为人的资质等级进行降低,限制其从事特定行业或行业中的特定范围活动。对当事人实施“降低资质等级”,必须要有明确的法律、法规依据,并依照行政处罚的程序进行。《建设项目环境影响评价行为准则与廉政规定》(2021 年修正)第 14 条规定:“评价机构违反本规定的,依照《环境影响评价法》、《建设项目环境保护管理条例》和《建设项目环境影响评价资质管理办法》以及其他有关法律法规的规定,视情节轻重,分别给予警告、通报批评、责令限期整改、缩减评价范围、降低资质等级或者取消评价资质,并采取适当方式向社会公布。”《海域使用权管理规定》(国海发〔2006〕27 号)第 44 条规定,海域使用论证资质单位有下列情形之一的,由国家海洋行政主管部门给予警告、暂停执业、降低资质等级或者吊销资质证书的处理:越级或超越证书规定范围承担论证项目;在海域使用论证报告中使用虚构或者明显失实的数据资料;海域使用论证报告严重失实;其他虚构事实、隐瞒真相的行为。

吊销许可证件是指行政机关依法对违反行政管理秩序的当事人取消其所取得的行政许可证件,剥夺当事人从事某项生产经营活动、执业权利的行政处罚。《排污许可管理条例》(2021 年公布)第 34 条规定,以下情况情节严重的,吊销排污许可证:超过许可排放浓度、许可排放量排放污染物;通过暗管、渗井、渗坑、灌注或者篡改、伪造监测数据,或者不正常运行污染防治设施等逃避监管的方式违法排放污染物。第 41 条规定:“违反本条例规定,伪造、变造、转让排污许可证的,由生态环境主管部门没收相关证件或者吊销排污许可证,处 10 万元以上 30 万元以下的罚款,3 年内不得再次申请排污许可证。”《野生动物保护法》(2022 年修订)第 48 条规定,违反该法相关规定,有下列行为之一的,由县级以上人民政府野生动物保护主管部门、海警机构和有关自然保护地管理机构按照职责分工没收猎获物、猎捕工具和违法所得,吊销特许猎捕证,并处猎获物价值 2 倍以上 20 倍以下罚款:在自然保护地、禁猎(渔)区、禁猎(渔)期猎捕国家重点保护野生动物;未取得特许猎捕证、未按照特许猎捕证规定猎捕、杀害国家重点保护野生动物;使用禁用的工具、方法猎捕国家重点保护野生动物。违反该法相关规定,未将猎捕情况向野生动物保护主管部门备案的,由核发特许猎捕证、狩猎证的野生动物保护主管部门责令限期改正;逾期不改正的,处 1 万元以上 10 万元以下罚款;情节严重的,吊销特许猎捕证、狩猎证。

一定时期内不得申请行政许可是指对违法行为人进行限制,规定在一定的时间内,其不得再次申请获得特定的行政许可。这意味着违法行为人在限制期限内将无法享受特定行政许可所提供的权益或从事相关活动。这些处罚措施的目的是通过对违法行为人的资格进行限制和剥夺,强化法律法规的执行力度,维护社会公共利益和秩序。《排污许可管理条例》(2021 年公布)第 40 条规定:“排污单位以欺骗、贿赂等不正当手段申请取得排污许可证的,由审批部门依法撤销其排污许可证,处 20 万元以上 50 万元以下的罚款,3 年内不得再次申请排污许可证。”《林木种子生产经营许可证管理办法》(2016 年公布,部分失效)第 22 条规定:“申请者故意隐瞒有关情况或者提供虚假材料申请林木种子生产经营许可证的,申请人在一年内不得再次申请林木种子生产经营许可证。生产经营者以欺骗、贿赂等不正当手段取得林木种子生产经营许可证的,生产经营者在三年内不得再次申请林木种子生产经营许可证。”

4. 限制开展生产经营活动、责令停产整治、责令停产停业、责令关闭、限制从业、禁止从业

本项行政处罚种类是在 1996 年《行政处罚法》责令停产停业基础上扩展而来的。《行政处罚法》(2021 年修订)将其他法律法规规定的责令关闭、限制开展生产经营活动、限制从业明确为法定的行政处罚种类,和责令停产停业归为一类,同为行为罚,即行政机关对违反法律法规的相对人采取限制或剥夺其特定行为能力的处罚。《生态环境行政处罚办法》(2023 年公布)又增加了“禁止从业”一项。

限制开展生产经营活动是指行政机关依法对违反行政管理秩序的当事人限制其从事新的生产经营活动的行政处罚,包括责令停止接受新业务,在吊销许可证件、注销登记、解除协议或者撤销特许经营权后在一定期限内禁止开展相关生产经营活动。《环境保护主管部门实施限制生产、停产整治办法》(2014 年公布)第 5 条规定了限制生产的适用情形,即排污者超过污染物排放标准或者超过重点污染物日最高允许排放总量控制指标。环境保护法律法规早就规定了“限制生产”的内容。比如,《环境保护法》(2014 年修订)第 60 条中规定,“企业事业单位和其他生产经营者超过污染物排放标准或者超过重点污染物排放总量控制指标排放污染物的,县级以上人民政府环境保护主管部门可以责令其采取限制生产、停产整治等措施”。《噪声污染防治法》(2021 年公布)第 75 条规定:“违反本法规定,无排污许可证或者超过噪声排放标准排放工业噪声的,由生态环境主管部门责令改正或者限制生产、停产整治,并处二万元以上二十万元以下的罚款;情节严重的,报经有批准权的人民政府批准,责令停业、关闭。”但关于“限制生产”的行为性质,法律并未明确界定。不少地方将“限制生产”作为“行政命令”对待。《生态环境行政处罚办法》(2023 年公布)第 9 条第 3 款规定:“责令改正或者限期改正不适用行政处罚程序的规定。”据此,不少地区在具体案件办理中,将限制生产以行政命令的形式作出,未严格遵循行政处罚程序。《行政处罚法》(2021 年修订)和《生态环境行政处罚办法》(2023 年公布)将“限制开展生产经营活动”作为行政处罚的种类明确列出,某种意义上正是对“限制生产”行为的定性。因此,生态环境主管部门在作出“限制生产”时,应严格遵循行政处罚程序。在作出限制生产处罚决定前,依法告知当事人享有的陈述、申辩、要求听证等权利,充分听取当事人的意见。

责令停产整治是行政机关责令排污者停止生产,对生产工艺或设备进行升级改造,以达到达标排放要求而实施的一种暂时性控制行为。《环境保护主管部门实施限制生产、停产整治办法》(2014 年公布)第 6 条规定了停产整治的适用情形,包括:通过暗管、渗井、渗坑、灌注或者篡改、伪造监测数据,或者不正常运行防治污染设施等逃避监管的方式排放污染物,超过污染物排放标准的;非法排放含重金属、持久性有机污染物等严重危害环境、损害人体健康的污染物超过污染物排放标准三倍以上的;超过重点污染物排放总量年度控制

指标排放污染物的；被责令限制生产后仍然超过污染物排放标准排放污染物的；因突发事件造成污染物排放超过排放标准或者重点污染物排放总量控制指标的；法律、法规规定的其他情形。《海洋环境保护法》(2023 年修订)第 99 条第 1 款、第 3 款规定，违反该法规定设置入海排污口的，由生态环境主管部门责令关闭或者拆除，处 2 万元以上 10 万元以下的罚款；拒不关闭或者拆除的，强制关闭、拆除，所需费用由违法者承担，处 10 万元以上 50 万元以下的罚款；情节严重的，可以责令停产整治。违反该法规定，入海排污口的责任主体未按照规定开展监控、自动监测的，由生态环境主管部门责令改正，处 2 万元以上 10 万元以下的罚款；拒不改正的，可以责令停产整治。

责令停产停业主要是指行政机关要求行政相对人在一定期限内暂停某项生产或业务。对相对人来说，是一种不作为义务。比如，《森林法》(2019 年修订)第 80 条规定，违反该法规定，拒绝、阻碍县级以上人民政府林业主管部门依法实施监督检查的，可以处 5 万元以下的罚款，情节严重的，可以责令停产停业整顿。责令停产停业的对象一般是获得许可的行政相对人，有一定资格从事某种生产或经营活动的相对人，对于那些无须准入限制的行业，则不涉及停产停业问题。因此，责令停产停业常与吊销许可证一起成为行政处罚机关的选择项。比如，《放射性污染防治法》(2003 年公布)第 53 条规定："违反本法规定，生产、销售、使用、转让、进口、贮存放射性同位素和射线装置以及装备有放射性同位素的仪表的，由县级以上人民政府环境保护行政主管部门或者其他有关部门依据职权责令停止违法行为，限期改正；逾期不改正的，责令停产停业或者吊销许可证……"此外，责令停产停业不同于暂扣许可证件、降低资质等级、吊销许可证件，责令停产停业并没有暂时或者永久性剥夺相对人的资格，行政相对人仍可从事生产以外与经营有关的活动。比如，《大气污染防治法》(2018 年修正)第 109 条规定："违反本法规定，生产超过污染物排放标准的机动车、非道路移动机械的，由省级以上人民政府生态环境主管部门责令改正，没收违法所得，并处货值金额一倍以上三倍以下的罚款，没收销毁无法达到污染物排放标准的机动车、非道路移动机械；拒不改正的，责令停产整治，并由国务院机动车生产主管部门责令停止生产该车型。违反本法规定，机动车、非道路移动机械生产企业对发动机、污染控制装置弄虚作假、以次充好，冒充排放检验合格产品出厂销售的，由省级以上人民政府生态环境主管部门责令停产整治，没收违法所得，并处货值金额一倍以上三倍以下的罚款，没收销毁无法达到污染物排放标准的机动车、非道路移动机械，并由国务院机动车生产主管部门责令停止生产该车型。"

责令关闭是指当企业或组织违法行为严重，无法进行整改或存在重大安全隐患时，相关主管部门可以责令彻底关闭该企业或组织，终止其所有经营活动。责令关闭常见于污染防治领域的行政处罚，如《水污染防治法》(2017 年修正)第 87 条规定，违反该法规定，建设不符合国家产业政策的小型造纸、制革、印染、染料、炼焦、炼硫、炼砷、炼汞、炼油、电镀、农药、石棉、水泥、玻璃、钢铁、火电以及其他严重污染水环境的生产项目的，由所在地的市、县人民政府责令关闭。《大气污染防治法》(2018 年修正)第 99 条规定，违反该法规定，有下列行为之一的，由县级以上人民政府生态环境主管部门责令改正或者限制生产、停产整治，并处10万元以上100万元以下的罚款；情节严重的，报经有批准权的人民政府批准，责令停业、关闭：未依法取得排污许可证排放大气污染物的；超过大气污染物排放标准或者超过重点大气污染物排放总量控制指标排放大气污染物的；通过逃避监管的方式排放大气污染物的。《固体废物污染环境防治法》(2020年修订)第118条第1款规定，违反该法规定，造成固体废物污染环境事故的，除依法承担赔偿责任外，由生态环境主管部门依照该条第2款的规定处以罚款，责令限期采取治理措施；造成重大或者特大固体废物污染环境事故的，还可以报经有批准权的人民政府批准，责令关闭。《噪声污染防治法》(2021年公布)第74条规定，违反该法规定，在噪声敏感建筑物集中区域新建排放噪声的工业企业的，由生态环境主管部门责令停止违法行为，处10万元以上50万元以下的罚款，并报经有批准权的人民政府批准，责令关闭。违反该法规定，在噪声敏感建筑物集中区域改建、扩建工业企业，未采取有效措施防止工业噪声污染的，由生态环境主管部门责令改正，处10万元以上50万元以下的罚款；拒不改正的，报经有批准权的人民政府批准，责令关闭。

限制从业、禁止从业是指行政机关依法对违反行政管理秩序的相对人在一定时期内限制或禁止其从事一定职业、职位的行政处罚，为资格罚，属于较为严厉的行政处罚种类，在实践中应当针对严重违法行为依法慎重作出。《土壤污染防治法》(2018年公布)第90条第1款、第2款规定："违反本法规定，受委托从事土壤污染状况调查和土壤污染风险评估、风险管控效果评估、修复效果评估活动的单位，出具虚假调查报告、风险评估报告、风险管控效果评估报告、修复效果评估报告的，由地方人民政府生态环境主管部门处十万元以上五十万元以下的罚款；情节严重的，禁止从事上述业务，并处五十万元以上一百万元以下的罚款；有违法所得的，没收违法所得。前款规定的单位出具虚假报告的，由地方人民政府生态环境主管部门对直接负责的主管人员和其他直接责任人员处一万元以上五万元以下的罚款；情节严重的，十年内禁止从事前款规定的业务；构成犯罪的，终身禁止从事前款规定的业务。"

5. 责令限期拆除

实践中，对责令限期拆除行为的法律性质认识不一，存在行政处罚说、行政强制说、行政强制执行前的告知程序说、行政命令说等多种观点。虽然《行政处罚法》(2021年修订)并未明确将其列入处罚种类中，但《土地管理法》(2019年修正)第83条规定，对在非法占用的土地上新建建筑物和其他设施的，行政机关作出的责令限期拆除属于行政处罚，而《生态环境行政处罚办法》(2023年公布)则直接增加了"责令限期拆除"作为处罚类型之一。同时，最高人民法院印发《关于行政案件案由的暂行规定》(法发〔2020〕44号)规定一级案由为行政行为，在二级案由"行政处罚"项中的三级案由第15项即为"责令限期拆除"。由此可见，最高人民法院在司法实践中将责令限期拆除行为归于行政处罚。目前，《水污染防治法》(2017年修正)第84条第1款规定，"在饮用水水源保护区内设置排污口的，由县级以上地方人民政府责令限期拆除，处十万元以上五十万元以下的罚款"。

6. 行政拘留

行政拘留是公安机关依法对违反行政管理秩序的公民采取限制其人身自由的惩罚措施。《环境保护法》(2014年修订)第63条规定了行政拘留的具体适用。第一,行政拘留的适用对象是以下四种尚不构成犯罪的违法行为,主要包括:建设项目未依法进行环境影响评价,被责令停止建设,拒不执行的;违反法律规定,未取得排污许可证排放污染物,被责令停止排污,拒不执行的;通过暗管、渗井、渗坑、灌注或者篡改、伪造监测数据,或者不正常运行防治污染设施等逃避监管的方式违法排放污染物的;生产、使用国家明令禁止生产、使用的农药,被责令改正,拒不改正的。第二,受行政拘留的企业事业单位和其他生产经营者已受过处罚,需要通过短期剥夺其直接负责的主管人员和其他直接责任人员的人身自由来使其停止违法行为和悔改。第三,行政拘留属于"并罚"的责任方式,即既要对企业事业单位和其他生产经营者予以处罚,也要对其直接负责的主管人员和其他直接责任人员予以行政拘留。第四,需要行政拘留的案件应由县级以上人民政府生态环境主管部门或者其他有关部门将案件移送公安机关。第五,拘留的期限为10日以上15日以下;情节较轻的,为5日以上10日以下。此外,各污染防治单行法进一步明确了行政拘留的具体情形,如根据《固体废物污染环境防治法》(2020年修订)第120条,适用行政拘留的行为包括:擅自倾倒、堆放、丢弃、遗撒固体废物,造成严重后果的;在生态保护红线区域、永久基本农田集中区域和其他需要特别保护的区域内,建设工业固体废物、危险废物集中贮存、利用、处置的设施、场所和生活垃圾填埋场的;将危险废物提供或者委托给无许可证的单位或者其他生产经营者堆放、利用、处置的;无许可证或者未按照许可证规定从事收集、贮存、利用、处置危险废物经营活动的;未经批准擅自转移危险废物的;未采取防范措施,造成危险废物扬散、流失、渗漏或者其他严重后果的。为规范环境违法案件行政拘留的实施,公安部等多部门联合制定了《行政主管部门移送适用行政拘留环境违法案件暂行办法》(2014年公布)。

(四)不予处罚、从轻处罚或减轻处罚的规定

1. 不予处罚

《行政处罚法》(2021年修订)第33条规定:"违法行为轻微并及时改正,没有造成危害后果的,不予行政处罚。初次违法且危害后果轻微并及时改正的,可以不予行政处罚。当事人有证据足以证明没有主观过错的,不予行政处罚。法律、行政法规另有规定的,从其规定。对当事人的违法行为依法不予行政处罚的,行政机关应当对当事人进行教育。"值得注意的是,《行政处罚法》(2021年修订)首次明确"首违不罚"作为行政处罚适用的例外情形,但其实施具有严格的范围、条件,是指轻微并及时改正,没有造成危害后果的行为。环境保护行政执法中不予处罚的情形也在环境保护法律法规中进一步明确。《生态环境行政处罚办法》(2023年公布)第42条规定,违法行为轻微并及时改正,没有造成生态环境危害后果的,不予行政处罚。初次违法且生态环境危害后果轻微并及时改正的,可以不予行政处罚。当事人有证据足以证明没有主观过错的,不予行政处罚。法律、行政法规另有规定

的，从其规定。对当事人的违法行为依法不予行政处罚的，生态环境主管部门应当对当事人进行教育。《自然资源行政处罚办法》(2024 年修订)第 31 条规定，违法行为轻微，依法可以不给予行政处罚的，不予行政处罚；初次违法且危害后果轻微并及时改正的，可以不予行政处罚；违法事实不能成立的，不予行政处罚。

2. 从轻处罚或减轻处罚

根据《生态环境行政处罚办法》(2023 年公布)第 43 条的规定，当事人有下列情形之一的，应当从轻或者减轻行政处罚：主动消除或者减轻生态环境违法行为危害后果的；受他人胁迫或者诱骗实施生态环境违法行为的；主动供述生态环境主管部门尚未掌握的生态环境违法行为的；配合生态环境主管部门查处生态环境违法行为有立功表现的；法律、法规、规章规定其他应当从轻或者减轻行政处罚的。

四、违反环境保护行政协议的法律责任

根据《行政诉讼法》(2017 年修正)和《最高人民法院关于审理行政协议案件若干问题的规定》(法释〔2019〕17 号)，环境保护行政协议具体包括：政府特许经营协议、土地等征收征用补偿协议、矿业权等国有自然资源使用权出让协议。通常情况下，在环境保护行政协议纠纷案件中，原告只能是行政协议的相对人或者利害关系人，被告只能是行政机关。具言之，原告可以分为以下四类：一是作为自然资源行政协议一方的行政相对人；二是公平竞争权人，具体为参与招标、拍卖、挂牌等竞争性活动，认为自然资源行政机关应当依法与其订立行政协议但行政机关拒绝订立，或者认为自然资源行政机关与他人订立行政协议损害其合法权益的公民、法人或者其他组织；三是认为征收征用补偿协议损害其合法权益的被征收征用土地、房屋等不动产的用益物权人；四是其他认为行政协议的订立、履行、变更、终止等行为损害其合法权益的公民、法人或者其他组织。在行政协议法律关系中，签订行政协议的公民、法人或者其他组织以及行政主体都需要按照协议约定的内容，各自履行义务。行政机关不得滥用行政优益权，相对人不能怠于履行或不适当履行合同，否则，违反环境保护协议约定的一方将承担违约责任。

(一)行政主体的法律责任

作为行使行政管理职责的行政主体应当诚实守信地履行行政协议，除非因重大政策调整或者出于维护公共利益的需要无法继续履行行政协议。即使出现无法继续履行行政协议的正当事由，行政主体也应当尽到相应的附随义务，即在合理时间内及时通知签订协议的公民、法人或者其他组织并说明不能继续履约的理由，还需要采取适当的补救措施，尽量减少因无法继续履约给签订协议的公民、法人或者其他组织造成的损失；若因此给签订协议的公民、法人或者其他组织造成损失，还应当予以补偿。对于行政主体无正当理由未依约履行行政协议的，签订协议的公民、法人或者其他组织请求人民法院判令行政主体承担违约责任，主张赔偿协议按期履行后可获取的经济利益，属于法律规定范围之内的正当诉

求，符合合同法关于违约责任承担的相关规定，人民法院应予支持。比如，在王某诉安徽省怀宁县国土资源局土地管理行政出让案[（2017）皖08行终102号]中，安徽省怀宁县原国土资源局发布拍卖公告拍卖涉案地块的国有土地使用权，王某竞拍成功并与怀宁县原国土资源局订立成交确定书。但涉案土地因不具备法定条件，依法不能对外出让，且因涉案土地的规划后续发生调整，怀宁县原国土资源局无法采取补救措施使涉案土地达到可以对外出让的法定条件，因而涉案土地出让协议依法不能订立。协议相对人请求订立土地出让协议的，人民法院不予支持。但因行政机关实施了土地拍卖、成交确认等行为，协议相对人亦缴纳了土地出让金并为开发土地进行投入，即协议相对人因涉案土地出让协议不能订立而遭受了相应损失，其请求确认前置的拍卖土地行为违法并赔偿损失的，人民法院予以支持。另外，行政协议本身具有的公益性并不能免除行政主体应负有的违约赔偿责任，公益性与违约责任是两个不同层面的问题，不能以行政协议的公益性来免除行政主体应承担的赔偿责任。

（二）协议相对人的法律责任

在遵守国家和地方制定的刚性环境保护标准前提下，环境保护行政协议相对人应按质保量地完成协议中政府对其提出的更高的环境目标和更严格的环境责任。协议相对人不按约定履行行政协议的，应承担违约责任。对此，行政机关可通过以下三种途径进行解决。第一，行政机关申请非诉强制执行。根据《最高人民法院关于审理行政协议案件若干问题的规定》（法释〔2019〕17号）第24条的规定，协议相对人未按照行政协议约定履行义务，经催告后不履行，行政机关可以作出要求其履行协议的书面决定。协议相对人收到书面决定后在法定期限内未申请行政复议或者提起行政诉讼，且仍不履行，协议内容具有可执行性的，行政机关可以向人民法院申请强制执行。第二，行政机关提起诉讼，准用民事规范。根据《最高人民法院关于审理行政协议案件若干问题的规定》（法释〔2019〕17号）第27条的规定，人民法院审理行政协议案件，可以参照适用民事诉讼和民事法律规范关于民事合同的规定。部分法律法规也明确行政机关在相对人违约时可提起诉讼，但未明确诉讼性质。比如，《国有土地上房屋征收与补偿条例》（国务院令第590号）第25条第2款规定："补偿协议订立后，一方当事人不履行补偿协议约定的义务的，另一方当事人可以依法提起诉讼。"第三，行政机关行使单方变更、解除权。比如，《城市房地产管理法》（2019年修正）第16条规定："土地使用者必须按照出让合同约定，支付土地使用权出让金；未按照出让合同约定支付土地使用权出让金的，土地管理部门有权解除合同，并可以请求违约赔偿。"《农村土地承包法》（2018年修正）第42条规定，承包方不得单方解除土地经营权流转合同，但受让方有擅自改变土地的农业用途、弃耕抛荒连续两年以上、给土地造成严重损害或者严重破坏土地生态环境等情形的，行政机关有权单方解除土地经营权流转合同。

第四节　环境保护刑事责任

环境犯罪是指行为主体故意或者过失污染、破坏环境及自然资源,从而使环境受到严重损害,危及公众人身健康或公私财产的行为。《刑法》(2023 年修正)分则第六章第六节规定了"破坏环境资源保护罪"。环境保护刑事责任是指行为人故意或过失实施严重危害环境的行为,并造成了人身伤亡或公私财产严重损失,已经构成犯罪要承担刑事制裁的法律责任。

一、环境保护刑事责任的《刑法》规定

1949 年新中国成立至 1979 年《刑法》颁布前,有关环境犯罪的立法散见于《森林保护条例》(已失效)、《防止沿海水域污染暂行规定》等少量非刑事法律之中。1979 年《刑法》中有关于环境犯罪方面的规定,如放火、决水、爆炸或者以其他危险方法破坏河流、水源、森林,危害公共安全的行为规定在分则第二章"危害公共安全罪"中;盗伐、滥伐森林或者其他林木,非法捕捞水产品、非法狩猎的行为规定在分则第三章"破坏社会主义经济秩序罪"中。1997 年全面修订《刑法》后,我国刑法对环境犯罪作出了明确的、较为全面的规定。1997 年修订的《刑法》在分则第六章"妨害社会管理秩序罪"中特别设立了"破坏环境资源保护罪"一节,对污染和破坏环境资源的各种犯罪行为规定了相应的刑事责任。12 个刑法修正案中有多个修正案,即《刑法修正案(二)》(2001 年公布)、《刑法修正案(四)》(2002 年公布)、《刑法修正案(八)》(2011 年公布)和《刑法修正案(十一)》(2020 年公布)涉及生态环境犯罪的修改和完善。

《刑法修正案(二)》(2001 年公布)对 1997 年《刑法》第 342 条予以修改,即将非法占用土地的对象从耕地扩展到耕地、林地等农用地,罪名也从"非法占用耕地罪"改为"非法占用农用地罪"。

《刑法修正案(四)》(2002 年公布)对环境犯罪的修改主要有三:(1)在 1997 年《刑法》第 339 条第 3 款原来规定的"固体废物"后面,增加了"液态废物"和"气态废物"的内容。(2)将1997 年《刑法》第 344 条非法采伐、毁坏植物行为的对象从原来的"珍贵树木"扩大到"珍贵树木或者国家重点保护的其他植物",并在原来的"非法采伐、毁坏"行为之外,将对珍贵树木或者国家重点保护的其他植物及其制品"非法收购、运输、加工、出售"的行为也纳入刑法调整视野。(3)对 1997 年《刑法》第 345 条第 3 款作了三方面的修改:一是删除了语义模糊的"在林区"的行为发生区域的限制;二是删除了"以牟利为目的"的行为目的的限制;三是增加了明知是盗伐、滥伐的林木而"运输"的行为。《刑法修正案(四)》(2002 年公布)对 1997 年《刑法》修订后,我国刑法关于环境犯罪的罪名增加到 15 个,罪名表述也随之发生了一定变化。

《刑法修正案(八)》(2011 年公布)是对 1997 年《刑法》一次较大规模的修正,主要修正有三:(1)行为对象扩展。将《刑法》第 338 条污染环境的犯罪对象由"有放射性的废物、含传染病病原体的废物、有毒物质或者其他危险废物"修改为"有放射性的废物、含传染病病原体的废物、有毒物质或者其他有害物质"。(2)行为空间扩大。删除了 1997 年《刑法》第 338 条加之于"排放、倾倒或者处置"行为之前关于"土地、水体、大气"的空间上的限制。(3)犯罪门槛降低。一是将 1997 年《刑法》第 338 条"造成重大环境污染事故,致使公私财产遭受重大损失或者人身伤亡的严重后果"的结果要求改为"严重污染环境"的程度要求;二是删除了 1997 年《刑法》第 343 条第 1 款中"经责令停止开采后拒不停止开采"的规定,降低了犯罪构成条件的要求;三是改变了 1997 年《刑法》第 343 条"造成矿产资源破坏的"这一非法采矿罪成立的要求,而修改为"情节严重的"行为程度要求。经过《刑法修正案(八)》(2011 年公布)修正之后,环境犯罪的罪名虽然没有增加,但犯罪涵盖范围得到了相当大的扩展。同时,《刑法》第 338 条的罪名也根据具体构成条件的变化而调整为"污染环境罪"。

《刑法修正案(十一)》(2020 年公布)对环境犯罪的修改主要有二:(1)对污染环境罪作了较大修改完善。《刑法修正案(十一)》(2020 年公布)第 40 条调整了污染环境罪的刑事处罚设置,将法定最高刑提高至 15 年有期徒刑,加大了对污染环境犯罪的惩处力度。为依法从严惩治重点领域的污染环境犯罪,对一些污染环境的具体情形作了明确列举,并以犯罪情节而非实害后果作为法定刑升格的标准,避免"唯结果论",无须等严重后果发生就可以予以重罚。(2)将环境影响评价造假、伪造环境监测数据的行为明确规定为犯罪。《刑法修正案(十一)》(2020 年公布)第 25 条对《刑法》第 229 条提供虚假证明文件罪、出具证明文件重大失实罪作了修改完善,将承担环境影响评价、环境监测职责的中介组织的人员明确为本罪的犯罪主体,同时对涉及公共安全的重大工程、项目中提供虚假的环境影响评价等证明文件的行为,适用更重的刑事处罚,法定最高刑提升至 10 年有期徒刑,加大了对环保领域提供虚假证明文件行为的处罚力度。[1]

二、环境污染防治刑事责任

(一)污染环境罪

1. 罪名解析

根据《刑法》(2023 年修正)第 338 条的规定,污染环境罪是指违反国家规定,排放、倾倒或者处置有放射性的废物、含传染病病原体的废物、有毒物质或者其他有害物质,严重污染环境的行为。违反国家规定,是构成本罪的前提。根据《刑法》(2023 年修正)第 96 条的规定,违反国家规定是指违反全国人民代表大会及其常务委员会制定的法律和决定,国务院制定的行政法规、规定的行政措施、发布的决定和命令。

---

〔1〕 参见周光权:《刑事立法进展与司法展望——〈刑法修正案(十一)总置评〉》,载《法学》2021 年第 1 期。

关于非法排放、倾倒、处置行为的认定。2019 年 2 月 20 日最高人民法院、最高人民检察院、公安部、司法部、生态环境部联合发布的《关于办理环境污染刑事案件有关问题座谈会纪要》第 8 条规定，司法实践中认定非法排放、倾倒、处置行为时，应当根据《固体废物污染环境防治法》(2020 年修订) 和《环境污染犯罪司法解释》(法释〔2016〕29 号，已被法释〔2023〕7 号替代) 的有关规定精神，从其行为方式是否违反国家规定或者行业操作规范、污染物是否与外环境接触、是否造成环境污染的危险或者危害等方面进行综合分析判断。根据《最高人民检察院、公安部关于公安机关管辖的刑事案件立案追诉标准的规定(一) 的补充规定》(公通字〔2017〕12 号) 第 10 条第 3 款的规定，“非法处置危险废物”，包括无危险废物经营许可证，以营利为目的，从危险废物中提取物质作为原材料或者燃料，并具有超标排放污染物、非法倾倒污染物或者其他违法造成环境污染情形的行为。

关于“有毒物质”的认定。根据《环境污染犯罪司法解释》(法释〔2023〕7 号) 第 17 条的规定，有毒物质是指：(1) 危险废物，是指列入国家危险废物名录，或者根据国家规定的危险废物鉴别标准和鉴别方法认定的，具有危险特性的固体废物；(2)《关于持久性有机污染物的斯德哥尔摩公约》附件所列物质；(3) 重金属含量超过国家或者地方污染物排放标准的污染物；(4) 其他具有毒性，可能污染环境的物质。《关于办理环境污染刑事案件有关问题座谈会纪要》(2019 年公布) 第 9 条对常见的有害物质进行了列举，包括：工业危险废物以外的其他工业固体废物；未经处理的生活垃圾；有害大气污染物、受控消耗臭氧层物质和有害水污染物；在利用和处置过程中必然产生有毒有害物质的其他物质；国务院生态环境保护主管部门会同国务院卫生主管部门公布的有毒有害污染物名录中的有关物质等。

关于“严重污染环境”的认定。《环境污染犯罪司法解释》(法释〔2023〕7 号) 第 1 条对“严重污染环境”有明确的解释。具体包括以下情形：(1) 在饮用水水源保护区、自然保护地核心保护区等依法确定的重点保护区域排放、倾倒、处置有放射性的废物、含传染病病原体的废物、有毒物质的；(2) 非法排放、倾倒、处置危险废物三吨以上的；(3) 排放、倾倒、处置含铅、汞、镉、铬、砷、铊、锑的污染物，超过国家或者地方污染物排放标准三倍以上的；(4) 排放、倾倒、处置含镍、铜、锌、银、钒、锰、钴的污染物，超过国家或者地方污染物排放标准十倍以上的；(5) 通过暗管、渗井、渗坑、裂隙、溶洞、灌注、非紧急情况下开启大气应急排放通道等逃避监管的方式排放、倾倒、处置有放射性的废物、含传染病病原体的废物、有毒物质的；(6) 二年内曾因在重污染天气预警期间，违反国家规定，超标排放二氧化硫、氮氧化物等实行排放总量控制的大气污染物受过二次以上行政处罚，又实施此类行为的；(7) 重点排污单位、实行排污许可重点管理的单位篡改、伪造自动监测数据或者干扰自动监测设施，排放化学需氧量、氨氮、二氧化硫、氮氧化物等污染物的；(8) 二年内曾因违反国家规定，排放、倾倒、处置有放射性的废物、含传染病病原体的废物、有毒物质受过二次以上行政处罚，又实施此类行为的；(9) 违法所得或者致使公私财产损失 30 万元以上的；(10) 致使乡镇集中式饮用水水源取水中断 12 小时以上的；(11) 其他严重污染环境的情形。《环境污染犯罪司法解释》(法释〔2023〕7 号) 第 19 条第 2 款、第 4 款，“重点排污单位”，是指设区的市级以上人民政府环境保护主管部门依法确定的应当安装、使用污染物排放自动监测设备的重点监控企业及其他单位。“公私财产损失”，包括实施《刑法》第338条、第339条规定的行为直接造成财产损毁、减少的实际价值，为防止污染扩大、消除污染而采取必要合理措施所产生的费用，以及处置突发环境事件的应急监测费用。

关于主观过错的认定。《关于办理环境污染刑事案件有关问题座谈会纪要》(2019年公布)第3条指出应当依据犯罪嫌疑人、被告人的任职情况、职业经历、专业背景、培训经历、本人因同类行为受到行政处罚或者刑事追究情况以及污染物种类、污染方式、资金流向等证据，结合其供述，进行综合分析判断犯罪嫌疑人、被告人是否具有环境污染犯罪的故意。具体而言，具有下列情形之一，犯罪嫌疑人、被告人不能作出合理解释的，可以认定其故意实施环境污染犯罪，但有证据证明确系不知情的除外：(1)企业没有依法通过环境影响评价，或者未依法取得排污许可证，排放污染物，或者已经通过环境影响评价并且防治污染设施验收合格后，擅自更改工艺流程、原辅材料，导致产生新的污染物质的；(2)不使用验收合格的防治污染设施或者不按规范要求使用的；(3)防治污染设施发生故障，发现后不及时排除，继续生产放任污染物排放的；(4)生态环境部门责令限制生产、停产整治或者予以行政处罚后，继续生产放任污染物排放的；(5)将危险废物委托第三方处置，没有尽到查验经营许可的义务，或者委托处置费用明显低于市场价格或者处置成本的；(6)通过暗管、渗井、渗坑、裂隙、溶洞、灌注等逃避监管的方式排放污染物的；(7)通过篡改、伪造监测数据的方式排放污染物的；(8)其他足以认定的情形。

2. 法律后果

对于污染环境罪，《刑法》(2023年修正)规定了三个档次的法定刑：

(1)严重污染环境的，处3年以下有期徒刑或者拘役，并处或者单处罚金。如上文所述，《环境污染犯罪司法解释》(法释〔2023〕7号)第1条对严重污染环境有了明确的规定。

(2)情节严重的，处3年以上7年以下有期徒刑，并处罚金。《环境污染犯罪司法解释》(法释〔2023〕7号)第2条对“情节严重”的认定作了规定，包括以下情形：“(一)在饮用水水源保护区、自然保护地核心保护区等依法确定的重点保护区域排放、倾倒、处置有放射性的废物、含传染病病原体的废物、有毒物质，造成相关区域的生态功能退化或者野生生物资源严重破坏的；(二)向国家确定的重要江河、湖泊水域排放、倾倒、处置有放射性的废物、含传染病病原体的废物、有毒物质，造成相关水域的生态功能退化或者水生生物资源严重破坏的；(三)非法排放、倾倒、处置危险废物一百吨以上的；(四)违法所得或者致使公私财产损失一百万元以上的；(五)致使县级城区集中式饮用水水源取水中断十二小时以上的；(六)致使永久基本农田、公益林地十亩以上，其他农用地二十亩以上，其他土地五十亩以上基本功能丧失或者遭受永久性破坏的；(七)致使森林或者其他林木死亡五十立方米以上，或者幼树死亡二千五百株以上的；(八)致使疏散、转移群众五千人以上的；(九)致使三十人以上中毒的；(十)致使一人以上重伤、严重疾病或者三人以上轻伤的；(十一)其他情节严重的情形”。

(3)处7年以上有期徒刑,并处罚金。《刑法》(2023年修正)第338条第1款对处7年以上有期徒刑,并处罚金规定了四种情形,即"(一)在饮用水水源保护区、自然保护地核心保护区等依法确定的重点保护区域排放、倾倒、处置有放射性的废物、含传染病病原体的废物、有毒物质,情节特别严重的;(二)向国家确定的重要江河、湖泊水域排放、倾倒、处置有放射性的废物、含传染病病原体的废物、有毒物质,情节特别严重的;(三)致使大量永久基本农田基本功能丧失或者遭受永久性破坏的;(四)致使多人重伤、严重疾病,或者致人严重残疾、死亡的"。《环境污染犯罪司法解释》(法释〔2023〕7号)第3条对这四种情形作出了进一步的解释:"(一)在饮用水水源保护区、自然保护地核心保护区等依法确定的重点保护区域排放、倾倒、处置有放射性的废物、含传染病病原体的废物、有毒物质,具有下列情形之一的:1.致使设区的市级城区集中式饮用水水源取水中断十二小时以上的;2.造成自然保护地主要保护的生态系统严重退化,或者主要保护的自然景观损毁的;3.造成国家重点保护的野生动植物资源或者国家重点保护物种栖息地、生长环境严重破坏的;4.其他情节特别严重的情形。(二)向国家确定的重要江河、湖泊水域排放、倾倒、处置有放射性的废物、含传染病病原体的废物、有毒物质,具有下列情形之一的:1.造成国家确定的重要江河、湖泊水域生态系统严重退化的;2.造成国家重点保护的野生动植物资源严重破坏的;3.其他情节特别严重的情形。(三)致使永久基本农田五十亩以上基本功能丧失或者遭受永久性破坏的;(四)致使三人以上重伤、严重疾病,或者一人以上严重残疾、死亡的。"

《环境污染犯罪司法解释》(法释〔2023〕7号)第5条规定了应当从重处罚的情形,包括:(1)阻挠环境监督检查或者突发环境事件调查,尚不构成妨害公务等犯罪的;(2)在医院、学校、居民区等人口集中地区及其附近,违反国家规定排放、倾倒、处置有放射性的废物、含传染病病原体的废物、有毒物质或者其他有害物质的;(3)在突发环境事件处置期间或者被责令限期整改期间,违反国家规定排放、倾倒、处置有放射性的废物、含传染病病原体的废物、有毒物质或者其他有害物质的;(4)具有危险废物经营许可证的企业违反国家规定排放、倾倒、处置有放射性的废物、含传染病病原体的废物、有毒物质或者其他有害物质的;(5)实行排污许可重点管理的企业事业单位和其他生产经营者未依法取得排污许可证,排放、倾倒、处置有放射性的废物、含传染病病原体的废物、有毒物质或者其他有害物质的。

《环境污染犯罪司法解释》(法释〔2023〕7号)第6条规定,实施《刑法》第338条规定的行为,行为人认罪认罚,积极修复生态环境,有效合规整改的,可以从宽处罚;犯罪情节轻微的,可以不起诉或者免予刑事处罚;情节显著轻微危害不大的,不作为犯罪处理。

《刑法》(2023年修正)第346条规定,单位犯污染环境罪的,对单位判处罚金,并对其直接负责的主管人员和其他直接责任人员,依照第338条的规定处罚。关于单位犯罪的认定,《关于办理环境污染刑事案件有关问题座谈会纪要》(2019年公布)第1条中规定,为了单位利益,实施环境污染行为,并具有下列情形之一的,应当认定为单位犯罪:(1)经单位决策机构按照决策程序决定的;(2)经单位实际控制人、主要负责人或者授权的分管负责人决定、同意的；(3)单位实际控制人、主要负责人或者授权的分管负责人得知单位成员个人实施环境污染犯罪行为，并未加以制止或者及时采取措施，而是予以追认、纵容或者默许的；(4)使用单位营业执照、合同书、公章、印鉴等对外开展活动，并调用单位车辆、船舶、生产设备、原辅材料等实施环境污染犯罪行为的。单位犯罪中的“直接负责的主管人员”，一般是指对单位犯罪起决定、批准、组织、策划、指挥、授意、纵容等作用的主管人员，包括单位实际控制人、主要负责人或者授权的分管负责人、高级管理人员等；“其他直接责任人员”，一般是指在直接负责的主管人员的指挥、授意下积极参与实施单位犯罪或者对具体实施单位犯罪起较大作用的人员。

(二)非法处置进口的固体废物罪

1. 罪名解析

根据《刑法》(2023 年修正)第 339 条第 1 款的规定，非法处置进口的固体废物罪是指违反国家规定，将境外的固体废物进境倾倒、堆放、处置的行为。本罪属于行为犯，达到既遂并不要求有严重的危害结果发生。《固体废物污染环境防治法》(2020 年修订)第 124 条第 1 项规定，固体废物，是指在生产、生活和其他活动中产生的丧失原有利用价值或者虽未丧失利用价值但被抛弃或者放弃的固态、半固态和置于容器中的气态的物品、物质以及法律、行政法规规定纳入固体废物管理的物品、物质。经无害化加工处理，并且符合强制性国家产品质量标准，不会危害公众健康和生态安全，或者根据固体废物鉴别标准和鉴别程序认定为不属于固体废物的除外。

2. 法律后果

根据《刑法》(2023 年修正)第 339 条第 1 款的规定，犯非法处置进口的固体废物罪的，处 5 年以下有期徒刑或者拘役，并处罚金；造成重大环境污染事故，致使公私财产遭受重大损失或者严重危害人体健康的，处 5 年以上 10 年以下有期徒刑，并处罚金；后果特别严重的，处 10 年以上有期徒刑，并处罚金。《环境污染犯罪司法解释》(法释〔2023〕7 号)第 4 条对“致使公私财产遭受重大损失或者严重危害人体健康”的认定作出规定，包括以下情形：“(一)致使公私财产损失一百万元以上的；(二)具有本解释第二条第五项至第十项规定情形之一的；(三)其他致使公私财产遭受重大损失或者严重危害人体健康的情形。”

《刑法》(2023 年修正)第 346 条规定，单位犯非法处置进口的固体废物罪的，对单位判处罚金，并对其直接负责的主管人员和其他直接责任人员，依照第 339 条第 1 款的规定处罚。

《环境污染犯罪司法解释》(法释〔2023〕7 号)第 5 条规定了实施本罪行为的应当从重处罚情形，具体包括：(1)阻挠环境监督检查或者突发环境事件调查，尚不构成妨害公务等犯罪的；(2)在医院、学校、居民区等人口集中地区及其附近，违反国家规定排放、倾倒、处置有放射性的废物、含传染病病原体的废物、有毒物质或者其他有害物质的；(3)在突发环境事件处置期间或者被责令限期整改期间，违反国家规定排放、倾倒、处置有放射性的废物、含传染病病原体的废物、有毒物质或者其他有害物质的;(4)具有危险废物经营许可证的企业违反国家规定排放、倾倒、处置有放射性的废物、含传染病病原体的废物、有毒物质或者其他有害物质的;(5)实行排污许可重点管理的企业事业单位和其他生产经营者未依法取得排污许可证,排放、倾倒、处置有放射性的废物、含传染病病原体的废物、有毒物质或者其他有害物质的。

(三)擅自进口固体废物罪

根据《刑法》(2023 年修正)第 339 条第 2 款的规定,擅自进口固体废物罪是指未经国务院有关主管部门许可,擅自进口固体废物用作原料,造成重大环境污染事故,致使公私财产遭受重大损失或者严重危害人体健康的行为。

根据《刑法》(2023 年修正)第 339 条第 2 款和第 346 条的规定,自然人犯擅自进口固体废物罪的,处 5 年以下有期徒刑或者拘役,并处罚金;后果特别严重的,处 5 年以上 10 年以下有期徒刑,并处罚金。单位犯本罪的,对单位判处罚金,并对其直接负责的主管人员和其他直接责任人员,依照第 339 条第 2 款的规定处罚。另外,根据《刑法》(2023 年修正)第 339 条第 3 款的规定,以原料利用为名,进口不能用作原料的固体废物、液态废物和气态废物的,依照走私废物罪定罪处罚。《环境污染犯罪司法解释》(法释〔2023〕7 号)第 5 条规定了实施本罪行为的应当从重处罚的 5 种情形。

三、自然资源可持续利用刑事责任

(一)危害野生生物犯罪

1. 非法捕捞水产品罪

(1)罪名解析。

根据《刑法》(2023 年修正)第 340 条,非法捕捞水产品罪是指违反保护水产资源法规,在禁渔区、禁渔期或者使用禁用的工具、方法捕捞水产品,情节严重的行为。

违反保护水产资源法规主要是指违反《渔业法》(2013 年修正)、《渔业法实施细则》(2020 年修订)等相关法规。

关于"情节严重"的认定,《破坏野生动物犯罪司法解释》(法释〔2022〕12 号)第 3 条第 1 款规定了以下情形:"(一)非法捕捞水产品五百公斤以上或者价值一万元以上的;(二)非法捕捞有重要经济价值的水生动物苗种、怀卵亲体或者在水产种质资源保护区内捕捞水产品五十公斤以上或者价值一千元以上的;(三)在禁渔区使用电鱼、毒鱼、炸鱼等严重破坏渔业资源的禁用方法或者禁用工具捕捞的;(四)在禁渔期使用电鱼、毒鱼、炸鱼等严重破坏渔业资源的禁用方法或者禁用工具捕捞的;(五)其他情节严重的情形。"

《依法惩治长江流域非法捕捞等违法犯罪的意见》(公通字〔2020〕17 号)第二部分第一点规定,违反保护水产资源法规,在长江流域重点水域非法捕捞水产品,具有下列情形之一的,依照《刑法》第 340 条的规定,以非法捕捞水产品罪定罪处罚:①非法捕捞水产品 500

公斤以上或者1万元以上的;②非法捕捞具有重要经济价值的水生动物苗种、怀卵亲体或者在水产种质资源保护区内捕捞水产品50公斤以上或者1000元以上的;③在禁捕区域使用电鱼、毒鱼、炸鱼等严重破坏渔业资源的禁用方法捕捞的;④在禁捕区域使用农业农村部规定的禁用工具捕捞的;⑤其他情节严重的情形。该意见第二部分第七点规定,贯彻落实宽严相济刑事政策。多次实施本意见规定的行为构成犯罪,依法应当追诉的,或者2年内2次以上实施本意见规定的行为未经处理的,数量数额累计计算。

此外,该意见第二部分还规定依法严惩危害珍贵、濒危水生野生动物资源犯罪。在长江流域重点水域非法猎捕、杀害中华鲟、长江鲟、长江江豚或者其他国家重点保护的珍贵、濒危水生野生动物,价值2万元以上不满20万元的,应当依照《刑法》第341条的规定,以非法猎捕、杀害珍贵、濒危野生动物罪,处五年以下有期徒刑或者拘役,并处罚金;价值20万元以上不满200万元的,应当认定为"情节严重",处5年以上10年以下有期徒刑,并处罚金;价值200万元以上的,应当认定为"情节特别严重",处10年以上有期徒刑,并处罚金或者没收财产。同时明知是前述珍贵、濒危水生野生动物及其制品而予以非法收购、运输、出售,价值2万元以上不满20万元的,均以非法猎捕、杀害珍贵、濒危野生动物罪定罪处罚。但如果明知是在长江流域重点水域非法捕捞犯罪所得的水产品而收购、贩卖,价值1万元以上的,则以掩饰、隐瞒犯罪所得罪定罪处罚,这里需要注意的是,并不处罚单纯的运输行为。[1]

(2)法律后果。

《刑法》(2023年修正)第340条、第346条规定,自然人犯非法捕捞水产品罪的,处3年以下有期徒刑、拘役、管制或者罚金。单位犯本罪的,对单位判处罚金,并对其直接负责的主管人员和其他直接责任人员,依照第340条的规定处罚。

《破坏野生动物犯罪司法解释》(法释〔2022〕12号)第3条第2款规定:"实施前款规定的行为,具有下列情形之一的,从重处罚:(一)暴力抗拒、阻碍国家机关工作人员依法履行职务,尚未构成妨害公务罪、袭警罪的;(二)二年内曾因破坏野生动物资源受过行政处罚的;(三)对水生生物资源或者水域生态造成严重损害的;(四)纠集多条船只非法捕捞的;(五)以非法捕捞为业的。"

《破坏野生动物犯罪司法解释》(法释〔2022〕12号)第3条第3款规定,实施非法捕捞水产品行为,根据渔获物的数量、价值和捕捞方法、工具等,认为对水生生物资源危害明显较轻的,综合考虑行为人自愿接受行政处罚、积极修复生态环境等情节,可以认定为犯罪情节轻微,不起诉或者免予刑事处罚;情节显著轻微危害不大的,不作为犯罪处理。

《依法惩治长江流域非法捕捞等违法犯罪的意见》(公通字〔2020〕17号)规定,实施非法捕捞水产品罪,具有下列情形之一的,从重处罚:①暴力抗拒、阻碍国家机关工作人员依

---

〔1〕 参见马克昌主编:《刑法》,高等教育出版社2022年版,第548页。

法履行职务，尚未构成妨害公务罪的；②二年内曾因实施本意见规定的行为受过处罚的；③对长江生物资源或水域生态造成严重损害的；④具有造成重大社会影响等恶劣情节的。具有上述情形的，一般不适用不起诉、缓刑、免予刑事处罚。非法捕捞水产品，根据渔获物的数量、价值和捕捞方法、工具等情节，认为对水生生物资源危害明显较轻的，可以认定为犯罪情节轻微，依法不起诉或者免予刑事处罚，但是曾因破坏水产资源受过处罚的除外。

2. 危害珍贵、濒危野生动物罪

(1)罪名解析。

根据《刑法》(2023 年修正)第 341 条第 1 款，危害珍贵、濒危野生动物罪是指非法猎捕、杀害国家重点保护的珍贵、濒危野生动物的，或者非法收购、运输、出售国家重点保护的珍贵、濒危野生动物及其制品的行为。

《破坏野生动物犯罪司法解释》(法释〔2022〕12 号)第 4 条规定，《刑法》第 341 条第 1 款规定的“国家重点保护的珍贵、濒危野生动物”包括列入《国家重点保护野生动物名录》的野生动物和经国务院野生动物保护主管部门核准按照国家重点保护的野生动物管理的野生动物。该解释第 5 条第 1 款规定，《刑法》第 341 条第 1 款规定的“收购”包括以营利、自用等为目的的购买行为；“运输”包括采用携带、邮寄、利用他人、使用交通工具等方法进行运送的行为；“出售”包括出卖和以营利为目的的加工利用行为。第 6 条第 1 款规定，非法猎捕、杀害国家重点保护的珍贵、濒危野生动物，或者非法收购、运输、出售国家重点保护的珍贵、濒危野生动物及其制品，价值 2 万元以上不满 20 万元的，以危害珍贵、濒危野生动物罪处 5 年以下有期徒刑或者拘役，并处罚金。

(2)法律后果。

《刑法》(2023 年修正)第 341 条第 1 款和第 346 条规定，自然人犯危害珍贵、濒危野生动物罪，处 5 年以下有期徒刑或者拘役，并处罚金；情节严重的，处 5 年以上 10 年以下有期徒刑，并处罚金；情节特别严重的，处 10 年以上有期徒刑，并处罚金或者没收财产。单位犯危害珍贵、濒危野生动物罪的，对单位判处罚金，并对其直接负责的主管人员和其他直接责任人员，依照第 341 条第 1 款的规定处罚。《破坏野生动物犯罪司法解释》(法释〔2022〕12 号)第 6 条第 1 款规定，非法猎捕、杀害国家重点保护的珍贵、濒危野生动物，或者非法收购、运输、出售国家重点保护的珍贵、濒危野生动物及其制品，价值 20 万元以上不满 200 万元的，应当认定为“情节严重”；价值 200 万元以上的，应当认定为“情节特别严重”。

《破坏野生动物犯罪司法解释》(法释〔2022〕12 号)第 6 条第 2 款规定了实施非法猎捕、杀害国家重点保护的珍贵、濒危野生动物，或者非法收购、运输、出售国家重点保护的珍贵、濒危野生动物及其制品的行为，从重处罚的情形，包括：“(一)属于犯罪集团的首要分子的；(二)为逃避监管，使用特种交通工具实施的；(三)严重影响野生动物科研工作的；(四)二年内曾因破坏野生动物资源受过行政处罚的。”

同时，《破坏野生动物犯罪司法解释》(法释〔2022〕12 号)第 6 条第 3 款规定，实施非法猎捕、杀害国家重点保护的珍贵、濒危野生动物，或者非法收购、运输、出售国家重点保护的珍贵、濒危野生动物及其制品的行为,不具有从重处罚的情形,且未造成动物死亡或者动物、动物制品无法追回,行为人全部退赃退赔,确有悔罪表现的,按照下列规定处理:"(一)珍贵、濒危野生动物及其制品价值二百万元以上的,可以认定为'情节严重',处五年以上十年以下有期徒刑,并处罚金;(二)珍贵、濒危野生动物及其制品价值二十万元以上不满二百万元的,可以处五年以下有期徒刑或者拘役,并处罚金;(三)珍贵、濒危野生动物及其制品价值二万元以上不满二十万元的,可以认定为犯罪情节轻微,不起诉或者免予刑事处罚;情节显著轻微危害不大的,不作为犯罪处理。"

3. 非法猎捕、收购、运输、出售陆生野生动物罪

(1)罪名解析。

根据《刑法》(2023 年修正)第 341 条第 3 款的规定,非法猎捕、收购、运输、出售陆生野生动物罪是指违反野生动物保护管理法规,以食用为目的非法猎捕、收购、运输、出售危害珍贵、濒危野生动物罪规定以外的在野外环境自然生长繁殖的陆生野生动物,情节严重的行为。《破坏野生动物犯罪司法解释》(法释〔2022〕12 号)第 5 条第 2 款规定,《刑法》第 341 条第 3 款规定的"收购"包括以食用为目的的购买行为;"运输"包括以食用为目的,采用携带、邮寄、利用他人、使用交通工具等方法进行运送的行为;"出售"包括以食用为目的的出卖和加工利用行为。《破坏野生动物犯罪司法解释》(法释〔2022〕12 号)第 8 条第 1 款对《刑法》第 341 条第 3 款规定的"情节严重"的认定进行了规定,包括:"(一)非法猎捕、收购、运输、出售有重要生态、科学、社会价值的陆生野生动物或者地方重点保护陆生野生动物价值一万元以上的;(二)非法猎捕、收购、运输、出售第一项规定以外的其他陆生野生动物价值五万元以上的;(三)其他情节严重的情形"。

(2)法律后果。

根据《刑法》(2023 年修正)第 341 条第 3 款和第 346 条的规定,自然人犯非法猎捕、收购、运输、出售陆生野生动物罪的,处 3 年以下有期徒刑、拘役、管制或者罚金。单位犯本罪的,对单位判处罚金,并对其直接负责的主管人员和其他直接责任人员,依照第 341 条第 3 款的规定处罚。

《破坏野生动物犯罪司法解释》(法释〔2022〕12 号)第 8 条第 2 款规定,实施非法猎捕、收购、运输、出售《刑法》第 341 条第 1 款规定以外的在野外环境自然生长繁殖的陆生野生动物犯罪行为,同时构成非法狩猎罪的,以非法猎捕陆生野生动物罪定罪处罚。

《破坏野生动物犯罪司法解释》(法释〔2022〕12 号)第 9 条规定,明知是非法捕捞犯罪所得的水产品、非法狩猎犯罪所得的猎获物而收购、贩卖或者以其他方法掩饰、隐瞒,符合掩饰、隐瞒犯罪所得罪规定的,以掩饰、隐瞒犯罪所得罪定罪处罚。

4. 非法狩猎罪

(1)罪名解析。

根据《刑法》(2023 年修正)第 341 条第 2 款的规定,非法狩猎罪是指违反狩猎法规,在禁猎区、禁猎期或者使用禁用的工具、方法进行狩猎,破坏野生动物资源,情节严重的行为。

违反狩猎法规是指违反《野生动物保护法》(2022 年修订)等相关法律规定。《破坏野生动物犯罪司法解释》(法释〔2022〕12 号)第 7 条第 1 款对"情节严重"的认定进行了规定,包括:"(一)非法猎捕野生动物价值一万元以上的;(二)在禁猎区使用禁用的工具或者方法狩猎的;(三)在禁猎期使用禁用的工具或者方法狩猎的;(四)其他情节严重的情形。"

(2)法律后果。

根据《刑法》(2023 年修正)第 341 条第 2 款和第 346 条的规定,自然人犯非法狩猎罪的,处 3 年以下有期徒刑、拘役、管制或者罚金。单位犯本罪的,对单位判处罚金,并对其直接负责的主管人员和其他直接责任人员,依照第 341 条第 2 款的规定处罚。

根据《破坏野生动物犯罪司法解释》(法释〔2022〕12 号)第 7 条第 2 款、第 3 款的规定,实施非法狩猎犯罪行为,具有暴力抗拒、阻碍国家机关工作人员依法履行职务,尚未构成妨害公务罪、袭警罪的;对野生动物资源或者栖息地生态造成严重损害的;2 年内曾因破坏野生动物资源受过行政处罚的三种情形,从重处罚。实施非法狩猎犯罪行为,根据猎获物的数量、价值和狩猎方法、工具等,认为对野生动物资源危害明显较轻的,综合考虑猎捕的动机、目的、行为人自愿接受行政处罚、积极修复生态环境等情节,可以认定为犯罪情节轻微,不起诉或者免予刑事处罚;情节显著轻微危害不大的,不作为犯罪处理。

(二)非法占用农地罪

1. 罪名解析

根据《刑法》(2023 年修正)第 342 条的规定,非法占用农用地罪是指违反土地管理法规,非法占用耕地、林地等农用地,改变被占用土地用途,数量较大,造成耕地、林地等农用地大量毁坏的行为。《破坏森林资源犯罪司法解释》(法释〔2023〕8 号)第 1 条第 1 款规定,"毁坏"是指在林地上实施建窑、建坟、建房、修路、硬化等工程建设的;在林地上实施采石、采砂、采土、采矿等活动的;在林地上排放污染物、堆放废弃物或者进行非林业生产、建设,造成林地被严重污染或者原有植被、林业生产条件被严重破坏的情形。《破坏森林资源犯罪司法解释》(法释〔2023〕8 号)第 1 条第 2 款规定,"数量较大,造成耕地、林地等农用地大量毁坏"是指以下情形:"(一)非法占用并毁坏公益林地五亩以上的;(二)非法占用并毁坏商品林地十亩以上的;(三)非法占用并毁坏的公益林地、商品林地数量虽未分别达到第一项、第二项规定标准,但按相应比例折算合计达到有关标准的;(四)二年内曾因非法占用农用地受过二次以上行政处罚,又非法占用林地,数量达到第一项至第三项规定标准一半以上的。"

2. 法律后果

《刑法》(2023 年修正)第 342 条和第 346 条规定,犯非法占用农用地罪的,处 5 年以下有期徒刑或者拘役,并处或者单处罚金。单位犯本罪的,对单位判处罚金,并对其直接负责的主管人员和其他直接责任人员,依照第 342 条的规定处罚。

（三）矿产资源犯罪

1. 非法采矿罪

（1）罪名解析。

根据《刑法》（2023 年修正）第 343 条第 1 款的规定，非法采矿罪是指违反矿产资源法的规定，未取得采矿许可证擅自采矿，擅自进入国家规划矿区、对国民经济具有重要价值的矿区和他人矿区范围采矿，或者擅自开采国家规定实行保护性开采的特定矿种，情节严重的行为。

关于违反矿产资源法的规定。《非法采矿司法解释》（法释〔2016〕25 号）第 1 条对“违反矿产资源法的规定”作了解释，即违反《矿产资源法》、《水法》等法律、行政法规有关矿产资源开发、利用、保护和管理的规定。

关于非法采矿行为，其包括未取得采矿许可证擅自采矿，擅自进入国家规划矿区，对国民经济具有重要价值的矿区和他人矿区范围采矿，或者擅自开采国家规定实行保护性开采的特定矿种行为。《非法采矿司法解释》（法释〔2016〕25 号）第 2 条对未取得采矿许可证的情形进行了规定，包括：“（一）无许可证的；（二）许可证被注销、吊销、撤销的；（三）超越许可证规定的矿区范围或者开采范围的；（四）超出许可证规定的矿种的（共生、伴生矿种除外）；（五）其他未取得许可证的情形。”

关于情节严重。《非法采矿司法解释》（法释〔2016〕25 号）第 3 条第 1 款对“情节严重”的情形作了规定，包括：“（一）开采的矿产品价值或者造成矿产资源破坏的价值在十万元至三十万元以上的；（二）在国家规划矿区、对国民经济具有重要价值的矿区采矿，开采国家规定实行保护性开采的特定矿种，或者在禁采区、禁采期内采矿，开采的矿产品价值或者造成矿产资源破坏的价值在五万元至十五万元以上的；（三）二年内曾因非法采矿受过两次以上行政处罚，又实施非法采矿行为的；（四）造成生态环境严重损害的；（五）其他情节严重的情形。”对于矿产品价值的认定，《非法采矿司法解释》（法释〔2016〕25 号）第 13 条规定，非法开采的矿产品价值，根据销赃数额认定；无销赃数额，销赃数额难以查证，或者根据销赃数额认定明显不合理的，根据矿产品价格和数量认定。矿产品价值难以确定的，依据下列机构出具的报告，结合其他证据作出认定：①价格认证机构出具的报告；②省级以上人民政府国土资源、水行政、海洋等主管部门出具的报告；③国务院水行政主管部门在国家确定的重要江河、湖泊设立的流域管理机构出具的报告。

（2）法律后果。

《刑法》（2023 年修正）第 343 条第 1 款和第 346 条规定，犯非法采矿罪的，处 3 年以下有期徒刑、拘役或者管制，并处或者单处罚金；情节特别严重的，处 3 年以上 7 年以下有期徒刑，并处罚金。单位犯本罪的，对单位判处罚金，并对其直接负责的主管人员和其他直接责任人员，依照第 343 条第 1 款的规定处罚。《非法采矿司法解释》（法释〔2016〕25 号）第 3 条第 2 款对“情节特别严重”的情形作了规定，包括：开采的矿产品价值或者造成矿产资源破坏的价值在 50 万元至 150 万元以上的;在国家规划矿区、对国民经济具有重要价值的矿区采矿,开采国家规定实行保护性开采的特定矿种,或者在禁采区、禁采期内采矿,开采的矿产品价值或者造成矿产资源破坏的价值在 25 万元至 75 万元以上的;造成生态环境特别严重损害的;其他情节特别严重的情形。

《非法采矿司法解释》(法释〔2016〕25 号)第 8 条规定,多次非法采矿构成犯罪,依法应当追诉的,或者 2 年内多次非法采矿未经处理的,价值数额累计计算。第 10 条规定,实施非法采矿犯罪,不属于"情节特别严重",或者实施破坏性采矿犯罪,行为人系初犯,全部退赃退赔,积极修复环境,并确有悔改表现的,可以认定为犯罪情节轻微,不起诉或者免予刑事处罚。

2. 破坏性采矿罪

(1)罪名解析。

根据《刑法》(2023 年修正)第 343 条第 2 款的规定,破坏性采矿罪是指违反矿产资源法的规定,采取破坏性的开采方法开采矿产资源,造成矿产资源严重破坏的行为。

关于违反矿产资源法的规定。《非法采矿司法解释》(法释〔2016〕25 号)第 1 条对"违反矿产资源法的规定"作了解释,即违反《矿产资源法》、《水法》等法律、行政法规有关矿产资源开发、利用、保护和管理的规定。

关于"造成矿产资源严重破坏"的认定。《非法采矿司法解释》(法释〔2016〕25 号)第 6 条对"造成矿产资源严重破坏"进行了规定,指造成矿产资源破坏的价值在 50 万元至 100 万元以上,或者造成国家规划矿区、对国民经济具有重要价值的矿区和国家规定实行保护性开采的特定矿种资源破坏的价值在 25 万元至 50 万元以上的情形。

(2)法律后果。

根据《刑法》(2023 年修正)第 343 条第 2 款和第 346 条的规定,犯破坏性采矿罪的,处 5 年以下有期徒刑或者拘役,并处罚金。单位犯本罪的,对单位判处罚金,并对其直接负责的主管人员和其他直接责任人员,依照第 343 条第 2 款的规定处罚。

《非法采矿司法解释》(法释〔2016〕25 号)第 8 条规定,多次破坏性采矿构成犯罪,依法应当追诉的,或者 2 年内多次破坏性采矿未经处理的,价值数额累计计算。第 10 条规定,实施非法采矿犯罪,不属于"情节特别严重",或者实施破坏性采矿犯罪,行为人系初犯,全部退赃退赔,积极修复环境,并确有悔改表现的,可以认定为犯罪情节轻微,不起诉或者免予刑事处罚。

(四)森林资源犯罪

1. 危害国家重点保护植物罪

(1)罪名解析。

根据《刑法》(2023 年修正)第 344 条的规定,危害国家重点保护植物罪是指违反国家规定,非法采伐、毁坏珍贵树木或者国家重点保护的其他植物的,或者非法收购、运输、加工、出售珍贵树木或者国家重点保护的其他植物及其制品的行为。根据《破坏森林资源犯罪司法解释》(法释〔2023〕8号)第2条,国家重点保护植物是指列入《国家重点保护野生植物名录》的野生植物。

(2)法律后果。

根据《刑法》(2023年修正)第344条和第346条的规定,犯危害国家重点保护植物罪的,处3年以下有期徒刑、拘役或者管制,并处罚金;情节严重的,处3年以上7年以下有期徒刑,并处罚金。单位犯本罪的,对单位判处罚金,并对其直接负责的主管人员和其他直接责任人员,依照第344条的规定处罚。《破坏森林资源犯罪司法解释》(法释〔2023〕8号)第2条第2款规定了"情节严重"的情形,包括:"(一)危害国家一级保护野生植物五株以上或者立木蓄积五立方米以上的;(二)危害国家二级保护野生植物十株以上或者立木蓄积十立方米以上的;(三)危害国家重点保护野生植物,数量虽未分别达到第一项、第二项规定标准,但按相应比例折算合计达到有关标准的;(四)涉案国家重点保护野生植物及其制品价值二十万元以上的;(五)其他情节严重的情形。"

2. 盗伐林木罪

(1)罪名解析。

根据《刑法》(2023年修正)第345条第1款的规定,盗伐林木罪是指盗伐森林或者其他林木,数量较大的行为。

关于盗伐森林或其他林木。《破坏森林资源犯罪司法解释》(法释〔2023〕8号)第3条第1款对盗伐森林或其他林木的情形进行了规定,包括:"(一)未取得采伐许可证,擅自采伐国家、集体或者他人所有的林木的;(二)违反森林法第五十六条第三款的规定,擅自采伐国家、集体或者他人所有的林木的;(三)在采伐许可证规定的地点以外采伐国家、集体或者他人所有的林木的。"

关于数量较大的认定。根据《破坏森林资源犯罪司法解释》(法释〔2023〕8号)第4条第1款的规定,涉案林木具有下列情形之一的:"(一)立木蓄积五立方米以上的;(二)幼树二百株以上的;(三)数量虽未分别达到第一项、第二项规定标准,但按相应比例折算合计达到有关标准的;(四)价值二万元以上的",应当认定为数量较大。

需要注意的是,盗伐林木罪要求行为人具有非法占有林木的目的。

(2)法律后果。

根据《刑法》(2023年修正)第345条第1款、第4款和第346条的规定,犯盗伐林木罪的,处3年以下有期徒刑、拘役或者管制,并处或者单处罚金;数量巨大的,处3年以上7年以下有期徒刑,并处罚金;数量特别巨大的,处7年以上有期徒刑,并处罚金。盗伐国家级自然保护区内的森林或者其他林木的,从重处罚。单位犯本罪的,对单位判处罚金,并对其直接负责的主管人员和其他直接责任人员,依照第345条第1款和第4款的规定处罚。《破坏森林资源犯罪司法解释》(法释〔2023〕8号)第4条第2款对"数量巨大""数量特别巨大"的认定进行了规定。

根据《破坏森林资源犯罪司法解释》(法释〔2023〕8号)第4条第3款的规定,实施盗伐林木的行为,所涉林木系风倒、火烧、水毁或者林业有害生物等自然原因死亡或者严重毁损的,在决定应否追究刑事责任和裁量刑罚时,应当从严把握;情节显著轻微危害不大的,不作为犯罪处理。

(3)与其他罪名的区分与联系。

盗伐林木罪与盗窃罪的区分。在认定本罪时,要注意区分本罪与盗窃罪的区别。二者的主要区别在于:一是侵犯的客体不同。本罪的客体主要是森林资源及其合理利用,同时在这一过程中必然侵犯国家、集体或他人对林木的所有权;盗窃罪侵犯的客体只是公私财产所有权。二是成立犯罪的标准不同。盗伐林木数量较大以立木蓄积5立方米或者幼树200株或者林木价值2万元以上为起点;盗窃罪成立标准中的数额较大,一般是指盗窃价值1000元至3000元以上。根据《破坏森林资源犯罪司法解释》(法释〔2023〕8号)第11条第1款的规定,将国家、集体、他人所有并已经伐倒的树木窃为己有以及偷砍他人在自留地或者房前屋后种植的零星树木,符合《刑法》(2023年修正)第264条规定的,以盗窃罪定罪处罚。[1]

3. 滥伐林木罪

(1)罪名解析。

根据《刑法》(2023年修正)第345条第2款的规定,滥伐林木罪是指违反森林法的规定,滥伐森林或者其他林木,数量较大的行为。违反森林法的规定是指违反我国《森林法》等法律有关规定。

滥伐森林或者其他林木。根据《破坏森林资源犯罪司法解释》(法释〔2023〕8号)第5条的规定,包括:"(一)未取得采伐许可证,或者违反采伐许可证规定的时间、地点、数量、树种、方式,任意采伐本单位或者本人所有的林木的;(二)违反森林法第五十六条第三款的规定,任意采伐本单位或者本人所有的林木的;(三)在采伐许可证规定的地点,超过规定的数量采伐国家、集体或者他人所有的林木的。林木权属存在争议,一方未取得采伐许可证擅自砍伐的,以滥伐林木论处。"

关于数量较大的认定。根据《破坏森林资源犯罪司法解释》(法释〔2023〕8号)第6条第1款的规定,滥伐的林木"(一)立木蓄积二十立方米以上的;(二)幼树一千株以上的;(三)数量虽未分别达到第一项、第二项规定标准,但按相应比例折算合计达到有关标准的;(四)价值五万元以上的",应当认定为"数量较大"。

(2)法律后果。

根据《刑法》(2023年修正)第345条第2款、第4款和第346条的规定,犯滥伐林木罪的,处3年以下有期徒刑、拘役或者管制,并处或者单处罚金;数量巨大的,处3年以上7年以下有期徒刑,并处罚金。滥伐国家级自然保护区内的森林或者其他林木的,从重处罚。

〔1〕 参见马克昌主编:《刑法》,高等教育出版社2022年版,第556页。

单位犯本罪的，对单位判处罚金，并对其直接负责的主管人员和其他直接责任人员，依照第345条第2款和第4款的规定处罚。《破坏森林资源犯罪司法解释》（法释〔2023〕8号）第6条第2款对“数量巨大”的认定进行了规定。

另外，《破坏森林资源犯罪司法解释》（法释〔2023〕8号）第6条第3款规定，实施滥伐林木的行为，所涉林木系风倒、火烧、水毁或者林业有害生物等自然原因死亡或者严重毁损的，一般不以犯罪论处；确有必要追究刑事责任的，应当从宽处理。

（3）与盗伐林木罪的区分。

盗伐林木罪与滥伐林木罪不是对立关系，而是特别关系，刑法关于滥伐林木罪的规定是普通条款，关于盗伐林木罪的规定则是特别条款。盗伐林木罪有两个特别要素：一是特别的主观要素，即非法占有目的；二是特别的客观要素，即行为人擅自采伐的是他人所有或者他人承包经营的林木。[1]

4. 非法收购运输、盗伐、滥伐的林木罪

（1）罪名解析。

根据《刑法》（2023年修正）第345条第3款的规定，非法收购、运输盗伐、滥伐的林木罪是指自然人或单位非法收购、运输明知是盗伐、滥伐的林木，情节严重的行为。根据《破坏森林资源犯罪司法解释》（法释〔2023〕8号）第7条的规定，认定明知是盗伐、滥伐的林木，应当根据涉案林木的销售价格、来源以及收购、运输行为违反有关规定等情节，结合行为人的职业要求、经历经验、前科情况等作出综合判断。具有下列情形之一的，可以认定行为人明知是盗伐、滥伐的林木，但有相反证据或者能够作出合理解释的除外：“（一）收购明显低于市场价格出售的林木的；（二）木材经营加工企业伪造、涂改产品或者原料出入库台账的；（三）交易方式明显不符合正常习惯的；（四）逃避、抗拒执法检查的；（五）其他足以认定行为人明知的情形。”《破坏森林资源犯罪司法解释》（法释〔2023〕8号）第8条第1款对情节严重的认定进行了规定，具体包括以下几种情形：“（一）涉案林木立木蓄积二十立方米以上的；（二）涉案幼树一千株以上的；（三）涉案林木数量虽未分别达到第一项、第二项规定标准，但按相应比例折算合计达到有关标准的；（四）涉案林木价值五万元以上的；（五）其他情节严重的情形。”

（2）法律后果。

根据《刑法》（2023年修正）第345条第3款和第346条的规定，犯非法收购、运输盗伐、滥伐的林木罪的，处3年以下有期徒刑、拘役或者管制，并处或者单处罚金；情节特别严重的，处3年以上7年以下有期徒刑，并处罚金。单位犯本罪的，对单位判处罚金，并对其直接负责的主管人员和其他直接责任人员，依照第345条第3款的规定处罚。《破坏森林资源犯罪司法解释》（法释〔2023〕8号）第8条第2款规定了“情节特别严重”的认定规则。

---

〔1〕 参见张明楷：《盗伐、滥伐林木罪的重要问题》，载《上海政法学院学报（法治论丛）》2021年第5期。

四、自然生态保护刑事责任

(一)破坏自然保护地罪

根据《刑法》(2023 年修正)第 342 条之一的规定,破坏自然保护地罪是指违反自然保护地管理法规,在国家公园、国家级自然保护区进行开垦、开发活动或者修建建筑物,造成严重后果或者有其他恶劣情节的行为。违反自然保护地管理法规,指违反《自然保护区条例》等相关法律规定。"造成严重后果或者有其他恶劣情节"的认定有待相关司法解释进行明晰。

根据《刑法》(2023 年修正)第 342 条之一和第 346 条的规定,自然人犯破坏自然保护地罪的,处 5 年以下有期徒刑或者拘役,并处或者单处罚金。单位犯本罪的,对单位判处罚金,并对其直接负责的主管人员和其他直接责任人员,依照第 342 条之一处罚。

(二)非法引进、释放、丢弃外来入侵物种罪

根据《刑法》(2023 年修正)第 344 条之一的规定,非法引进、释放、丢弃外来入侵物种罪是指违反国家规定,非法引进、释放或者丢弃外来入侵物种,情节严重的行为。

根据《刑法》(2023 年修正)第 344 条之一和第 346 条的规定,自然人犯非法引进、释放、丢弃外来入侵物种罪的,处 3 年以下有期徒刑或者拘役,并处或者单处罚金。单位犯本罪的,对单位判处罚金,并对其直接负责的主管人员和其他直接责任人员,依照第 344 条之一的规定处罚。

五、其他刑事责任

(一)环境监管失职罪

根据《刑法》(2023 年修正)第 408 条的规定,环境监管失职罪是指负有环境保护监督管理职责的国家机关工作人员严重不负责任,导致发生重大环境污染事故,致使公私财产遭受重大损失或者造成人身伤亡的严重后果的行为。环境监管失职罪的犯罪主体为特殊主体,即负有环境保护监督管理职责的国家机关工作人员。

根据《刑法》(2023 年修正)第 408 条的规定,犯环境监管失职罪的,处 3 年以下有期徒刑或者拘役。

(二)非法批准征收、征用、占用土地罪,非法低价出让国有土地使用权罪

根据《刑法》(2023 年修正)第 410 条的规定,非法批准征收、征用、占用土地罪,非法低价出让国有土地使用权罪是指国家机关工作人员徇私舞弊,违反土地管理法规,滥用职权,非法批准征收、征用、占用土地,或者非法低价出让国有土地使用权,情节严重的行为。

根据《刑法》(2023 年修正)第 410 条的规定,犯本罪的,处 3 年以下有期徒刑或者拘

役;致使国家或者集体利益遭受特别重大损失的,处 3 年以上 7 年以下有期徒刑。

第五节 生态环境损害责任

尽管《民法典》(2020 年公布)第七编“侵权责任”第七章“环境污染和生态破坏责任”通过第 1234 条和第 1235 条引入了生态环境损害责任,但由于“对环境的责任”与“对人的责任”之间存在较大差异,本章专设一节,论述生态环境损害责任的概念、归责原则、构成要件和承担方式。

一、生态环境损害责任的概念

生态环境损害责任作为一种与传统的污染环境和破坏生态导致的他人人身、财产损害的侵权责任相区分的责任的提出,是以生态环境损害概念的提出为基础的。[1] 2017 年中共中央办公厅、国务院办公厅印发的《生态环境损害赔偿制度改革方案》中对生态环境损害的定义是“因污染环境、破坏生态造成大气、地表水、地下水、土壤、森林等环境要素和植物、动物、微生物等生物要素的不利改变,以及上述要素构成的生态系统功能退化”。2022 年《生态环境损害赔偿管理规定》(环法规〔2022〕31 号)中也沿用了该定义。生态环境损害以生态环境的组成部分及其任何多个部分相互作用而构成的整体为直接侵犯对象,特指环境本身的损害。从生态环境与人的关系来看,生态环境损害行为所引起的客观损害结果包括对人身、财产权利的损害和环境本身的损害。前者即因损害生态环境造成的人体健康损害、公司财产损失等,侵害的对象是人身和财产;后者是对生态环境本身造成的损害,即生态环境损害。[2]

二、生态环境损害责任的归责原则

在生态环境损害责任是适用与生态环境私益的侵权责任同样的无过错归责原则还是适用不同的归责原则问题上,学界存在不同的观点:第一种观点认为,《民法典》(2020 年公布)中的生态环境损害责任与生态环境私益侵权责任同样属于由污染环境和破坏生态而引发的侵权责任,适用共同的无过错责任归责原则。第二种观点认为,生态环境私益侵权责任适用无过错责任原则,生态环境损害责任应当适用过错责任原则。第三种观点认为,生态损害赔偿责任归责应视不同的生态破坏类型适用不同的归责原则,对于“危险活动”,即那些对导致生态损害具有一般性、内在的固有危险性的行为,应采用无过失归责原则;对于

〔1〕 参见徐以祥:《〈民法典〉中生态环境损害责任的规范解释》,载《法学评论》2021 年第 2 期。
〔2〕 参见最高人民法院环境资源审判庭编著:《最高人民法院生态环境损害赔偿案件司法解释理解与适用》,人民法院出版社 2023 年版,第 11 页。

那些“非危险活动”,即那些对生态损害不存在固有危险性的行为,应采用过错责任归责原则。[1] 本教材赞同第二种观点,认为生态环境损害责任应当适用过错责任原则,理由如下:

首先,与生态环境私益侵权责任规则不同,《民法典》(2020 年公布)第 1234 条和第 1235 条的适用前提均是“违反国家规定造成生态环境损害”。《生态环境损害赔偿制度改革试点方案》(中办发〔2015〕57 号,已失效)、《生态环境损害赔偿制度改革方案》(2017 年印发)未直接指出生态环境损害赔偿诉讼采用何种归责原则,但均采用了“违反法律法规,造成生态环境损害的单位或个人,应当承担生态环境损害赔偿责任”的表述。《生态环境损害赔偿管理规定》(环法规〔2022〕31 号)第 4 条第 2 款则使用“违反国家规定造成生态环境损害的,按照《生态环境损害赔偿制度改革方案》和本规定要求,依法追究生态环境损害赔偿责任”的表述。《最高人民法院关于审理生态环境损害赔偿案件的若干规定(试行)》(法释〔2020〕17 号)第 6 条虽规定了生态环境损害赔偿责任的构成要件,但并未明确提及被告需具有主观过错,也没有采用前述“违反国家规定”“违反法律法规”的表述,不过其在第 11 条却又采用了“被告违反国家规定造成生态环境损害”的表述,这似乎暗示被告承担责任仍以“违反国家规定”为前提。由此可见,行为违法性是承担生态环境损害赔偿责任的前提。我国侵权责任法采纳过错吸收违法性的制度选择,因此“违反国家规定”应当纳入“过错”的解释中。[2]

其次,依据体系解释,《生态环境损害赔偿管理规定》(环法规〔2022〕31 号)第 18 条第 1 款明确将“赔偿义务人依法持证排污”作为不启动生态环境损害赔偿索赔程序的一种情形,即“依法持证排污”构成生态环境损害赔偿责任免责事由,即使造成损害也不应承担侵权责任,足以说明生态环境损害赔偿责任以过错责任为归责原则。此外,《矿产资源法》(2024 年修订)第 64 条第 1 款规定:“违反本法规定,未取得采矿权开采矿产资源的,由县级以上人民政府自然资源主管部门责令停止违法行为,没收直接用于违法开采的工具、设备以及违法采出的矿产品,并处违法采出的矿产品市场价值三倍以上五倍以下罚款;没有采出矿产品或者违法采出的矿产品市场价值不足十万元的,并处十万元以上一百万元以下罚款;拒不停止违法行为的,可以责令停业整顿。”违法采矿的民事损害赔偿责任属于本教材所探讨的生态环境损害赔偿责任,《矿产资源法》(2024 年修订)为其设定的是过错责任原则。与《矿产资源法》(2024 年修订)相类似,《森林法》(2019 年修订)第 68 条规定破坏森林资源损害赔偿责任,《草原法》(2021 年修正)第 66 条、第 67 条规定的草原资源损害赔偿责任均规定了过错责任。从生态损害赔偿的法律体系看,对于生态环境损害赔偿应采一体化的归责原则——过错责任原则。

最后,从权利主体特殊性来看,普通环境民事侵权的主体双方具有强弱的对比关系,这

---

〔1〕 参见竺效:《生态损害填补责任归责原则的两分法及其配套措施》,载《政治与法律》2007 年第 3 期。
〔2〕 参见徐以祥:《〈民法典〉中生态环境损害责任的规范解释》,载《法学评论》2021 年第 2 期。

种强弱的对比关系在生态环境损害责任中并不适用。在生态环境私益侵权中,侵权方是从事经营活动的强者而被侵权人处于相对的弱势地位,这是生态环境私益侵权责任适用无过错归责进行责任分配的主要理由。但在生态环境损害赔偿诉讼中,作为权利人主体的省级、市地级人民政府,不仅对加害企业拥有行政监管(不限于环境行政监管)的权力,而且在人、财、物、技术、信息与诉讼能力等方面均优越于加害企业而处于优势地位。生态环境损害责任则缺乏这种强弱鲜明的主体关系特征,因此,通过无过错责任归责原则来进行风险及责任分配就欠缺天然的正当性。

三、生态环境损害责任的构成要件

(一)污染环境、破坏生态的行为与生态环境损害

生态环境损害与传统的环境侵权导致的私人人身、财产等权益损害的区分主要有以下两方面:(1)在损害的内容上,生态环境损害指向生态环境本身的损害。(2)在损害的性质上,直接或潜在影响广大公众和未来世代子孙的环境公共利益之无主的或非私人所有(国家或公共机构所有)的环境要素、自然资源、生态系统的损害,[1]是环境民事公益诉讼和生态环境损害赔偿制度所要救济的对象。

(二)污染环境、破坏生态的行为与生态环境损害之间具有因果关系

生态环境损害责任沿用了传统环境保护侵权责任原告关联性举证责任的规定。《最高人民法院关于审理生态环境损害赔偿案件的若干规定(试行)》(法释〔2020〕17号)第6条规定,原告主张被告承担生态环境损害赔偿责任的,应当就被告污染环境、破坏生态的行为与生态环境损害之间具有关联性等事实承担举证责任。关联性是指行为与结果之间存在一定的联系,属于弱相关性。关联性的证明只需证明因果关系存在的可能性,而无须证明因果关系确切存在。如何判断关联性,《最高人民法院关于生态环境侵权民事诉讼证据的若干规定》(法释〔2023〕6号)第5条第2款指出,人民法院应当根据当事人提交的证据,结合污染环境、破坏生态的行为方式、污染物的性质、环境介质的类型、生态因素的特征、时间顺序、空间距离等因素,综合判断被告行为与损害之间的关联性是否成立。

《最高人民法院关于审理生态环境损害赔偿案件的若干规定(试行)》(法释〔2020〕17号)第7条规定:"被告反驳原告主张的,应当提供证据加以证明。被告主张具有法律规定的不承担责任或者减轻责任情形的,应当承担举证责任。"该条规定,被告需要举证证明对原告主张的反驳成立。原告主张的内容是"被告实施了污染环境、破坏生态的行为或者具有其他应当依法承担责任的情形;生态环境受到损害,以及所需修复费用、损害赔偿等具体数额;被告污染环境、破坏生态的行为与生态环境损害之间具有关联性"。《最高人民法院关于审理生态环境损害赔偿案件的若干规定(试行)》(法释〔2020〕17号)并未明确规定被

---

〔1〕 参见竺效:《论环境民事公益诉讼救济的实体公益》,载《中国人民大学学报》2016年第2期。

告就“行为与损害之间不存在因果关系承担举证责任”。但是，《民法典》（2020 年公布）第 1230 条规定，因污染环境、破坏生态发生纠纷，行为人应当就法律规定的不承担责任或者减轻责任的情形及其行为与损害之间不存在因果关系承担举证责任。从字面上看，“发生纠纷”既包括“对他人造成损害的”生态环境私益侵权纠纷，也包括生态环境损害纠纷。所以，环境保护侵权和生态环境损害，都应当由被告对行为与损害不存在因果关系承担举证责任。〔1〕

（三）违反国家规定的过错

《民法典》（2020 年公布）第 1234 条和第 1235 条规定了生态环境损害赔偿责任的前提条件是“违反国家规定造成生态环境损害”，但是并未说明“国家规定”的含义和范围。不过，《生态环境损害赔偿制度改革方案》（2017 年印发）和《最高人民法院关于审理生态环境损害赔偿案件的若干规定（试行）》（法释〔2020〕17 号）中对于生态环境损害的专门规定，应当视为《民法典》（2020 年公布）中所指“国家规定”。〔2〕

四、生态环境损害责任的承担方式

《最高人民法院关于审理生态环境损害赔偿案件的若干规定（试行）》（法释〔2020〕17 号）第 11 条规定，被告违反国家规定造成生态环境损害的，人民法院应当根据原告的诉讼请求以及具体案情，合理判决被告承担修复生态环境、赔偿损失、停止侵害、排除妨碍、消除危险、赔礼道歉等民事责任。《生态环境损害赔偿制度改革方案》（2017 年印发）第四部分第一点规定，生态环境损害赔偿范围包括清除污染费用、生态环境修复费用、生态环境修复期间服务功能的损失、生态环境功能永久性损害造成的损失以及生态环境损害赔偿调查、鉴定评估等合理费用。生态环境损害责任的承担方式可分为预防性责任承担方式和救济性责任承担方式。

（一）预防性责任承担方式

预防性责任承担方式包括停止侵害、排除妨碍、消除危险。在传统民事法律制度与伦理中，停止侵害本指侵权人实施的侵害他人财产或人身的行为仍在继续进行中，受害人有权依法请求法院责令侵权人停止其侵害行为。在生态环境损害赔偿制度中，停止侵害的适用范围得到一定扩张，当行为人正在实施排放污染物、破坏植被等污染环境、破坏生态的违法行为，法院得依原告请求判令行为人停止实施侵害行为。停止侵害要求行为人正在侵害生态环境。排除妨碍本指侵权人实施的行为使他人无法行使或不能正常行使人身、财产权益的，受害人可以要求行为人排除妨碍权益实现的障碍。在生态环境损害案件中，对生态

〔1〕　参见孙佑海等：《生态环境损害赔偿立法研究》，中国社会科学出版社 2023 年版，第 103－104 页。

〔2〕　参见孙佑海等：《生态环境损害赔偿立法研究》，中国社会科学出版社 2023 年版，第 97 页。

环境的保护较少通过排除妨碍加以实现。消除危险本指侵权人的行为对他人人身或财产安全造成威胁,或存在侵害他人人身或财产的可能时,受害人有权要求侵权人采取有效措施消除已经形成的危险。当行为人实施的违法行为尚未造成生态环境损害,但存在引发生态环境损害的现实危险,权利人得请求法院判令其消除危险。在北京市朝阳区自然之友环境研究所诉中国水电顾问集团新平开发有限公司、中国电建集团昆明勘测设计研究院有限公司案[(2020)云民终824号]中,被告正在建设的戛洒江一级水电站计划淹没区内存在绿孔雀、苏铁等珍稀濒危野生生物的栖息地,一旦建成蓄水,将对这些野生生物的生存构成严重威胁,原告因此请求法院判令被告停止水电站建设,消除侵害计划淹没区内濒危野生生物、热带季雨林和热带雨林的危险。

(二)救济性责任承担方式

救济性责任承担方式包括生态环境修复、赔偿损失、赔礼道歉。其中需要重点关注生态环境修复和赔偿损失两类责任方式。

1. 生态环境修复责任

《民法典》(2020年公布)第1234条规定,违反国家规定造成生态环境损害,生态环境能够修复的,国家规定的机关或者法律规定的组织有权请求侵权人在合理期限内承担修复责任。侵权人在期限内未修复的,国家规定的机关或者法律规定的组织可以自行或者委托他人进行修复,所需费用由侵权人负担。

生态环境修复责任是对生态环境系统功能的修复,其法理基础来源于"恢复原状",但具有特定的含义。与传统民法中"恢复原状"强调物理性能的原状恢复不同,生态环境修复责任强调的是生态功能的恢复,即恢复到损害前的基线水平。[1] 并且生态环境修复责任强调整体主义思维,即不仅要"对单个环境要素的物理、化学、生物特性的不利改变做出应对,更要注重对破坏的生态系统稳定、平衡状态的恢复"[2]。

生态环境修复责任是一种行为责任,不是一种金钱给付责任。《民法典》(2020年公布)第1234条明确规定了生态环境修复责任的两种具体的责任形态:(1)侵害人在合理的期限内承担修复责任;(2)侵权人在合理期限内未修复的,承担相应的生态环境修复费用。《最高人民法院关于审理生态环境损害赔偿案件的若干规定(试行)》(法释〔2020〕17号)第12条第2款规定,生态环境修复费用包括制定、实施修复方案的费用,修复期间的监测、监管费用,以及修复完成后的验收费用、修复效果后评估费用等。

在具有生态环境修复可能性的情况下,生态环境修复责任是一种应当优先选择的责任形式。《最高人民法院关于审理生态环境损害赔偿案件的若干规定(试行)》(法释〔2020〕17号)第12条第1款规定,受损生态环境能够修复的,人民法院应当依法判决被告承担修

〔1〕 参见吕忠梅:《"生态环境损害赔偿"的法律辨析》,载《法学论坛》2017年第3期。

〔2〕 吕忠梅、窦海阳:《以"生态恢复论"重构环境侵权救济体系》,载《中国社会科学》2020年第2期。

复责任,并同时确定被告不履行修复义务时应承担的生态环境修复费用。所谓能够修复,是指以现有的科学技术水平等能够将生态环境恢复到损害发生前的相应状态,恢复生态功能。[1] 生态环境损害救济体系是以生态环境修复为中心的,只要具备修复的可能性,生态环境修复责任就应当作为责任的当然选择,不能用赔偿损失来代替生态环境修复的责任。修复生态环境费用指的是不能进行生态环境修复时按照虚拟治理成本所评估的生态环境修复费用。[2]

2. 赔偿损失责任

《民法典》(2020 年公布)第 1235 条对生态环境损害赔偿损失责任进行了规定。生态环境损害赔偿损失责任的内容包括:

(1)生态环境受到损害至修复完成期间服务功能丧失导致的损失。

根据环境保护部制定的《环境损害鉴定评估推荐方法(第Ⅱ版)》(2014 年公布)的界定,"期间损害"是生态环境受到损害之日起到生态功能恢复到基线状态期间提供生态系统服务的损失量。

(2)生态环境功能永久性损害造成的损失。

并不是所有的生态环境损害都可以修复,即使可以修复,也并不是所有情况下均可恢复到损害前的基线水平。根据《环境损害鉴定评估推荐方法(第Ⅱ版)》(2014 年公布)的界定,"永久性损害"是指受损生态环境及其服务难以恢复,其向公众或其他生态系统提供服务能力的完全丧失,此种情况下,应当用价值赔偿对此部分损失进行填补。这种损失针对的是不可逆的生态环境破坏,这种损失相较于第一种损失更为严重。例如,地下水被污染后,需要经过数百年的自然净化才能使生态修复,此种情况属于生态环境功能的永久性损害。但需要注意的是,永久性是一个相对的概念,凡是需要经历漫长的生态自我修复过程的,均应当认为构成永久性的损失。例如,大面积的森林砍伐造成植被破坏,无法在短时间内恢复植被;土壤大面积遭受有毒化学物质严重污染,在现有技术条件下短期内无法恢复,均应当包括在内。由于生态环境功能的永久性损害是无法恢复的,因此,行为人无法通过生态恢复的责任形式承担责任。在此情形下,行为人只能承担赔偿责任。[3]

(3)生态环境损害调查、鉴定评估等费用。

《最高人民法院关于审理生态环境损害赔偿案件的若干规定(试行)》(法释〔2020〕17 号)第 14 条规定了为生态环境损害赔偿磋商和诉讼支出的调查、检验、鉴定、评估等费用和合理的律师费以及其他为诉讼支出的合理费用。

在造成生态环境损害事故之后,首先需要确定实际损害的范围,因此,就需要进行调查和鉴定评估等。对于生态环境损害事故发生后,调查、鉴定评估等费用,行为人应当承担责任。但责任人应当承担的费用可能并不以上述费用为限,在《环境损害鉴定评估推荐方法

---

〔1〕 参见王利明:《〈民法典〉中环境污染和生态破坏责任的亮点》,载《广东社会科学》2021 年第 1 期。
〔2〕 参见徐以祥:《〈民法典〉中生态环境损害责任的规范解释》,载《法学评论》2021 年第 2 期。
〔3〕 参见王利明:《〈民法典〉中环境污染和生态破坏责任的亮点》,载《广东社会科学》2021 年第 1 期。

(第Ⅱ版)》(2014 年公布)中,对应急处置费用的种类和计算方法进行了详细的规定。各级政府与相关单位针对可能或已经发生的突发环境事件而采取的行动和措施所发生的费用也应当予以赔偿。

(4)清除污染、修复生态环境费用。

造成环境污染和生态破坏之后,需要清除污染,从而达到修复生态的目的。消除污染费用指对污染物进行清除、处理和处置的应急处置措施,包括清除、处理和处置被污染的环境介质与污染物以及回收应急物资等产生的费用。修复生态环境费用是指行为人在自己未能在合理期限内修复时,应当支付的由他人代为修复的费用。

(5)防止损害的发生和扩大所支出的合理费用。

这部分费用属于应急费用的范畴,应当由侵权人承担。防止损害的发生和扩大所支出的费用与第四种中的清除污染费用,由于具有时间的紧迫性,不能在司法程序中等待或通过判决行为人采取措施来应对该问题,因此直接用金钱赔偿来代替行为责任是比较合理的选择。

思考题

1. 论述中国生态环境保护法律责任体系化的战略意义与实现路径。
2. 论述生态环境保护行政处罚和刑事处罚的衔接机制及其优化路径。
3. 论述过错在环境侵权责任承担判断中的功能。
4. 论述生态环境公益侵权责任与生态环境私益侵权责任的规则差异。
5. 评述《民法典》(2020 年公布)第 1231 条的功能,论证其属于内部责任分担标准还是外部责任分担标准。
6. 论述我国生态环境行政处罚和生态环境刑事处罚在构成要件方面的异同。
7. 论述生态环境损害法律责任的法律性质。
8. 论述生态环境修复责任与传统民法责任方式体系中“恢复原状”的异同。

进阶研习推荐文献

1. 吕忠梅、窦海阳:《生态恢复论:环境侵权新法理》,法律出版社 2022 年版。
2. 孙佑海等:《生态环境损害赔偿立法研究》,中国社会科学出版社 2023 年版。
3. 刘琳:《环境法律责任承担方式的新发展》,中国社会科学出版社 2019 年版。
4. 刘长兴:《超越惩罚:环境法律责任的体系重整》,法律出版社 2022 年版。
5. 竺效:《生态损害的社会化填补法理研究》,中国政法大学出版社 2017 年版。
6. 程玉:《生态损害法律责任实施机制的选择》,中国社会科学出版社 2021 年版。
7. 吕忠梅:《环境法典视角下的生态环境法律责任》,载《环球法律评论》2022 年第 6 期。
8. 曹明德:《〈民法典〉生态环境损害赔偿条款法理辨析》,载《法律科学(西北政法大学学报)》2022 年第 1 期。

9. 胡静:《环境民事公益诉讼中停止侵害责任适用研究》,载《中国法学》2024 年第 1 期。
10. 刘长兴:《生态环境修复责任的体系化构造》,载《中国法学》2022 年第 6 期。
11. 孙佑海:《生态安全的刑法价值及其实现机制研究》,载《法学》2024 年第 6 期。

第十章 —————— 环境法的遵守与执行

建设生态文明,重在建章立制,用最严格的制度、最严密的法治保护生态环境。强化美丽中国建设法治保障,需要全面加强环境法的遵守和执行。本章主要对环境保护党政同责遵守机制[环境监察体制,环境保护督察制度,环境保护约谈措施,河、湖、林(草)、湾(滩)长制等]、环境行政执法、环境行政争议解决、环境民事纠纷处理、环境公益诉讼、环境刑事诉讼等内容进行系统阐释。

第一节 环境保护党政同责遵守机制

党的十八届三中全会以来,我国进入全面深化改革阶段,明确提出"国家治理体系和治理能力现代化"的重大命题和任务,并以"完善和发展中国特色社会主义制度,推进国家治理体系和治理能力现代化"作为全面深化改革的总目标。在生态文明体制方面,我国提出要紧紧围绕建设美丽中国,深化生态文明体制改革,加快建立生态文明制度,健全国土空间开发、资源节约利用、生态环境保护的体制机制,推动形成人与自然和谐发展现代化建设新格局。我国先后出台了《中共中央、国务院关于加快推进生态文明建设的意见》(中发〔2015〕12号)、《生态文明体制改革总体方案》(2015年公布)等。在中国特色社会主义法治建设及国家治理现代化的过程中,环境保护党政同责遵守机制作为一种新型治理机制在环境保护治理中发挥重要作用。具体包括环境监察体制,环境保护督察制度,环境保护约谈措施和河、湖、林(草)、湾(滩)长制等。

一、环境监察体制

在相当长时期内,我国生态环境主管部门未被赋予完整的行政执法主体资格,造成生态环境执法与目前的生态环境监察发生概念混淆,形成认识误区。2012年环境保护部制定的《环境监察办法》第2条将环境监察定义为"环境保护主管部门依据环境保护法律、法规、规章和其他规范性文件实施的行政执法活动"。换言之,传统的生态环境监察实际上是指生态环境行政执法。实践中,我国各级生态环境主管部门中负责生态环境监管执法的机构,也被习惯性地冠以监察之名,如环境监察局或者环境监察总队、支队、大队等。由于名实不一,原来各级生态环境监察机构一方面未承担对政府及负有生态环境保护职能的政府部门履行环保责任的"督政"工作；另一方面受执法资格和身份制约，"查企"时权威性不足导致执法困难。

为了突破困境，我国2016年启动了生态环境监察执法垂直管理制度改革。[1] 此次改革的目的之一即确保省市县三级生态环境主管部门的监察权、执法权从模糊趋于清晰，监察权上收至省级生态环境主管部门，执法权下沉到市级部门。在此背景下，环境监察执法不宜再笼统表述，而应二分为"环境监察"和"环境执法"。[2] 以督政为主业的监察机构是新生事物，执法机构（过去所谓的"环境监察"）是原有事物。实际上，这也与国家推动监察体制改革的趋势相契合。《监察法》（2024年修正）中所使用的"监察"概念仅指向"督政"，无法涵盖生态环境执法。

由此可知，所谓监察，是指监督各级国家机关和机关工作人员的工作并检举违法失职的机关或工作人员。环境监察则是指专司监察职能的机关对在生态环境领域行使公权力的公职人员的行为所进行的监督检查活动。广义的环境监察主要包括两类：一是上级生态环境行政机关对下级生态环境行政机关的层级监察；二是由各级监察委员会针对生态环境保护领域违法失职行为开展的国家监察。[3]

其一，层级监察，亦称层级监督。层级监督的法律依据来自地方政府组织法的规定，各级政府机关除执行人大决议外，还须向上一级行政机关负责并报告工作。上级政府对下级政府在绩效考核、领导人选方面的巨大影响力，也使上级政府对下级政府的监督更为直接有效。行政层级监督要坚持上级监督与自查自纠相结合、专项监督与日常监督相结合，既要依法开展监督检查，也要及时对发现的问题进行处理。生态环境保护层级监察的改革方向是上收市县两级生态环境主管部门的环境监察职能，由省级生态环境主管部门统一行使，通过向市或跨市县区域派驻等形式实施环境监察。经省级政府授权，省级生态环境主管部门对本行政区域内各市县两级政府及相关部门环境保护法律法规、标准、政策、规划执行情况，一岗双责落实情况，以及环境质量责任落实情况进行监督检查，及时向省级党委和政府报告。[4]

---

[1] 2016年9月，中共中央办公厅、国务院办公厅印发《垂直管理制度改革指导意见》；2018年11月，生态环境部印发《关于统筹推进省以下生态环境机构监测监察执法垂直管理制度改革工作的通知》。目前，不少省份已基本完成生态环境监察执法垂直管理制度改革。

[2] 2016年9月22日，中共中央办公厅、国务院办公厅印发的《垂直管理制度改革指导意见》第7条明确指出："试点省份将市县两级环保部门的环境监察职能上收，由省级环保部门统一行使，通过向市或跨市县区域派驻等形式实施环境监察。"此项改革是将原"环境监察执法"中的事前监察、事中监察、事后监察进行职能二分，即上收环境监察，下移环境执法。

[3] 中国共产党领导的监察制度历经了党内监察和行政监察两个发展阶段，并于2016年进入国家监察的阶段，实现了新的飞跃。参见舒绍福、李婷：《从党内监察到国家监察：建党以来监察制度变迁》，载《新视野》2022年第1期。

[4] 中共中央办公厅、国务院办公厅联合印发《垂直管理制度改革指导意见》（2016年公布）第7条规定，"加强环境监察工作。试点省份将市县两级环保部门的环境监察职能上收，由省级环保部门统一行使，通过向市或跨市县区域派驻等形式实施环境监察。经省级政府授权，省级环保部门对本行政区域内各市县两级政府及相关部门环境保护法律法规、标准、政策、规划执行情况，一岗双责落实情况，以及环境质量责任落实情况进行监督检查，及时向省级党委和政府报告"。

其二,国家监察。国家监察是对政府的外部监督,国家监察体制改革的目的是实现行政监察权与行政权的分离,保持更高阶位独立于行政权重新构建国家监察权,并对政府行政权进行有效监督。在行政监察发展为国家监察以后,监察机关的性质和职权表明,它是具有独立监察性质的机构,独立行使职权是我国《宪法》(2018 年修正)确立的基本原则。[1] 根据《监察法》(2024 年修正)第 15 条的规定,各级监察机关对在生态环境保护领域所有行使公权力的公职人员实施监察。[2] 因此,监察权是对生态环境保护领域所有公权力行使者的全面监督。申言之,生态环保督察属于生态环保领域的"小监督",而国家监察则是对涉及一切公权力行使者的"大监督"。

二、环境保护督察制度

环境保护督察是一项具有显著中国特色的生态文明制度措施,其起源于区域环保督查、综合督查、环境监察等制度。督查是上级部门针对某些事项,成立工作组对下级部门展开督促与检查的一种活动。环保不作为、慢作为和乱作为等现象出现,主要是因为地方政府边治理、边破坏的环保策略难以得到转变。虽然生态环境部相继对一些地方政府和企业展开约谈和提出整改意见,但地方落实不到位等现象依旧存在。因此,近年来,以生态环境主管部门牵头,代表中央高层开展的生态环境保护督查也逐渐成为常态,旨在通过党政同督,将环保压力层层传导到基层,以此化解生态环境保护约谈的软约束力困境。2015 年 7 月,中央深改组第十四次会议审议通过《环境保护督察方案(试行)》,随后以中共中央办公厅、国务院办公厅的名义予以印发,"环保督查"发展成了"环保督察"。

经过十几年的发展演变,环境保护督察制度已经从一项区域性、层级较低且影响有限的制度发展成为覆盖全国、以中央名义开展且影响深远的生态环境监管问责制度。目前,生态环境保护督察呈现出中央、区域、地方并存的多元格局。根据督察的适用范围不同,生态环境保护督察可以区分为中央生态环境保护督察、区域生态环境保护督察和地方生态环境保护督察。首先,中央生态环境保护督察是指由相关人员组成的督察组代表党中央、国务院对各省(自治区、直辖市)党委和政府及其有关部门开展的督察。经过多年发展,中央生态环境保护督察制度正在逐步实现法制化。2014 年和 2015 年先后出台了《环境保护部综合督查工作暂行办法》和《环境保护督察方案(试行)》。2019 年《中央生态环境保护督察工作规定》(替代 2014 年《环境保护部综合督查工作暂行办法》),系统规定了中央生态

---

[1] 《宪法》(2018 年修正)第 3 条第 3 款规定:"国家行政机关、监察机关、审判机关、检察机关都由人民代表大会产生,对它负责,受它监督。"该款将监察权与政府的行政权、法院的审判权并列,说明监察权具有法定层面权威性、专属性和独立性。

[2] 《监察法》(2024 年修正)第 15 条规定:"监察机关对下列公职人员和有关人员进行监察:(一)中国共产党机关、人民代表大会及其常务委员会机关、人民政府、监察委员会、人民法院、人民检察院、中国人民政治协商会议各级委员会机关、民主党派机关和工商业联合会机关的公务员,以及参照《中华人民共和国公务员法》管理的人员;(二)法律、法规授权或者受国家机关依法委托管理公共事务的组织中从事公务的人员;(三)国有企业管理人员;(四)公办的教育、科研、文化、医疗卫生、体育等单位中从事管理的人员;(五)基层群众性自治组织中从事管理的人员;(六)其他依法履行公职的人员。"

环境保护督察的组织机构、督察对象和内容、督察程序和权限、督察纪律与责任等内容。其次，区域生态环境保护督察是指由专门的区域性生态环境保护督察机构通过构建跨区域环境问题的信息和线索收集机制、督促整改机制和问责启动机制实现对地方政府涉跨区域环境问题执法的有效监督，从而发挥区域环保督察机构的跨区域环境治理功能。〔1〕 最后，地方生态环境保护督察是指地方参照中央生态环境保护督察在本行政区域范围内推动实施的督察活动。比如，2021 年发布的《上海市生态环境保护督察工作规定》《浙江省环境保护督察实施方案（试行）》等。

以中央生态环境保护督察为例，生态环境保护督察的实施程序主要包括七个环节：督察准备、督察进驻、督察报告、督察反馈、移交移送、整改落实和立卷归档。〔2〕 在具体实施过程中，督察组首先是在省级层面上全面了解情况，然后下沉到地市开展督察，重点工作主要是根据督察准备和省级层面督察发现的问题线索进行调查取证核实；在上述工作基础上，对所收集到的材料进行梳理分析、归档，如有必要，还可能开展有针对性的补充督察。督察结果应用得到高度重视，并发挥了有效作用。从国家层面来讲，中共中央组织部将督察结果作为被督察省区市领导班子和领导干部考核评价和任免、责任追究的重要依据；从地方层面来讲，督察发现的具体环境问题将移交地方党委政府，是整改的重要依据。对于有可能涉及违规、失职、乱作为的问题线索，将会按照程序移交地方纪检监察或组织部门处理。

三、环境保护约谈措施

以指标和考核为核心的“压力型”政治激励模式导致一些地方官员将操纵统计数据作为生态环境治理的一个捷径，使地方环境问题难以得到根本性解决。为摆脱困境，环境保护约谈制度兴起，并逐渐迈向法治化阶段。环境保护约谈，是指生态环境部约见未依法依规履行生态环境保护职责或履行职责不到位的地方人民政府及其相关部门负责人，或未落实生态环境保护主体责任的相关企业负责人，指出相关问题、听取情况说明、开展提醒谈话、提出整改建议的一种行政措施。〔3〕 自 2014 年 5 月环境保护部制定了《环境保护部约谈暂行办法》（环发〔2014〕67 号），生态环境保护约谈逐渐步入法治化发展阶段。目前明确规定了环境保护约谈的生态环境法律包括《大气污染防治法》（2018 年修正）第 22 条、《噪声污染防治法》（2021 年公布）第 28 条、《森林法》（2019 年修订）第 67 条第 2 款、《湿地保

〔1〕 自 2002 年开始，为更好地解决跨区域环境问题、完善我国的生态环境监管体制，我国初步建立起了区域环境保护督查制度。为构建“国家监察、地方监管、单位负责”的环境监管体制，原国家环境保护总局先后共设了华北、华东、华南、西北、西南、东北六个环境保护督查中心，对地方环境保护行政部门的环境执法进行监督，同时也承担跨省环境问题的调查、处理以及跨省环境纠纷的协调职能。2017 年，六大环境保护督查中心由事业单位“升级”为环境保护部区域派出行政机构性质的“督察局”。

〔2〕 参见《中央生态环境保护督察工作规定》（2019 年公布）第 19 条。此外，该规定还用第四章一整章的篇幅对上述程序环节进行了详细规定，极大提高了执法监督的可操作性。

〔3〕 参见《生态环境部约谈办法》（环督察〔2020〕42 号）第 2 条。

护法》(2021 年公布)第 49 条以及《长江保护法》(2020 年公布)第 81 条。2020 年生态环境部发布《生态环境部约谈办法》(环督察〔2020〕42 号),对生态环境部约谈的概念、程序、实施主体与责任等作出了明确规定。实践中,地方也陆续发布了相应的规定,如《北京市环境保护局约谈暂行办法》(京环办〔2017〕133 号)、《重庆市生态环境局生态环境保护约谈工作程序规定(试行)》(渝环办〔2019〕98 号)、《广东省生态环境厅约谈工作规定》(粤环办〔2021〕24 号)等。

从本质上看,环境保护约谈是行政主体按照一定的规范程序,及时掌控或深入了解行政相对人的具体状况,进而规避生态环境风险和预防突发情况的过程。虽然在约谈前具有强制性(地方政府或企业主要负责人必须到场),但约谈主体更多的是出于预警和预防考虑,并非采取强制性措施对约谈客体进行进一步惩治,因而约谈表现为一种软约束力。《生态环境部约谈办法》(环督察〔2020〕42 号)第 23 条第 2 款规定,对约谈整改重视不够、推进不力并造成恶劣影响的,生态环境部仅能视情采取函告、通报、专项督察等措施。《生态环境部约谈办法》(环督察〔2020〕42 号)第 25 条规定:"生态环境部约谈不取代立案处罚、区域限批、责任追究、刑事处理等相关措施。"

《生态环境部约谈办法》(环督察〔2020〕42 号)将环境保护约谈程序分为三个步骤,即约谈准备、约谈实施和约谈整改。约谈准备是指经过核查或核实确定个案是否符合约谈情形,并制作约谈建议、约谈方案,以及对外公开的约谈通稿。[1] 约谈实施是指在约谈方案被批准后,制定并印发约谈通知,召开约谈会议(一般采取该形式),做好约谈材料的立卷归档工作。[2] 约谈整改是指约谈实施之后被约谈方应当在规定时间内组织完成整改方案编制并组织落实,约谈部门享有督促权。[3]

环境保护约谈是一种行政系统内部纵向的非对称性行政沟通过程,打破了以往科层制内部的自上而下的逐级沟通方式。但这种非对称的沟通容易引发干预地方经济自主发展的现象,加之环境保护约谈并未具备实质性惩治措施,因而刚性约束力不足,这就使地方政府被生态环境主管部门约谈后,往往采取关停企业的"一刀切"方式予以回应,由此陷入运动式生态环境治理的困境。

生态环境保护督察和生态环境保护约谈存在密切联系。一方面,约谈可能触发专项督察。《生态环境部约谈办法》(环督察〔2020〕42 号)第 23 条规定:"生态环境部应当组织对约谈整改落实情况开展调度分析,视情组织现场抽查。对约谈整改重视不够、推进不力并造成恶劣影响的,视情采取函告、通报、专项督察等措施。"另一方面,约谈是生态环境保护督察的重要工作方式。《中央生态环境保护督察工作规定》(2019 年发布)第 21 条第 9 项规定,在督察进驻环节,针对督察发现的突出问题,中央生态环境保护督察组可以视情对有关党政领导干部实施约见或者约谈。同时,该规定第 25 条第 3 款规定:"中央生态环境保

〔1〕 参见《生态环境部约谈办法》(环督察〔2020〕42 号)第 10—13 条。
〔2〕 参见《生态环境部约谈办法》(环督察〔2020〕42 号)第 14—20 条。
〔3〕 参见《生态环境部约谈办法》(环督察〔2020〕42 号)第 21—23 条。

护督察办公室应当对督察整改落实情况开展调度督办,并组织抽查核实。对整改不力的,视情采取函告、通报、约谈、专项督察等措施,压实责任,推动整改。"由于生态环境保护约谈的实施主体是生态环境主管部门,一般被称为行政约谈。

行政约谈和督察约谈存在以下区别:(1)依据不同,制度目的也不同。行政约谈的规范依据属于法律法规体系范畴,制度目的在于达到污染物总量控制指标或者环境质量改善目标,进而督促政府落实环保职责。督察约谈的规范依据是生态环境督察的配套文件,属于党内法规范畴,其制度目的是规范生态环境保护督察工作,压实生态环境保护责任,督促党员干部履职。(2)性质不同。行政约谈是对不特定多数人产生利益影响的具有一定外部性的内部行政行为;督察约谈作为党的内部行为,不会产生外部行政行为的法律后果。(3)实施主体、被约谈主体不同。督察约谈的实施主体是由生态环境主管部门牵头组成的环保督察组,而非某一特定部门。督察约谈的对象比行政约谈的对象更广泛,不限于人民政府及其部门负责人,而是覆盖所有相关的党政领导干部。(4)适用情形不同。督察约谈的适用情形较为宽泛和灵活,无论何种领域、何种事项,只要在督察中发现突出问题,督察组均可以对该地区的负责人进行约谈。而行政约谈的适用情形受到上位法依据的限定。(5)法律风险不同。对于督察约谈,未有明确规定授权法院对党内法规进行司法审查;对于行政约谈,行政诉讼中原告可要求法院对行政规范性文件进行附带性审查。[1] 总之,相较于生态环境立法中的行政约谈,生态环境督察中的督察约谈具有实施主体特定和适用对象广泛的特征。

实践中,关于如何推进行政约谈和督察约谈的法制化存在争议。除部分省级政府仅规定行政约谈(忽略督察约谈)以外,[2] 主要存在两种模式:一是参照融合模式,如2021年出台的《上海市生态环境局约谈规定》虽然未将党委作为约谈对象,但在附则中明确规定对党政领导干部的相关约谈参照实施。这一适用条款将督察约谈纳入规范性文件的约束范围,实现了行政约谈与督察约谈的融合。二是区分衔接模式。

在中央层面,2020年生态环境部发布《生态环境部约谈办法》(环督察〔2020〕42号),通过实施主体和适用情形两个条款实现行政约谈与督察约谈的衔接。该办法第4条第1款直接规定"生态环境部督察办(以下简称督察办)负责约谈工作的组织实施",而生态环境部督察办(现为中央生态环境保护督察协调局)也是中央生态环境保护督察领导小组办公室,此为实施主体上的衔接。同时,该办法第5条第7项明确"有关督察检查发现问题整改不力,且造成不良影响的"是开展约谈的适用情形之一。但该办法第24条同时规定了督察约谈适用的例外,即"中央生态环境保护督察进驻期间,对有关党政领导干部实施的约

---

〔1〕 行政约谈作为内部行政行为一般不具有可诉性,但"内部行政行为通过行政机关的职权行为外化后,则可以纳入行政诉讼的受案范围"。但在行政约谈之后引发被约谈地方生态环境主管部门"暂停审批建设项目环评文件",从而影响到具体行政相对人相关利益时,行政约谈这一内部行为也可能会被置于司法审查之下。

〔2〕 2014年出台的《河北省环境保护厅约谈暂行办法》与2017年出台的《山东省环境保护约谈办法》,均是对法律规定行政约谈的细化,明确约谈的实施程序,并未涉及任何督察约谈的内容,也未对如何与督察约谈进行衔接作出规定。

见、约谈,根据中央生态环境保护督察有关规定执行”,排除了督察进驻期间对党政领导干部约谈的适用,这为后续专门督察约谈制度构建提供了基础。

四、河、湖、林(草)、湾(滩)长制

为破除传统科层管理体制中条块分割、区域分割的局限,对不同部门和不同区域的治理力量予以整合,形成协同治理,河、湖、林(草)、湾(滩)长制应运而生,经历了从地方试点到快速推广,再到全国实施的发展进程。《关于全面推行河长制的意见》(2016 年公布)、《关于在湖泊实施湖长制的指导意见》(2018 年公布)、《关于全面推行林长制的意见》(2021 年公布)等规范性文件,构建了以党政领导负责制为核心的责任体系。河、湖、林(草)、湾(滩)长制的共同制度特征是针对某些环境要素进行跨部门、跨层级、跨地区的职责整合并促进有关部门履行,推动生态环境的协同治理,是具有中国特色的生态环境治理机制。

(一)河长制

河长制,是指由各级党委、行政主要负责人分级担任本辖区内主要河湖流域的“河长”,组织领导、统一协调各相关职能部门的职责,通过目标分解、分级传递进行相应河湖水环境治理,并通过评价考核机制予以保障的制度。无锡市在 2007 年江苏太湖蓝藻污染事件中,为促进河湖综合协同治理而推出河长制治理方案。其后,江苏省在包括太湖流域在内的 15 条河湖流域全面推广河长制,云南、河南、湖北等地也试行推广河长制。在总结地方试点经验的基础上,2016 年,中共中央办公厅、国务院办公厅印发《关于全面推行河长制的意见》,提出“到 2018 年年底全面建立河长制”的目标。2017 年修正的《水污染防治法》增加第 5 条规定:“省、市、县、乡建立河长制,分级分段组织领导本行政区域内江河、湖泊的水资源保护、水域岸线管理、水污染防治、水环境治理等工作。”由此,河长制作为流域水环境治理机制,得到政策和法律层面的双重确认。

河长制的组织形式,是以各级党委、政府主要负责人担任河长,负责组织领导、监管相应河湖管理和保护工作。根据《关于全面推行河长制的意见》(2016 年公布)第 3 条和《水污染防治法》(2017 年修正)第 5 条的规定,河长制实行分级、分段的组织体系,即建立省、市、县、乡四级河长体系,各省(自治区、直辖市)设立总河长,由党委或政府主要负责同志担任;各省(自治区、直辖市)行政区域内主要河湖设立河长,由省级负责同志担任;各河湖所在市、县、乡均分级分段设立河长,由同级负责同志担任。县级及以上河长设置相应的河长制办公室,具体组成由各地根据实际确定。《关于全面推行河长制的意见》(2016 年公布)第 4 条明确了各级河长的主要职责包括:组织领导相应河湖的管理和保护工作;对跨行政区域的河湖明晰管理责任,协调上下游、左右岸实行联防联控;对相关部门和下一级河长履职情况进行督导,对目标任务完成情况进行考核等。在实践运行中,河长制的组织形式得到不断丰富和发展。例如,江苏省 2017 年出台的《关于在全省全面推行河长制的实施意

见》建立了省、市、县、乡、村五级河长体系,河长制管理体系由原主干河道为主拓展到全省范围内的各类河道、湖泊和水库。

河长制的考核问责是一种压力传导型的责任倒逼机制。《关于全面推行河长制的意见》(2016 年公布)第 13 条规定,县级及以上河长负责组织对相应河湖下一级河长进行考核,考核结果作为地方党政领导干部综合考核评价的重要依据。实行生态环境损害责任终身追究制,对造成生态环境损害的,严格按照有关规定追究责任。由于河长制的实施效果与地方党委、政府的目标绩效考核、党政负责人的政绩相挂钩,地方党政负责人在压力之下,不得不重视和执行河湖水资源保护、河湖水域岸线管理保护、水污染防治、水环境治理、水生态修复等主要任务。以 2019 年最高人民检察院发布"携手清四乱　保护母亲河"专项行动检察公益诉讼十大典型案例之一——青海省化隆县查甫河、黑城河等河道垃圾污染破坏生态环境案为例,该案中,化隆县检察院以"清四乱"专项活动为契机,向县水利局发出诉前检察建议,督促行政机关对黄河及其支流等河道中存在的违法倾倒堆放垃圾等妨碍行洪安全的违法行为进行清理整治。化隆县水利局收到检察建议后,积极落实河湖管理保护责任,召集生态环境、住建、水利等部门和各乡镇负责人召开了河湖长制工作现场会,进行安排部署,进行执法检查,对影响河道行洪、破坏水环境等违法行为进行整治,组织干部群众清除建筑垃圾、清理渠道及水库周边生活垃圾,打捞水库库区内柴草、漂浮物,清理黑臭水体。

(二)湖长制

湖长制是基于河长制在水环境治理的制度经验而推行的升级版创新制度。为全面落实《关于全面推行河长制的意见》(2016 年公布)的要求,进一步加强湖泊管理保护工作,2018 年中共中央办公厅、国务院办公厅印发《关于在湖泊实施湖长制的指导意见》。湖长制是指由湖泊最高层级的湖长作为第一责任人,对湖泊的管理保护负总责;其他各级湖长对湖泊在本辖区内的管理保护负直接责任,根据职责分工组织实施湖泊管理保护工作。同时,区域性生态保护立法也纳入了相应的内容。2023 年公布的《青藏高原生态保护法》第 21 条第 1 款规定,国务院有关部门和青藏高原地方各级人民政府建立健全青藏高原江河、湖泊管理和保护制度,完善河湖长制,加大对长江等重点河流和青海湖、扎陵湖、鄂陵湖、色林错、纳木错、羊卓雍错、玛旁雍错等重点湖泊的保护力度。

在组织形式上,湖长制在河长制的基础上予以细化。根据《关于在湖泊实施湖长制的指导意见》(2018 年公布)的规定,湖长制实行分级管理的组织体系,即建立省、市、县、乡四级湖长体系。但在湖长设置上更细化,在不改变原有总河长、河长组织体系基础上,要求各省(自治区、直辖市)行政区域内主要湖泊,跨省级行政区域且在本辖区地位和作用重要的湖泊,由省级负责同志担任湖长;跨市地级行政区域的湖泊,原则上由省级负责同志担任湖长;跨县级行政区域的湖泊,原则上由市地级负责同志担任湖长。同时,湖泊所在市、县、乡要按照行政区域分级分区设立湖长,实行网格化管理,确保湖区所有水域都有明确的责任主体。

在考核问责机制上，湖长制与河长制考核严格程度相同。《关于在湖泊实施湖长制的指导意见》（2018 年公布）第五部分第 5 条规定，县级及以上湖长负责组织对相应湖泊下一级湖长进行考核，考核结果作为地方党政领导干部综合考核评价的重要依据。实行湖泊生态环境损害责任终身追究制。在这种压力传导型责任倒逼机制下，地方党政负责人积极落实湖泊水域空间管控、湖泊岸线管理保护、湖泊水资源保护和水污染防治、湖泊水环境综合整治、湖泊生态治理与修复等方面的主要任务。

（三）林（草）长制

2016 年，江西省林业大县武宁县率先出台《"林长制"工作实施方案》，率先探索建立"林长制"。2017 年，安徽省探索建立林长制，形成"省、市、县、乡、村"五级林长制组织体系。2019 年修订的《森林法》新增第 4 条第 2 款规定："地方人民政府可以根据本行政区域森林资源保护发展的需要，建立林长制。"2021 年，中共中央办公厅、国务院办公厅出台《关于全面推行林长制的意见》，进一步压实地方各级党委和政府保护发展森林草原资源的主体责任。根据《关于全面推行林长制的意见》（2021 年公布），林长制旨在通过由各级地方党委和政府领导担任林长和副林长，明确地方党政领导干部保护发展森林草原资源目标责任，构建"党政同责、属地负责、部门协同、源头治理、全域覆盖"的长效机制，加快推进生态文明和美丽中国建设。

林长制设置五级林长组织体系。根据《关于全面推行林长制的意见》（2021 年公布）的规定，各省（自治区、直辖市）设立总林长，由省级党委或政府主要负责同志担任；设立副总林长，由省级负责同志担任，实行分区（片）负责。各省（自治区、直辖市）根据实际情况，可设立市、县、乡等各级林长。地方各级林业和草原主管部门承担林长制组织实施的具体工作。该意见明确了各级林长的主要职责是组织领导责任区域森林草原资源保护发展工作，落实保护发展森林草原资源目标责任制，将森林覆盖率、森林蓄积量、草原综合植被盖度、沙化土地治理面积等作为重要指标，因地制宜确定目标任务；组织制定森林草原资源保护发展规划计划，强化统筹治理，推动制度建设，完善责任机制；组织协调解决责任区域的重点难点问题，依法全面保护森林草原资源，推动生态保护修复，组织落实森林草原防灭火、重大有害生物防治责任和措施，强化森林草原行业行政执法。截至 2023 年 12 月 28 日，全国 31 个省、区、市和新疆生产建设兵团，都已全面建立林长制，全国共有各级林长近 120 万名。

在督导考核机制上，《关于全面推行林长制的意见》（2021 年公布）规定，林长制督导考核纳入林业和草原综合督查检查考核范围，县级及以上林长负责组织对下一级林长的考核，考核结果作为地方有关党政领导干部综合考核评价和自然资源资产离任审计的重要依据，并实行落实党政领导干部生态环境损害责任终身追究制。2022 年国家林业和草原局发布《林长制督查考核办法》，明确林长制督查考核的主要内容和考核方式，并于 2024 年进行修订。

(四)湾(滩)长制

湾(滩)长制是我国针对海湾生态环境保护的新兴治理模式,是构建海洋生态文明体系的制度创新,是建设绿色可持续海洋生态环境的重要手段。《中华人民共和国国民经济和社会发展第十四个五年规划和2035年远景目标纲要》第三十三章第二节指出,加快推进重点海域综合治理,构建流域—河口—近岸海域污染防治联动机制,推进美丽海湾保护与建设。2017年浙江省在全国率先出台《关于在全省沿海实施滩长制的若干意见》,确立了“滩长制”开始在沿海地区的全面启动实施;同年国家海洋局印发《关于开展“湾长制”试点工作的指导意见》,提出推行“湾长制”试点的工作构想,试点地分别为河北省秦皇岛市、山东省胶州湾、海南省海口市、江苏省连云港市、浙江省全省。湾(滩)长制是由沿海地区各级党政领导担任湾(滩)长,对其辖区内海湾生态环境治理负责的治理机制。河长制是实施湾(滩)长制的实践基础。[1] 从此,原来的“滩长制”也扩大到“滩(湾)长制”。

湾长制制度设计是“以逐级压实地方党委政府海洋生态环境保护主体责任为核心”,湾长是海洋生态环境治理的第一责任人,对本湾区环境质量和生态保护与修复负总责。总湾长依据行政层级将任务责任分解到各级湾长,将本级地方党委或政府主要负责人推至海域治理责任的最前端,明确责任,刚性履职。湾长制领导小组和湾长办公室既附着于我国正式的、常态的海洋环境管理体制,但是又不完全按照正式的制度规则运转,具有极大的灵活性和相当的权威性,其权威主要来源于其成员在原单位的职权,能够保证领导小组的统筹、协调和动员能力;湾长办公室将相关的主管部门纳入其中,组成新的整合性执行力量。各湾长制试点地区分别结合自身特点,从高位推进湾长制机构体系建设。省级试点中,浙江省成立了由副省长任组长的领导小组,建立了省、市、县、乡(镇)、村五级架构,全省各级湾(滩)长1380名。市级试点中,秦皇岛、青岛、连云港、海口均成立了市湾长制工作领导小组和办公室,建立了市、县、乡三级或市、县、乡、村四级湾长体系,由市委、市政府主要领导任市总湾长。[2]

湾长制明确强化地方党政领导的责任考核,能够形成激发地方党政领导开展协作治理动力的倒逼机制。国家海洋局局长王宏在解读《关于开展“湾长制”试点工作的指导意见》(2017年公布)时指出,要“建立考核督查制度,实施分级考核制度,考核结果纳入政绩考核评价体系”,以期在绩效考核的激励下能够激发地方官员治理海洋环境的积极性;同时湾长制还建立了严格的问责机制,以此来倒逼地方政府官员采取治理行动。湾长制的实施强调海洋环境问责的刚性约束,通过制度设计推动地方党政领导关注环境治理,有助于推动经济发展与生态保护、海洋保护与开发的平衡。[3]

---

〔1〕 参见黄茜雯、朱晖:《区域环境协同:环渤海“湾(滩)长制”建构思考》,载《海洋开发与管理》2023年第2期。
〔2〕 参见杨翼等:《新时代背景下湾长制制度设计与探索实践》,载《环境保护》2020年第7期。
〔3〕 参见王琪、辛安宁:《“湾长制”的运作逻辑及相关思考》,载《环境保护》2019年第8期。

第二节 环境行政执法

环境行政执法分为一般性行政决定、强制性行政决定以及协商性行政决策。

一、一般性行政决定

(一)行政命令

环境行政命令是环境监管机关作出的对于行政相对人具有补救性的具体行政行为。[1] 行政命令并不涉及相对人的财产和资格,不具有惩罚性,而是通过一定时间内对某些事项或特定人作特定规范,要求相对人履行一定的行为义务并遵守一定的行为规则,如对行为进行限制或者禁止等。[2]

本教材将环境行政命令和环境行政处罚两种行政行为作出区分,原因有二:一是功能不同。行政命令的补救功能是面向过去,纠正已经发生的违法行为,让相对人履行法律规定的义务,并未增加额外义务;行政处罚以惩罚为其主旨,既对过去的违法行为进行消极评价,也震慑未来可能发生的违法行为,设定的义务是行为合法时所没有的义务[3]。二是所适用的行政程序存在差别。根据《生态环境行政处罚办法》(2023 年公布)第三章的规定,行政处罚有着较严格明确规定的法律程序。我国对行政命令的适用程序并没有予以具体规定,且根据行政实践反馈,行政机关拥有较大的裁量权。

依据《环境保护主管部门实施限制生产、停产整治办法》(2014 年公布)的规定,生态环境领域行政命令执法程序通常包括:调查取证(第 9 条)、决定批准(第 10 条)、告知权利(第 11 条)、制作决定书(第 12 条)、送达决定书(第 14 条)、限制生产期限(第 15 条)、整改与备案(第 16 条)、整改完成备案(第 17 条)、自行终止情形(第 18 条)、督查与处罚(第 19 条)、跟踪检查(第 20 条)。

自然资源领域虽无专门规定行政命令执法程序的具体规范,但《自然资源行政处罚办法》(2024 年修订)中有几个条文值得注意。《自然资源行政处罚办法》(2024 年修订)第 15 条(第三章立案、调查和审理)规定,自然资源主管部门对正在实施的违法行为,应当依法及时下达责令停止违法行为通知书予以制止,并明确责令停止违法行为通知书应当记载的内容。这一条显示了在执法过程中,即便在立案和调查阶段也可作出自然资源保护行政命令,印证了补救性行政命令的下达与行政处罚并不冲突,可以同时存在于一个完整的执法过程中。根据《自然资源行政处罚办法》(2024 年修订)第 34 条第 1 款第 6 项的规定,拟

---

[1] 参见胡静:《我国环境行政命令实施的困境及出路》,载《华中科技大学学报(社会科学版)》2021 年第 1 期。

[2] 参见陈海嵩:《论限期治理的法律属性》,载吕忠梅主编:《环境资源法论丛》第 8 卷,法律出版社 2010 年版。

[3] 参见徐以祥:《论生态环境损害的行政命令救济》,载《政治与法律》2019 年第 9 期。

作出责令停产停业的行政处罚决定，自然资源主管部门应当制作行政处罚听证告知书，按照法律规定的方式，送达当事人。《自然资源听证规定》（2020 年修正）第 19 条第 2 款第 1 项规定，责令停止违法勘查或者违法开采行为的，主管部门在作出决定之前，应当书面告知当事人有要求举行听证的权利。因此，自然资源主管部门在作出“责令停止违法勘查或者违法开采行为”的决定时，“应当”书面告知当事人有要求听证的权利，体现了行政主管部门的有责性；而行政相对人对此类行政决定有异议时可以提出听证，表明法规赋予行政相对人以救济权。

在执法实践中，生态环境行政命令的执行也是执法部门包容审慎、柔性执法、过罚相当等理念或者原则的体现。比如，在入选 2022 年丽江市生态环境保护行政执法典型案例的金沙江某水电站有限公司未按照国家环境保护标准贮存危险废物案中，执法人员发现该公司危险废物暂存间标识标牌不全，废旧蓄电池暂存间未采取防渗漏措施、未建造托盘等浸出液收集系统，行为违反了《固体废物污染环境防治法》（2020 年修订）的规定，构成生态环境违法。执法人员运用“责令立即改正违法行为”的行政决定，合理运用行政裁量规则，对未按照规定设置危险废物识别标志的行为免予处罚，严格做到应罚尽罚、应免尽免。本案充分体现了行政命令决定的补救性功能。

（二）行政许可

生态环境行政许可是指生态环境主管部门根据法律法规的授权，对公民、法人或其他组织提出的申请进行审查，经审查符合法定条件和要求，准予其从事对环境有影响的活动或实施某种行为的行政行为。这种许可是环境管理中的重要手段，旨在通过法律手段预防和控制可能对生态环境造成不良影响的行为。

2019 年生态环境部办公厅发布的《生态环境部行政许可标准化指南（2019 版）》详细规定了我国生态环境领域行政许可事项、行政许可流程、行政许可服务、行政许可受理场所建设与管理，以及行政许可监督检查评价，目的是建成涵盖生态环境部职权范围内的行政许可“全事项、全过程、各环节”相互配套协调的标准体系，建立有效的行政许可标准实施、监督和评价体系，以标准化促进行政许可规范化。我国生态环境领域行政许可的最大特点即围绕标准化进行遵守和执行，体现在以下三方面：

一是许可事项标准化。我国生态环境领域全面实行行政许可事项清单管理与编码管理制度。据此，2023 年生态环境部印发《生态环境领域行政许可事项实施规范目录》，其中行政许可事项包括 7 大类、38 主项，7 大类包括环评类、新化学物质类、固体废物类、核与辐射类、海洋工程类、大气类和其他，每一主项下还详细规定了具体的行政许可子事项，同时，对行政许可实施机关和业务办理类目作出了明确阐释，确保行政许可事项的透明和规范执行。

二是许可流程标准化。《生态环境部行政许可标准化指南（2019 版）》明确了生态环境行政许可实施的流程包括申请、受理、审查、决定、变更、延续、注销、补办这 8 个环节。在实际操作中,生态环境行政许可流程中还会涉及对申请材料的审核、现场检查、听证等,以及对违法违规行为的查处等具体环节。

三是许可服务标准化。我国生态环境行政许可的执法实践特别强调加强政务公开和信息公开,要求及时更新并公示行政审批事项办事指南,以便于公众查询和监督。同时,生态环境主管部门也在不断推进“互联网+政务服务”,提高政务服务效率,如建立网上审批数据资源库,整合行政审批系统,构建“一站式”办事平台,实现网上申报和“不见面”审批。

自然资源领域的行政许可是指自然资源主管部门根据法律法规的规定,对公民、法人或其他组织实施的涉及自然资源开发、利用、保护等活动的审批、核准、登记等行政行为。根据《自然资源部主管的行政许可事项实施规范》(2023年公布)列明的34项行政许可事项,进入自然资源领域行政许可事项清单管理制度的事项包括但不限于:勘查矿产资源审批、开采矿产资源审批、矿山闭坑地质报告审批、无居民海岛生物和非生物标本采集审批、填海项目竣工验收、地图审核、注册城乡规划师注册、城乡规划编制单位资质认定等。为指导行政许可事项的办理,自然资源部制定了《自然资源部行政许可事项办理程序规范》(2021年公布),该规范的主要内容包括:规范适用范围和工作原则(明确规范的适用范围,并遵循依法、高效、便民、公开的原则)、职责分工(明确自然资源部内各司局在行政许可事项办理中的职责和分工)、受理(规定行政许可申请的受理条件和流程)、审查与决定(明确审查申请材料的流程和作出决定的时限)、结果送达与查询(规定如何送达审批决定,并提供查询服务)、监督与评价(建立监督机制,确保行政许可事项办理的质量和效率)等。

(三)行政处罚

生态环境和自然资源领域的行政处罚指的是生态环境主管部门对违反环境保护法而破坏或者污染环境,但尚不够刑事处罚的单位或者个人实施的一种行政惩罚措施。行政处罚通常依据相关的法律法规进行,主要包括《行政处罚法》(2021年修订)、《环境保护法》(2014年修订)、《土地管理法》(2019年修正)、《矿产资源法》(2024年修订)、《测绘法》(2017年修订)、《城乡规划法》(2019年修正),以及《生态环境行政处罚办法》(2023年公布)、《自然资源行政处罚办法》(2024年修订)等。本教材第九章已经对生态环境行政处罚的概念、构成要件、法律责任承担方式作了详细讲解,本节主要围绕生态环境保护与自然资源开发利用领域中行政处罚的执法程序以及执法实践状况展开。

1. 一般行政处罚

在生态环境领域,2023年公布的《生态环境行政处罚办法》对处罚种类、时限、权限、程序、执法方式等方面作出调整。依据行政处罚案件办理流程,按立案、调查取证、案件审查、告知和听证、法制审核和集体讨论、决定、信息公开的顺序作出详细规定。主要修改内容包括:新增应当组织听证的条件和听证的程序要求,明确重大执法决定法制审核的范围、审核内容以及审核意见;补充增加行政处罚信息公开的内容。在第三章“普通程序”中单独增加“信息公开”一节,对公开的主体、公开的内容、不予公开的情形、隐私保护、公开的期限、公开撤回等内容进行细化规定;修改相关时限和罚款数额。此外,本次修改对立案时限、作出处罚决定的时限、适用简易程序的处罚金额、较大数额罚款等时限和数额作出了调整。

在自然资源领域,依据《自然资源行政处罚办法》(2024年修订)的规定,自然资源行政处罚程序包括立案、调查、审理、决定四个大环节,具体为以下几个方面:(1)发现和核查:自然资源主管部门发现违法行为或接到相关举报后,应当及时核查。(2)立案:自然资源主管部门应当及时立案。(3)调查取证:立案后,指定案件承办人进行调查取证。(4)行政处罚告知:在作出行政处罚决定前,应当告知当事人违法事实、处罚依据及拟作出的处罚决定,并告知其有陈述和申辩的权利。(5)听证:如果当事人要求听证,应当组织听证。(6)作出处罚决定:根据调查结果和法律依据,自然资源主管部门作出行政处罚决定。(7)送达:行政处罚决定书应当及时送达当事人。(8)执行:当事人应当履行行政处罚决定,逾期不履行的,可以申请法院强制执行。

在执法实践中,生态环境部和自然资源部以及省级生态环境、自然资源主管部门会定期发布环境行政处罚典型案例。这些案例涉及环境影响评价、自动监控(污染防治领域)、违规开发自然资源(自然资源领域)、非法占用农用地(生态保护领域)等。[1]

2. 强制执行性质的行政处罚:按日计罚

按日计罚是一种行政处罚手段,旨在加大对环境违法行为的惩处力度,特别是针对那些在被责令改正后仍拒不改正的行为。

学界对按日计罚的法律性质存在分歧,主要是“行政处罚论”[2]“行政强制执行论”[3]“经济制裁论”。本教材肯定其是一种广义的行政处罚行为,但认为其具有行政强制执行性质,故将其放在行政处罚部分讲解,但其又区别于一般行政处罚。原因有:“首先,《环境保护法》(2014年修订)仅授权地方性法规可以增加按日计罚的种类,而将行政法规、部门规章以及地方政府规章排除在授权之外,这表明了环境保护法上的按日计罚具有特殊性。其次,按日计罚制度是首先在地方试点后才上升为法律的,可以看出国家对该制度入法的态度是慎重和严肃的,故按日计罚绝不仅仅是一般的行政处罚那么简单。最后,环境保护

---

[1] 可供学习参考的案例:(1)天津市武清区发斯特(天津)能源管理有限公司修改颗粒物量程上限,逃避监管排放大气污染物案[生态环境部第四批生态环境执法典型案例(自动监控领域)];(2)南京红太阳生物化学有限责任公司环评文件弄虚作假案[生态环境部第六批生态环境执法典型案例(环境影响评价管理领域)];(3)辽宁省盘山县张某某破坏永久基本农田案[自然资源部公布12起非法占用农用地违法犯罪典型案例];(4)绵阳市梓潼县卫某某非法占用基本农田、毁坏种植条件案(四川省厅通报7宗自然资源执法典型案例);(5)德阳市蹇某某无证开采砂石案(四川省厅通报7宗自然资源执法典型案例)。

[2] 别涛、王彬:《环境违法应当实行“按日计罚”——关于惩治持续性环境违法行为的立法建议》,载《环境保护》2007年第Z1期。

[3] 姜明安:《〈水污染防治法〉中实施“按日计罚”的可行性——行政法学家视角的评述》,载《环境保护》2007年第24期。

法上按日计罚的违法行为与行政法中的持续性违法行为不同。前者自当事人拒不改正之日起到再次复查之日止，无论期间当事人是否有过停止，均不影响按日计罚的计算。后者被处罚后，在规定的时间没有停止违法行为而再次被发现的，会被再次处罚。这里的两次处罚均以查处时的当事人行为为准，本质上与按日计罚存在差别。”〔1〕

《环境保护法》(2014 年修订)、《环境保护主管部门实施按日连续处罚办法》(2014 年公布)对按日计罚的实施程序和计罚方式进行了规定。(1)实施程序：可以概括为初次处罚，责令改正，复查，按日计罚启动，计罚日数确定，累计执行，处罚决定，公开处罚信息等。其中值得重视的环节是，首次罚款必须同时提出责令改正(立即停止违法排污)要求，并制作责令改正违法行为决定书；按日计罚要符合法律规定的行政处罚程序，并制定处罚决定书。(2)计罚方式：按日计罚的计罚日数为责令改正违法行为决定书送达排污者之日的次日起，至生态环境主管部门复查发现违法排放污染物行为之日止，再次复查仍未改正的，计罚日数累计执行；再次复查时违法排放污染物行为已经改正，但生态环境主管部门在之后的检查中又发现排污者违法排放污染物的，重新适用按日计罚，按日连续处罚次数不受限制。

(四)行政奖励

生态环境与自然资源领域的行政奖励通常是指政府为了鼓励和表彰在生态环境保护、自然资源管理、科学技术创新等方面作出突出贡献的个人或组织而给予的奖励。这些奖励体现了政府对于推动生态文明建设和可持续发展的重视。

生态环境领域的行政奖励包括但不限于以下几种形式：(1)举报奖励：鼓励公众参与环境保护，对举报环境违法行为的个人给予物质或精神上的奖励。例如，根据生态环境部发布的《关于实施生态环境违法行为举报奖励制度的指导意见》(环办执法〔2020〕8 号)的规定，各地生态环境部门根据举报的环境违法行为的严重程度和影响范围，给予举报人不同档次的奖励。(2)科技成果奖励：对于在生态环境保护科学技术方面取得显著成就的个人或团队，政府会给予奖励，以促进环保科技的发展和应用。

自然资源领域虽然还未有发布专门规定奖励制度的规范文件，但已有部分条例概括性提到行政奖励。河南省自然资源厅官网公示的两例行政奖励案件〔2〕，分别依据《地质灾害防治条例》(2003 年公布)第 9 条和《古生物化石保护条例》(2019 年修订)第 9 条对申请单位作出突出贡献奖励。事项可以概括为：(1)科学技术奖励：鼓励在自然资源领域取得重大理论、技术、方法创新的科技成果。例如，自然资源科学技术奖就是对在自然资源领域取得显著经济社会效益的科技成果进行奖励。(2)资源管理创新奖励：对在自然资源管理、保护和合理利用方面作出突出贡献的个人或组织进行奖励。

---

〔1〕 杜群：《环境保护法按日计罚制度再审视——以地方性法规为视角》，载《现代法学》2018 年第 6 期。

〔2〕 参见《地质灾害防治工作中做出突出贡献奖励》，载河南省自然资源厅网 2019 年 6 月 27 日，https://dnr.henan.gov.cn/fw/ywblzn/xzjl/。

行政奖励的实施通常遵循以下步骤:(1)申报和推荐:符合条件的个人或组织可以申报奖励,或者由相关部门和组织进行推荐。(2)评审:由专家组成的评审委员会对申报的奖励进行评审。(3)公示:评审结果对外公示,接受社会监督。(4)颁奖:对获奖的个人或组织进行公开表彰和奖励。

在执法实践中,各级生态环境主管部门会定期通报生态环境违法行为举报奖励工作进展情况和典型案例。根据生态环境部官方网站公示,仅2020年,全国就实施奖励案件13870件,同比增加44%,奖励总金额719万元,同比增加100%。行政奖励在生态环境和自然资源领域具有重要意义:(1)激励作用:行政奖励可以激励更多的个人和组织参与到生态环境保护和自然资源管理中来。(2)示范作用:通过奖励优秀典型,发挥示范引领作用,推动社会形成良好的环保和资源管理风气。(3)促进科技进步:奖励可以促进生态环境保护和自然资源管理领域的科技创新和技术进步。行政奖励是政府推动社会进步和改善公共管理的有效手段之一,对于促进生态环境保护和自然资源的可持续利用具有重要作用。

二、强制性行政决定

行政强制,是指行政机关依法对相对人的人身或财产予以强行处置的行为。行政强制最本质的特征是直接处置性。《行政强制法》(2011年公布)第2条第1款规定,行政强制包括行政强制措施和行政强制执行。为了规范生态环境行政强制的自由裁量权,根据《国务院办公厅关于进一步规范行政裁量权基准制定和管理工作的意见》(国办发〔2022〕27号)的规定,不少地方制定了专门的裁量规定,如《广州市规范生态环境行政强制自由裁量权规定》(穗环规字〔2023〕4号)、《北京市生态环境行政检查、行政强制裁量权基准》(京环发〔2023〕19号)、《昆明市生态环境行政强制裁量规则和基准规定(2021年版)》等。

(一)行政强制措施

生态环境行政强制措施,是指生态环境主管部门在行政管理过程中,为制止违法行为、防止证据损毁、避免危害发生、控制危险扩大等,依法对当事人的设备、设施、场所、物品、工具等实施暂时性控制的行为,主要包括查封、扣押及法律法规规定的其他行政强制措施。[1] 其中,查封、扣押是最典型的"对财物的强制措施",在生态环境执法过程中被频繁使用。

生态环境行政强制措施的实施前提即"存在危险",这种"危险"来源有二:一是破坏资源、污染环境的后果已经或可能发生,证据保全存在危险;二是生态环境执法人员作出本节

---

〔1〕《行政强制法》(2011年公布)第9条在规定行政强制措施种类时设计了"其他行政强制措施"兜底条款。部分环境法律法规作出了规定,如《放射性同位素与射线装置安全和防护条例》(2019年修订)第43条规定,在发生辐射事故或者有证据证明辐射事故可能发生时,县级以上人民政府生态环境主管部门有权采取临时管控措施。

第一部分的一般性行政决定后，行政相对人不履行一般行政决定，此时执法人员需要借助生态环境强制措施，对这种“不履行”行为的证据作出保全。比如，《广州市规范生态环境行政强制自由裁量权规定》（穗环规字〔2023〕4 号）第 4 条、第 5 条第 1 款就规定了实施生态环境行政强制，应当遵循合法、适当、教育与强制相结合的原则；实施生态环境行政强制前，执法人员应当依法进行全面、客观、公正的调查和检查，收集能够证实当事人违反法律法规规定排放污染物的行为已经造成或者可能造成严重污染，有关证据可能灭失、被隐匿或者非法转移，或者当事人违反生态环境行政管理秩序后拒不履行行政决定的各种证据。与行政处罚、行政许可等行政行为不同，生态环境行政强制措施的特点包括：（1）目的是预防或制止危害社会行为的发生，其不具有惩戒性。（2）措施针对的对象是财物。〔1〕（3）根本性特征是“暂时性”，一旦措施的实施目的已经达到或者条件已经消失，行政机关必须立即解除生态环境行政强制措施。

目前，生态环境与自然资源领域实施行政强制措施的执法依据有《行政处罚法》（2021 年修订）、《行政强制法》（2011 年公布）、《环境保护法》（2014 年修订）、《生态环境行政处罚办法》（2023 年公布）、《自然资源行政处罚办法》（2024 年修订），以及《环境保护主管部门实施查封、扣押办法》（2014 年公布）等。其中，《环境保护主管部门实施查封、扣押办法》（2014 年公布）规定了生态环境主管部门实施查封、扣押的适用范围和实施程序。实施查封、扣押的程序包括调查取证、审批、决定、执行、送达、解除。除此之外，明确设定了查封、扣押强制措施的生态环境法律法规还包括：《环境保护法》（2014 年修订）第 25 条，《固体废物污染环境防治法》（2020 年修订）第 27 条，《噪声污染防治法》（2021 年公布）第 30 条，《大气污染防治法》（2018 年修正）第 30 条，《突发环境事件应急管理办法》（2015 年公布）第 37 条，以及《医疗废物管理条例》（2011 年修订）第 39 条等。

执法实践中，已有不少省份根据现有生态环境行政强制法律依据作出行政决定，合理适用行政强制措施的案例。比如，在湖北省公布的 2024 年第一批生态环境保护执法典型案例——鄂州某矿业公司私设暗管违法排放有毒污染物案中，鄂州市生态环境局依据《行政强制法》（2011 年公布）第 16 条第 1 款、《环境保护法》（2014 年修订）第 25 条、《环境保护主管部门实施查封、扣押办法》（2014 年公布）第 4 条第 1 款第 1 项的规定对该公司的相关设施、设备予以查封。本案中涉案企业通过私设暗管逃避监管的方式排放水污染物，性质恶劣，符合《环境保护主管部门实施查封、扣押办法》（2014 年公布）中应当实施查封的情形，执法人员现场对违法排污工序依法实施了查封的行政强制措施，有效打击了违法者的嚣张气焰。

---

〔1〕 根据《行政强制法》（2011 年公布）第 2 条的规定，行政强制措施除了对财物进行暂时性控制以外，还包括对公民人身自由的暂时性限制。由此，生态环境行政强制措施的概念中欠缺了“限制公民人身自由类行政强制措施”。原因在于，“限制公民人身自由”属于绝对法律保留事项，只能由法律设定，而既有生态环境类法律并未设定。事实上，既有生态环境类法律中亦未明确规定同属于绝对法律保留事项的“冻结存款、汇款”。

(二)行政强制执行

生态环境行政强制执行,是指生态环境主管部门或者生态环境主管部门申请人民法院,对不履行行政决定的当事人,依法强制履行义务的行为,生态环境行政强制执行的方式主要包括代履行、执行罚(加处罚款或者滞纳金),以及直接强制执行(如依法拍卖、强制拆除、恢复原状等)。

其中,代履行又称"代执行",是指行政机关自行或者委托第三人代替拒不履行义务的相对人履行义务,并强制义务人缴纳劳务费用的一种间接强制执行方式。比如,逾期不采取水污染治理措施,行政机关可以指定有治理能力的单位代为治理,所需费用由违法者承担;[1]加处罚款或者滞纳金是指行政机关对拒不履行义务的相对人处以一定数额的、持续不断的金钱给付义务,以促使其履行义务。如《生态环境行政处罚办法》(2023 年公布)第 70 条规定,当事人到期不缴纳罚款的,作出行政处罚决定的生态环境主管部门可以每日按罚款数额的 3% 加处罚款。直接强制执行是指在无法采取间接强制执行或者采取间接强制执行未能达到目的时,行政机关直接对相对人的财产予以实力强制,以使其履行义务,如强制拆除排污口。

在现有法律规范体系下,生态环境行政强制执行的法律依据有《放射性污染防治法》(2003 年公布)第 56 条,《水污染防治法》(2017 年修正)第 84 条第 1 款和第 2 款、第 94 条,《固体废物污染环境防治法》(2020 年修订)第 113 条,《电力法》(2018 年修正)第 61 条,《放射性废物安全管理条例》(2011 年公布)第 36 条、第 37 条,《放射性同位素与射线装置安全和防护条例》(2019 年修订)第 59 条,《土地复垦条例》(2011 年公布)第 40 条等。

依据这些法律法规,各省份也出台了生态环境行政强制裁量基准,对行政强制措施的种类和程序作出了规定。比如,《广州市规范生态环境行政强制自由裁量权规定》(穗环规字〔2023〕4 号)第 3 条第 3 款明确生态环境行政强制执行的方式主要包括代履行、强制拆除和加处罚款。《北京市生态环境行政检查、行政强制裁量权基准》(京环发〔2023〕19 号)则更加细致明确,其中规定了对放射性废物进行代处置,对水污染事故进行代治理,对违法设置排污口进行强制拆除,对核设施营运单位、核技术利用单位逾期不改正违法行为,进行代为贮存或者处置等明确细致的行政强制措施职权行为。

相较于生态环境行政强制措施,生态环境行政强制执行的特点在于:(1)执行主体并非限于行政机关,同时包括行政机关和法院。一般而言,行政机关自行强制执行的有加收罚款或者滞纳金、强制拆除、代履行,行政机关申请人民法院强制执行的有生态环境行政处罚决定、恢复原状决定、代履行费用决定,以及其他可以申请人民法院强制执行的具体行政行

---

〔1〕《水污染防治法》(2017 年修正)第 85 条第 1 款和第 94 条第 1 款分别规定了两种情形下的代履行。此外,《放射性同位素与射线装置安全和防护条例》(2019 年修订)第 59 条和《放射性废物安全管理条例》(2011 年公布)第 36 条和第 37 条也规定了代履行。《森林法》(2019 年修订)、《湿地保护法》(2021 年公布)等自然资源法中也有类似规定。

为。(2)生态环境强制执行的根本性特征是“执行性”。尽管生态环境行政强制执行可能会设定新的“二次性义务”,但其根本目的是强制相对人履行基础性生态环境行政决定。可以说,生态环境强制执行前提是相对人不履行行政决定,而生态环境行政强制措施并不存在基础性行政决定。

三、协商性行政决策

本教材所称的协商性行政决策包括生态环境与自然资源领域的行政协议与行政指导。“协商性”与“强制性”相对,体现了行政法作为公法虽有“强制性”,但行政机关在行使公权力时与人民之间保持了一种合作关系,选择了一种或契约,或指导的方式,是一种服务型或柔性行政执法。

同时“行政决策”与前述“行政决定”又有着一定区别。行政决策是指行政机关或行政领导者在职权范围内,为了实现行政管理目标,对国家或地方行政事务和社会公共事务所进行的决策活动。它是一个从多个可能的方案中选择最优方案的过程,涉及行动方案的设计、评价和选择。行政决定通常是行政决策过程的最终产物。相对于行政决定是行政机关单方面的意志表达,行政决策体现了选择性。

(一)行政协议

环境行政协议作为一种协商型环境规制手段,是指环境行政主体为了行使行政职能、实现特定的行政管理目标,而与公民、法人或其他组织经过协商、沟通和合作,基于相互意思表示一致所达成的环境协议。[1]

根据《行政诉讼法》(2017 年修正)第 12 条第 1 款、《最高人民法院关于审理行政协议案件若干问题的规定》(法释〔2019〕17 号)第 2 条,以及《清洁生产促进法》(2012 年修正)、《矿产资源法》(2024 年修订)等规定,涉及生态环境保护与自然资源开发利用的行政协议内容范围有:政府特许经营协议、征收征用补偿协议(对因公共利益需要征收或征用的土地、房屋等给予补偿)、国有自然资源使用权出让协议(涉及矿产资源、水资源等国有自然资源的使用权出让)、政府投资的保障性住房的租赁、买卖等协议(涉及政府投资建设的保障性住房的租赁和买卖事宜)等为了实现行政管理或者公共服务目标的行政协议。与其他行政协议或合同相比,生态环境和自然资源类行政协议具有持续性的特点。协议通常是为了实现环境保护、生态修复、污染防治、自然资源的合理开发、利用、保护和修复等公共利益,包括对项目潜在环境影响的评估和缓解措施等内容。

在达成行政协议的过程中,通常会包含以下步骤:(1)需求识别:确定环境保护的目标和需求,以及通过行政协议来实现这些目标的必要性。(2)方案设计:设计协议的基本框架,包括合同的目的、主要内容、双方的权利和义务等。(3)法律审核:确保协议的内容符合

---

〔1〕 参见张锋:《协商规制视域下环境行政合同制度研究》,载《环境保护》2020 年第 9 期。

相关的法律法规,并进行合法性审核。(4)协商和草案拟定:与行政相对人进行协商,并拟定合同草案。(5)公开征求意见:如果需要,可以公开征求公众或相关利益相关者的意见。(6)协议审批:按照法定程序,对协议草案进行审批。(7)签署和公布:行政协议经双方同意后签署,并对外公布。(8)执行和监督:行政协议生效后,按照合同条款执行,并进行必要的监督和评估。

除此之外,还需注意的是环境行政协议的变更和解除。环境行政协议的变更则属于环境保护行政协议的任意条款。在行政协议有规定的时候,变更环境保护行政协议就依协议的规定;如果协议没有规定,那么就由双方协商解决或依照合同的缔结程序重新缔结新的环境保护行政合同。一般来说,环境保护行政协议的变更和解除基于以下两种情况产生:其一,事件。其是指与环境法律权利和义务主体意志无关的社会事件或者自然现象,如洪涝灾害、不可抗拒的火山污染灾害、战争和恐怖活动引发的环境污染事件。其二,行为。其是指能引起环境法律权利义务产生、变更、消灭的能够为人所控制的行政和司法行为。环境行为可分为环境法律行为和环境不法行为,前者如经过许可排放达标物质的行为,后者如非法排污、超标排污、拒交排污费的行为。

在立法实践层面,环境保护和自然资源开发利用类行政协议作为新型的治理模式得到运用,并通过地方立法的形式得以确认,并发展成生态环境保护协议制度。比如,《广州市生态环境保护条例》(2022 年公布)第 53 条规定,在特定情形下,生态环境主管部门可以与排污单位签订生态环境保护协议,通过协议形式明确排污单位的环境保护责任和义务。

值得注意的是,除了环境保护和自然资源领域,自然生态保护领域也在积极探索行政协议在国家公园管理中的运用。比如,《国家公园管理暂行办法》(林保发〔2022〕64 号)第 19 条提到,国家公园管理机构应当按照依法、自愿、有偿的原则,探索通过租赁、合作、设立保护地役权等方式对国家公园内集体所有土地及其附属资源实施管理。这表明在国家公园的管理中,行政协议是实现资源管理和保护目标的重要手段之一。《建立国家公园体制总体方案》(2017 年公布)提出国家公园要实施特许经营管理,其中涉及特许经营协议,有学者就主张国家公园特许经营协议是行政合同[1],其争议可通过行政途径解决。

根据《最高人民法院关于审理行政协议案件若干问题的规定》(法释〔2019〕17 号)和司法实践可知,法院在认定生态环境与自然资源类行政协议案件中,依据合同的签订主体、目的要素、双方权利义务关系三个要件综合判断是否属于行政协议。如辽宁省葫芦岛市自然资源局、葫芦岛鸿亿房地产开发有限公司与辽宁省葫芦岛市龙岗区人民政府土地出让行政协议案行政裁定书[2]认为:"依据《中华人民共和国城市房地产管理法》《中华人民共和国城镇国有土地使用权出让和转让暂行条例》等规定,国有土地使用权出让合同属于行政协议。从签订主体看,签订国有土地使用权出让合同的一方是土地管理部门,系行政主体;

〔1〕 参见李霞:《论特许经营合同的法律性质——以公私合作为背景》,载《行政法学研究》2015 年第 1 期。
〔2〕 参见(2020)最高法行申 11749 号。

从目的要素看,此类协议是为了实现公共利益或者国家对有限的土地资源合理、有效利用的管理目标;从双方的权利义务关系看,此类协议与行政机关履行行政职责或者完成行政管理任务密切相关,行政机关在协议的签订和履行中享有基于社会公共利益或者法定事由单方收回土地等权利。”

当然,行政协议争议的解决中,也有部分适用民法中合同相关规定。[1] 只是针对行政协议在签订、履行过程中发生的局部个别的行政争议,适用公法解决。如果有关行政争议表现为单方权力行使,也不排除可以采用按行为的切片式审查技术。[2] 但是之后仍然还是放回到合同中,按照合同原理和规律处理,除非行政法要求适用的一些特殊规则,如合法的单方变更或解除不算违约。也正因如此,《最高人民法院关于审理行政协议案件若干问题的规定》(法释〔2019〕17 号)第 19 条、第 20 条、第 21 条、第 22 条都没有特别规定的必要,完全可以按照合同法执行。

生态环境和自然资源类行政协议的作用可以弥补现行生态文明建设与保护的制度短缺、弱化行政治理的刚性色彩,优化环境治理机关和自然资源开发利用部门与相对人之间的关系、激发环境治理相对人的积极性,降低生态文明建设的成本、明晰生态文明建设各方当事人之间的权利义务,为相关纠纷的解决提供事实依据。

(二)行政指导

环境保护行政指导是指行政机关为了实现生态环境保护和自然资源合理利用等行政管理目标,采取的一种非强制性、引导性的行政管理手段。行政指导通常包括政策宣传、信息提供、建议和劝导等方式,旨在通过非强制性措施促进相关法律法规的遵守和政策目标的实现。此类行政指导具有以下特点:(1)非强制性:生态环境行政指导不具备法律强制力,主要通过引导和建议的方式进行。(2)预防性:通过提前介入,预防可能出现的环境污染和生态破坏问题。(3)服务性:提供政策解读、技术咨询等服务,帮助公众和企业更好地遵守环保法规。(4)灵活性:可以根据具体情况灵活调整指导内容和方式。(5)合作性:协调不同利益相关者之间的关系,平衡资源开发与环境保护的关系。鼓励公众参与,与企业、社会组织等合作共同推进环境保护与资源开发利用的工作。

执法实践中,有的省份采用“生态环境行政指导融入行政处罚”,体现生态环境行政处罚与教育、服务相结合的现代行政管理理念。《生态环境行政处罚办法》(2023 年公布)第 3 条明确指出实施生态环境行政处罚,纠正违法行为应坚持“教育与处罚相结合,服务与管理相结合,引导和教育公民、法人或者其他组织自觉守法”。这体现了行政指导在行政处罚中的重要性。同时,第 9 条第 1 款也规定,在实施行政处罚时,生态环境主管部门“应当责令当事人改正或者限期改正违法行为”,这不仅是对违法行为的纠正,也是行政指导的一种

〔1〕 参见余凌云:《论行政协议的司法审查》,载《中国法学》2020 年第 5 期。
〔2〕 参见韩宁:《行政协议行为司法审查规则研究》,载《浙江学刊》2018 年第 3 期。

体现。如在河南某公司涉嫌未重新报批环境影响评价文件案中,安阳市生态环境局滑县分局执法人员对河南某公司检查时发现,该公司暂存的固体废物中存在大量废标签料,与所批复的环境影响评价文件不符,于是与公司负责人进行了沟通,对其讲解了相关法律法规和环境影响评价要求,规劝该负责人加强进料合同管理,与供货方签订违约补充条款,并下达了书面行政指导意见书,将指导内容、相关法律规定书面告知该公司。同时,执法人员对该公司负责人进行了回访。[1] 该案件中行政指导贯穿于行政处罚的事中、事后,执法人员教育、督促行政相对人履行法定义务,切实提升企业负责人的法律意识,充分体现了服务型行政执法刚柔并济的原则。

与此同时,环境保护行政指导作为一种柔性管理手段也在不断拓宽内容范围,如环境影响评价指导、绿色生产指导、资源节约利用指导等。环境影响评价指导是生态环境主管部门为企业提供环境影响评价的咨询服务,帮助企业在项目设计阶段就考虑环境保护的要求。绿色生产指导通常是鼓励和指导企业采用绿色生产方式,减少资源消耗和污染排放。资源节约利用指导是自然资源管理部门推广节约集约利用资源的技术和方法,以提高资源利用效率。

第三节　环境行政争议解决

一、环境行政争议解决一般机制

环境行政争议,是指在环境行政法律关系中,环境行政机关及其工作人员不履行法定职责或不依法履行法定职责,侵犯作为环境行政相对方的公民、法人或其他组织的合法权益,行政相对人不服环境行政机关的具体行政行为而引发的争议。行政复议、行政诉讼制度是环境行政争议解决的一般机制。

(一)环境行政复议

环境行政复议,是指公民、法人或者其他组织认为行政主体的具体行政行为违法或不当侵犯其合法权益,依法向主管行政机关提出复议该具体环境行政行为的申请,请求重新审查并纠正原具体行政行为,行政复议机关对被申请的具体行政行为进行合法性、适当性审查,并作出行政复议决定的一种法律制度。环境行政复议是行政复议在生态环境领域的具体化,具有区别于一般行政复议的特殊性。

环境行政复议是行政机关内部的自我纠错机制,其目的是防止和纠正违法或不适当的

---

〔1〕 参见滑县环保:《〔行政指导融入行政处罚〕典型案例|河南某公司涉嫌未重新报批环境影响评价文件案》,载微信公众号“滑县环保”2022 年 11 月 28 日,https://mp.weixin.qq.com/s/7cjvvQz9FO77ba6Wpt869A。

行政行为，保护公民、法人和其他组织的合法权益，保障和监督行政机关依法行使职权。[1]环境行政复议是一项重要的权利救济途径，与环境行政诉讼共同构成环境行政救济机制，是监督行政机关履行生态环境相关职权的重要方式。

1. 环境行政复议的适用范围和条件

(1)环境行政复议的适用范围。

根据《行政复议法》(2023年修订)的规定，环境行政复议的范围包括两类：

第一类，可以申请行政复议的环境资源具体行政行为。《行政复议法》(2023年修订)第2条总括性地规定了只要公民、法人或者其他组织认为行政机关的行政行为侵犯了自己的合法权益，均可申请复议，行政复议机关对具体行政行为进行合法性和合理性审查。具体而言，《行政复议法》(2023年修订)第11条对可以申请行政复议的具体行政行为进行了列举，包括：①对行政机关作出的行政处罚决定不服；②对行政机关作出的行政强制措施、行政强制执行决定不服；③申请行政许可，行政机关拒绝或者在法定期限内不予答复，或者对行政机关作出的有关行政许可的其他决定不服；④对行政机关作出的确认自然资源的所有权或者使用权的决定不服；⑤对行政机关作出的征收征用决定及其补偿决定不服；⑥对行政机关作出的赔偿决定或者不予赔偿决定不服；⑦对行政机关作出的不予受理工伤认定申请的决定或者工伤认定结论不服；⑧认为行政机关侵犯其经营自主权或者农村土地承包经营权、农村土地经营权；⑨认为行政机关滥用行政权力排除或者限制竞争；⑩认为行政机关违法集资、摊派费用或者违法要求履行其他义务；⑪申请行政机关履行保护人身权利、财产权利、受教育权利等合法权益的法定职责，行政机关拒绝履行、未依法履行或者不予答复；⑫申请行政机关依法给付抚恤金、社会保险待遇或者最低生活保障等社会保障，行政机关没有依法给付；⑬认为行政机关不依法订立、不依法履行、未按照约定履行或者违法变更、解除政府特许经营协议、土地房屋征收补偿协议等行政协议；⑭认为行政机关在政府信息公开工作中侵犯其合法权益；⑮认为行政机关的其他行政行为侵犯其合法权益。

第二类，可以附带提起审查的环境资源抽象行政行为。根据《行政复议法》(2023年修订)第13条的规定，公民、法人或者其他组织认为行政机关的行政行为所依据的规范性文件不合法，在对行政行为申请行政复议时，可以一并向行政复议机关提出对该规范性文件(具体包括国务院部门的规范性文件；县级以上地方各级人民政府及其工作部门的规范性文件；乡、镇人民政府的规范性文件以及法律、法规、规章授权的组织的规范性文件)的附带审查申请。由此可见，虽然法律规定中行政复议的对象依旧为“具体行政行为”，但理论上行政复议的对象在实践中拓展到了部分抽象行政行为。

此外，还需注意不可以申请行政复议的环境资源事项。根据《行政复议法》(2023年修订)的规定，还有一些排除环境行政复议的事项：①在对具体行政行为申请复议时，可以申请对作为依据的行政立法进行审查，但不包括规章在内。②公民、法人或者其他组织无正

---

[1] 参见孙利编著：《行政法与行政诉讼法》，对外经济贸易大学出版社2018年版，第131页。

当理由超过法定申请复议期限的,不能再行申请环境行政复议。《行政复议法》(2023 年修订)第 20 条第 1 款、第 2 款规定,公民、法人或者其他组织认为行政行为侵犯其合法权益的,可以自知道该具体行政行为之日起 60 日内提出行政复议申请;但是法律规定的申请期限超过 60 日的除外。因不可抗力或者其他正当理由耽误法定申请期限的,申请期限自障碍消除之日起继续计算。③根据《行政复议法》(2023 年修订)第 12 条的规定,国防、外交等国家行为,行政机关对行政机关工作人员的奖惩、任免等决定及行政机关对民事纠纷作出的调解均不属于环境行政复议的范围。

(2)环境行政复议的条件。

有权提出行政复议申请的主体被称作复议申请人。公民、法人或者其他组织认为行政行为侵犯其合法权益,有权向行政机关提出行政复议申请。根据《行政复议法》(2023 年修订)的规定,行政复议申请人应当具备以下几个条件:①认为行政机关的行政行为侵犯了自己的合法权益;②依法向复议机关提出复议申请;③通常情况下提出复议申请的公民应当是受到行政行为侵犯的公民本人;④对于法人或者其他组织来说,也可以委托代理人提出复议申请。

2. 环境行政复议的程序

(1)环境行政复议的申请。

环境行政复议的申请方式包括书面申请和口头申请。《行政复议法》(2023 年修订)第 22 条第 1 款、第 2 款、第 3 款规定,申请人申请行政复议,可以书面申请;书面申请有困难的,也可以口头申请。书面申请的,可以通过邮寄或者行政复议机关指定的互联网渠道等方式提交行政复议申请书,也可以当面提交行政复议申请书。行政机关通过互联网渠道送达行政行为决定书的,应当同时提供提交行政复议申请书的互联网渠道。口头申请的,行政复议机关应当当场记录申请人的基本情况、行政复议请求、申请行政复议的主要事实、理由和时间。

(2)环境行政复议的受理。

根据《生态环境部行政复议办法》(2024 年公布)第 18 条、第 19 条的规定,生态环境部收到行政复议申请后,应当在 5 日内进行审查,并分别作出处理:①对符合条件的行政复议申请,应当予以受理。②对不符合申请条件的行政复议申请,生态环境部应当在审查期限内决定不予受理并说明理由。③行政复议申请材料不齐全或者表述不清楚,无法判断行政复议申请是否符合申请条件的,生态环境部应在收到该行政复议申请之日起 5 日内,通知申请人补正。④对不属于生态环境部管辖的,还应当在不予受理决定中告知申请人有管辖权的行政复议机关。

(3)环境行政复议的审理。

行政复议以书面审理为原则,即复议机关仅就双方所提供的书面材料进行审查后作出决定。这种审理方式较为简便、高效,但在说服当事人接受不利的复议决定方面欠缺正当性。当审理较为复杂、影响较大的复议案件时,复议机构可以向有关组织和人员调查情况,听取申请人、被申请人和第三人的意见，或者采取听证的方式，让双方对争议事实、法律依据进行质证、辩论，最后由复议机关作出决定。《行政复议法》(2023 年修订)第 50 条第 1 款规定："审理重大、疑难、复杂的行政复议案件，行政复议机构应当组织听证。"

(二)环境行政诉讼

环境行政诉讼作为行政诉讼的一类，是指人民法院应环境行政相对人或者其他利害关系人的申请，对案件争议的可诉具体行政行为依法进行司法审查，并基于这种审查依法对案件当事人所争议的事项作出裁决的诉讼活动。环境行政是推进环境治理的核心力量，环境行政权力的规范运作关系着环境治理的成败。行政诉讼是规范行政权力行使的关键和最终途径，对于促进依法行政和法治政府建设具有重大推动作用。[1]

1. 环境行政诉讼的目的

作为行政诉讼的一种，环境行政诉讼在诉讼范围、管辖、审判程序、执行等方面，与一般的行政诉讼没有原则性的区别，学习环境行政诉讼以一般的诉讼理论为基础。一般认为，行政诉讼的目的即相关主体希望通过发挥行政诉讼功能，想要实现的价值和追求的结果，一般包括以下几方面。

(1)解决环境行政争议。

《行政诉讼法》(2017 年修正)第 1 条规定："为保证人民法院公正、及时审理行政案件，解决行政争议，保护公民、法人和其他组织的合法权益，监督行政机关依法行使职权，根据宪法，制定本法。"由此可见，行政争议的存在是行政诉讼发生的前提，解决行政争议是行政诉讼最直接的目的。环境行政诉讼之直接目的即解决环境行政争议。解决环境行政争议就是化解在环境行政管理活动中，行政主体和行政相对人之间所产生的冲突。

(2)保护行政相对人的合法权益。

在环境行政管理活动中，行政机关不正当履职或者应当履职而不履职的行为，都可能会对行政相对人的合法权益造成侵害。此时，人民法院通过行政诉讼撤销、改正行政机关的不当行为，督促行政机关积极履职，能够保障环境行政活动中行政相对人的合法权益。《行政诉讼法》(2017 年修正)第 2 条第 1 款规定："公民、法人或者其他组织认为行政机关和行政机关工作人员的行政行为侵犯其合法权益，有权依照本法向人民法院提起诉讼。"由此可见，环境行政诉讼的目的之一，即保护行政相对人的合法权益不受环境行政机关行政行为的侵犯。

(3)监督环境行政权的行使。

行政诉讼是一项针对行政权的监督机制。环境行政诉讼，能够督促有生态环境保护监督管理职责的机关积极、正确履职。在环境行政诉讼活动中，法院对被诉行为进行合法性

---

〔1〕 参见肖金明：《行政诉讼法的价值与效应》，载《法学论坛》2010 年第 5 期。

审查并作出相应裁判,对违法行政行为进行撤销、确认,是对行政机关的直接个案监督。[1]法院通过个案裁判,可以为行政活动确立合法边界,发挥潜在的监督效用。正如《行政诉讼法》(2017 年修正)第 1 条所规定的:"为保证人民法院公正、及时审理行政案件,解决行政争议,保护公民、法人和其他组织的合法权益,监督行政机关依法行使职权,根据宪法,制定本法。"由此可见,监督行政权也是环境行政诉讼的核心目的之一。

2. 环境行政诉讼的主体

环境行政诉讼的原告,是指认为行政主体及其工作人员的环境行政行为侵犯其合法权益,而向人民法院提起诉讼的公民、法人和其他组织。根据《行政诉讼法》(2017 年修正)第 2 条和第 25 条的规定,享有原告主体资格的法定条件有三个:(1)原告必须是公民、法人或者其他组织,即原告定位于行政相对人和利害关系人;(2)原告必须是认为行政行为侵犯其合法权益的行政相对人或与该行政行为有利害关系的人;(3)原告必须是向人民法院提起行政诉讼的行政相对人或利害关系人。据此,学理上把行政诉讼的原告分为两类:一是行政行为直接针对其作出的人,称为行政相对人;二是其他与行政行为有利害关系的人,称为利害关系人。

环境行政诉讼的被告,是指被原告指控其实施的行政行为侵犯了原告合法权益,而由人民法院通知应诉的行政机关或者被合法授权的组织。环境行政诉讼的被告具有以下特征:(1)实施了原告指控侵犯其合法权益的行政行为;(2)已由人民法院通知应诉;(3)是实施行政行为的行政机关或合法授予行政职权的组织。

环境行政诉讼中的第三人,是指与提起诉讼的行政行为有利害关系,为了维护自己的合法权益而参加诉讼的公民、法人或其他组织。《行政诉讼法》(2017 年修正)第 29 条规定:"公民、法人或者其他组织同被诉行政行为有利害关系但没有提起诉讼,或者同案件处理结果有利害关系的,可以作为第三人申请参加诉讼,或者由人民法院通知参加诉讼。人民法院判决第三人承担义务或者减损第三人权益的,第三人有权依法提起上诉。"由此可见,行政诉讼中对第三人的分类有两个标准:一是根据其在行政争议中的不同角色,划分为原告型第三人与被告型第三人;二是根据其诉讼权利的不同,划分为有上诉权的第三人和无上诉权的第三人。另外,环境行政诉讼中的第三人有如下特征:(1)环境行政诉讼中的第三人是除原、被告之外的行政法律关系的主体;(2)环境行政诉讼的第三人参加诉讼,必须是在诉讼开始之后和审结之前;(3)环境行政诉讼第三人参加诉讼的方式有两种,既可以主动申请参加诉讼,也可以由人民法院依职权通知其参加诉讼。

行政诉讼的共同诉讼,是指当事人一方或者双方为二人以上因同具体行政行为发生、人民法院应予合并审理的诉讼,或者因同类行政行为发生、人民法院认为可以合并审理并经当事人同意后而合并审理的诉讼。共同诉讼人是指在共同诉讼中,人数为两个或者两个以上的一方或者双方当事人。原告一方是两个或者两个以上主体的,称为"共同原告"。

---

〔1〕 参见何海波:《行政诉讼法》,法律出版社 2016 年版,第 48 页。

被告方是两个或者两个以上主体的,称为“共同被告”。根据《行政诉讼法》(2017 年修正)第 27 条的规定,共同诉讼可以分为两种:第一,必要的共同诉讼,即因同一行政行为发生的共同诉讼,当事人一方或者双方为二人以上,因对同一个行政行为是否合法发生争议而提起的行政案件,法院必须合并审理的诉讼。第二,普通的共同诉讼,因同类的行政行为发生的共同诉讼,即当事人一方或者双方为二人以上,因对同类的行政行为是否合法发生争议,人民法院认为可以合并审理并经当事人同意而合并审理的诉讼。总结而言,普通共同诉讼的形成条件如下:(1)基于同类的行政行为,“同类”是指行政行为的性质相同或作出行政行为的事实和理由相同;(2)受同一法院管辖;(3)法院认为可以合并审理;(4)当事人同意合并审理。

3. 环境行政诉讼的审理程序

行政诉讼程序是行政诉讼的重要内容,也是行政诉讼的程序性价值的具体体现。严格的诉讼程序,是保障行政相对人诉讼权利,限制行政机关行使权力的重要制度设计。行政诉讼程序大体上可分为审判程序、执行程序和涉外行政诉讼程序,我国《行政诉讼法》(2017 年修正)规定了第一审普通程序、简易程序、第二审程序、审判监督程序、执行程序和涉外诉讼程序。环境行政诉讼的诉讼程序依照《行政诉讼法》(2017 年修正)的规定进行,但环境行政诉讼的管辖存在特殊性:人民法院以流域等生态系统或以生态功能区为单位开展环境资源案件集中管辖改革,探索建立与行政区划适当分离的环境资源案件管辖制度,将环境资源民事、行政及刑事案件集中起来由固定的审判组织专门进行审理,实现环境资源审判的专业化、现代化。

二、环境利害关系人的行政诉讼资格

利害关系人,一般认为是权益受到行政行为侵害的直接当事人。广义的利害关系人是指合法权益与行政行为之间存在法律上的因果关系的公民、法人或者其他组织;狭义的利害关系人是指具体行政行为的第三人,也可以称为行政相关人。这是与“行政行为相对人”相互对应的一类主体范围。享有行政诉讼资格的环境利害关系人是狭义的利害关系人,是指与相关行政行为具有法律上利害关系的公民、法人或其他组织或者与相关行政行为具有“利益影响关系”的直接或间接关联方。

具体而言,主要包括下列情形:(1)直接利益受害人。其是指由于环境行政行为本身直接导致其人身、财产利益受到损害的人。这里强调的是利害关系人权益受到相关环境行政行为直接损害的情形。(2)反射利害相关人。所谓反射利益,是指行政行为不直接产生侵害他人合法权益的后果,但由于有关单位按照行政行为——如行政许可实施相关项目后,其项目在运转过程中存在给第三人带来损害,或者存在给第三人造成损害之虞。(3)公共环境权益人。这是在相对于一般具有直接及反射关系之相关利益主体之外,随着环境保护的社会化发展趋势和公众参与的时代背景,有关环保组织在自己环境权益并未受损,但在其成立章程中明确以维护公众环境权益为其存在价值和目标的情况下,因相关环境行政行为直接与其存续目标相悖,而形成的特殊环境权益关系的特殊主体类别。

(一)环境影响评价诉讼

环境影响评价诉讼案件自身具有特殊性。第一,环境影响评价诉讼案情复杂多样。由于环境利益的特殊性,利害关系人的诉求多样化,包括日照、采光、通风、水源、空气、土壤、美观等诉求,而且这些诉求往往与土地、房屋权等相互牵连,导致原告的诉求复杂多样。由于环境要素之间联系紧密,环境污染显示出涉及空间广泛、造成影响深远的特征。第二,环境影响评价诉讼与科学技术紧密交织。经济开发建设与生态环境保护之间的矛盾越发突出,给民众带来了各种各样的环境风险,环境影响评价正是为了评估开发活动带来的环境风险。例如,某一建设项目是否会影响附近民众的正常生活环境,这种影响有多大、会持续多久、项目周边多大范围内会受影响等问题都需要讨论,这种相对客观的事实与相对主观的利益诉求相交织,给审理人员带来了很大挑战。第三,环境影响评价诉讼的"最后防线"作用尤其突出。如果说环境影响评价制度是环境保护的"风险阀门",那么环境影响评价诉讼就是"风险阀门"的"保险栓",能够为利害关系人的合法权益提供司法保障,也是对环评审批行政行为的一种重要监督手段。因此,相比于其他类型的行政诉讼,利害关系人提起的环境影响评价诉讼所发挥的"最后一道防线"作用更加突出,它对于利害关系人保护自身环境权益具有不可或缺的兜底功能。

环境影响评价利害关系人的行政诉讼资格问题,是指环境影响评价利害关系人是否有权独立提起行政诉讼的问题。首先,根据《行政诉讼法》(2017 年修正)第 2 条的规定,有权起诉的主体就是"认为行政行为侵犯其合法权益"的主体,从文义上看,只需具备主观要件即可起诉。第 25 条又将"与行政行为有利害关系"作为起诉权的要件。其次,《行政诉讼法》(2017 年修正)第 12 条对受案范围作了限定,包括 12 种情形以及兜底条款。此外,《行政诉讼法》(2017 年修正)第 49 条列出了提起诉讼四个方面的条件,即满足《行政诉讼法》(2017 年修正)第 25 条、被告明确、诉请和事实根据具体,以及满足受案范围与管辖规定。根据现有的立法,原告符合《行政诉讼法》(2017 年修正)第 25 条是提起诉讼的条件之一,而第 25 条规定行政相对人以外的其他与行政行为有利害关系的主体有权提起诉讼,因此原告资格的判断关键就在于"利害关系"上。《最高人民法院关于适用〈中华人民共和国行政诉讼法〉的解释》(法释〔2018〕1 号)第 12 条以五种情形和一条兜底表述对《行政诉讼法》(2017 年修正)第 25 条第 1 款规定的"与行政行为有利害关系"进行了解释,具有"(一)被诉的行政行为涉及其相邻权或者公平竞争权的;(二)在行政复议等行政程序中被追加为第三人的;(三)要求行政机关依法追究加害人法律责任的;(四)撤销或者变更行政行为涉及其合法权益的;(五)为维护自身合法权益向行政机关投诉,具有处理投诉职责的行政机关作出或者未作出处理的;(六)其他与行政行为有利害关系的情形"之一的,就符合《行政诉讼法》(2017 年修正)第 25 条第 1 款规定的"与行政行为有利害关系"。据此,环境影响评价利害关系人认为该环境行政许可项目侵害了其合法权益的,可以提起行政诉讼。在利益关系确立的基础上,还需要讨论的就是如何界定对该种利益的损害(侵害),是实际产生的影响、紧迫的威胁,还是一种预测的风险?目前立法中对于利害关系之"害"没有一个明确的定义,对法院审理案件提出了较大挑战。《最高人民法院关于适用〈中华人民共和国行政诉讼法〉的解释》(法释〔2018〕1号)第1条第2款规定了不予受理的十种案件类型,其中第10项规定了"对公民、法人或者其他组织权利义务不产生实际影响的行为",该行为不在行政诉讼的受案范围之内。从最高人民法院公报案例来看,在灌云中孚环保科技有限公司诉灌云县人民政府等撤销政府特许经营协议纠纷案中,[1]法院认为,《行政诉讼法》(2017年修正)第25条第1款规定"行政行为的相对人以及其他与行政行为有利害关系的公民、法人或者其他组织,有权提起诉讼",该款规定体现出更加侧重权利救济的主观诉讼性质。判断是否具有原告主体资格通常从以下三个方面考虑:第一,行政行为的作出是否与权利义务的增减得失有关;第二,提起诉讼后能否得到实际的诉讼利益;第三,诉讼完结后能否承担裁判确定的权利义务。环境风险最显著的特点就是不确定性、不可逆性、影响深远性,倘若以未发生实际影响为由将这类诉求界定为权益未受侵害的情形,那行政诉讼将无法发挥"最后一道防线"的功能,起诉者只能获得有限的事后补救,甚至造成不可补救的后果。

(二)规划许可诉讼

规划许可是分配空间利益的重要法律手段,既关涉许可相对人的财产性权益,也与特定区域内的空间利用密切相关。财产性权益与空间利益的交织,为规划许可诉讼中"合法权益"的识别与保护留下了难题。实践中,规划许可诉讼几乎都由作为许可对象之外的第三人提出。规划许可诉讼中,相邻关系和相邻权是原告主张的最主要的权益类型。相邻权实质上是所有权的一种延伸或限制。在相互毗邻的不动产的所有人或者使用人之间,任何一方为了合理行使其所有权或使用权,享有要求其他相邻方提供便利或是接受一定限制的权利。由于私法上的相邻权主要涉及排水、通行、通风、采光的内容,在规划许可诉讼中私人主张具有原告资格时,大多也会直接主张相关规划许可侵害其通风、采光等相邻权。鉴于规划许可对物理空间的分配必然涉及许可项目周边居民的生活环境,在不少规划许可诉讼中,主张环境权益遭受侵害也是一种常见的诉讼主张。除了相邻权和环境权益之外,也有部分原告主张被告许可建设的建筑物会降低原告不动产的经济价值。对于存在违反实体法——如在环境敏感区批准建设可能存在重大环境影响的建设项目,或者违反程序规则——如违反公众参与程序的环境行政许可或者认可行为,以及对弄虚作假的"三同时"环保设施的验收认可等,利害关系人完全有权主张撤销。此处的利害关系人,通常被赋予相邻人诉讼资格。

---

〔1〕 参见灌云中孚环保科技有限公司诉灌云县人民政府等撤销政府特许经营协议纠纷案,载《最高人民法院公报》2023年第11期。

我国早在2000年《最高人民法院关于执行〈中华人民共和国行政诉讼法〉若干问题的解释》(已失效)第13条就明确肯定涉及相邻权时公民、法人或者其他组织的原告资格。《最高人民法院关于适用〈中华人民共和国行政诉讼法〉的解释》(法释〔2018〕1号)第12条继受了这一规定。《行政诉讼法》(2017年修正)及《最高人民法院关于适用〈中华人民共和国行政诉讼法〉的解释》(法释〔2018〕1号)中对"第三人"都有相关规定的诉讼参与人(原告)。《城乡规划法》(2019年修正)第9条第1款提及对涉及第三人利害关系的建设活动是否符合规划要求进行查询的规定;第26条规定的公众参与程序制度以及第48条规定的修改控制性详细规划的,应征求规划地段内利害关系人的意见。以上3条明确地规定了在规划许可行为中利害关系人的权利。《最高人民法院关于适用〈中华人民共和国行政诉讼法〉的解释》(法释〔2018〕1号)第12条便赋予了相邻关系人因具体行政行为受到侵害时能依法提起诉讼的权利。这是我国从司法解释角度首次规定了相邻关系人的原告资格,但是由于围绕城市空间分配的合理性,相邻权人对规划许可提出行政诉讼,是否都具有原告资格,不能一概而论。比如,一方作为申请人向规划部门申请建设用地规划许可,经有关部门审核后,向申请人作出了建设用地规划许可后,建设许可的建筑物旁边的相邻关系人认为该许可侵害到了他们的相邻权,那么相邻关系人能不能对有关机关的建设用地规划许可行为直接提起诉讼,还需视具体情况而定。若是相邻关系人是以其通风、采光等权益受到建设用地规划许可影响提起诉讼,在法院审理时,法院还要考虑相邻建筑的高度、间距,具体退让、朝向等因素,但是这些因素很少会在建设许可行为中表现出来,也就是说,建设用地规划许可的作出,是否对相邻关系人的通风、日照等产生实质影响,对于相邻关系人是否具备原告资格从本质上来讲是息息相关的。从最高人民法院公报案例来看,在念泗三村28幢楼居民35人诉扬州市规划局行政许可行为侵权案中,[1]法院对《最高人民法院关于执行〈中华人民共和国行政诉讼法〉若干问题的解释》第13条第2项的规范目的进行了阐释:民事主体因建筑物相邻产生的日照、通风、采光、排水、通行等民事纠纷,应当通过民事诉讼的方式解决。但现实中,如果一方当事人实施的与其他当事人相邻权有关的行为是经行政机关批准、许可的,其他当事人就无法通过民事诉讼获得救济。为此,规定相邻权人有对行政主体作出的涉及相邻权的具体行政行为提起行政诉讼的原告主体资格,目的是保护民事主体享有的相邻权不受侵害。相邻权人以侵犯其日照、通风、采光等相邻权而提起行政诉讼的审查重点,应当是被诉具体行政行为许可建设的建筑项目是否符合有关建筑管理的技术规范,是否侵犯了原告的相邻权。但是经规划许可的建筑物是垃圾焚烧厂、核电站,一旦此类项目建成会对周边不动产所有权人和使用权人造成巨大影响的,相邻关系人的权益都有可能受到损害,此时的相邻关系便不局限于物理上的相邻。因此,相邻关系人享有对该许可提起行政诉讼的原告资格。

综上所述,判断相邻关系人是否具有原告资格,只依靠"涉及相邻权"来确定原告资

---

〔1〕 参见念泗三村28幢楼居民35人诉扬州市规划局行政许可行为侵权案,载《最高人民法院公报》2004年第11期。

格,是不够的。这一判断方法限制过严,并不能达到保护相关的利益的目的,我们还需要借助“法律上利害关系”进行更深入的了解和分析。行政相关方所诉求的合法权益与被诉行政行为应具有法律上的因果联系,即起诉人主张的一定权益的存在、可诉的行政行为的发生以及行政行为与权益之间具有关联性。

三、自然资源权属争议的裁决

自然资源权属,是指自然资源权利的归属。自然资源产权制度,也称自然资源权属制度,包括自然资源所有权和自然资源使用权。自然资源所有权指占有、使用、收益、处分自然资源的权利。结合其权属主体,分为国家所有权、集体所有权等。自然资源权属争议主要是指当事人之间因自然资源所有权与使用权的归属而产生的争议。具体是指在自然资源权属不明晰,或相关资源的使用、收益、处分受到妨害等情况下,纠纷当事人在自然资源的产权归属、责任归属、收益归属等方面发生的冲突。自然资源权属争议的主体既可以是平等的民事主体,也可以是国家行政部门。自然资源权属争议的客体是各种自然资源,包括土地资源、水资源、森林资源、草原资源、矿产资源等。自然资源权属争议,按照权利性质分为所有权争议和使用权争议两类;按照自然资源种类则主要分为:土地权属争议、矿产资源权属争议、森林资源及林木权属争议、草原资源权属争议、水资源权属争议及渔业资源权属争议等。自然资源权属争议的诉求是要求明确自然资源权属、停止侵害自然资源权利等。

(一)自然资源权属争议的产生原因

1. 自然资源的有限性是自然资源权属争议产生的根本原因。自然资源兼具经济价值和生态价值的双重属性。首先,经济属性作为自然资源的本质属性,一直以来都是人类竞相追逐的目标。从一定程度上来说,人类活动就是以水、土地、森林、矿产等自然资源作为物质基础的,人类通过获得和利用各种自然资源,以满足自身生产生活的需要。自然资源的有限性和日益增长的人类需要不可避免地产生了矛盾,人类在争夺有限资源的过程中纠纷频发。其次,生态文明和绿色发展理念深入人心,在自然资源开发与管理过程中的影响举足轻重,人们越来越追求发挥自然资源的生态价值,以实现人与自然的和谐相处,生态宜居成为人民普遍的精神追求,开始超越经济需求。

2. 自然资源权属不明是自然资源权属争议产生的直接原因。自新中国成立以来,我国各项自然资源制度(尤以土地制度和林业制度为主)历经数次改革,先后经历了土地改革、农业合作化运动、人民公社化运动、“四固定”和20世纪五六十年代建立农林场、工矿企业等多个历史时期。各个时期的管理政策陆续随之变动,相应地,政府都会核发相关权属证明,重新确认自然资源的所有权与使用权归属。过于频繁的变动造成相关资源边界不清、定性不明、登记遗漏或混乱、权利取得不规范等问题,由此引发权属不明纠纷。除前述导致自然资源权属不明的根源因素外,集体组织由于重组、分立、解散等原因导致的主体变更也会使自然资源所有权归属不明。

3. 管理体制不健全是自然资源权属争议产生的重要原因。目前有关自然资源确权的法律规定大多是原则性规定，可操作性不强，以致地方政府在实际操作中会出台具体细则或政策以支持管理行为。不同政府出于各自的利益考虑，确定的权属认定方式存在差异不可避免，但易使跨区域自然资源确权标准不统一，认定难度大，极易引发纠纷。我国的自然资源管理模式是分级、分部门管理。虽然自然资源按照要素分类分属于不同的部门进行管理，但是由于自然资源天然地具有交叠性和可转换性，同一自然资源可能同时归属于若干部门管理，此种情况下可能产生利益冲突、权责不清等问题，导致权属管理混乱，进而导致纠纷。

(二)自然资源权属争议的解决方式

按照自然资源种类的不同，我国自然资源保护单行法及部门规章中有关自然资源所有权和使用权争议的概括性规定如表10－1所示：

表10－1　自然资源权利纠纷处理方式及法条依据

纠纷类型	处理方式	法条依据
土地所有权和使用权纠纷	当事人协商—行政调解—行政裁决—行政复议/行政诉讼	《土地权属争议调查处理办法》(2010年修正)第9条、第23条、第27条、第31条
矿区范围和勘查范围纠纷	当事人协商—行政调解—行政诉讼	《行政复议法》(2023年修订)第11条、《行政诉讼法》(2017年修正)第12条
水事纠纷	当事人协商/行政调解—行政诉讼/民事诉讼	《水法》(2016年修正)第57条、《行政复议法》(2023年修订)第11条、《行政诉讼法》(2017年修正)第12条
森林、林木、林地所有权和使用权纠纷	当事人协商—行政调解—行政裁决—行政诉讼	《林木林地权属争议处理办法》(1996年公布)第13条、第18条、第19条、第22条
草原所有权、使用权纠纷	当事人协商—行政调解—行政诉讼	《草原法》(2021年修正)第16条
渔业资源权属纠纷	按照有关法律规定的程序处理	《渔业法》(2013年修正)第13条
海域使用权纠纷	当事人协商—行政处理—行政诉讼/民事诉讼	《海域使用管理法》(2001年公布)第31条、《行政复议法》(2023年修订)第11条、《行政诉讼法》(2017年修正)第12条

为了保证自然资源权属争议的顺利解决，《土地管理法》(2019年修正)第14条第3款、《水法》(2016年修正)第57条第2款、《森林法》(2019年修订)第22条第4款、《草原法》(2021年修正)第16条第4款、《渔业法》(2013年修正)第13条、《海域使用管理法》(2001年公布)第31条第2款都对纠纷期间当事人的权利作了中止规定，即在相关纠纷解决之前，任何人不得改变现状。除以上概括性规定外，由于土地之上权利的特殊性，《农村土地承包法》(2018年修正)第55条和《农村土地承包经营纠纷调解仲裁法》(2009年公

布）第3条、第4条对于土地承包经营权纠纷的解决方式进行了特别规定。由此可见，我国自然资源权属争议的具体解决方式包括协商、调解、行政裁决、行政复议、民事诉讼、行政诉讼。由于法律规定的不同自然资源权属争议的解决方式存在差异，难以形成统一的纠纷解决流程，只能当纠纷发生时，首先判断该纠纷是否属于法律规定的需要复议前置的纠纷案件，以及是否属于法律规定的行政复议终局裁决，严格适用特定的程序，再根据各自然资源的不同种类分别适用对应的纠纷解决方式。

四、特许经营权纠纷处理

广义的特许经营包括公共事务领域的特许经营和私人领域的特许经营。公共事务领域的特许经营，通常是政府特许经营。私人领域的特许经营，目前适用最多的就是商业特许经营。[1]《基础设施和公用事业特许经营管理办法》（2024年公布）对政府特许经营制度进行了全面规定。政府特许经营是政府提供公共服务的一种制度安排：政府采用市场竞争的方式，选择具有一定资质的社会资本方作为特许经营人，使其享有一定的垄断性经营权，社会资本方在其限定的职权范围内承担原由政府承担的公共职能，为公众提供公共服务并对其收取费用，以获取收益，而工程项目的资产所有权或使用权最终仍归政府所有。在我国，政府特许经营的应用范围主要集中在发挥基础功能的公共工程、公共设施和公共服务领域，具体包括公路、铁路、桥梁、机场、航道以及港口等的建设与运营；国家管控下的公共能源领域，如城市电力、供水、供热、供气等，以及城市环境保护设施建设领域，废弃物处理、污水处理和城市市容建设等。[2] 此外，国家公园特许经营也属于政府特许经营范畴，是将国家公园自然资源所有权和经营权分离，在保障资源生态性的前提下发挥其经济价值，达到国家公园生态保护、全民公益、可持续发展的多重目标。质言之，国家公园特许经营是指在不损害国家公园生态环境的前提下，通过合理合法程序，选择适当的特许经营权人，在国家公园内从事非消耗资源利用的经营活动，旨在为公众提供国家公园生态产品或服务。在这一过程中，政府及其行政机关作为特许人通过授权的方式允许特许经营主体在国家公园内从事经营活动，并对经营活动进行全过程的监督和管控。因为国家公园特许经营活动具有一定的排他性，特许经营商需要向国家公园管理机构支付一定的费用。国家

---

〔1〕 商业特许经营根据特许内容可以分为商品商标特许经营（产品和品牌特许经营）、生产特许经营、经营模式特许经营（特许加盟连锁）、专利及商业秘密特许经营。本教材在此讨论的是政府特许经营，对于商业特许经营不作详细展开。

〔2〕 在上述领域中政府特许经营模式是否适用，还应满足以下三个方面的要求。第一，应当符合国民经济和社会发展总体规划。具体包括城市区域、主体功能、土地利用等规划；包括城乡环保以及安全生产等专项技术规划；此外，还应符合政府中长期的财政规划以及符合城乡基础设施建设运营标准和监督管理规定。第二，需要对特许经营项目的可行性进行评价（如有需要，可以请第三方机构进行）：①对特许经营项目整个生命周期融资方式、成本和规模，工程项目可行性计划和技术支撑，政府特许经营项目所能提供的产品和服务的质量、运用标准以及监督模式等作综合评价；②对有关行业的市场发展情况、各市场主体的建设运作能力及参加意愿进行评价；③针对居民付费的项目，还需对我国居民缴费意愿与缴费能力进行评价。第三，项目具体采取的运作模式需符合《基础设施和公用事业特许经营管理办法》（2024年公布）的规定。

公园特许经营在本质上是社会资本方获得相关特许权利用国家公园的资源提供公共产品或服务。尽管国家公园特许经营属于商业行为范畴,但是有其自身的特殊性,即不以追求经济利益最大化为目标,而是以生态保育和资源利用双重价值为目的。

公共管理目标多样且复杂,不同时期的政府管理模式与管理政策都会发生变化与摇摆,在不同的领域,政府特许经营所提供的公共产品或服务千差万别,因此在协议具体内容的设定以及在双方权利和义务设置上均存在较大差别,加之协议的履行时间较长,这就导致协议纠纷的多样性,主要分为两类:一是协议缔约阶段的纠纷,主要是指缔约过程中存在的违法行为侵害公平竞争权引起的行政纠纷,包括缔约主体资格瑕疵引起的纠纷、缔约程序瑕疵引起的纠纷。在政府特许经营项目运营过程中,不可避免地出现因协议的履行问题引发行政合同纠纷:主要表现为不履行政府特许经营协议引发纠纷,因出现新情势导致协议发生变更引发的纠纷,行政机关基于行政优益权行使变更权引起纠纷。二是协议终止阶段的纠纷,包括行政机关单方解除协议引起的纠纷,解除协议损害终端消费者权益引发的纠纷,解除协议引起的赔偿、补偿纠纷。

《行政诉讼法》(2017 年修正)将有关政府特许经营协议履行、解除等纳入受案范围。《基础设施和公用事业特许经营管理办法》(2024 年公布)对于协议的订立、履行与终止进行了体系性规定,关于争议的解决,提出因协议履行发生的纠纷,通过双方当事人协商来解决,可以通过双方共同委托专家或第三方机构来调解。《最高人民法院关于审理行政协议案件若干问题的规定》(法释〔2019〕17 号)不仅肯定了调解在协议纠纷解决中的合法地位,也同时规定不得适用仲裁制度。换言之,协议中约定仲裁条款的,该条款应当被确认为无效,但法律、行政法规或者我国缔结、参加的国际条约另有规定的除外。从我国现行法律、规章层面上看,政府特许经营协议的法律救济应是一个以依法判决为主导,以司法调解和协调和解为补充,以其他辅助机制为配套的基本构造。然而,对于政府特许经营协议第三人的权益保护,包括竞争权人和消费权人,立法未将其纳入行政程序之中,第三人司法参与权不能得到立法保障,难以提起行政复议和行政诉讼。

五、生态环境损害赔偿行政磋商的履约方式

生态环境损害是指因污染环境、破坏生态造成大气、地表水、地下水、土壤、森林等环境要素和植物、动物、微生物等生物要素的不利改变,以及上述要素构成的生态系统功能退化。生态环境损害赔偿磋商制度是指违反国家规定,造成生态环境损害的单位或个人,必须按照国家规定的要求和范围,承担赔偿责任,做到应赔尽赔。现有的环境侵权制度和环境污染处理制度难以有效防治生态环境损害、资源损害和自然地理环境损害,减少环境要素和生物要素的不利转变,弥补生态系统功能损失。生态环境损害赔偿磋商制度是通过订立行政协议让生态环境损害当事人对其造成的生态环境损害承担赔偿责任。赔偿权利人及其指定的机构或者部门应当就损害赔偿责任承担方式、修复期限、修复方案等具体问题与损害生态环境的单位和个人进行磋商,以形成一个具有可行性的磋商协议,使生态环境

功能损失得到及时的处理和修复。生态环境损害赔偿磋商过程中存在的争议主要包括：(1)赔偿义务人争议；(2)赔偿范围争议；(3)关于修复方案及修复期限等的争议；(4)生态环境损害无法修复的，对于应当赔偿的相关费用的争议；(5)达成磋商协议后不履行或不完全履行义务的争议。

生态环境损害赔偿行政磋商制度的依据为党政文件和部门规章：(1)2017 年，中共中央办公厅、国务院办公厅印发《生态环境损害赔偿制度改革方案》，对生态环境损害赔偿磋商进行了明确规定。(2)2020 年 3 月，财政部、自然资源部、生态环境部、住房和城乡建设部、水利部、农业农村部、国家林业和草原局、最高人民法院、最高人民检察院联合印发《生态环境损害赔偿资金管理办法(试行)》。(3)2020 年 8 月，生态环境部、司法部、财政部、自然资源部、住房和城乡建设部、水利部、农业农村部、国家卫生健康委员会、国家林业和草原局、最高人民法院和最高人民检察院联合印发了《关于推进生态环境损害赔偿制度改革若干具体问题的意见》(环法规〔2020〕44 号)。(4)2020 年 12 月，最高人民法院发布《关于审理生态环境损害赔偿案件的若干规定(试行)》(2020 年修正)。(5)2022 年 4 月，生态环境部、最高人民法院、最高人民检察院、科学技术部、公安部、司法部、财政部、自然资源部、住房和城乡建设部、水利部、农业农村部、国家卫生健康委员会、国家市场监督管理总局、国家林业和草原局联合印发了《生态环境损害赔偿管理规定》(环法规〔2022〕31 号)。

(一)磋商程序

《生态环境损害赔偿管理规定》(环法规〔2022〕31 号)对生态环境损害赔偿行政磋商的具体程序进行了明确规定。

1. 生态环境损害索赔启动

《生态环境损害赔偿管理规定》(环法规〔2022〕31 号)第 19 条第 1 款规定，生态环境损害索赔启动后，赔偿权利人及其指定的部门或机构，应当及时进行损害调查。调查结束应当形成调查结论，提出启动索赔磋商的意见。

2. 制作并送达生态环境损害索赔磋商告知书

《生态环境损害赔偿管理规定》(环法规〔2022〕31 号)第 21 条第 1 款规定，赔偿权利人及其指定的部门或机构应当在合理期限内制作生态环境损害索赔磋商告知书，并送达赔偿义务人。

3. 召开磋商会议

《生态环境损害赔偿管理规定》(环法规〔2022〕31 号)第 21 条第 2 款和第 22 条第 1 款规定，赔偿义务人收到磋商告知书后在答复期限内表示同意磋商的，赔偿权利人及其指定的部门或机构应当及时召开磋商会议。在磋商过程中，应当就修复方案、修复启动时间和期限、赔偿的责任承担方式和期限等具体问题与赔偿义务人进行磋商。

4. 签署生态环境损害赔偿协议

《生态环境损害赔偿管理规定》(环法规〔2022〕31 号)第 23 条规定，经磋商达成一致意见的，赔偿权利人及其指定的部门或机构，应当与赔偿义务人签署生态环境损害赔偿协议。

5. 生态环境损害赔偿协议的效力确认

《生态环境损害赔偿管理规定》（环法规〔2022〕31 号）第 24 条规定，赔偿权利人及其指定的部门或机构和赔偿义务人，可以就赔偿协议向有管辖权的人民法院申请司法确认。对经司法确认的赔偿协议，赔偿义务人不履行或不完全履行的，赔偿权利人及其指定的部门或机构可以向人民法院申请强制执行。对未经司法确认的赔偿协议，根据《生态环境损害赔偿管理规定》（环法规〔2022〕31 号）第 25 条的规定，赔偿义务人不履行或者不完全履行的，赔偿权利人及其指定的部门或机构，可以向人民法院提起诉讼。

（二）磋商执行监督方式

针对生态环境损害赔偿协议执行效果的监督，《生态环境损害赔偿管理规定》（环法规〔2022〕31 号）第 28 条至第 33 条规定：（1）完善从事生态环境损害鉴定评估活动机构的管理制度，健全信用评价、监督惩罚、准入退出等机制；（2）建立健全统一的生态环境损害鉴定评估技术标准体系；（3）生态环境损害赔偿资金作为政府非税收入，实行国库集中收缴，全额上缴本级国库，纳入一般公共预算管理；（4）积极创新公众参与方式，邀请相关部门、专家和利益相关的公民、法人、其他组织参加索赔磋商、索赔诉讼或者生态环境修复，接受公众监督；（5）建立生态环境损害赔偿工作信息和重大案件信息的报告机制，规定特定时间内地方向中央汇报重大案件信息的机制；（6）生态环境损害赔偿工作纳入污染防治攻坚战成效考核以及环境保护相关考核，建立重大案件督办机制。

（三）生态环境损害赔偿磋商的法律属性定位

关于生态环境损害赔偿磋商制度性质，目前有四种不同的理论学说，分别是民事行为论[1]、行政行为论[2]、双阶构造理论[3]和协商行政行为论[4]。民事行为论认为磋商制度的目的是通过非诉的方式去解决纠纷，所以采用平等的磋商方式去确定具体的修复方案、赔偿责任的承担方式以及具体的赔偿数额。这样不仅提高了解决纠纷的效率，而且有利于公平对待赔偿义务人，因为通过平等的磋商了解到了当事人的真实意图。行政行为论认为生态损害赔偿磋商仅仅是借用了民事领域常用的平等磋商的手段进行法定范围内的平等协商。然而，实际上，还是主要由行政机关所主导，所以其本质还是属于行政行为。双阶构造理论认为纯粹的民事性质说和行政性质说均存在一定的不合理性。以双阶构造理论为视角，不仅可以关注到磋商过程中行政机关角色的转变，也能关注到法律关系的转变，

---

〔1〕 参见何燕、李爱年：《生态环境损害担责之民事责任认定》，载《河北法学》2019 年第 1 期。

〔2〕 参见李一丁：《生态环境损害赔偿行政磋商：性质考辩、意蕴功能解读与规则改进》，载《河北法学》2020 年第 7 期。

〔3〕 参见于文轩、孙昭宇：《生态环境损害赔偿磋商的属性界定与制度展开——以双阶理论为视角》，载《中国地质大学学报（社会科学版）》2021 年第 2 期。

〔4〕 参见王政：《生态环境损害赔偿磋商性质定位再辨析》，载《天津大学学报（社会科学版）》2023 年第 3 期。

兼顾了民事、行政性质论的优势，不会以偏概全，既维护了公共利益，也维护了私人利益。协商行政行为论认为，磋商制度是指行政机关在行使它的行政权力时，不再实施原本的强制执行方式，而是利用协商的方式与相应的行政相对人沟通，从而达成一致的意思表示，形成公共治理领域的善治局面。本教材认为，生态环境损害赔偿磋商是一种协商行政行为，从磋商程序来看，从生态环境损害调查评估、协商谈判并达成赔偿协议到监督执行协议的全过程中政府具有行政主导地位，并且政府对生态环境损害的调查评估和赔偿协议的监督执行是行政机关实质性地行使公法调查权和公法执行权。从磋商达成的双方意思表示一致的赔偿协议来看，磋商实质上是行政机关为了实现保护环境公共利益的目的，与赔偿义务人利用协商的方式去实现对生态损害的补救和治理。

第四节 环境民事纠纷处理

一、环境民事纠纷解决概述

(一)环境民事纠纷

在学理上，环境纠纷有广义与狭义之分。广义的环境纠纷指的是在环境资源的使用过程中，环境法律关系主体基于其权利义务关系而产生的争议，在此又可分为环境行政、民事和刑事纠纷。如学者吕忠梅将环境纠纷定义为“人们在开发利用和保护改善环境的活动中有关其环境权益的争议”[1]，学者蔡守秋将环境纠纷定义为“因环境资源的开发、利用、保护、改善及其管理而发生的各种矛盾和纠纷”[2]。狭义的环境纠纷，仅指环境民事纠纷，即平等的民事法律关系主体之间的合法权益因环境问题受到损害而引发的争议。如学者王灿发、许可祝将环境纠纷定义为“环境污染与其他公害纠纷，也就是社会成员之间因污染物和能量的排放或者光线干扰、阻挡通风、采光等引起的争议”[3]。

与传统民事纠纷相比，环境民事纠纷具有以下特征：

1. 主体方面的特征。首先，当事人地位事实上的不平等。传统民事纠纷的当事人一般在地位上具有平等性，而环境民事纠纷当事人中的加害人多是具有特殊经济地位和实力的企业，受害人则多为法律意识、防御能力和维权能力较弱的分散的普通公众，二者地位事实上存在很大差异。其次，环境民事纠纷的受害主体不仅包括当代人，可能还包括后代人，甚至当代人侵害后代人的环境权益，根据现代环境法代际公平理论，这种侵权同样要承担民事责任[4]。最后，主体具有不明确性。传统民事纠纷中的主体大都比较容易确定，但是环

[1] 吕忠梅：《环境法新视野》(第3版)，中国政法大学出版社2019年版，第275页。

[2] 蔡守秋：《关于处理环境纠纷和追究环境责任的政策框架》，载《科技与法律》2005年第1期。

[3] 王灿发、许可祝：《中国环境纠纷的处理与公众监督环境执法》，载《环境保护》2002年第5期。

[4] 参见周珂、易骆之等主编：《环境与资源保护法》(第5版)，中国人民大学出版社2023年版，第108页。

境民事纠纷由于加害人的多元性以及受害人的不确定性特点,导致难以确定纠纷主体。

2. 客体方面,环境民事纠纷侵害对象具有广泛性与复合性。首先,传统民事纠纷侵权行为一般是直接作用于特定的人身或财产,而环境民事纠纷侵权主要是通过环境这一中介对受害人产生影响,其直接侵害的对象是各种自然要素、无主物,间接侵害的对象是公司财物、人身健康。其次,由于环境具有整体性和共有性,因此环境民事侵权行为一旦造成实际的损害后果,就必然损害不特定多数人的生命、健康、财产以及其他权益,其损害程度往往比传统的民事侵权影响面更广。

3. 内容方面的特征。首先,宏观上环境民事纠纷具有价值双重性。传统的民事纠纷的侵权行为本身在法律规范的价值判断上就是一种纯粹的无价值行为,即具有法律完全否定性的违法行为,如拒不返还财产、伤害他人身体等;环境民事纠纷的侵权行为有时候是伴随合法生产活动而产生的,如排放"三废"污染环境。其次,环境民事纠纷的侵害具有持续性、潜在性及不明确性,较传统民事纠纷侵害行为更难被受害人发现,举证往往也比较困难。

4. 纠纷的解决对策具有多样性。环境民事纠纷相对于普通的民事纠纷有一个特有的纠纷解决方式,那就是"环境公益诉讼",这一制度将起诉主体扩大化,不再局限于受害方,更有利于对污染者的惩处和对受害者的救济。虽然近年来不断新增民事诉讼领域的公益诉讼的类型,但环境民事公益诉讼是最早启动的公益诉讼类型,对于其他新增类型的民事公益诉讼具有重要参考价值。

(二)多元化环境民事纠纷解决机制

纠纷解决是针对已产生的纠纷,社会主体依据一定的规则、程序采取的消除冲突状态、恢复社会秩序的活动。环境民事纠纷解决机制,就是环境民事纠纷解决方式、制度和程序的总称。环境民事纠纷解决路径可二分为诉讼方式与非诉讼方式。在我国,在"以和为贵""厌讼"的历史背景下具有以非诉讼方式处理纠纷的传统,随着经济的发展,环境民事纠纷的增多,各种处理纠纷的非诉讼方式在环境保护中也得到了广泛应用。我国环境法规定了环境纠纷的行政处理、诉讼处理方式,也有一些程序性规定。尤其是近几年有关生态环境法典编撰的研究不断涌现,但总体来看,对于环境民事纠纷解决的法律规定过少,方式单一,有关研究也不深入,远远谈不上建立健全了有关环境民事纠纷处理的机制。[1] 环境民事纠纷也隶属于民事纠纷,其中有许多相通之处,因此环境民事纠纷解决机制的研究可以类推适用民事纠纷解决机制。

二、环境民事纠纷非诉解决机制

(一)环境仲裁

仲裁是指民事纠纷的双方当事人根据事先或事后达成的仲裁协议,将民事争议提交双

---

〔1〕 参见吕忠梅:《环境法新视野》(第3版),中国政法大学出版社2019年版,第275页。

方选定的仲裁机构进行裁决，解决纷争。环境纠纷是否属于仲裁法的适用对象，是一个学界热议的问题。本教材认为，环境民事纠纷可适用仲裁，理由如下：根据《仲裁法》(2017 年修正)第 3 条的规定，依法不能进行仲裁的情形有两类：一是关于婚姻、收养等纠纷；二是依法应当由行政机关处理的行政争议。由此，环境民事纠纷并未被《仲裁法》(2017 年修正)纳入不得仲裁范围。环境民事纠纷属于私法范畴，根据"法无禁止即自由"原则，环境民事纠纷具有可仲裁性。再者，虽然我国目前没有专门的法律明确规定环境纠纷仲裁制度，但在相关法律法规文件中仍可推定环境民事纠纷具有可仲裁性。另外，我国《防治船舶污染海洋环境管理条例》(2018 年修订)第 55 条规定，对船舶污染事故损害赔偿的争议，除向海事管理机构申请调解以及向法院起诉外，当事人还可以向仲裁机构申请仲裁。虽然上述条文是涉外环境纠纷仲裁，但仲裁范围应当是内外一致的，故国内相关环境民事纠纷能够依法适用我国仲裁制度。

环境纠纷的性质和特征都不同于一般的合同纠纷和财产权益纠纷，有其特殊的环境保护要求和许多单纯以经济价值无法估算的内容。因此，为建立环境民事纠纷仲裁制度，必须在不违背仲裁法的基本原则和程序的前提下进行专门立法，就环境民事纠纷仲裁的各种特殊问题作出具体规定，以利于环境民事纠纷的迅速、公正处理。

(二)环境调解

环境民事纠纷非诉调解是指当环境纠纷发生时，不通过诉讼等法律规定的方式解决，而是根据双方自愿的原则选择没有利害关系的第三人作为调解人，由调解人依据道德和法律对双方的环境民事纠纷进行调解，促使双方自愿达成解决矛盾的协议并自觉执行的纠纷解决方式。

在我国，建立完善的环境民事纠纷调解制度具有必要性和可能性：(1)必要性方面，第一，环境问题的复杂性决定了环境纠纷的复杂性和解决方法的多样性。第二，我国现行的环境法尚不完备，环境问题、环境纠纷与其调整手段、环境法之间总是存在差距，除加强立法外，还必须寻求一些灵活适用的解决纠纷手段。第三，调解的功能是双重的，它一方面是解决现实的环境纠纷的制度，另一方面也可以为现在和将来的环境立法积累经验。第四，目前我国的环境监测技术落后，取得的数据不全面、不确切，而且环境污染和破坏的危害后果无法准确计算；加之环境污染和破坏作用机理复杂，影响因素众多，对环境纠纷不宜作硬性处理。因此，采用调解手段，协商解决，使纠纷处理更符合各方的意愿可以弥补因技术落后而可能导致的公平性欠缺。(2)可能性方面，环境保护工作的群众性和调解的群众性特征共同决定了其可操作性，环境纠纷多发生在基层，污染与破坏的结果与广大群众的生活密切相关，纠纷本身即具有可协商性。因此，大部分环境民事纠纷是可以通过调解解决的。

按调解主体的不同，可将调解分为人民调解、行政调解和司法调解，其中人民调解、行政调解属于社会救济，司法调解属于公力救济。以下对此三类调解进行展开说明：

1. 人民调解

人民调解主要是解决基层乡镇企业、个体户、作坊、摊点在生产经营过程中和居民在日常生活中所产生的环境问题而导致的环境纠纷,它又包括民间自行调解和人民调解委员会调解两种形式。

2. 行政调解

行政调解是由国家行政机关依法对环境纠纷进行的调解,这种调解按主持调解的机关不同,包括环境保护机关调解、上级主管机关调解、其他行政机关调解三种形式。对于环境行政调解,我国《环境保护法》(1989 年发布)第 15 条规定了环境行政调解,但是在 2014 年《环境保护法》中被删除,目前主要分散在单行环境法律规范中,如《水污染防治法》(2017 年修正)、《土壤污染防治法》(2018 年公布)、《噪声污染防治法》(2021 年公布)均规定了行政调解。

行政调解和人民调解一样,都是诉讼外调解方式,调解环境民事纠纷时同样应遵守法律,根据自愿、公正原则进行调解,且达成的调解协议同样不具有强制执行力,当事人不愿调解、调解不成或者反悔的,可以向人民法院起诉。当然,当事人也可不经行政调解,直接向人民法院起诉。需要注意的是,当事人在起诉时,应以对方当事人为被告,而不能以作出处理决定的环保行政部门为被告提起行政诉讼,法院仍按民事纠纷进行审理。

3. 司法调解

司法调解作为诉讼调解,是由人民法院居中主持进行的调解。人民法院根据自愿公正原则,依法作出的调解协议,具有强制执行力,一方不履行的,另一方可申请人民法院强制执行。

环境民事纠纷非诉调解具有如下特征:(1)具有意思自治性。调解以双方的意思自治为前提,双方可以随时放弃或变更自己的权利,不受调解人的干涉,只要合法并且不侵犯他人合法权益,根据双方意思自治所作出的协议都是有效的。(2)具有公立性。它不同于诉讼调解,诉讼调解是国家公权力行使的活动,非诉调解中只有行政调解才是运用国家公权力的活动,而人民调解是完全的意思自治。(3)具有社会性。环境问题往往是侵害着社会多数人的生命财产安全,对社会公共利益具有危害性,因而其纠纷的解决有社会性,乃是一种社会性救济。(4)兼具灵活性和非程序性。非诉调解不像诉讼救济那样需要遵循严格的程序,相反,其运作方式灵活对纠纷的解决更加有利。调解在目前并无固定程序,十分灵活,几乎全由调解人主持并高度地依靠调解人的经验、技巧和声望来促成调解协议。调解人的实际作用在于化解矛盾,引导和解。因此,调解特点可归纳为“程序重于实体,个人技巧重于法律规定”。

三、环境侵权民事诉讼机制

环境侵权民事诉讼是指人民法院对平等主体之间有关环境资源权利义务的争议,依照民事诉讼程序进行审理和裁判的活动。[1] 环境侵权民事诉讼不同于公益诉讼,本质上属

〔1〕 参见陈真亮:《现代环境法总论》,法律出版社 2022 年版,第 301 页。

于民事私益诉讼,但是由于环境侵权的特殊性,在具体的诉讼程序中有特殊规定。

(一)环境侵权诉讼的当事人

环境侵权民事诉讼当事人分为原告和被告。环境侵权民事诉讼中,原告和其他民事诉讼当事人范围一致,根据《民事诉讼法》(2023 年修正)第 122 条第 1 项的规定"原告是与本案有直接利害关系的公民、法人和其他组织",所以环境侵权民事诉讼的原告是指和环境侵权有直接利害关系的公民、法人和其他组织。

在环境侵权民事诉讼中还必须有适格的被告。在环境侵权纠纷中,最典型的被告是污染行为的实行者,即实行污染环境行为的个体或者单位。《民法典》(2020 年公布)第 1229 条规定,"因污染环境、破坏生态造成他人损害的,侵权人应当承担侵权责任"。在环境侵权纠纷中,数人侵权是较为常见的侵权形态,《民法典》(2020 年公布)第 1231 条规定:"两个以上侵权人污染环境、破坏生态的,承担责任的大小,根据污染物的种类、浓度、排放量,破坏生态的方式、范围、程度,以及行为对损害后果所起的作用等因素确定。"

接下来是第三人。《民法典》(2020 年公布)第 1233 条规定:"因第三人的过错污染环境、破坏生态的,被侵权人可以向侵权人请求赔偿,也可以向第三人请求赔偿。侵权人赔偿后,有权向第三人追偿。"第三人过错导致的环境侵权,第三人也是适格被告。《生态环境侵权责任司法解释》(法释〔2023〕5 号)第 18 条规定,因第三人的过错污染环境、破坏生态造成他人损害,被侵权人请求侵权人或者第三人承担责任的,人民法院应予支持。侵权人以损害是由第三人过错造成的为由,主张不承担责任或者减轻责任的,人民法院不予支持。第 19 条规定,因第三人的过错污染环境、破坏生态造成他人损害,被侵权人同时起诉侵权人和第三人承担责任,侵权人对损害的发生没有过错的,人民法院应当判令侵权人、第三人就全部损害承担责任。侵权人承担责任后有权向第三人追偿。侵权人对损害的发生有过错的,人民法院应当判令侵权人就全部损害承担责任,第三人承担与其过错相适应的责任。侵权人承担责任后有权就第三人应当承担的责任份额向其追偿。第 20 条规定,被侵权人起诉第三人承担责任的,人民法院应当向被侵权人释明是否同时起诉侵权人。被侵权人不起诉侵权人的,人民法院应当根据《民事诉讼法》第 59 条的规定通知侵权人参加诉讼。被侵权人仅请求第三人承担责任,侵权人对损害的发生也有过错的,人民法院应当判令第三人承担与其过错相适应的责任。由此,根据相关法律法规和司法解释,在环境侵权民事纠纷中,被侵权人有权选择第三人或污染者作为被告,也可以将第三人和侵权人列为共同被告。司法实践中,也有将噪声设备的供应商及安装者、购买者以及管理维护者作为适格被告。

最后,环境影响评价机构、环境监测机构以及从事环境监测设备和防治污染设施维护、运营的机构等也可能是适格被告。原告提起环境污染侵权之诉,目的是要追究被告的民事责任,被告是否适格主要看被告对于防止污染侵害是否负有某种法定或约定的义务,而环境监管部门有时也被作为环境污染侵权案的适格被告。《生态环境侵权责任司法解释》

（法释〔2023〕5 号）第 21 条规定："环境影响评价机构、环境监测机构以及从事环境监测设备和防治污染设施维护、运营的机构存在下列情形之一，被侵权人请求其与造成环境污染、生态破坏的其他责任人根据环境保护法第六十五条的规定承担连带责任的，人民法院应予支持：（一）故意出具失实评价文件的；（二）隐瞒委托人超过污染物排放标准或者超过重点污染物排放总量控制指标的事实的；（三）故意不运行或者不正常运行环境监测设备或者防治污染设施的；（四）其他根据法律规定应当承担连带责任的情形。"环境服务者在工作过程中弄虚作假和有其他违规违法行为的也需承担环境侵权责任。在其他法律法规中也有具体的规定和落实，如《土壤污染防治法》（2018 年公布）第 90 条规定："违反本法规定，受委托从事土壤污染状况调查和土壤污染风险评估、风险管控效果评估、修复效果评估活动的单位，出具虚假调查报告、风险评估报告、风险管控效果评估报告、修复效果评估报告的，由地方人民政府生态环境主管部门处十万元以上五十万元以下的罚款；情节严重的，禁止从事上述业务，并处五十万元以上一百万元以下的罚款；有违法所得的，没收违法所得……本条第一款规定的单位和委托人恶意串通，出具虚假报告，造成他人人身或者财产损害的，还应当与委托人承担连带责任。"

（二）环境侵权民事诉讼的审判规则

1. 管辖

（1）一般管辖。

环境侵权诉讼管辖制度实行地域管辖与级别管辖相结合的原则，要确认环境侵权诉讼的管辖法院，需要从地域和级别两方面进行分析。《民事诉讼法》（2023 年修正）第 29 条规定"因侵权行为提起的诉讼，由侵权行为地或者被告住所地人民法院管辖"，所以环境侵权纠纷由侵权行为地和被告住所地人民法院管辖。结合《民事诉讼法》（2023 年修正）第 18 条"基层人民法院管辖第一审民事案件，但本法另有规定的除外"，第 19 条"中级人民法院管辖下列第一审民事案件：（一）重大涉外案件；（二）在本辖区有重大影响的案件；（三）最高人民法院确定由中级人民法院管辖的案件"以及第 20 条"高级人民法院管辖在本辖区有重大影响的第一审民事案件"，环境侵权民事诉讼原则上由侵权行为地或者被告住所地基层人民法院管辖。

（2）海事法院专属管辖。

针对海域污染提起的侵权诉讼由海事法院专属管辖。《海事诉讼特别程序法》（1999 年公布）第 7 条规定："下列海事诉讼，由本条规定的海事法院专属管辖：（一）因沿海港口作业纠纷提起的诉讼，由港口所在地海事法院管辖；（二）因船舶排放、泄漏、倾倒油类或者其他有害物质，海上生产、作业或者拆船、修船作业造成海域污染损害提起的诉讼，由污染发生地、损害结果地或者采取预防污染措施地海事法院管辖；（三）因在中华人民共和国领域和有管辖权的海域履行的海洋勘探开发合同纠纷提起的诉讼，由合同履行地海事法院管辖。"

针对船舶油污染的纠纷也由海事法院专属管辖。《最高人民法院关于审理船舶油污损害赔偿纠纷案件若干问题的规定》(法释〔2020〕18号)第2条规定:“当事人就油轮装载持久性油类造成的油污损害提起诉讼、申请设立油污损害赔偿责任限制基金,由船舶油污事故发生地海事法院管辖。油轮装载持久性油类引起的船舶油污事故,发生在中华人民共和国领域和管辖的其他海域外,对中华人民共和国领域和管辖的其他海域造成油污损害或者形成油污损害威胁,当事人就船舶油污事故造成的损害提起诉讼、申请设立油污损害赔偿责任限制基金,由油污损害结果地或者采取预防油污措施地海事法院管辖。”一般认为此类管辖权规定是针对油污损害的私益诉讼。

(3)环境资源案件的集中管辖。

《最高人民法院关于全面加强环境资源审判工作为推进生态文明建设提供有力司法保障的意见》(法发〔2014〕11号)第18条提出“探索建立与行政区划适当分离的环境资源案件管辖制度。逐步改变目前以行政区划分割自然形成的流域等生态系统的管辖模式,着眼于从水、空气等环境因素的自然属性出发,结合各地的环境资源案件量,探索设立以流域等生态系统或以生态功能区为单位的跨行政区划环境资源专门审判机构,实行对环境资源案件的集中管辖,有效审理跨行政区划污染等案件”。由于生态系统的整体性,环境污染侵权不是单一的区域问题,通过集中审理实现跨行政区划的集中管辖能够更好地处理环境侵权纠纷。

以江苏省环境资源类案件“9+1”的审理模式为例,“1”是指南京市中级人民法院环境资源庭,集中管辖9个生态功能区法庭所审结案件的上诉案件和全省中级人民法院管辖的环境资源一审案件。“9”是指以生态功能区为单位设置9个环境资源审判法庭,集中审判以下资源环境类案件:①行政案件,因污染、破坏环境发生行政争议而起诉环境保护行政机关(包括政府、生态环境主管部门、水利部门、海洋渔业部门等)作为或不作为的案件,以及由此所引发的行政赔偿纠纷案件;②刑事案件,《刑法》(2023年修正)分则第二章“危害公共安全罪”中规定的与污染、破坏环境有关的部分犯罪案件,第三章“破坏社会主义市场经济秩序罪”中的部分案件,第六章“妨碍社会管理秩序罪”第六节破坏环境资源保护罪案件,第八章“贪污贿赂罪”和第九章“渎职罪”中规定的与污染、破坏环境有关的部分案件;③民事案件,各类环境污染侵权民事纠纷案件、环境民事公益诉讼案件、涉及资源环境的部分物权纠纷案件;④非诉行政执行案件,环境保护行政机关(包括政府、生态环境主管部门、水利部门、海洋渔业部门等)为制止污染、破坏环境作出行政行为,行政相对人在法定期限内既不申请行政复议或者提起行政诉讼、又不履行行政决定的,环境保护行政机关向人民法院申请强制执行的案件;⑤其他涉及资源环境保护的行政、刑事、民事以及非诉行政执行案件。这种跨行政区域的集中审理机制构建了一种高度集中化、专业化的审判机制,对充分发挥人民法院环境资源审判职能具有十分显著的推动作用。[1]

---

〔1〕 参见《江苏法院环境资源审判“9+1”机制改革全方位解读》,载中国网·东海资讯网2019年5月23日,http://jiangsu.china.com.cn/html/jsnews/bwzg/10634807_1.html。

2. 人民陪审制

人民陪审员制度是指非法官职业人员依法参与到合议庭中行使审判权的制度。[1]《人民陪审员法》(2018 年公布)第 3 条第 1 款规定,人民陪审员依法享有参加审判活动、独立发表意见、获得履职保障等权利。由于环境侵权纠纷具有特殊性,往往涉及科学技术知识,需要对专门性事实查明,因此环境资源案件审理需要重视具备专业知识的人民陪审员的作用。《最高人民法院关于具有专门知识的人民陪审员参加环境资源案件审理的若干规定》(法释〔2023〕4 号)第 1 条规定:"人民法院审理的第一审环境资源刑事、民事、行政案件,符合人民陪审员法第十五条规定,且案件事实涉及复杂专门性问题的,由不少于一名具有专门知识的人民陪审员参加合议庭审理。前款规定外的第一审环境资源案件,人民法院认为有必要的,可以由具有专门知识的人民陪审员参加合议庭审理。"具有专门知识的人民陪审员必须符合具备环境资源领域专门知识的基本要求,参加环境资源案件评议时,应当就案件事实涉及的专门性问题发表明确意见,可以参与监督生态环境修复、验收和修复效果评估。

(三)环境侵权诉讼的程序规则

1. 环境侵权举证责任规则

环境侵权诉讼中的举证责任是指环境侵权诉讼当事人对自己提出的主张具有证明的责任,当不能提供证明案件事实的证据时,承担法律上的不利后果。《民法典》(2020 年公布)第 1229 条规定:"因污染环境、破坏生态造成他人损害的,侵权人应当承担侵权责任。"环境侵权纠纷采取无过错责任,构成要件为排污行为、损害后果和因果关系,要判定被告承担环境侵权责任,需要证明三个要件的成立。《民事诉讼法》(2023 年修正)第 67 条第 1 款"当事人对自己提出的主张,有责任提供证据"规定了"谁主张,谁举证"的原则。但是针对环境侵权有特殊规定,我国环境侵权纠纷中实行证明责任倒置,其法理前文已详细阐述。

《民法典》(2020 年公布)第 1230 条规定:"因污染环境、破坏生态发生纠纷,行为人应当就法律规定的不承担责任或者减轻责任的情形及其行为与损害之间不存在因果关系承担举证责任。"由被告承担因果关系不存在的举证责任,原告需证明排污行为和损害后果,同时根据《最高人民法院关于生态环境侵权民事诉讼证据的若干规定》(法释〔2023〕6 号)第 5 条第 1 款的规定,"原告起诉请求被告承担环境污染、生态破坏责任的,应当提供被告行为与损害之间具有关联性的证据",原告还需要证明排污行为和损害后果之间存在关联性。

(1)排污行为。

《生态环境侵权责任司法解释》(法释〔2023〕5 号)第 1 条采取列举的方式确定污染行

---

〔1〕 参见毕玉谦主编:《民事诉讼法学》(第 2 版),中国政法大学出版社 2021 年版,第 92 页。

为的含义,"侵权人因实施下列污染环境、破坏生态行为造成他人人身、财产损害,被侵权人请求侵权人承担生态环境侵权责任的,人民法院应予支持:(一)排放废气、废水、废渣、医疗废物、粉尘、恶臭气体、放射性物质等污染环境的;(二)排放噪声、振动、光辐射、电磁辐射等污染环境的;(三)不合理开发利用自然资源的;(四)违反国家规定,未经批准,擅自引进、释放、丢弃外来物种的;(五)其他污染环境、破坏生态的行为"。

司法实践中关于污染行为和环境标准是否挂钩存在争议。环境污染一是有害物质或者因子进入环境,二是有害物质超过了环境质量标准。但是污染环境和环境污染并不是同一个概念,排污行为(污染行为)不一定超过环境标准,达标排放也可能导致污染。在环境污染侵权纠纷中,原告只需要证明排污事实存在即可。[1]

在司法实践中,应当适当降低对排污行为认定证据的形式要求,广泛适用事实推定。因为环境污染的特殊性,原告对排污行为取证困难,法院在审查证据的时候应当更注重于其真实性,在有相关报道和行政处罚等情况下,可以运用事实推断。[2]

(2)损害后果。

环境侵权民事纠纷适用无过错责任归责原则,是为了实现社会公平,"对不幸损害之合理分配"。因此归责必须是针对已经发生的损害事实,有损害,则有责任,无损害,则无责任。环境污染侵权涉及财产、人身以及精神损害。财产损害是指环境侵权造成的权利人财产的损害,如因污水排放导致农作物死亡;人身损害是指环境侵权对公民的生命健康权的损害,如因废弃污染物导致疾病;[3]精神损害是指因环境污染侵权导致精神健康损害,如噪声污染导致的精神抑郁。但是,随着科学发展,进入风险社会,污染的科学不确定性增强,法院对于损害事实的认定逐步有扩大至风险的倾向。比如,在黑龙江省哈尔滨市中级人民法院作出的(2020)黑01民终1235号民事判决书中,法官认为"环境责任侵权纠纷所述的损害包括实质损害后果,也包括由污染行为所引发的损害风险"。

虽然前文阐述污染行为的认定和环境标准脱钩,但是在损害后果的认定中可以适度参考环境标准,通过污染物排放标准以及环境质量标准认定是否存在损害后果,在合规的情况下,进一步结合实际认定。

(3)关联性与因果关系。

关联性是指污染行为与损害之间存在构成因果关系的可能性,而非确定性。《最高人民法院关于生态环境侵权民事诉讼证据的若干规定》(法释〔2023〕6号)第5条第2款规定,人民法院应当根据当事人提交的证据,结合污染环境、破坏生态的行为方式、污染物的性质、环境介质的类型、生态因素的特征、时间顺序、空间距离等因素,综合判断被告行为与损害之间的关联性是否成立。

因果关系是指损害行为和损害后果之间引起与被引起的关系,由侵权人承担不存在因

---

〔1〕 参见李庆保:《环境民事诉讼证据制度研究》,法律出版社2021年版,第54页。
〔2〕 参见李庆保主编:《环境司法概论》,法律出版社2023年版,第65页。
〔3〕 参见周珂等主编:《环境法》(第6版),中国人民大学出版社2021年版,第81-82页。

果关系的证明责任。《最高人民法院关于生态环境侵权民事诉讼证据的若干规定》(法释〔2023〕6号)第7条规定:"被告证明其排放的污染物、释放的生态因素、产生的生态影响未到达损害发生地,或者其行为在损害发生后才实施且未加重损害后果,或者存在其行为不可能导致损害发生的其他情形的,人民法院应当认定被告行为与损害之间不存在因果关系。"

根据相关法律法规和司法解释,在环境污染侵权司法中,因果关系的证明要求分成了两步:一是原告初步证明关联性的存在,属于因果关系初步证明,并实行较低的证明标准;二是关联性的排除,由被告承担反证责任,并实行较高的证明标准。原告承担的关联性证明实际上为被告反证因果关系不存在划定了证明对象范围和路径,被告可通过反驳原告证明关联性所依据的事实来反证因果关系不存在。[1] 被侵权人承担的初步因果关系的举证责任实际上也是因果关系证明标准的降低,即从高度盖然性标准(事实极有可能或者非常可能如此)降低到较高程度的盖然性标准(事实可能如此)。如果法官从证据中获得的心证为事实存在的可能性大于不存在的可能性,该心证就满足了较高程度盖然性的要求。[2]

实践中存在争议的是,在环境保护侵权纠纷中,关于环境污染行为、生态破坏行为与损害结果存在关联性的证明标准,受害者对"关联性"证明是否需要达到"高度盖然性标准"。一种观点认为,根据《最高人民法院关于生态环境侵权民事诉讼证据的若干规定》(法释〔2023〕6号)第5条第1款的规定,原告负有证明关联性的义务,但关联性并非因果性,无须达到"高度盖然性标准",不应加重受害者的举证负担。另一种观点是根据"谁主张,谁举证"的原则及《最高人民法院关于适用〈中华人民共和国民事诉讼法〉的解释》(法释〔2022〕11号)第108条第1款的规定,民事诉讼证明标准应为"高度盖然性标准",受害者提供的证据须形成完整的证据链,能够认定法律事实,才会认定其完成"关联性"举证责任。

第一种观点更加科学,原因在于以下三个方面。

首先,受害者难以提供达到"高度盖然性标准"的证据。环境保护侵权纠纷中,污染者通常是企业,掌握了污染物的成分、范围和危害性;受害者多为个人,缺乏调查污染物的专业能力。因此污染者通常是强势一方,受害者是弱势一方。法律基于保护弱势一方的理念,降低了污染受害者的证明负担。因此,《最高人民法院关于生态环境侵权民事诉讼证据的若干规定》(法释〔2023〕6号)第5条规定了"关联性"证明规则,受害者只需提供一定的证明材料,通过多个相关事实的相互联系、相互印证来证明污染物与损害事实发生存在较大可能性,就能证明污染者存在侵权事实。受害者的证明标准不需要达到"高度盖然性标准"。

---

〔1〕 参见李庆保主编:《环境司法概论》,法律出版社2023年版,第70页。

〔2〕 参见王雷:《民法证据规范论:案件事实的形成与民法学方法论的完善》,中国人民大学出版社2022年版,第279页。

其次,“高度盖然性标准”是污染者的证明要求。《最高人民法院关于生态环境侵权民事诉讼证据的若干规定》(法释〔2023〕6号)第7条规定,被告证明其排放的污染物、释放的生态因素、产生的生态影响未到达损害发生地,或者其行为在损害发生后才实施且未加重损害后果,或者存在其行为不可能导致损害发生的其他情形的,人民法院应当认定被告行为与损害之间不存在因果关系。该条从污染者的角度补充了关联性的规定。结合第5条规定,污染者未举证证明污染行为和损害结果不存在高度盖然性,就可以认定存在关联性。

最后,部分环境保护侵权纠纷难以通过司法鉴定证明污染行为和损害结果存在“高度盖然性”。一是环境污染的司法鉴定,要么时间和金钱成本高昂,要么受技术等原因影响无法鉴定。二是环境污染造成的损害具有积累性、潜伏性、广泛性的特点,如果仅仅通过司法鉴定直接认定因果关系,很可能陷入科学争论而无法使受害人的损失得到救济,会出现法律受制于科技的负面效果。三是在有鉴定结果的情况下,法官基本依据鉴定结果对因果关系进行认定,而不适用关联性证明规则。这是对关联性证明规则实践价值的违背,还可能会产生司法不公。

2. 证据规则

(1)证据种类。

《民事诉讼法》(2023年修正)第66条规定:“证据包括:(一)当事人的陈述;(二)书证;(三)物证;(四)视听资料;(五)电子数据;(六)证人证言;(七)鉴定意见;(八)勘验笔录。证据必须查证属实,才能作为认定事实的根据。”环境侵权民事纠纷中证据种类也包括以上八种。

物证是指以外部特征、存在状态、物质属性来证明有关案件事实的实物和痕迹,其客观性强、真实性大,能够印证或者引出其他证据,是查明事实真相的重要手段。证人证言是指证人在诉讼过程中向公安司法机关所做的对案件有关情况的陈述。[1] 勘验笔录是指司法工作人员对与案件有关的场所、物品进行勘查、检验时就所观察、测量的情况所做的实况记载。记载的方式包括文字记录、现场绘图和现场照相、摄像等。[2] 鉴定意见是指有鉴定资格的专业人员就案件中专门问题向司法机关提供结论性意见。

当事人的陈述是指环境侵权民事诉讼中当事人就案件有关事实向法院进行陈述,具有专门知识的人在法庭上就专业问题提出的意见,视为当事人的陈述。当事人具有真实陈述义务。《最高人民法院关于生态环境侵权民事诉讼证据的若干规定》(法释〔2023〕6号)第22条规定:“当事人申请有专门知识的人出庭,就鉴定意见或者污染物认定、损害结果、因果关系、生态环境修复方案、生态环境修复费用、生态环境受到损害至修复完成期间服务功能丧失导致的损失、生态环境功能永久性损害造成的损失等专业问题提出意见的,人民法

〔1〕 参见叶青主编:《诉讼证据法学》(第3版),北京大学出版社2021年版,第83页。

〔2〕 参见陈光中主编:《证据法学》(第4版),法律出版社2019年版,第192页。

院可以准许。对方当事人以有专门知识的人不具备相应资格为由提出异议的,人民法院对该异议不予支持。”

书证是指以文字、符号、图形等表达的思想内容对案件事实起证明作用的证据。文书分为公文书和私文书。前者是指机关、企业事业单位、社会团体行使职权时的意思表示,制作程序严格,形式固定,往往产生法律后果。《最高人民法院关于适用〈中华人民共和国民事诉讼法〉的解释》(法释〔2022〕11 号)第 114 条规定:“国家机关或者其他依法具有社会管理职能的组织,在其职权范围内制作的文书所记载的事项推定为真实,但有相反证据足以推翻的除外。必要时,人民法院可以要求制作文书的机关或者组织对文书的真实性予以说明。”后者是指公民个人或者单位非依职权制作的文书,如民事合同。

针对文书,《最高人民法院关于生态环境侵权民事诉讼证据的若干规定》(法释〔2023〕6 号)进行了明确规定:

首先,对于证明环境污染、生态破坏案件事实有重要意义的书面文件、数据信息或者录音、录像等证据在对方当事人控制之下的,承担举证责任的当事人可以根据《最高人民法院关于适用〈中华人民共和国民事诉讼法〉的解释》(法释〔2022〕11 号)第 112 条规定,书面申请人民法院责令对方当事人提交。

其次,承担举证责任的当事人申请人民法院责令对方当事人提交证据的,应当提供有关证据的名称、主要内容、制作人、制作时间或者其他可以将有关证据特定化的信息。根据申请人提供的信息不能使证据特定化的,人民法院不予准许。人民法院应当结合申请人是否参与证据形成过程、是否接触过该证据等因素,综合判断其提供的信息是否达到证据特定化的要求。

再次,承担举证责任的当事人申请人民法院责令对方当事人提交证据的,应当提出证据由对方当事人控制的依据。对方当事人否认控制有关证据的,人民法院应当根据法律规定、当事人约定、交易习惯等因素,结合案件的事实、证据作出判断。有关证据虽未由对方当事人直接持有,但在其控制范围之内,其获取不存在客观障碍的,人民法院应当认定有关证据由其控制。

最后,法律法规、规章规定当事人应当披露或者持有的关于其排放的主要污染物名称、排放方式、排放浓度和总量、超标排放情况、防治污染设施的建设和运行情况、生态环境开发利用情况、生态环境违法信息等环境信息,属于《最高人民法院关于民事诉讼证据的若干规定》(法释〔2019〕19 号)第 47 条第 1 款第 3 项规定的“对方当事人依照法律规定有权查阅、获取的书证”。

视听资料是存储作为证明案件事实的音响、活动影像和图形的录音磁带、录像带、电影胶片,包括录音资料和影像资料。电子数据是存储作为证明案件事实的音响、活动影像和图形的电子计算机或者电子磁盘等。常见的有录音资料、录像资料、电影资料和电子计算机或者电子磁盘储存的资料。[1] 在环境侵权民事诉讼中,视听资料和电子数据发挥着重要作用,如在噪声污染侵权纠纷中可以通过展示录音资料证明噪声污染的存在。

(2)特殊证据种类规则。

由于环境侵权相较于一般侵权具有特殊性,在证据规则上也存在一些特别的规则。

第一类特殊证据种类规则是环境监测数据的证据效力,特别是在线监测数据、企业自我监测数据在环境侵权诉讼中的效力规则。

环境监测数据作为证据是指以环境监测数据为技术依据的、用以在环境诉讼或环境污染纠纷案件处理过程中证明争议案情和认定环境污染纠纷责任的环境污染事实。2017 年 9 月,中共中央办公厅、国务院办公厅印发的《关于深化环境监测改革提高环境监测数据质量的意见》第 10 条规定"明确污染源自动监测要求。建立重点排污单位自行监测与环境质量监测原始数据全面直传上报制度。重点排污单位应当依法安装使用污染源自动监测设备,定期检定或校准,保证正常运行,并公开自动监测结果……取消环境保护部门负责的有效性审核……"。

行政执法的监测数据经过质证后可以作为认定案件的事实。首先,《环境污染犯罪司法解释》(法释〔2023〕7 号)第 14 条第 1 款规定"环境保护主管部门及其所属监测机构在行政执法过程中收集的监测数据,在刑事诉讼中可以作为证据使用",刑事诉讼的证明要求高于民事诉讼证明要求,因此该监测数据当然可以作为环境侵权民事诉讼的证据。其次,《最高人民法院关于生态环境侵权民事诉讼证据的若干规定》(法释〔2023〕6 号)第 25 条规定:"负有环境资源保护监督管理职责的部门及其所属或者委托的监测机构在行政执法过程中收集的监测数据、形成的事件调查报告、检验检测报告、评估报告等材料,以及公安机关单独或者会同负有环境资源保护监督管理职责的部门提取样品进行检测获取的数据,经当事人质证,可以作为认定案件事实的根据。"因此经过质证后,监测数据可以作为认定事实的证据。

但是在线监测数据、尤其是企业自我监测的数据的证据效力在实践中有一定争议。污染源自动监测数据是排污单位通过在排污口设置自动监测电子设备实时、连续且不间断地对该排污口污染物排放情况进行监测,将所得出的数据记载于电子载体中,并通过特定电子线路远程传输至相应管理部门的电脑终端,属于电子数据证据。[2] 从真实性角度看,该类监测数据具有被篡改的风险,根据《最高人民法院关于民事诉讼证据的若干规定》(法释〔2019〕19 号)第 93 条的规定,需要全面审查来综合判断其真实性与证明力。从合法性角度看,监测设备是否符合标准,监测方法是否正确以及监测是否定期监督都会影响监测数据的合法性。《污染源自动监控管理办法》(2005 年公布)第 12 条第 1 项规定,自动监控设备中的相关仪器应当选用经原国家环境保护总局指定的环境监测仪器检测机构适用性检

[1] 参见陈光中主编:《证据法学》(第 4 版),法律出版社 2019 年版,第 200 页。

[2] 参见李义松、闫洁:《论污染源监测数据的证据效力》,载《河海大学学报(哲学社会科学版)》2021 年第 6 期。

测合格的产品。《污染源自动监控设施现场监督检查办法》(2012年公布)第7条第1款规定:“污染源自动监控设施建成后,组织建设的单位应当及时组织验收。经验收合格后,污染源自动监控设施方可投入使用。”从关联性角度看,只有安装在规定环境监测站点的在线监测设备所得到的监测数据才能证明企业的排污行为。[1]

综上,环境监测数据是认定污染事实的重要证据,在环境民事侵权纠纷中需要确保其真实性、合法性以及关联性。

第二类特殊证据种类规则是突发环境事故调查报告的证据规则。我国首次全国性自然灾害事故调查是2021年河南特大暴雨灾害,在该案中国务院成立河南郑州“7·20”特大暴雨灾害调查组,进行全面的调查,形成报告。环境事故调查报告是行政机关针对事故进行调查,包括不限于事故成因、财产损失以及责任认定,必要时邀请专家参与事故调查,对于环境案件的事实认定、因果关系证明以及责任承担认定等方面具有重要的作用。但是环境事故报告并不是当然具有证明力。《最高人民法院关于生态环境侵权民事诉讼证据的若干规定》(法释〔2023〕6号)第25条规定:“负有环境资源保护监督管理职责的部门及其所属或者委托的监测机构在行政执法过程中收集的监测数据、形成的事件调查报告、检验检测报告、评估报告等材料,以及公安机关单独或者会同负有环境资源保护监督管理职责的部门提取样品进行检测获取的数据,经当事人质证,可以作为认定案件事实的根据。”因此,行政机关形成的突发环境事故调查报告需要经过当事人质证才能作为认定案件事实的依据。

2016年6月,兰坪县营盘镇清水河发生泥石流灾害。兰坪县国土资源局形成《兰坪县国土资源局关于上报兰坪县营盘镇清水河“6.07”泥石流灾害调查的报告》(以下简称泥石流灾害调查报告),认定兰坪三江铜业有限责任公司(以下简称三江铜业公司)直接经济损失为233.91万元。泥石流灾害调查报告同时指出,本次泥石流灾害为强降雨为主引发,兰坪汇集矿业有限公司(以下简称汇集公司)大板登铜矿矿区生产弃渣处置不当是加剧地质灾害灾损形成的直接因素,灾损各方应共同委托具有资质条件的技术单位开展专项调查工作,经责任认定后按照责任大小协商解决。因协商未果,三江铜业公司诉至法院,要求汇集公司赔偿其经济损失233.91万元。[2] 云南省兰坪县人民法院经审理认为,本案为环境污染事件引发的财产损害赔偿案件。泥石流灾害调查报告证明,泥石流灾害的发生与汇集公司的不当活动存在因果关系,应承担环境侵权责任。三江铜业公司修建构筑物时挤占沟道,选址不当,在生产中对可能暴发的泥石流等灾害缺乏防范意识,三江铜业公司本身存在一定的过错。鉴于各方未进行责任认定,亦不同意进行灾损司法鉴定,根据泥石流灾害调查报告中统计的灾损数据,结合财产折旧情况,确认三江铜业公司损失为222.2万元。根据双方的过错程度,确定汇集公司承担50%的赔偿责任。一审判决由汇集公司赔偿三江铜

---

〔1〕参见李义松、闫洁:《论污染源监测数据的证据效力》,载《河海大学学报(哲学社会科学版)》2021年第6期。
〔2〕参见兰坪三江铜业有限责任公司诉兰坪汇集矿业有限公司财产损害赔偿纠纷案,最高人民法院2019年度人民法院环境资源典型案例13。

业公司灾害财产损失 111.1 万元。云南省怒江傈僳族自治州中级人民法院二审调整折旧比例,确定三江铜业公司损失数额为 141.25 万元,改判汇集公司按照 50% 责任赔偿三江铜业公司 70.62 万元。

环境事故调查报告是行政机关依职权,依程序对某一事实进行认定,其技术性强,具有不可替代性。但是,在司法实践中,与公文书不同,不能直接推定是真实有效的,还需要结合案件实际情况,对环境事故调查报告进行质证,认定事故调查报告的真实性、合法性和关联性,结合其他案件证据认定案件事实和要件。

第三类特殊证据种类规则是其他公文书的预决效力。针对同一环境侵权事实,可能存在刑事诉讼、民事诉讼以及行政执法等程序,不同程序之间相互有涉及,对于已在其他文书中确认或者排除的事实,以及采用或者不采用的证据,在后续的环境民事侵权诉讼中是否有预决效力,需要分情况讨论。

首先,对于发生法律效力的刑事裁判、行政裁判因未达到证明标准未予认定的事实,在民事案件中并不当然排除,需结合案件认定案件事实。刑事诉讼、行政执法以及民事诉讼对于证据的证明标准有不同的要求。刑事诉讼因其严格性,需要恪守排除一切合理怀疑原则,民事诉讼在司法实践中一般要求当事人达到"高度盖然性""优势证据"标准即可。相比于前两者,行政执法证据标准需要达到"确实、充分",介于刑事诉讼和民事诉讼证据标准之间。《最高人民法院关于生态环境侵权民事诉讼证据的若干规定》(法释〔2023〕6 号)第 8 条规定:"对于发生法律效力的刑事裁判、行政裁判因未达到证明标准未予认定的事实,在因同一污染环境、破坏生态行为提起的生态环境侵权民事诉讼中,人民法院根据有关事实和证据确信待证事实的存在具有高度可能性的,应当认定该事实存在。"因此还需要结合案件事实分析,达到高度可能性即可。

其次,对于环境刑事判决中确认的事实,需要结合多方因素认定其效力。应当以尊重民事审判机关独立的事实认定权为前提,以提高司法资源的利用率、避免矛盾判决为目标。[1] 需要确定环境刑事判决中已确认事实是否具有效力以及具有何种强度的效力,需要同时考虑已确认事实是否符合"程序公正"原理以及民事诉讼原、被告就使用已确认事实意图证明之待证事实的举证责任配置情况。对于原告负举证责任的事实,如果对原告有利,则该事实对被告具有绝对效力;如果对被告有利,则只对原告有相对效力。对于被告负举证责任的事实,如果对原告有利,则该事实对被告只有相对效力;即使对被告有利,其亦无权主张。[2] 由于禁止反言原则,当事人不得做出不同的主张;对于刑事诉讼的案外人,刑事判决记载的内容具有表面证据的证明力,案外人可以作出不同的主张并提供证据反驳。[3]

再次,环境行政处罚文书及其记载的内容,在环境侵权民事诉讼中推定为真实。环境

---

〔1〕 参见纪格非:《论刑事判决在民事诉讼中的预决力》,载《当代法学》2015 年第 4 期。

〔2〕 参见程玉:《环境刑事判决已确认事实在生态损害民事诉讼中的效力规则》,载《清华法律评论》2023 年第 1 期。

〔3〕 参见纪格非:《论刑事判决在民事诉讼中的预决力》,载《当代法学》2015 年第 4 期。

行政处罚,是指环境保护行政机关依照环境保护法规,对犯有一般环境违法行为的个人或组织作出的具体的行政制裁措施。《最高人民法院关于生态环境侵权民事诉讼证据的若干规定》(法释〔2023〕6 号)第 24 条规定:“负有环境资源保护监督管理职责的部门在其职权范围内制作的处罚决定等文书所记载的事项推定为真实,但有相反证据足以推翻的除外。人民法院认为有必要的,可以依职权对上述文书的真实性进行调查核实。”针对行政处罚文书以及其记载的事实,在环境侵权诉讼中,推定真实,除非有相反证据推翻。

最后,环境公益诉讼生效判决中确认的事实推定真实。针对同一环境侵权损害事实,可能会同时产生环境公益诉讼和环境私益诉讼,针对环境公益诉讼判决,《最高人民法院关于生态环境侵权民事诉讼证据的若干规定》(法释〔2023〕6 号)第 9 条规定:“对于人民法院在生态环境保护民事公益诉讼生效裁判中确认的基本事实,当事人在因同一污染环境、破坏生态行为提起的人身、财产损害赔偿诉讼中无需举证证明,但有相反证据足以推翻的除外。”

第四类特殊证据种类规则是科学证据的审查规则。由于环境民事侵权的特殊性,环境问题引发损害的过程具有复杂性与不确定性,在环境民事诉讼中,对一些专门性问题经常借由专门的机构或人员通过鉴定评估、检测或化验后形成具有科学技术性的报告、意见等形式的证据来加以证明,学理上称为科学证据。〔1〕在环境民事诉讼中常见形态为专门机构或人员对于排污是否超标或造成污染、关联性或因果关系是否存在、具体的伤情等级或损害数额是多少等实体性证明主体所作的鉴定意见、专家意见等。

由于专业壁垒,科学证据的审查面临审查原理难的问题,难以实质性审查科学证据的获取是否选取了正确的原理和方法。面对困境,美国要求科学证据还需要具备运用的有效性,1975 年美国联邦国会制定《联邦证据规则》,该规则第 702 条规定:“如果科学、技术或其他专业知识有助于事实裁判者理解证据或决定争议事实,一个因知识、技能、经验、训练或教育而具备专家资格的证人,就可以意见形式作证,否则就不能够。”根据该规定,专家证人意见证据只要具备三个条件,即具有可采性:一是据以作出意见证据的依据必须是科学、技术与专业知识;二是该意见证据有助于事实裁判者理解证据或决定争议事实;三是专家必须具有这些知识才属于合格的专家。

我国环境诉讼对科学证据依赖性强,笔者通过分析 2001—2010 年的 954 份环境裁判文书发现,采用鉴定结论作为定案依据的占到 75%。〔2〕我国民事诉讼法及相关司法解释构建了鉴定意见和专家辅助人出庭陈述意见并存的双层专家证据制度。《刑事诉讼法》(2012 年修正)、《民事诉讼法》(2012 年修正)均将“鉴定结论”修改为“鉴定意见”,弱化了鉴定结果的证明力,使鉴定结果回归正常的证据类型,同时也加大了法官对于鉴定结果的

---

〔1〕 参见李庆保:《环境民事诉讼证据制度研究》,法律出版社 2021 年版,第 266 页。

〔2〕 参见吕忠梅等:《理想与现实:中国环境侵权纠纷现状及救济机制构建》,法律出版社 2011 年版,第 25 页。

审查义务。〔1〕 由于科学证据的专业性，其质证面临着现实困境，甚至在诉讼实践中存在"证据霸凌"现象，因此要规范科学证据的程序以及证据效力。

根据《最高人民法院关于生态环境侵权民事诉讼证据的若干规定》（法释〔2023〕6 号）第 16 条的规定，委托鉴定的范围为：对于查明环境污染、生态破坏案件事实的专门性问题，人民法院经审查认为有必要的，应当根据当事人的申请或者依职权委托具有相应资格的机构、人员出具鉴定意见。第 17 条明确了不予委托鉴定的两种情形：一是非专门性问题不予委托鉴定，旨在使司法鉴定回归辅助法庭解决专门性问题的本质；二是虽然属于专门性问题，但可以通过法庭调查、勘验等其他方式查明的，不予委托鉴定。

如果鉴定情况复杂，需要邀请其他机构和人员协助完成鉴定，人民法院对于鉴定人邀请其他机构、人员完成部分鉴定事项的审查，遵循"有限许可、严格限制"的规则。首先，鉴定人需要邀请其他机构、人员完成部分鉴定事项的，应当向人民法院提出申请，人民法院经审查认为确有必要的，在听取双方当事人意见后，可以准许，并告知鉴定人对最终鉴定意见承担法律责任。其次，鉴定人邀请其他机构、人员完成的，只能是部分鉴定事项，而非主要鉴定事项，否则，人民法院不予准许。最后，未经人民法院准许，鉴定人邀请其他机构、人员完成部分鉴定事项的，鉴定意见不得作为认定案件事实的根据。当事人因此申请退还鉴定费用的，人民法院应当在 3 日内作出裁定，责令鉴定人退还，拒不退还的，由人民法院依法执行。

针对当事人自行委托的意见，《最高人民法院关于生态环境侵权民事诉讼证据的若干规定》（法释〔2023〕6 号）第 23 条规定："当事人就环境污染、生态破坏的专门性问题自行委托有关机构、人员出具的意见，人民法院应当结合本案的其他证据，审查确定能否作为认定案件事实的根据。对方当事人对该意见有异议的，人民法院应当告知提供意见的当事人可以申请出具意见的机构或者人员出庭陈述意见；未出庭的，该意见不得作为认定案件事实的根据。"该条将当事人自行委托的专业机构等同于专家辅助人，代表当事人发表意见，属于当事人陈述，需要出庭陈述意见。

在生态环境侵权案件中，大量的案件事实涉及专业问题，需要通过专家证据予以查明，而鉴定机构有限、鉴定周期较长、费用较高等问题在一定程度上存在，因此需要更好地发挥专家辅助人制度的作用。《最高人民法院关于生态环境侵权民事诉讼证据的若干规定》（法释〔2023〕6 号）第 22 条第 1 款规定："当事人申请有专门知识的人出庭，就鉴定意见或者污染物认定、损害结果、因果关系、生态环境修复方案、生态环境修复费用、生态环境受到损害至修复完成期间服务功能丧失导致的损失、生态环境功能永久性损害造成的损失等专业问题提出意见的，人民法院可以准许。"专家辅助人在法庭上就专业问题提出的意见视为当事人的陈述，无资格方面的限制。如果一方当事人以对方当事人聘请的有专门知识的人

---

〔1〕 参见张敏纯：《我国环境侵权诉讼中科学证据认定规则的构建——以美国经验为借鉴》，载《学术界》2014 年第 10 期。

不具备相应资格为由提出异议，人民法院对该异议不予支持。[1]

关于科学证据的认定，除了满足上述特定的形式需求以外，还须满足有效性的实质需求，可通过标准制度进行判断。前文已对我国环境标准制度进行了详细阐述。其中，环境监测方法标准是为监测环境质量和污染物排放，规范采样、分析测试、数据处理等技术而制定的技术规范；环境标准样品标准是为保证环境监测数据的准确、可靠，对用于量值传递或质量控制的材料、实物样品而制定的技术规范；环境基础标准是对环境保护工作中，需要统一的技术术语、符号、代号（代码）、图形、指南、导则及信息编码等所作的规定。[2] 科学证据需要满足环境监测方法标准、环境标准样品标准以及环境基础标准等相关标准规定才有效，再结合案件事实进行认定。

第五节　环境公益诉讼

环境公益诉讼是指由国家规定的机关或者法律规定的组织以维护环境公益为目的，针对造成生态环境损害或造成重大生态环境损害风险的行为，向人民法院提起的诉讼。其中，环境行政公益诉讼以行政机关作为被告，在程序上适用《行政诉讼法》（2017 年修正）；环境民事公益诉讼以民事主体作为被告，在程序上适用《民事诉讼法》（2023 年修正）。在现行法治框架之下，生态环境损害救济可以通过以下四种诉讼途径实现：（1）符合条件的环保组织可对环境污染者或生态破坏者提起民事公益诉讼；（2）检察机关可对环境污染者或生态破坏者提起独立的民事公益诉讼，也可对破坏生态环境和资源保护、损害社会公共利益的犯罪行为提起刑事公诉时，一并提起附带民事公益诉讼；（3）行政机关作为权利人可向造成生态环境损害的行为人提起生态环境损害赔偿诉讼；（4）检察机关对行政机关违法履职或不履职可提起行政公益诉讼。[3]

一、环境行政公益诉讼

（一）概念与法律依据

环境行政公益诉讼是指人民检察院在履行职责过程中发现生态环境和资源保护领域负有监督管理职责的行政机关违法行使职权或者不作为，致使国家利益或社会公共利益受到侵害的，人民检察院向行政机关提出检察建议，督促其依法履行职责后，行政机关仍不依法履行职责，人民检察院依法向人民法院提起的诉讼。[4] 不同于以个人权利救济为目的

---

〔1〕 参见杨临萍、刘竹梅等：《〈关于生态环境侵权民事诉讼证据的若干规定〉的理解与适用》，载《人民司法》2023 年第 28 期。

〔2〕 参见金瑞林主编：《环境与资源保护法学》（第 3 版），高等教育出版社 2013 年版，第 96 页。

〔3〕 参见吕梦醒：《生态环境损害多元救济机制之衔接研究》，载《比较法研究》2021 年第 1 期。

〔4〕 参见李传轩主编：《中国环境法教程》，复旦大学出版社 2021 年版，第 207 页。

的主观诉讼,环境行政公益诉讼的性质为客观诉讼,以维护国家利益和社会公共利益为目的,保障不特定多数人合法的环境权益不受损害。普通环境行政诉讼是针对环境管理行政机关的具体行政行为而提出的,其损害的是某一特定行政相对人的财产权或人身权,而环境行政公益诉讼以维护环境公益为目的,被诉行政行为损害的是不特定社会多数人的环境权利这一社会公共利益。[1]

2014 年 10 月召开的党的十八届四中全会通过了《中共中央关于全面推进依法治国若干重大问题的决定》,其第四部分第二点明确提出"探索建立检察机关提起公益诉讼制度"。2015 年 7 月,全国人大常委会通过《关于授权最高人民检察院在部分地区开展公益诉讼试点工作的决定》,授权最高人民检察院在 13 个试点地区开展为期两年的检察机关提起民事和行政公益诉讼试点工作。两年试点期届满后,全国人大常委会于 2017 年 6 月对《行政诉讼法》进行修改,在第 25 条增加第 4 款规定:"人民检察院在履行职责中发现生态环境和资源保护、食品药品安全、国有财产保护、国有土地使用权出让等领域负有监督管理职责的行政机关违法行使职权或者不作为,致使国家利益或者社会公共利益受到侵害的,应当向行政机关提出检察建议,督促其依法履行职责。行政机关不依法履行职责的,人民检察院依法向人民法院提起诉讼。"至此,我国立法正式确立了环境行政公益诉讼制度。2018 年《宪法》修正,第 134 条、第 136 条为检察机关提起行政公益诉讼提供了宪法依据。2018 年、2019 年《人民检察院组织法》《检察官法》相继修订,增加了检察机关按照规定开展公益诉讼的条文。

为贯彻落实环境行政公益诉讼制度和指导司法实务,最高人民检察院、最高人民法院颁布了一系列的司法解释及办法。2018 年 3 月,最高人民法院和最高人民检察院联合发布《关于检察公益诉讼案件适用法律若干问题的解释》,并在 2020 年《民法典》通过后作出了相应修正,为检察机关提起环境行政公益诉讼提供了统一规范。最高人民法院和最高人民检察院还各自制定了可具体操作的规范,如 2017 年最高人民法院发布《关于审理环境公益诉讼案件的工作规范(试行)》,2018 年最高人民检察院发布《检察机关行政公益诉讼案件办案指南(试行)》,2019 年最高人民检察院发布《人民检察院检察建议工作规定》以及 2021 年最高人民检察院发布《人民检察院公益诉讼办案规则》(高检发释字〔2021〕2 号)。

(二)诉讼制度的主要内容

环境行政公益诉讼制度的主要内容包括以下几个方面:

1. 原告资格

原告资格主要解决的是起诉人与被诉行为之间是否存在利益(利害)关系的问题。[2]传统行政诉讼的原告资格仅为与被诉具体行政行为有利害关系的公民、法人、组织等。在

---

〔1〕 参见黄锡生、林玉成:《环境公益行政诉讼新论》,载《重庆建筑大学学报》2005 年第 6 期。

〔2〕 参见王树良:《我国景观行政诉讼的现状与探讨——以日本景观行政诉讼为参考》,载《暨南学报(哲学社会科学版)》2018 年第 3 期。

环境行政公益诉讼中,根据《行政诉讼法》(2017 年修正)第 25 条第 4 款的规定,我国检察机关有权以公益诉讼人身份提起行政公益诉讼。

2. 诉讼被告

根据《行政诉讼法》(2017 年修正)第 2 条和第 25 条第 4 款的规定,环境行政公益诉讼的被告是生态环境和资源保护领域负有监督管理职责但违法行使职权或者不作为的行政机关或者法律、法规、规章授权的组织。根据我国的环境管理体制,环境行政公益诉讼的被告包括人民政府、生态环境主管部门、其他负有生态环境和资源保护监管职责的政府部门(如自然资源部门、水利部门等),以及法律、法规、规章授权的组织。[1]

3. 诉前检察建议

因为环境行政公益诉讼的主要目的是督促行政机关正确履行职能,所以制度上设计了在人民检察院正式提起环境行政公益诉讼之前,发出诉前检察建议督促行政机关正确履行职责。诉前检察建议是环境行政公益诉讼区别于普通环境行政诉讼的特有程序,是检察机关提起环境行政公益诉讼的必经前置程序。根据《行政诉讼法》(2017 年修正)第 25 条第 4 款和《最高人民法院、最高人民检察院关于检察公益诉讼案件适用法律若干问题的解释》(法释〔2020〕20 号)第 21 条的规定,生态环境和资源保护领域有监督管理职责的行政机关违法行使职权或者不作为,致使国家利益或者社会公共利益受到侵害的,检察机关应当向行政机关提出检察建议,督促其依法履行职责。行政机关应当在收到检察建议书之日起 2 个月内依法履行职责,并书面回复人民检察院。出现国家利益或者社会公共利益损害继续扩大等紧急情形的,行政机关应当在 15 日内书面回复。行政机关不依法履行职责的,人民检察院依法向人民法院提起诉讼。[2] 最高人民法院 2017 年发布的《关于审理环境公益诉讼案件的工作规范(试行)》第 53 条对行政机关是否履行法定职责的审查标准作了规定:行政机关在诉前程序中作出的行政行为不足以保护社会公共利益,或者行政机关虽已作出足以保护社会公共利益的行政行为,但社会公共利益仍处于受侵害状态,检察机关提起环境行政公益诉讼的,应予受理。

4. 诉讼程序

检察机关依据《行政诉讼法》(2017 年修正)提起环境行政公益诉讼,与传统行政诉讼相比也有其特殊之处。一是举证责任方面,环境行政公益诉讼适用《行政诉讼法》(2017 年修正)第 34 条[3]中的举证责任倒置原则。不同的是:在起诉条件的证明方面,公益诉讼起诉人除了要求符合传统行政诉讼一般的起诉条件外,依据《最高人民法院、最高人民检察院关于检察公益诉讼案件适用法律若干问题的解释》(法释〔2020〕20 号)第 22 条规定,还必

---

〔1〕 参见张璐主编:《环境与资源保护法学》,北京大学出版社 2023 年版,第 212 页。

〔2〕 参见谭柏平主编:《生态环境与资源法学》,法律出版社 2022 年版,第 176 页。

〔3〕《行政诉讼法》(2017 年修正)第 34 条规定:被告对作出的行政行为负有举证责任,应当提供作出该行政行为的证据和所依据的规范性文件。被告不提供或者无正当理由逾期提供证据,视为没有相应证据。但是,被诉行政行为涉及第三人合法权益,第三人提供证据的除外。

须提供“国家利益或者社会公共利益受到侵害的证明材料”,“已经履行诉前程序,行政机关仍不依法履行职责或者纠正违法行为的证明材料”;在涉及目标“公益”与受损“公益”大小比较时,要求被告应对被诉行政行为的合法性和合理性进行全面举证。[1] 二是二审启动方式,虽然《最高人民法院、最高人民检察院关于检察公益诉讼案件适用法律若干问题的解释》(法释〔2020〕20号)第4条规定人民检察院的诉讼身份是“公益诉讼起诉人”,依照《行政诉讼法》(2017年修正)享有相应的诉讼权利,履行相应的诉讼义务,但由于检察机关的本质属性,仍需作特殊规定。

5. 管辖法院

《最高人民法院、最高人民检察院关于检察公益诉讼案件适用法律若干问题的解释》(法释〔2020〕20号)第5条第2款对立案管辖作一般规定:“基层人民检察院提起的第一审行政公益诉讼案件,由被诉行政机关所在地基层人民法院管辖。”一般案件管辖权的划分是以行政区划为基础建立的,但环境污染具有流动性,导致环境污染造成的影响可能跨越行政区域,产生管辖冲突。对此,《环境保护法》(2014年修订)第20条[2]提出要建立跨行政区划环境案件的协调机制。最高人民法院也对跨行政区划环境资源案件司法管辖制度作了有益探索。2014年,中央深改组通过《最高人民法院设立巡回法庭试点方案》和《设立跨行政区划人民法院、人民检察院试点方案》。《最高人民法院关于全面加强环境资源审判工作为推进生态文明建设提供有力司法保障的意见》(法发〔2014〕11号)、《关于全面深化人民法院改革的意见——人民法院第四个五年改革纲要(2014—2018)》(法发〔2015〕3号)指出,探索建立与行政区划适度分离的环境资源案件管辖制度。

6. 判决类型

《行政诉讼法》(2017年修正)第69条至第78条规定了普通行政诉讼案件的判决方式,包括“驳回原告的诉讼请求”(第69条),“(部分)撤销行政行为,并可判令重作行政行为”(第70条),“被告限期履行”(第72条),“被告履行给付义务”(第73条),“行政行为确认违法”(第74条),“行政行为确认无效”(第75条),“变更处罚(或款项)”(第77条),“被告采取补救措施,对原告损失进行赔偿”(第76条),“被告继续履行、采取补救措施或赔偿损失,给予补偿”(第78条)等。《最高人民法院、最高人民检察院关于检察公益诉讼案件适用法律若干问题的解释》(法释〔2020〕20号)第25条规定了行政公益诉讼案件的判决方式。据此司法解释,行政公益诉讼案件除了没有给付判决之外,判决类型与普通行政诉讼案件相同。环境行政公益诉讼作为行政公益诉讼案件之一,法定的判决方式包括确认违法判决和确认无效判决、撤销判决、补救判决、履行判决、变更判决和驳回判决。[3]

---

〔1〕 参见万进福:《行政公益诉讼中的举证责任分配》,载《人民法院报》2017年9月27日,第6版。

〔2〕 《环境保护法》(2014年修订)第20条第1款规定:“国家建立跨行政区域的重点区域、流域环境污染和生态破坏联合防治协调机制,实行统一规划、统一标准、统一监测、统一的防治措施。”

〔3〕 参见夏云娇、尚将:《环境行政公益诉讼判决方式的检视及其完善》,载《南京工业大学学报(社会科学版)》2021年第3期。

(三)司法实践状况

1. 总体情况

在开展环境行政公益诉讼试点工作之前,检察机关、公民和社会组织就开展了一系列环境行政公益诉讼的有益尝试。2015 年开始试点工作后至 2017 年 6 月,各试点地区检察机关共办理诉前程序案件 7903 件。其中,行政公益诉讼诉前程序案件 7676 件,除未到一个月回复期的 984 件外,行政机关纠正违法或履行职责 5162 件,占 77. 14% ;对诉前程序没有取得效果的案件向法院提起公益诉讼 1150 件。其中,行政公益诉讼 1029 件、行政公益附带民事公益诉讼 2 件[1]。2017 年 7 月 1 日检察环境行政公益诉讼制度在全国全面推进,最高人民检察院发布的数据显示,2017 年 7 月至 2022 年 6 月底,全国检察机关共立案公益诉讼案件 67 万余件。其中,行政公益诉讼 61. 4 万件。[2] 2023 年,全国检察机关共立案办理公益诉讼案件 19 万件。其中,行政公益诉讼 16. 8 万件,占比 88. 4% 。[3]

2. 典型案例

最高人民检察院发布了一系列检察环境行政公益诉讼案件,包括 2018 年发布检察环境行政公益诉讼典型案例,2019 年发布检察环境行政公益诉讼典型案例,2020 年发布检察环境行政公益诉讼典型案例,2021 年发布检察环境行政公益诉讼典型案例,2022 年发布检察环境行政公益诉讼典型案例以及 2023 年发布检察环境行政公益诉讼典型案例等。环境行政公益诉讼工作全面发展,办案量稳步增长,办案质效不断提升。

二、环境民事公益诉讼

(一)概念与法律依据

环境民事公益诉讼,是指法律规定的机关和有关组织对已经损害社会公共利益或者具有损害社会公共利益重大风险的污染环境、破坏生态的行为提起诉讼。[4] 传统环境民事私益诉讼是针对特定民事主体受到的实际损害提起的诉讼,而环境民事公益诉讼是基于环境公共利益保护的需要产生的。与环境民事私益诉讼不同,环境民事公益诉讼制度具有以下特点:一是起诉主体具有多元性。在环境民事公益诉讼中,为维护环境公益,与案件无直接利害关系的法律规定的机关或有关组织均有权提起诉讼。二是诉讼目的具有公益性。

---

〔1〕 参见徐日丹、闫晶晶、史兆琨:《试点两年检察机关办理公益诉讼案件 9053 件》,载最高人民检察院网,https://www.spp.gov.cn/zdgz/201707/t20170701_194471.shtml。

〔2〕 参见《公益之路,稳步走向宽广——2022 年检察公益诉讼大事记》,载最高人民检察院网,https://www.spp.gov.cn/spp/zdgz/202301/t20230105_597668.shtml。

〔3〕 参见《2023 年检察机关立案办理公益诉讼案件 19 万件》,载法治网 2024 年 3 月 12 日,http://www.legaldaily.com.cn/xjpfzsx/content/content_8971582.html。

〔4〕《最高人民法院关于审理环境民事公益诉讼案件适用法律若干问题的解释》第 1 条规定:“法律规定的机关和有关组织依据民事诉讼法第五十五条、环境保护法第五十八条等法律的规定,对已经损害社会公共利益或者具有损害社会公共利益重大风险的污染环境、破坏生态的行为提起诉讼,符合民事诉讼法第一百一十九条第二项、第三项、第四项规定的,人民法院应予受理。”

与为救济人身权、财产权等私人利益而提出的民事诉讼不同,环境民事公益诉讼的起诉条件是损害环境公益,起诉目的是使不特定多数人受损的环境公益得到有效救济或使重大环境风险得到有效预防。三是诉讼兼具有预防性和救济性功能。环境民事公益诉讼的请求内容不仅针对过去已发生的事件,还指向未来防止或减轻环境公益损害结果的发生。环境污染和破坏具有不可逆性,事后补救往往耗资巨大甚至不可补救,对此,只要存在发生损害的潜在性危险就可以提起诉讼。[1] 换言之,与环境民事侵权诉讼要求损害具有现实性不同,环境公益诉讼还针对环境风险。比如,《最高人民法院关于审理环境民事公益诉讼案件适用法律若干问题的解释》(法释〔2020〕20 号)第 1 条就明确提出"对已经损害社会公共利益或者具有损害社会公共利益重大风险的污染环境、破坏生态的行为提起诉讼"。这一点在云南绿孔雀公益诉讼案[(2020)云民终 824 号]中就有所体现。

我国已经制定和出台的有关环境民事公益诉讼的立法和司法解释包括《民事诉讼法》(2023 年修正)第 58 条、《环境保护法》(2014 年修订)第 58 条、《民法典》(2020 年公布)第七编第七章、《生态环境侵权责任司法解释》(法释〔2023〕5 号)、《最高人民法院关于审理环境民事公益诉讼案件适用法律若干问题的解释》(法释〔2020〕20 号)、《最高人民法院关于适用〈中华人民共和国民事诉讼法〉的解释》(法释〔2022〕11 号)以及《最高人民法院、最高人民检察院关于检察公益诉讼案件适用法律若干问题的解释》(法释〔2020〕20 号)等,初步架构出我国环境民事公益诉讼的制度框架。

我国环境问题日益严重,尤其是 2007 年以来,蓝藻事件接连暴发,为了实现生态可持续发展,环境公益诉讼逐渐发展[2]。2010 年 3 月 1 日贵州省贵阳市施行全国第一部促进生态文明建设的地方性法规——《贵阳市促进生态文明建设条例》(已失效),首次以地方法规的形式明确了包括检察机关、环保行政机关、环保社会团体在内的环境民事公益诉讼原告资格。[3] 2012 年《民事诉讼法》第 55 条(2023 年《民事诉讼法》修正时调整为第 58 条)[4]确认由法律规定的机关和有关组织可以针对污染环境等损害社会公共利益的违法行为人提起环境民事公益诉讼,这为环境民事公益诉讼制度确立了全国性的法律依据。2014 年修订的《环境保护法》第 58 条[5]细化了提起环境民事公益诉讼的社会组织的适格条件,从而破解了环境民事公益诉讼于法无据的局面。《环境保护法》(2014 年修订)第 58

---

〔1〕 参见李艳芳、李斌:《论我国环境民事公益诉讼制度的构建与创新》,载《法学家》2006 年第 5 期。

〔2〕 参见梁春艳:《社会主体提起的环境行政公益诉讼研究》,法律出版社 2024 年版,第 33 页。

〔3〕 《贵阳市促进生态文明建设条例》(2010 年公布,已失效)第 23 条第 1 款规定:"检察机关、环境保护管理机构、环保公益组织为了环境公共利益,可以依照法律对污染环境、破坏资源的行为提起诉讼,要求有关责任主体承担停止侵害、排除妨碍、消除危险、恢复原状等责任。"

〔4〕 《民事诉讼法》(2012 年修正,已被修改)第 55 条规定:"对污染环境、侵害众多消费者合法权益等损害社会公共利益的行为,法律规定的机关和有关组织可以向人民法院提起诉讼。"

〔5〕 《环境保护法》(2014 年修订)第 58 条规定:"对污染环境、破坏生态,损害社会公共利益的行为,符合下列条件的社会组织可以向人民法院提起诉讼:(一)依法在设区的市级以上人民政府民政部门登记;(二)专门从事环境保护公益活动连续五年以上且无违法记录。符合前款规定的社会组织向人民法院提起诉讼,人民法院应当依法受理。提起诉讼的社会组织不得通过诉讼牟取经济利益。"

条规定符合特定条件的社会组织可以提起环境民事公益诉讼,2015 年《最高人民法院关于审理环境民事公益诉讼案件适用法律若干问题的解释》(已被修改)对《环境保护法》(2014 年修订)第 58 条社会组织提起环境民事公益诉讼的条件进行细化;2015 年《人民检察院提起公益诉讼试点工作实施办法》(已失效)以及 2016 年《人民法院审理人民检察院提起公益诉讼案件试点工作实施办法》(法发〔2016〕6 号)规定人民检察院对"污染……损害社会公共利益的行为"可以提起环境民事公益诉讼,并于 2017 年被规定在《民事诉讼法》中。为了正确适用《民法典》(2020 年公布)、《民事诉讼法》(2023 年修正)关于检察院提起公益诉讼制度的规定,2020 年年底最高人民法院、最高人民检察院修正并公布了《关于检察公益诉讼案件适用法律若干问题的解释》(法释〔2020〕20 号)。

(二)环境民事公益诉讼制度的主要内容

环境民事公益诉讼制度按照提起诉讼的主体可以分为检察机关提起的公益诉讼以及社会组织提起的公益诉讼,虽然都是以保护环境公益为目的,但是两者在主体、适用范围以及程序等方面存在一定的区别。

1. 原告资格

(1)社会组织提起的环境民事公益诉讼。此类环境民事公益诉讼中,原告是符合条件的社会组织。《民事诉讼法》(2023 年修正)第 58 条第 1 款规定:"对污染环境、侵害众多消费者合法权益等损害社会公共利益的行为,法律规定的机关和有关组织可以向人民法院提起诉讼。"其中的有关组织,结合《环境保护法》(2014 年修订)第 58 条第 1 款的规定,为"(一)依法在设区的市级以上人民政府民政部门登记;(二)专门从事环境保护公益活动连续五年以上且无违法记录"。根据《最高人民法院关于审理环境民事公益诉讼案件适用法律若干问题的解释》(法释〔2020〕20 号)第 2 条规定,"依照法律、法规的规定,在设区的市级以上人民政府民政部门登记的社会团体、基金会以及社会服务机构等,可以认定为环境保护法第五十八条规定的社会组织",可以进一步确认原告资格。

(2)检察机关提起的环境民事公益诉讼。此类环境民事公益诉讼中,原告是检察机关,提起诉讼的时候需要满足诉前程序要求。《民事诉讼法》(2023 年修正)第 58 条第 2 款规定:"人民检察院在履行职责中发现破坏生态环境和资源保护、食品药品安全领域侵害众多消费者合法权益等损害社会公共利益的行为,在没有前款规定的机关和组织或者前款规定的机关和组织不提起诉讼的情况下,可以向人民法院提起诉讼。前款规定的机关或者组织提起诉讼的,人民检察院可以支持起诉。"因此,检察机关提起民事公益诉讼,必须是在没有适格主体提起诉讼或者适格主体不提起诉讼的情况下。

在人民法院受理案件后,在规定期间,经申请后,有权提起诉讼的其他机关和社会组织可以被列为共同原告,但是特定个体的损害只能另案处理。《最高人民法院关于审理环境民事公益诉讼案件适用法律若干问题的解释》(法释〔2020〕20 号)第10 条规定:"人民法院受理环境民事公益诉讼后,应当在立案之日起五日内将起诉状副本发送被告,并公告案件受理情况。有权提起诉讼的其他机关和社会组织在公告之日起三十日内申请参加诉讼,经审查符合法定条件的,人民法院应当将其列为共同原告;逾期申请的,不予准许。公民、法人和其他组织以人身、财产受到损害为由申请参加诉讼的,告知其另行起诉。"

2. 诉讼被告

环境民事公益诉讼的被告是指实施了污染环境、破坏生态,损害社会公共利益的行为或者具有损害社会公共利益重大风险的污染环境、破坏生态的行为的主体。其既包括自然人,也包括法人。除单独主体之外,两个以上自然人、两个以上法人或者两个以上自然人和法人均可以作为环境民事公益诉讼的共同被告。除自然人和法人之外,实施了污染环境、破坏生态,损害社会公共利益行为的行政机关也可能成为环境民事公益诉讼的被告。[1]依据被起诉的数量不同,环境民事公益诉讼的被告可以分为单个被告和共同被告。在共同被告的案件中,共同被告或承担按份责任,或承担连带责任。2023 年《生态环境侵权责任司法解释》(法释〔2023〕5 号)根据《民法典》侵权责任编关于数人侵权的一般规定,结合生态环境侵权责任归责原则和案件特点,在第 5 条至第 9 条就数人侵权责任作出规定,[2]以解决司法实践中污染责任归责原则、责任构成以及数人侵权责任划分等问题。

3. 适用范围

依据《最高人民法院关于审理环境民事公益诉讼案件适用法律若干问题的解释》(法释〔2020〕20 号)第 1 条,[3]环境民事公益诉讼的适用范围,既包括已经损害社会公共利益的污染环境、破坏生态的行为,也包括具有损害社会公共利益重大风险的污染环境、破坏生态的行为。但是,关于"损害社会公共利益重大风险"认定在实践中存在争议,需要结合案件事实进行综合分析。总体上看,人民法院审理环境民事公益诉讼案件,应当贯彻保护优先、预防为主原则。根据最高人民法院指导案例 173 号,原告提供证据证明项目建设将对濒危野生动植物栖息地及生态系统造成毁灭性、不可逆转的损害后果,人民法院应当从被保护对象的独有价值、损害结果发生的可能性、损害后果的严重性及不可逆性等方面,综合判断被告的行为是否具有《最高人民法院关于审理环境民事公益诉讼案件适用法律若干问题的解释》(法释〔2020〕20 号)第 1 条规定的"损害社会公共利益重大风险"。[4] "重大风险"是指社会公共利益尚未受损,但一旦受损将造成严重或不可逆转的环境损害后果,且受损发生具有高度盖然性的危险状态。[5] 在司法实践中,法官应当结合科学技术以及案件

---

〔1〕 参见张璐主编:《环境与资源保护法学》(第 4 版),北京大学出版社 2023 年版,第 207 页。

〔2〕 参见杨临萍、刘竹梅、宋春雨:《〈关于审理生态环境侵权责任纠纷案件适用法律若干问题的解释〉的理解与适用》,载《人民司法》2023 年第 31 期。

〔3〕 《最高人民法院关于审理环境民事公益诉讼案件适用法律若干问题的解释》(法释〔2020〕20 号)第 1 条规定:"法律规定的机关和有关组织依据民事诉讼法第五十五条、环境保护法第五十八条等法律的规定,对已经损害社会公共利益或者具有损害社会公共利益重大风险的污染环境、破坏生态的行为提起诉讼,符合民事诉讼法第一百一十九条第二项、第三项、第四项规定的,人民法院应予受理。"

〔4〕 参见北京市朝阳区自然之友环境研究所诉中国水电顾问集团新平开发有限公司、中国电建集团昆明勘测设计研究院有限公司生态环境保护民事公益诉讼案,云南省高级人民法院(2020)云民终 824 号民事判决书。

〔5〕 参见张洋、毋爱斌:《论预防性环境民事公益诉讼中"重大风险"的司法认定》,载《中国环境管理》2020 年第 2 期。

事实进行综合判断。

同时,环境民事公益诉讼仅救济环境本身,不针对特定人的人身(财产)利益。《最高人民法院关于审理环境民事公益诉讼案件适用法律若干问题的解释》(法释〔2020〕20 号)第 10 条规定:"人民法院受理环境民事公益诉讼后,应当在立案之日起五日内将起诉状副本发送被告,并公告案件受理情况。有权提起诉讼的其他机关和社会组织在公告之日起三十日内申请参加诉讼,经审查符合法定条件的,人民法院应当将其列为共同原告;逾期申请的,不予准许。公民、法人和其他组织以人身、财产受到损害为由申请参加诉讼的,告知其另行起诉。"比如,在谢某锦等与北京市朝阳区自然之友环境研究所等环境侵权责任纠纷案[(2015)闽民终字第 2060 号]中,法院判决书指出"因原告主张的损害价值 134 万元中的损毁林木价值 5 万元和推迟林木正常成熟的损失价值 2 万元属于林木所有者的权利,不属于植被生态公共服务功能的损失,故原告无权主张,不予支持"。因此,环境民事公益诉讼主要是针对环境公共利益,而不是具体的人身财产损害。

4. 诉讼请求

诉讼请求是指在环境民事公益诉讼中向法院提出的请求司法予以保护的利益主张。《最高人民法院关于审理环境民事公益诉讼案件适用法律若干问题的解释》(法释〔2020〕20 号)第 18 条规定:"对污染环境、破坏生态,已经损害社会公共利益或者具有损害社会公共利益重大风险的行为,原告可以请求被告承担停止侵害、排除妨碍、消除危险、修复生态环境、赔偿损失、赔礼道歉等民事责任。"因此,环境民事公益诉讼的诉讼请求可以分为预防性诉讼请求(包括停止侵害、排除妨碍和消除危险)、修复性诉讼请求(恢复原状)、赔偿性请求(包括赔偿损失、赔礼道歉)三种类型。

对于预防性诉讼请求,无论是在环境民事私益诉讼还是在环境民事公益诉讼中,均不以过错为前提,实行无过错责任承担。修复性诉讼请求是指原告要求被告将生态环境修复到损害发生之前的状态和功能。《民法典》(2020 年公布)第 1234 条规定:"违反国家规定造成生态环境损害,生态环境能够修复的,国家规定的机关或者法律规定的组织有权请求侵权人在合理期限内承担修复责任。侵权人在期限内未修复的,国家规定的机关或者法律规定的组织可以自行或者委托他人进行修复,所需费用由侵权人负担。"同时针对无法修复的,可以采用替代性修复方式。《最高人民法院关于审理环境民事公益诉讼案件适用法律若干问题的解释》(法释〔2020〕20 号)第 20 条第 1 款规定:"原告请求修复生态环境的,人民法院可以依法判决被告将生态环境修复到损害发生之前的状态和功能。无法完全修复的,可以准许采用替代性修复方式。"比如,在重庆市人民检察院第一分院诉重庆市昆仑化工有限公司水污染责任纠纷环境民事公益诉讼案[(2018)渝 01 民初 669 号]中,法院认定"在本案中,受损生态环境主要是长江水体,因其具有流动性,受到污染的区域并不局限于被告重庆市昆仑化工有限公司排污区域周边,符合进行替代性修复的情形,加之被告本身并不具备生态环境修复的专业能力,故本案直接判决被告承担生态环境修复费用更为恰当"。

赔偿性请求是指原告请求被告赔偿生态环境受到损害至修复完成期间服务功能丧失导致的损失、生态环境功能永久性损害造成的损失。《民法典》(2020 年公布)第 1235 条规定:“违反国家规定造成生态环境损害的,国家规定的机关或者法律规定的组织有权请求侵权人赔偿下列损失和费用:(一)生态环境受到损害至修复完成期间服务功能丧失导致的损失;(二)生态环境功能永久性损害造成的损失;(三)生态环境损害调查、鉴定评估等费用;(四)清除污染、修复生态环境费用;(五)防止损害的发生和扩大所支出的合理费用。”原告可以请求被告赔偿以上损失和费用。此外,对于诉讼中是否可以提出惩罚性损害赔偿请求的问题,现行的法律和司法解释对此还没有明确的规定。2019 年 10 月通过的《中共中央关于坚持和完善中国特色社会主义制度　推进国家治理体系和治理能力现代化若干重大问题的决定》第四部分第四点提出要“拓展公益诉讼案件范围。加大对严重违法行为处罚力度,实行惩罚性赔偿制度……”,这为在环境民事公益诉讼中主张惩罚性赔偿请求指明了具体方向。

5. 管辖法院

《最高人民法院关于审理环境民事公益诉讼案件适用法律若干问题的解释》(法释〔2020〕20 号)第 6 条、第 7 条确定了环境民事公益诉讼的级别管辖、地域管辖、管辖权转移、共同管辖、集中管辖等相关的制度。

依据该司法解释第 6 条第 1 款[1]和《最高人民法院关于适用〈中华人民共和国民事诉讼法〉的解释》(法释〔2022〕11 号)第 283 条第 1 款[2]规定,在级别管辖上,环境民事公益诉讼案件的管辖级别一般为中级人民法院;在地域管辖方面,确定由污染环境、破坏生态行为发生地、损害结果地或被告住所地的中级以上人民法院管辖。但是,人民检察院提起环境民事公益诉讼的,适用《最高人民法院、最高人民检察院关于检察公益诉讼案件适用法律若干问题的解释》(法释〔2020〕20 号)第 5 条第 1 款的特别规定:“市(分、州)人民检察院提起的第一审民事公益诉讼案件,由侵权行为地或者被告住所地中级人民法院管辖。”

在裁定管辖方面,环境民事公益诉讼的裁定管辖主要涉及指定管辖和管辖权转移。中级人民法院认为这些基层人民法院确有必要受理第一审环境民事公益诉讼案件的,在报请所在地的高级人民法院批准后,裁定将第一审环境民事公益诉讼案件交由基层人民法院审理。[3] 不过,环境资源案件专业技术性强、复杂程度高,环境民事公益诉讼实行跨区域管辖,环境民事公益诉讼案件中指定管辖或管辖权转移应该结合跨区域集中管辖综合

---

〔1〕《最高人民法院关于审理环境民事公益诉讼案件适用法律若干问题的解释》(法释〔2020〕20 号)第 6 条第 1 款规定:“第一审环境民事公益诉讼案件由污染环境、破坏生态行为发生地、损害结果地或者被告住所地的中级以上人民法院管辖。”

〔2〕《最高人民法院关于适用〈中华人民共和国民事诉讼法〉的解释》(法释〔2022〕11 号)第 283 条第 1 款规定:“公益诉讼案件由侵权行为地或者被告住所地中级人民法院管辖,但法律、司法解释另有规定的除外。”

〔3〕《最高人民法院关于审理环境民事公益诉讼案件适用法律若干问题的解释》(法释〔2020〕20 号)第 6 条第 2 款规定:“中级人民法院认为确有必要的,可以在报请高级人民法院批准后,裁定将本院管辖的第一审环境民事公益诉讼案件交由基层人民法院审理。”

考虑。

2014 年《最高人民法院关于全面加强环境资源审判工作 为推进生态文明建设提供有力司法保障的意见》(法发〔2014〕11 号)第 18 条明确提出,"从水、空气等环境因素的自然属性出发,结合各地的环境资源案件量,探索设立以流域等生态系统或以生态功能区为单位的跨行政区划环境资源专门审判机构,实行对环境资源案件的集中管辖,有效审理跨行政区划污染等案件"。有关环境资源案件的集中管辖制度在第十章第四节有详细阐述。

6. 诉讼程序

环境民事公益诉讼程序具体体现在环境民事公益诉讼的前置程序,审前阶段的审前程序、释明权,审判阶段的举证责任、调解等。

在前置程序设置方面,根据环境民事公益诉讼原告的不同情况而有所区别。环保组织在提起环境公益诉讼上的能力、资源与意愿都存在不足,同时许多地方的环境执法仍然受到诸多因素的阻碍,由其提起环境民事公益诉讼不需要设置前置程序;[1] 检察机关因其特殊身份则需为其设置前置程序[2]。此外,根据《最高人民法院关于审理环境民事公益诉讼案件适用法律若干问题的解释》(法释〔2020〕20 号)第 12 条[3]的规定,法院负有对行政主管部门的告知义务。

在审前程序方面,释明权的行使是环境公益诉讼审前程序的核心与关键。《最高人民法院关于审理环境民事公益诉讼案件适用法律若干问题的解释》(法释〔2020〕20 号)第 9 条[4]增加法院释明权的专门规定,法院审前应对原告的诉讼请求作审查,引导诉讼,在必要时行使释明权,要求原告增加或者变更诉讼请求,更好地实现环境公益诉讼目的。[5]

在举证责任方面,依据《环境保护法》(2014 年修订)第 64 条[6]和《民法典》(2020 年公布)第 1230 条[7]有关环境污染责任的规定,环境公益诉讼在举证责任分配上应当遵循"举证责任倒置"的立法要求。《最高人民法院关于审理环境民事公益诉讼案件适用法律

---

〔1〕 参见陈海嵩:《环境民事公益诉讼程序规则的争议与完善》,载《政法论丛》2017 年第 3 期。

〔2〕 《行政诉讼法》(2017 年修正)第 25 条第 4 款规定:"人民检察院在履行职责中发现生态环境和资源保护、食品药品安全、国有财产保护、国有土地使用权出让等领域负有监督管理职责的行政机关违法行使职权或者不作为,致使国家利益或者社会公共利益受到侵害的,应当向行政机关提出检察建议,督促其依法履行职责。行政机关不依法履行职责的,人民检察院依法向人民法院提起诉讼。"

〔3〕 《最高人民法院关于审理环境民事公益诉讼案件适用法律若干问题的解释》(法释〔2020〕20 号)第 12 条规定:"人民法院受理环境民事公益诉讼后,应当在十日内告知对被告行为负有环境资源保护监督管理职责的部门。"

〔4〕 《最高人民法院关于审理环境民事公益诉讼案件适用法律若干问题的解释》(法释〔2020〕20 号)第 9 条规定:"人民法院认为原告提出的诉讼请求不足以保护社会公共利益的,可以向其释明变更或者增加停止侵害、修复生态环境等诉讼请求。"

〔5〕 参见陈海嵩:《环境民事公益诉讼程序规则的争议与完善》,载《政法论丛》2017 年第 3 期。

〔6〕 《环境保护法》(2014 年修订)第 64 条规定:"因污染环境和破坏生态造成损害的,应当依照《中华人民共和国侵权责任法》的有关规定承担侵权责任。"

〔7〕 《民法典》(2020 年公布)第 1230 条规定:"因污染环境、破坏生态发生纠纷,行为人应当就法律规定的不承担责任或者减轻责任的情形及其行为与损害之间不存在因果关系承担举证责任。"

若干问题的解释》(法释〔2020〕20 号)第 13 条[1]还规定:法律、法规、规章规定被告应当持有或者有证据证明被告持有而拒不提供有关环境信息的,那么原告主张相关事实不利于被告的,法院可以推定该主张成立。

环境公益诉讼中的证据规则和环境私益诉讼基本一致,但是由于其公共利益的特殊性,司法对于有关公共利益的证据有特殊规定,即根据《最高人民法院关于审理环境民事公益诉讼案件适用法律若干问题的解释》(法释〔2020〕20 号)第 16 条规定:“原告在诉讼过程中承认的对己方不利的事实和认可的证据,人民法院认为损害社会公共利益的,应当不予确认。”

同时,在环境公益诉讼中,被告不能提起反诉。《最高人民法院关于审理环境民事公益诉讼案件适用法律若干问题的解释》(法释〔2020〕20 号)第 17 条规定:“环境民事公益诉讼案件审理过程中,被告以反诉方式提出诉讼请求的,人民法院不予受理。”

关于调解问题,《最高人民法院关于审理环境民事公益诉讼案件适用法律若干问题的解释》(法释〔2020〕20 号)第 25 条[2]还规定我国环境公益诉讼中可以适用调解,但调解协议不得损害社会公共利益,调解协议应当经过法院的严格审查,并且协议内容应当公告。

(三)司法实践状况

以 2005 年 12 月 7 日北京大学师生以自然物如松花江、太阳岛等为共同原告诉中石油公司污染案为契机,部分地方省份先行开展环境民事公益诉讼制度建设和机制创新的探索,并形成了地方经验。[3] 地方环境公益诉讼审判机构不断发展,2010 年最高人民法院印发《关于为加快经济发展方式转变提供司法保障和服务的若干意见》,首次提出设立专门的环保法庭,实行环境保护案件专业化审判。之后,全国各省份陆续开展环境司法专门化建设。

《环境保护法》(2014 年修订)确立了具有特定资质的环保组织的环境公益诉讼原告资格,并以此为基础逐步构建我国环境公益诉讼制度。这些年,环保社会组织提起环境民事公益诉讼案件数量有所增加,但并没有大幅度增长。自 2015 年《最高人民法院关于审理环境民事公益诉讼案件适用法律若干问题的解释》(已被修改)明确检察机关的环境民事公益诉讼资格后,检察机关提起了一系列的环境民事公益诉讼案件,每年均会发布检察环境

---

〔1〕《最高人民法院关于审理环境民事公益诉讼案件适用法律若干问题的解释》(法释〔2020〕20 号)第 13 条规定:“原告请求被告提供其排放的主要污染物名称、排放方式、排放浓度和总量、超标排放情况以及防治污染设施的建设和运行情况等环境信息,法律、法规、规章规定被告应当持有或者有证据证明被告持有而拒不提供,如果原告主张相关事实不利于被告的,人民法院可以推定该主张成立。”

〔2〕《最高人民法院关于审理环境民事公益诉讼案件适用法律若干问题的解释》(法释〔2020〕20 号)第 25 条规定:“环境民事公益诉讼当事人达成调解协议或者自行达成和解协议后,人民法院应当将协议内容公告,公告期间不少于三十日。公告期满后,人民法院审查认为调解协议或者和解协议的内容不损害社会公共利益的,应当出具调解书。当事人以达成和解协议为由申请撤诉的,不予准许。调解书应当写明诉讼请求、案件的基本事实和协议内容,并应当公开。”

〔3〕参见薛艳华:《中国环境公益诉讼制度构造研究》,中国社会科学出版社 2021 年版,第 47 页。

民事公益诉讼典型案例,且案件数量呈现爆炸式增长。根据《中国环境资源审判(2016—2017)》白皮书,2016年7月份至2017年6月,各试点地区人民法院共受理检察机关提起环境民事公益诉讼案件71件,审结21件;根据《中国环境资源审判(2017—2018)》白皮书,2018年,全国法院共受理检察民事公益诉讼案件113件,审结72件;根据《中国环境资源审判(2019年)》白皮书,2019年受理312件,审结248件。2020年则审结检察机关提起的环境公益诉讼案件3454件。2023年,全国检察机关共立案办理公益诉讼案件19万件,其中,民事公益诉讼2.2万件,占比11.6%。[1]

三、刑事附带民事公益诉讼

(一)概念与法律依据

检察机关提起的刑事附带民事公益诉讼,是指检察机关对破坏生态环境和资源保护、损害社会公共利益的犯罪行为提起刑事公诉时,可以向人民法院一并提起附带民事公益诉讼,由人民法院同一审判组织审理的诉讼。《刑事诉讼法》(2018年修正)第101条赋予了人民检察院对致使国家财产、集体财产损失的犯罪行为提起刑事附带民事诉讼的职责。《最高人民法院、最高人民检察院关于检察公益诉讼案件适用法律若干问题的解释》(法释〔2020〕20号)第20条第1款规定,人民检察院对破坏生态环境和资源保护,食品药品安全领域侵害众多消费者合法权益,侵害英雄烈士等的姓名、肖像、名誉、荣誉等损害社会公共利益的犯罪行为提起刑事公诉时,可以向人民法院一并提起附带民事公益诉讼,由人民法院同一审判组织审理。其正式确立了刑事附带民事公益诉讼制度,并规定提起刑事附带民事公益诉讼的前提条件为"损害社会公共利益"[2]。考虑到环境资源类犯罪大多会侵犯环境公益,检察机关通常会结合已掌握的犯罪线索或证据提起附带民事公益诉讼,不仅能够提升司法效率,还能够保证刑事诉讼无法救济的环境公益由附带民事公益诉讼加以填补。刑事附带民事公益诉讼不仅可以实现对侵害环境法益行为人的惩罚功能,还能实现环境修复的目标,维护环境公共利益。[3]

(二)刑事附带民事公益诉讼制度的主要内容

1. 原告资格

从目前的规范和实践来看,由于刑事附带民事公益诉讼是刑事诉讼和民事公益诉讼的有机结合,是两类诉讼程序在同一审判程序中审理,背后的内涵是两类诉讼程序之间共性的保留和差异性的协调,包括诉讼主体的选择、证明标准的判断、程序适用的协调等各个方面。检察机关兼具刑事诉讼公诉人和民事公益诉讼起诉人双重身份,能够成为协调和融合

---

〔1〕 参见《2023年检察机关立案办理公益诉讼案件19万件》,载法治网2024年3月12日,http://www.legaldaily.com.cn/xjpfzsx/content/content_8971582.html。

〔2〕 英格:《刑事附带民事环境公益诉讼制度研究》,北京理工大学2018年硕士学位论文,第19页。

〔3〕 参见李华琪:《环境公益诉权理论及其实践展开》,中国社会科学出版社2022年版,第165页。

两类诉讼程序的桥梁,并且打破检察机关在民事公益诉讼中“兜底性”起诉的限制,[1]因此,刑事附带民事公益诉讼的原告资格只赋予检察机关。

2. 诉讼被告

以刑事附带民事公益诉讼中被告主体的责任承担为划分依据,可将刑事附带民事公益诉讼被告主体分为全同模式、包含模式和交叉模式三种操作模式。

(1)全同模式,是指刑事部分的被告人与民事部分的被告完全等同。[2]

(2)包含模式,根据刑事附带民事公益诉讼中刑事诉讼与民事公益诉讼的主体与附带关系,细分为以被追诉人确定刑事附带民事公益诉讼被告主体,即“刑主民辅”模式,和以民事公益诉讼被告确定刑事附带民事公益诉讼被告主体,即“民主刑辅”模式。[3]

(3)交叉模式,是指只有行为既达到刑事犯罪的追诉标准,又构成民事侵权的行为主体,才能成为刑事附带民事公益诉讼的被告主体。

3. 管辖法院

《最高人民法院、最高人民检察院关于检察公益诉讼案件适用法律若干问题的解释》(法释〔2020〕20号)在管辖层面也体现了刑事附带民事公益诉讼“管辖权下放”突破性原则。根据该解释第20条的规定,刑事附带民事公益诉讼案件由审理刑事案件的人民法院管辖,并且由审理刑事案件的同一个审判组织审理,当审理刑事案件的人民法院是基层人民法院时,附带民事公益诉讼也应由该基层人民法院管辖。[4] 2021年,最高人民检察院颁布了《人民检察院公益诉讼办案规则》(高检发释字〔2021〕2号),第14条[5]也规定了刑事附带民事公益诉讼的管辖检察院。

4. 诉讼程序

(1)诉前公告程序。

2019年,最高人民法院、最高人民检察院联合发布了《关于人民检察院提起刑事附带民事公益诉讼应否履行诉前公告程序问题的批复》(法释〔2019〕18号),明确了检察机关提起刑事附带民事公益诉讼应履行诉前公告程序;与此同时,为保证刑事诉讼程序依法顺利进行、避免超期羁押,该批复同时规定,“因人民检察院履行诉前公告程序,可能影响相关刑事案件审理期限的,人民检察院可以另行提起民事公益诉讼”。

(2)审判程序。

刑事附带民事公益诉讼的一审案件适用刑事诉讼的普通程序,且《最高人民法院、最高人民检察院关于检察公益诉讼案件适用法律若干问题的解释》(法释〔2020〕20号)也规定

---

〔1〕 参见周新:《刑事附带民事公益诉讼研究》,载《中国刑事法杂志》2021年第3期。

〔2〕 参见刘加良:《刑事附带民事公益诉讼的困局与出路》,载《政治与法律》2019年第10期。

〔3〕 参见户恩波:《附带民事公益诉讼不能适用刑事诉讼证明标准》,载《检察日报》2018年5月2日,第3版。

〔4〕 参见最高人民法院研究室编:《司法文件选解读(2018年精选集)》,人民法院出版社2018年版,第512页。

〔5〕 第14条规定:“人民检察院办理民事公益诉讼案件,由违法行为发生地、损害结果地或者违法行为人住所地基层人民检察院立案管辖。刑事附带民事公益诉讼案件,由办理刑事案件的人民检察院立案管辖。”

了环境刑事附带民事公益诉讼由人民法院同一审判组织审理。[1]

(3)保全程序。

刑事附带民事公益诉讼中保全程序的适用遵从《刑事诉讼法》(2018年修正)中有关刑事附带民事诉讼的规定。《刑事诉讼法》(2018年修正)第102条规定了刑事附带民事诉讼中的保全程序[2]。

(4)调解程序。

《刑事诉讼法》(2018年修正)第103条明确规定了刑事附带民事诉讼可以进行调解。[3]《最高人民法院关于适用〈中华人民共和国刑事诉讼法〉的解释》(法释〔2021〕1号)第185条就刑事附带民事诉讼的调解主体、时间等进一步予以明确。[4] 该法律规定奠定了调解程序在刑事附带民事公益诉讼中的适用,其在一定程度上发挥了调解程序在解决因刑事犯罪引发的民事赔偿纠纷解决中的价值功能。[5]

5. 责任承担

刑事附带民事公益诉讼的责任承担是刑事责任与民事责任的有机结合,既包括两种价值的融合,也要求刑事附带民事公益诉讼的被告主体根据其行为性质,承担相应的刑事责任与民事责任。[6] 被告人除了要承担刑事责任,还要承担公益诉讼的法律责任,具体方式包括停止侵害、排除妨碍、赔礼道歉、生态环境修复、赔偿损失等。在破坏生态环境和资源保护领域内,被告人可能承担以补植复绿、增殖放流、土地复垦等方式修复生态环境,或者支付生态环境修复费用,赔偿生态环境受到损害至修复完成期间服务功能造成的损失、生态功能永久性损害造成的损失等民事责任,被告人违反法律规定故意污染环境、破坏生态造成严重后果的,还可能承担惩罚性赔偿责任。其中,以生态环境修复方式最为常见,从生态环境修复责任的承担方式来看,既有直接“履行生态环境修复义务”的,即在判决被告人“履行生态环境修复义务”的案件中,适用增殖放流、补植复绿和土壤修复等修复方式,又

---

〔1〕《最高人民法院、最高人民检察院关于检察公益诉讼案件适用法律若干问题的解释》(法释〔2020〕20号)第20条第1款规定:“人民检察院对破坏生态环境和资源保护,食品药品安全领域侵害众多消费者合法权益……等损害社会公共利益的犯罪行为提起刑事公诉时,可以向人民法院一并提起附带民事公益诉讼,由人民法院同一审判组织审理。”

〔2〕《刑事诉讼法》(2018年修正)第102条规定:“人民法院在必要的时候,可以采取保全措施,查封、扣押或者冻结被告人的财产。附带民事诉讼原告人或者人民检察院可以申请人民法院采取保全措施。人民法院采取保全措施,适用民事诉讼法的有关规定。”

〔3〕《刑事诉讼法》(2018年修正)第103条规定:“人民法院审理附带民事诉讼案件,可以进行调解,或者根据物质损失情况作出判决、裁定。”

〔4〕《最高人民法院关于适用〈中华人民共和国刑事诉讼法〉的解释》(法释〔2021〕1号)第185条规定:“侦查、审查起诉期间,有权提起附带民事诉讼的人提出赔偿要求,经公安机关、人民检察院调解,当事人双方已经达成协议并全部履行,被害人或者其法定代理人、近亲属又提起附带民事诉讼的,人民法院不予受理,但有证据证明调解违反自愿、合法原则的除外。”

〔5〕参见高星阁:《论刑事附带民事公益诉讼的程序实现》,载《新疆社会科学》2021年第3期。

〔6〕参见周新:《刑事附带民事公益诉讼研究》,载《中国刑事法杂志》2021年第3期。

有“支付生态环境修复费用”的，以“支付生态环境修复费用”较为多见。[1]

（三）司法实践状况

据统计，2018年，全国法院共受理检察机关提起的环境刑事附带民事公益诉讼案件1248件，占检察机关提起环境公益诉讼案件总数（1737件）的71.84%。[2] 2019年，全国法院共受理检察机关提起的环境刑事附带民事公益诉讼案件1642件（审结1370件），占检察机关提起环境公益诉讼案件总数（2309件）的71.11%。[3] 2021年，全国法院共受理环境刑事附带民事公益诉讼4151件，审结3695件。2018年最高人民检察院发布的检察公益诉讼十大典型案例、2019年度人民法院环境资源典型案例、2020年最高人民法院第31批指导性案例、2020年度人民法院环境资源典型案例、2021年检察公益诉讼起诉典型案例、2022年最高人民法院发布的第37批指导性案例等均有环境刑事附带民事公益诉讼典型。

四、生态环境损害赔偿诉讼

（一）概念与法律依据

生态环境损害赔偿诉讼是指政府作为原告，将赔偿义务人作为被告，基于生态环境被损害的情形，向法院提起诉讼，主张判决生态环境修复及修复费用、生态环境功能损失赔偿等相关诉讼请求的诉讼机制。[4] 根据2017年中共中央办公厅、国务院办公厅印发的《生态环境损害赔偿制度改革方案》的规定，生态环境损害赔偿诉讼是指由国务院授权的省级、市地级政府及其指定的部门或机构代表国家向造成生态环境损害的单位或个人提起的生态环境损害求偿之诉。[5]

2015年12月，中共中央办公厅、国务院办公厅印发《生态环境损害赔偿制度改革试点方案》（中办发〔2015〕57号，已失效），提出2015年至2017年在部分省份开展生态环境损害赔偿制度改革试点。2016年8月，中央深改组第二十七次会议审议通过《关于在部分省份开展生态环境损害赔偿制度改革试点的报告》，批准吉林、江苏、山东、湖南、重庆、贵州、云南7个省（市）开展生态环境损害赔偿制度改革试点工作。[6] 2017年12月，中共中央办公厅、国务院办公厅印发《生态环境损害赔偿制度改革方案》，决定在全国范围内试行生态环境损害赔偿制度。《生态环境损害赔偿制度改革方案》（2017年印发）进一步明确了生态

---

〔1〕参见杨雅妮：《生态环境修复责任：性质界定与司法适用——以环境刑事附带民事公益诉讼为分析对象》，载《南京工业大学学报（社会科学版）》2022年第1期。

〔2〕参见《〈中国环境资源审判2017—2018〉（白皮书）》，载山西省灵石县人民法院网2019年6月5日，https://jzlsfy.shanxify.gov.cn/article/detail/2019/06/id/4003211.shtml。

〔3〕参见《中国环境资源审判（2019）》，载最高人民法院网2020年5月8日，https://www.court.gov.cn/zixun/xiangqing/228341.html。

〔4〕参见袁红萍：《生态环境损害赔偿制度若干问题研究》，中南大学出版社2023年版，第7页。

〔5〕参见彭中遥：《生态环境损害赔偿诉讼的性质认定与制度完善》，载《内蒙古社会科学（汉文版）》2019年第1期。

〔6〕参见孙佑海等：《生态环境损害赔偿立法研究》，中国社会科学出版社2023年版，第14－15页。

环境损害赔偿范围、责任主体、索赔主体和损害赔偿解决途径等,形成相应的鉴定评估管理和技术体系、资金保障和运行机制,逐步建立生态环境损害的修复和赔偿制度。2019 年 6 月,最高人民法院发布了《关于审理生态环境损害赔偿案件的若干规定(试行)》(法释〔2019〕8 号,已被修改),对生态环境损害赔偿诉讼案件的受理条件、审理规则、责任体系、衔接规则、赔偿协议司法确认、强制执行等予以规定。2020 年 5 月出台的《民法典》第 1235 条首次以法律的形式明确规定生态环境损害赔偿责任。同年 12 月,最高人民法院根据《民法典》(2020 年公布)等规定对《最高人民法院关于审理生态环境损害赔偿案件的若干规定(试行)》进行修正。2022 年 4 月,生态环境部联合最高人民法院、最高人民检察院等共 14 家单位印发了《生态环境损害赔偿管理规定》(环法规〔2022〕31 号),进一步明确了生态环境损害赔偿范围、责任主体、索赔主体和损害赔偿解决途径等。

(二)生态环境损害赔偿诉讼制度的主要内容

1. 诉讼前置程序:磋商

根据《生态环境损害赔偿管理规定》(环法规〔2022〕31 号)第 17 条及第 19 条至第 26 条,2017 年中共中央办公厅、国务院办公厅印发的《生态环境损害赔偿制度改革方案》第 2 条和《最高人民法院关于审理生态环境损害赔偿案件的若干规定(试行)》(法释〔2020〕17 号)第 1 条的规定,生态环境损害发生后,国务院授权的省级、市地级政府及其指定的相关部门、机构作为本行政区域内生态环境损害赔偿权利人,应当及时立案启动索赔程序,进行损害调查和损害鉴定评估工作,并主动与赔偿义务人磋商。赔偿权利人根据生态环境损害鉴定评估报告,就修复方案、修复启动时间和期限、赔偿的责任承担方式和期限等具体问题与赔偿义务人磋商未达成一致或者无法进行磋商的,赔偿权利人应当及时向人民法院提起生态环境损害赔偿诉讼。由此可见,赔偿磋商是生态环境损害赔偿诉讼的必经前置程序。

目前,生态环境损害赔偿责任认定呈现出以磋商为主导程序的显著特征。[1] 2021 年度结案的生态环境损害赔偿典型案例 74 件,其中磋商结案案件 67 件,占比约 91%,相比于 2020 年磋商结案案件占整体案件量的 83%,通过磋商结案的案件量上涨 8%。[2] 生态环境部 2020 年发布《生态环境损害赔偿磋商十大典型案例》,2021 年发布《第二批生态环境损害赔偿磋商十大典型案例》,并于 2023 年发布《第三批生态环境损害赔偿磋商十大典型案例》,为我国磋商制度的顺利开展发挥案例指导作用。

省级、市地级人民政府及其指定的相关部门、机构,或者受国务院委托行使全民所有自然资源资产所有权的部门与造成生态环境损害的主体磋商失败后,由其作为原告向人民法院提起生态环境损害赔偿诉讼。[3]

---

〔1〕 参见吕忠梅等:《中国环境司法发展报告:2021 年》,法律出版社 2022 年版,第 34 页。

〔2〕 参见吕忠梅等:《中国环境司法发展报告:2021 年》,法律出版社 2022 年版,第 287 页。

〔3〕 参见袁红萍:《生态环境损害赔偿制度若干问题研究》,中南大学出版社 2023 年版,第 8 页。

2. 起诉立案

(1)当事人。

原告。《最高人民法院关于审理生态环境损害赔偿案件的若干规定(试行)》(法释〔2020〕17号)第1条规定了生态环境损害赔偿诉讼案件原告,包括两类:一是省级、市地级人民政府及其指定的相关部门、机构;二是受国务院委托行使全民所有自然资源资产所有权的部门。市地级人民政府包括设区的市,自治州、盟、地区,不设区的地级市,直辖市的区、县人民政府。

被告。《最高人民法院关于审理生态环境损害赔偿案件的若干规定(试行)》(法释〔2020〕17号)第1条规定了生态环境损害赔偿诉讼案件被告,即造成生态环境损害的自然人、法人或者其他组织。

(2)受案范围。

《最高人民法院关于审理生态环境损害赔偿案件的若干规定(试行)》(法释〔2020〕17号)第1条和第2条从积极条件和消极条件两方面规定了生态环境损害赔偿诉讼的受案范围。积极条件是:①发生较大、重大、特别重大突发环境事件的;②在国家和省级主体功能区规划中划定的重点生态功能区、禁止开发区发生环境污染、生态破坏事件的;③发生其他严重影响生态环境后果的。上述情形都属于生态环境损害赔偿诉讼的受案范围。消极条件是:①因污染环境、破坏生态造成人身损害、个人和集体财产损失要求赔偿的;②因海洋生态环境损害要求赔偿的。前者适用侵权责任法即《民法典》(2020年公布)第七编侵权责任的相关规定;后者适用《海洋环境保护法》(2023年修订)等相关规定。[1]

(3)管辖和审理机构。

关于级别管辖和地域管辖。《最高人民法院关于审理生态环境损害赔偿案件的若干规定(试行)》(法释〔2020〕17号)第3条第1款规定,第一审生态环境损害赔偿诉讼案件由生态环境损害行为实施地、损害结果发生地或者被告住所地的中级以上人民法院管辖。关于集中管辖。《最高人民法院关于审理生态环境损害赔偿案件的若干规定(试行)》(法释〔2020〕17号)第3条第2款规定,经最高人民法院批准,高级人民法院可以在辖区内确定部分中级人民法院集中管辖第一审生态环境损害赔偿诉讼案件。关于指定由基层人民法院管辖的特殊规定。《最高人民法院关于审理生态环境损害赔偿案件的若干规定(试行)》(法释〔2020〕17号)第3条第3款规定,中级人民法院认为确有必要的,可以在报请高级人民法院批准后,裁定将本院管辖的第一审生态环境损害赔偿诉讼案件交由具备审理条件的基层人民法院审理。生态环境损害赔偿诉讼案件,中级人民法院审理是原则,有条件的基层人民法院审理是例外。[2]

关于审理机构。《最高人民法院关于审理生态环境损害赔偿案件的若干规定(试行)》

---

〔1〕 参见袁红萍:《生态环境损害赔偿制度若干问题研究》,中南大学出版社2023年版,第10页。

〔2〕 参见最高人民法院环境资源审判庭编著:《最高人民法院生态环境损害赔偿案件司法解释理解与适用》,人民法院出版社2023年版,第68页。

（法释〔2020〕17 号）第 3 条第 4 款规定，生态环境损害赔偿诉讼案件由人民法院环境资源审判庭或者指定的专门法庭审理。

3. 举证责任

（1）原告举证责任。

《最高人民法院关于审理生态环境损害赔偿案件的若干规定（试行）》（法释〔2020〕17 号）第 6 条对原告的举证责任进行了规定，具体看来主要包括以下三个方面：一是被告有污染环境、破坏生态行为。原告应当证明被告实施了污染环境、破坏生态的行为或者具有其他应当依法承担责任的情形。二是存在生态环境损害结果。原告应当证明生态环境受到损害，以及所需修复费用、损害赔偿等具体数额。三是关联性。原告应当证明被告污染环境、破坏生态的行为与生态环境损害之间具有关联性。

（2）被告举证责任。

《最高人民法院关于审理生态环境损害赔偿案件的若干规定（试行）》（法释〔2020〕17 号）第 7 条对被告的举证责任进行了规定，主要包括两个方面：一是反驳原告主张；二是主张具有法律规定的不承担责任或者减轻责任情形。

4. 证据的审查判断

《最高人民法院关于审理生态环境损害赔偿案件的若干规定（试行）》（法释〔2020〕17 号）根据生态环境损害赔偿诉讼案件中各类证据的特点，分别就生效刑事裁判涉及的相关事实、行政执法过程中形成的事件调查报告、当事人诉前委托作出的鉴定评估报告等证据的审查判断规则作出明确规定，为准确查明生态环境损害相关事实提供了规范依据。〔1〕

关于生效刑事裁判涉及的相关事实。《最高人民法院关于审理生态环境损害赔偿案件的若干规定（试行）》（法释〔2020〕17 号）第 8 条第 1 款重申：刑事裁判确认的事实在生态环境损害赔偿案件中当事人无须举证证明。刑事诉讼对证据的审查标准最为严格，依据刑事诉讼法的相关规定，只有经过法定程序查证属实的证据证明定罪量刑的事实达到足以排除合理怀疑的程度，方可认定为证据确实、充分。生态环境损害赔偿诉讼案件属于民事案件范畴，应适用民事诉讼高度盖然性的证明标准。因此，对于已为发生法律效力的刑事裁判所确认的事实，除非对方提出了相反证据足以推翻该事实，当事人在生态环境损害赔偿诉讼中是无须举证证明的。第 8 条第 2 款规定，对刑事裁判未予确认的事实，当事人提供的证据达到民事诉讼证明标准，人民法院应当予以认定。对于一些在刑事诉讼中已经主张，但因尚未达到刑事诉讼证明标准而未予确认的事实，如果在生态环境损害赔偿诉讼中，原告提供的证据符合民事诉讼证明标准，人民法院可以予以确认，并作为承担生态环境损害赔偿责任的事实根据。

关于行政执法过程中形成的事件调查报告等证据。根据《最高人民法院关于适用〈中

---

〔1〕 参见王旭光等：《〈关于审理生态环境损害赔偿案件的若干规定（试行）〉的理解与适用》，载《人民司法》2019 年第 34 期。

华人民共和国民事诉讼法〉的解释》(法释〔2022〕11 号)第 114 条可知,负有环境资源保护监督管理职责的部门依照法定程序和方式作出的环境污染事件调查报告、检验报告、检测报告、评估报告或者监测数据等,属于公文书证的范围,适用公文书证的证据规则。对于负有环境资源保护监督管理职责的部门委托的机构出具的上述报告、数据等,其制定主体虽不属于上述具有社会公信力或者公共信用的公共管理机关的范畴,但其出具的报告、数据等在环境污染行政执法中也被作为重要的证据使用,与负有环境资源保护监督管理职责的部门出具的报告、数据等并无本质不同,故也可以认为属于公文书证的范畴。因此,《最高人民法院关于审理生态环境损害赔偿案件的若干规定(试行)》(法释〔2020〕17 号)第 9 条明确了负有相关环境资源保护监督管理职责的部门或者其委托的机构在行政执法过程中形成的事件调查报告、检验报告、检测报告、评估报告、监测数据等,经当事人质证并符合证据标准的,可以作为认定案件事实的根据。〔1〕

关于当事人诉前委托作出的鉴定评估报告等证据。《最高人民法院关于审理生态环境损害赔偿案件的若干规定(试行)》(法释〔2020〕17 号)第 10 条规定,当事人在诉前委托具备环境司法鉴定资质的鉴定机构出具的鉴定意见,以及委托国务院环境资源保护监督管理相关主管部门推荐的机构出具的检验报告、检测报告、评估报告、监测数据等,经当事人质证并符合证据标准的,可以作为认定案件事实的根据。第 10 条未规定诉前当事人必须共同委托鉴定。此外,该条规定了两类机构:一是具备环境司法鉴定资质的鉴定机构;二是国务院环境资源保护监督管理相关主管部门推荐的机构。在环境司法鉴定机构资质审核工作尚未完成之前,国务院环境资源保护监督管理主管部门推荐的机构出具的上述报告经过质证并符合证据标准的,可以作为认定案件事实的根据。〔2〕

5. 责任承担

基于生态环境损害案件的特殊救济需要,在传统民事责任的基础上,我国创造性地构建了生态环境损害赔偿责任体系。

(1)确立生态修复责任。除了赔偿损失、停止侵害、排除妨碍、消除危险、赔礼道歉等民事责任形式外,《最高人民法院关于审理生态环境损害赔偿案件的若干规定(试行)》(法释〔2020〕17 号)第 11 条解释性地将"恢复原状"责任形式具体化为"修复生态环境"责任。

(2)责任方式的顺位选择。《最高人民法院关于审理生态环境损害赔偿案件的若干规定(试行)》(法释〔2020〕17 号)第 12 条对责任方式的适用顺位进行了创新:位列第一的生态环境修复是生态环境损害赔偿诉讼的首选责任承担方式;赔偿损失方式从《民法典》(2020 年公布)第 179 条的第八顺位提升至第二顺位。在生态环境损害赔偿诉讼的特殊语境下,赔偿损失的概念得到了具体细化,即生态环境损害难以修复抑或无法修复的情况之

〔1〕 参见王旭光等:《〈关于审理生态环境损害赔偿案件的若干规定(试行)〉的理解与适用》,载《人民司法》2019 年第 34 期。

〔2〕 参见王旭光等:《〈关于审理生态环境损害赔偿案件的若干规定(试行)〉的理解与适用》,载《人民司法》2019 年第 34 期。

下，通过金钱赔付的方式替代其本应承担的生态修复责任。此种损失包括无法修复的损失，亦包括在修复期间生态环境功能无法实现的损失。

(3)以生态环境是否能够修复为标准划分责任方式。《最高人民法院关于审理生态环境损害赔偿案件的若干规定（试行）》（法释〔2020〕17号）第12条、第13条以生态环境能否得到修复以及修复程度为标准，对不同情形的责任承担方式予以规定：①生态环境可以完全修复。第12条第1款规定，受损生态环境能够修复的，人民法院应当依法判决被告承担修复责任，并同时确定被告不履行修复义务时应承担的生态环境修复费用。②生态环境完全无法修复。根据第13条规定，法院判决被告赔偿生态环境功能永久性损害造成的损失。③生态环境无法完全修复。可以修复的部分依照第12条的规定承担生态修复责任，完全无法修复的部分依照第13条承担赔偿损失责任。[1]

6. 诉讼衔接

环境民事公益诉讼和生态环境损害赔偿诉讼既有联系又有区别，联系之处在于二者的诉讼目的一致，均以环境公共利益保护为目的，因此二者在责任承担方式方面具有一致性。然而，二者在有权提起主体、赔偿义务人、诉讼受案范围、前置程序等方面略有差异。(1)有权提起诉讼的主体。对于生态环境损害赔偿诉讼，省级、市地级人民政府（包括设区的市，自治州、盟、地区，不设区的地级市，直辖市的区、县人民政府）及其指定的相关部门、机构，或者受国务院委托行使全民所有自然资源资产所有权的部门可以作为原告提起生态环境损害赔偿诉讼。省域内跨市地的生态环境损害，由省级政府管辖；其他工作范围划分由省级政府根据本地区实际情况确定。省级、市地级政府可指定相关部门或机构负责生态环境损害赔偿具体工作。省级、市地级政府及其指定的部门或机构均有权提起诉讼。跨省域的生态环境损害，由生态环境损害地的相关省级政府协商开展生态环境损害赔偿工作。对于环境民事公益诉讼，根据《民事诉讼法》（2023年修正）第58条的规定，除了法律规定的机关和有关组织可以向人民法院提起诉讼以外，人民检察院也有权起诉，但其角色具有限定性，一是兜底起诉，二是支持起诉。(2)赔偿义务人。对于生态环境损害赔偿诉讼，赔偿义务人被限定为“违反法律法规，造成生态环境损害的单位或个人”，而对于环境民事公益诉讼，承担责任的主体是“污染环境、破坏生态，损害社会公共利益的有关民事主体”。(3)诉讼受案范围。对于生态环境损害赔偿诉讼，《生态环境损害赔偿制度改革方案》（2017年印发）将其适用范围限定为发生严重生态环境后果的情形，主要包括：发生较大及以上突发环境事件的；在国家和省级主体功能区规划中划定的重点生态功能区、禁止开发区发生环境污染、生态破坏事件的；发生其他严重影响生态环境后果的。《生态环境损害赔偿制度改革方案》（2017年发布）也同时明确各地区应根据实际情况，综合考虑造成的环境污染、生态破坏程度以及社会影响等因素，明确具体情形。此外，《生态环境损害赔偿制度改革方案》（2017年印发）还将两类情形排除在适用范围之外，即涉及人身伤害、个人和集体财产损失

---

〔1〕 参见孙佑海等：《生态环境损害赔偿立法研究》，中国社会科学出版社2023年版，第158－162页。

要求赔偿的,以及涉及海洋生态环境损害赔偿的。对于环境民事公益诉讼,其适用范围是"已经损害社会公共利益或者具有损害社会公共利益重大风险的污染环境、破坏生态的行为"。(4)前置程序。生态环境损害赔偿诉讼以磋商为前置程序,而环境民事公益诉讼并无前置程序。

值得注意的是,环境民事公益诉讼和生态环境损害赔偿诉讼具有相同的诉讼目的,因此二者之间的诉讼衔接问题至关重要,《最高人民法院关于审理生态环境损害赔偿案件的若干规定(试行)》(法释〔2020〕17 号)第 16—18 条规定了以下三种情形:

(1)生态环境损害赔偿诉讼尚未审结又提起环境民事公益诉讼。

《最高人民法院关于审理生态环境损害赔偿案件的若干规定(试行)》(法释〔2020〕17 号)第 16 条、第 17 条规定,在生态环境损害赔偿诉讼案件审理过程中,同一损害生态环境行为又被提起民事公益诉讼,符合起诉条件的,应当由受理生态环境损害赔偿诉讼案件的人民法院受理并由同一审判组织审理。人民法院受理因同一损害生态环境行为提起的生态环境损害赔偿诉讼案件和民事公益诉讼案件,应先中止民事公益诉讼案件的审理,待生态环境损害赔偿诉讼案件审理完毕后,就民事公益诉讼案件未被涵盖的诉讼请求依法作出裁判。

(2)已有生态环境损害赔偿诉讼生效裁判又提起环境民事公益诉讼。

《最高人民法院关于审理生态环境损害赔偿案件的若干规定(试行)》(法释〔2020〕17 号)第 18 条第 1 款规定,生态环境损害赔偿诉讼案件的裁判生效后,有权提起民事公益诉讼的国家规定的机关或者法律规定的组织就同一损害生态环境行为有证据证明存在前案审理时未发现的损害,并提起民事公益诉讼的,人民法院应予受理。

(3)已有环境民事公益诉讼生效裁判又提起生态环境损害赔偿诉讼。

《最高人民法院关于审理生态环境损害赔偿案件的若干规定(试行)》(法释〔2020〕17 号)第 18 条第 2 款规定,民事公益诉讼案件的裁判生效后,有权提起生态环境损害赔偿诉讼的主体就同一损害生态环境行为有证据证明存在前案审理时未发现的损害,并提起生态环境损害赔偿诉讼的,人民法院应予受理。

(三)司法实践状况

生态环境损害赔偿制度改革的阶段性目标即责任明确、途径顺畅、技术规范、保障有力、赔偿到位、修复有效已基本实现。随着生态环境损害赔偿制度的逐渐完善,相关司法案例也呈现逐年递增的趋势。2021 年度结案的生态环境损害赔偿典型案例 74 件,磋商失败转入诉讼的案件共 6 件,约占 74 件案件的 8%。[1] 总体上,生态环境损害赔偿制度向精细化纵深发展,生态环境损害赔偿责任认定呈现出以磋商为主导程序、以修复生态环境和赔

---

〔1〕 参见吕忠梅等:《中国环境司法发展报告:2021 年》,法律出版社 2022 年版,第 287 页。

偿损失为主要形式、以自然人为义务主体的显著特征。[1] 为指导生态环境损害赔偿实践，生态环境部已经发布了三批生态环境损害赔偿磋商十大典型案例，且最高人民法院也在2019年发布了《人民法院保障生态环境损害赔偿制度改革典型案例》。

第六节　环境刑事诉讼

虽然法律对污染环境和破坏生态的行为已经设置了环境民事诉讼下的民事责任，但由于民事责任在实现方式上的复杂性和制裁的经济性，其在制裁的力度上仍不足以威慑环境污染和生态破坏行为。环境刑事诉讼的存在，对于打击环境污染和生态破坏行为，保障广大人民群众的环境权益，具有重要的意义。[2]

一、概念与特征

（一）概念

环境刑事诉讼是指国家司法机关在当事人及其他诉讼参与人的参加下，依照法定程序，揭露和证实环境犯罪，追究环境犯罪者刑事责任的活动。环境刑事诉讼是检察院、法院和公安机关等国家司法机关行使国家刑事处罚权的活动，目的是对污染环境和破坏生态、构成犯罪的行为进行刑事制裁。[3]

环境刑事诉讼可以根据不同的标准进行分类，依据提起环境刑事诉讼的基础行为的性质，可以将环境刑事诉讼分为污染型环境刑事诉讼、破坏型环境刑事诉讼以及职务型环境刑事诉讼。[4]

（二）特征

相对于一般的刑事诉讼，环境刑事诉讼在以下几个方面对刑事诉讼进行了发展：

1. 被告方面。在一般的刑事诉讼中，单位通常均无法成为被告，而在环境刑事诉讼中，一般都有对单位处以刑事责任的规定。因此，在环境刑事诉讼中，不但自然人可以成为被告，单位也同样可以成为被告，从而成为刑事处罚的对象。

2. 侦查方面。根据《刑事诉讼法》（2018年修正）第109条的规定，公安机关或者人民检察院发现犯罪事实或者犯罪嫌疑人，应当按照管辖范围立案侦查。我国公安机关和检察院是刑事案件侦查主体。在环境刑事诉讼中，由于环境污染和生态破坏问题具有高度的专业性，环境保护机关配合公安机关侦查办案。环境保护部、公安部2013年发布的《关于加

---

〔1〕 参见吕忠梅等：《中国环境司法发展报告：2021年》，法律出版社2022年版，第329－335页。

〔2〕 参见吕忠梅主编：《环境法导论》（第2版），北京大学出版社2010年版，第231页。

〔3〕 参见黄明健：《环境法制度论》，中国环境科学出版社2004年版，第381页。

〔4〕 参见吕忠梅主编：《环境法导论》（第2版），北京大学出版社2010年版，第233页。

强环境保护与公安部门执法衔接配合工作的意见》(环发〔2013〕126号)第1条第3款规定,各级公安机关依法侦办环境污染刑事案件,要借助生态环境部门的专业知识和技术支持,提高办案质量。

另外,需要注意的是,根据我国2009年修正后的《森林法》(已被修改)第20条和公安部2012年修订的《公安机关办理刑事案件程序规定》(已被修改)第26条规定,森林公安机关负责维护辖区社会治安秩序,并对破坏森林和野生动植物资源等刑事案件立案侦查,大面积林区的森林公安机关还负责辖区内其他刑事案件的侦查。国家机构改革后,公安机关内设机构设置取消了森林公安机构。公安部2020年修正的《公安机关办理刑事案件程序规定》和2020年公布的《公安部刑事案件管辖分工规定》中删除了"森林公安"案件管辖规定,由食品药品犯罪侦查局管辖相关环境资源犯罪案件。2023年国务院发布的《关于打击生态环境和资源保护领域犯罪工作情况的报告》第二部分第一点指出,按照党中央关于全面深化公安改革的决策部署,2019年公安部组建食品药品犯罪侦查局,推进森林公安转隶,整合警力资源,统一承担打击环境资源等犯罪职责。

3. 责任实现方式方面。环境刑事诉讼的制裁手段为刑事责任。通常,刑事责任实现的外在表现形式主要是限制人身自由和支付一定量的金钱,并且以前者为常态。但在环境刑事诉讼中,刑事责任实现的外在表现形式除了刑事责任的通常实现方式外,还有"生态性"的实现方式,如宣传环境法律、进行旨在恢复环境的强制性劳动等。[1]

二、制度的主要内容

(一)公诉人

根据《刑事诉讼法》(2018年修正)第169条[2]的规定,检察机关是提起环境刑事诉讼的唯一主体。

(二)被告人

被告人即环境犯罪主体,包含自然人和单位。其中,环境污染防治类犯罪、破坏自然资源可持续利用类犯罪、破坏自然生态保护类环境犯罪的主体是一般主体。破坏环境管理秩序罪的犯罪主体均是特殊主体。其中,违法发放林木采伐许可证罪的犯罪主体是具有专门职责的国家机关工作人员;环境监管失职罪的犯罪主体是具有环境保护监督管理职责的国家机关工作人员;非法批准征收、征用、占用土地罪的主体是对土地征用等具有管理职责的相关国家机关工作人员。

---

〔1〕 参见吕忠梅主编:《环境法导论》(第3版),北京大学出版社2015年版,第255页。

〔2〕 《刑事诉讼法》(2018年修正)第169条规定:"凡需要提起公诉的案件,一律由人民检察院审查决定。"

（三）法院

1. 环境资源审判专门机构

党的十八大以来，习近平总书记亲自谋划和推动环境司法体制改革创新，形成了具有中国特色的环境资源司法体系。[1] 最高人民法院 2014 年发布并于 2021 年修改的《关于全面加强环境资源审判工作为推进生态文明建设提供有力司法保障的意见》（法发〔2014〕11 号）第五部分提出，要有序推进环境资源司法体制改革，第 16 条提出本着确有需要、因地制宜、分步推进的原则，合理设立环境资源专门审判机构，为加强环境资源审判工作提供组织保障。我国环境司法专门化建设向纵深推进，各级司法机关以环境司法专门化为抓手，以改革创新为动力，认真贯彻绿色司法理念，不断提升环境司法能力，在组织机构建设等方面取得了重要成就。截至 2023 年 10 月，全国共有环境资源审判专门机构、组织 2813 个，为高质高效解决环境纠纷提供组织保障。[2] 2022 年，全国环境资源专门审判机构数量同比增长 12.89%，在系统性、专业性领域“扎根发芽”。河南省、吉林省分别设立郑州环境资源法庭和长春环境资源法庭，筑牢生态环境全方位保护屏障。重庆市、广西壮族自治区设立巡回（流动）法庭，推进环境资源司法保护阵地前移。[3]

2. 管辖法院

环境刑事案件的管辖分为职能管辖和审判管辖。

职能管辖又称立案管辖，是指公安机关、人民检察院和人民法院之间在直接受理环境刑事案件上的分工。人民检察院直接受理国家工作人员因为渎职、玩忽职守、重大责任事故等侵犯公民环境权益，造成人身伤亡或财产重大损失需要追究刑事责任的案件，以及人民检察院认为需要自己直接受理的其他案件。公安机关直接受理人民法院或人民检察院直接受理的案件以外的其他所有环境刑事案件。

审判管辖是指人民法院系统内部对第一审环境刑事案件的分工。审判管辖分为级别管辖、地域管辖、专门管辖。依据《刑事诉讼法》（2018 年修正）关于级别管辖的规定，基层人民法院管辖绝大多数的第一审普通环境刑事案件；中级人民法院管辖可能判处无期徒刑、死刑的环境刑事案件以及危害国家安全、恐怖活动的环境刑事案件；高级人民法院管辖在全省、自治区、直辖市有重大影响的第一审环境刑事案件。最高人民法院管辖全国性的重大环境刑事案件。依据《刑事诉讼法》（2018 年修正）关于地域管辖的规定，环境刑事案件由犯罪地的人民法院管辖。如果由被告人居住地的人民法院审判更为适宜，可以由被告人居住地的人民法院管辖。对于几个同级人民法院都有管辖权的环境刑事案件，应由最初

---

〔1〕 参见《最高法发布〈中国环境司法发展报告（2022）〉》，载微信公众号“最高人民法院”2023 年 6 月 5 日，https://mp. weixin. qq. com/s/JX8qN8Ua_e_ueY4Z4 – qPyw。

〔2〕 参见最高人民法院：《以深化理念变革引领环境资源审判工作高质量发展》，载莱阳市人民法院官网 2023 年 10 月 23 日，http://www. sdcourt. gov. cn/ytlyfy/390357/390358/13501129/index. html。

〔3〕 参见《最高法发布〈中国环境司法发展报告（2022）〉》，载最高人民法院网 2023 年 6 月 5 日，https://www. court. gov. cn/zixun/xiangqing/402432. html。

受理的人民法院负责审判。上级人民法院可以指定下级人民法院审判管辖不明的案件,也可以指定下级人民法院将案件移送其他人民法院审判。专门管辖是指依照法律规定应当由专门人民法院管辖的环境刑事案件。专门人民法院包括:军事法院、铁路运输法院、海事法院、森林法院及其他专门法院。

(四)诉讼程序

提起公诉阶段的任务是:审查起诉,依据事实和法律,解决是否将被告人交付审判的问题,作出提起公诉、不起诉的决定。

1. 第一审程序。第一审程序就是人民法院对环境刑事案件作初次审理和判决的程序。

2. 第二审程序。第二审程序又称上诉审程序,它是指上一级人民法院根据当事人等的上诉或者人民检察院的抗诉,对下一级人民法院未生效的判决或者裁定重新审理的程序。

(五)责任承担方式

一般的刑事责任方式包括刑事处罚和非刑事处罚处理方法,但环境犯罪的刑事责任方式配置单一,只规定刑事处罚,没有规定非刑事处罚处理方法;另外,环境犯罪刑事责任方式集中规定自由刑和罚金刑,资格刑缺失。环境犯罪刑事责任的实现不应该是消极地追究行为人的刑事责任,而是应该通过环境犯罪刑事责任的实现方式来积极寻求各种保护生态环境的方法。

三、司法实践状况

十多年来,环境资源类案件大幅增长。2012 年 1 月至 2016 年 6 月,全国法院受理环境资源刑事、民事、行政一审案件 575777 件,审结 550138 件,而 2002 年至 2011 年,此类案件只有 118779 件审结。[1] 2019 年,共受理各类环境资源刑事一审案件 39957 件,审结 36733 件,较 2018 年分别上升 50.9%、43.4%。[2] 2020 年,全国法院依法严惩污染环境、破坏生态的犯罪行为,受理环境资源刑事一审案件 40834 件,审结 37783 件,同比分别上升 2.2%、2.9%。[3] 2021 年,全国法院加大对污染环境、破坏生态犯罪行为的惩治力度,维护国家生态环境和自然资源安全,受理环境资源刑事一审案件 39023 件,审结 35460 件。[4] 2023 年全国法院共受理环境资源刑事一审案件 30970 件,审结 28315 件。[5] 2018—2023

[1] 参见《全国法院四年半受理环境资源类一审案件 57 万余件》,载新华网,http://www.xinhuanet.com/politics/2016-07/27/c_129183498.htm。

[2] 参见中华人民共和国最高人民法院编:《中国环境资源审判(2019)》,人民法院出版社 2020 年版,第 1 页。

[3] 参见中华人民共和国最高人民法院编:《中国环境资源审判(2020)》,人民法院出版社 2023 年版,第 1 页。

[4] 参见《最高法发布〈中国环境资源审判(2021)〉》,载最高人民法院网 2022 年 6 月 5 日,https://www.court.gov.cn/zixun/xiangqing/361291.html。

[5] 参见《中国环境资源审判(2023)》,载最高人民法院网 2024 年 6 月 5 日,https://www.court.gov.cn/zixun/xiangqing/434381.html。

年，最高人民法院也陆续发布了多起与环境刑事诉讼相关的典型案例。

思考题

1. 概述生态环境保护督察和生态环境保护约谈的联系与区别。
2. 概述生态环境行政强制措施与生态环境行政强制执行的联系与区别。
3. 论述生态环境纠纷行政调解与行政裁决的联系与区别。
4. 概述生态环境行政调解协议的法律效力。
5. 论述法律授予检察机关提起环境民事和行政公益诉讼的主体资格的理由。
6. 论述替代性修复责任与生态环境修复责任之间的区别与联系。
7. 论述行政机关提起生态环境损害赔偿诉讼的法理依据。
8. 概述环境民事公益诉讼尚未审结又提起生态环境损害赔偿诉讼的处理规则。

进阶研习推荐文献

1. 吕忠梅：《环境法新视野》（第3版），中国政法大学出版社2019年版。
2. 薛艳华：《中国环境公益诉讼制度构造研究》，中国社会科学出版社2021年版。
3. 孙佑海等：《生态环境损害赔偿立法研究》，中国社会科学出版社2023年版。
4. 彭中遥：《生态环境损害赔偿诉讼制度研究》，中国社会科学出版社2022年版。
5. 何江：《疏离与统合：环境公益诉讼程序协调论》，重庆大学出版社2023年版。
6. 巩固：《环境民事公益诉讼性质定位省思》，载《法学研究》2019年第3期。
7. 王明远：《论我国环境公益诉讼的发展方向：基于行政权与司法权关系理论的分析》，载《中国法学》2016年第1期。
8. 陈海嵩：《环保督察制度法治化：定位、困境及其出路》，载《法学评论》2017年第3期。